DEEP LEARNING

영어 장문독해 테크닉 60

DEEP LEARNING

영어 장문독해 테크닉 60

이일범 엮음

새문사

머리말

세상은 넓고 기회는 많다

지난 이 년여 동안 우리는 갑자기 들이닥친 코비드 사태로 인해 어둠이 짙게 깔린 황야에서 거센 광풍에 휩싸여 방황의 시간을 겪었다. 이 불청객은 세계를 혼돈의 소용돌이에 빠뜨리고, 인간은 좌충우돌하면서 암담한 현실을 저주했다. 하지만 Every cloud has a silver lining.이란 속담이 말하는 것처럼 먹구름도 뒤쪽은 은빛으로 빛나는 것 아닌가? 지구상의 어느 누구도 이 광풍을 피할 수 없으리라 생각했지만 인간은 물러서지 않고 각종 백신과 치료제란 무기를 들고 용감하게 이에 맞서면서 괴로움 뒤에 도사리고 있는 즐거움을 맞이하기 위해 노력하고 있다.

자학자습을 하는 우리 학습자들은 어떤가? 공교육 기관은 물론 여러 형태의 학원, 독서실 등 사교육 기관까지 접근이 통제되고 그 대안으로 등장한 원격수업 역시 학습자들의 욕구를 채워주지 못하는 불행한 사태 속에서도 동요하지 않고, 성공은 스스로의 창조물이라는 것을 알고 있기 때문에 늘 해오던 대로 오늘도 내일도 혼자서 묵묵히 영어 실력 배양에 정열을 쏟고 있다. 자신들의 무대는 국내뿐 아니라 세계라는 것을 알고 있기에 영어라는 무기를 잘 닦고 다듬으면서 세계를 주름잡는 인물이 되려는 원대한 꿈을 펼치고 있는 것이다.

필자는 미국, 캐나다, 영국, 독일 등 비교적 해외에 체류하는 일이 많았다. 물론 교환교수 프로그램과 자녀들의 해외 거주로 인한 것이지만 원래 새로운 것에 흥미를 느끼는 성격 탓인지는 몰라도 세계 약 50여 국가를 자주 드나들었다. 코로나 사태 이전에는 일 년에

10개월을 체류한 적도 있다. 그럴 때마다 항상 느끼는 점은 세계 어느 곳을 가도 한국인이 참 많다는 것이며 한국인들이 자랑스럽다는 생각이다. 사실 1980년 영국에 있을 때만 해도 유학생들 외에 한국인들이 그리 많지 않았다. 하지만 근래에는 각 나라의 대도시가 아니라 자그만 도시에서도 한국인들을 심심찮게 만날 수 있다. 물론 Korean village를 형성한 곳도 적지 않다. 늘 느끼는 점은 한국인은 매우 똑똑하며 근면하다는 것과 그들이 한국에 있을 때보다 더 성공적인 삶을 영위하면서 행복하다는 점이다. 물론 고국을 떠난 외로움이야 있겠지만 이제 우리의 무대가 좁은 국내가 아니라는 점은 분명하다. 학습자들도 될수록 큰 도전을 해서 큰 무대에서 꿈을 펼쳤으면 한다. 세계어인 영어에 낯설지만 않으면 어디든 기회의 땅이 될 수 있는 것이다.

지금까지 영문독해 테크닉 시리즈(103, 104, 105)를 통해 자율학습을 응원하면서 열정과 노력을 기울여왔다. 과분한 관심을 보내 주신 독자 여러분께 감사의 말씀을 전하고 싶다. 그동안 중고교 영어 교과서를 비롯하여 대학 영어교재, 영문학 전공 서적, 여러 장르의 영화 번역, 그리고 토플, 토익, 영문독해 등 영어학습서를 160권이 넘도록 집필하고 출간해왔지만 특히 자학자습을 하는 영어 학습자들에게 좋은 안내서를 소개해야겠다는 신념은 머리를 떠나지 않았다.

더구나 독자 여러분이 잘 알다시피 시중의 서점에서 접할 수 있는 영문독해에 관한 책은 거의가 다 비슷비슷한 내용이어서 학습자들 대부분의 관심이 점차 줄어들고 있는 실정이다. 새롭고 차별화된, 그리고 궁금증을 풀어줄 수 있는 내용을 소개하고자 이 책을 집필하게 되었다. 그동안 여러 학습서를 집필해오면서 미진했던 점, 특히 자학자습을 하는 학습자의 입장에서 가장 궁금하게 생각하는 점 등을 고려하였으며 되도록 여러 가지 예문과 자세한 설명을 제시했다. 학습 현장에서 자주 부딪치지만 속시원하게 그 해법을 찾아보기 힘든 유형의 어휘, 문법, 구문, 표현 사항들을 위주로 자세한 해설을 제시했다. 비교적 긴 내용의 영어로 구성되어 있어서 어렵거나 지루함을 느낄 수도 있겠으나 짧은 글만을 다루어서는 오늘의 사회가 요구하는 영어 실력을 배양하기 어렵다고 생각하여 장문 위주로 소개했다. 필자 스스로가 글을 읽다가 궁금했던 점에 착안하여 학습자들에게 과거에 소개하지 못했던 좋은 내용들을 소개할 수 있어 한편으로는 뿌듯하고 또 한편으로는 이번 책을 통해 독자 여러분에게 더욱 가까이 다가갈 수 있음을 감사하는 마음으로 설레인다.

글이나 말은 영원불변의 것이 아니어서 시대나 사회적 배경에 따라 변하고 또 발전한다. 여기에 실린 장문 독해 내용들은 비교적 현대 영어로 새로운 것들을 소개하고자 했다. 각종 시험에 출제될 수 있는 내용들을 우선적으로 발췌했으며 계속 이어지는 시리즈에서 폭넓고 다양한 주제의 글들을 제시하고자 한다. 혹시 내용에 의문이 있는 경우 필자의 메일로 질문해 주기를 바란다. 모쪼록 이번 장문 독해 시리즈를 통해 여러분의 영어 실력이 향상되기를 진심으로 빈다.

캐나다 토론토에서

(E-mail : kyib314@naver.com)

일러두기

01 영문 독해 실력 배양을 위해 매진하는 학습자 여러분! 다양한 분야의 영문을 읽으면서 이해가 되지 않는 구조나 어휘, 또는 표현들을 보고 답답하거나 궁금한 적은 없었는지요?
이 책은 기존의 영문 독해 학습서와 달리 학습자들이 경험하는 궁금증을 풀어주는 해설서의 특징을 띠고 있다. 심화학습을 위해 소개한 자료들이 많아 다소 난해한 부분들이 있겠지만 사전의 내용을 뛰어넘는 각종 어휘 지식과 기존의 문법 지식만으로는 이해하기 어려운 구문들을 자세히 설명함으로써 독자들의 학습 부담을 최대한 덜어주도록 노력했다. 앞으로 계속 출간될 시리즈를 학습한다면 아마도 상위그룹의 영어 실력자가 될 것이라고 자부한다.

02 본문의 영어 분량이 너무 많다고 생각하는 학습자도 있을 것이다. 하지만 어디서나 쉽게 접할 수 있는 단문만을 다루어서는 독해 실력 향상에 한계가 있다. 더구나 이 책은 어느 정도 영어에 자신감이 생긴 학습자를 대상으로 집필되었기 때문에 큰 무리는 없을 것이라 생각한다. 또한 앞 설명 부분이나 뒤의 해설 부분에서 설명이 너무 자세해 장황하게 느끼는 학습자도 있을 것이다. 하지만 될수록 많은 예문과 해설을 추가함으로써 이미 알고 있는 내용이라 할지라도 다시 한번 점검할 기회를 제공하고자 한 것이므로 복습용이라 생각하고 익히면 더 좋을 것이다. 어휘 부분에서도 가급적 자세하게 여러 의미를 제시하여 학습자의 이해를 도모하려 했다. 이 책은 다른 사람의 도움 없이 자학자습을 하는 학습자들이 어렵지 않게 의문점을 이해하도록 하여 고급영어를 정복할 수 있게 하는 데 주안점을 두었다.

03 이번 학습서에서는 비교적 일반적인 내용들을 주로 다루었다. 만일 독자들이 호응을 할 경우에는 시리즈로 출간될 학습서에서는 영문독해시에 마주치게 되는 매우 까다롭거나 난해한 요소들을 될수록 많이 소개할 예정이다. 특히 자학자습을 하는 학습자들의 궁금증을 속시원히 풀어줄 가정교사 역할을 할 내용을 접할 수 있을 것이다. 아마도 독자들은 지금까지 생각하지 못했던 내용을 접하면서 이 장문 독해 시리즈가 갖는 가치와 장점을 인정할 수 있으리라 확신한다.

04 도해에서 문장 요소나 역할은 다음과 같은 예에 따라 구분했다. 주절의 성분이 아닌 종속절의 성분은 ( )로 표시했다. 즉, S, V, C, O, OC, IO, DO, M 등은 주절에 속한 성분이고 (S), (V), (C), (O), (OC), (IO), (DO), (M) 등은 종속절의 문장 요소를 나타낸다. 또 가주어[S]나 가목적어[O], 접속사[C] 등은 이탤릭체로 표시하여 같은 약어인 주어[S], 목적어[O], 보어[C]와 구별했다. 편의상 도해에서 사용된 약어는 다음과 같다.

S	주어	V	동사	C	주격 보어
O	목적어	OC	목적보어	M	수식어
IO	간접목적어	DO	직접목적어	R	관계사
A	유도부사	Q	의문사	P	삽입구(절)
S	가주어	*O*	가목적어	*A*	동격
E	감탄사	PC	분사구문	*C*	접속사

다만 문장 앞에 사용되는 호칭이나 감탄사, 그리고 일부 접속어 등은 독립어로 구분하는데 여기에서는 편의상 하나의 기호인 E로 표시했다.

05 문장 성분 표시는 학습하는데 도움을 주기 위해 편의상 구분한 것으로 정통적인 문법 규칙에 맞춘 것이 아니다. 따라서 문장 성분 표시에는 다소의 차이가 있을 수 있으며 또 혼란이 있을 수 있을 것이다. 예를 들어 be willing to, be likely to, be sure to 같은 익숙한 표현도 뒤의 부정사와 함께 그냥 전체를 하나의 동사로 보면 간단한데 willing, likely, sure를 보어로 보고 뒤의 to 부정사를 부사구로 볼 경우 문장 구조가 달라진다. 「동사 + oneself + 전치사」 구문의 경우도 하나의 동사로 보면 비교적 간단한데 oneself를 목적어로, 전치사 이하를 부사구 등으로 처리할 수도 있으며, like를 형용사로 볼 것인가 전치사로 볼 것인가, than을 접속사로 볼 것인가 전치사로 볼 것인가 등에 따라 성분 표시에 차이가 날 수 있다. 따라서 도해에 표시된 분석은 절대적인 것이 아님을 분명히 밝혀둔다. 예를 들어 동사로 볼 수 있는 경우만 봐도 다음과 같은 구성이 있을 수 있다.

동사 + 전치사	동사 + 부사
동사 + 부사 + 전치사	동사 + 명사 + 전치사
동사 + ~self + 전치사	be 동사 + 과거분사 + 전치사
be 동사 + 형용사 + 전치사	be 동사 + 형용사 + to 부정사
be 동사 + 과거분사 + to 부정사	have to + 동사원형
be + to 부정사	

따라서 이 책에서의 문장 성분 분석은 문장 이해에 핵심 요소인 주어, 동사, 목적어, 보어, 목적보어, 각종 수식어(구), 삽입어구(절) 등을 위주로 하였다. 실제로 독해란 가급적 빠른 시간에 주어진 영문을 읽고 그 의미를 정확하게 파악하는 것이 중요한 것이지 세부적인 구조의 문법 사항을 따지는 것이 의미가 있는 일은 아닐 것이다.

06 도해에서는 공간적인 제약 때문에 누구나가 알 수 있는 부분, 즉, and 나 but 같은 접속사, it 같은 대명사, be 동사, 호칭 등은 해석이나 문장 성분 표시를 하지 않았다. 물론 글의 뜻에서 중요하다고 생각되는 경우에는 표시를 했다. not, never 등 부정어와 단순 부사의 경우에도 문장 성분을 생략한 경우가 많다. 때에 따라 연결되는 어휘와 함께 묶어 표시하기도 했다. 상황에 따라 도해에 표시된 부분이 미진할 경우에는 해설 부분에서 자세하게 설명했다. 예를 들어 that 이 이끄는 진주어 구문에서 도해에서는 that을 접속사 즉 (*C*)로 표시했지만 해설에서는 진주어, 즉 주절을 이끄는 접속사임을 밝혔다.

07 도해의 해석과 본문 해석의 표현이 일치하지 않는 경우가 있을 수 있다. 도해에서는 이해를 돕기 위해 가급적 각 어휘가 갖고 있는 사전적 의미를 그대로 살려 표현하려고 했고 해석 부분에서는 글의 흐름에 맞추어 우리말 구조에 맞게 의역을 할 수도 있기 때문이다. 각각의 언어는 각각의 특징이 있어 서로의 구조와 표현법을 수학 공식을 대입하는 방식으로 정확하게 설명할 수 없는 부분이 존재한다. 따라서 해석 부분을 참고로 각 문장의 의미를 우리말로 번역하고 이해하는 테크닉을 익히는 것도 독해 실력을 향상시키는 요소가 될 것이다.

CONTENTS

차례

Chapter 01 어휘의 덫

Chapter 02

구문의 함정

Chapter 03

보편적 딜레마(syntax)

Chapter

01

어휘의 덫

01 「The moon is the moon is the moon.」 이라니?

영문을 읽다보면 문법적으로 이해가 되지 않는 표현들을 종종 만날 때가 있다. 아래 예문에서 an apple is an apple is an apple과 the moon is the moon is the moon 이란 표현도 그 중 하나인데, 이는 미국의 여류 작가인 거트루드 스타인(Gertrude Stein)이 1923년에 출판한 *Sacred Emily* 에서 쓴 표현으로, 그 시에 나온 Rose is a rose is a rose is a rose.(장미는 장미이고 장미는 장미다)란 표현에서 유래한 것이다. 물론 여기서 첫 번째 Rose 는 사람의 이름이다. 그 후 그녀는 다른 작품에서도 A rose is a rose is a rose.(장미는 어디까지나 장미이며 그 본질에는 변함이 없다. = Things are what they are.)를 사용한데서 이런 말투는 그녀의 가장 유명한 인용구가 되었다. 이런 표현들은 그 의미에 있어 매우 간단하지만 동시에 매우 혼란스러운 것들로 속담에서도 많고, 또 여러 형태로 변형되어 잘 쓰이므로 문법에 구애되지 말고 그 뜻을 파악하여 해석에 반영해야만 할 것이다. 누구나 잘 아는 Boys will be boys. 도 그런 유형 중의 하나이며, Saint is a saint, is a saint, is a saint. 등 여러 표현으로 응용이 된다.

또한 아래 예문에 나오는 it remained for Isaac Newton to perceive what ~도 익숙하지 않은 표현인데 어떤 구조이며 어떻게 해석을 해야 할까? 이처럼 자동사인 remain 이 it ~ to ~ 가주어, 진주어 구문에 쓰이는 형식도 잘 익혀두는 것이 좋다.

* go to trouble to	* bring ~ into contact with	* in the interests of
* in the name of	* have ~ in common	* in terms of
* make sense	* deal with	* from time immemorial

In the course of evolution nature has gone to endless trouble to see that every individual is unlike every other individual. We reproduce our kind by bringing the father's genes into contact with the mother's. These hereditary factors may be combined in an almost infinite number of ways. Physically and mentally, each one of us is unique. Any culture which, in the interests of efficiency or in the name of some political or religious dogma, seeks to standardize the human individual, commits an outrage against man's biological nature.

Science may be defined as the reduction of multiplicity to unity. It seeks to explain the endlessly diverse phenomena of nature by ignoring the uniqueness of particular events, concentrating on what they have in common and finally abstracting some kind of 'law', in terms of which they make sense and can be effectively dealt with. For example, apples fall from the tree and the moon moves across the sky. People had been observing these facts from time immemorial. They were convinced that an apple is an apple is an apple whereas the moon is the moon is the moon.

It remained for Isaac Newton to perceive what these very dissimilar phenomena had in common, and to formulate a theory of gravitation in terms of which certain aspects of the behaviour of apples, of the heavenly bodies and indeed of everything else in the physical universe could be explained and dealt with in terms of a single system of ideas. In the same spirit the artist takes the innumerable diversities and uniqueness of the outer world and his own imagination and gives them meaning within an orderly system of plastic, literary or musical patterns.

역시 도해부터 시작하는 게 도움이 되겠지?

과정에서 진화의 자연은 해왔다 끝없는 수고를 보는
In the course of evolution nature has gone to endless trouble to see
M S V M M

것을 모든 개인은 다르다는 모든 다른 개인과 우린 재현한다
that every individual is unlike every other individual. We reproduce
(C) (S) (V) (M) S V

우리 종을 함으로써 아버지의 유전자를 접촉하게 어머니의 유전자와
our kind by bringing the father's genes into contact with the mother's.
O M M M

이런 유전적 요인은 결합될 수 있다 거의 무한한 수의
These hereditary factors may be combined in an almost infinite number
S V M

방법으로 육체적으로나 정신적으로 각자는 우리들 독특하다 어떤 문화든
of ways. Physically and mentally, each one of us is unique. Any culture
M S V C S

위해서 효율성을 또는 이름으로 어떤 정치적이거나
which, in the interests of efficiency or in the name of some political or
(R) (M) (M)

종교적 교리의 하려는 표준화 인간 개인을 저지른다
religious dogma, seeks to standardize the human individual, commits
(V) (O) V

위반을 대한 인간의 생물학적 본성에
an outrage against man's biological nature.
O M

과학은 정의될 수 있을거다 환원시키는 것이라고 다양성을 단일성으로
Science may be defined as the reduction of multiplicity to unity.
S V C M

그건 한다 설명하려 끝없이 다양한 현상을 자연의
It seeks to explain the endlessly diverse phenomena of nature by
S V O M

무시함으로써 특이성을 특수한 현상의 집중시키고 것에
ignoring the uniqueness of particular events, concentrating on what
M M M (R)

그들이 갖는 공통적으로 마침내 추상함으로써 어떤 종류의 법칙을
they have in common and finally abstracting some kind of 'law', in
(S) (V) (M) M M

따라 그것에 그들은 의미를 가지며 유효하게 설명될 수도 있다
terms of which they make sense and can be effectively dealt with. For
M (R) (S) (V) (M) (V)

예를 들자면 사과는 떨어지고 나무에서 달은 움직인다 가로질러 하늘을
example, apples fall from the tree and the moon moves across the sky.
M S V M S V M

사람들은 관찰해 오고 있었다 이런 사실들을 태고적부터 그들은
People had been observing these facts from time immemorial. They
S V O M S

확신했다 사과는 어디까지나 사과이고 반면에
were convinced that an apple is an apple is an apple whereas the
V (C) (S) (V) (C) (V) (C) (C)

달은 어디까지나 달이라고
moon is the moon is the moon.
(S) (V) (C) (V) (C)

아이작 뉴턴이 인식하고 것을 이런 매우 다른
It remained for Isaac Newton to perceive what these very dissimilar
S V M S (R) (S)

현상들이 갖고 있는 공통적으로 또한 형성되었다 이론을 인력의
phenomena had in common, and to formulate a theory of gravitation
(V) (M) S

따라 그것에 어떤 양상들이 행동의 사과나
in terms of which certain aspects of the behaviour of apples, of the
M (R) (S) (M)

천체의 그리고 모든 것의 그밖에 자연계의
heavenly bodies and indeed of everything else in the physical universe
(M) (M) (M) (M)

설명되고 처리될 수 있었다 따라 단 하나의 체계에
could be explained and dealt with in terms of a single system of
(V) (M)

아이디어 같은 정신으로 예술가는 취해 무수한 다양성과
ideas. In the same spirit the artist takes the innumerable diversities
M S V O

단일상을 외계와 그 자신의 상상력의 준다
and uniqueness of the outer world and his own imagination and gives
M V

그들에게 의미를 내에서 질서정연한 시스템 조형적 문학적 또는 음악적

them meaning within an orderly system of plastic, literary or musical

IO DO M M

패턴의

patterns.

힌트를 이용하여 한 단계 앞으로!

the reduction of multiplicity to unity 에서처럼 추상명사가 전치사로 연결되는 경우 해석 방법은 저자의 『영문 독해 테크닉』 책들에서 자세히 언급한 바 있다. 즉 **reduce multiplicity to unity** 로 생각하여 풀어서 해석하도록 한다. **reduce ~ to** 는 "~을 ~으로 환원시키다, 변형시키다, 감소시키다, 격하시키다, 적응시키다" 등의 뜻이므로 "다양성을 단일성으로 환원시키는 것"이란 의미가 된다. **an apple is an apple is an apple whereas the moon is the moon is the moon**은 앞에서 설명한 것처럼 문법적으로 분류하기가 애매하다. 실제로 이 표현은 **an apple is an apple is an apple is an apple** 과 **the moon is the moon is the moon is the moon** 처럼 **apple** 과 **moon** 이 4개 연속되는 것과 같은 표현인데 변형된 말투로 표현된 것이다.

It remained for Isaac Newton to perceive what ~ and to formulate a theory of gravitation ~에서 **it** 은 가주어이고 진주어는 **to perceive ~**, **to formulate ~** 이다. 물론 **for Isaac Newton** 은 **to perceive ~**, **to formulate ~** 의 의미상 주어다. 따라서 **remain**(~않은 채 남아 있다, 아직 ~하지 않으면 안 된다, 결국 ~의 것이 되다, ~의 수중에 들어가다)의 뜻으로 미루어 뉴턴이 이미 과거의 사람이므로 "뉴턴이 나타나서야 비로소 ~이 인식되고 ~을 형성하게 되었다"로 의역을 하는 것이 좋다. 다음에 길게 이어지는 **in terms of which certain aspects of the behaviour ~, of the heavenly bodies and indeed of everything else ~ could be explained and dealt with ~** 는 편의상 **in terms of** 앞에 콤마가 있는 것으로 간주하여 계속적 용법으로 해석을 하는 것이 좋다.

☞ **evolution** 진화(론), 점진적 변화, 전개 / **go to trouble to** 애써(일부러) ~하다. **go to the trouble of ~ing** 일부러 ~하다, 귀찮지만 ~하다 / **reproduce** 재생하다, 재현하다, 재연하다 / **gene** 유전자, 유전 인자 / **hereditary** 세습의, 부모한테 물려받은, 유전에 의한, 유전(성)의 / **bring ~ into contact with** ~와 ~를 접촉(연락)하게 하다 / **in the interests of** ~을 위하여 / **in the name of = in one's name** ~의 이름을 빌어, ~에 맹세하여 / **dogma** 신조, 독단적 주장(견해) / **standardize** 표준(규격)에 맞추다, 표준화(규격화)하다 / **outrage** 침범, 위반, 불법 행위, 난폭, 능욕, 모욕, 유린 / **biological** 생물학(상)의, 응용 생물학의 / **multiplicity** 다수, 중복, 다양(성) / **abstract** (개념 따위를) 추상하다 / **have ~ in common** (~와) 공통으로 갖다, 공유하다 / **in terms of** ~의 말로, ~에 의하여, ~의 점에서(보아)

make sense (사물이) 도리에 맞다, (표현, 행동 등이) 이치에 닿다, 이해되다 / **deal with ~** 을 다루다, 처리하다, 취급하다 / **from time immemorial** 아득한 옛날부터, 태고적부터. **im-**

memorial 기억에 남지 않은 옛적의, 태고의, 먼 옛날의, 아주 오랜 / **whereas** ~임에 반하여 = while, on the other hand / **dissimilar** 닮지 않은, 다른 / **formulate** 형식(공식)으로 나타내다, 공식화하다, 명확하게(계통을 세워) 말하다 / **gravitation** 인력(작용), 중력 / **physical universe** 자연계 / **heavenly bodies** 천체 / **innumerable** 셀 수 없는, 헤아릴 수 없는, 무수한 / **diversity** 차이(점), 변화, 다양성 / **plastic** 형체를 만드는, 조형적인, 창조력이 있는

어때? 해석의 기술이 필요하지?!

진화 과정에서 자연은 모든 개인이 다른 모든 개인과 다르다는 것을 끝없는 노고를 통해서 보아왔다. 우리는 아버지의 유전자를 어머니의 유전자와 접촉하게 함으로써 우리의 종을 재현한다. 이러한 유전 요인은 거의 무한하게 많은 방법으로 결합될 수 있다. 육체적으로나 정신적으로 우리들 각자는 독특하다. 어떤 정치적 또는 종교적 교리의 이름으로나 효율성을 위해서 인간 개개인을 표준화하려고 시도하는 문화는 어떤 것이든 인간의 생물학적 본성에 대해 어긋나는 행위를 저지른다.

과학은 다양성을 단일성으로 환원시키는 것이라고 정의될 수 있을 것이다. 그것은 어떤 사건이나 사실의 특수한 현상에서 보이는 특이성을 무시하며, 이런 현상들이 공통적으로 가지는 것에 주의력을 집중시키고, 마지막에는 어떤 종류의 '법칙'을 추상함으로써 자연계의 끝없이 서로 다른 현상을 설명하고자 하는 것이며, 이런 '법칙'에 비추어봄으로써 비로소 현상들이 의미를 가지며 또한 유효하게 설명될 수도 있는 것이다. 예를 들어, 사과는 나무에서 떨어지고 달은 하늘을 가로질러 움직인다. 사람들은 태고적부터 이런 사실들을 관찰해 왔었다. 그들은 사과는 어디까지나 사과이고 달은 어디까지나 달이지, 그 밖의 어떤 것도 아니라는 것을 확신했다.

아이작 뉴턴이 나타나서야 비로소, 사과나 달에 보이는 매우 다른 현상의 공통점이 인식되고 인력설이 형성되었던 것이다. 그리고 그것에 의해서 사과나 천체뿐만 아니라 실로 자연계의 그 밖의 모든 사물들의 행동이 갖는 일정한 어떤 양상들이 단 하나의 아이디어 체계에 따라 설명되고 처리될 수 있었던 것이다. 같은 정신으로 예술가는 외계와 그 자신의 상상력의 무수한 다양성과 독창성을 취해서 조형적, 문학적 또는 음악적 패턴의 질서 정연한 시스템 내에서 그들에게 의미를 부여한다.

「no matter + 명사」 라니? 뭔 소린고! 02

no matter 다음에는 whether 나 if 가 오든지 what, which, who, where, when, why, how 등이 와서 "비록 무엇이, 어느 것이, 누가, 어디에, 언제, 왜, 어떻게 ~할지라도(일지라도)"의 뜻으로 쓰이는 것이 상례이다. 가령 No matter when or where you began to study English and no matter what the reason was, you probably were aware that English is a very important language. 하면 "언제 어디서 영어를 공부하기 시작했든, 또 그 이유가 무엇이었든 간에, 당시 여러분은 영어가 상당히 중요한 언어라는 사실을 알고 있었을 것이다."의 뜻이다.

하지만 영문을 읽다보면 문법에 맞지 않게 no matter 다음에 명사가 오는 표현들이 심심치 않게 나온다. no matter the consequences, no matter the weather, no matter the case, no matter the outcome, no matter your age, no matter kids or adults 등 수없이 많다. 여기서 no matter 는 regardless of, irrespective of 즉 "~에 관계없이, ~를 개의치 않고"와 유사한 뜻이다. 다음은 *New York Times*, *Los Angeles Times* 등에 실린 신문 기사 중 일부이다. Rap is a language art, and no matter your age, you need something to say.(랩은 언어예술이고, 나이와 상관없이 할 말이 필요하다.) I will always be by your side no matter the pain we go through.(우리가 겪는 고통에 상관없이 나는 항상 네 곁에 있을 거야.) Citizens must protect one another, no matter their race or religion.(시민들은 인종이나 종교에 상관없이 서로를 보호해야 한다.) 그러니까 no matter your age 는 정식으로는 no matter what your age is 와 같은 표현인데, 이 표현에서 구문상 쉽게 이해될 수 있는 부분을 생략한 것이다. 즉 what 이나 is 는 생략해도 이해가 되는 것이다. 하지만 이것은 문법이라기보다는 스타일인 것이다.

물론 명사뿐만 아니라 형용사가 오는 경우도 있다. 다음 예문을 보자. No matter smoggy, sunny, windy, or chilly, I'm gonna miss and appreciate these days. 이는 No matter the weather — smoggy, sunny, windy, or chilly — I appreciate and am going to miss these days. 와 같은 의미일 것이다. It's the little things, no matter good or bad, that create life.(좋든 나쁘든 간에 생명을 창조하는 것은 작은 것들이다.) No matter rich or poor, the one thing you always have to give away is love.(돈이 많든 가난하든 언제나 베풀어야 하는 것은 사랑이다.) 같은 표현도 쓰이는데, 문법적으로는 적합하지 않은 표현들이 실제로 사용되는 경우가 많이 있는 것이다.

* draw upon	* as it happens	* at work
* it turns out	* consist of	* more or less
* in the first place	* put ~ in place	

Each of our habits has a different catalyst and offers a unique payoff. Some are simple and others are complex, drawing upon emotional triggers and offering subtle neurochemical prizes. But every habit, no matter its complexity, is malleable. The most addicted alcoholic can become sober. The most dysfunctional families can transform themselves. A high school dropout can become a successful executive.

Changing habits is not just a matter of willpower, despite what you've probably learned. Sure, we all have habits we've tried to break and failed. And good habits we've tried to acquire and dropped. But the real obstacle to change for most people is not a lack of determination — it's a lack of understanding how habit works.

As it happens, habits all get modified in somewhat the same way. When an individual successfully quits smoking or an organization changes collective behavior to improve its safety standards, there are certain universal patterns at work.

During their extensive studies of the underpinnings of habit in the 1990s, researchers at the Massachusetts Institute of Technology discovered a simple neurological loop at the core of every habit. All habits, it turns out, consist of three parts: a routine, a reward and a cue. The researchers dubbed this the "habit loop."

As they studied people and organizations who had successfully changed stubborn, pernicious behaviors, they learned that they all followed more or less the same steps: They had identified the routine around the habit, experimented with different rewards to satisfy the craving the behavior was trying to fulfill, and isolated the cue that triggered the behavior in the first place. Finally, those who successfully executed habit change had put a plan in place that would help them respond differently to the cue (whether it was fatigue driving them to caffeine or loneliness driving them to the bar) and nudge them in the direction of the new habit, thus preventing an unconscious return to the old behavior.

If you have a problem behavior with which you're ready to part ways (and who doesn't?), the following steps will show you how to deploy this framework so you can manifest the change you want to embrace.

일단 도해부터 살펴야 궁금증이 풀리겠지!

각각은 우리 습관의 갖고있다 다른 촉매제를 제공한다 독특한 보상을
Each of our habits has a different catalyst and offers a unique payoff.
S V O V O

일부는 단순하고 일부는 복잡하다 당기고 정서적
Some are simple and others are complex, drawing upon emotional
S V C S V C

방아쇠를 제공하며 미묘한 신경화학의 상을 허나 모든 습관은
triggers and offering subtle neurochemical prizes. But every habit,
PC S

관계없이 그 복잡성에 가단성이다 가장 중독된 알콜 중독자는
no matter its complexity, is malleable. The most addicted alcoholic
M V C S

수 있다 건전해질 가장 기능장애가 있는 가족은 변질할 수 있다
can become sober. The most dysfunctional families can transform
V C S V

스스로 고등학교 중퇴자는 될 수 있다 성공적인 중역이
themselves. A high school dropout can become a successful executive.
O S V C

바꾸는 건 습관을 단지 문제가 아니다 의지력의 불구하고 것에도 네가
Changing habits is not just a matter of willpower, despite what you've
S V M C (R) (S)

아마도 지금까지 배워온 확실히 우리 모두는 습관을 갖고 있다 우리가 깨려 애썼으며
probably learned. Sure, we all have habits we've tried to break and
(M) (V) M S V O (S) (V) (O)

실패한 좋은 습관들을 노력했고 몸에 익히려 내버린 허나
failed. And good habits we've tried to acquire and dropped. But the
O (S) (V) (O)

실질적 장애는 변화에 대부분 사람들에게 결핍이 아니라 결단력의
real obstacle to change for most people is not a lack of determination
S M V C

그건 결여이다 이해의 어떻게 습관이 작용하는지
— it's a lack of understanding how habit works.
S V C Q (S) (V)

공교롭게도 습관은 모두 수정된다 어느정도 같은 방식으로
As it happens, habits all get modified in somewhat the same way.
(M) S V M

때 개인이 성공적으로 끊을 흡연을 혹은 조직이
When an individual successfully quits smoking or an organization
(C) (S) (M) (V) (O) (S)

바꿀 집단 행동을 개선하기 위해 그것의 안전 기준을 있다
changes collective behavior to improve its safety standards, there are
(V) (O) (M) A V

어떤 보편적인 패턴들이 직장에서
certain universal patterns at work.
S M

하는 동안 광범위한 연구를 토대에 대한 습관의 대에
During their extensive studies of the underpinnings of habit in the
M M

1990년 연구원들은 메사추세츠 공과 대학의
1990s, researchers at the Massachusetts Institute of Technology
M S M

발견했다 간단한 신경학상의 고리를 핵심에서 모든 습관의 모든
discovered a simple neurological loop at the core of every habit. All
V O M

습관은 알고 보니 구성된다 세 부분으로 일과 보상 단서
habits, it turns out, consist of three parts: a routine, a reward and a cue.
S P V M A

연구원들은 불렀다 이를 습관 고리라고
The researchers dubbed this the "habit loop".
S V O OC

그들이 연구하면서 사람과 조직을 성공적으로
As they studied people and organizations who had successfully
(C) (S) (V) O (R) (M)

바꾼 고치기 어렵고 유해한 행동들을 그들은 알았다 걸 그들 모두가
changed stubborn, pernicious behaviors, they learned that they all
(V) (O) S V (C) (S)

따랐다는 다소간 같은 단계를 그들은 확인했다 일상의 일을
followed more or less the same steps: They had identified the routine
(V) (M) (O) S V O

습관 주위의 실험했다 다른 보상으로 만족시키기 위해
around the habit, experimented with different rewards to satisfy the
M V M M

갈망을 행동이 애쓰고 있는 성취하려고 격리시켰다 단서를
craving the behavior was trying to fulfill, and isolated the cue that
(S) (V) (O) V O (R)

유발한 그 행동을 우선 마지막으로 자들은 성공적으로
triggered the behavior in the first place. Finally, those who successfully
(V) (O) (M) M S (R) (M)

수행한 습관 변화를 세웠다 계획을 적절히 도와줄 그들이
executed habit change had put a plan in place that would help them
(V) (O) V O M (R) (V) (O)

반응하게 다르게 단서에 인지 그게 피로 몰아가는 그들을
respond differently to the cue (whether it was fatigue driving them to
(OC) (M) (M) (C) (S) (V) (C) (M)

카페인으로 외로움 몰아가는 그들을 술집으로 자극하는 그들을
caffeine or loneliness driving them to the bar) and nudge them in the
(C) (M) (V) (O)

방향으로 새로운 습관의 그래서 막아주는 무의식적인 회귀를
direction of the new habit, thus preventing an unconscious return to
(M) (M) (M)

옛 행동으로
the old behavior.
(M)

갖고 있다면 문제 행동을 네가 준비가 된 헤어질 습관과
If you have a problem behavior with which you're ready to part ways
(C) (S) (V) (O) (R) (S) (V) (O)

누가 안 그런가 / 다음 / 단계는 / 보여줄 거다 / 방법을 / 전개시키는

(and who doesn't?), the following steps will show you how to deploy

(P) / S / V / IO / DO

이 체제를 / 네가 / 명시할 수 있도록 / 변화를 / 네가 / 바라는 / 수용하기

this framework so you can manifest the change you want to embrace.

(C) / (S) / (V) / (O) / (S) / (V) / (O)

그래, 이런 구조와 의미를 가진 것이었는데!

every habit, no matter its complexity, is malleable에서 **no matter its complexity**는 **no matter what its complexity is** 의 구조인데 **what**과 **is**가 생략된 것으로, "그 복잡성이 무엇이든, 그 복잡성에 관계없이"의 뜻이다. 따라서 **No matter the situation, I will always support you.**(상황에 관계없이, 난 항상 너를 지지하겠다.)에서 **no matter the situation** 은 **no matter what the situation is,** 혹은 **no matter what the situation** 이 일반적인 표현이며 **what**과 **is**가 생략된 것이다. 이처럼 **no matter the size, no matter the distance, no matter the type, no matter the style** 등 **no matter**와 명사가 결합된 표현들이 잘 쓰인다.

despite what you've probably learned 에서 **despite** 는 물론 전치사이다. **good habits we've tried to acquire and dropped** 는 **we all have good habits we've tried to acquire and dropped** 의 의미이다. 따라서 **good habits** 은 목적어이다. **they had identified the routine ~ in the first place** 에서는 **they had identified, they had experimented, and they have isolated** 로 이어진다. **that would help them respond ~ and nudge them ~** 에서 **nudge them**은 **that would nudge them** 에 연결된다.

☞ catalyst 촉매, 기폭제, 촉매 작용을 하는 사람(것, 사건) / payoff 급료 지급(일), 이익 분배(의 때), 이익, 이득 / draw upon 칼 따위를 뽑다, 권총을 빼다 / trigger (총의) 방아쇠, (연쇄 반응, 생리 현상, 일련의 사건 등을 유발하는) 계기, 유인, 자극 / neurochemical 신경 화학의 / malleable 펴 늘일 수 있는, 전성이(불릴 수) 있는, 순응성이 있는 / addicted (나쁜 습관 등에) 빠져 있는, 탐닉한, (마약 따위에) 중독된 / alcoholic 알코올 중독자 / sober 술 취하지 않은, 맑은 정신의, 착실한, 침착한, (사고방식 등이) 건전한, 진실(진지)한 / dysfunctional 기능 장애의 / dropout 낙후, 탈락, (기성 사회로부터의) 탈락자 / executive (사장, 중역, 지배인 등) 간부, 관리직, 경영진, 임원 / willpower 의지력, 정신력, 자제심 / as it happens 공교롭게도 / at work 일터에서, 일하고, 작동(작용)하여 / underpinning 받침, 토대, 지주, 지지물

neurological 신경학상의 / loop (끈, 실, 철사 등의) 고리, 고리 장식, 고리 모양의 손잡이 / it turns out 알고 보니까. turn out 결국 ~임이 드러나다, (결과) ~이 되다 / consist of ~으로 되다, (부분, 요소)로 이루어져 있다, ~로 구성되다 / cue 단서, 신호, 계기, 실마리, 역할, 구실 / dub (~을 ~이라고) 부르다 / stubborn 완고한, 고집 센, 완강한, 다루기 어려운, 말을 안 듣는, (병 따위가) 고치기 어려운 / pernicious 유해한, 유독한, 치명적인, 악성의, 파

괴적인 / more or less 다소, 얼마간, 대체로 / craving 갈망, 열망, 간원 / in the first place 우선, 첫째로 / put ~ in place 그(같은) 자리에 놓다, 적소에 두다 / nudge 팔꿈치로 슬쩍 찌르다, 조금씩 밀다, 주의를 끌다, 자극하다 / ways (종종 pl.) 습관, 풍습, 버릇, 언제나 하는 (특유한) 방식

까다로웠던 부분이 이제야 속 시원히 풀리는군!

우리의 습관은 각각 다른 촉매제를 가지고 있으며 독특한 보상을 제공한다. 일부는 단순하고 다른 일부는 정서적 방아쇠를 사용하고 미묘한 신경 화학적 상을 제공하여 복잡하다. 그러나 모든 습관은 그 복잡성에도 불구하고 가단성이 있다. 가장 중독된 알코올 중독자라도 맑은 정신일 수 있다. 가장 기능 장애가 있는 가족이라도 스스로 변신할 수 있다. 고등학교 중퇴자가 성공적인 중역이 될 수 있는 것이다.

습관을 바꾸는 것은 우리가 지금까지 필시 배워온 것에도 불구하고 단지 의지의 문제가 아니다. 확실히, 우리 모두는 깨려고 애를 써왔으며 실패한 습관을 가지고 있다. 그리고 우리가 몸에 익히려 시도해 왔으며 내버린 좋은 습관들을 갖고 있다. 그러나 대부분의 사람들에게 변화를 가져 오는 실질적인 장애는 결단력이 부족한 것이 아니라 습관이 어떻게 작용하는지에 대한 이해력이 부족한 것이다.

공교롭게도, 습관은 모두 어느 정도 같은 방식으로 수정된다. 한 개인이 흡연을 성공적으로 끝내거나 한 조직이 안전 기준을 개선하기 위해 집단행동을 변경할 때, 일터에서는 어떤 보편적인 패턴이 있다.

매사추세츠 공과 대학의 연구원들은, 1990년대에 습관의 토대에 대한 광범위한 연구를 통해 모든 습관의 핵심에서 간단한 신경학상의 고리를 발견했다. 모든 습관은 일상의 일, 보상 및 단서의 세 부분으로 구성된다. 연구원들은 이것을 "습관 고리"라고 불렀다.

그들은 고치기 어렵고 유해한 행동을 성공적으로 바꾼 사람과 조직을 연구하면서, 그들 모두가 다소간 같은 단계를 밟았다는 사실을 알게 되었다. 즉 그들은 습관을 둘러싼 일상의 일을 확인하고, 행동이 성취하려고 했던 갈망을 만족시키기 위해 다른 보상으로 실험했으며, 우선 그 행동을 유발한 단서를 격리시켰다. 마지막으로, 습관 변화를 성공적으로 수행한 사람들은 그들이 그 단서(그것이 그들을 카페인으로 몰아가는 피로인지 혹은 그들을 술집으로 몰아가는 외로움인지)에 다르게 반응하도록 도와주고 그들을 새로운 습관의 방향으로 조금씩 밀어내어 따라서 무의식적으로 이전의 행동으로 돌아가는 것을 막아주는 계획을 적절하게 세웠다.

만일 습관과 헤어질 준비가 된 문제 행동이 있는 경우 (누가 그렇지 않은가?) 다음 단계에서는 수용하고자 하는 변화를 명시할 수 있도록 이 프레임 워크를 전개시키는 방법을 보여줄 것이다.

03 「if not ~」 대신 「not if ~」라니 어쩌라고?

글이란 글쓴이가 하려는 말, 즉 의견이나 생각을 글로써 전달하는 것이다. 그러므로 사람에 따라 말투가 다를 수 있듯이 글을 쓰는 사람에 따라 글의 투도 다를 수 있고, 또 표현 방식도 다를 수 있다. 따라서 구문이 낯익지 않은 영문을 접하게 되더라도 글쓴이가 정확히 자신의 의사를 표현하기 위해 쓴 글이므로 대체적인 글의 내용이나 주제 등을 바탕으로 전후 관계를 살펴 어휘나 구문의 역할이나 의미를 분석하는 것이 좋을 것이다. 정확한 분석만 한다면 풀리지 않을 부분이 없을 것이기 때문이다.

아래 예문에서 그런 구문들이 나오는데 물론 잘 따져 보면 까다로운 구문이 아님을 알 수 있다. 먼저, it's only a matter of when and where, not if, a devastating meltdown will occur ~ 에서 not if는 어떤 구실을 하며 어떤 의미일까? it은 무엇을 가리키고 when, where, if의 품사는 무엇일까? something those who originally built them may never have considered 에서 something은 어디에 걸리는 것이고 뒤에 those 이하와 어떻게 연결이 되는 것일까? 또 ~ wrestle with the problem of what would be done ~ 에서 of는 무슨 의미이고 what 이하는 어떻게 해석을 하면 좋을까? 물론 이런 질문들은 크게 어려운 것은 아닐지라도 정해진 시간 내에 글을 읽고 의미를 파악해야만 하는 경우에 약간은 망설일 수도 있는 구문들이다. 첫눈에 이해가 가지 않는 구문을 마주치더라도 전후 관계를 살펴 분석을 하면 이해 못할 것이 없을 것이다.

* as never before	* come to	* come close to
* seek to	* in case of	* wrestle with
* alternative to	* result from	

The development of genetic science has made astonishing progress, allowing scientists to understand as never before the makeup of the human body. Some possibilities may be both reassuring and unsettling. As we come to understand human genes, it seems possible in the distant future?

Some major advances in science and technology have posed threats. In

1979 radioactive water leaked from a nuclear power plant at Three Mile Island site in Pennsylvania, threatening the safety of the entire vicinity. The reactor came very close to the total core meltdown; half of the core melted and part of it disintegrated. For several days, specialists sought to cool the nuclear generator to prevent meltdown, an overheating of the nuclear facility that would have spread radioactive materials over hundreds of miles of heavily populated areas. Residents of towns near the plant waited anxiously, ready to flee their homes in case of disaster.

Luckily, experts were able to avert such a catastrophe. But the near-accident raised new questions about the safety and practicality of atomic energy as a feasible alternative to oil. Several years later, policymakers began to wrestle with the problem of what would be done to dismantle nuclear plants when they were obsolete, something those who originally built them may never have considered.

Many experts agree it's only a matter of when and where, not if, a devastating meltdown will occur in one or more of the 438 nuclear power plants located in 33 countries worldwide. It may result from human error, a plant owner's unwise or unsafe attempt to minimize operating costs, the Nuclear Regulatory Commission's (NRC) imprudent accession to industry pressure to allow 20 year operating extension to plants designed to run only for 40 years, the effects of a tsunami or from a deliberate attack or internal sabotage. When this does happen, if it's near a large city and its full impact is felt and known, the world may never be the same again. But it will be too late for the residents in and around that city (which could be New York, Chicago or Paris) who'll lose all their possessions, be forced to evacuate their homes, and never again be able to return to them because of the permanent irremediable toxic radiation there.

분석을 해봐도 풀리지 않는 것이 있겠지만...

발전은 / 유전 과학의 / 이루었다 / 놀라운 / 발전을

The development of genetic science has made astonishing progress,

S / V / O

과학자들이 이해하게 했다 / 전에 어느때보다 더 / 구성을

allowing scientists to understand as never before the makeup of the

PC

인간의 신체의 일부 가능성은 안심이 될 수도 있고 불안할 수도 있다
human body. Some possibilities may be both reassuring and unsettling.
S V C

이해하게 되면 인간 유전자를 그것이 가능할 것 같은가
As we come to understand human genes, it seems possible in the
(C) (S) (V) (O) S V C

먼 미래에
distant future?
M

여러 주요한 발전들은 과학과 공업기술에서의 제기해왔다 위협들을
Some major advances in science and technology have posed threats.
S M V O

1979년에 방사능 오염수가 누출되어 한 원자력 발전소에서
In 1979 radioactive water leaked from a nuclear power plant at Three
M S V M

스리마일 섬 지역의 펜실베니아 위협했다 안전을 전체
Mile Island site in Pennsylvania, threatening the safety of the entire
M M PC

부근의 원자로가 거의 할 뻔했다 완전한 노심 용융을 절반이
vicinity. The reactor came very close to the total core meltdown; half
S V C M

노심의 녹았으며 일부는 그것의 붕괴되었다 며칠 동안
of the core melted and part of it disintegrated. For several days,
S V S V M

전문가들은 냉각시키려 했다 원자력 발전기를 막기 위해 노심의 용해를
specialists sought to cool the nuclear generator to prevent meltdown,
S V O M

즉 과열을 원자력 시설의 확산시켰을
an overheating of the nuclear facility that would have spread
A (R) (V)

방사능 물질들을 수백 마일에 걸쳐 인구 밀접 지역의
radioactive materials over hundreds of miles of heavily populated
(O) (M)

주민들은 마을들의 근처 발전소 기다렸다 근심스럽게 준비하고
areas. Residents of towns near the plant waited anxiously, ready to
S M V M

달아날 그들 집에서 재난에 대비해서
flee their homes in case of disaster.
M M

요행히도 전문가들은 피할 수 있었다 그런 큰 재해를 그러나
Luckily, experts were able to avert such a catastrophe. But the
M S V O

일어날뻔한 사고는 제기했다 새로운 의문을 안전과 실용성에 대해
near-accident raised new questions about the safety and practicality
S V O M

원자력 에너지의 가능한 대안으로서 석유에 몇 년 후에
of atomic energy as a feasible alternative to oil. Several years later,
M M M

정책입안자들은 시작했다 씨름하기 문제들과 무엇이 행해질지
policymakers began to wrestle with the problem of what would be
S V O (Q)

해체하기 위해 원자력 발전소를 때 그들이 폐물이 되었을 어떤 것
done to dismantle nuclear plants when they were obsolete, something
(V) (M) (C) (S) (V) (C) A

사람들이 처음에 건설한 그들을 결코 못했을지도 모르는 고려하지
those who originally built them may never have considered.
(S) (R) (M) (V) (O) (V)

많은 전문가는 동의한다 뿐이라고 문제일 언제 어디서의 만일이 아니라
Many experts agree it's only a matter of when and where, not if, a
S V (S) (M) (C) (M) (M)

치명적인 노심 용융이 일어나게 될 하나나 그 이상에서 438개의 원자력
devastating meltdown will occur in one or more of the 438 nuclear
(S) (V) (M)

발전소 중 위치한 33개국에 전세계 그건 생길 수 있다
power plants located in 33 countries worldwide. It may result from
(M) S V

인간의 실수 공장 소유자의 현명치 못하거나 안전치 못한 시도에서 최소화하려는
human error, a plant owner's unwise or unsafe attempt to minimize
M

운영비용을 원자력 규제 위원회의 경솔한
operating costs, the Nuclear Regulatory Commission's (NRC) imprudent

접근에서 업계 압력에 허락하는 20년의 운영 연장을
accession to industry pressure to allow 20 year operating extension to
M

발전소에 설계된 가능하도록 단지 40년간 영향 지진해일 혹은
plants designed to run only for 40 years, the effects of a tsunami or
M

고의적인 공격이나 내부 방해 행위에서 때 이런 일이 일어날
from a deliberate attack or internal sabotage. When this does happen,
M (C) (S) (V)

만일 그게 가깝고 대도시에 그것의 완전한 영향이 느껴지고 알려지면 세계는
if it's near a large city and its full impact is felt and known, the world
(C)(S)(V) (M) (S) (V) S

같지 않을지 모른다 다시 허나 때는 너무 늦을 거다 주민들에겐
may never be the same again. But it will be too late for the residents
M V C M S V C M

그 주변 그 도시와 될 수도 있을 거다 뉴욕 시카고 파리
in and around that city (which could be New York, Chicago or Paris)
M (R) (V) (C)

잃고 그들의 모든 재산을 강제로 대피해야만 할 그들 집에서
who'll lose all their possessions, be forced to evacuate their homes,
(R) (V) (O) (V) (C)

그리고 다시는 돌아갈 수 없을 것이다 그들에게 때문에 영구적인
and never again be able to return to them because of the permanent
(M) (V) (M)

불치의 독성 방사능 그곳의
irremediable toxic radiation there.
(M)

일단 해설을 보면 궁금증이 해소되기 마련이지!

allowing scientists to understand as never before the makeup of the human body ~ 에서 **as never before** 는 "전에 어느 때보다 더"(better than ever before)의 뜻

을 갖는 관용표현으로 앞 뒤에 콤마를 넣어서 생각하는 것이 좋다. 구어체에서는 **like never before** 로 쓰이기도 한다. **it's only a matter of when and where, not if, a devastating meltdown will occur in one or more of ~**에서 **it**은 가주어이고 뒤에 **a devastating meltdown will occur in one or more of ~**가 진주어이다. 물론 접속사 **that**이 생략되어 있다. 이처럼 **it ~ that** 가주어, 진주어 구문에서는 **that** 가 생략되기도 한다. **It's certain she's rich.**(그녀가 부자인 것은 틀림없다.) 여기서 **when**(시간)과 **where**(장소), **if**(조건, 가정, 불확실한 것)는 다 명사형이며, **(it's) not a matter of if, a devastating meltdown will occur ~** 즉 "만일 그런 사건이 일어난다는 것은 가정의 문제가 아니라, 시간과 장소의 문제일 뿐이다"는 의미가 된다. 즉 가정할 문제가 아니라 분명 일어나는 것은 분명한 사실인데 언제 어디서 일어나는가 하는 시간과 장소의 문제일 뿐이라는 뜻이다. **threatening the safety of the entire vicinity**는 분사구문으로 **and threatened the safety of the entire vicinity**의 뜻이다. **~ meltdown, an overheating of the nuclear facility that would have spread ~** 에 서 **an overheating of the nuclear ~** 이하는 **meltdown**과 동격이고, **would have spread**는 가정법 과거완료형이다. **~ ready to flee their homes ~** 역시 분사구문이다.

~ problem of what would be done to dismantle nuclear plants when they were obsolete, something those who originally built them may never have considered에서 **problem**과 **what** 이하의 의문사절은 동격관계이다. 물론 **of**는 동격을 나타내는 전치사로, "무슨 일을 할 것인가 하는 문제"의 뜻이다. **something**은 앞에 나온 **the problem of what would ~ were obsolete**와 동격 관계이다. 뒤에는 관계대명사의 목적격이 생략되어 있다. 즉 **something that those (who originally built them) may never have considered**로, **that**은 **considered**의 목적어인 셈이다. **in 33 countries worldwide**에서 **worldwide** 는 부사로 "전 세계에"의 뜻이다.

☞ as never before 전에 없이, 전에 어느 때보다 더 / makeup 조립, 구성 / come to ~하게 되다, ~하기에 이르다 / pose(제를) 제출하다, (위험성을) 내포하다, 지니다, (요구 등을) 주장하다 / nuclear power plant 원자력 발전소 / site (사건 따위의) 장소, 현장, (건물 따위의) 용지, 집터, 부지 / vicinity 가까운 곳, 부근 / reactor 반응로, 원자로 / come close to = come near to 하마터면 ~할 뻔하다, 거의 ~하게 되다 / core meltdown 원자로 노심의 용융(유독 방사능 유출로 이어지는 심각한 사고). core 원자로의 노심. meltdown (금속의) 용융, 녹음, (원자로의) 노심의 용해 / disintegrate 분해시키다, 허물다, 붕괴시키다 / seek to ~하려고 시도(노력)하다 / nuclear generator 원자력 발전 / heavily 짙게, 빽빽하게. heavily populated areas 인구 밀도가 높은 지역들 / avert (타격, 위험을) 피하다, 막다 / catastrophe 대이변, 큰 재해, 파국 / in case of ~의 경우에는(in the event of) / near-accident 거의 일어날 뻔한 사고 / wrestle with ~와 씨름하다, 맞붙어 싸우다 / practicality 실제적임, 실용성, 실용주의 / alternative to ~에 대한 대안, 달리 택할 길, 다른 방도 / feasible 실행할 수 있는, 가능한, 그럴듯한, 있을 법한

dismantle 부수다, (기계 등을) 분해(해체)하다, (제도 등을) (서서히) 폐지하다 / policy-maker 정책 입안자(담당자) / obsolete 쓸모없이(못 쓰게) 된, 폐물이 된 / devastate (국토

를) 황폐시키다, 철저하게 파괴하다, (사람을) 압도하다 / **minimize** 최소로 하다, 최저로 어림잡다, 경시하다 / **Nuclear Regulatory Commission's (NRC)** (미) 원자력 규제 위원회 / **imprudent** 경솔한, 무분별한, 조심하지 않는 / **accession** (어떤 상태에로의) 근접, 접근, 도달 / **extension** 신장, 연장, 연기 / **tsunami** 해일(tidal wave) / **sabotage** (쟁의 중의 노동자에 의한) 공장 설비, 기계 따위의 파괴, 생산 방해, 태업, (피점령국 측의 공작원, 지하 운동가에 의한) 파괴(방해) 활동, (일반적) 파괴(방해) 행위 / **result from** ~의 결과로서 일어나다, ~에서 생기다, 유래하다 / **evacuate** (사람을) 피난(소개)시키다, (군대를) 철수시키다, (집 등에서) 물러나다 / **irremediable** (병이) 불치의, 고칠 수 없는, 돌이킬 수 없는

그래, 이제 속 시원하게 해석이 풀리는군!

유전 과학의 발전은 놀라운 발전을 이루었고, 과학자들이 전의 어느 때보다 인간 신체의 구성을 더 잘 이해하게 했다. 일부 가능성은 안심이 될 수도 있고 불안할 수도 있다. 인간의 유전자를 이해하게 되면서 그것은 먼 훗날 가능할 것 같은가?

과학과 공업기술에서의 여러 주요 발전들은 여러 위협들을 제기해 왔다. 1979년에 펜실베니아주 Three Mile 섬 부지의 한 원자력 발전소에서 방사능 오염수가 누출되어서 부근 전체의 안전을 위협했다. 원자로는 하마터면 완전한 노심 용융을 할 뻔 했다. 노심의 절반이 녹았으며 그것의 일부는 붕괴되었다. 여러 날 동안, 전문가들은 '원자로 노심의 용융', 즉 수백 마일의 인구 밀집 지역에 걸쳐 방사능 물질을 확산시켰을 수 있었던 원자력 시설의 과열을 막기 위해 원자력 발전기를 냉각시키려고 시도했다. 그 발전소 인근 마을의 주민들은 재난의 경우를 대비해서 집에서 대피할 준비를 한 채, 걱정스럽게 기다렸다.

다행스럽게도, 전문가들은 그런 큰 재해를 막을 수 있었다. 그러나 거의 일어날 뻔했던 그 사고는 석유의 가능한 대안으로서의 원자력 에너지의 안전과 실용성에 대해 새로운 의문을 제기했다. 몇 년 후, 정책 입안자들은 원자력 발전소가 쓸모없어지면 그것들을 해체하기 위해 무슨 일이 수행되어야 하는가라는 문제와 싸우기 시작했는데, 이것은 최초에 그것들을 건설한 사람들이 전혀 고려하지 않았을지도 모르는 문제였다.

많은 전문가들은 전 세계 33개국에 위치해 있는 438개 원자력 발전소 중 하나 혹은 그 이상에서 치명적인 원자로 노심 용융이 발생할 것이라는 점은 만약 발생한다면 하는 가정의 문제가 아니라, 언제 어디서 발생할 것인가 하는 시기와 장소의 문제일 뿐이라는 데 동의한다. 그것은 인간의 실수, 공장 소유자의 현명하지 못하거나 운영비용을 최소화하려는 현명하지 못하거나 안전하지 못한 시도, 원자력 규제위원회(NRC)의 업계 압력에 대한 경솔한 접근으로 인해 단지 40년 동안만 가동되도록 설계된 발전소에 20년 동안 더 운영하도록 연장을 허용하도록 하는 것, 지진 해일의 영향이나 고의적인 공격 또는 내부적인 방해 행위로부터 생길 수 있을 것이다. 이런 일이 일어나게 되면, 만약 그것이 대도시 근처에 있고 그것의 최대한의 영향이 느껴지고 알려지면, 세상은 다시는 예전 같지 않을지도 모른다. 그러나 그 도시와 그 주변(뉴욕, 시카고, 파리가 될 수도 있을 것이다)의 주민들에게는 너무 늦을 것이다. 그들은 그들의 모든 재산을 잃고, 그들의 집에서 대피하지 않으면 안 될 것이다. 그리고 그곳의 영구적인 불치의 독성 방사능 때문에 다시는 집으로 돌아갈 수 없게 될 것이다.

「time out?」「take two?」 너희들 도대체 뭐니? 04

어느 나라의 언어에나 그것만의 독특한 표현이나 어휘들이 있듯이 영어에도 여러 상황에서 생겨난 독특한 표현이나 어휘들이 있다. 그 중 하나가 아래 글에 사용된 time out, witching hour, take two 등일 것이다. 보통 우리가 알고 있는 time out 은 농구나 배구 등의 경기에서, 감독이나 코치가 경기를 일시 중지시켜 선수의 교체나, 휴식, 작전의 협의 등을 행하도록 규정된 짧은 시간을 말하며, 경기 시간에 포함되지 않는 것을 의미한다. 일반 사전에는 "(작업 등의) 중간휴식, (경기) 타임아웃", 다시 말해서 평소에 하는 일을 중단하고 대신 휴식을 취하거나 다른 일을 하는 시간이라고 설명되어 있다. 하지만 원어민들이 일상생활에서 자주 사용하는 이 표현의 의미는 또 하나의 뜻이 추가된다. 아동이 잘못된 행동이나 바보 같은 말을 할 때 특히 부모가 사용하는 처벌의 일종이기 때문이다, 이 말을 들은 아동은 일시적으로 한 자리에서 침묵을 유지해야 한다. 짧은 시간 동안이지만 활동이나 다른 사람들로부터 격리되어 조용히 혼자 있어야 하며 잘못 행동한 데 대해 일종의 처벌을 받는 것이다. 물론 명사형이며 때때로 하이픈을 넣어 time-out 으로, 또는 timeout처럼 붙여서 표기하기도 한다. 만일 what was your takeaway? 라는 질문을 받으면 어떻게 대답을 하겠는가? takeaway 라면 takeout 과 같은 의미로만 알고 있는 것은 아닌가? 실제로 이는 "핵심 정보, 가장 중요하다고 느낀 점" 등의 뜻으로도 사용된다.

take two 역시 내용 파악에 크게 중요하지는 않지만 사전에서는 찾기 힘든 관용표현이다. take 가 명사형으로 쓰일 경우에도 여러 의미가 있지만 영화관련 용어로서는 "1회분의 촬영, 한 장면"의 뜻을 갖는다는 것을 들어본 적이 있는가? 그러니까 take two 는 "다시 찍기, 두 번째 촬영"의 의미가 되는 것으로, take three, take four, take five··· 등으로도 표현할 수 있는 것이다. witching hour 또한 직역을 해서는 그 뜻을 파악하기가 어렵다. 결국 학습자의 입장에서는 다양한 내용의 영문을 될수록 많이 접촉하여 각각의 내용에 알맞는 다방면의 어휘들을 익히는 것이 상책인 것이다.

* time out	* cool down	* early on
* heat up	* witching hour	* get out of hand
* first thing	* take two	* fall asleep
* complete with	* provide ~ with	* on the other hand
* serve a purpose	* sort out	* calm down

There has been much written about the use of "time out" as a means of interrupting negative behavior cycles. "Time out" is when a child is removed, voluntarily or involuntarily, from a situation and given time to cool down. Time out works best when it is used as a preventative measure, rather than a punishment. Therefore, it is most effective when implemented very early on in an escalating cycle. Most parents read their children well.

Most of us know when things are heating up. There's a certain look on the face, a particular tone of voice, increasing volume, provocative statements, and even specific situations when we know that conflict will most likely escalate — in the car, during the "witching hour" before supper, first thing in the morning. If a child can be given a second chance before the situation has gotten out of hand, the conflict may be skirted, or even avoided. This is rather like a "take two" on a movie set — complete with clapperboard.

It is important to recognize that introverted and extroverted children will use time out differently. Introverted children need time to process information, and do their best thinking when alone. They will use time out as welcome space, away from the source of conflict, to the point where they may fall asleep or forget about the conflict entirely. Thus, time out can provide them with a genuine opportunity for reflection and problem solving. Extroverted children, on the other hand, need to process information with others, in order to share ideas, discuss options, and be validated. Interaction is thus necessary for them to solve problems.

Time out will thus serve a totally different purpose. It will remove them from the source of their problem solving, and they will be motivated to end the time out in order to return and sort out the conflict. Telling an extroverted child to come back when the problem is solved is thus somewhat futile. Instead, they can be told to "go away and come back when you have calmed down, so we can start to talk about it and see what can be done."

분석을 하면 지나쳤던 구문도 파악이 되는 법!

많은 것이 있어왔다 쓰여진 사용에 대해 타임아웃의 수단으로
There has been much written about the use of "time out" as a means
A V S M
중단시키는 부정적인 행동 순환과정을 타임아웃은 때이다 아이가
of interrupting negative behavior cycles. "Time out" is when a child is
M S V (C) (S)
옮겨지는 자발적으로나 비자발적으로나 에서 어떤 상황 주어지는 시간이
removed, voluntarily or involuntarily, from a situation and given time
(V) (M) (M) (V) (O)
진정할 타임아웃은 효과가 좋다 때 그게 쓰일 로서 예방적인
to cool down. Time out works best when it is used as a preventative
(M) S V M (C) (S) (V) (M)
수단으로 오히려 보다는 처벌 그러므로 그건 아주 효과적이다
measure, rather than a punishment. Therefore, it is most effective
(M) M S V C
때 이행될 아주 초기에 단계적으로 확대되는 순환에서 대부분 부모는
when implemented very early on in an escalating cycle. Most parents
(C) (V) (M) (M) S
알아차린다 아이들을 잘
read their children well.
V C M

우리들 대부분은 안다 때를 상황이 가열되고 있는 있다 어떤 표정이
Most of us know when things are heating up. There's a certain look
S V (C) (S) (V) A V S
얼굴의 특수한 톤이 목소리의 커지는 목소리 크기 자극적인
on the face, a particular tone of voice, increasing volume, provocative
M S
말 심지어 특수한 상황들이 우리가 아는 것을 갈등이
statements, and even specific situations when we know that conflict
(C) (S) (V) (C) (S)
가장 것같은 상승할 즉 차 안이나 동안 마의 시간
will most likely escalate — in the car, during the "witching hour" before
(M) (V) (M)
저녁 식사 전 일어나자마자 바로 아침 만일 아이가 받을 수 있다면 두 번째의
supper, first thing in the morning. If a child can be given a second
(M) (C) (S) (V)
기회를 전에 그 상황이 감당할 수 없게 되기 그 갈등은 수 있다
chance before the situation has gotten out of hand, the conflict may be
(O) (C) (S) (V) (M) S
피해갈 또는 심지어 예방될 이는 다소 유사하다 다시 촬영하는 것과 영화세트장에서
skirted, or even avoided. This is rather like a "take two" on a movie set
V S V M C M
완전한 신호용 딱딱이로
— complete with clapperboard.
M

중요하다 인지하는 것은 것을 내성적이고 외향적인 아이들이
It is important to recognize that introverted and extroverted children
S V C S (C) (S)

사용한다는 타임아웃을 다르게 내향적인 아이들은 필요로 한다 시간을 처리할
will use time out differently. Introverted children need time to process
(V) (O) (M) S V O

정보를 한다 최상의 생각을 혼자일 때 그들은 사용한다 타임아웃을
information, and do their best thinking when alone. They will use time
M V O (C) (M) S V O

고마운 공간으로 멀리 떨어져 근원으로부터 갈등의 지점까지
out as welcome space, away from the source of conflict, to the point
M M M

그들이 잠들거나 잊는 갈등에 대해 완전히 따라서
where they may fall asleep or forget about the conflict entirely. Thus,
(R) (S) (V) (C) (V) (M) (M) M

타임아웃은 마련해준다 그들에게 진짜의 기회를 반성과
time out can provide them with a genuine opportunity for reflection
S V O M

문제 해결의 외향적인 아이들은 반면에 필요하다
and problem solving. Extroverted children, on the other hand, need
M S M V

처리하는 정보를 타인과 같이 위해서 공유하고 생각을 토론하며
to process information with others, in order to share ideas, discuss
O M M

선택권을 정당성을 입증받기 상호작용은 그래서 필요하다 그들이
options, and be validated. Interaction is thus necessary for them to
M S V M C

해결하는데 문제를
solve problems.
M

타임아웃은 그래서 알맞은 거다 완전히 다른 목적에 그것은 떼어놓을 거고
Time out will thus serve a totally different purpose. It will remove
S M V O S V

그들을 근원으로부터 그들의 문제 해결의 그들은 동기를
them from the source of their problem solving, and they will be
O M S

부여받을 거다 그 타임아웃을 끝내도록 위해서 되돌리고 정리하기
motivated to end the time out in order to return and sort out the
V C M

갈등을 말하는 건 외향적인 아이에게 돌아오라고 때 문제가
conflict. Telling an extroverted child to come back when the problem
S (C) (S)

해결되었을 그래서 다소 부질없다 대신 그들은 들을 수 있다 가라
is solved is thus somewhat futile. Instead, they can be told to "go away
(V) V M C M S V

돌아오너라 때 네가 진정이 되었을 그래서 우리가 시작할 수 말하기
and come back when you have calmed down, so we can start to talk
C (C) (S) (V) C S V

그것에 대해 볼 무엇을 할 수 있는지
about it and see what can be done."
O V (Q) (V)

쉬운 줄 알았는데 힌트를 보기 잘했군!

설명한 대로 여기서 **time out** 은 우리 부모들이 자식을 꾸짖으면서 무릎 꿇고 앉아서 벌을 받도록 하는 것과 유사하다. **The little boy's mother gave him a timeout after he hit his friend. If you keep throwing your toys like that, I'm going to give you a time out! I think he might need a time-out.** 등을 참고하도록. **there has been much written about the use ~**에서 주어는 대명사형인 **much** 이고 **written** 이하는 **much** 를 수식하고 있다. **and given time to cool down** 은 물론 **when a child is given time to cool down** 으로 연결된다. **there's a certain look on the face, a particular tone of voice ~ and even specific situations ~** 까지 5개의 명사구 주어가 연결되어 있는데 유도부사인 **there** 다음에 복수가 아니라 **is** 즉 단수가 되어 있는 것은 **there is ~** 구문에서는 바로 다음에 오는 주어와 수가 일치하기 때문이다. 그러니까 여러 개의 주어가 쓰이고 있지만 **a certain look on the face** 에 수를 일치한 셈이다.

witching hour 란 **the witching time of night** 와 같은 표현으로 여자 마법사들이 활동하는 한밤중의 시각을 말하는데, 일반적으로 새벽 3시에서 4시 사이에 초자연적 실체, 특히 악마나 유령이 가장 활발하게 활동하는 시간으로, 이로 인해 불운이 생긴다고 알려져 있다. 여기에서는 아이들이 주로 오후 3시부터 밤에 이르기까지 칭얼거리거나 짜증을 부리는 시간을 말한다. **take two** 는 앞에서 설명한 것 이외에도 뮤지션 전문 용어에서 파생된 관용구로, "휴식을 취하다" 또는 "약간의 휴식"을 의미하기도 한다. 즉 **take two**, **take five**, **take ten** 은 "2분, 5분, 10분 휴식을 취하다"의 뜻이 된다.

☞ **voluntarily** 자유의사로, 자발적으로, 임의로 / **involuntarily** 모르는 사이에, 무심결에, 본의 아니게 / **cool down** (열정, 분노 등이) 식다, 가라앉다 / **preventative = preventive** 예방적인, 방어적인, 막는 / **measure** 수단, 대책, 조치 / **implement** (약속 따위를) 이행(실행)하다, (조건 등을) 충족하다, 채우다 / **early on** (일, 회의, 경기 진행의) 초기(반)에, 이른 시기에, 시작하자 곧 / **read** (표정 따위에서 사람의 마음이나 생각 등을) 읽다, 알아차리다 / **heat up** 격해지다, (행위 따위가) 한층 더 열기를 띠다, 흥분하다 / **escalate** (~을) 단계적으로 확대(증대, 강화, 상승)시키다(하다) / **provocative** 자극적인, 약 올리는, 도발적인 / **(the) first thing** 우선 첫째로, 맨 먼저, 중요한 것부터 먼저 / **complete with** ~를 전부 갖춘, ~로 완비된 / **clapperboard** (촬영 개시, 종료를 알리는) 신호용 딱딱이 / **out of hand** 손쓸 수 없는. **get out of hand** 걷잡을 수 없게 되다, 과도해지다

fall asleep 잠들다, 영면하다 / **provide ~ with** ~에게 (필요품을) 주다, 공급[지급]하다 / **skirt** (문제, 곤란, 논쟁 따위를) 피해서 가다, 회피하다, 겨우 모면하다 / **avoid** (~이 일어나는 것을) 예방하다, 막다, (의식적으로) 미리 피하다 / **on the other hand** 반면에, 또 (다른) 한편으로는, 이와 반대로 / **introverted** 내향적(내성적)인. **introvert** (마음, 생각을) 안으로 향하게 하다, 내성시키다, 안으로 구부리다, 내향적인 사람 / **extroverted** 사교적인, 외향적인. **extrovert** (흥미, 관심 등을) 밖으로 향하게 하다, 외향적인 사람 / **process** 처리하다, (자료

등을) 조사 분류하다 / **do one's best thinking** 최선의 생각을 하다, 가장 효과적인 생각을 하다 / **reflection** 반성, 숙고, 심사 / **validate** (법률상) 유효하게 하다, 정당함을 인정하다, 확인하다 / **interaction** 상호작용 / **serve a purpose** 목적에 합치하다, 소용에 닿다, 목적에 알맞다, 도움이 되다 / **sort out** ~을 가려(골라)내다, 구분하다, ~을 구별하다 / **calm down** (바다, 기분, 정세 등이) 가라앉다, 안정되다, 조용해지다

해석을 보니 궁금했던 부분이 이해가 되는군!

'타임아웃'을 부정적인 행동의 순환 과정을 중단시키는 하나의 수단으로 사용하는 것에 대해 지금까지 많은 글들이 있었다. '타임아웃'은 한 아이가 어떤 상황으로부터, 자발적으로든 비자발적으로든 다른 곳으로 옮겨져서 감정을 가라앉힐 수 있는 시간이 주어지는 때이다. 타임아웃은 처벌보다는 오히려 예방을 위한 수단으로 쓰일 때 효과가 가장 좋다. 따라서 타임아웃은 단계적으로 악화되고 있는 행동의 순환 과정에서 매우 초기에 실행될 때 가장 효과적이다. 대부분의 부모들은 자기 아이들의 마음이나 생각 등을 잘 알아차린다.

우리들 대부분은 상황이 언제 격해지고 있는지를 알고 있다. 어떤 정해진 얼굴 표정, 특정한 목소리의 음색, 점점 커지는 목소리의 크기, 도발적인 말, 그리고 심지어는 차 안이나, 저녁 식사 전 '여자 마법사들이 활동하는 시간' 동안이나, 아침에 일어나자마자 바로와 같이, 갈등이 단계적으로 확대될 가능성이 매우 높다는 것을 아는 특정한 상황들도 있다. 만일 그 상황이 감당할 수 없게 되기 이전에 아이에게 다시 한 번의 기회가 주어질 수 있다면, 그 갈등을 피해 갈 수도 있고 심지어는 미리 예방할 수도 있다. 이것은 신호용 딱따기가 완전하게 갖추어진 영화 세트장에서 '두 번째로 다시 촬영하는 것'과 어느 정도 비슷하다.

내성적인 아이들과 외향적인 아이들은 타임아웃을 다르게 사용한다는 것을 인지하는 것은 중요하다. 내향적인 아이들은 정보를 처리할 시간을 필요로 하며 혼자일 때 최선의 생각을 한다. 그들은 잠이 들거나 갈등에 대해 완전히 잊어버릴 수 있는 지점까지 갈등의 근원으로부터 멀리 떨어져 있어, 타임아웃을 고마운 공간으로 사용을 할 것이다. 따라서 타임아웃은 그들에게 반성과 문제해결의 진짜 기회를 마련해 줄 수 있다. 반면에 외향적인 아이들은 타인들과 함께 생각을 공유하고, 선택할 수 있는 것에 대해 토론하며, 자신의 정당성을 입증받기 위해서 그들과 함께 정보를 처리하지 않으면 안 된다.

따라서 타임아웃은 완전히 다른 목적에 도움이 될 것이다. 그것은 그들의 문제 해결의 근본에서 그들을 떼어놓을 것이고, 그들은 그 갈등을 되돌리고 구분하기 위해 그 타임아웃을 끝내도록 동기를 부여받을 것이다. 그러므로 외향적인 아이에게 문제가 해결되었을 때 돌아오라고 말하는 것은 다소 부질없는 일이다. 대신, "저리 가라 그리고 네가 진정되면 돌아와라, 그러면 우리는 그것에 대해 이야기하기 시작하고 무엇을 할 수 있는지 알아볼 수 있다"라고 그들에게 말을 할 수 있다.

속담은 속담일 뿐이라고! 05

독해에서 매우 잘 쓰이는 이른바 속담, 격언, 잠언, 경구(proverb, saying, adage, aphorism, maxim, epigram) 등의 표현들은 교훈이나 풍자를 하기 위해 어떤 사실을 비유의 방법으로 서술하는 간결한 관용어구라 할 수 있다. 비록 서너 개의 음절로 구성된 아주 짧은 형식이라 할지라도(물론 긴 표현도 많다), 그것이 내포하고 있는 교묘한 은유로 말미암아 자체 안에서 서로 맞부딪치는 의미의 갈등을 겪는다. 대체로 이런 표현들에는 민속적인 특성이 있어서 나라마다 그 표현내용이나 형식이 다른 경우가 많다. 그것들은 서민성과 냉소성, 수의성과 편의성, 비속성과 일상성을 지니기 때문에 외국어 학습자들로서는 때로 이해하기가 어려울 수도 있다. 예를 들어, face the music 은 관용표현으로 "당당히 비판(벌)을 받다, 책임을 지다"의 뜻인데, 속담에서는 "울며 겨자 먹기"란 의미이다. 물론 우리말로 직역해서는 뜻이 통하지 않는 표현이다. Can't get blood from a turnip. 은 직역하면 "순무에서 피를 얻을 수 없다."이지만, "벼룩의 간을 빼 먹는다"는 의미의 속담 표현이다. Turning green with envy. 는 "사촌이 땅을 사면 배가 아프다"는 뜻의 속담이다. 이런 속담 표현들의 예는 아주 많고 그 유래도 다양하며 또 문법적으로 분석을 하기 어려우므로 그때 그때 의미를 알아두는 것이 좋을 것이다.

가령 우리 속담, "무자식이 상팔자, 대신댁 송아지 백정 무서운 줄 모른다, 구더기 무서워 장 못 담글까, 지게 지고 제사 지내도 다 제멋" 등이 의미하는 바를 외국인이 바로 알 수 있을까? 때에 따라 독해 내용의 주제를 하나의 속담으로 응축해서 표현할 수도 있으므로 되도록 여러 가지의 속담 유형의 표현을 익혀 두어야 할 것이다. 이해를 돕기 위해 박식하지 않으면 어휘는 물론 문법 사항까지 이해하기 어려운 속담의 예를 몇 가지 들어본다.

Don't look a gift horse in the mouth.(받은 선물에 대해 불평하지 마라) The belly has no ears.(금강산도 식후경) A miss is as good as a mile.(오십 보로 백 보를 비웃지 마라) All for the best.(하늘이 무심치 않다) A bad penny always comes back.(바람직하지 못한 일은 반드시 되돌아 온다) Sow the wind reap the whirlwind.(되로 주고 말로 받는다) Possession is nine points of the law.(손에 쥔 사람이 임자나 다름없다) One of these days is none of these days.(차일피일하다가는 아무일도 안 된다)

* have it in one's power to	* it takes ~ to	* be aware of
* go on ~ ing	* find expression in	* be endowed with
* there is no ~ ing	* none the less	* cling to

Every man who knows how to read has it in his power to magnify himself, to multiply the ways in which he exists, to make his life full, significant and interesting. Of the fact that it takes all sorts to make a world I have been aware ever since I could read. But proverbs, which are short, memorable, and often highly condensed sayings embodying, especially with bold imagery, some commonplace fact or experience, are always platitudes until you have personally experienced the truth of them.

The newly arrested thief knows that honesty is the best policy with an intensity of conviction which the rest of us can never experience. And to realize that it takes all sorts to make a world one must have seen a certain number of the sorts with one's own eyes. Having seen them and having in this way acquired an intimate realization of the truth of the proverb one finds it hard to go on complacently believing that one's own opinions, one's own way of life are alone rational and right. This conviction of men's diversity must find its moral expression in the practice of the completest possible tolerance.

But if travel brings a conviction of human diversity, it brings an equally strong conviction of human unity. It inculcates tolerance, but it also shows what are the limits of possible toleration. Religions and moral codes, forms of government and of society are almost endlessly varied, and each has a right to its separate existence. But a oneness underlies this diversity. All men, whatever their beliefs, their habits, their way of life, have a sense of values. And the values are everywhere and in all kinds of society broadly the same. Goodness, beauty, wisdom and knowledge, with the human creators of things and thoughts endowed with them, have always and everywhere been honored.

Our sense of values is intuitive. There is no proving the real existence of values in any way that will satisfy the logical intellect. Our standards can be demolished by argumentation; but we are none the less right to cling to them. Not blindly, of course, not uncritically. Convinced by practical experience of man's diversity, the traveler will not be tempted to cling to his own inherited national standard, as though it were necessarily the only true and unperverted one.

분석을 해보면 궁금증이 풀릴거야!

모든 사람은 알고 있는 읽는 방법을 능력이 있다 확대하고
Every man who knows how to read has it in his power to magnify
S (R) (V) (O) V O M O

자신을 증가시키고 방식을 그가 존재하는 만드는 삶을 충만하고
himself, to multiply the ways in which he exists, to make his life full,
O (R) (S) (V) O

의의 깊으며 흥미롭게 사실을 가지각색이란 만드는 건
significant and interesting. Of the fact that it takes all sorts to make a
M (C) (S) (V) (O) (S)

세상을 나는 깨닫고 있었다 이래로 읽을 수 있게 된 허나 속담은
world I have been aware ever since I could read. But proverbs, which
S V C (C) (S) (V) S (R)

짧고 기억할 만하고 때로 매우 응축된 말인데 구체화하고 있는
are short, memorable, and often highly condensed sayings embodying,
(V) (C)

특히 대담한 심상 평범한 사실 또는 경험으로
especially with bold imagery, some commonplace fact or experience,
(M)

늘 평범한 것이다 까지 네가 개인적으로 경험할 때 진리를
are always platitudes until you have personally experienced the truth
V M C (C) (S) (M) (V) (O)

그것의
of them.

새롭게 붙잡힌 도둑은 것을 정직이 최선의 방책이라는 가지고
The newly arrested thief knows that honesty is the best policy with
S V (C) (S) (V) (C)

강도를 확신의 나머지는 우리 결코 경험할 수 없는
an intensity of conviction which the rest of us can never experience.'
(M) (R) (S) (V)

깨닫기 위해서는 가지각색이라는 것을 세상을 만드는 것은 우린 보았음에 틀림없다
And to realize that it takes all sorts to make a world one must have
M (C) (S) (V) (O) (S) S V

여러 형태의 사람들을 자기 자신의 눈으로 다음 보고난
seen a certain number of the sorts with one's own eyes. Having seen
O M M

그들을 이런 방법으로 얻게 된 깊은 인식을
them and having in this way acquired an intimate realization of the
M

진리의 속담의 우리는 알게 된다 어렵다는 걸 계속해서 만족스럽게 믿는게
truth of the proverb one finds it hard to go on complacently believing
M S V O OC O

자기 자신의 의견 자기 자신의 생활 방식이 단지 합리적이고
that one's own opinions, one's own way of life are alone rational and
(C) (S) (V) (M) (C)

옳다고 이 확신은 인간의 다양성의 해야만 한다 그것의 도덕적 표현을
right. This conviction of men's diversity must find its moral expression
S V O

실천에서 가장 완전한 가능한 관용의
in the practice of the completest possible tolerance.
M M

허나 여행이 가져온다면 확신을 인간의 다양성 그건 가져온다
But if travel brings a conviction of human diversity, it brings an
(C) (S) (V) (O) S V

똑같이 강한 확신을 인간 일관성에 그건 가르친다 관용을
equally strong conviction of human unity. It inculcates tolerance,
O M S V O

허나 또한 보여준다 무언지 한계가 가능한 관용의 종교와
but it also shows what are the limits of possible toleration. Religions
S M V (Q) (V) (S)

도덕 규범 형태는 정부와 사회의 거의
and moral codes, forms of government and of society are almost
S

끝없이 다양하다 각각은 지닌다 권리를 독립된 존재의 허나
endlessly varied, and each has a right to its separate existence. But a
M V S V O M

단일성이 기초가 된다 이 다양성의 모든 인간 무엇이든 그들의 신념 그들의
oneness underlies this diversity. All men, whatever their beliefs, their
S V O S M

습관 그들의 생활방식은 갖고 있다 한 가치 관념을 그 가치들은
habits, their way of life, have a sense of values. And the values are
V O S V

어디에나 있으며 모든 종류의 사회에서 대체로 같다 자애
everywhere and in all kinds of society broadly the same. Goodness,
M M M C

미 지혜 지식은 더불어 인간 창조자들과 사물과
beauty, wisdom and knowledge, with the human creators of things
S M

사고의 부여된 그들에게 항상 그리고 어디에서나
and thoughts endowed with them, have always and everywhere been
M M M

영광을 얻었다
honored.
V

우리의 가치관은 직관적이다 증명할 수 없다 실존을
Our sense of values is intuitive. There is no proving the real existence
S V C A V S

가치의 어떤 방법으로도 만족시킬 논리적 지성을 우리 기준은
of values in any way that will satisfy the logical intellect. Our standards
M (R) (V) (O) S

파괴될 수 있다 논쟁에 의해 허나 우린 그래도 옳다
can be demolished by argumentation; but we are none the less right
V M S V M C

그것들에 매달리는 건 맹목적으로는 아니고 물론 무비판적으로도 아니다 확신한
to cling to them. Not blindly, of course, not uncritically. Convinced
M M

실제적인 경험에 의해 인간의 다양성에 대한 여행자는 받지 않을 것이다
by practical experience of man's diversity, the traveler will not be
PC S V

유혹을 집착하도록 그 자신의 유전된 국가 표준에 처럼 그것이
tempted to cling to his own inherited national standard, as though it
C (C) (S)

반드시 / 유일한 진실이고 / 정도를 벗어나지 않은 기준인 것

were (V) necessarily (M) the only true and unperverted one. (C)

그래, 역시 설명을 봐야 속 시원하게 풀려!

has it in his power to magnify ~ 에서, **have it** 에도 "~할 소질(능력, 용기)이 있다" (**possess a particular ability**) 의 뜻이 있지만 여기서는 **it** 가 가목적어이고 뒤에 연결되는 **to magnify himself**, **to multiply the ways ~**, **to make his life ~** 가 진목적어이다. **in one's power** 는 "수중에, 지배하에, 힘이 미치는 범위 내에서, 손 안에"의 뜻이다. **Of the fact that ~** 은 뒤에 나오는 **I have been aware** 에 연결된다. 즉 **I have been aware of the fact that ~** 의 구문이다.

It takes all sorts to make a world. 는 영국의 속담표현으로 직역하면 "세상을 이루기 위해서는 온갖 종류의 사람들이 필요하다"는 뜻으로, "모든 종류의 사람이 모여 세상을 이룬다. 세상 사람들은 서로 다른 개성을 가지고 살아간다. 세상엔 별난 사람도 다 있다, 십인십색, 모두가 똑같다면 세상은 불완전한 것이다" 등으로 해석한다. **It takes all sorts. It takes all kinds.** 로 표현되기도 한다.물론 여기서 **it** 은 가주어이고 **to** 이하가 진주어이며, **all sorts** 는 **take** 의 목적어이다. **what it takes to ~** 구문도 여기에서 파생된 것이다. **complete** 의 비교급, 최상급은 **more complete**, **most complete** 로도 쓰고 **completer**, **completest** 로 쓰기도 한다. 의미상으로는 비교변화를 하기 어려운 형용사지만, 특히 "완전함"의 의미를 강조하기 위하여 비교 변화를 쓰는 경우가 있다. 우리에게 익숙한 **Honesty is the best policy.** 도 영국 속담이다.

☞ magnify (렌즈 따위로) 확대하다, 크게 보이게 하다, 과장하다, 증대시키다 / multiply 늘리다, 증가시키다, 번식시키다, 곱하다 / it takes ~ to ~하는데 ~이 필요하다 / be aware of ~을 깨닫다, 의식하다, 알고 있다 / go on ~ ing 계속해서 ~하다 / condensed 응축한, 요약한, 간결한 / saying 말, 진술, 격언, 전해 오는 말 / embody (사상, 감정 따위를) 구체화하다, 유형화하다, 구체적으로 표현하다 / imagery 마음에 그리는 상, 심상, 비유적 표현 / commonplace 평범한, 개성이 없는, 하잘 것 없는, 진부한 / platitude 단조로움, 평범함, 진부함, 평범한 의견 / complacently 자기 만족하여

find expression in ~에 나타나다 / tolerance 관용, 아량, 포용력 / diversity 차이(점), 변화(variety), 다양성 / unity 통일(성), 불변성, 일관성 / inculcate (사상, 지식 따위를)가르치다, 되풀이하여 가르치다(깨우치다), 설득하다 / moral code 도덕률 / oneness 단일성, 동일성, 통일성, 전체성, 일치, 조화 / underlie ~의 기초가 되다, ~의 근저에 있다 / broadly 널리, 명백히, 대체로 / be endowed with (능력, 자질, 재능) ~에게 부여되다, 타고나다

intuitive 직각적(직관적)인, 직관적으로 얻은 / there is no ~ing ~할 수는 없다 / argumentation 입론, 논법, 변론, 논쟁 / demolish (건물 따위를) 부수다, 폭파(분쇄)하다, (계획, 제도, 지론 따위를) 뒤엎다 / none the less 그럼에도 불구하고, 그래도, 역시 / inherited 상속받은, 승계한, 유전의, 물려받은 / be (feel) tempted to do ~하고 싶어지다 / unperverted 비뚤어지지 않은, 정도를 벗어나지 않은, 정상적인, 곡해되지 않은

그래, 내가 번역한 것이 맞았어!

읽는 방법을 알고 있는 사람은 모두 자신을 크게 보이게 하고, 자신이 존재하는 방식을 증가시키며, 자신의 인생을 충만하고 의의 깊으며 흥미롭게 만드는 능력을 수중에 갖고 있다. 세상 사람들은 서로 다른 개성을 갖고 살아간다고 하는 사실을 나는 글을 읽을 수 있게 된 이래로 쭉 깨닫고 있었다. 그러나 속담은, 특히 대담한 심상, 평범한 사실 또는 경험으로 구체화하고 있는 짧고, 기억할 만하며, 때로는 매우 응축된 말로, 그것의 진리를 몸소 경험하지 않는 한 항상 평범한 것이다.

새로이 붙잡힌 도둑은 정직이 최선의 방책이라는 것을 우리들 나머지 사람들은 결코 경험할 수 없을 정도의 강력한 확신을 가지고 깨닫는다. 가지각색의 사람들이 모여 세상을 이룬다는 것을 깨닫기 위해서는 누구나 여러 형태의 사람들을 어느 정도 자기 자신의 눈으로 보았음에 틀림없다. 세상 사람들을 보고 난 다음 이런 방식으로 가지각색의 개성을 가진 사람들이 모여 세상을 살아간다는 속담의 진실을 심오하게 인식하게 되면, 누구나 이번에는 자기 자신만의 의견이나 생활 방식이 합리적이고 옳은 것이라고 믿고 만족스럽게 살아가기가 어렵다는 것을 알게 된다. 인간의 다양성에 대한 이런 확신은 가능한 한 최대한도의 관용을 실천하면서 그 확신을 도덕적으로 표현하지 않으면 안 된다.

하지만 여행이 인간의 다양성에 대한 확신을 가져다준다면, 그것은 인간의 일관성에 대해 똑같이 강한 확신을 가져다준다. 그것은 관용을 심어주지만, 또한 가능한 관용의 한계가 무엇인지도 보여준다. 종교와 도덕규범, 정부와 사회의 형태는 거의 끝없이 다양하며, 각각은 독립적으로 존재할 권리를 갖고 있다. 하지만 하나의 단일성이 이 다양성의 기초가 된다. 모든 인간은, 그들의 신념, 습관, 생활방식이 무엇이든, 하나의 가치 관념을 갖고 있다. 그리고 그 가치들은 어디에나 있으며 모든 종류의 사회에서 대체로 똑같다. 자애, 아름다움, 지혜 그리고 지식은, 그들에게 부여된 사물과 사고의 인간 창조자들과 함께, 항상 그리고 모든 곳에서 영광을 얻어왔다.

우리의 가치관은 직관적이다. 논리적 지성을 만족시킬 수 있는 어떤 방법으로든 가치의 실제 존재를 증명할 수는 없다. 우리의 기준은 논쟁에 의해 뒤집어질 수 있다. 그러나 그럼에도 우리가 그 기준들에 매달리는 건 옳다. 맹목적으로도 아니고, 물론 비판력이 없이도 아니다. 인간의 다양성에 대한 실질적인 경험에 의해 확신을 가진 여행자는 그것이 반드시 유일한 진실이고 정도를 벗어나지 않은 기준인 것처럼, 자신이 물려받은 국가 표준에 집착하고 싶어 하지 않을 것이다.

여기 「deserving」, 알고 넘어갔겠지? 06

영문을 접하는 경우 대개는 해석하기에 급급해서 사소한 것들을 놓치는 경우가 허다하여 의미의 왜곡을 초래하는 일이 있다. 글쓴이가 글로 표현한 요소들은 모두 필요해서 쓴 것이므로 어느 하나도 소홀히 취급할 수 없는 것인데 보통은 어휘나 구문, 또는 표현의 뜻을 중심으로 흐르는 수가 많아 실제로는 중요한 기능을 하는 사소한 것들을 간과하는 수가 있는 것이다. 예를 들어, 아래 예문에 쓰인 understandings, exercises 처럼 명사의 뒤에 붙어 복수형을 나타내는 어미라든가, 각종 소유격 형태의 여러 어휘들은 물론, 생략부호인 아포스트로피(apostrophe), 콜론이나 세미콜론 등의 문장 부호, 또는 각종 관사들이나 복잡한 의미와 기능을 갖는 여러 전치사들, 대문자로 표기된 어휘, 나아가서는 어휘의 형태 등 자칫 소홀히 넘어갈 수 있는 요소들의 종류가 많다. 앞에서도 여러번 다룬 적이 있지만 단어에 ~ ing가 첨가된 형태는 동명사, 분사, 형용사 이외에도 명사형이나 전치사형(아래 예문의 regarding)도 있는 것이다.

아래 예문에 the most deserving are rewarded with high grades ~란 표현이 나와 있는데 deserving은 품사가 무엇이며 동사에는 왜 are가 쓰였는지 한번쯤 생각해 본 적이 있는가? 아니면 그냥 지나쳤는가? 별로 난해한 구조의 표현은 아니므로 아마 대부분의 학습자들은 이해하리라고 생각된다. 만일 deserving이 명사나 동명사라면 단수인데 are가 올 수 없을 것이다. 물론 동사인 deserve 에 ~ing가 첨부된 형태로 그것이 동명사나 분사로 쓰이는 것이 보통이지만 deserving 자체가 형용사와 명사의 뜻을 갖고 있다. 전후 내용으로 보아서는 the most deserving things are rewarded ~로 볼 수 있을 것이다. 즉 「the + 형용사 = 복수명사」로 보면 된다. 물론 여기에서 형용사에는 현재분사나 과거분사도 포함이 된다. 따라서 여기서 deserving은 형용사(마땅히 ~을 받을만한, ~할 가치가 있는)이며 명사형(당연한 상벌, 공과)이 아님을 알 수 있다.

또 Such common understandings may be referred to as group norms. 란 문장이 나오는데 여기서 understandings 가 복수로 쓰인 것에 착안하여 그 의미를 제대로 파악했는지 생각해 볼 일이다. 알고 보면 아주 쉬운 내용이지만 정작 독해를 해 나갈 때에는 이런 표현의 구조와 의미를 지나칠 수가 있다.

* based upon	* in spite of	* carry out
* without mishap	* take a course	* happen to
* register for	* hence	* make efforts
* on time	* go on	* be likely to
* refer to	* fall asleep	* regard ~ as
* be rewarded with	* have little to do with	* preoccupation with
* be proportionate to	* be of brilliance	* rest on
* on grounds	* gain an advantage over	* vary from
* rest on	* be reduced to	* little more than

The daily routine in classrooms provides good examples of concerted action based upon consensus. In spite of the remarkable variety of interests and personalities represented, the exercises are generally carried out without mishap. Some students claim to be taking a course in social psychology because of a theoretical interest in the subject matter; some, because a professor advised them to take it; some, because their friends happen to be registered for it; some, because it happens to come at a convenient hour. In spite of this diversity of intention, the enterprise goes on, for all of the participants share certain minimal understandings.

There are common assumptions regarding the time and place of the meetings, the appropriate dress for these occasions, and the division of labor in which the professor has primary responsibility. It is generally understood that professors are likely to be upset if people are consistently late, argue too vehemently with them, or appear disrespectful; hence, most students make some effort to arrive on time and to suppress their tendencies toward aggression or falling asleep. Such common understandings may be referred to as group norms.

Since many students regard themselves as being in a competitive situation in which only the most deserving are rewarded with high grades, other norms arise which actually have little to do with education. There is much preoccupation with the equitable distribution of grades. It is felt that rewards should be proportionate to effort; hence, those who are too lazy to study should not receive high grades, unless they happen to be of exceptional brilliance. When students catch one another cheating during examinations, some protest on normal grounds. The most vehement objections, however, usually rest on the contention that the cheaters are gaining an unfair advantage over their classmates.

Arguments by faculty members that the dishonest students are only hurting themselves appear quite unconvincing, even though few would dispute the claim that those who cheat do not learn and therefore fail to acquire an education. This points to the extent to which group norms may develop which vary from the officially stated ideals. In some situations formally announced objectives are reduced to little more than slogans.

분석해 보면 전후 관계가 분명해지니 이해가 빠르지!

매일의 일과는 교실에서의 마련한다 좋은 예를 일치된
The daily routine in classrooms provides good examples of concerted
S V O

행동의 근거한 합의에 불구하고 놀라울 정도로 다양한
action based upon consensus. In spite of the remarkable variety of
M M

관심사들과 개성들에도 표현되는 수업과정들은 일반적으로
interests and personalities represented, the exercises are generally
M S M

수행된다 무사히 일부 학생들은 주장한다 수강하고 있다고
carried out without mishap. Some students claim to be taking a course
V M S V O

사회 심리학을 때문에 이론적 관심 그 주제에 대한
in social psychology because of a theoretical interest in the subject
M M M

일부는 때문에 교수가 권했기 그들이 수강하라고 그걸 일부는
matter; some, because a professor advised them to take it; some,
S (C) (S) (V) (O) (OC) S

때문에 그들의 친구들이 우연히도 등록을 했기 그것에 일부는 때문에
because their friends happen to be registered for it; some, because
(C) (S) (V) (C) S (C)

그게 우연히도 배정되어 있기 편리한 시간에 불구하고 이런 다양성에도
it happens to come at a convenient hour. In spite of this diversity
(S) (V) (C) M

의도의 그 계획은 진행된다 때문이다 모든 참가자들이 공유하기
of intention, the enterprise goes on, for all of the participants share
S V C S V

어느 정도의 최소한의 양해를
certain minimal understandings.
O

있다 공통의 가정들이 관한 시간과 장소에
There are common assumptions regarding the time and place of
A V S M

모임들의 적절한 의상 위한 이런 중요한 경우들을
the meetings, the appropriate dress for these occasions, and the
M S M

구분이 일의 담당교수가 지는 근본적인 책임을
division of labor in which the professor has primary responsibility. It
S (R) (S) (V) (O) S

일반적으로 이해된다 것이 교수들이 가능성이 있다는 당황할 만일 사람들이
is generally understood that professors are likely to be upset if people
M V (C) (S) (V) (C) (S)

시종일관하게 늦고 언쟁하고 너무 격렬하게 그들과 혹은 보인다면
are consistently late, argue too vehemently with them, or appear
(V) (M) (C) (V) (M) (V)

무례하게 그러므로 대부분의 학생들은 어느 정도 노력한다 정시에 도착하고
disrespectful; hence, most students make some effort to arrive on time
(C) M S V O M

참으려고 그들의 버릇을 공격적이거나 잠이 드는
and to suppress their tendencies toward aggression or falling asleep.
M M

그런 공통의 양해는 언급될 수 있을 것이다 집단의 규범이라
Such common understandings may be referred to as group norms.
S V M

때문에 많은 학생들이 여기기 자신들을 처해 있다고 경쟁적인
Since many students regard themselves as being in a competitive
(C) (S) (V) (C) (OC)

상황에 단지 가장 큰 보상은 보답되는 높은
situation in which only the most deserving are rewarded with high
(R) (S) (V)

성적으로 다른 규범들이 발생한다 실제로 관계가 거의 없는
grades, other norms arise which actually have little to do with
(M) S V (R) (M) (V) (O) (M)

교육과는 큰 집착이 있다 공평한 배분에
education. There is much preoccupation with the equitable distribution
A V S M

성적의 생각된다 것이 보상이 비례를 이루어야 한다는 노력에 그래서
of grades. It is felt that rewards should be proportionate to effort; hence,
S V (C) (S) (V) (C) (M) M

자들은 게을러 공부 못하는 받아선 안된다 높은 성적을 않다면
those who are too lazy to study should not receive high grades, unless
S (R) (V) (C) (M) V O (C)

그들이 공교롭게도 예외적으로 탁월하지 때 학생들이 목격할
they happen to be of exceptional brilliance. When students catch
(S) (V) (C) (C) (S) (V)

서로가 부정행위하는 시험 중에 일부는 항의한다 정상적인
one another cheating during examinations, some protest on normal
(O) (OC) (M) S V

이유로 가장 격렬한 이의는 그렇지만 보통 있다
grounds. The most vehement objections, however, usually rest on the
M S M M V

논쟁점에 부정행위자들이 있다는 부당하게 능가하고 그들의
contention that the cheaters are gaining an unfair advantage over their
M (C) (S) (V) (O)

학급동료들을
classmates.
(M)

주장은 교직원들에 의한 부정직한 학생들이 단지
Arguments by faculty members that the dishonest students are only
S M (C) (S) (M)

상처를 입고 있다는 보인다 꽤나 설득력이 없어 비록 자가 거의 없지만
hurting themselves appear quite unconvincing, even though few would
(V) (O) V C (C) (S)

반박하는 주장을 학생들이 부정행위를 하는 배우지 못해 그래서
dispute the claim that those who cheat do not learn and therefore
(V) (O) (C) (S) (R) (V) (V) (M)

못한다는 얻지 소양을 이는 가리킨다 정도를 집단
fail to acquire an education. This points to the extent to which group
(V) (M) S V M (R)

규범이 발전할 수 있는지 벗어난 공식적으로 언급된 이상에서 어떤
norms may develop which vary from the officially stated ideals. In some
(S) (V) (R) (V) (M)

상황에서는 공식적으로 발표된 목표들이 되고 만다 단지 정도가
situations formally announced objectives are reduced to little more than
M S V C

구호
slogans.

사소한 것이지만 사실 지나치기 쉬운 것들인데!

interests and personalities represented ~ 에서 **represented** 는 과거분사로서 앞의 **interests and personalities** 를 후치 수식한다. **for all of the participants share ~** 에서 **for** 는 접속사다. 접속사적으로 쓰이는 **for all**(~에도 불구하고)의 관용표현과 구분한다. **claim to be taking a course** 에서 부정사의 진행형이 쓰이고 있음을 유의하여 해석해야 한다. 물론 **claim**은 **to** 부정사를 목적어로 취한다. **hence, most students make ~, hence, those who are too lazy to study ~** 에서 두 개의 **hence** 가 사용되고 있는데, 여기서는 그냥 부사로 "그러므로, 따라서"의 뜻이다. 보통은 동사를 생략하여 "이 사실에서 ~ 이 유래하다"는 뜻으로 사용되므로 전후 문장 내용에 따라 적절하게 해석해야 하므로 주의할 어휘다. 여기서 **too lazy to study** 는 **too ~ to** 구문이다.

Some students claim to be ~ in the subject matter; some, because a professor ~ to take it; some, because their friends happen ~ for it; some, because it happens ~ 에서는 뒤에 나온 3개의 **some**과 **because** 사이에는 앞에 나온 **students claim to be taking a course in social psychology**가 생략된 것이므로 넣어서 해석해 보면 된다. **There are common assumptions ~ meetings, the appropriate dress ~, and the division ~** 에서 **the appropriate dress for these occasions, and the division of labor**는 앞의 **common assumptions**을 구체적으로 예를 들어 설명하고 있다. 위 문장에서는 **understandings**, 즉

understanding의 복수형이 쓰이고 있는데 이처럼 셀 수 있는 명사일 경우에 "(의견, 감정 등의) 일치, (비공식적인) 합의, 협정, 양해, 협약" 등의 의미를 갖는다.

catch one another cheating 에서는 **one another**가 목적어이고 **cheating** 이 목적보어로 그 뜻은 "서로가 부정행위하고 있는 것을 목격하다"의 뜻이다. **exercises**도 복수형이 되면 "수업과정, 훈련" 등의 뜻이 된다. **It is generally understood that professors ~ if people are consistently late, argue too fiercely with them, or appear disrespectful ~** 에서는 조건절인 **if** 절에 **are, argue, appear**가 이끄는 술어부분이 연속되고 있다. **happen to be of exceptional brilliance**에서 **be of brilliance** 는 「**of** + 추상명사 = 형용사」 구문으로, **happen to be exceptionally brilliant** 와 같다. **rest on the contention that the cheaters ~** 에서 **that** 은 동격절을 이끄는 접속사로 **contention** 과 동격이다.

☞ concerted 합의한, 협정된, 예정의, 협력한, 일치된. concert 협조하다, 협정하다, 계획하다 / consensus (의견, 증언 따위의) 일치, 합의, 여론, 컨센서스 / exercises (학위신청에 필요한) 수업과정 / carry out (계획, 예정, 명령 따위를) 실행하다, 실시하다, (일, 계획 따위를) 성취하다, 달성하다 / without mishap 무사히. mishap 불운한 일, 재난, 불운, 작은 사고 / take a course 강좌(강의)를 신청하다 / social psychology 사회 심리학 / theoretical 이론(상)의, 사색적인, 이론뿐인, 공론의 / happen to 마침(공교롭게) ~하다, 우연히(이따금) ~하다 / register for (입학, 청강의) 등록을 하다. register for a course 수강신청을 하다 / go on (사태 등이) 계속되다, (물건이) 존속하다 / enterprise 기획, 계획(특히 모험적인) / minimal 최소의, 극미한, 최소한도의 / understandings (의견, 감정 등의) 일치, (비공식적인) 합의, 양해, 협정, 언약 / assumption 가정, 억측, 가설 / occasion 중요한 때, 경사스러운 때, 축전, 행사 / regarding ~에 관하여(는), ~의 점에서는 / be likely to ~할 것 같다, ~듯하다

vehemently 격렬하게, 맹렬하게, 힘껏, 열심히, 열렬하게 / disrespectful 실례되는, 무시하는, 경시한 / make efforts = make an effort 노력하다, 애쓰다 / suppress (반란 등을) 진압하다, 억누르다, 참다, (웃음, 감정 따위를) 나타내지 않다 / aggression (이유 없는) 공격, 침범 / norm 기준, 규범, 모범, 일반 표준, 수준 / refer to ~에 대해 언급하다, 인용하다 / have little to do with ~와 관계가 거의 없다 / preoccupation 선취, 선점, 선입관, 편견, 몰두. preoccupation with ~에 몰두, ~에 정신이 팔림. be preoccupied with ~에 몰두하다, 정신이 팔리다 / equitable 공정(공평)한, 정당한 / be rewarded with ~로 (보)상을 받다 / be proportionate to ~에 비례하다, ~와 균형이 잡히다, ~ 에 어울리다. proportionate 균형 잡힌, 비례를 이룬, 적응한 / be of brilliance 훌륭하다, 화려하다, 탁월하다 / cheat (시험에서) 부정행위를 하다, 속이다, 사취하다, 규정을 어기다 / on ~ grounds 이유로 / objection 반대, 이의, 불복, 반감, 혐오 / rest on (결정, 선택 등이) ~ (여하에) 달려 있다, ~에게 있다, ~에 기초(근거)를 두다 / contention 싸움, 투쟁, 말다툼, 논쟁, 논쟁점, 주장 / gain(win) an advantage over 아무를 능가하다, 아무보다 낫다 / vary from ~에서 이탈하다, 벗어나다 / be reduced to 부득이 ~하게 되다, 몰락(영락)하다 / little more than ~ 내외, 정도, 가량, ~ 와 거의 마찬가지로 적은

사소한 해석 하나하나가 중요하다는 건 알지만!

교실에서의 매일의 평범한 일과는 합의에 근거를 둔 일치된 행동의 좋은 예들을 제공한다. 말로 표현되는 놀라울 정도로 다양한 관심사들과 개성들에도 불구하고, 수업과정들은 일반적으로 무사히 수행된다. 일부 학생들은 그 주제에 대한 이론적 관심 때문에 사회 심리학을 수강하고 있다고 주장한다. 일부 학생들은, 교수가 그들에게 그 강좌를 수강하라고 조언을 했기 때문에, 일부 학생들은, 자기들 친구들이 우연히도 그 강좌에 수강신청을 했기 때문에, 그리고 일부 학생들은, 그 강의가 우연히 편리한 시간에 배정이 되어 있기 때문에, 수강하고 있다고 주장한다. 이렇게 다양한 의도에도 불구하고, 그 모험적인 계획은 잘 진행되어 가는데, 왜냐하면 모든 참여자들이 어느 정도의 최소한의 합의를 공유하기 때문이다.

여러 모임들의 시간과 장소에 관한 공통된 가정들이 있는데, 즉 이런 중요한 여러 기회들을 위한 적절한 의상, 그리고 교수가 근본적인 책임을 지는 일의 구분이 있는 것이다. 만일 사람들이 시종일관하게 늦는다거나, 자신들과 너무 격렬하게 언쟁을 한다거나, 또는 무례하게 보이면 교수들은 당황할 가능성이 있다는 것이 일반적으로 이해된다. 그러므로, 대부분의 학생들은 정각에 도착하고 공격적이거나 잠이 드는 자신들의 성향을 억누르려고 어느 정도 노력을 한다. 그러한 공통의 합의는 집단 규범이라고 할 수 있다.

많은 학생들은 단지 가장 받을 가치가 있는 큰 보상이 높은 성적으로 상을 받게 되는 그런 경쟁적인 상황에 자신들이 처해 있다고 생각하기 때문에, 실제로 교육과는 거의 관계가 없는 다른 규범들이 생긴다. 성적의 공평한 배분에 큰 집착이 있는 것이다. 사람들은 보상이 노력에 비례를 이루어야 한다고 생각한다. 그래서, 만일 그들이 마침 예외적으로 탁월하지 않다면 너무 게을러 공부를 할 수 없는 자들은 높은 성적을 받아선 안 된다. 학생들이 시험을 치르는 동안 서로가 부정행위를 하는 것을 목격할 경우에는, 일부 학생들은 정상적인 이유로 항의를 한다. 그렇지만 가장 강력한 이의는 보통 부정행위자들이 자신들의 학급동료들을 부당하게 능가하고 있다는 논쟁점에 놓여 있다.

정직하지 못한 학생들이 상처를 입고 있다는 교직원들의 주장은, 비록 부정행위를 하는 학생들이 배우지 못하며 그로 말미암아 소양을 얻지 못한다는 주장에 이의를 제기하는 사람은 거의 없지만, 상당히 설득력이 없어 보인다. 이는 공식적으로 언급된 이상에서 벗어난 다른 집단 규범이 어느 정도까지 발전할 수 있는지 그 정도를 가리킨다. 어떤 상황에서는 공식적으로 발표된 목표는 단지 구호 정도가 되고 만다.

07 「when it comes to ~」 에서 it은 뭔고?

우리말과 마찬가지로 영어에도 설명이 안 되는 표현들이 존재한다. 단어 하나하나를 문법에 맞게 번역을 해도 뜻이 안 통하는 이른바 관용구가 그 중 하나일 것이다. 아래 문장에 나오는 when it comes to the powerful ideas ~가 그 중의 하나인데 구어체에서도 잘 쓰이는 이 표현은 "(무엇을) 할 경우에" 아니면 "(무슨 상황이) 될 경우에" 또는 "(무엇에) 관한 한"이라는 뜻으로 영어권 사람의 입에 자주 오르내리는 표현 중의 하나이다. 여기서 유의할 점은, it은 비인칭이며, to는 부정사가 아니라 전치사로 명사나 동명사구를 항상 취한다는 점이다. 예를 들어, When it comes to music I stink.(음악에 관해서라면 난 형편없어.) You always avoid the issue when it comes to me and your ex-girlfriend.(나와 네 옛 애인 이야기가 나올 때 마다 넌 항상 말을 꺼리네.) When it comes to Africa, he monopolizes the conversation.(아프리카 얘기만 나오면 그는 자기 혼자 떠들어 댄다.) 등이 그것들이다. 때로는 to 다음에 절이 와서 When it comes to what we just talked about, no one must know. OK?(우리가 방금 나눈 이야기 말인데 아무도 알아서는 안 돼. 알았지?) 등의 표현으로 쓰인다.

이와 유사한 관용구로는 when it comes to the point가 있는데 이는 결정을 하거나 속마음을 말해야 할 "정작 때가 되기만 하면"의 뜻이다. When it comes to the point, he always changes his mind.(정작 때가 되기만 하면 그는 언제나 마음을 바꾼다.) 또 when it comes to it도 잘 쓰이는데, "기본적으로, 근본적으로(basically, essentially)"의 뜻이다. When it comes to it, I just don't have enough money.(근본적으로 내게는 충분한 돈이 없다.) 결국 관용적인 표현들은 문법적으로 분석하기에 앞서 그 쓰임과 의미를 분명히 알아야 할 것이다. 그렇다면 아래 영문에 나오는 when it comes to the powerful ideas ~ hearts ~는 무슨 의미일까? 이 외에도 잘 쓰이는 표현으로 it's different when it comes to ~의 형식이 있는데 이는 "~이라면 이야기(사정, 문제)가 다르다"의 뜻이다. It's different when it comes to education.(교육에 대해서라면 이야기는 달라진다.)

* make a dent in	* come to mind	* end with
* go on to	* hold back	* conform to
* be concerned with	* be reluctant to	* with assurance
* take a stand	* most likely	* fade away

* in search of	* in fear of	* opt to
* fit in	* stand out	* take the risk of
* when it comes to	* speak up	

The pressures to accept defaults start much earlier than we realize. If you consider the individuals who will grow up and make a dent in the universe, the first group that probably comes to mind is child prodigies. But to paraphrase T.S. Eliot, their careers tend to end not with a bang but a whimper.

Child prodigies rarely go on to change the world. Although child prodigies are often rich in both talent and ambition, what holds them back from moving the world forward is they don't learn to be original. As they perform in Carnegie Hall, win the science Olympics and become chess champions, something tragic happens: Practice makes perfect, but it doesn't make new. They focus their energy on consuming existing scientific knowledge, not producing new insights. They conform to the rules of games instead of inventing their own.

The drive to succeed and the accompanying fear of failure have held back some of the greatest creators in history. Concerned with maintaining stability and attaining conventional achievements, they have been reluctant to pursue originality. Instead of charging full steam ahead with assurance, they have been coaxed, convinced or coerced to take a stand. While they might seem to have possessed the qualities of natural leaders, they were figuratively lifted up by followers and peers.

The last time you had an original idea, what did you do with it? Most likely, you let it simmer and then fade away. Although America is a land of individuality and unique self-expression, in search of excellence and in fear of failure, most of us opt to fit in rather than stand out. "On matters of style, swim with the current", Thomas Jefferson allegedly advised, but "on matters of principle, stand like a rock."

The pressure to achieve leads us to do the opposite. We find surface ways of appearing original – donning a bow tie, wearing bright red shoes – without taking the risk of actually being original. When it comes to the powerful ideas in our heads and the core values in our hearts, we censor ourselves. "There are so few originals in life," says renowned executive Mellody Hobson, because people are afraid to "speak up and stand out." What are the habits of the people whose originality extends beyond appearance to effective action?

도해를 안 보면 이해되지 않는 부분들이 있거든!

압력은 받아들이라는 태만을 시작된다 훨씬 일찍 것보다 우리가 알고 있는
The pressures to accept defaults start much earlier than we realize.
S M V M (C) (S) (V)

만일 네가 생각한다면 개인들을 성장해서 흠집을 낼
If you consider the individuals who will grow up and make a dent
(C) (S) (V) (O) (R) (V) (O)

우주에 첫 집단은 아마도 떠오르는 어린이
in the universe, the first group that probably comes to mind is child
(M) S (R) (M) (V) (M) V

신동들이다 허나 엘리엇을 비유하자면 그들의 생애는 끝나는 경향이 있다
prodigies. But to paraphrase T.S. Eliot, their careers tend to end not
C M S V C

광하는 것이 아니라 흐느낌 소리로
with a bang but a whimper.
M

아이 신동들은 좀처럼 행동하지 않는다 세상을 바꾸려 비록 아동
Child prodigies rarely go on to change the world. Although child
S M V M (C)

신동들이 종종 풍부하지만 재능과 야망 둘 다에서 것은 방해하는 그들이
prodigies are often rich in both talent and ambition, what holds them
(S) (v) (M) (C) (M) R (V) (O)

세상을 전진시키는 걸 것이다 배우지 못한다는 독창적인 걸
back from moving the world forward is they don't learn to be original.
(M) V (S) (V) (O)

그들이 공연하고 카네기 홀에서 우승하고 과학 올림픽에서
As they perform in Carnegie Hall, win the science Olympics and
(C) (S) (V) (M) (V) (O)

체스 챔피언이 되면 어떤 일이 비극적인 일어난다 연습은 만들지만
become chess champions, something tragic happens: Practice makes
(V) (C) S M V S V

완벽을 그것이 만들진 못한다 새것을 집중한다 그들 에너지를 소비하는데
perfect, but it doesn't make new. They focus their energy on consuming
C S V C S V O

기존의 과학 지식을 산출하는 것이 아니라 새 통찰력을 그들은 순응한다
existing scientific knowledge, not producing new insights. They conform
M M S V

규칙에 게임의 대신에 창안하는 그들 자신의 것을
to the rules of games instead of inventing their own.
M M

충동과 성공의 수반하는 두려움은 실패의
The drive to succeed and the accompanying fear of failure have
S

억제해 왔다 일부를 가장 위대한 창조자들 역사상 관심을 가진
held back some of the greatest creators in history. Concerned with
V O M

유지하고 안정성을 달성하는데 연습적인 업적을 그들은
maintaining stability and attaining conventional achievements, they
PC S

꺼려해 왔다 추구하기를 독창성을 대신에 충전하는 가득한 증기를
have been reluctant to pursue originality. Instead of charging full steam
V C M M

앞서서 확신을 갖고 그들은 설득당해 왔고 납득당해 왔고 강요받아 왔다
ahead with assurance, they have been coaxed, convinced or coerced
M S V

입장을 밝히도록 만 그들이 보일지도 모르지 소유한 것처럼 자질을
to take a stand. While they might seem to have possessed the qualities
M (C) (S) (V) (O)

천부의 지도자들의 그들은 비유적으로 지위가 높아졌다 의해 추종자와
of natural leaders, they were figuratively lifted up by followers and
S M V M

동료들에
peers.

지난번 네가 갖고 있었을 독창적 아이디어를 무엇을 했냐 너는 그것으로 아마도
The last time you had an original idea, what did you do with it? Most
M (S) (V) (O) O S V M

너는 했을 거다 그것을 끓여서는 사라지게 비록 미국이
likely, you let it simmer and then fade away. Although America is a
M S V O OC M OC (C) (S) (V)

땅이지만 개성과 독특한 자기 표현의 찾아서 탁월성을
land of individuality and unique self-expression, in search of excellence
(C) (M) (M)

두려워 실패를 우리 대부분은 선택한다 어울리기를 보다는 빼어나는 것
and in fear of failure, most of us opt to fit in rather than stand out. "On
S V O M (C) (O)

문제에선 스타일의 헤엄쳐라 풍조를 따라 토마스 제퍼슨이 주장한 바
matters of style, swim with the current," Thomas Jefferson allegedly
M V M S M

충고했다 그러나 문제에서는 원칙의 서 있어라 바위처럼
advised, but "on matters of principle, stand like a rock."
V M V M

압력은 성취하라는 이끈다 우리가 하도록 반대일을 발견한다 피상적인
The pressure to achieve leads us to do the opposite. We find surface
S V O OC S V O

방법을 보이는 독창적처럼 매고 나비 넥타이를 신는 밝은 색의 빨간
ways of appearing original — donning a bow tie, wearing bright red
M M

구두를 무릅쓰지 않고 위험을 실제로 독창적인 것의 관한 한
shoes — without taking the risk of actually being original. When it
M M (C) (S)

강력한 아이디어에 / 우리 머리속의 / 핵심적 가치에 / 우리

comes to the powerful ideas in our heads and the core values in our

(V) (M) (M) (M)

마음속의 / 검열한다 / 스스로를 / 거의 없다 / 원본이 / 삶에는 / 말한다

hearts, we censor ourselves. "There are so few originals in life," says

(M) S V O A V S M V

유명한 / 경영자인 / 멜로디 홉슨이 / 때문에 / 사람들이 / 두려워하기

renowned executive Mellody Hobson, because people are afraid to

S (C) (S) (V) (C)

거리낌 없이 말하고 / 눈에 띄는 걸 / 무엇인가 / 습관들은 / 사람들의 / 그들의

"speak up and stand out." What are the habits of the people whose

(M) C V S (R)

독창성이 / 뻗어가는 / 넘어서 / 겉모습을 / 효과적인 / 행동으로

originality extends beyond appearance to effective action?

(S) (V) (M) (M)

힌트를 보니 역시 도움이 많이 되는군!

~ tend to end not with a bang but a whimper 는 tend to end not with a bang but with a whimper 의 구조로 end with 와 not ~ but 이 섞인 구문이다. what holds them back ~ is they don't learn ~에서 what 절이 주어이고 is 다음에는 접속사 that 이 생략된 구문이다. 이와 같이 보어절을 이끄는 접속사 that 이 생략될 때가 있다. as they perform in Carnegie ~ champions 에서 as 는 접속사로 when 과 같은 의미로 "~ 하면서, 하자마자, 하고 있을 때"의 뜻이다. something tragic 에서 tragic 은 something 을 후치 수식한다.

Practice makes perfect, but it doesn't make new.에서 make는 자동사(~이 되다, 만들어지다, 제조되다)로 보는 것이 일반적이다. 따라서 perfect, new는 보어이다. Practice makes perfect.는 원래 속담표현으로 "배우기보다 익혀라"의 뜻으로 해석되지만 직역하면 "연습을 해야 완벽해진다"는 의미이다. 이와 유사한 형태의 속담이나 격언으로 Use makes perfect.(배우기보다 익혀라.), Done is better than perfect.(실천이 완벽보다 낫다.) 등이 있다. 반면에 Practice never makes perfect. It improves up to a point.(연습을 한다고 해서 완벽해지는 것은 아니다. 어느 수준까지 향상될 수 있을 뿐이다.)란 표현도 있다. concerned with maintaining ~은 이유를 나타내는 분사구문으로 as they are concerned with maintaining ~과 같다.

the last time you had an original idea ~ 에서 the last time 은 the first time(처음 ~했을 때에는), every time 의 경우처럼 time 다음에 관계부사인 when 이 생략된 것으로 볼 수 있기 때문에 부사구로 보는 것이 일반적이다. 물론 그것의 쓰임에 따라 편의상 접속사로 보는 경우도 있다. most likely, you let it simmer and then fade away ~는 it is most likely that you let it simmer and fade away ~와 같다. donning a bow tie, wearing bright red shoes 은 appearing original 을 구체적으로 설명하고 있다. when it comes to the powerful ideas in our heads and the core values in our hearts 에서는 어휘 하나하나의 의미나 문법을 따지지 말고 그냥 when it comes to를 관용구로 보도록 한다. 실제로 when it comes to ~ 는 매

우 자주 마주치는 관용구로 글자 그대로만 해석해서는 이해하기 어려울 뿐만 아니라, 문맥에 따라서 해석이 달라질 수도 있는 표현이므로 그 예를 몇 가지 소개한다. **When it comes to seeing you, I'll travel a million miles for you.**(당신을 볼 수만 있다면, 난 당신을 위해 천리라도 가겠다.) **When it comes to what we just talked about, no one must know. OK?**(우리가 방금 이야기한 건, 그 누구도 알면 안돼, 알았지?) 후자의 경우에는 **what** 이 이끄는 절이 쓰였으며, 전자의 경우에는 **when it comes to seeing you** 를 **as far as me seeing you,** 또는 **as far as I get to see you** 로 바꿀 수도 있다. 또 **You always avoid the issue when it comes to me and your ex-girlfriend.**(나와 네 옛 여자친구 이야기가 나올 때마다 넌 항상 말을 꺼린다.)에서처럼 **to** 다음에 대명사가 올 수도 있다. 이미 언급했듯이, **when it comes to** 뒤엔 명사나 동명사구만 따라야 한다는 표현방식을 기억해 두도록 하자. 첫째와 세 번째의 예문들처럼, 행동이나 동작을 의미하는 말이 불필요하면 단순한 명사, **me and your ex-girlfriend** 를 가져오든지 아니면 두 번째 예문의 **seeing you** 같은 행동이나 동작을 뜻하는 말이 필요하면 동사원형에 **-ing** 를 붙인 동명사를 가져오면 훌륭한 영어 표현이 된다.

☞ **default** (의무, 약속 따위의) 불이행, 태만, 결핍, 부족, 결여, 채무 불이행 / **dent** 움푹 팬 곳, 눌려서 들어간 곳, 눌린 자국. **make a dent in** ~을 움푹 들어가게 하다, ~에 (경제적 등으로) 영향을 주다, ~을 줄게 하다 / **come to mind** (어떤 생각이) 마음에 떠오르다, 생각이 나다 / **prodigy** 비범한 사람, 천재, 신동 / **paraphrase** (쉽게) 바꿔 쓰다(말하다), 말을 바꿔서 설명하다, 패러프레이즈하다 / **tend to** ~하는 경향이 있다, ~하기 쉽다 / **end with** ~로 끝나다, ~로 그만두다 / **bang** 강타하는 소리(딱, 탕, 쾅, 쿵), 강타, 충격, 흥분 / **whimper** 흐느낌, 훌쩍이는 소리, 애소, 탄원, 불평

go on to ~로 나아가다, 계속해서 ~을 하다 / **hold back** 억제하다, 말리다, 삼가다, 억누르다 / **chess** 체스, 서양장기 / **conform to** ~에 일치하다, ~에 따르다, 순응하다 / **drive** 충동, 본능적 욕구, 의욕, 박력, 추진력 / **be concerned with** ~에 관심이 있다, ~에 관계가 있다 / **be reluctant to** ~할 마음이 내키지 않아 하다, ~하기를 꺼리다, 마지못해서 하다 / **stability** 안정, 안정성(도) / **with assurance** 확신을 가지고 / **coax** 감언으로 설득하다, 달래다, 꾀다, (아무를) 달래어(구슬러서) ~시키다 / **coerce** 강요하다, 강제하다, (아무를) 강요하여 ~ 하게 하다 / **take a stand** 분명한 입장을 취하다, 단호한 태도를 취하다, 견해를 명확히 하다, 태도를 정하다 / **figuratively** 비유적(상징적)으로 / **peer** 동료, 동등(대등)한 사람, (사회적, 법적으로) 지위가 같은 사람 / **most likely** 아마도, 십중팔구, 필시

simmer (약한 불에) 부글부글(지글지글) 끓다, (주전자물 등이) 픽픽하고 끓다 / **fade away** (기억, 인상 따위가) 어렴풋해지다, (정열 따위가) 식다 / **individuality** 개성, 개체성, 개인적 특성, 특질, 개체, 개인, 단일체 / **in search of** ~을 찾아 / **in fear of** ~을 두려워하여 / **opt** 선택하다, (양자 중) 고르다. **opt to** ~하는 쪽을 고르다 / **fit in** ~에 맞다, 적합(합치, 일치)하다, 꼭 맞다, 어울리다 / **stand out** 튀어나오다, 눈에 띄다, 빼어나다 / **current** 흐름, 해류, 조류, (여론, 사상 따위의) 경향, 추세, 풍조, 사조 / **allegedly** 이른바, 주장한(전해진) 바에 의하면 / **don** (옷, 모자 따위를) 걸치다, 입다, 쓰다 / **take the risk of** ~의 위험을 무릅

쓰다, 모험을 하다 / **censor** 검열하다, 검열하여 삭제하다 / **renowned** 유명한, 명성이 있는 / **executive** (사장, 중역, 지배인 등) 간부, 관리직, 경영진, 임원 / **speak up** (~을 지지, 옹호한다는 뜻을) 거리낌 없이 말하다, 큰 소리로 말하다, 똑똑히 잘라 말하다

천재는 아니니 창의적인 사람이 되도록 노력해보자!

디폴트(태만)를 받아들이라는 압력은 우리가 알고 있는 것보다 훨씬 일찍 시작된다. 만약 여러분이 성장해서 우주에 움푹 들어간 흠집을 낼(경제적으로 영향을 줄) 개인들을 생각한다면, 아마도 가장 먼저 떠오르는 첫 그룹은 신동들일 것이다. 하지만 엘리엇의 말을 바꿔 설명하자면, 그들의 생애는 쾅 하는 소리가 아니라 훌쩍거리는 소리로 끝나는 경향이 있다.

신동은 거의 계속해서 세상을 바꾸는 일을 하지 않는다. 신동들이 흔히 재능과 야망 둘 다에서 풍부하지만, 그들이 세상을 발전시키지 못하게 방해하는 것은 그들이 독창적이 되는 법을 배우지 못한다는 것이다. 그들이 카네기홀에서 공연을 하고, 과학 올림픽에서 우승하며, 그리고 체스 챔피언이 되면, 비극적인 일이 발생하는데, 즉 연습은 완벽을 만들어 내지만, 그것이 새로운 것을 만들어 내지는 못한다는 것이다. 그들은 새로운 통찰력을 만들어 내지 못하고 기존 과학 지식을 소비하는 데 자신들의 에너지를 집중한다. 그들은 스스로의 게임 규칙을 창안하는 대신 게임 규칙에 순응한다.

성공하려는 본능적 욕구와 그에 수반하는 실패에 대한 두려움은 역사상 가장 위대한 창조자들 중 일부를 제지해 왔다. 안정성을 유지하고 인습적인 업적을 달성하는 데 관심이 있기 때문에 이들은 독창성을 추구하기를 꺼려해 왔다. 그들은 확신을 가지고 앞서서 증기를 가득 충전하는 대신에, 분명한 입장을 밝히도록 설득당해 왔고, 납득당해 왔으며 혹은 강요받아 왔다. 그들은 천부의 지도자들의 자질을 소유한 것처럼 보일지 모르지만, 추종자들과 동료들에 의해 비유적으로 지위가 올라갔던 것이다.

지난 번 독창적인 아이디어를 가지고 있었을 때, 여러분은 그것을 어떻게 했는가? 아마도, 여러분은 그것을 지글지글 끓인 다음 기억에서 사라지게 했을 것이다. 비록 미국이 개인적 특성의 나라이며 독특한 자기 개성표현의 나라이지만, 뛰어난 소질을 찾고 실패를 두려워해서 우리들 대부분은 남들보다 빼어나는 것보다는 오히려 그들과 맞춰 나가는 쪽을 선택한다. 토마스 제퍼슨이 주장한 바, "스타일의 문제에서는 풍조를 따라 헤엄을 쳐라. 하지만 원칙의 문제에서는 바위처럼 서라"라고 충고를 했다.

성취하라는 압력은 우리가 정반대의 일을 하게 한다. 우리는 실제로 독창적인 것의 위험을 무릅쓰지 않고서 나비넥타이를 착용하고 밝은 색의 빨간 구두를 신는 독창적인 것처럼 보이는 피상적인 방법을 발견한다. 우리의 머리속에 있는 강력한 아이디어와 마음에 있는 핵심 가치에 관해서는, 우리는 스스로를 검열한다. 유명한 경영자인 멜로디 홉슨은 "실생활에는 원본들이란 거의 없다, 왜냐하면 사람들은 거리낌 없이 말하고 두드러지는 것을 꺼리기 때문이다"라고 말했다. 그들의 독창성이 외관을 뛰어넘어 효과적인 행동으로 뻗어가는 사람들의 습관들은 무엇인가?

08
「that's all there is」가 자주 보이는군!

구어체든 문어체든 독해에서 관용표현으로 굳어져 자주 쓰이는 표현들은 한두 가지가 아니어서 그때그때 익혀두는 것이 상책이다. 때로 짧은 표현 한 구절 때문에 시간을 허비하는 경우가 있기 때문이다. 물론 앞에서도 이런 예를 다룬 적이 있듯이 이런 것들 중 일부는 난해한 표현은 아닐 수도 있다. 그 중 하나가 바로 That's all there is. 이다. 이 문장의 형태는 "That's all of (what there is to it)"이라고 할 수 있다. "그것은 (거기 있는 것)의 전부이다." 즉, "그게 전부이다. 그것은 매우 간단하다. 더 이상 할 말이 없다."라는 의미가 된다. 형태는 이렇지만 내용적으로는 That's all.(그게 다야.)과 차이가 없다. 그런데 보통 그냥 관용적인 표현으로 That's all there is (to it). 또는 That's all there is to say. That's all it's gonna take. 라고 쓰이는 것을 자주 볼 수 있다. 이 경우 That's all there is to it. 은 There's no debate. There's no two ways about it. 등의 의미다. 또 이 말에는 That's very easy. 의 뜻도 있는데 가령 "시작 버튼만 누르세요.그러면 간단해요."라고 하려면 All you have to do is push the start button. That's all there is to it. 이라고 하면 된다. 물론 all과 there is 사이에 관계대명사 that이 생략된 것인데 that 을 써서는 표현하지 않는다. 관계대명사 다음에 there is, there was가 계속될 때에는 관계대명사를 생략한다는 것은 이미 알고 있는 바이다. 예를 더 들어본다. You think that's all there is to it?(그게 전부라고 생각하는가?) Love and work, work and love. That's all there is.(사랑하고 일하라, 일하고 사랑하라. 그것이 인생의 전부이다.) That's all it's gonna take. 도 잘 쓰이는 표현인데 "(시간이든, 노력이든) 그것만 있으면 돼."의 뜻이다.

아래 예문에서는 that matter is all there is 가 쓰이고 있는데, 물론 that's all there is 에서 주어인 that 대신 matter 가 사용된 표현으로 여기서 that 은 앞의 belief 에 연결되는 동격의 접속사이므로 위의 표현과는 관계가 없다.

* have to do with	* that's all there is	* at the very least
* in other words	* not just(only) ~ but	* make sense
* rest on	* result from	* nobody's business
* in the end	* have little to do with	* deep down

If morality has to do with what is right and wrong, and if materialism has to do with the belief that everything we experience can be explained in material, physical terms, that matter is all there is, then moral materialism, at the very least, means that consumer products possess a quality of intrinsic goodness. In other words, we have a duty to consume them – a failure to make and buy consumer goods is not just bad for the economy but a moral failure.

Now this notion of morality is not only odd, but wrong. Morality has to do with how we treat others, not with whether we should make or buy things for ourselves. Moral materialism may make sense to those who believe that physical comfort and the satiation of desires is life's highest good, that securing one's material lot is the key to finding peace, or that one's significance is measured by monetary success. But for those who believe that there is something higher and better in life than what pleases the eye and excites the flesh, something more virtuous than acquiring possessions, then such a doctrine is bunk.

Moral materialism is obviously the accepted wisdom of our age, but shouldn't we at least stop and consider what it actually entails? What happens when the "wellbeing" of society rests on personal profit and economic power as the pillars of its existence? What results from a system that makes sacred the ability to acquire, possess, consume? What kind of life is it when the sources of one's property don't matter, when the use of one's property is nobody's business, and when the disparity between rich and poor is understood as an inevitable outgrowth of a system that cannot be changed?

In the end, when material pursuits become our moral passion we spiritually and socially self-destruct; we forfeit what it means to be genuinely alive to the true, the good, and the beautiful. The having-selling-buying-working mode of existence may benefit one's portfolio and Wall Street, it may even lead one to enjoy some semblance of the "good life," but it has little to do with whether one's life is truly good. We know this to be true every time we come home with one more purchase but deep down feel empty and alone.

궁금한 부분은 도해를 참고로 구체적으로 파악할 것!

도덕이 관련이 있다면 것과 옳고 그른 물질주의가
If morality has to do with what is right and wrong, and if materialism
(C) (S) (V) (R) (V) (C) (C) (S)

관련 있다면 신념과 모든 것이 우리가 경험하는 수 있다는
has to do with the belief that everything we experience can be
(V) (O) (C) (S) (S) (V)

설명될 물질적 형이하의 용어로 물질이 전부 다는 그렇다면
explained in material, physical terms, that matter is all there is, then
(V) (M) (C) (S) (V) (C) (A) (V) C

도덕적 물질주의는 적어도 의미한다 것을 소비자 제품들이
moral materialism, at the very least, means that consumer products
S M V (C) (S)

소유한다는 질을 본질적인 우량의 환언하면 우리는 갖는다 의무를
possess a quality of intrinsic goodness. In other words, we have a duty
(V) (O) M S V O

소비할 그들을 즉 불이행은 만들고 사는 소비자 물품을
to consume them – a failure to make and buy consumer goods is not
M S M V

나쁘지 않을 뿐 아니라 경제에 도덕적 실패다
just bad for the economy but a moral failure.
M C M C

이제 이 개념은 도덕의 이상할 뿐만 아니라 잘못이다 도덕성은
Now this notion of morality is not only odd, but wrong. Morality has
M S V M C C S

관련이 있다 방법과 대하는 타인을 아니라 지와가 우리가 만들거나
to do with how we treat others, not with whether we should make or
V (Q) (S) (V) (O) (M) (C) (S) (V)

사야 하는 물건을 위해 우리 자신을 도덕적 유물론은 의미가 있을 수 있다 사람들에게
buy things for ourselves. Moral materialism may make sense to those
(O) (M) S V O M

믿는 것을 육체적 안락과 포만이 욕망의 인생의
who believe that physical comfort and the satiation of desires is life's
(R) (V) (C) (S) (V)

최고의 선이며 것을 확보하는 것이 자신의 물질적 부지를 열쇠라는 찾는
highest good, that securing one's material lot is the key to finding
(C) (C) (S) (V) (C)

평화를 또는 것을 자신의 중대성이 측정된다는 의해 금전적 성공에
peace, or that one's significance is measured by monetary success.
(M) (C) (S) (V) (M)

허나 사람에게는 믿는 것을 있다는 어떤 것이 더 높고 더 좋은
But for those who believe that there is something higher and better in
M (R) (V) (C) (A) (V) (S) (M)

인생에서 보다 것 기쁘게 하고 눈을 흥분시키는 육체를 어떤 것이 더
life than what pleases the eye and excites the flesh, something more
(M) (C) (R) (V) (O) (V) (O) (S)

고결한 보다 얻는 것 소유물을 그러면 그런 교리는 허튼 소리다
virtuous than acquiring possessions, then such a doctrine is bunk.
(M) (C) (S) M S V C

도덕적 물질주의는 분명히 인정된 지혜다 우리 시대의 허나
Moral materialism is obviously the accepted wisdom of our age, but
M V M C

안 되는가 우리가 적어도 멈춰 서서 생각해선 무엇을 그게 실제로 수반하는지 무엇이
shouldn't we at least stop and consider what it actually entails? What
S M V (Q) (S) (M) (V) S

일어날까 때 안녕이 사회의 의존할 개인의 이익과
happens when the "wellbeing" of society rests on personal profit and
V (C) (S) (V) (M)

경제력에 기둥으로 그 존재의 무엇이 생길까
economic power as the pillars of its existence? What results from a
(M) S V

체제에서 만드는 성스럽게 능력을 획득하고 소유하고 소비하는
system that makes sacred the ability to acquire, possess, consume?
M (R) (V) (OC) (O) (M)

어떤 종류의 삶인가 그건 때 출처가 자기 재산의 중요하지 않을
What kind of life is it when the sources of one's property don't matter,
C V S (C) (S) (V)

때 사용이 자기 재산의 누구의 문제도 아닐 때
when the use of one's property is nobody's business, and when
(C) (S) (V) (C) (C)

불균형이 사이의 부자와 빈자 이해될 불가피한
the disparity between rich and poor is understood as an inevitable
(S) (M) (V)

부산물로 체제의 변화될 수 없는
outgrowth of a system that cannot be changed?
(C) (M) (R) (V)

결국 때 물질적인 추구가 될 우리의 도덕적 열정이 우린
In the end, when material pursuits become our moral passion we
(M) (C) (S) (V) (C) S

영적으로 사회적으로 자기 파괴한다 우린 상실한다 무얼 의미하는지
spiritually and socially self-destruct; we forfeit what it means to be
M V S V (Q) (S) (V)

진짜로 살아있다는 게 대해 참되고 선하고 아름다운 것에 소유
genuinely alive to the true, the good, and the beautiful. The having-
(S) (M)

판매 구매 작업 방식은 존재의 이익이 될 수 있다 포트폴리오와
selling-buying-working mode of existence may benefit one's portfolio
S M V O

월가에 그건 있다 이끌 수도 우리가 즐기도록 비슷한 것을
and Wall Street, it may even lead one to enjoy some semblance of the
S M V O OC

좋은 삶과 그건 거의 관련이 없다 지와 우리 삶이 진정으로 좋은
"good life," but it has little to do with whether one's life is truly good.
M S V O M (C) (S) (V) (M) (C)

우린 안다 이게 진실이라고 때마다 우리가 귀가할 한번 더
We know this to be true every time we come home with one more
S V O OC M (S) (V) (M)

구입하여 허나 내심은 느낀다 공허하고 고독함을
purchase but deep down feel empty and alone.
(M) M V C

아는 길도 물어서 간다는 말이 있듯이!

that matter is all there is 는 역시 앞의 **with the belief that ~** 에 이어지는 동격절이다. 따라서 여기서 **that** 은 지시형용사가 아니라 접속사이다. 접속사 **if** 와 연결되는 **then** 을 보고 판단한다. **If you are ill, then you must stay in bed.**(아프면 누워 있어야 한다.) **a failure to make and buy consumer goods is not just bad for the economy but a moral failure** 에서 주어부분은 "소비재를 만들고 그리고는 구매하지 않는 것은"의 뜻이다. 뒤에 이어지는 **not only ~ but also** 구문은 **only** 대신 **just, merely, simply** 등이 쓰이기도 하고 **but also** 대신 **but** 또는 **but** 대용으로 마침표, 세미콜론 등도 쓰인다. **not with whether we should make or buy things ~** 에서 **whether** 는 명사절을 이끄는 접속사이므로 **with** 의 목적절이 되고 있다. **those who believe that physical comfort ~, that securing one's material lot ~, or that one's significance ~** 에서는 3개의 **that** 절이 **believe** 의 목적절로 쓰이고 있다. **a system that makes sacred the ability to acquire, possess, consume**에서 **sacred** 는 목적보어로서, 목적어인 **the ability to acquire, possess, consume** 이 길기 때문에 목적어와 목적보어가 도치된 것이다.

nobody's business 는 "(어느)누구의 일(문제)도 아님, (어느)누구의 일(문제)도 아니다"는 뜻이다, 속담인 **Everybody's business is nobody's business.**(공동 책임은 무책임) 또 **Anybody's business is nobody's business.**(누구든지 할 수 있는 일이라면 누구에게도 제대로 된 일이 되지 못한다) 등이 잘 쓰이는 표현이다. **what it means to be genuinely alive ~** 에서 **it** 은 가주어이고 **to be genuinely alive** 가 진주어이다. **to the true, the good, and the beautiful** 은 "**the** + 추상명사 = 명사"의 형태로 "진, 선, 미"의 뜻이다. **Wall Street, it may even lead one ~** 에서는 **it** 앞에 **and** 를 넣어서 해석한다. **we know this to be true ~** 에서 **this** 는 **know** 의 목적어, **to be true** 는 목적보어이다. **every time we come home** 에서 **every time** 은 접속사적으로 사용된다.

☞ **materialism** 물질주의, 유물론, 유물주의 / **have to do with** ~와(는) 관계가 있다 / **physical** 물질의, 물질적인, 형이하의 / **matter** 물질 / **at the very least** 적어도, 하다못해, 그런대로 / **intrinsic** (가치, 성질 따위가) 본질적인, 본래 갖추어진, 고유의 / **in other words** 바꾸어 말하면, 즉 / **not just(only) ~ but** ~뿐만 아니라 ~도 또한 / **make sense** (사물이) 도리에 맞다, (표현, 행동 등이) 이치에 닿다, 합리적이다, 이해되다 / **satiation = satiety** 물림, 포만, 포식, 만끽 / **lot** 땅, 부지, 몫, 한 구획의 토지, 한 품목 / **monetary** 금전(상)의, 금융의, 재정(상)의, 화폐의 / **doctrine** (종교의) 교의, 교리, (정치, 학문상의) 주의, 학설, 가르침 / **flesh** 육체, 육욕, 정욕 / **bunk** 허튼 소리, 터무니없는 소리, 속임수

rest on ~에 기초를 두다, 의거하다, (결정 등이) ~에게 있다 / **entail** (필연적 결과로서) 일으키다, 남기다, 수반하다 / **pillar** 기둥, (국가, 활동의) 대들보, 주석 / **result from** ~의 결과로서 일어나다, ~에서 생기다, 유래하다 / **disparity** 부동, 불균형, 불일치 / **outgrowth** 자연적인 발전(산물), 결과, 부산물, 성장, 싹틈 / **in the end** 마침내, 결국은 / **self-destruct** 자기 파괴하

다, 자폭하다, (사물 따위가) 자멸하다 / **forfeit** (죄, 과실 등에 의하여 지위, 재산, 권리를) 상실하다, 몰수되다 / **portfolio** (개인, 기관의) 유가 증권 보유 일람표, 개개의 금융 기관이나 개인이 보유하는 각종 금융 자산의 명세표, 다양한 투자 대상에 분산하여 자금을 투입하여 운용하는 일 / **semblance** 유사, 닮음, 비슷한 것, 모양 / **have little to do with** ~과 거의 관계가 없다 / **deep down** 본심은, 내심(은)

이젠 영어로 좋은 내용의 글을 읽으니 참 좋구먼!

도덕이 옳고 그른 것과 관련이 있고, 물질주의가 우리들이 경험하는 모든 것은 물질적이고, 형이하의 용어로 설명될 수 있으며, 물질이 전부라는 신념과 관련이 있다면, 그렇다면 적어도 도덕적 물질주의는 소비자 제품들이 본질적으로 좋은 품질을 가지고 있다는 것을 의미한다. 다시 말해서, 우리는 그 제품들을 소비할 의무가 있는 것이다. 즉 소비재를 만들고 구매하지 않는 것은 경제에 좋지 않을 뿐만 아니라 도덕적 실패이기도 하다.

오늘날 이 도덕의 개념은 이상할 뿐만 아니라 잘못된 것이다. 도덕성은 우리 자신을 위해 물건을 만들거나 사야 하는지와 관련이 있는 것이 아니라 우리가 다른 사람들을 대하는 방식과 관련이 있다. 도덕적 물질주의는 육체적 안락함과 욕망의 포만이 인생의 최고의 선이며, 자신의 물질적 부지를 확보하는 것이 평화를 찾는 열쇠이고, 또는 자신의 의미가 금전적 성공에 의해 측정된다고 믿는 사람들에게는 합리적일 수 있을 것이다. 그러나 인생에서 눈을 기쁘게 하고 육체를 흥분시키는 것보다 더 높고 더 좋은 것이 있으며, 소유물을 얻는 것보다 더 고결한 것이 있다고 믿는 사람들에게는 그렇다면 그런 교리는 터무니없는 소리다.

도덕적 물질주의는 분명히 우리 시대에 받아들여진 지혜이지만, 그것이 실제로 무엇을 수반하는지를 적어도 멈춰 서서 숙고해서는 안 되는 것일까? 사회의 안녕이 그 존재의 기둥으로 개인의 이익과 경제력에 의존할 때 무슨 일이 일어날까? 획득하고 소유하며, 소비할 수 있는 능력을 신성하게 하는 체제의 결과는 무엇일까? 재산의 출처가 중요하지 않고, 재산의 사용이 어느 누구의 문제도 아닐 때, 부자와 가난한 사람의 불균형이 변화될 수 없는 체제의 불가피한 부산물로 이해될 때 그것은 어떤 종류의 삶이 될까?

결국, 물질적인 추구가 우리의 도덕적 열정이 될 때 우리는 영적으로 사회적으로 자멸한다. 우리는 참되고 선하고 아름다운 것에 대해 진정으로 살아 있다는 것이 무엇을 의미하는지를 상실한다. 소유-판매-구매-작업 방식은 포트폴리오와 월스트리트에 이익이 될 수 있으며, 우리들이 "좋은 삶"과 다소 비슷한 것을 즐기도록 할 수도 있지만, 그것은 우리 삶이 진정으로 좋은지 여부와는 거의 관련이 없다. 우리는 한 번 더 물건을 구입하여 집으로 돌아올 때마다 이것이 사실이라는 것을 알고 있지만 내심으로는 공허하고 고독한 느낌을 갖는 것이다.

09 따지지 마라. 그냥 그런 뜻이라니까!

어떤 표현들을 보면 그것의 문장 성분을 하나하나 분석하는 것이 오히려 의미 이해에 혼동을 주는 경우가 있다. 사실 무수히 많은 관용표현들 하나하나를 문법적으로 따지는 것은 어렵기도 하려니와 부질없을 때가 많다. 그 표현의 의미를 그대로 익혀서 해석에 적용하는 것이 더욱 편리한 것이다. 예를 들어, Would you put up some chairs? (자리에 앉아 이야기 좀 하시겠어요?)는 의자를 가져와 대화를 하자는 관용 표현이다. 아마도 이런 관용표현들의 예를 들자면 끝이 없을 것이다. 따라서 그런 표현들을 마주칠 때마다 하나하나 익혀두는 것이 상책일 것이다.

실제로 이런 관용표현들은 문화에 따라 변하기도 한다. 즉 영국에서 사용하는 유명한 관용구가 미국이나 호주 등 다른 영어권 국가에서는 이상하게 들릴 수도 있다. 이런 이유 때문에 단지 의미를 배우는 대신에 각 관용구의 문맥을 익히는 것이 중요하다. 거기에는 어휘만으로 구성된 것과, 구문만으로 구성된 것, 그리고 어휘와 구문 둘 다를 결합한 것들이 있다. 예를 들면, a dime a dozen 은 "흔해 빠진, 헐값인, 평범한"의 의미이고, an arm and a leg 는 "거액의 돈, 막대한 경비, 엄청난 금액", the apple of discord 는 "불화(싸움, 분쟁)의 씨(원인)"의 뜻이다. ace in the hole 은 "비장의 무기(묘책, 수)"의 뜻이다. 물론 이들은 주로 역사적 배경이나 사회적 배경에서 생겨난 것들로 the apple of discord 는 그리스 신화에서 트로이전쟁의 원인이 된 황금 사과에서 비롯된 표현이며, ace in the hole 은 포커에서 상대방이 눈치채지 않게 엎어 놓은 에이스란 말에서 유래했다.

아래 예문에서 they have it in them to do 는 어휘나 구문 둘 다가 결합된 표현으로 사실 문장 성분을 따지자면 복잡하다. 즉 형식상으로는 it 이 가목적어이고 to do 가 진목적어이다. 그렇다면 in them을 무엇으로 볼 것인가? 내용상으로는 목적보어이지만 부사구라고 볼 수도 있을 것이다. 하지만 그렇다 해도 해석이 매끄럽지 않을 수 있다. 물론 한걸음 더 나아가 전치사 in 에는 능력이나 성격, 재능을 나타내는 구문이 있으므로 그 뜻을 파악할 수도 있겠지만, 원래 「have it in one to + 동사원형」 은 "~ 할 능력(소질, 용기)이 있다"는 뜻의 구어체 표현이므로 그냥 이 뜻을 암기하여 해석하는 것이 편할 것이다. 예를 들어 They didn't think he had it in him to do that. 은 "그들은 그가 그것을 할 만한 사람이라고 생각하지 않았다."의 뜻이 된다.

* not so much ~ as	* have it in one to	* set down
* so to speak	* aim at	* be in rapport
* eye ~ to silence	* somehow or other	* a bit of a
* make out	* in connection with	* for all

"I tell you, Edward," said my father with some severity, "we must judge men not so much by what they do, as by what they make us feel that they have it in them to do. If a man has done enough, either in painting, music or the affairs of life, to make me feel that I might trust him in an emergency he has done enough. It is not by what a man has actually put upon his canvas, nor yet by the acts which he has set down, so to speak, upon the canvas of his life that I will judge him, but by what he makes me feel that he felt and aimed at. If he has made me feel that he felt those things to be lovable which I hold lovable myself I ask no more; his grammar may have been imperfect, but still I have understood him; he and I are in rapport; and I say again, Edward, that old Pontifex was not only an able man, but one of the very ablest men I ever knew."

Against this there was no more to be said, and my sisters eyed me to silence. Somehow or other my sisters always did eye me to silence when I differed from my father.

"My dear father," I answered, "What did he do? He could draw a little. He built two organs; he was a good carpenter and a bit of a wag; he was a good old fellow enough, but why make him out so much abler than he was?"

"My boy," returned my father, "you must not judge by the work, but by the work in connection with the surroundings. Talking of his successful son," snorted my father. "he is not fit to black his father's boots. He has his thousands of pounds a year, while his father had perhaps three thousand shillings a year towards the end of his life. He is a successful man; but his father, hobbling about Paleham Street in his grey worsted stockings, broad brimmed hat and brown swallow-tailed coat was worth a hundred of his sons, for all his carriages and horses and the airs he gives himself."

쉬워도 구문 분석부터 하는 게 좋지!

내 말 들어봐라 / 말했다 / 아버지가 / 다소 엄격하게 / 우리는 / 한다
"I tell you, Edward," said my father with some severity, "we must
S V O / V / S / M / S

판단해야 / 사람을 / 라기보다는 / 의해서 / 것에 / 그들이 하는 / 의해 / 것에 / 그들이 / 우리가 느끼게 하는
judge men not so much by what they do, as by what they make us feel
V / O / M / (R) / (S) / (V) / (C) / (R) / (S) / (V) / (O) / (OC)

그들이 / 그것을 역량이 있다고 / 할 만한 / 만일 / 사람이 / 했다면 / 충분히
that they have it in them to do. If a man has done enough, either in
(C) / (S) / (V) / (O) / (OC) / (O) / (C) / (S) / (V) / (O) / (C)

회화나 / 음악에서 / 또는 / 일들에서 / 인생의 / 할 만큼 / 내가 / 느끼게 / 내가 / 신뢰할 수 있다고
painting, music or the affairs of life, to make me feel that I might trust
(M) / (M) / (C) / (S) / (V)

그를 / 위급한 때 / 그는 / 했다 / 충분히 / 아니라 / 의해서가 / 것에 / 사람이
him in an emergency he has done enough. It is not by what a man
(O) / (M) / S / V / O / S / V / M / (R) / (S)

실제로 / 그려놓은 / 화폭 위에 / 아니라 더구나 / 의해서가 / 행동에 / 그려놓은
has actually put upon his canvas, nor yet by the acts which he has set
(M) / (V) / (M) / (M) / (M) / (R) / (S) / (V)

말하자면 / 화폭 위에 / 그의 인생의 / 것은 / 판단하려는 / 사람을
down, so to speak, upon the canvas of his life that I will judge him, but
(M) / (M) / (M) / (S) / (S) / (V) / (O)

의해 / 것에 / 그가 / 하는 / 내가 느끼게 / 그가 느끼고 / 목표했던 것을 / 만일 그가 / 했다면 / 내가
by what he makes me feel that he felt and aimed at. If he has made me
(R) / (S) / (V) / (O) / (OC) / (C) / (S) / (V) / (C) / (S) / (V) / (O)

느끼게 / 그가 느꼈다고 / 그런 것들이 / 사랑스럽다고 / 내가 생각하는 / 사랑스럽다고 / 스스로
feel that he felt those things to be lovable which I hold lovable myself
(OC) / (C) / (S) / (V) / (O) / (OC) / (R) / (S) / (V) / (C)

더이상 안 묻는다 / 그의 / 어법은 / 수 있었지만 / 불완전할 / 여전히 난
I ask no more; his grammar may have been imperfect, but still I have
S V / O / S / V / C / M / S

이해했다 / 그를 / 그와 / 난 / 있다 / 화합하고 / 말하는데 / 다시 / 에드워드야
understood him; he and I are in rapport; and I say again, Edward, that
V / O / S / V / C / S / V / M / E / (C)

나이든 / 폰티펙스는 / 이었을 뿐 아니라 / 유능한 사람 / 하나였다 / 정말 가장 능란한 사람 중
old Pontifex was not only an able man, but one of the very ablest men
(S) / (V) / (M) / (C) / (C)

내가 / 지금까지 / 아는
I ever knew."
(S) / (V)

대해 / 이 말에 / 더이상 / 없었다 / 할 말이 / 내 누이들은 / 흘겨봤다 / 나를
Against this there was no more to be said, and my sisters eyed me
M / A / V / S / M / S / V / O

조용히 하라고 / 아무튼 / 누이들은 / 항상 / 흘겨봤다 / 나를 / 조용히 하라고
to silence. Somehow or other my sisters always did eye me to silence
M / M / S / M / V / O / M

때 / 내가 의견이 다를 / 아버지와
when I differed from my frather.
(C) / (S) / (V) / (M)

아버님 나는 대답했다 무엇을 했나요 그가 약간 그림을 그릴 수 있었어요
"My dear father," I answered, "What did he do? He could draw a little.
E S V O S V S V O

두 오르간을 만들었죠 그는 훌륭한 목수였고 약간 재사였다 그는
He built two organs; he was a good carpenter and a bit of a wag; he
S V O S V C S

좋은 노인이었다 충분히 하지만 왜 하나 그를 훨씬 더 유능하게
was a good old fellow enough, but why make him out so much abler
V C Q V O PC

실제의 그보다
than he was?"
(C) (S) (V)

얘야 다시 말을 이었다 아버지가 넌 판단해선 안 된다 직업으로
"My boy," returned my father, "you must not judge by the work,
E V S S V M

직업으로 연관된 주위 환경과 대해서 말인데 그의
but by the work in connection with the surroundings. Talking of his
M M PC

성공한 아들에 코웃음을 쳤다 아버지는 그는 적합지 않다 닦는데 그의 아버지의
successful son," snorted my father. "he is not fit to black his father's
V S S V C M

구두를 그는 번다 수천 파운드를 일 년에 반면에 아버지는
boots. He has his thousands of pounds a year, while his father had
S V O M (C) (S) (V)

아마도 3천 실링을 벌었을 거다 일 년에 끝 무렵에 그의 일생의 그는
perhaps three thousand shillings a year towards the end of his life. He
(M) (O) (M) (M) S

성공한 사람이다 허나 아버지는 절룩거리며 다니지만 팔레함 거리를
is a successful man; but his father, hobbling about Paleham Street in
V C S

회색 소모사 스타킹을 신고 챙 넓은 모자 갈색 연미복
his grey worsted stockings, broad brimmed hat and brown swallow-
PC

코트를 입고 가치가 있다 백 명의 그의 아들 불구하고 그의 말이 끄는 마차와
tailed coat was worth a hundred of his sons, for all his carriages and
V C O M

젠체하는 태도에도 주는 자신에게
horses and the airs he gives himself."
(S) (V) (O)

하기야 이젠 이 정도는 다 알겠지만 그래도!

not so much by what they do, as by what they make us feel ~ 에서 **not so much A as B** 는 "그렇게 많이 A하지는 않고 B이다"는 직역에서 보통 "A가 아니라 B다"의 뜻으로 쓰이는 관용표현이다. **They are not so much lovers as friends.**(그들은 연인이라기보다는 친구다.) 이의 변형으로는 **much**가 생략되기도 하고(**They are not so lovers as friends.**) 또 **but, more** 등과 함께 사용되기도 한다.(**They are not so much lovers but friends. They are not so much lovers, more friends.**) 또 A 위치가 이동하여 비교 대상

A를 **not** 다음에 놓을 수도 있으며,(**They are not lovers so much as friends.**) 열등 비교인 **less A than B** 를 사용하여 **They are less lovers than friends.** 로 말할 수도 있고, **B rather than A, more B than A** 등을 써서 **They are friends rather than lovers. They are more friends than lovers.** 등으로 유사한 뜻을 나타내기도 한다. **not so much A as B** 구문에서 주의할 점은 A와 B 는 비교의 대상이므로 그 대상은 반드시 문법적으로 대등해야만 한다는 점이다. 즉 명사 대 명사, 형용사 대 형용사(**He is not so much strange as curious.** 그는 이상하다기보다는 호기심이 많다.), 부정사 대 부정사(**I don't want so much to be loved as to love.** 나는 사랑받기보다는 사랑하고 싶다.), 절 대 절(**It is not so much that I don't love you as I just don't care.** (내가 너를 사랑하지 않아서가 아니라 그저 신경 쓰지 않을 뿐이다.) 등의 형식이 되어야 한다. 물론 **not so much as**(~조차 안한다) 구문과는 구별된다. **Not so much as a whisper was heard.**(**= Not even a whisper was heard.** 속삭임 한 마디조차 들리지 않았다.)

앞에서 설명한 것 이외에도 관용구인 **have it** 에는 여러 가지 뜻과 용법이 있으므로 주의해야 한다. 몇 가지 예를 들어 보자. **I've had it with him.** (그라면 이제 지긋지긋하다.) **The ayes have it.** (찬성자가 다수이다.) **They will have it so.** (그들은 끝까지 그렇게 주장한다.) **Rumor has it that Peter felt in love with Dorothy.** (소문에 의하면 피터가 도로시를 좋아한대.) **I got the job as luck would have it.** (나는 운 좋게도 그 일자리를 얻었다.) 이 밖에도 구어체에서는 그 표현이 매우 다양하므로 잘 익혀둘 필요가 있다. **if a man has done enough, either in painting, ~** 의 **enough** 는 뒤에 나오는 **to make me feel that ~** 과 연결된다.

It is not by what a man ~ that I will judge him은 **it ~ that** 강조구문인데, 강조부분이 길고 복잡해서 자칫 구문을 놓칠 수가 있다. 물론 이 문장의 진주어인 **that I will judge him** 이 **not by what a man has, nor yet by the acts, but by what he makes me feel ~** 즉 **not ~, nor ~, but ~** 구문으로 이루어진 술부를 강조하고 있다. 앞에 나온 **If a man has done enough ~ emergency**에서도 조건절이 콤마 없이 길게 연결되어 있으며, 주절이 **he has done enough** 이다. **which I hold lovable** 에서 **which** 의 선행사는 앞의 **those things** 이므로 **I hold those things lovable** 로 보면 된다. **why make him out so much abler than ~** 은 **why does it make him out so much abler than ~** 의 뜻이다. **hobbling about Paleham Street ~ coat** 은 분사구문으로 **though he hobbles about Paleham Street ~ coat** 의 뜻이다.

☞ **severity** 엄격, 가혹, 엄중, 격렬함 / **not so much ~ as** (나열된 순서로 번역하여) ~이라기보다는 오히려 / **set down** 적어두다, 기록하다, 내려놓다 / **so to speak** 말하자면 / **aim at** ~을 겨누다, 목표로 삼다 / **grammar** (개인의) 말투, (문법에 맞는) 어법, (학문, 예술, 기술 등의) 기본, 원리 / **be in rapport** 화합(일치)하고 있다 / **eye ~ to silence** 눈을 흘겨서 조용하게 하다 / **somehow or other** 이럭저럭, 어떻게든지 하여, 웬일인지(**somehow**의 강조형)

my boy (호칭) 얘야(아들에게), 여보게(친구에게) / **a bit of a** 약간, 조금 / **wag** 익살꾸러기, 재치 있는 사람, 재사 / **in connection with** ~와 관련하여, ~에 관한, ~와 연락하여 /

judge by ~으로 판단하다 / **talk of** ~에 관하여 이야기하다, ~의 소문을 이야기하다, ~할 생각이라고 말하다 / **black** (구두약으로 신을) 닦다, (스토브 등을) 닦아 광을 내다 / **snort** 콧방귀를 뀌다, 코웃음 치다 / **hobble** 절뚝거리며 걷다 / **worsted** 소모사 직물(의), 모직물(의) / **swallow-tailed coat** 연미복(tailcoat) / **for all** ~이 있어도, ~이 있는데도 (불구하고) / **airs** 젠체하는 태도

해석도 전체를 보면 의미가 확실히 풀리는 법!

나의 아버지는 다소 엄격하게 말을 했다. "에드워드야, 내 말 좀 들어봐라. 우리는 사람들이 실제로 하는 일에 의해서라기보다는 오히려 그들이 할 수 있는 능력이 있다고 우리가 느끼도록 해주는 것에 의해서 사람들을 판단해야만 한다. 만일 어떤 사람이 회화나 음악에서나 혹은 인생의 여러 가지 일에 있어서, 어떤 위급한 때에 내가 그 사람을 신뢰할 수 있다는 느낌을 나에게 줄 수 있을 만큼 충분한 일을 했다면, 그 사람은 충분한 일을 한 것이다. 내가 사람을 판단하려는 것은 그 사람이 실제로 캔버스 위에 그려놓은 것에 의해서가 아니라, 더구나 그 사람이, 말하자면, 그의 인생이라는 캔버스 위에다 그려 놓은 행위에 의해서가 아니라, 그가 느끼고 또한 목표로 삼았던 것을 나에게 느끼게 하는 것에 의해서이다. 만일 내가 스스로 사랑스럽다고 생각하는 것들을 그가 사랑스럽다고 느꼈다는 것을 그가 나에게 느끼게끔 해 주었다면 난 더 이상 바라지 않는다. 그의 어법은 불완전할 수도 있었을지 모르나 여전히 나는 그를 이해했다. 그와 난 화합하고 있는 것이다. 에드워드야, 다시 말하는데, 나이든 폰티펙스는 유능한 사람이었을 뿐 아니라 내가 지금까지 알고 있는 사람들 가운데 정말 가장 능란한 사람 중의 하나였다."

이 말에 대해서는 더 이상 할 말이 없었다. 나의 누이들은 나에게 조용하라고 눈을 흘겼다. 아무튼 내 누이들은 내가 아버지와 의견이 다를 때에는 항상 조용하라고 나에게 눈을 흘겼다.

"아버지," 나는 대답했다. "그의 직업이 무엇이었나요? 약간의 그림을 그릴 수 있었죠. 두 개의 오르간을 만들었어요. 그는 좋은 목수였으며 약간 재사였어요. 하지만 무엇 때문에 그가 실제의 그보다 훨씬 더 유능하게 된 거죠?"

"얘야, 너는 직업에 의해서가 아니라, 주위의 상황과 연관한 직업에 의해서 판단해야만 한다. 그의 성공한 아들 말인데," 아버지는 코웃음을 쳤다. "그는 자기 아버지의 구두를 닦는데도 적합하지 않다. 그는 일 년에 수천 파운드를 벌지만 그의 아버지는 아마도 그의 생애의 끝 무렵에 일 년에 3천 실링을 벌었을 거다. 그는 성공한 사람이지만 그의 아버지는, 비록 회색 소모사 스타킹을 신고, 챙 넓은 모자를 쓰고 갈색 연미복을 입고 절뚝거리며 팔레함 거리를 돌아다니지만, 그의 아들 백 명의 가치가 있단다, 그의 말이 끄는 마차와 스스로에게 부여하는 젠체하는 태도가 있는데도 불구하고 말이다."

여기서 「it」의 의미를 찾아봤자! 10

독해를 하다보면 짧은 어휘인 it 이 가리키는 내용이 없거나 흔히 알고 있는 비인칭 동사의 주어, 형식 주어, 형식 목적어 등 전형적인 it 의 쓰임이 아닌 경우가 있어 당황할 때가 생긴다. 물론 어떤 종류의 표현에서 동사의 무의미한 형식상의 목적어로 사용되는 예를 이미 학습한 바 있어 낯설지는 않을 것이다. 예를 들어, 동사의 무의미한 형식상의 목적어로서 walk it(걸어가다, 쉽게 이루다), catch it(꾸지람 듣다, 벌 받다, 혼이 나다), damn it(제기랄, 빌어먹을) 등과 같은 표현에서부터, 명사를 임시 동사로 하고 그 뒤에 무의미한 형식상의 목적어로 it 을 써서, cab it(택시로 가다), bus it(버스로 가다), foot it(걸어서 가다, 춤추다), king it(군림하다, 으스대다) 같은 표현도 있고, 전치사의 무의미한 목적어로서 out with it(다 말해버리다, 말하다), have a good time of it(즐겁게 지내다) 등에 이르기까지 그 쓰임이 매우 광범위하고 다양하다. 유명한 팝송에서 walk it like I talk it(말보다 중요한 건 행동이다, 말에서 끝나지 말고 행동으로 옮겨라) 같은 말이 반복되어 사용되는 경우도 있을 정도다. 그러니까 it 이 사용된 구문에서는 대체로 it 을 반드시 해석을 해야 하는 경우와 해석을 할 필요가 없는 경우, 그것이 문법적 기능을 하는 경우와 문법적 기능을 하지 않는 경우 등으로 나뉠 수 있다. 예를 들어 She has it in for Americans.(그녀는 미국 사람을 싫어한다)에서 it 의 의미를 찾는 것은 시간 낭비인 것이다. 다음에 또 다른 상황에서의 it 의 쓰임을 다루겠지만, 다음 글에 등장하는 in modern society, in our industrial and financial machinery it may be 에서 it may be 는 어떻게 해석을 할까? 그것의 문법적 기능이나 it 의 의미를 찾는 것은 무의미할 것이다. It may be that the weather will improve tomorrow. 처럼 it 이 가리키는 것이 명확한 경우도 있지만 it을 해석할 필요가 없을 경우도 있기 때문에 혼동을 할 수가 있는 것이다.

* no more ~ than	* have sympathy with	* in face of
* at the same time	* come of	* far too
* at best	* concern oneself with	* it may be
* bring about	* tend to	* give adherence to
* no more than	* be conscious of	* in the long run
* be provided with		

I have no more sympathy with the purely humanitarian attitude toward war than with the humanitarian attitude toward anything else: I should not enjoy the prospect of abolishing suffering without at the same time perfecting human nature. In face of any naturally horrifying phenomenon like war we must measure the suffering, direct and indirect, against the spiritual goods which may come of suffering. We may find that the proportion of futile suffering and of that kind of suffering which makes men worse rather than better, which abates their human dignity and deadens their sense of responsibility, is far too high; and that the total effect is at best one of futility.

What we have to concern ourselves with primarily is the causes in modern society, in our industrial and financial machinery it may be, which bring about the kind of war which we have experienced; and to give our adherence to all alterations in that machinery which tend to remove the motives. We do not, I suppose, deny that society is very deeply affected morally and spiritually by material conditions, even by a machinery which it has constructed piecemeal and with short sighted aims. This is not to accept any doctrine of determinism, for it means no more than that society, and the majority of individuals composing it, are only imperfectly conscious of what they are doing, directed by impure motives and aiming at false goods.

In the long run, I believe that the Catholic Faith is also the only practical one. That does not mean that we are provided with an infallible calculating machine for knowing what should be done in any contingency; it means perpetual new thinking to meet perpetually changing situations. The attitude of the Catholic towards any form of organization, national or international, must always be a specific attitude toward a specific situation.

막힐 땐 분석이 최고야!

내가 / 동조하지 않는 것은 / 순전히 / 인도주의적인 / 태도에 대해

I (S) **have** (V) **no more** (M) **sympathy** (O) **with the purely humanitarian attitude** (M)

대한 전쟁에 않는 것과 같다 인도주의적 태도에 동조하지 대해 다른 어떤 것에
toward war than with the humanitarian attitude toward anything else:
M (C) (M) (M)

나는 즐겨서는 안 된다 전망을 없애는 고통을 않으면서
I should not enjoy the prospect of abolishing suffering without at the
S V O

동시에 완성하지 인간의 본성을 앞에서 필연적으로 공포감을 주는
same time perfecting human nature. In face of any naturally horrifying
M M

현상의 전쟁 같은 우리는 측정해야 한다 고통을 직접
phenomenon like war we must measure the suffering, direct and
M S V O M

간접의 대비하여 정신적 이익에 올지도 모르는 고통에서
indirect, against the spiritual goods which may come of suffering.
M (R) (V) (M)

알지도 모른다 것을 비율이 쓸데없는 고통과 그런 종류의
We may find that the proportion of futile suffering and of that kind of
S V (C) (S) (M)

고통의 인간을 악화시키는 향상시키기보다는 저하시키며
suffering which makes men worse rather than better, which abates
(R) (V) (O) (OC) (C) (OC) (R) (V)

인간의 존엄성을 둔화시키는 그들의 책임감을 너무나도
their human dignity and deadens their sense of responsibility, is far too
(O) (V) (O) (V) (M)

크다 것을 전체적 효과는 잘해야 고통이 되는 무익의
high; and that the total effect is at best one of futility.
(C) (C) (S) (V) (M) (C)

것은 우리가 관심을 가져야만 되는 우선적으로 원인들이다
What we have to concern ourselves with primarily is the causes in
(R) (S) (V) (M) V C

현대사회의 즉 우리 산업 및 금융 기구 속에 있을지 모르는
modern society, in our industrial and financial machinery it may be,
M (S) (V)

야기시키는 그런 전쟁을 우리가 경험한 것과 같은
which bring about the kind of war which we have experienced; and to
(R) (V) (O) (R) (S) (V)

고수해야만 한다는 거다 모든 변혁을 그 기구안에서 경향이 있는
give our adherence to all alterations in that machinery which tend to
C M M (R)

제거하는 그 동기를 우리는 않는다 내 생각엔 부인하지 사회가 매우
remove the motives. We do not, I suppose, deny that society is very
(V) (O) S P V (C) (S) (V)

깊게 영향을 받는다 도덕적으로 정신적으로 의해 물질적 조건들에 까지도
deeply affected morally and spiritually by material conditions, even
(M) (V) (M) (M)

의해서 기구에 그게 구축해온 하나씩 그리고 근시안적인
by a machinery which it has constructed piecemeal and with short
(M) (R) (S) (V) (M)

계획으로 이는 받아들이는 게 아니다 어느 학설을 결정론의 왜냐면
sighted aims. This is not to accept any doctrine of determinism, for
S V C M (C)

의미하기 때문이다 만을 것 사회와 대다수가 개인들의
it means no more than that society, and the majority of individuals
S V O (C) (C) (S)

구성하는 그것을 다만 불완전하게 의식하고 있다는 무엇을 그들이 하고 있는지
composing it, are only imperfectly conscious of what they are doing,
(M) V M C (Q) (S) (V)

관리되어 의해 불순한 동기들에 목표로 삼으면서 거짓 이익을
directed by impure motives and aiming at false goods.
(M)

결국은 난 믿는다 가톨릭교가 역시 유일한
In the long run, I believe that the Catholic Faith is also the only
M S V (C) (S) (V) (M)

실용적 신앙이라 그건 의미하지 않는다 것을 우리가 갖추고 있다는
practical one. That does not mean that we are provided with an
(C) S V (C) (S) (V)

전혀 틀림없는 계산기를 알기 위해 무엇이 행해져야 하는가 어떤
infallible calculating machine for knowing what should be done in any
(M) (M) (Q) (V)

우발적 상황에서 의미한다 영원한 새로운 사고를 대처하는 영원히
contingency; it means perpetual new thinking to meet perpetually
(M) S V O M

변하는 상황들에 그 태도는 가톨릭의 향한 어떤 형태를
changing situations. The attitude of the Catholic towards any form
S M

조직의 국가적이거나 국제적인 항상 한다 구체적인
of organization, national or international, must always be a specific
M M V

태도여야만 대해 특정한 상황에
attitude toward a specific situation.
C M

이거 참 속 시원하네!

that kind of suffering which makes ~, which abates ~ deadens ~ responsibility에서 선행사인 that kind of suffering을 두 개의 which 절이 수식하고 있다. proportion이 is far too high의 주어이며 뒤에 이어지는 that the total effect ~는 may find의 목적절이다. which bring about ~의 선행사는 the causes이다. to give our adherence는 the causes처럼 is에 이어지는 보어이다. in modern society, in our industrial and financial machinery it may be에서 it may be는 관용표현으로 perhaps, possibly, maybe, perchance 등의 의미이다. 그러니까 일종의 삽입절인 셈이다. it means no more than that society ~에서 no more than은 이를테면 부사구로서 means의 목적절이 that 이하이다.

☞ no more ~ than ~가 아닌 것은 ~이 아닌 것과 같다 / have sympathy with ~에 공감(동조, 찬성)하다 / humanitarian 인도주의의, 박애(주의)의 / abolish (관례, 제도 등을) 폐지(철폐)하다, 완전히 파괴하다 / in (the) face of ~의 앞에서, ~에 거슬러, ~에도 아랑곳없이(불구하고) / horrifying 무서운, 소름끼치는 / phenomenon 현상 / come of ~에서 오다, ~의 출신

이다, ~에서 옮아오다 / **proportion** 비, 비율, 조화 / **at best** 잘 해야, 기껏해야 / **futile** 쓸데없는, 무익한. **futility** 쓸데없음, 무익(무용) / **abate** 수(양, 정도 따위)를 줄이다, (값을) 내리다, (세를) 낮추다, (고통, 기세 따위를) 덜다 / **deaden** (조직, 활동력 따위를) 죽이다, 무감각하게 하다, 누그러뜨리다

concern oneself with ~에 관심을 갖다, ~을 염려하다 / **bring about** 일으키다, 가져오다 / **machinery** (정치 등의) 기관, 기구, 조직 / **alteration** 변화, 변질, 변경, 개조 / **adherence** 고수, 충실한 지지, 집착. **give adherence to** ~을 고수하다, ~에 충실하다, ~에 집착하다 / **no more than** 다만, 겨우 / **construct** 조립하다, 세우다, 건조하다, 꾸미다, 구성하다 / **piecemeal** 하나씩, 차차, 차츰, 조각조각으로 / **short sighted** 근시(안)의, 근시적인(**near-sighted**), 선견지명이 없는 / **determinism** 결정론 / **be conscious of** ~을 의식하다, ~을 알고 있다

힌트가 도움이 되었겠지?

내가 전쟁에 대한 순수하게 인도주의적인 태도에 대해 동조하지 않는 것은 그 밖의 어떤 것에 대한 인도주의적 태도에 대해 동조하지 않는 것과 같다. 동시에 인간의 본성을 완성하지 않으면서 고통을 없애는 전망을 나는 즐기지 않아야만 한다. 전쟁과 같이 필연적으로 공포감을 주는 현상을 면전에 두고 우리들은 고통에서 생길지도 모르는 정신적 이익에 반해서, 직접적이고 간접적인 고통을 측정해야만 한다. 우리들은 쓸데없는 고통과, 또한 인간을 향상시키는 것이 아니라 악화시키며, 인간의 존엄성을 저하시키며 그들의 책임감을 둔화시키는 그런 종류와 같은 것들이 차지하는 고통의 비율이 너무나도 크다는 것과, 전체적인 효과는 잘해야 보람 없는 고통이 된다는 것을 깨달을는지도 모른다.

우리가 우선적으로 관심을 가져야만 되는 것은, 우리가 지금까지 경험해 온 그런 종류의 전쟁을 일으키는 현대사회 속에 포함되어 있는 원인들, 아마도 우리들의 산업적이며 금융적인 조직 속에 포함되어 있는 원인들이며, 그 조직 속에서 전쟁의 동기들을 제거하는 경향을 취하는 모든 변혁들을 고수해야 한다는 것이다. 우리는 사회가 물질적 조건들에 의해, 심지어는 사회가 조금씩 그리고 근시안적 계획으로 구축해 온 조직에 의해서 도덕적으로 또한 정신적으로 매우 깊게 영향을 받는다는 것을 부인하지 않는다고 나는 생각한다. 이것은 결정론의 어떤 학설을 받아들이는 것이 아니다. 왜냐하면 그것은 단지 사회와, 사회를 구성하고 있는 개인들 대다수가, 불순한 동기들에 의해 관리되고 그릇된 이익을 목표로 삼으면서, 자신들이 무슨 일을 하고 있는지를 다만 불완전하게 인식하고 있다는 것을 의미하기 때문이다.

결국, 나는 가톨릭 신앙만이 역시 유일한 실용적인 신앙이라고 믿는다. 그것은 어떤 우발적인 상황에서 우리들이 무엇을 해야 하는지 알기 위해 결코 틀림이 없는 계산기를 갖추고 있다는 것을 의미하지는 않는다. 그것은 영원히 변화하는 상황들에 대처하는 영원히 새로운 사고를 의미한다. 국가적이거나 국제적인 조직의 모든 형태에 대한 가톨릭의 태도는, 항상 특정 상황에 대해 명확한 태도여야 한다.

11 「given」이 전치사, 접속사로도 쓰였지!!

관용적으로 쓰이는 소위 비인칭 분사구문들은 현재분사나 과거분사에 관계없이, 또는 그 분사가 전치사나 접속사 역할을 하면서 부사절을 이룬다. 예를 들어 providing 이나 provided 는 다 같이 접속사로 "(~이라는) 조건으로, 만약 (~)이면(= if)"의 뜻인데, 접속사인데도 다시 접속사인 that 절을 취하기도 한다. You can go to the movies, providing (or provided) (that) you finish your homework first.(우선 숙제를 끝내면 영화 보러 가도 좋다.) granting (or granted) that ~ (설사 ~이라 할지라도) 역시 같이 쓰인다. grant/granting/granting (that) ~ 도 같이 쓰여 "가령 ~이라 치고, ~이라 하더라도"의 뜻이 된다. Granting(Granted) that the house is old, I still want to buy it. Granted. But do you still believe him?(맞아. 하지만 너는 아직도 그를 믿냐?) considering(~임을 고려하면, ~을 생각하면, ~ 이므로 = taking ~ into consideration)은 전치사와 접속사 두 가지로 쓰이면서 뒤에 명사(구), (that) 절, (how, who, ...) 절 등을 이끈다. He did poorly in his exams, considering how hard he had studied for them.(시험을 위해 얼마나 열심히 공부해왔는지를 고려하면, 그는 시험을 형편없이 치렀다.) following(~에 이어, ~후에)은 전치사로 Following the meeting, tea will be served.(모임이 끝난 후 차가 나온다)처럼 쓰인다. 이런 분사구문은 상당히 많다. seeing (that) ~도 접속사로 "~ 한 점에서보면, ~인 이상은, ~이므로, ~인 셈치고는" 등의 뜻을 갖는다. We make allowances, seeing that he is young.(그는 아직 젊으니까 고려해 보겠다.)

아래 예문에서 given that technical measures alone cannot prevent any crime ~ 이 나오는데, given 역시 뒤에 명사형을 취하기도 하고(전치사) that 절을 취하기도 하는데(접속사), "~임을 고려하면, ~이라고 가정하면, ~이 주어지면, ~이기 때문에"의 뜻을 갖는 비인칭 분사구문이다. Given good weather, the thing can be done.(날씨가 좋다면 그 일은 가능하다.) Given that John is an internationally renowned scholar, I think we may trust his professional judgment.(존이 국제적으로 명성이 있는 학자임을 고려한다면, 우리가 그의 전문적인 판단을 믿어야 한다고 생각한다.) 물론 that 은 생략이 가능하다. Given your reaction to me, you're hiding something.(나에 대한 너의 반응을 보자면, 넌 뭔가를 숨기고 있어.) Given (that) I don't earn that much, you should pay for it.(내가 돈을 그만큼 벌지 못하니, 네가 내야 한다.)

* on a massive scale	* by its very nature	* as long as
* have the potential to	* it is worth noting the fact that	
* be ahead of	* as such	* stand to
* loose out	* as well	* no less
* drag into	* given that	* same as

The world is again worried about the possibility of cyber terrorism on a massive scale, this time because hackers have successfully attacked major world recognized internet sites. There is more than just the possibility of future acts; as cyberspace expands, as electronic commerce gains more popularity, instances of hacking will become more frequent and diverse in tactics. This is because the cyber world, by its very nature, has inherent dangers. As long as the technology which manages and operates the cyber world is closely followed by the technology that knows how to destroy, obstruct and abuse it, there will always be room for similar crimes and confusion. Instability in cyberspace has the potential to seriously damage global distribution systems and the information market, as well as of course state security and global order.

It is worth noting the fact that cyber crimes are common even in the United States, which is always assumed to be ahead of everyone else in the area of comprehensive electronic security. This can only mean that countries with less technology or interest in this area are wide open to attack, and as such stand to loose out even further in electronic commerce and the distribution of information. There is much for Korea to learn here, since information technology is one of our main national strategies for the 21st century. Korea as well has been experiencing more instances of hacking recently, and security in government networks is notoriously shabby. The private sector is no less vulnerable, largely because of a lack of interest in security. With increasing frequency, Korea has been dragged into involvement in international cases of hacking when hackers overseas use domestic networks to route and hide their trails. Instead of satisfying itself with the outward growth Korea is experiencing as the number of persons using the internet grows dramatically, the government should waste no further time in stabilizing the country's information base and cyber infrastructure.

The fight against cybercrime needs a comprehensive approach. Given that technical measures alone cannot prevent any crime, it is critical that law-enforcement agencies are allowed to investigate and prosecute cybercrime effectively. Same as all the other wars occurring in the world, cyber war could also be harmful for many people except those who manufacture weapons and profit from the wars.

기본부터 차근차근 풀어보자고!

세계는 다시 걱정한다 대해 가능성에 사이버 테러의
The world is again worried about the possibility of cyber terrorism
S V M V M M

대규모의 이번에는 때문이다 해커들이 성공적으로
on a massive scale, this time because hackers have successfully
M M (C) (S) (M)

공격했기 큰 세계적으로 인정받는 인터넷 사이트를 있다 이상이 단순히
attacked major world recognized internet sites. There is more than just
(V) (O) A V S

가능성 미래 행동의 따라 사이버 공간이 확장됨에 따라 전자
the possibility of future acts; as cyberspace expands, as electronic
(M) (C) (S) (V) (C) (S)

상거래가 얻음에 더 인기를 사례는 해킹 질 것이다
commerce gains more popularity, instances of hacking will become
(V) (O) S V

더 빈번하고 다양해 방법에서 이는 때문이다 사이버 세계가
more frequent and diverse in tactics. This is because the cyber world,
C M S V (C) (S)

그 고유의 성질대로 갖고 있기 고유한 위험을 한 기술이
by its very nature, has inherent dangers. As long as the technology
(M) (V) (O) (C) (S)

관리하고 조종하는 사이버 세계를 가까이 뒤따라지고 있는 의해
which manages and operates the cyber world is closely followed by
(R) (V) (O) (M) (V)

기술에 아는 법을 파괴하고 방해하고 남용하는
the technology that knows how to destroy, obstruct and abuse it, there
(M) (R) (V) (O) A

항상 있을 거다 여지가 비슷한 범죄와 혼란의 불안정은
will always be room for similar crimes and confusion. Instability in
M V S M S

사이버공간의 갖는다 가능성을 심각하게 훼손할 세계의 분배
cyberspace has the potential to seriously damage global distribution
V O M

체계와 정보 시장을 뿐 아니라 물론 국가
systems and the information market, as well as of course state
M

보안과 세계 질서는
security and global order.

가치있다 인정할 사실을 사이버 범죄가 흔하다는 조차
It is worth noting the fact that cyber crimes are common even in
S V C O (C) (S) (V) (C)

미국에서 항상 알려지고 있는 앞서 있다고 그 밖의 모든 국가를
the United States, which is always assumed to be ahead of everyone
(M) (R) (M) (V) (C)

분야에서 포괄적인 전자 보안의 이는
else in the area of comprehensive electronic security. This can only
(M) S M

의미할 뿐이다 것을 나라들이 더 적게 가진 기술이나 흥미를 이 분야에서
mean that countries with less technology or interest in this area are
V (C) (S) (M) (M) (V)

넓게 열려있다는 공격에 그런만큼 같다 느슨할 것 훨씬 더
wide open to attack, and as such stand to loose out even further in
(C) (M) (M) (V) (C) (M)

전자상거래와 배분에서 정보의 있다
electronic commerce and the distribution of information. There is
(M) A V

많은 것이 한국이 배울 여기서 때문에 정보 기술이 하나이기
much for Korea to learn here, since information technology is one of
S M (C) (S) (V)

우리의 주요 국가 전략들의 21세기에는 한국 또한
our main national strategies for the 21st century. Korea as well has
(C) (M) S M

경험해 오고 있다 더 많은 사례들을 해킹의 최근에 보안이
been experiencing more instances of hacking recently, and security in
V O M

정부 통신망의 악명높게 초라하다 사적인 영역은 역시
government networks is notoriously shabby. The private sector is no
S V M C S V

있다 약점이 주로 때문에 부족 관심의 보안에 대한
less vulnerable, largely because of a lack of interest in security. With
M C M M M

더욱 빈번하게 한국은 끌어넣어지고 있다 말려듦에
increasing frequency, Korea has been dragged into involvement in
M S V M

국제적인 사례들에 해킹의 때 해커들이 외국의 이용할 국내의
international cases of hacking when hackers overseas use domestic
M (C) (S) (M) (V) (O)

통신망을 경로를 정하고 숨기는데 흔적을 대신 만족하는
networks to route and hide their trails. Instead of satisfying itself with
(M) M

외적 성장에 한국이 경험하고 있는 면서 수가 사람들의
the outward growth Korea is experiencing as the number of persons
S V (C) (S)

사용하는 인터넷 증가하 극적으로 정부는 낭비해서는 안 된다
using the internet grows dramatically, the government should waste
(M) (V) (M) S V

더 이상 시간을 안정화하는데 나라의 정보기반과 사이버
no further time in stabilizing the country's information base and cyber
O M

기반시설을
infrastructure.

싸움은 사이버 범죄와의 필요로 한다 포괄적인 접근을
The fight against cybercrime needs a comprehensive approach.
S V O

감안할 때 점을 기술적인 조치만으로 수 없다는 막을 어떤 범죄도
Given that technical measures alone cannot prevent any crime, it is
PC S V

중요하다 것이 법 집행 기관이 있도록 하는 수사하고
critical that law-enforcement agencies are allowed to investigate and
C (C) (S) (V)

기소할 수 사이버 범죄를 효과적으로 마찬가지로 다른 모든 전쟁과 일어나는
prosecute cybercrime effectively. Same as all the other wars occurring
(C) (M) M

세계에서 사이버 전쟁은 또한 해로울 수 있다 많은 사람들에게 제외한
in the world, cyber war could also be harmful for many people except
S M V C M M

자들을 제조하고 무기를 이익 얻는 전쟁에서
those who manufacture weapons and profit from the wars.
(R) (V) (O) (V) (M)

해설은 도움이 많이 된다는 걸 알아야지.

it is worth noting the fact that ~ 에서 **that** 이하는 **the fact** 와 동격절이다. **worth** 가 형용사로 쓰일 경우 전치사로 쓰이는 것 같아 혼동할 때가 많다. 관용적인 표현은 제외하고라도 뒤에 명사, 대명사, 동명사, 절, 수사 등이 쓰이기 때문에 그 표현을 익혀두는 것이 좋다. 실제로 **worth** 는 보통 알고 있는 구문이나 관용표현들 이외에도 그 쓰임이 다양하기 때문에 주의해서 구문을 살펴야 한다. 몇 가지 예를 들어본다. **It was hard work, but it was worth it in the end.**(그것은 힘든 일이었지만 결국 보람이 있었다.) **What's it worth for you to be able to leave here?**(네가 여길 떠날 수 있다는 게 무슨 가치가 있냐?) **This is worth thinking about. = It is worth thinking about this. History is a subject well worth teaching.** 즉, 뜻이 수동형일지라도 수동형을 쓰지 않으며 항상 능동형으로 표현한다. 전치사와 같이 쓰기도 한다. **He gave her an amused look, then poured her three shots worth of whiskey and handed it to her.**(그는 그녀를 재미있다는 듯이 쳐다보더니 세 잔의 위스키를 따라 그녀에게 건네 주었다.) **From what I hear, it's not worth enough to go through all this hassle.**(내가 듣기로는 이런 번거로움을 겪기에 충분한 가치가 없다고 하더군.) **If there was none of this magnanimity in war, we should go to war only when it was worth while going to certain death, as now.**(전쟁에서 이런 관대함이 없었다면, 우리는 지금처럼 특정한 죽음을 맞이할 가치가 있을 때만 전쟁을 치러야 한다.) **as such stand to loose out even further ~** 의 **as such**에서 **such** 는 대명사이고 **as** 는 전치사인데 위치에 따라 "엄밀히 말해서 그런, 흔히 말하는 그런, 지금 그대로(의), 그 자체(로는), 현 상태로는, 그것 나름으로, 그와 같은 자격(입장)으로, 그러한 것(사람)으로서" 등의

여러 뜻으로 쓰인다. **stand to** + 동사원형은 까다로운 관용구로 "~할 것 같다, ~일 것 같다, ~할 것으로 보인다"의 뜻이다.

given that technical measures alone cannot ~ 은 앞에서 설명한 바와 같이 일종의 분사구문으로 **given that** 은 관용표현이다. 물론 **given** 이 과거분사이지만 접속사적으로 쓰이고 있으며 뒤에 절이 아니라 명사가 올 경우에는 전치사적으로 쓰일 때도 있다. **Given time, it can be done.**(시간만 있으면 될 수 있는 일이다.) 다시 정리하자면 **given** 은 동사, 형용사, 명사, 전치사, 접속사(적) 등으로 쓰인다. 형용사로는 "이미 결정된, 정해진, 준비된, 경향이 있는, 습관이 있는, 선물로 주어진"의 뜻으로 **I'm not given that way.**(나는 그런 일을 하는 성격의 사람이 아니다.) **Tom is given to staying in bed till lunchtime.**(톰은 점심 전까지 침대에 있는 습관이 있다.) 등을 주목한다. 명사로는 "기정사실, 당연한 것, 기지 사항"의 뜻으로 **I've taken it as a given that Tom is innocent.**(난 톰이 결백하다는 걸 사실로 받아들였다.) 로 쓰인다. 「**given** + 명사」 형일 때는 전치사형이 되고, 「**given + (that) + S + V**」 형일 때는 접속사형이 된다. **Given (that) how hard the test was, it's no wonder Tom failed.**(시험이 정말 어려웠다는 것을 생각하면, 톰이 떨어진 것은 놀랄 일도 아니다.) **Given the figure of NASA, we know that the temperature of the planet has been increasing.**(나사의 통계를 고려하면, 우리는 지구의 온도가 증가해오고 있다는 것을 알게 된다.) 또 이처럼 문장의 시작 부분에 사용되기도 하지만 문장 중간에도 사용되기 때문에 혼동이 된다. 특히 다음의 예처럼 내용이 어려우면 더욱 혼동이 된다. **Our data show that the degradation is injury specific given that no degradation was seen in the unamputated digits subjected to HBO treatment.**(우리의 데이터는 HBO 처리의 대상이 되는 절단되지 않은 자리수에서 어떤 저하도 관찰되지 않았다는 점을 감안할 때 저하가 상해에만 해당한다는 것을 보여준다.) **This is surprising given that reasoning ability is a central subconstruct within the structure of IQ. Where IQ scores have been covaried, results have been inconsistent.**(추론 능력이 IQ 구조 내의 중심 하위 구성이라는 점에서 이는 놀라운 일이다. IQ 점수가 공변형인 경우 결과가 일관되지 않는다.)

same as all the other wars occurring in the world ~ 에서 **same as** 의 **same** 은 부사로, **the** 를 붙이지 않고 **as** 와 상관적으로 쓰여 "~와 마찬가지로"의 뜻이다. 따라서 **same** 앞에 **being** 이 생략된 분사구문이 아니다.

☞ **on a massive scale** 대규모로 / **electronic commerce** 전자 상거래(컴퓨터를 이용한 거래 형태) / **stand to** ~ 일 것 같다 / **by its very nature** 성격상, 바로 그 본질상, 바로 그 본질적으로 / **inherent** 본래부터 가지고 있는, 고유의, 본래의, 타고난 / **tactic** 작전, 전법, 방책, 수 / **as long as** ~하는 한(에서는), ~동안은 / **potential** 잠재력, 가능성. **have the potential to** ~ 할 가능성이 있다, 잠재력이 있다 / **obstruct** (길 따위를) 막다, 차단하다, (일의 진행, 행동 따위를) 방해하다 / **abuse** (지위, 특권, 재능, 호의 등을) 남용하다, 오용하다, 악용하다 / **instability** 불안정(성), (마음의) 불안정, 변하기 쉬움 / **assume** 당연한 것으로 여기다, 당연하다고 생각하다 / **strategy** (특정 목표를 위한) 계획, 계획 수립, (군사적인) 전략 / **be ahead of** ~보다 앞에 서 있다, ~보다 앞서 있다(빼어나다, 뛰어나다) / **noto-**

riously 악명 높게, 주지의 사실로서

shabby 초라한, 누더기의, 더러운, 꾀죄죄한 / loose out 느슨하게 하다 / no less ~보다 적지 않은 (것), 그 정도의 (것), (종종 반어적) 바로, 확실히 / drag into 질질 끌어넣다 / involvement 말려듦, 휩쓸려듦, 관련 / vulnerable 상처를 입기 쉬운, 비난(공격)받기 쉬운, 약점이 있는, (유혹, 설득 따위에) 약한 / route ~의 경로(절차, 길, 방법)를 정하다, (어떤 경로, 노선에 의해) 발송(송달)하다 / stabilize 안정시키다, 견고하게 하다, 안정 장치를 하다 / infrastructure 기반시설, 산업 기반, 사회적 생산 기반 / cybercrime 인터넷 상에서의 컴퓨터 범죄 / comprehensive 포괄적인, 포용력이 큰, 범위가 넓은 / measures 수단, 방책, 조처 / law-enforcement 법의 집행 / prosecute 해내다, 수행하다, 경영하다, 기소하다, 소추하다

비교적 쉬운 글이니 속독을 했겠지?

세계는 또다시 대규모의 사이버 테러 가능성에 대해 걱정하고 있는데, 그 이유는 이번에 해커들이 세계 메이저급으로 여겨지는 인터넷 사이트를 공격하는 데 성공했기 때문이다. 사실 단순히 있을만한 가능성 그 이상의 위험이 있다; 사이버공간이 확장됨에 따라, 그리고 전자 상거래가 점점 더 인기를 끌어감에 따라, 해킹 사례도 좀 더 빈번해지고 방법 또한 다양해질 것이다. 이것은 바로 사이버 세계가, 그 고유의 성질대로, 본래부터 위험 요소를 항상 갖고 있기 때문이다. 사이버 세계를 파괴하고 훼방 놓고 잘못 사용하는 기술이, 그 세계를 관리하고 조종하는 기술에 바짝 따라붙어 함께하는 한, 언제나 비슷한 유형의 사이버 범죄와 혼란의 여지가 남아있을 것이다. 사이버공간의 불안정함은 국가 보안이나 세계 질서는 물론 세계 분배 체계와 정보 시장을 심각하게 훼손할 우려가 있다.

항상 포괄적인 전자 보안 분야에서 모든 국가 중에 최고로 알려지고 있는 미국에서조차 사이버 범죄가 흔하게 일어나고 있다는 사실을 인정하는 것이 필요하다. 이 사실은, 이 분야(전자보안)에서 기술력이나 흥미가 덜한 나라들에서는 사이버공격의 가능성이 더 많다는 것을 의미하며, 그런 만큼 전자상거래나 지식배분에 있어서 보안유지가 더 안 된다는 얘기다. 이 부분에서 한국은 배워야 할 것이 많은데, 그 이유는 정보산업이 21세기 한국의 주요 국가 경쟁력 중 하나이기 때문이다. 한국도 최근 들어 해킹 사례를 많이 경험해 왔고, 정부 통신망의 보안이 잘 안 되고 있는 것으로 유명하다. 사적인 영역은 피해를 더 잘 받는데, 주된 이유는 특별히 보안을 유지할 필요성이 적기 때문이다. 요즘에는 더욱 빈번하게, 한국이 세계 규모의 해킹에 연루되고 있다. 이는 외국의 해커들이 그들의 흔적을 숨기는데 국내의 통신망을 하나의 경로로 이용하기 때문이다. 한국이 인터넷 사용자의 수가 급격히 늘어나면서 경험하고 있는 대외적인 성장에 만족하는 것 대신에 정부는 나라의 정보 기반과 사이버 기반시설을 안정화하는 데에 더 이상 시간을 낭비해서는 안 될 것이다.

사이버 범죄와의 싸움은 포괄적인 접근이 필요하다. 기술적 조치만으로는 어떤 범죄도 예방할 수 없다는 점을 감안할 때 법 집행 기관이 사이버 범죄를 효과적으로 수사하고 기소할 수 있도록 하는 것이 중요하다. 세계에서 일어나고 있는 다른 모든 전쟁들과 마찬가지로, 사이버 전쟁은 또한 무기를 제조하고 전쟁에서 이익을 얻는 사람들을 제외한 많은 사람들에게 해로울 수 있다.

「it's not as if ~」라, 참 뜻이 애매하네! 12

설명문, 논설문 등과 달리 산문이나 운문 같은 문학작품을 접하게 되면 그 표현 방식에 당황할 때가 많다. 아래 예문은 소설의 일부로 주인공의 의식에 따라 표현되고 있어 그 의미를 파악하는 데 다소 낯설 수 있다. 물론 대화체로 구성되므로 문법적 분석보다는 어법적 접근으로 해석에 임하는 것이 좋을 것이다.

글을 읽다가 as if 구문을 만나면 언뜻 "마치 ~처럼"이란 뜻만을 떠올리는데 그 이외에도 주목해야 할 구문이 있다. 가령 It's as if I'm taking an exam.(내가 마치 시험을 보는 것 같네.)는 It is (or can be said) that I'm taking an exam. 로 보면 된다. 물론 as if 다음에 부정사를 써서 She winked at me as if to say that I shouldn't say anything.(그녀는 내가 아무 말도 해서는 안 된다고 말하는 듯이 나에게 눈짓을 했다.)처럼 사용되기도 한다. 하지만 not 이 붙어 it is not as if ~ 의 형식으로도 많이 쓰인다. 예를 들어, I mean it's not as if our career is the main thing in our life.(내 말은 인생에 있어 일이 제일 중요한 것은 아니라는 거야.) I am surprised by the degree of fuss she's making. It's not as if my personality has changed or vanished.(나는 그녀가 만드는 혼란의 수위에 놀랐다. 그 상황은 나의 성격이 변했거나 사라져버릴 정도는 아니다.) It's not as if I'm dying or anything.(내가 죽는다거나 그런 것도 아니잖아) It isn't as if he were stupid.(그가 멍청하다는 건 아니겠지) It isn't as if I'm planning to leave you.(내가 너를 버릴 계획을 하고 있다면 모를까.) 등에서처럼 자주 볼 수 있는데, 이처럼 it isn't as if ~ 가 부정으로 쓰일 경우에는 "설마 ~인(한) 것은 아닐 테지, ~라면 모를까(현재 일어나고 있는 놀라움을 나타냄)"의 뜻이다. 이 표현은 it's not 을 생략하고 단지 As if you didn't know!(모르는 체 시치미 떼고 있네, 다 알면서!)처럼 사용될 때도 있다. 어느 경우에나 as if 가 나오면 뒤에는 가정법 형식을 취하는 것만 생각하지만 특히 구어체에서는 직설법을 사용할 경우도 많다.

아래 예문의 It's not as if I was an inquisitive person. 은 It is not(or cannot be said) that I am an inquisitive person.과 같다고 볼 수 있는데 이와 같이 it's not as if ~ 구문은 보통 어떤 것에 대한 설명이 정확한 것이 아니라는 것, 즉 오인이나 오역을 지적하는 데 사용된다. 물론 이 구문은 흔히 쓰이는 It looks as if it's going to rain. 과 그 구조가 같다고 할 수 있다.

* there is no ~ ing	* about to	* point by point
* have the grace to	* in any case	* be bound to
* stick to	* as ~ as ~ can	* have an objection to
* do for a living	* it's not as if	* have to do with
* after all	* to some extent	* out of the question
* come down from	* live on	* at the thought of

"Can't you tell me, Mr. Lumely, just what it is that you don't like about the rooms?"

There was no mistaking the injured harshness in the landlady's voice, nor her expression of superhuman patience about to snap at last. Charles very nearly groaned aloud. Must he explain, point by point, why he hated living there? Her husband's cough in the morning, the way the dog barked every time he went in or out, the greasy mats in the hall? Obviously it was impossible. Why could she not have the grace to accept the polite lie he had told her? In any case he was bound to stick to it. He looked into her beady, accusing eyes and said as pleasantly as he could. "Really, Mrs. Smythe, I don't know what's given you the idea that I don't like the rooms. I've always said how comfortable they were. But I told you the other day. I really need something a little nearer my work."

"And where do you work? I've asked you that two or three times, Mr. Lumely, but you've never given me any answer. I don't understand it. You seem to have some objection to telling me what you do for a living. It's not as if I was an inquisitive person, not at all."

What the hell has it got to do with you where I work? he would have liked to say. But after all he supposed it was, to some extent, a question she had the right to ask. He had puzzled her from the beginning, he knew that. And yet it had been out of the question to say, bluntly: "I have just come down from the University with a mediocre degree in History, I have no job and no prospects, and I am living on fifty pounds I happen to have left in the bank, while I consider my next move. No!" He shuddered, as he had often shuddered, at the thought of the demoniac eagerness with which she would have seized on him and his problems.

"Your money won't last for ever, you know?" He could hear her saying it, her reedy voice full of suspicion.

소설이라도 분석을 하면 분명해지지!

줄 수 없냐 말해 내게 럼리씨 무엇인지 당신이 마음에 안 드는 게
"Can't you tell me, Mr. Lumely, just what it is that you don't like about
S V IO E (DO) (S) (V) (C) (S) (V)

방에 대해
the rooms?"
(M)

수 없었다 오해할 기분상한 거칠음을 여주인의 목소리에
There was no mistaking the injured harshness in the landlady's voice,
A V S M

또한 그녀 초인적인 인내심의 터지려는 드디어
nor her expression of superhuman patience about to snap at last.
C S M M

찰스는 거의 신음할 뻔했다 큰 소리로 설명해야 하나 일일이
Charles very nearly groaned aloud. Must he explain, point by point,
S M V M S V M

이유를 싫어하는 사는 걸 거기 그녀 남편의 기침 아침에
why he hated living there? Her husband's cough in the morning, the
(Q) (S) (V) (O) S M

버릇 개가 짖는 때마다 그가 들어오고 나갈 기름투성이의 매트
way the dog barked every time he went in or out, the greasy mats
S (S) (V) (M) (S) (V) (M) S

현관에 분명히 그건 불가능했다 왜 그녀는 없을까
in the hall? Obviously it was impossible. Why could she not have the
M M S V C (Q) S V

아량이 받아들일 점잖은 거짓말을 말했던 그녀에게 여하튼 그는
grace to accept the polite lie he had told her? In any case he was
O M (S) (V) (O) M S

고수해야만 했다 그것을 그는 들여다 보았다 구슬 같은 나무라는 눈을
bound to stick to it. He looked into her beady, accusing eyes and
V M S V M

말했다 유쾌하게 되도록 정말 스미드 여사님 모르겠다
said as pleasantly as he could. "Really, Mrs. Smythe, I don't know
V M (C) (S) (V) M E S V

무엇이 주었는지 생각을 내가 안 좋아한다는 방을 나는 늘 말했다
what's given you the idea that I don't like the rooms. I've always said
(S) (V) (IO) (DO) (C) (S) (V) (O) S M V

얼마나 편안한지 방들이 허나 말했다 일전에 정말 필요하다
how comfortable they were. But I told you the other day. I really need
(E) (C) (S) (V) S V IO M S M V

어떤 집을 약간 더 가까운 내 일자리에
something a little nearer my work."
O M

어디서 당신은 일하냐 내가 물었다 당신에게 두세 번이나

"And where do you work? I've asked you that two or three times,

(Q) S V S V IO (C) (M)

럼리 씨 허나 당신은 결코 주지 않았다 어떤 대답도 이해하지 못하겠다

Mr. Lumely, but you've never given me any answer. I don't understand

E S M V ID DO S V

그걸 당신은 같다 갖는 것 다소의 이의를 말하는데 내게 무얼 하는지 위해

it. You seem to have some objection to telling me what you do for a

O S V C M (Q) (S) (V)

생계를 아니겠지 건 내가 호기심이 많은 사람이라는 절대 아니다

living. It's not as if I was an inquisitive person, not at all."

(M) S V M (C) (S) (V) (C) (M)

도대체 무슨 상관이 있나 당신과 곳이 내가 일하는 그는

What the hell has it got to do with you where I work? he would

(Q) M S V M (C) (S) (V) S

싶었을 것이다 말을 하고 허나 결국 그는 생각했다 그게 어느 정도는

have liked to say. But after all he supposed it was, to some extent,

V O M S V (S) (V) (M)

질문이라고 그녀가 권리가 있는 물어볼 그는 당혹스럽게 했었다 그녀를

a question she had the right to ask. He had puzzled her from the

(C) (S) (V) (O) (M) S V O

처음부터 그도 알았다 그걸 하지만 전혀 불가능했었다 말하는게

beginning, he knew that. And yet it had been out of the question to say,

M S V O (C) S V C S

퉁명스럽게 막 졸업했다 대학을 받고 2류

bluntly: "I have just come down from the University with a mediocre

M S V M M

학위를 역사학 난 없다 직업도 장래 가망도 난 먹고 산다

degree in History, I have no job and no prospects, and I am living on

M S V O S V

50파운드로 우연히 남아있는 은행에 그런데 생각하다니 다음

fifty pounds I happen to have left in the bank, while I consider my next

M (S) (V) (M) (C) (S) (V) (O)

이사를 결코 몸서리쳤다 그가 종종 몸서리쳤던 것처럼 생각에

move. No!" He shuddered as he had often shuddered, at the thought

S V (C) (S) (V)

귀신 들린 열망의 그녀가 사로잡았었을 그와

of the demoniac eagerness with which she would have seized on him

(M) (R) (S) (V)

그의 문제들에 대해

and his problems.

(M)

당신 돈은 지속되지 않을 거다 영원히 아시죠 그는 들을 수 있었다 그녀가

"Your money won't last for ever, you know?" He could hear her

S V M S V S V O

말하는걸 그것을 그녀의 날카로운 목소리는 가득찼다 의심으로

saying it, her reedy voice full of suspicion.

OC M

그런 구조와 뜻이었군!

just what it is that you don't like ~ 에서 **it** 은 **that** 이하를 가리킨다. 이 구문은 **what is it that you don't like ~?** 로 구성된 의문문으로 **that** 이하의 절이 주어일 경우 가주어 **it** 을 써서 표현한 것이다. **there is no ~ ing (= it is impossible to mistake = one cannot do mistake)** 는 "~할 수는 없다, ~하는 것은 불가능하다"의 뜻으로 **the injured harshness** 와 **her expression** 은 동명사 **mistaking** 의 목적어이다. **no mistakes the injured harshness** 와 **and no mistakes her expression** 을 한데 묶어 주어로 표시했다. **There is no denying basic human rights.**(인간의 기본권을 무시하는 것은 불가능하다.) **= It is impossible to deny basic human rights. = We cannot deny basic human rights. Must he explain ~** 부터 **stick to it** 까지는 묘출화법이므로 특히 대명사의 의미를 직접화법으로 생각하면 쉬울 것이다. **It's not as if I was an inquisitive person.** 은 설명한 것처럼 "설마 내가 꼬치꼬치 캐묻기를 좋아하는 사람이라는 건 아닐 테지요" 정도의 뜻이다. **I'm surprised they've invited me to their wedding – it's not as if I know them well.** (그들이 나를 자기들 결혼식에 초대하다니 놀랍다. 내가 자기들을 잘 안다면 모르겠지만 말이지.)

What the hell has it got to do with you where I work? 에서 **it** 은 **where I work** 을 가리킨다. **I happen to have left in the bank** 에서 **to have left** 는 과거로 해석이 된다. 즉 **it happens that I (have) left**의 뜻이다. **with which** 에서 **which** 의 선행사는 **the demoniac eagerness** 이므로 **she would have seized on him and his problems with the demoniac eagerness** 가 된다. **he would have liked to say** 와 **she would have seized on him** 은 가정법 과거완료 구문이다. **her reedy voice full of suspicion** 은 부대상황 분사구문으로 **with her reedy voice full of suspicion** 의 의미이다.

☞ **harshness** 거침, 껄껄함, 귀에 거슬림 / **voice** (사상, 감정 등의) 발언, 표현 / **superhuman** 초인적인, 사람의 능력(영역) 이상의 / **about to** 막 ~하려고 하는 / **snap** 뚝 끊어지다(부러지다), 덤벼들다 / **point by point** 하나하나, 하나씩 / **have the grace to** ~할 만한 아량이 있다 / **in any case** 하여튼, 어쨌든 / **be bound to** ~하지 않을 수 없다, ~할 의무가(책임이) 있다, 꼭(필연적으로) ~하게 되어 있다 / **stick to** ~에 달라붙다, ~에 집착하다, (주제 따위에서) 벗어나지 않다, ~에 충실하다 / **beady** 구슬 같은. **beady eyes** 작고 반짝이는 동그란 눈 / **as ~ as ~ can = as ~ as possible** 될 수 있는 대로, 가능한 한 / **have an objection to** ~ 에 이의가 있다, ~하기 싫다 / **do for a living** 생계를 꾸려나가다, 생계를 위해 ~ 하다

what the hell ~ ? 도대체 무슨 ~? **= what ever, what on earth, what in the world, what the devil** / **have to do with** ~에 관계하다, 와 관계가 있다 / **after all** (예상과는 달리) 결국에는, 어쨌든(설명, 이유를 덧붙일 때) / **to some extent** 어느 정도까지, 다소 **= to a certain extent** / **out of the question** 문제가 되지 않는, 논외에, 전혀 불가능한 / **bluntly** 무뚝뚝하게, 퉁명스럽게, 둔감하게 / **come down from** (대학)을 졸업하다, 나오다 / **mediocre** 좋지도 나쁘지도 않은, 보통의, 평범한, 2류의 / **live on** ~로 생활하다, 생계를 세우

다, ~를 먹고 살다, 지내다 / **shudder** (공포, 추위 따위로) 떨다, 전율하다, 오싹하다, 몸서리(진저리)치다 / **at the thought of = at the very thought that** ~이라고 생각만해도 / **demoniac** 악마와 같은, 귀신 들린, 광란의, 흉악한 / **reedy** 높고 날카로운, (목소리가) 피리 소리와 비슷한 / **suspicion** 의심(쩍음), 혐의, 낌새챔, 막연한 느낌

이제는 영문소설도 즐길 수가 있을 거야!

"럼리 선생, 당신이 방을 마음에 들어 하지 않는 이유가 정확히 뭔지 말씀해 주실 수 없을까요?"

하숙집 여주인의 말투에 내포된 감정이 상해서 나타내는 귀에 거슬리는 말도, 또한 마침내 터지려고 하는 초인적인 인내심을 나타내는 그녀의 표정도 절대로 잘못 해석하고 넘길 수는 없었다. 찰스는 자칫 큰 소리로 신음소리를 낼 뻔했다. 내가 왜 여기서 살기를 싫어하는지를 일일이 설명해야 한단 말인가? 그 여자의 남편이 아침마다 기침을 한다든가, 그가 집을 들락거릴 때마다 버릇처럼 짖어대는 개라든가, 현관에 기름투성이가 된 신발바닥 문지르개 같은 것을 말해야 한단 말인가? 그런 말을 할 수 없다는 것은 분명했다. 자신이 체면을 세워주기 위해서 여주인에게 했었던 거짓말을 어째서 그 여자는 점잖게 받아들일 만한 아량이 없는 것일까? 여하튼 그는 이 거짓말을 고수하지 않으면 안 되었다. 그는 화가 나 있는 그 여자의 작고 반짝이는 동그란 눈을 들여다보면서, 될 수 있는 대로 상냥하게 말했다. "정말, 스미드 아주머니, 내가 왜 방을 마음에 들어 하지 않는다고 생각을 하시는지 이해할 수가 없네요. 나는 방이 살기에 아주 편안하다고 늘 말해왔잖아요. 하지만 일전에도 말씀드린 바와 같이, 정말로 좀 더 직장에서 가까운 데로 옮겨야 할 것 같아요."

"일하는 곳이 어디인데요? 럼리 선생, 내가 그것을 두세 번씩이나 물어 봤는데도 당신은 지금까지 나한테 어떤 대답도 하지 않았어요. 나는 그것을 이해할 수가 없군요. 당신이 무슨 일을 하면서 먹고 사는지 나에게 말하는 것을 꺼려하는 것 같은데요. 설마 내가 캐묻기를 좋아하는 사람이라는 건 아닐 테죠, 천만의 말씀입니다."

도대체 내가 일하는 곳이 당신과 무슨 상관이 있는 거죠? 그는 이렇게 말하고 싶었을 것이다. 하지만 결국 그는 그 질문이 어느 정도는 그녀가 물어 볼 권리가 있는 것이라고 생각했다. 그는 처음부터 그녀를 당혹스럽게 했다는 것을 알고 있었다. 그렇지만 퉁명스럽게 다음과 같이 말하는 것은 불가능했었다. "나는 그냥 보통의 역사학 학위를 받고 대학을 막 졸업했어요. 난 직업도 없고 장래 가망도 없어요. 나는 마침 은행에 남아 있는 50파운드로 살고 있어요. 그런데 내가 다음 이사를 생각하다니요. 아닙니다!" 그는 그 여자가 자신과 자신의 문제들에 대해 알고 싶은 마음으로 사로잡았었을 그 귀신 들린 열망의 생각에 종종 그가 몸서리를 쳤던 것처럼 몸서리를 쳤다.

"당신 돈은 영원히 지속되지 못할 것이라는 건 알고 있죠?" 그는 그녀가 의심으로 가득 찬 높고 날카로운 목소리로 이렇게 말하는 것을 들을 수 있었다.

「what of + 명사」의 쓰임 알지? 13

아래 예문에서 If this is true today, what of tomorrow ~ ? 가 나오는데 여기서 what of tomorrow ~ ?는 무슨 의미일까? what of ~ 는 자주 쓰이는 표현으로, That may be all right for you city dwellers, but what of us country folk? (도시에 사는 당신들은 그래도 좋을지 모르지만, 시골 사는 우리는 어찌 됩니까?)처럼 사용된다. 「what of + (대)명사」 형식으로 잘 쓰이는데, 그대로 하나의 표현이어서 주어도 동사도 없이 쓰이는 것이 특징이다. What of her reaction when she saw the picture?(그 사진을 보았을 때 그녀의 반응은 어땠나?) However, what of studying languages apart from English?(하지만, 영어 이외의 언어를 배우는 것은 어떨까?) What of the 'owl without feathers' you mentioned a while ago?(조금 전에 '깃털 없는 올빼미'라고 한 것은 뭔가?) What of the Southern leaders, all of whom were liable to charges of treason?(반역의 죄를 받아야만 하는 모든 남부의 지도자들은 어떻게 될 것인가?) 등 그 쓰임과 의미가 다양하다. 유사한 표현인 What of it? 도 잘 쓰이는데, 이는 "그것이 뭐 어떻단 말인가(그래서 뭐)?"의 뜻으로 So what? Why do you care? Why does it matter? 등과 유사하다. Yes, I wrote the article. What of it?(그래요, 내가 그 글을 썼어요. 그것이 뭐가 어떻단 거예요?)

아울러 「a +명사 + of a ~」 의 형태에서 「명사 + of + a ~」가 형용사 역할을 하여 "~ 같은"의 뜻을 갖는다는 것은 이미 알고 있는 바다. 여기서 맨 앞의 부정관사 a도 "~ 와 같은"의 뜻을 갖는다. 고유명사 앞에 붙여 써서 "~ 와 같은 사람(것)"의 뜻을 가질 때도 있다.(an Edison 에디슨과 같은 사람, 발명가) 따라서 a flower of a girl(꽃같이 아름다운 소녀), a brute of a man(짐승 같은 사내), an angel of a girl(천사와 같은 소녀), a mountain of a wave(산더미 같은 파도) 등과 같은 구문이 사용된다. 하지만 아래 예문의 in one hell of a mess 에서처럼 a 대신 one 이 쓰였다고 그 의미를 모른다면 어떻게 되겠는가? 아마도 a 와 one 이 같은 뜻이라는 것을 모르는 사람이 없을 것이다. 하지만 실제 독해에서는 어휘나 관용표현을 그대로 암기해서 그 중의 한 요소가 유사한 뜻의 다른 말로 대치될 경우에 그 의미를 놓치는 경우가 종종 나타난다. 나아가 make nothing of (~을 아무렇게도 여기지 않다)에서 make much of (~을 중시하다, 존중하다), make little of (~을 가벼이 보다, 깔보다) 등의 의미를 유추하는 지혜도 필요할 것이다.

* in one hell of a mess	* not totally	* be in near collisions
* be caught in	* beyond control	* for fear of
* what of tomorrow	* in numbers	* come to grips with
* take to		

Air transportation is one of the most important and fast ways of traveling in present days. The possibility of connecting distant areas at relatively affordable cost, makes this transport the best-suited for continental and inter-continental trips. Despite the competition with other growing transportation systems, an increase of air traffic demand is foreseen in the coming years. This increase of traffic load could bring the current Air Traffic Management system over its capacity limits, so that safety and performance of every flight could not be guaranteed anymore. Even in the present situation dangerous safety occurrences are not unlikely to happen even though they are very rare events.

Our national transportation is in one hell of a mess. Let us look at our airways. Everyone who reads newspapers knows that the air is not totally safe here today. There are too many landings and take-offs at our big airports, and our air lanes are too crowded. Many among us have been in near collisions in recent years. Airline executive - caught in a dilemma beyond their total control - can hardly sleep nights for the cold fear of wondering where and when tragedy will strike next.

One man I know, head of a major airline, told me recently that he had removed all the telephone from his country home, because he kept imagining the horror of a sudden disaster call. If this is true today, what of tomorrow, when bigger, faster planes will be flying in greater numbers than even before? It is well known that we have already started producing a great new fleet of giant jet airplanes, huge craft that will move at 1000 mph. This is doubtless an exciting prospect, but frankly it frightens me. If controlling our air lanes to make them safer has become a monumentally difficult task under present conditions, how can we hope to handle the speed and growth of our jet-age future?

It is true that we are now finally coming to grips with this present problem. We are blue-printing a super-plan for an air-control super-highway network. Although we may successfully establish super-highways of the sky — although our jet-age planes may fly along them, under ideal controlled conditions, it seems obvious that as more and more planes take to the sky, we will have to reduce the protective cocoons of space around each plane merely to squeeze them all into our air highway pattern.

분석하는 것도 쉽지 않은 거야!

항공 교통은 하나다 가장 중요하고 빠른 방법 중의
Air transportation is one of the most important and fast ways of
S V C

여행의 오늘날 가능성은 연결하는 먼 지역을
traveling in present days. The possibility of connecting distant areas
M S

비교적 저렴한 비용으로 만든다 이 교통수단을 가장 적합하게
at relatively affordable cost, makes this transport the best-suited
M V O OC

대륙과 대륙간의 여행에 불구하고 경쟁과
for continental and inter-continental trips. Despite the competition
M M

다른 증가하는 교통 시스템과의 증가가 항공 교통
with other growing transportation systems, an increase of air traffic
M S

수요의 예견된다 다가오는 몇 년 안에 이런 증가는 교통
demand is foreseen in the coming years. This increase of traffic
V M S

부하의 가져올 수 있다 현재의 항공 교통 관리 시스템을 그 용량
load could bring the current Air Traffic Management system over its
V O

한도를 초과하게 그래서 안전과 실행은 모든 비행의
capacity limits, so that safety and performance of every flight could
M (C) (S)

보장받지 못할 수도 있다 더 이상 현 상황에서도 위험한
not be guaranteed anymore. Even in the present situation dangerous
(V) (M) M

안전 사고는 일어날 것 같다 비록 그들이
safety occurrences are not unlikely to happen even though they are
S V (C) (S) (V)

매우 드문 사건이지만
very rare events.
(C)

우리 국가의 교통은 있다 큰 혼란 상태에 보자
Our national transportation is in one hell of a mess. Let us look at
S V M V O OC

우리의 항공회사를 모두가 읽는 신문을 안다 것을 항공교통이
our airways. Everyone who reads newspapers knows that the air is
S (R) (V) (O) V (C) (S) (V)

않다는 전적으로 안전하지 오늘날 있다 너무 많은 착륙과 이륙이
not totally safe here today. There are too many landings and take-offs
(M) (C) (M) A V S

우리의 큰 공항에서 우리의 항로는 너무 복잡하다 많은 사람이 중의
at our big airports, and our air lanes are too crowded. Many among
M S V C S

우리 거의 충돌할 뻔 했다 최근년에 항공사 중역들은
us have been in near collisions in recent years. Airline executive —
V M M S

빠져서 딜레마에 벗어난 그들의 전적인 통제력을 잠도 제대로 못 잔다
caught in a dilemma beyond their total control — can hardly sleep
PC M V

밤마다 싸늘한 공포에 질려서 하고 생각하는 어디서 언제 비극이
nights for the cold fear of wondering where and when tragedy will
M M M (Q) (Q) (S)

일어날까 다음에
strike next.
(V) (M)

한 사람이 아는 사장인 대 항공사의 말했다 최근에 것을
One man I know, head of a major airline, told me recently that he
S (S) (V) S V IO M (C) (S)

치웠다고 모든 전화기를 자기 별장에서 때문에 그가
had removed all the telephone from his country home, because he kept
(V) (O) (M) (C) (S) (V)

계속 상상하기 공포를 갑작스런 재난 전화의 이게 사실이라면 오늘날
imagining the horror of a sudden disaster call. If this is true today,
(C) (M) (C) (S) (V) (C) (M)

내일은 어떻게 될까 더 크고 더 빠른 비행기가 날게 될 더 많은
what of tomorrow, when bigger, faster planes will be flying in greater
Q M (C) (S) (V)

수로 전에 보다 잘 알려져 있다 것이 우리가 이미
numbers than even before? It is well known that we have already
(M) (C) (M) S V (S) (S) (M)

시작했다는 생산하기를 큰 새로운 기단을 거대한 제트 비행기의 거대한 항공기
started producing a great new fleet of giant jet airplanes, huge craft
(V) (O) (O)

움직이는 1000마일로 이는 틀림없이 흥분시키는 예상이다 허나
that will move at 1000 mph. This is doubtless an exciting prospect, but
(R) (V) (M) S V M C

솔직히 놀라게 한다 나를 만일 통제하기가 우리 항공로를 그들을 더 안전하게 하는
frankly it frightens me. If controlling our air lanes to make them safer
M S V O (C) (S) (M)

되었다면 터무니없이 어려운 일이 현 상황 하에서
has become a monumentally difficult task under present conditions,
(V) (C) (M)

어찌 우리가 바랄까 다루기를 속도와 성장을 우리 제트 시대
how can we hope to handle the speed and growth of our jet-age
M S V O M

미래의
future?

사실이다 것은 우리가 지금 마침내 정면 대처하고 있다는 이 현재의
It is true that we are now finally coming to grips with this present
S V C (C) (S) (M) (V) (M)

문제에 우리는 입안 중이다 대 계획을 항공관제에 의한
problem. We are blue-printing a super-plan for an air-control
S V O M

다차선 고속 항공망에 대하여 비록 우리가 성공적으로 확립한다해도
super-highway network. Although we may successfully establish
(C) (S) (M) (V)

다차선 고속로를 하늘의 비록 우리의 제트시대 비행기가 날지라도 따라
super-highways of the sky — although our jet-age planes may fly along
(O) (C) (S) (V) (M)

그들을 이상적인 통제 상태하에서 것 같다 분명한 것이 따라
them, under ideal controlled conditions, it seems obvious that as more
(M) S V C (C) (C)

더 많은 비행기들이 올라감에 하늘로 우리는 줄여야 한다 누에고치 형태의
and more planes take to the sky, we will have to reduce the protective
(S) (V) (M) S V

면적을 공간 주위의 각 비행기 단지 틀어넣기 위해 그들 모두를
cocoons of space around each plane merely to squeeze them all into
O M M

우리의 항공 고속도로 형에
our air highway pattern.
M

언제까지 도움을 받아야 하나?

in one hell of a mess 는 "아수라장 같이 뒤죽박죽이 된, 큰 혼란 상태로" 의 뜻이며, **a hell of a** 는 "굉장한, 지독한"의 관용표현이기도 하다.(**a hell of nice guy** 매우 멋진 청년) 여기서는 부정관사 **a** 대신 **one** 이 쓰였다. **hell** 은 "아수라장, 대혼란, 생지옥"의 뜻이며, **in a mess** 는 "뒤죽박죽이 되어, 혼란에 빠져서, 당황하여"의 뜻이다. **hell** 은 특히 구어체에서 원래의 뜻과는 다른 의미로 사용되는 사례들이 많으므로 잘 익혀둘 필요가 있다. **like hell** (맹렬히, 악착스럽게, 전연 ~ 아니다), **(just) for the hell of it** (장난삼아서), **a hell of a lot** (매우, 대단히, 엄청나게), **as hell** (매우 지독하게), **give ~ hell** (혼내주다, 못 배기게 하다) 등 이외에도 매우 많은 관용표현들이 있다.

not totally 는 **not entirely**, **not completely** 등과 같이 부분부정 표현으로 "~전적으로 ~인 것은 아니다"의 뜻이다. **be in near collisions**에서 **near**는 "위기일발의, 아슬아슬한, 거의 ~할 뻔한"의 뜻이며, **be in collisions** 는 "충돌(대립)하다(해 있다)"의 뜻이다. **what of tomorrow**에서 **what of ~ ?** 는 "~은 어떤가? ~은 어떻게 되느냐? ~은 무엇인가?" 등의 뜻으로 새로운 주제를 소개하거나 이전 발언과 관련이 있는 부분을 소개할 때 사용하는 표현으로 보통 **what do you think of ~** 가 줄어든 표현이라고 보면 된다.

☞ **affordable** 줄 수 있는, 입수 가능한, (값이) 알맞은 / **load** (차 따위의) 적재량, 부하, 하중, 한 짐 / **landing** (비행기의) 착륙, 도착, (여객의) 하선, 하차 / **take-off** 이륙, 출발 / **air lane** 항공로(**airway**) / **collision** 충돌, 격돌 / **executive** (사장, 중역, 지배인 등) 간부, 관리직,

경영진, 임원 / **be caught in a dilemma = be in a dilemma = be put in a dilemma** 딜레마(진퇴유곡)에 빠지다. **be caught in** ~에 빠지다, 걸려들다 / **beyond control = out of control** 억제(통제, 지배)하기 힘들다, 힘에 겹다 / **nights = at night, every night** 밤마다, 매일 밤 / **for fear of** ~을 두려워하여, ~하지나 않을까 하여 / **strike** 습격(공격)하다, (병, 불행 등이) 닥치다, (때가) 오다

in numbers ~ 수로. **in great(small) numbers** 여럿이서(소수로) / **fleet** (항공기의) 기단, 함대 / **doubtless = doubtlessly** 의심할 바 없이, 확실히, 꼭, 아마도, 필시 / **craft** (보통 단·복수 동형) 선박, 항공기, 우주선 / **monumentally** 기념비로서, 기념으로, 터무니없이 / **come(get) to grips with** ~와 서로 맞붙다, ~에 정면 대처하다, 꾸준히 노력하다 / **blue-print** ~의 설계도를 작성하다, ~의 면밀한 계획을 세우다, ~의 청사진을 찍다 / **super-plan** 초대형의 계획, 극상의 계획 / **super-highway** (다차선의) 고속도로 / **take to** ~에 가다, ~에 전념하다 / **cocoon** 고치, (보호, 밀폐를 위한) 덮개, 고치 모양의 포장(여기서는 허용 비행 공간을 말한다)

알고 보니 간단한 거였지?!

항공 교통은 오늘날 여행에서 가장 중요하고 빠른 방법 중 하나이다. 비교적 저렴한 비용으로 먼 지역을 연결할 수 있는 가능성 때문에 이 교통수단은 대륙과 대륙 간 여행에 가장 적합하다. 주로 증가하는 다른 운송 시스템과의 경쟁에도 불구하고, 항공 교통 수요의 증가는 향후 몇 년 안에 예견되고 있다. 이러한 교통 부하의 증가는 현재의 항공 교통 관리 시스템이 용량 한도를 초과하는 상황을 일으킬 수 있으며, 그 결과로 모든 비행의 안전과 성능이 더 이상 보장될 수 없게 될 수 있을 것이다. 현 상황에서도 비록 그것들이 매우 드문 사건임에도 불구하고 위험한 안전사고는 일어날 것 같다.

우리의 국가적인 교통 기관은 큰 혼란 상태에 있다. 우리의 항공회사를 보자. 신문을 읽는 모든 사람은 항공 교통이 여기 오늘날 전적으로 안전하지는 않다는 것을 알고 있다. 우리의 큰 공항에서는 너무나 많은 착륙과 이륙이 벌어지고 있으며, 우리의 항공로는 너무나 혼잡하다. 우리들 중 많은 사람들이 최근년에 거의 충돌할 뻔한 상태에 놓여 왔다. 항공회사의 중역들은 그들의 전적인 통제력에 미치지 못하는 일종의 딜레마에 빠져서, 다음에는 어디서 언제 비극이 또 일어날까 하는 싸늘한 공포에 질려서 밤마다 잠도 제대로 자지 못한다.

내가 알고 있는 대 항공사의 사장인 어떤 사람은 자기가 시골 별장에서 갑작스런 재난 전화가 걸려올까 하는 공포를 계속해서 상상하기 때문에 모든 전화기를 치웠다고 최근에 나에게 말했다. 만일 오늘날 이것이 사실이라면, 지금까지의 것보다 더 많은 수로 보다 크고 빠른 비행기들이 날게 될 장래에는 어떻게 될까? 우리가 거대한 제트 비행기들의 큰 새로운 항공대, 즉 시속 1,000마일로 움직이게 될 거대한 항공기를 이미 생산하기 시작했다는 것은 잘 알려져 있다. 이것은 틀림없이 흥분을 자아내는 예상이지만, 솔직히 그런 사실은 나를 두렵게 한다. 만일 우리의 항공로를 더 안전하게 하기 위해 그것들을 통제하는 것이 현 상황 하에서 터무니없이 어려운 일이 되었다면, 우리가 어떻게 우리 제트시대 미래의 속도와 성장을 다루기를 바랄 수 있는가?

우리가 지금 마침내 이 긴급한 현 문제에 정면으로 대처하고 있다는 것은 사실이다. 우리는 항공관제에 의한 다차선의 고속 항공망에 대하여 대계획을 입안 중에 있다. 비록 우리가 하늘의 다차선 고속도로를 성공적으로 수립한다 해도, 비록 우리의 제트 시대 비행기들이 이상적으로 통제된 상태 하에서 그들을 따라 비행한다 해도, 점점 더 많은 비행기들이 하늘로 떠 올라감에 따라, 우리가 항공 고속도로의 형태에 단지 비행기를 모두 틀어넣는다는 목적으로 각각의 비행기 주변에 방어 장치 역할을 하는 누에고치 형태의 공간 면적을 줄이지 않으면 안 될 거라는 것은 명백한 것처럼 보인다.

14 「brick-and-mortar education? school of choice?」

영문들이 표현하는 내용은 매우 넓고도 깊다. 하나의 예로 과학을 들어보자. 의학, 생물학, 생명공학, 우주공학, 화학, 물리학, 지질학, AI, 건축, 토목, 재료, 해양, 조선, 항공, 자동차, 전자공학, 컴퓨터 공학 등 이외에도 그 수를 셀 수 없을 정도로 많다. 이런 복잡한 분야의 내용과 어휘들을 우리들이 어떻게 다 알 수가 있는가? 하지만 어떤 방법으로든 의미를 알아내야 하는 것이 영어 학습에서 우리들 모두가 경험하는 어려움이다. 그렇다면 그 해결책은 무엇일까?

물론 평소에 다양한 내용의 영문을 학습해서 원어민들 사회에 대한 폭넓은 지식과 거기에 수반되는 폭넓은 어휘들을 익혀둔다면 더할 나위 없이 좋을 것이다. 하지만 우리 모두가 다 그렇게 철저하지는 않으며 또 그렇게 할 수도 없다. 따라서 글쓴이가 말하려고 하는 대체적인 내용을 파악한 후에 전후의 문맥에 따라 애매한 어휘의 의미를 추정하는 것이 차선책일 것이다. 이것이 영어가 모국어인 원어민의 입장에서 쓴 영문을 읽어야 하는 우리들이 할 수 있는 유일한 방법인 것이다. 실제로 사회적 배경이나 문화적 배경이 다른 상황에서 표현되는 어휘나 내용을 모두 알 수는 없을 것이다.

아래 예문에 나오는 brick-and-mortar education 은 과연 무슨 뜻일까? 벽돌(brick)과 회반죽(mortar)을 합성한 표현인 brick-and-mortar의 의미를 사전에서 찾아보면 "(재래식의) 소매(거래), [속어] 노트와 책"의 뜻이다. 물론 일부 최신 사전에서는 "(인터넷을 사용하지 않는) 전통적인"이라고 소개하고 있지만 그것까지 알 수는 없으므로 글 속에서 의미를 찾을 수밖에 없을 것이다. 본 지문은 교육에 관한 내용이며, 이른바 charter school 을 다루는 것이므로 brick-and-mortar school 이라고 하면 벽돌과 회반죽으로 붙여 세워진 학교 건물, 즉 학생들이 정기적으로 수업에 참석하는 건물이 있는 학교(a school that has a building where students attend regularly to take classes)를 의미하는데 그 뜻을 유추하기가 쉽지 않을 것이다. 따라서 brick-and-mortar education도 실제 학교라는 공간에서 출석 수업을 근간으로 이루어지는 전통적인 교육 방식을 의미하는 단어로 쓰이고 있다. school of choice 는 또 무슨 말일까? 물론 charter school 도 낯선 어휘이지만 이것은 본문을 읽다보면 그 의미를 파악할 수 있을 것이다.

* no doubt	* have an effect on	* for better or worse
* liberate ~ from	* provide ~ with	* different ~ than
* alternative to	* brick-and-mortar	* when it comes to
* lag behind		

No doubt the Internet has had a profound effect on our lives, our work and play, our politics, and our business. But in the middle of a revolution that seems so profound, no one is yet quite certain what the landscape will look like when the electronic dust settles. Some believe that schools have come late to the revolution; some would say late is good. For better or worse, though, the Internet is beginning to liberate education from the confines of traditional time and space.

Online charter schools, also known as cyber-schools, — are publicly funded schools of choice that eschew physical school building and use technology to deliver education to students in their own homes. These schools typically provide students with computers, software, and network-based resources, while also providing access to teachers via email, telephone, web, and/or teleconference. Therefore, they deliver instruction using a radically different approach than conventional public schools. Nonetheless, critics of online charter schools worry that they might not be effective in promoting student learning.

They enroll students in full-time schooling delivered over the Internet and have become a fast-growing alternative to traditional brick-and-mortar public education. The National Education Policy Center estimated in 2013 that 300 full-time cyber-schools enrolled more than 200,000 students throughout the United States. When the performance of children who receive their education at cyber-schools is assessed, the results, however, are dismal. Dropout rates for cyber-schooled students often exceed 50 percent; the graduation rate for these students is about two-thirds the rate for traditional schools and student-teacher ratios are as high as 200 to 1 in some cyber-schools. When it comes to student achievement, children educated in cyber-schools lag far behind children educated in traditional brick-and-mortar public schools. State department of education ratings of cyber-schools in 2011—12 showed that more than 70 percent were rated as academically unacceptable.

Questions about the quality of instructional staff in these cyber-schools also have been raised. One applicant was asked 10 questions in her job interview, eight of which concerned how she could recruit more students. Student-teacher ratios can be as high as 200 to 1, making the individualized instruction of the television ads an empty promise.

분석을 통해 정확히 해석해보면 뜻이 풀리겠지!

의심의 여지없이 인터넷은 미쳤다 심오한 영향을 우리 삶
No doubt the Internet has had a profound effect on our lives, our
M S V O

일과 놀이 정치 사업에 허나 한가운데에서
work and play, our politics, and our business. But in the middle of a
M M

혁명의 같은 매우 심오한 것 누구도 아직 확신하지 못한다 무엇과
revolution that seems so profound, no one is yet quite certain what the
(R) (V) (C) S V M C (Q)

전망이 같아 보일지를 때 전자 먼지가 쌓일 일부는 믿는다
landscape will look like when the electronic dust settles. Some believe
(S) (V) (C) (S) (V) S V

학교들이 나타났다고 늦게 그 혁명에 일부는 말할 거다 늦은 게
that schools have come late to the revolution; some would say late is
(C) (S) (V) (M) S V (S) (V)

좋다고 좋든 나쁘든 간에 하지만 인터넷은 시작하고 있다 해방시키기
good. For better or worse, though, the Internet is beginning to liberate
(C) M M S V

교육을 한계로부터 전통적인 시간과 공간의
education from the confines of traditional time and space.
O M M

온라인 차터 스쿨은 또한 알려진 사이버 스쿨이라고 공적으로
Online charter schools, also known as cyber-schools, — are publicly
S M V M

자금 지원받는 학교들이다 선택의 피하고 실제의 학교 건물을
funded schools of choice that eschew physical school building and
C M (R) (V) (O)

사용하는 기술을 제공하는데 교육을 학생들에게 그들 자신의 가정에서
use technology to deliver education to students in their own homes.
(V) (O) (M) (M)

이들 학교들은 일반적으로 제공한다 학생들에게 컴퓨터 소프트웨어
These schools typically provide students with computers, software, and
S M V O M

네트워크 기반 리소스를 동안 또한 제공하는 접근을 교사들에게 통해
network-based resources, while also providing access to teachers via
(C) (M) (V) (O) (M)

이메일 전화 웹 및 원격회의를 그러므로 그들은 제공한다
email, telephone, web, and/or teleconference. Therefore, they deliver
(M) (C) S V

교육을 사용하여 근본적으로 다른 접근법을 보다 전통적인
instruction using a radically different approach than conventional
O M M

공립 학교들과는 그럼에도 불구하고 비평가들은 온라인 차터 스쿨의 우려한다
public schools. Nonetheless, critics of online charter schools worry
M S V

그들이 않을 거라고 효과적이지 증진시키는데 학생의 학습을
that they might not be effective in promoting student learning.
(C) (S) (V) (C) (M)

그들은 등록시킨다 학생을 전시간제 학교교육에 전달되는
They enroll students in full-time schooling delivered over the
S V O M M

인터넷상으로 되어왔다 급성장하는 대안이 전통적인
Internet and have become a fast-growing alternative to traditional
V C

학교에 출석하는 공교육에 대한 국가 교육 정책
brick-and-mortar public education. The National Education Policy
M S

센터는 추정했다 2013년에 3백 개의 전 시간제 사이버 스쿨이 등록시켰다고
Center estimated in 2013 that 300 full-time cyber-schools enrolled
V M (C) (S) (V)

20만 명이 넘는 학생들을 전역에서 미국 때
more than 200,000 students throughout the United States. When the
(O) (M) (C)

성과가 아이들의 받는 그들 교육을 사이버 스쿨에서
performance of children who receive their education at cyber-schools
(S) (R) (V) (O) (M)

평가될 그 결과는 하지만 참담하다 탈락 률은
is assessed, the results, however, are dismal. Dropout rates for
(V) S M V C S

사이버 스쿨 학생들의 종종 초과한다 50퍼센트를 졸업
cyber-schooled students often exceed 50 percent; the graduation
M M V O S

률은 이들 학생들의 약 3분의 2다 비율의 전통적인
rate for these students is about two-thirds the rate for traditional
M V C M

학교의 학생-교사 비율이 만큼 높다 200대 1 일부
schools and student-teacher ratios are as high as 200 to 1 in some
S V C

사이버 학교에서 한 관한 학생의 학업성취에 아이들은
cyber-schools. When it comes to student achievement, children
M (C) (S) (V) (M) S

교육받은 사이버 스쿨에서 훨씬 뒤처진다 아이들에게 교육받은
educated in cyber-schools lag far behind children educated in
M V M M

전통적인 학교에 출석하는 공립 학교에서 교육부의
traditional brick-and-mortar public schools. State department of
M S

평가는 사이버 스쿨의 2011년에서 2012년에 보여주었다 이상이
education ratings of cyber-schools in 2011–12 showed that more than
M M V (C)

70퍼센트 평가되었다 학업면에서 용납하기 어려운 것으로
70 percent were rated as academically unacceptable.
(S) (V) (C)

의문들이 질에 대한 교직원의 이런
Questions about the quality of instructional staff in these
S

사이버 학교에 또한 제기되었다 한 지원자는 받았는데 10개의
cyber-schools also have been raised. One applicant was asked 10
M M V S V

질문을 취업 면접에서 그 중에 8개가 관계되었다 방법에
questions in her job interview, eight of which concerned how she
O M (S) (V) (Q) (S)

수 있는지 모집할 더 많은 학생들은 학생 교사 비율은 수 있다 높아질
could recruit more students. Student-teacher ratios can be as high as
(V) (O) S V C

200대 1만큼 만든다 개성화된 교육을 텔레비전 광고의
200 to 1, making the individualized instruction of the television ads an
PC

공허한 약속으로
empty promise.

해설을 잘 보고 추정을 잘 했는지 확인하도록!

글의 핵심 내용이라고 할 수 있는 **charter school**은 전통적인 공립학교가 갖고 있는 여러 문제에 대한 대안의 일환으로 설립된 온라인 자율형 공립학교로서 글을 읽으면서 그 의미를 파악할 수 있을 것이다. 하지만, **school of choice(or choice school)** 나 **brick-and mortar education, brick-and-mortar school** 등은 언뜻 그 개념이 파악되지 않는 어구들일 것이다. **school of choice** 는 학생들이 일반적으로 바우처 또는 장학금 제도에 기초하여 다양한 참여 사립 및 공립학교에 다니도록 선택할 수 있는 공립학교 프로그램을 말한다. 학생들이 자신의 학군 공립학교 이외의 학교에 다닐 수 있는 프로그램 또는 정책으로, 차터 스쿨, 사립학교, 홈 스쿨 또는 다른 학군의 공립학교를 선택할 수 있다. 대체로 도심 내 학교에서 저소득층 소수 학생들을 위한 학교 선택의 유사성을 보장하려는 노력의 일환으로 생겨난 정책이다. 이 개념은 부모가 자녀의 교육 방법과 장소를 결정할 수 있도록 하는 데 중점을 둔다.

brick-and mortar 의 의미는 앞에서 설명한 바 있는데 글을 읽으면서 힌트 없이 그 의미를 파악했다면 매우 훌륭한 추리력, 즉 독해실력을 지니고 있다고 보아도 무방할 것이다. 이처럼 우리에게 낯선 어휘들은 본문의 내용으로 쉽게 그 뜻을 판단할 수 있는 경우도 있지만 그렇지 못할 경우도 있으므로 학습자들은 치밀하고 정확한 해석력을 길러야만 할 것이다. **using a radically different approach than conventional public schools** 에서처럼 **different** 다음에 **from** 대신 **than** 이 오는 경우도 있다. 이는 미국식 구어체이며, 영국식 구어체에서는 **to**가 오기도 한

다. **This house is very different to (or from) your last one.**(이 집은 지난번 네 집과는 아주 다르다.) **This tea tastes very different than the one I usually drink.**(이 차는 내가 평소에 마시는 차와는 맛이 아주 다르다.) 물론 **This tea tastes very different from(or to) the one I usually drink.** 와 같이 표현할 수도 있다.

no doubt 는 "의심할 바 없이, 확실히, 아마, 다분히, 당연하다" 등의 뜻으로 단독으로도 쓰이고, 문장 앞이나 중간에도 쓰인다. **No doubt she'll call us when she gets there.**(그녀가 거기에 도착하면 아마 우리에게 전화를 할 것이다.) **There was no doubt in his mind that he'd get the job.**(그는 마음속으로 거기에 취직이 될 것임을 조금도 의심하지 않았다.) **He's done a few good things, no doubt, but he's still a terrible guy.**(그는 몇 가지 좋은 일을 한 건 확실해, 하지만 그는 여전히 끔찍한 사람이다.) **No doubt!**(당연하지!) 본문에 나온 **No doubt the Internet has had a profound effect on our lives.** 는 **There is no doubt that the Internet ~, I have no doubt that the Internet ~** 와 같은 표현이다. **Some could say late is good ~** 에서 **late** 는 물론 명사형이다.

~ is about two-thirds the rate for traditional schools ~ 는 원래 **~ is about two-thirds of the rate for traditional schools** 인데, 전치사 **of** 가 생략된 표현이다. 이는 형용사적 대격으로, 연령, 크기, 모양, 색채, 가격, 직업 등을 나타내는 "전치사 + 명사(구)"의 경우 전치사를 생략할 수 있는 구문의 일종이다. 즉, **Their eyes make up nearly one-fourth the size of their faces.**(그들의 눈은 자신들의 얼굴 크기에 거의 4분의 1을 이룬다.) **Are both of them the same price? At any rate, not in a flat that size.**(어떤 경우든, 저 크기의 아파트 안에서는 안 됩니다.) **The blackboards are all the same length. The house is the color of white. He was too young to be married to a woman my age.**(그는 내 나이의 여자와 결혼하기에는 너무 어리다.)에서는 **the size, that size, all the same length, the color, my age, the same price** 앞에 전치사 **of** 가 생략된 것이다. 물론 부사적 대격도 있어 시간, 거리, 방법, 정도 등을 나타낼 때 "전치사 + 명사"로 구성된 부사구에서 전치사가 생략되고 남은 명사(구)가 부사 역할을 하기도 한다. **(At) What time do you leave? The man went (in) the opposite direction. Please come (to) this way. His wife likes cooking (in) French style. The street is (by) 8m wide and 10km long, 3 inches high. I called her the first thing in the morning.** 이 부분에 관해서는 추후 항목을 추가하여 자세히 다루고자 한다. **making the individualized instruction of the television ads an empty promise** 는 분사구문으로 **the individualized instruction of the television ads** 가 **make** 의 목적어이고 **an empty promise** 가 목적보어이다.

☞ **no doubt** 의심할 바 없이, 확실히, 아마, 다분히 / **have an effect on** ~에 영향을 미치다, 효과를 나타내다 / **for better or worse = for better or for worse** 좋든 나쁘든(**whether the result is good or bad**) / **liberate ~ from** ~에서 해방하다, 자유롭게 하다, ~에서 방면(석방)하다, 벗어나게 하다 / **confine** 한계, 범위 / **fund** (사업 등에) 자금을 제공하다, 자금으로 둘러 넣다, 적립하다 / **access to** ~에 접근, 출입, ~에 접근(출입, 이용)하는 방법(수단, 권리, 자유), ~에 진입로 / **eschew** 피하다, 삼가다 / **resources** 자원(컴퓨터를 구성하고 있는

모든 것) / **teleconference** (장거리 전화, 텔레비전 등을 이용한) 원격지간의 회의 / **enroll** 등록하다, 명부에 기재하다, 입학시키다 / **alternative to** ~ 에 대한 대안, 달리 택할 길, 다른 방도 / **brick-and-mortar** (인터넷을 사용하지 않는) 전통적인 / **when it comes to** ~라면, ~에 대해서(관해서)라면, ~에 관한한 / **assess** (사람, 사물 따위의 성질을(가치를) 평가(판단)하다 / **dismal** 음울한, 몰골스러운, 비참한 / **dropout** 낙후, 탈락, (기성 사회로부터의) 탈락자 / **lag behind** 뒤에 처지다, 뒤떨어지다, 꾸물거리다 / **instructional** 교육상의, 교육의. **instructional staff** 교직원, 교사진, 교수진 / **recruit** 신병(새 회원)을 들이다(모집하다), 신병(신회원)으로 보충하다(만들다) / **ad** 광고 = **advertisement**

그래, 모르는 어구도 해석을 하면서 풀 수 있어!

의심할 여지없이 인터넷은 우리의 삶, 일과 놀이, 우리의 정치, 그리고 사업에 중대한 영향을 끼쳐왔다. 그러나 매우 심오한 것 같아 보이는 혁명의 한가운데서, 전자 먼지가 쌓일 때 그 전망이 어떻게 보일 것인지 어느 누구도 아직 확신하지 못하고 있다. 어떤 이들은 학교들이 그 혁명에 늦게 다가왔다고 믿는다. 늦은 것이 좋다고 말하는 사람들도 있다. 그러나, 좋든 나쁘든 간에, 인터넷은 전통적인 시공간의 한계에서 교육을 해방시키기 시작하고 있다.

사이버 스쿨이라고도 알려진 온라인 차터 스쿨은 공적으로 자금을 지원받는 선택의 학교로, 실제의 학교 건물을 피하고 과학기술을 사용하여 학생들 자신의 가정에서 그들에게 교육을 제공한다. 이들 학교는 일반적으로 학생들에게 컴퓨터, 소프트웨어 및 네트워크 기반의 리소스를 제공하는 동시에 이메일, 전화, 웹 및/또는 원격회의를 통해 교사들에게 액세스할 수 있게 해준다. 따라서 그들은 전통적인 공립학교들과는 근본적으로 다른 접근법을 사용하여 교육을 제공한다. 그럼에도 불구하고 온라인 차터 스쿨을 비평하는 사람들은 그것들이 학생의 학습을 증진시키는 데 효과적이지 않을 것이라고 우려한다.

이들은 인터넷으로 강의하는 전일제 학교 교육에 학생을 등록시키는데, 전통적인 학교에 출석하는 수업 중심의 공교육에 대한 급성장하는 대안이 되었다. 국가 교육 정책 센터는 2013년에 미국 전역에서 300개의 전시간제 사이버 스쿨이 20만 명이 넘는 학생들을 등록시킨 것으로 추정했다. 그러나 사이버 스쿨에서 교육을 받는 아이들의 성과를 평가할 때, 그 결과는 참담하다. 사이버 스쿨 학생들의 탈락률은 종종 50퍼센트를 초과하고, 이 학생들의 졸업률은 전통적인 학교에서의 졸업률의 2/3정도이며, 일부 사이버 스쿨에서는 학생-교사 간 비율이 200대 1에 이를 정도로 높다. 학생의 학업 성취에 관한 한, 사이버 스쿨에서 교육받은 아이들은 전통적인 학교 출석 수업 중심의 공립학교에서 교육받은 학생들에게 훨씬 뒤처진다. 2011년에서 2012년에 교육부의 사이버 스쿨 평가는 70퍼센트가 넘는 비율이 학업 면에서 미흡한 것으로 평가되고 있음을 보여 주었다.

이러한 사이버 학교의 교직원의 질에 대한 의문들도 제기되었다. 한 지원자는 취업 면접에서 10개의 질문을 받았는데, 그 중 8개가 어떻게 하면 더 많은 학생을 모집할 수 있는지에 관한 것이었다. 학생-교사 비율은 200대 1까지 높아질 수 있어, 텔레비전 광고에서의 개인의 특수 사정에 맞춘 교육은 공허한 약속이 된다.

15 「it's just that ~」이 뭐라고?

같은 표현이라도 상황에 따라 한 가지 이상의 뜻을 갖는 어구들이 있다. 특히 구어체에서 잘 쓰이는 표현인 it is just that ~은 just를 부사로 보느냐 형용사로 보느냐에 따라 "단지(그냥) ~일 뿐이다"의 뜻과 "~것은 당연한 일이다"의 두 가지로 해석이 된다. 즉 후자의 경우 just는 형용사로 "올바른, 정당한, 적절한, 진실의" 등의 뜻으로 보어로 쓰인 것이다. It's only just that he should claim it.(그가 그것을 요구하는 것은 지극히 당연한 일이다.) 하지만 It's just that he refused your offer. 같은 문장의 경우, "그가 네 제안을 거절한 것은 당연하다."와 "단지 그가 너의 제안을 거절했을 뿐이야." 두 가지 의미로 볼 수도 있으므로 내용에 따라 구분해야만 한다. 물론 여기서 it은 가주어이고 that 이하가 진주어다. 부사로 쓰일 경우, that이 생략되어 쓰이기도 하며 변형으로 it is not that ~, it is not because ~, it is just because ~, it is just as well that ~ 등 다양한 표현들이 있다. 이것들은 원어민들이 시도 때도 없이 자주 사용하는 표현들이다.

just가 부사로 쓰인 it's just that ~의 경우, It's just an excuse.(그건 변명일 뿐이야.) It's just a waste of time.(그건 시간낭비일 뿐이야.) 같은 구문에서 절이 와서 It's just that we may have a little problem.(우리에게 작은 문제가 있을 뿐이야.)로 발전한 것으로 보면 된다. 따라서 it's just that ~ 구문에서 just를 형용사로 써서 표현하는 일은 드문 편이다.

이처럼 어휘나 어구는 그것이 쓰이고 있는 글의 내용이나 구조에 따라 의미가 다를 수 있으므로, 고정관념에 빠져 해석을 혼돈하는 일이 없도록 해야 할 것이다. 그렇다면, 아래 예문의 It is just that there were no techniques developed for reviving the full genetic potential of differentiated adult cells.에서 it is just that ~은 어떤 의미로 해석하는 것이 좋을까?

* about a human child being created	* center around
* bear a simple relationship to	* play a role in
* It is just that	* be about to
* in principle	* when it comes to the point
* the less likely it is we will ever be able to produce	* at will

The announcement of Dolly sparked widespread speculation about a human child being created using somatic cell nuclear transfer. Much of the perceived fear that greeted this announcement centered around the misperception that a child or many children could be produced who would be identical to an already existing person. This fear reflects an erroneous belief that a person's genes bear a simple relationship to the physical and psychological traits that compose that individual. This belief, that genes alone determine all aspects of an individual, is called genetic determinism.

Although genes play an essential role in the formation of physical and behavioral characteristics, each individual is, in fact, the result of a complex interaction between his or her genes and the environment within which they develop, beginning at the time of fertilization and continuing throughout life. As social and biological beings we are creatures of our biological, physical, social, political, historical, and psychological environments. Indeed, the great lesson of modern molecular genetics is the profound complexity of both gene-gene interactions and gene-environment interactions in the determination of whether a specific trait or characteristic is expressed.

In other words, there will never be another you. We are not about to face an army of look-alike Hitlers! Dolly does not even represent an innovation in biological technology, for we have known, in principle, how to clone for at least two decades. It is just that there were no techniques developed for reviving the full genetic potential of differentiated adult cells. When it comes to the point, the idea that one could make through somatic cell nuclear transfer a team of Michael Jordans, a physics department of Albert Einsteins, or an opera chorus of Pavarottis, is simply false.

Knowing the complete genetic makeup of an individual would not tell you what kind of person that individual would become. Even identical twins who grow up together and thus share the same genes and a similar home environment have different likes and dislikes, and can have very different talents. The increasingly sophisticated studies coming out of human genetics research are showing that the better we understand gene function, the less likely it is we will ever be able to produce at will a person with any given complex trait.

풀리지 않을 땐 찬찬히 뜯어보는 게 상책!

발표는 돌리의 촉발시켰다 광범위한 추측을 대해
The announcement of Dolly sparked widespread speculation about
S V O

인간 아이가 창조되는 것에 사용해서 체세포 핵 이식을 대부분은
a human child being created using somatic cell nuclear transfer. Much
M M

인식된 두려움의 환영한 이 발표를 집중되었다
of the perceived fear that greeted this announcement centered around
S (R) (V) (O) V

잘못된 인식에 한 애나 많은 애들이 생산될 수 있다는
the misperception that a child or many children could be produced
M (C) (S) (V)

똑같은 이미 존재하는 사람과 이 두려움은 반영한다
who would be identical to an already existing person. This fear reflects
(R) (V) (C) (M) S V

잘못된 믿음을 사람의 유전자가 갖는다는 간단한 관계를
an erroneous belief that a person's genes bear a simple relationship to
O (C) (S) (V) (O)

신체적이고 심리적 특징과 구성하는 그 개인을 이
the physical and psychological traits that compose that individual. This
(M) (R) (V) (O)

믿음 즉 유전자만이 결정한다는 모든 면을 개인의 불린다
belief, that genes alone determine all aspects of an individual, is called
S (C) (S) (V) (O) V

유전자 결정론이라
genetic determinism.
C

비록 유전자가 한다 필수적인 역할을 형성하는데 육체와
Although genes play an essential role in the formation of physical
(C) (S) (V) (O) (M)

행동의 특징을 각 개인은 실제로 결과이며
and behavioral characteristics, each individual is, in fact, the result of
(M) S V M

복잡한 상호작용의 사이에 그들의 유전자와 환경
a complex interaction between his or her genes and the environment
C M

그 안에서 그들이 성장하는 시작해서 시간에서 수정
within which they develop, beginning at the time of fertilization and
(R) (S) (V) M

계속되는 것이다 평생 동안 사회적 생물학적 존재로서 우리는
continuing throughout life. As social and biological beings we are
M M S V

생물이다 우리의 생물학적 물리적 사회적 정치적 역사적
creatures of our biological, physical, social, political, historical, and
C M

심리학적인 환경에서 태어난 실제로 위대한 교훈은 현대
psychological environments. Indeed, the great lesson of modern
M S

분자 유전학의 심오한 복합성이다 둘의 유전자 유전자
molecular genetics is the profound complexity of both gene-gene
M V C

상호작용과 유전자 환경 상호작용 결정하는데
interactions and gene-environment interactions in the determination of
M M

여부를 특정 형질이나 특성이 표현되는지
whether a specific trait or characteristic is expressed.
(C) (S) (V)

환언하면 없을 것이다 또 하나의 너는 우린 막 하지 않는다
In other words, there will never be another you. We are not about to
M A V S S V

상대하려 군대를 꼭 빼닮은 히틀러의 돌리는 나타내지조차 않는다
face an army of look-alike Hitlers! Dolly does not even represent an
O S V

혁신을 생물 공학의 왜냐면 알았기 때문이다 원칙적으로
innovation in biological technology, for we have known, in principle,
O M C S V M

방법을 복제하는 적어도 20년 동안 단지 없었다
how to clone for at least two decades. It is just that there were
O M S V M (S) (A) (V)

어떤 기술도 개발된 재생시키려 완전한 유전자 잠재력을
no techniques developed for reviving the full genetic potential of
(S) (M) (M)

차별화된 성체 세포의 적절하게 말한다면 생각은 우리가
differentiated adult cells. When it comes to the point, the idea that one
(M) (C) (S) (V) (M) S (C) (S)

만들 수 있다는 통해 생체 세포 핵 이식을 팀을 마이클
could make through somatic cell nuclear transfer a team of Michael
(V) (M)

조던들의 물리학부를 앨버트 아인슈타인들의 오페라 합창단을
Jordans, a physics department of Albert Einsteins, or an opera chorus
(O)

파바로티들의 전혀 잘못이다
of Pavarottis, is simply false.
V M C

아는 것은 완전한 유전자 구성을 개인의 말해 주지 못할 거다
Knowing the complete genetic makeup of an individual would not tell
S M V

네게 어떤 종류의 사람이 그 개인이 될 것인지 일란성 쌍둥이조차도
you what kind of person that individual would become. Even identical
IO (C) (S) (V) S

자란 함께 그래서 나눈 같은 유전자와
twins who grow up together and thus share the same genes and a
(R) (V) (M) (M) (V) (O)

유사한 가정 환경을 갖는다 다른 호불호를
similar home environment have different likes and dislikes, and can
V O

갖는다 매우 다른 재능을 점점 정교한 연구는
have very different talents. The increasingly sophisticated studies
V O S

오는 인간의 유전자 연구에서 보여주고 있다 더 잘
coming out of human genetics research are showing that the better
M V (C) (M)

이해할수록 유전자 기능을 더 적어질 거라는 우리가 수 있는 가능성이
we understand gene function, the less likely it is we will ever be able
(S) (V) (O) (C) (S) (V) (S)

생산할 뜻대로 인간을 어떤 주어진 복잡한 특징을 가진
to produce at will a person with any given complex trait.
(V) (M) (O) (M)

해설이 이렇게 도움이 될 줄이야!

about a human child being created에서 **human child**는 동명사인 **being created**의 의미상 주어이다. **center around**는 "~을 중심으로 행해지다, ~에 집중하다, ~의 중심에 있다"의 뜻이다. **bear relationship to**는 **bear some(no) relation to**(~에 관계를 갖다, ~와 관계가 있다)와 같은 표현이다. 앞에서 설명한 **it is just that ~**의 예문을 몇 가지 들어본다. **It is just you began at the wrong end.**(네 시작이 안 좋았을 뿐이다.) **It's not that I can't afford to go there, it's just that I have already been there once before.**(거기에 갈 여유가 없다는 게 아니라, 전에 한번 이미 거기 다녀왔다는 것뿐이다) **It's only just that he should claim it.**(그가 그것을 요구하는 것은 지극히 당연한 일이다) **It is just as well that we didn't leave any later or we'd have missed him.**(우리가 더 늦게 떠나지 않은 것은 다행이다. 그렇지 않았으면 그를 만나지 못했을 것이다)

when it comes to the point는 **when it comes to**(~에 관한 한, ~의 문제라면, ~에 대해 말한다면)와 **the point**(요점, 핵심, 주안점)의 뜻이 그대로 합쳐진 표현으로 "요는, 요점만 말한다면"의 뜻이다. 실제로 **when it comes to** 다음에 명사가 오는 관용표현들이 많다. **Michael Jordans, Albert Einsteins, Pavarottis**처럼 고유명사에 **a**가 붙거나 복수형어미가 붙으면 보통명사화된 것으로 "~라는 이름의 사람들, ~와 같은 사람들"의 뜻이 된다. **the less likely it is we will ever be able to produce**를 정치법으로 고치면 **it is less likely (that) we will ever be able to produce**가 된다. 접속사 **that**이 생략된 구문이며 이처럼 도치구문은 정치구문으로 바꿔보면 뜻이 쉽게 풀릴 수가 있다. 본문에서 접속사 **that**이 앞의 명사와 동격절을 이끄는 문장이 몇 개 있는데, **misperception that, belief that, idea that** 등이 그것들이다.

☞ **spark** ~의 도화선(발단)이 되다, 야기하다, 자극하다, (불꽃 등을) 발하다, 번쩍이게 하다 / **widespread** 광범위한, 일반적인, 널리 보급된 / **speculation** 고찰, 의견, 추측, 공론 / **somatic cell** (생물) 체세포. **somatic** 신체의, 육체의 / **transfer** 이식, 이전, 환승 / **center around** ~를 중심으로 행해지다(전개되다) / **misconception** 오해, 잘못된 생각 / **gene** 유전자, 유전인자 / **bear** a relationship to ~와 관계가 있다 / trait 특징, 특색, 특성, 모습 / determinism 결정론 / play a role in ~에서 역할을 담당하다 / molecular 분자의, 분자로 된 / genetics (생물) 유전학, 유전적 특징

perceive 지각하다, 인식하다, 깨닫다 / fertilization (생리, 생물) 수정, 수태 / an army of ~한 무리의, ~한 떼의 / look-alike 꼭 빼닮은, 매우 흡사한 사람(것) / in principle 원칙적으로, 대체로 / clone 복제하다, 복제생물을 만들다 / differentiate 구별 짓다, 특수화하다 / somatic 신체의, 체강의, 생체의 / likes 좋아하는 것, 기호. likes and dislikes 호불호 / makeup 짜임새, 구성, 성질 / sophisticated 매우 복잡한, 세련된, 정교한 / at will = at one's own will 뜻대로, 마음대로

해석을 보니 뜻이 확 풀리는군!

돌리(복제 양)의 발표는 인간의 아이가 체세포 핵 이식을 사용해서 만들어지는 것이 아니냐는 추측을 광범위하게 촉발시켰다. 이 발표를 환영한 사람들이 느낀 두려움의 대부분은 이미 존재하는 사람과 똑같은 아이 한 명이나 많은 아이들이 만들어질 수 있다는 잘못된 인식에 집중되었다. 이 두려움은 한 사람의 유전자가 그 개인을 구성하고 있는 신체적이고 심리적인 특징과 단일한 관계를 갖고 있다는 잘못된 믿음을 반영한다. 이 믿음, 즉 유전자만이 개인의 모든 면을 결정한다는 생각을 유전자 결정론이라고 한다.

비록 유전자들이 육체와 행동의 특징을 형성하는데 필수적인 역할을 한다하더라도 각 개인은 실제로 남자나 여자 각자의 유전자와 그들이 성장하는 환경 사이에 복잡한 상호작용의 결과인데, 그 상호작용은 수정시간에 시작해서 평생 내내 계속되는 것이다. 사회적 생물학적 존재로서 우리는 생물학적, 물리적, 사회적, 정치적, 역사적 그리고 심리적인 환경의 창조물이다. 실제로 현대 분자 유전학의 위대한 교훈은 특정 형질이나 특성이 표현되는지 여부를 결정할 때 유전자-유전자 상호 작용과 유전자-환경 상호 작용 둘 다가 난해할 정도로 복잡하게 얽혀있다는 것이다.

환언하면 결코 또 한 사람의 당신은 없을 것이다. 우리는 한 무리의 히틀러를 꼭 빼닮은 자들을 상대하려 하지 않을 거다! 돌리는 생물 공학의 혁신조차도 나타내지 않는다. 왜냐하면 적어도 20년 동안 복제하는 방법을 원칙적으로 알아왔기 때문이다. 단지 차별화된 성체 세포의 유전학적인 잠재력을 충분히 재생시키기 위해 개발된 어떤 기술도 없었다는 것뿐이다. 적절하게 말한다면, 우리가 생체 세포 핵 이식을 통해 마이클 조던 같은 선수들로 구성된 팀, 앨버트 아인슈타인 같은 과학자의 물리학부, 또는 파바로티 같은 가수의 오페라 합창단을 만들 수 있다는 생각은 전혀 잘못이다.

한 개인의 유전자 구성을 완전히 안다고 해도 그 개인이 장차 어떤 종류의 사람이 될 것인가를 알지는 못할 것이다. 함께 성장하며 같은 유전자와 유사한 가정환경을 공유하는 일란성 쌍둥이조차도 좋아하는 것과 싫어하는 것이 서로 다르고 재능이 전혀 다를 수가 있다. 인간 유전자의 과학적 탐구에서 행해지고 있는 점차 정교해져가는 연구는 유전자의 기능을 더 잘 이해하면 할수록, 온갖 복잡한 특징을 지닌 인간을 마음대로 만들 수 있는 가능성이 더 적어질 것이라는 것을 보여주고 있다.

16 잘 봐, 「nice」가 무슨 뜻이라고?

처음 글을 접하다 보면 우선 어려운 어휘들에 눈이 쏠리게 마련이다. 따라서 생소한 어휘들이 많으면 일단 해석하기가 어려울 거라고 생각되어 불안을 느낀다. 반면에 낯선 어휘가 보이지 않으면 구문의 구성도 복잡하지 않아서 내용 파악이 쉬울 거라고 생각한다. 하지만 실제로는 오히려 쉬운 어휘들을 그냥 지나쳐 의미를 그르치는 일이 종종 일어난다. 아무리 쉽다고 생각하는 어휘라도 우리가 그것의 의미나 쓰임을 전부 알 수는 없는 것이다. 쉽다고 생각되는 어휘들의 의미를 자신이 알고 있는 뜻으로 해석할 경우 어색하거나 뜻이 통하지 않을 때가 있는데, 그럴 경우에는 그냥 지나치지 말고 전체의 의미를 잘 살펴 그 어휘가 가진 다른 뜻을 곱씹어 볼 필요가 있다.

예를 들자면 pretty에 "엉뚱한, 꽤 많은, ~ 치고는, ~에 비해, 적당히"의 뜻이 있다는 것은 보통 생각하지 않는다.(A pretty mess you have made! 너 큰일을 저질렀구나!) save의 경우에는 동사, 명사, 전치사, 접속사 등으로 쓰여서 그 뜻이 좀 더 다양한데, "~의 시간에 대다, 오래가다, 상하지 않다" 등의 의미는 생소할 것이다.(These peaches won't save. 이 복숭아들은 오래가지 못할 것이다) 물론 관용적인 표현은 제외하고. 아래 예문의 Fifty years ago the nice housewife still prided herself on knowing the right place for everything.에서 nice도 그 중의 하나일 것이다. 아마도 대부분이 대수롭지 않게 해석하고 넘어갔을 이 단어의 참 뜻은 무엇일까?

* the best	* insist on	* pride oneself on
* to perfection	* betake oneself to	* be free to
* try out	* be associated with	* settle down
* place a strain on	* file for	* go out of business
* take measures		

The best is not good enough for one who has standards, who knows precisely what he wants and insists on getting it. The modern Englishman apparently has none: to go to the most ostentatious shop and there buy the most expensive thing is all that he can do. **Fifty years ago the nice housewife still prided herself on knowing the right place for everything.** There was a little man in a back street who imported just the coffee she liked, another who blended tea to perfection, a third who had the secret of making excellent hams. All have vanished now; and the housewife betakes herself to the stores.

A department store is a retail establishment offering a wide range of consumer goods in different product categories known as "departments". With their large lanes divided into aisles crowded with all sorts of items, the department stores creates a majorly female clientele that now wants to shop for pleasure. As you stroll through, you are free to access products as you want, to touch the items and even try them out, like perfume. And all of this is available without the slightest obligation to buy. Surely it would be great to go there every day!

For many people, today, the high-end department stores are still associated with glitz and glamour — and an element of exclusivity. They are social hubs, a destination where friends can meet for a browse before settling down for afternoon tea. Yet while shoppers certainly still love a department store, the format faces intense competition from single stores and from online. They have also seen drastic change. The rise of the internet and surge in online sales has placed a major strain on them. While some retailers have filed for bankruptcy and gone out of business, others have taken drastic measures to stay afloat.

분석을 통해 어휘의 정확한 의미를 알아내도록!

The best	is	not good	enough for one	who	has	standards,	who
최상의 것도		좋지 못하다	충분히 사람에게			기준을 가진	
S	V	C	M	(R)	(V)	(O)	(R)

knows	precisely	what	he	wants	and	insists	on getting it.	The modern
알고 있는	정확히	것을		원하는		고집하는	갖길 그걸	현대의
(V)	(M)	(R)	(S)	(V)		(V)	(M)	

Englishman	apparently	has	none:	to go to the most ostentatious
영국인은	겉보기에	아무 기준도 없다		가서 가장 화려한
S	M	V	O	

상점에 거기서 사는 게 가장 비싼 물건을 전부다 그가 할 수 있는
shop and there buy the most expensive thing is all that he can do.
S V C (R) (S) (V)

50년 전에 까다로운 주부는 여전히 자랑으로 여겼다 아는 걸
Fifty years ago the nice housewife still prided herself on knowing the
M S M V M

적정한 장소인지 모든 상품에 있었다 작은 남자가 뒷골목에
right place for everything. There was a little man in a back street
M A V S M

수입하는 바로 그 커피를 그녀가 좋아하는 또 한 남자가 혼합하는 차를
who imported just the coffee she liked, another who blended tea to
(R) (V) (O) (S) (V) S (R) (V) (O)

완벽하게 세번째 사람이 가진 비법을 만드는 훌륭한 햄을 모두가
perfection, a third who had the secret of making excellent hams. All
(M) S (R) (V) (O) (M) S

사라졌다 이제 주부는 향한다 백화점으로
have vanished now; and the housewife betakes herself to the stores.
V M S V M

백화점은 소매 시설이다 제공하는 광범위한
A department store is a retail establishment offering a wide
S V C

소비 제품을 다양한 제품 범주에서 알려진
range of consumer goods in different product categories known as
M M

매장으로 그들의 큰 통로가 있는 나누어진 복도로 가득찬
"departments". With their large lanes divided into aisles crowded with
M M M

모든 종류의 품목으로 백화점은 창출했다 주로 여성
all sorts of items, the department stores creates a majorly female
M S V

고객을 이제 원하는 쇼핑하기 즐거움을 위해 그 사이로 천천히 걸으면서
clientele that now wants to shop for pleasure. As you stroll through,
O (R) (M) (V) (O) (M) (C) (S) (V)

너는 자유롭게 접근하고 제품들에 네가 원하는 대로 만져보고 품목을
you are free to access products as you want, to touch the items and
S V C M (C) (S) (V) M

심지어 시험해 볼 수 있다 향수 같이 이 모두는 이용 가능하다 없이
even try them out, like perfume. And all of this is available without the
M M S V C

조금의 의무도 살 분명히 좋을 것이다 간다면 거기에 매일
slightest obligation to buy. Surely it would be great to go there every
M M M S V C S M

day!

많은 사람들에게 오늘날 고급 백화점들은 여전히
For many people, today, the high-end department stores are still
M M S M

연관이 있다 현란함과 매력 그리고 요소와 독점적인 그들은
associated with glitz and glamour – and an element of exclusivity. They
V M S

사회의 중심이다 즉 목적지 친구들이 만날 수 있는 위해 구경하기
are social hubs, a destination where friends can meet for a browse
V C C (C) (S) (V) (M)

전에 편히 앉기 위해 오후의 차를 허나 쇼핑객들은 확실히
before settling down for afternoon tea. Yet while shoppers certainly
(M) (M) C (C) (S) (M)

아직 사랑하지만 백화점을 그 체재는 직면한다 강한 경쟁에
still love a department store, the format faces intense competition from
(M) (V) (O) S V O

단일 상점들과 온라인에서 그들은 또한 보아왔다 과감한 변화를
single stores and from online. They have also seen drastic change. The
M S M V O

증가와 인터넷의 급증은 온라인 판매의 주었다 큰 부담을
rise of the internet and surge in online sales has placed a major strain
S V O

그들에게 동안 일부 소매상들이 신청했고 파산을 중단한
on them. While some retailers have filed for bankruptcy and gone out
M (C) (S) (V) (M) (V)

사업을 일부는 취했다 과감한 조치를 파산하지 않기 위해
of business, others have taken drastic measures to stay afloat.
(M) S V O M

힌트라는 좋은 벗이 있으니 참 다행이군!

물론 여기서 **nice**를 흔히 알고 있는 "훌륭한, 좋은, 교양 있는" 등의 뜻으로 봐도 큰 차이가 없는 듯 보이지만 정확한 해석이 중요한 것이다. 출제자의 입장에서는 바로 그 점에 착안하여 문제를 내는 것이 일반적이기 때문이다. **nice** 같이 쉬운 단어도 "성미가 까다로운, 가리는 것이 많은, 꼼꼼한, 섬세한, 난처한, 식별력을 요하는" 등의 뜻으로 쓰일 때가 있기 때문이다. **the best**는 최상급이 문두에 쓰였으므로 **even the best thing**의 뜻이다. **none**은 **no standards**를 가리킨다. **the right place**의 **right**는 "적절한, (기준, 원리에) 걸맞는, 더할 나위 없는"의 뜻이다. **It would be great to go there every day!** 는 가정법 구문으로 **to go there every day** 는 형태상 진주어이지만 조건절로 해석한다.

☞ **insist on** ~을 주장하다, 강조하다 / **apparently** 외관상으로는, 언뜻 보기에 / **ostentatious** 과시하는, 겉보기를 꾸미는, 여봐란 듯한, 야한 / **blend** (뒤)섞다, (다른 술, 담배, 커피 등을) 혼합하다 / **to perfection** 완전히, 더할 나위 없이 / **betake oneself to** ~로 향하다, 가다, (어떤 행동, 수단)에 의지(호소)하다, ~에 온 정력을 쏟다(기울이다) / **majorly** 주로, 첫째로, 오로지 / **be free to** 자유로이 ~할 수 있다, 마음대로 ~하다 / **clientele** 고객, (극장, 술집 등의) 단골손님, (병원의) 환자 / **try out** 충분히 시험해 보다, 엄밀하게 시험하다 / **high-end** 최고급의, 고급 단골 취향의(상품, 상점), 고급품 취향의 / **be associated with** ~과 관련되다, 연관되다 / **glitz** (외견, 분위기 따위가) 어지러울 정도로 눈부신 것(상태), 현란한 것(상태), 눈부심, 현혹 / **glamour** 매력, 매혹, 황홀하게 만드는 매력 / **exclusivity** 배타성, 당파성, 고립주의, 독점적인 여러 권리

social hub 여러 소셜 네트워킹 서비스 즉 SNS, 누리 소통망 서비스를 한데 모아 관리해 주는

서비스. 트위터, 페이스북, 미투데이 같은 SNS는 물론 메시지, 이메일 따위를 통합 관리하여 사용자에게 편리함을 제공한다. 다만 여기서는 사회의 중심이란 뜻이다. **hub** (활동, 권위, 상업 등의) 중심, 중추 / **browse** (상품 따위를) 이것저것 구경하고 다님 / **settle down** 편히 앉다, 정주하다, 안정하다 / **afternoon tea** 오후의 차, 다과회 / **format** 전체 구성, 체재 / **drastic** 격렬한, 맹렬한, 강렬한, (수단 따위가) 과감한, 철저한 / **surge** (감정 따위의) 동요, 격동, 급상승, (군중 따위의) 쇄도 / **place a strain on = put a strain on** ~에 중압을 가하다, 시련을 겪게 하다, ~에게 부담을 지우다 / **retailer** 소매상인 / **file for** ~에 입후보(응모)의 등록을 하다, ~를 신청하다 / **bankruptcy** 파산, 도산, 파탄 / **go out of business** 파산(폐업)하다, 은퇴하다 / **take measures** 조치를 취하다 / **stay afloat** 빚지지 않다, 파산하지 않다, 대활약하다

이해가 되지? 뜻이 무리 없이 흐르잖아!

자기가 원하는 것에 기준을 갖고 있는 사람, 자기가 원하는 것을 정확하게 알고서 그것을 갖기를 고집하는 사람에게는 아무리 최상의 것이라 해도 그것만으로는 안 된다. 현대의 영국인은 언뜻 보기에 이런 기준이 있는 것 같지 않다. 현대의 영국인은 제일 화려한 상점에 가서 거기서 제일 값비싼 물건을 사는 것이 그가 할 수 있는 전부다. 50년 전까지만 해도 까다로운 가정주부는 모든 상품에 대해서 어느 상점이 좋은지 다 알고 있는 것을 자랑으로 삼고 있었다. 어떤 뒷골목에는 이런 주부들이 꼭 좋아하는 바로 그 커피를 수입하는 작은 남자가 있었고, 또 홍차를 더할 나위 없이 잘 혼합하는 장사꾼이 있었는가 하면, 아주 맛 좋은 햄을 만드는 비법을 가진 장사꾼도 있었다. 이런 모든 사람들이 이제는 다 사라지고 말았다. 그리고 그 주부는 백화점으로 향하는 것이다.

백화점은 "매장"으로 알려진 다양한 제품 범주에서 광범위한 소비재를 제공하는 소매 시설이다. 모든 종류의 품목으로 가득 찬 복도로 나누어진 큰 통로가 있는 백화점은 이제 즐거움을 위해 쇼핑하기를 원하는 주로 여성 고객을 창출했다. 통로를 통해 천천히 걸으면서 원하는 대로 제품들에 자유롭게 다가가 향수와 같이 품목을 만져보고 시험해 볼 수도 있다. 그리고 이 모든 것은 물건을 사야 하는 하등의 의무를 갖지 않고서 이용할 수 있다. 물론 매일 거기에 간다 해도 좋을 것이다!

오늘날, 많은 사람들에게, 고급 백화점은 여전히 현란함과 매력, 그리고 독점적 요소와 연관이 있다. 그들은 사회의 중심축으로, 오후의 차를 마시려고 편히 앉기 전에 이것저것 구경하기 위해 친구들이 만날 수 있는 목적지다. 그럼에도 확실히 쇼핑객들이 여전히 백화점을 사랑하지만, 그 체재는 단일 상점들과 온라인으로부터의 강렬한 경쟁에 직면하고 있다. 그들은 역시 과감한 변화를 보아왔다. 인터넷의 증가와 온라인 판매의 급증은 백화점에 큰 부담을 주었다. 일부 소매 업체들이 파산을 신청하고 사업을 중단하는 동안, 또 다른 소매 업체는 파산하지 않기 위해 과감한 조치를 취했다.

「Not but what ~」은 또 뭐지? 17

문장 중에 not that ~ 구문을 마주칠 때가 있다. 물론 이것은 글자 그대로 "~라는 것은 아니다"라고 쓰일 때도 있으나, 때로는 "~라고 해서 ~은 아니다"의 뜻도 있고 또 **that** 이 **because** 의 뜻이 되어 "때문이 아니다"의 뜻도 있다. 접속사 **that** 이 원인, 이유를 나타내어 "~이므로, 때문에"라는 뜻이 있어서 If I complain is that I want to get justice. 는 "내가 불평하는 것은 정당하게 대우받기를 원하기 때문이다."의 의미가 된다. 부정어와 함께 Not that I object.(그렇다고 해서 내가 반대하려는 것은 아니다.) She hasn't written — not that she said she would.(그녀는 편지를 쓰지 않았다. 그녀가 쓰겠다고 한 것은 아니었지만.) "Is she married?" "Not that I know of."(그녀는 결혼했냐? 내가 아는 바로는 안했어.) 특히 not that ~ but that ~ 로 쓰여서, not because ~ but because 의 의미를 갖는 예는 많다. Not that I dislike the task, but that I am unequal to it.(내가 그 일을 싫어하기 때문이 아니라, 그 임무를 감당할 수 없기 때문이다.)

아래 예문에서는 not but what I really loved her deeply ~ 란 표현이 나오는데 여기서 not but what 은 생소해서 의미와 기능에 의문이 갈 것이다. 이것은 not but that ~ 로도 쓰이는 구문으로 "~ 않는 것은 아니지만"의 뜻(nevertheless, in spite of what has just been said)이다. I can't come, not but that I'd like to.(나는 올 수가 없다, 오기 싫은 것은 아니지만.) 물론 오늘날에는 I can't come, not that I wouldn't like to.로 쓰는 것이 일반적이다. 그러니까 여기서 but 은 that ~ not 의 뜻으로 Not but that I think X = Not that I don't think X = I think X. 의 관계가 성립된다. (Not but what the picture has its darker side. = Not that the picture doesn't have its darker side.) 실제로 Not a day but what it rains.(비가 오지 않는 날은 하루도 없다.)에서처럼 부정문에서 but what 은 "~ 하지 않는"의 뜻이다. 여기서 what 의 구실은 that 과 같은데 not but what을 그대로 관용구로 알아두는 편이 낫다.

* no less ~ than	* be of a quicker temper	* prey upon
* go by	* for one's sake	* not that
* I dare say	* get off	* and so on and so on
* the more, the less	* not but what	* entrust to
* impart to	* in spite of	

My mother loved me no less ardently than my father, but she was of a quicker temper, and less adept at conciliating affection. She must have been exceedingly handsome when she was young, and was still comely when I first remembered her; she was also highly accomplished, but she felt my father's loss of fortune more keenly than my father himself, and it preyed upon her mind, though rather for my sake than for her own. Had I not known my father I should have loved her better than anyone in the world, but affection goes by comparison, and my father spoiled me for anyone but himself; indeed, in after life, I remember my mother's telling me, with many tears, how jealous she had often been of the love I bore him, and how mean she had thought it of him to entrust all scolding or repression to her, so that he might have more than his due share of my affection. Not that I believe my father did this consciously; still, he so greatly hated scolding that I dare say I might often have got off scot free when I really deserved reproof had not my mother undertaken the onus of scolding me herself. I therefore naturally feared her more than my father, and fearing more we loved less.

This must have been hard to bear, and my mother scarcely knew the way to bear it. She tried to upbraid me, in little ways, into loving her as much as my father; the more she tried this, the less I could succeed in doing it; and so on and so on in a fashion which need not be detailed. Not but what I really loved her deeply, while her affection for me was unsurpassable still, I loved her less than I loved my father, and this was the grievance.

My father entrusted my religious education entirely to my mother. He was himself, I am assured, of a deeply religious turn of mind, and a thoroughly consistent member of the Church of England; but he conceived, and perhaps rightly, that it is the mother who should first teach her children to lift their hands in prayer, and impart to them a knowledge of the One in whom we live and move and have our being. My mother accepted the task gladly, for in spite of a certain narrowness of view — the natural but deplorable result of her earlier surroundings — she was one of the most truly pious women whom I have never known.

이 정도는 도해가 필요 없겠지만...

내 어머니는 사랑했다 나를 못지않게 열렬하게 아버지 허나 어머니는
My mother loved me no less ardently than my father, but she was
S V O M (C) (S) S V

더 성질이 급했다 덜 숙련되었다 얻는데 애정을 그녀는
of a quicker temper, and less adept at conciliating affection. She
C C M S

했음에 틀림이 없었다 대단히 용모가 아름다운 때 그녀가 젊었을
must have been exceedingly handsome when she was young, and
V M C (C) (S) (V) (C)

여전히 아름다웠다 때 처음 기억할 그녀를 그녀는 또한 매우
was still comely when I first remembered her; she was also highly
V M C (C) (S) (M) (V) (O) S V M

교양이 있었다 허나 느꼈다 내 아버지의 재산 상실을 더 예민하게 보다
accomplished, but she felt my father's loss of fortune more keenly than
C S V O M (C)

아버지 자신 그건 괴롭혔다 그녀 마음을 비록 나 자신을 위한 것이지만
my father himself, and it preyed upon her mind, though rather for my
(S) S V M (C) (M)

그녀 자신이 아니라 내가 몰랐다면 아버지를 사랑했었을 것이다
sake than for her own. Had I not known my father I should have loved
(C) (M) (S) (V) (O) S V

그녀를 더욱 어느 누구보다도 세상에서 허나 애정은 비교가 된다
her better than anyone in the world, but affection goes by comparison,
O M (C) (S) (M) S V M

아버지는 응석받았다 날 누굴 위해서든 자신 외에 정말로 말년에
and my father spoiled me for anyone but himself; indeed, in after life,
S V O M M M M

난 기억한다 내 어머니가 말한 걸 내게 눈물을 흘리면서 얼마나 질투했었는지
I remember my mother's telling me, with many tears, how jealous she
S V O M (C) (S)

종종 사랑에 대해 내가 품은 그에게 얼마나 비열했는지 생각했었는지
had often been of the love I bore him, and how mean she had thought
(M) (V) (M) (S) (V) (O) (C) (S) (V)

그가 맡기는 것이 잔소리나 억압을 그녀에게 그래서 수 있었다
it of him to entrust all scolding or repression to her, so that he might
(O) (M) (O) (M) (C) (S) (V)

가질 이상을 그의 정당한 몫 우리 애정의 것이 아니다 믿는다는 내
have more than his due share of my affection. Not that I believe my
(O) (C) (O) (M) (C) (S) (V)

아버지가 했다고 이를 의식적으로 그러나 아주 심히 싫어했다 꾸짖기를
father did this consciously; still, he so greatly hated scolding that I
(S) (V) (O) (M) M S M V O (C)

감히 말하는데 종종 했을지도 모른다 묶을 면하게 때 정말로 들어 마땅할
dare say I might often have got off scot free when I really deserved
(P) (S) (M) (V) (O) (OC) (C) (S) (M) (V)

잔소리를 어머니가 떠맡지 않았더라면 부담을 꾸짖는 나를
reproof had not my mother undertaken the onus of scolding me
(O) (S) (V) (O)

스스로 그러므로 자연히 두려워했다 그녀를 더 아버지보다
herself. I therefore naturally feared her more than my father, and
S M M V O M (C) (O)

더 두려워하면서 덜 사랑했다
fearing more we loved less.
PC S V M

이것은 어려웠음에 틀림없었다 참기에 나의 어머니는 거의 몰랐다
This must have been hard to bear, and my mother scarcely knew the
S V C M S M V

방법을 그걸 참을 그녀는 애썼다 질책하려 날 작은 방법으로 사랑하게 그녀를
way to bear it. She tried to upbraid me, in little ways, into loving her as
O M S V O M M

많이 아버지만큼 이를 시도하면 할수록 더 나는 성공할 수 없었다
much as my father; the more she tried this, the less I could succeed in
M M S V O M S V

하는데 그걸 그렇게 계속되었다 방식으로 자세히 설명할 필요가 없는
doing it; and so on and so on in a fashion which need not be detailed.
M M (R) (V)

아니지만 않은 건 내가 그녀를 깊이 사랑하지 그녀의 애정이 나에 대한
Not but what I really loved her deeply, while her affection for me was
(C) (S) (M) (V) (O) (M) (C) (S) (V)

타의 추종을 불허했지만 난 사랑했다 보다 덜 사랑한 것 아버지를 이것이
unsurpassable still, I loved her less than I loved my father, and this
(C) (M) S V O (C) (S) (V) (O) S

불만이었다
was the grievance.
V C

아버지는 맡겼다 나의 종교 교육을 전적으로 어머니에게
My father entrusted my religious education entirely to my mother.
S V O M

그는 스스로 확신하건대 깊은 종교적 마음가짐과
He was himself, I am assured, of a deeply religious turn of mind, and
S V P C

철저히 일관된 회원이었다 영국 교회의 허나 그는
a thoroughly consistent member of the Church of England; but he
C M S

알았다 아마도 정확히 어머니라고 하는 먼저
conceived, and perhaps rightly, that it is the mother who should first
V M (C) (S) (V) (C) (R) (M)

가르치고 자기 자녀들에게 들라고 손을 기도에서 전해야 그들에게
teach her children to lift their hands in prayer, and impart to them
(V) (IO) (DO) (M) (V) (M)

지식을 하느님에 대한 그 안에서 우리가 살고 움직이고 갖는 우리
a knowledge of the One in whom we live and move and have our
(O) (R) (S) (V)

존재를 어머니는 받아들였다 임무를 기꺼이 불구하고 어느 정도
being. My mother accepted the task gladly, for in spite of a certain
(O) S V O M C M

협소함에도 시야의 자연스럽지만 통탄할 결과로 그녀의 초기의
narrowness of view — the natural but deplorable result of her earlier
M

주변 환경의 그녀는 하나였다 가장 진정으로 경건한 여성 중의 내가
surroundings — she was one of the most truly pious women whom I
S V C (R) (S)

결코 안 적이 없는
have never known.
(V)

그래도 해설은 도움이 되니까...

「**no less** + 형용사 + **than**」은 「**quite as** + 형용사 + **as**」와 같아서 "~ 과 마찬가지로, ~에 못지 않게, ~ 만큼이나" 로 해석이 된다. 물론 「**no less** + 명사 + **than**」은 「**the same** + 명사 + **that**」과 같아서 "다름 아닌 바로 ~ 이다"의 뜻이다. **He turned out to be no less a person than the king.**(그는 다름아닌 국왕 바로 그 사람으로 판명되었다.) 그동안 여러 차례 다뤄온 구문이지만 복습 겸, **not less ~ than, no more ~ than, not more ~ than** 을 다시 살펴보자. **not less ~ than** 은 "~보다 나으면 낫지 못하지는 않다"의 의미이다. **Sleep is not less necessary than food to our health.**(우리들의 건강을 위해서는 수면은 음식 못지 않게 중요하다.) 이와 대조적인 **no more ~ than** 은 우리가 잘 알고 있는 공식과 같은 구문으로 "A가 B가 아닌 것은 X가 Y(또는 B)가 아닌 것과 같다"의 뜻이다. **He can no more swim than I can fly.**(그가 수영을 못하는 것은 내가 날지 못하는 것과 같다.) 반면 **not more ~ than** 은 "~보다 더 ~하지는 못하다"의 뜻이다. **These tribes are not more civilized than their neighboring ones.**(이 부족들은 이웃 부족들보다 더 개화되지는 못하고 있다.) 또 **no less than(= as much as)**, **no more than(= only)**, **not less than(= at least)**, **not more than(= at most)** 등도 구별하도록 한다. **be of a quicker temper** 는 「**of** + 명사」가 형용사구가 되어 **be** 동사의 보어로 쓰이는 경우로 매우 자주 사용된다. 형용사형이 없는 명사의 경우에 편리한 표현이라 하겠다. **a quick temper** 는 "성마름, 급한 성미"의 뜻이다. **not that ~** 은 "~ 이라는 것은 아니다" 의 뜻으로 여기서 **that** 은 **because** 의 의미이다. **bear** 는 간접목적어와 직접목적어를 취할 경우 "~을 품다"의 뜻을 갖는다. 부사인 **how** 는 종종 형용사나 부사를 수반하여 절을 이끌 때가 있는데 이 절이 간접의문문이나 감탄문으로 쓰일 경우 문장 구조를 잘 살펴야 한다. 이때 평서문으로 고쳐서 생각하면 문장 구조를 쉽게 이해할 수 있다.

how jealous she had often been of the love ~ 와 **how mean she had thought it of him to entrust all scolding ~** 두 문장을 보면 언뜻 그 구조가 이해가 안 될 수도 있지만 평서문으로 고쳐보면, 전자는 **she had often been very jealous of the love ~,** 후자는 **she had thought it very mean of him to entrust all scolding ~** 이 되어 쉽게 구문을 이해할 수 있다. 특히 후자의 경우에는 **it** 가 가목적어, **very mean** 이 목적보어, **to entrust ~** 가 진목적어, 그것의 의미상 주어가 **of him** 이기 때문에 다소 복잡하다고 할 수 있다. 「**it is** +형용사 + **for ~ to**」 구문에서 형용사가 사람의 성질을 나타내는 경우에는 의미상 주어의 전치사가 **of** 가 쓰인다는 것은 이미 알고 있다. **entrust** 는 **entrust a person with a task, entrust a task to a person**(임무를 ~에게 위임하다)의 구문을 취한다.

and so on and so on = and so on and so forth 는 "기타 등등"의 뜻. **not but what I**

really loved her deeply 는 이중부정구문으로 긍정의 뜻으로 **I really loved her deeply** 의 의미가 된다. **he was himself, I am assured, of a deeply religious turn of mind ~** 는 **I'm assured that he was himself of a deeply religious turn of mind** 와 같으며 "「**of** + 명사 = 형용사구」" 구문으로 **of** 이하가 보어이다. **it is the mother who should first teach her children ~** 은 **it ~ who** 강조구문이다.

☞ **ardently** 열렬히, 열심히, 불같이 / **adept** 정통한, 숙련된 / **conciliate** (남의 호의, 존경 등)을 획득하다, 환심을 사다 / **exceedingly** 대단히, 매우, 몹시 / **comely** 고운, 어여쁜, 용모가 아름다운 / **accomplished** 교양이 있는, 소양이 있는 / **prey upon(on)** (정신적으로) ~를 괴롭히다, 해치다 / **for one's sake = for the sake of** ~을 위하여 / **go by** ~을 따르다, ~을 준수하다, ~을 따라 행동하다, ~을 기준으로 결정되다 / **bear** (감정 따위)를 품다, 마음에 품다 / **spoil** (응석을 받아주어) 못쓰게 만들다, 버릇없게(우쭐하게) 만들다 / **due** 정당한, 마땅한, 충분한 / **entrust ~ to** ~을 ~에게 위임하다, 맡기다 / **scolding** 잔소리, 호된 꾸지람 / **repression** 억제, 억압, (억압된) 본능 / **I dare say** 아마도 ~ 일 것이다 **= probably, maybe** / **scot** (역사) 세금, (지불의) 몫, (일반적으로) 부채, 빚 / **go off** ~를 회피하다, 형벌(불행)을 모면하다, 일에서 해방되다 / **free** 면제된, 제약, 부담 따위가 없는. **get free** 면하다, 벗어나다 / **reproof** 책망, 비난, 잔소리 / **onus** 부담, 무거운 짐, 책임 / **undertake** ~을 떠맡다, ~의 책임을 지다

upbraid 신랄하게 비판(비난, 질책)하다 / **the more ~, the less ~** 더 ~하면 할수록, ~ 더 ~하지 않는다 / **and so on and so on** 기타 등등 / **detail** 상술하다, 열거하다 / **not but that(what)** 않는 것은 아니지만 / **unsurpassable** 능가할 수 없는, 최고의 / **grievance** 불만, 불평의 씨, 불평하기 / **turn of mind** 마음가짐. **turn** 성향, 성질, 능력, 특수한 재능, 기질 / **the Church of England** 영국 국교회, 성공회 / **conceive** ~을 마음속에 그리다, 상상하다, 생각하다 / **impart** 나누어 주다, 주다, (지식, 비밀 따위를) 전하다 / **One** 신, 하느님, 초인간적인 존재 / **deplorable** 통탄할, 비참한, 애처로운, 당치도 않은 / **pious** 신앙심이 깊은, 경건한, 훌륭한

평범한 내용이라 일사천리로 읽었는지?

나의 어머니는 아버지 못지않게 열렬하게 나를 사랑했지만 아버지보다 더 성질이 급하셨고 애정을 얻는데 숙련되지 못했다. 그녀는 젊었을 때 틀림없이 용모가 아름다웠을 것이며, 내가 기억하고 있는 어머니의 첫 모습도 여전히 아름다웠다. 또한 어머니는 매우 교양이 있는 분이셨다. 하지만 어머니는 아버지가 재산을 잃어버린 것을 아버지 자신보다 더 뼈저리게 느꼈으며, 그 때문에 괴로워했다. 비록 그것이 어머니 자신을 위해서라기보다는 오히려 나 자신을 위해서였지만. 만일 내가 아버지를 몰랐더라면 이 세상의 어느 누구보다도 더 그녀를 사랑했었을 것이다. 하지만 애정은 비교를 통해 결정된다. 아버지는 자기 자신 이외에는 누구에 대해서나 나를 버릇없게 만들었다. 말년에 실제로, 나는 어머니가 눈물을 쏟으시면서, 내가 아버지에게 품고 있었던 사랑에 대해 어머니가 종종 얼마나 시기를 했었는지, 그리고 아버지가 나한테서 받을 나의 애정의 몫 이상의 애정을 얻으려

고 나를 욕하는 일이나 억압하는 일은 일체 어머니에게 맡겼던 것을 얼마나 비열하게 생각하고 있었는지 말했던 것을 기억한다. 그렇다고 아버지가 이런 일을 의식적으로 했다고 내가 믿는 것은 아니다. 그렇더라도 아버지는 꾸짖는 걸 아주 싫어해서 아마도 어머니 스스로가 나를 꾸짖는 부담을 떠맡지 않았더라면 내가 정말로 비난을 받을 만했을 때에 내 비난의 몫을 면제받을 수 있었을지도 모른다. 그러므로 나는 당연히 아버지보다는 어머니를 두려워했으며, 더 두려워하다보니 어머니를 더 사랑하지 않게 되었다.

이것은 틀림없이 참기 어려웠을 것이며, 어머니는 그것을 참을 방법을 거의 알지 못했다. 그녀가 사소한 방법으로 나를 질책하여 아버지만큼 자신을 사랑하게 하려고 애를 쓰면 쓸수록, 나는 더 어머니를 사랑하는 일을 성공적으로 할 수 없었다. 그리고 자세히 설명할 필요가 없는 방식으로 그렇고 그렇게 계속 진행되었다. 나에 대한 어머니의 애정이 여전히 타의 추종을 불허할 정도인 가운데, 내가 실제로 어머니를 깊이 사랑하지 않은 것은 아니었지만, 내가 아버지를 사랑한 것보다 어머니를 덜 사랑했으며, 이것이 불평의 씨였던 것이다.

아버지는 나의 종교 교육을 전적으로 어머니한테 맡기셨다. 내가 확신하건대, 그는 스스로 깊은 종교적 마음가짐을 갖고 있었고 영국 교회의 철저하게 일관된 회원이었다. 그러나 그는, 아마도 정확하게, 자녀들에게 기도 시에 손을 들어야 한다고 가르치고, 우리가 그분 안에서 살고 움직이고 우리 존재를 갖는 하느님에 대한 지식을 자녀들에게 전해야 하는 사람은 어머니라는 사실을 알고 있었다. 나의 어머니는 이런 임무를 기꺼이 받아들였다. 왜냐하면 그녀의 초기 주변 환경의 자연스럽지만 비참한 결과로 어느 정도 시야가 협소했음에도 불구하고 그녀는 내가 지금까지 안 적이 없는 가장 진정으로 경건한 여성들 중의 한 사람이었기 때문이다.

18 「as it should be」는 또 뭐지?

독해에서 심심찮게 나타나는 as it is, as it was 는 하나의 관용표현으로 문두에 쓰일 때에는 보통 가상적인 표현 뒤에서 사용되어, "(가상에 반하여, 그러나) 실제로는 (그렇지 않으므로)"의 뜻이 되고(I thought things would get better, but as it is they are getting worse. 사정이 점점 나아질 것이라고 생각했지만 실상은 점점 나빠지고 있다), 문미에 쓰일 때에는 "지금 그대로, 벌써, 이미, 현상으로(도) = as it stands, the way it is"의 뜻이 된다는 것을 이미 학습한 바 있다.(Don't take on any more work. You have too much to do as it is. 일을 더 이상은 맡지 마라. 지금도 벌써 일이 너무 많으니까.) 하지만 문두에 쓰일 때에도 후자의 뜻이 되는 경우도 있으므로 주의해야 한다. 물론 대명사 it 이 앞의 내용을 받는 경우에 단어 뜻 그대로 해석해서 "(그것이) 있는 그대로, 현재 그대로"의 뜻이 되는 것은 당연할 것이다. it 이 상황을 나타낼 경우 "현재의 상황에서는, 지금 실정으로는"의 뜻도 있고, 특히 구어체에서는 "이미"의 뜻으로도 잘 쓰인다.(Just keep quiet. You're in enough trouble as it is. 그냥 조용히 해. 너는 이미 충분히 문제를 일으켰어.)

그렇다면 아래 예문에 나온 That is as it should be. 는 무슨 의미일까? 매우 자주 쓰이는 이 표현은 "그것은 당연한 일이다. 그렇다. 그래야만 한다"의 뜻이다. No one has ever escaped it and that is as it should be, because death is very likely the single best invention of life.(죽음은 삶의 최고의 발명품일 가능성이 높기 때문에 누구도 그것을 피한 적이 없고 그것은 마땅히 그래야 할 것이다. 즉 아무도 죽음을 피하지 못한다는 것은 사실이며, 그 사실이 옳고 적절하다는 의미가 된다.) That's as it should be, as the newspaper has a global audience but not global printing presses.(신문에는 전 세계 청중은 있지만 세계 인쇄기는 아니기 때문에 그것은 그래야만 한다.)

여기에서 as it should be 는 대체로 properly, appropriately 의 뜻으로, as it might be, as it could be, as it may be 등과 같이 as it is 의 변형이므로 문장에 따라 적절히 해석을 하는 기술이 필요하다. Life is unfolding as it should be.(삶은 원래대로 펼쳐지고 있다.) This must be an indication that team spirit and morale was not as good as it should be.(이는 팀 정신과 사기가 그만큼 좋지 않았다는 방증임에 틀림없다.) It could be that your new system is not getting as much throughput to your hard disks as it should be.(새로운 시스템이 하

드 디스크에 필요한 만큼의 처리량을 얻지 못하고 있는 것일 수 있다.) Last week, the world was as it should have been.(지난 주, 세상은 마땅히 그래야만 하는 대로였다.) 반면에 구어체인 as is 는 "현상대로, 정찰대로, 현품으로"의 뜻이다. 즉 I offered my car for sale as is, without any repairs. (나는 수리 한 번 하지 않고 현상대로 차를 팔려고 내 놓았다.)라고 하면 제품 판매에 있어 구매자는 해당 물건의 모든 문제를 함께 구매한다는 의미로, 판매자에게 법적으로 보상이나 보증을 요구할 수 없다.

* add to	* be brought into harmony with	* regard ~ as
* in large measure	* be based on	* share with
* result from	* be free of	* as it should be
* as long as	* in oneself	* at once ~ and

As new instruments of war, of newly massive terror, add to the ferocity and totality of warfare, we understand that it is a special mark and problem of our age that man's ever-present preoccupation with improving his lot, with alleviating hunger and poverty and exploitation, must be brought into harmony with the over-riding need to limit and largely to eliminate resort to organized violence between nation and nation. The increasingly expert destruction of man's spirit by the power of police, more wicked if not more awful than the ravages of nature's own hand, is another such power, good only if never to be used.

We regard it as proper and just that the patronage of science by society is in large measure based on the increased power which knowledge gives. If we are anxious that the power so given and so obtained be used with wisdom and with love of humanity, that is an anxiety we share with almost everyone. But we also know how little of the deep new knowledge which has changed — and increasingly and ever more profoundly must change — man's view of the world, resulted from a quest for practical ends or an interest in exercising the power that knowledge gives. For most of us, in most of these moments when we were most free of corruption, it has been the beauty of the world of nature and the strange and compelling harmony of its order, that has sustained, inspirited, and led us. That also is as it should be. And if the forms in which society provides and exercises its patronage leave these incentives strong and secure, new knowledge will never stop as long as there are men.

We know that our work is rightly both an instrument and an end. A great discovery is a thing of beauty; and our faith — our binding, quiet faith — is that knowledge is good and good in itself. It is also an instrument; it is an instrument for our successors, who will use it to probe elsewhere and more deeply; it is an instrument for technology, for the practical arts, and for man's affairs. So it is with us as scientists; so it is with us as men. We are at once instrument and end, discoverers and teachers, actors and observers. We understand, as we hope others understand, that in this there is a harmony between knowledge in the sense of science, that specialized and general knowledge which it is our purpose to uncover, and the community of man. We, like all men, are among those who bring a little light to the vast unending darkness of man's life and world.

까다로울수록 차근차근 보자고!

따라 새로운 도구들이 전쟁의 최근 대량 테러의 더함에
As new instruments of war, of newly massive terror, add to the
(C) (S) (V)

만행과 안전함을 전쟁의 우리는 이해한다 특별한 흔적이며
ferocity and totality of warfare, we understand that it is a special mark
(M) S V (C) (S) (V)

문제이다 우리 시대의 인간의 항상 존재하는 전념은
and problem of our age that man's ever-present preoccupation with
(C) (C) (S)

개선하는데 자기 운명을 완화하면서 기아와 가난과 착취를
improving his lot, with alleviating hunger and poverty and exploitation,
(M) (M)

이루어야만 한다 조화를 지배적인 욕구와 제한하고
must be brought into harmony with the over-riding need to limit and
(V) (M)

주로 제거하려는 의존을 조직화된 폭력에의 사이에 국가와
largely to eliminate resort to organized violence between nation and
(M) (M) (M)

국가 더욱 더 노련한 파괴는 인간 정신의
nation. The increasingly expert destruction of man's spirit by the
S M

경찰력에 의한 더 사악한데 더 끔찍하지는 않더라도 파괴된 자취보다
power of police, more wicked if not more awful than the ravages of
M M (C) (C) (M)

자연 자체의 또 다른 그런 힘이다 좋은 경우에만 결코 사용되지 않을
nature's own hand, is another such power, good only if never to be
V C M (C) (V)
used.

여긴다 그걸 적절하고 정당하다고 후원은 과학의
We regard it as proper and just that the patronage of science by
S V O OC (C) (M)
사회에 의한 상당히 기초화한다는 강화된 힘에
society is in large measure based on the increased power which
(M) (M) (V) (M) (R)
지식이 주는 만일 바란다면 그 힘이 그렇게 주어진 그렇게
knowledge gives. If we are anxious that the power so given and so
(S) (V) (C) (S) (V) (C) (C) (S) (M)
얻어진 사용되길 현명하게 인간애로 그건
obtained be used with wisdom and with love of humanity, that is an
(V) (M) S V
갈망이다 공유하는 거의 모든 사람과 허나 또한 안다 얼마나 적은 양이
anxiety we share with almost everyone. But we also know how little
C (S) (V) (M) S M V (Q) (S)
깊고 새로운 지식의 변화시킨 점차로
of the deep new knowledge which has changed — and increasingly
(M) (R) (V)
더욱 더 심오하게 틀림없이 변화시킬 인간의 세계관을
and ever more profoundly must change — man's view of the world,
(M) (V) (O)
나왔는지 추구에서 실용적인 목적을 흥미에서 행사하는데
resulted from a quest for practical ends or an interest in exercising the
(V) (M) (M) (M)
그 권력을 지식이 주는 우리들 대부분에게 대부분에서 이런 순간들
power that knowledge gives. For most of us, in most of these moments
(R) (S) (V) M M
가장 많이 없었던 부패가 아름다움이 있다
when we were most free of corruption, it has been the beauty of the
(R) (S) (V) (C) (M) S V C
자연계의 이상하고 마음을 끄는 조화 그 질서의
world of nature and the strange and compelling harmony of its order,
C M
것은 격려하고 영감을 주고 이끌어온 그건 또한 당연한 일이다
that has sustained, inspirited, and led us. That also is as it should be.
(C) (V) (O) S M V (C) (S) (V)
만일 그 형태가 사회가 마련하고 행사하는 그 후원을
And if the forms in which society provides and exercises its patronage
(C) (S) (R) (S) (V) (O)
한다면 이 동기를 강하고 안전하게 새로운 지식은 않을 거다
leave these incentives strong and secure, new knowledge will never
(V) (O) (OC) S M
멈추지 한 있는 인간들이
stop as long as there are men.
V (C) (A) (V) (S)

우린 안다 것을 우리 일이 정확히 둘 다라는 도구와 목적
We know that our work is rightly both an instrument and an end.
S V (C) (S) (V) (M) (C)

위대한 발견은 것이다 아름다움의 우리의 믿음 즉 구속력 있고
A great discovery is a thing of beauty; and our faith — our binding,
S V C S A

조용한 믿음은 것이다 지식이 선하고 선하다는 그 자체가 그건 또한 하나의
quiet faith — is that knowledge is good and good in itself. It is also an
V (C) (S) (V) (C) (M) S V M

도구다 그건 도구이다 우리의 후계자를 위한 그들은 사용할 거다 그걸
instrument; it is an instrument for our successors, who will use it to
C S V C M (R) (V) (O)

탐구하는데 어딘가 다른 곳에서 더 깊이 그건 도구이다 기술
probe elsewhere and more deeply; it is an instrument for technology,
(M) (M) S V C

실용 예술 인간의 일에 대한 그래서 있다 우리와 함께
for the practical arts, and for man's affairs. So it is with us as
M C S V M

과학자로서 그래서 함께 있다 우리와 인간으로서 우린 동시에 도구와 종말
scientists; so it is with us as men. We are at once instrument and end,
M C S V M M S V M

발견자와 교사 배우 관찰자이다 우린 이해한다
discoverers and teachers, actors and observers. We understand, as
C S V (C)

우리가 바라는 것처럼 타인들이 이해하기 것을 이것에 있다는 조화가 사이에
we hope others understand, that in this there is a harmony between
(S) (V) (O) (OC) (C) (M) (A) (V) (S)

지식 의미에서의 과학의 전문화된 일반
knowledge in the sense of science, that specialized and general
(M) (M) (A)

지식 우리의 목적인 발견하는 게 인간의 공동체
knowledge which it is our purpose to uncover, and the community of
(R) (S) (V) (C) (S) (M)

우린 모든 사람들처럼 사람들 중 하나다 주는 약간의 빛을
man. We, like all men, are among those who bring a little light to the
S M V M (R) (V) (O)

방대한 끝없는 어둠에 인간의 삶과 세계의
vast unending darkness of man's life and world.
(M) (M)

힌트를 보면 다 알았던 것 같지?

we understand that ~ between nation and nation 까지가 하나의 문장으로, that 이하가 understand 의 목적절이다. it is a special mark and problem of our age that ~ 은 it ~ that 강조구문이고, man's ever-present preoccupation 의 술부는 must be brought into harmony ~ 로 연결된다. more wicked if not more awful than ~ 은 it(destruction) is more wicked even if it is not more awful than ~ 의 뜻이고, good only if never to be used 는 it(power) is good only if it is never to be used 의 뜻이다. 보통 if not(비록 ~은 아니라 할지라도)이 삽입되는 구문에서는 앞 뒤에 콤마를 사용하는데 콤마를 생략하는 경우에는 혼동을 준다. 그러니까 more wicked, if not more awful, than the ravages ~ 에서

콤마를 생략한 것이다. 즉, **It is highly desirable, if not essential, to tell him the truth.**(그에게 진실을 말해주는 것은 꼭 필요한 것은 아닐지라도 매우 바람직한 일이다.)를 **It is highly desirable if not essential to tell him the truth.** 로 표현하는 식이다.

regard it ~ that 에서 **it** 은 가목적어이고 **that** 이하가 진목적어이다. **the patronage of science by society** 는 "사회가 과학을 후원하는 것"으로 해석한다. **the power so given and so obtained be used ~** 에서 **be used** 는 가정법 현재구문으로 **should be used** 와 같다. 앞에 사람의 생각이 희망, 제안, 명령, 요구, 주장 등을 나타내는 내용이 있을 때에는 그 목적어가 되는 **that** 절에는 동사원형, 즉 가정법 현재 동사가 사용된다. 물론 **so given and so obtained** 는 **power** 를 수식한다. **how little of the deep ~** 에서는 **little** 이 주어이고 뒤에 연결되는 **resulted** 가 동사이다. **has changed ~ must change** 의 목적어는 **man's view of the world** 이다. **it has been the beauty ~ that has sustained ~** 는 강조구문으로 **that** 이하가 진주어이다.

as it should be 는 **as it is** 의 변형으로 **should** 의 뜻을 살려 "당연한 일로서, 원래 그래야 했듯이, 제대로"의 의미로 문장에 따라 **indeed, as planned, the way it should be** 란 뜻으로 해석된다. 즉 **That(This) is as it should be.** 는 "마땅히 그래야 한다."의 뜻으로 앞에 언급한 내용이 무엇이든 좋으며 어떤 의미에서 이치에 맞다는 뜻을 갖는다. **This is the way it should be.** 또는 **This is appropriate, as was expected, it should be so, I thought so.** 등과 유사하다. **Everything was as it should be.**(모든 게 제대로 되어 있었다.) 속어로 **This is as it should be.** 는 "이것은 훌륭하다"라는 뜻도 있다. **as it might be** 도 **might** 의 의미를 살려 해석해 주면 될 것이다. **Not so bad as it might be, though.**(그렇지만, 생각만큼 그렇게 나쁘지는 않다.) 결국 **as it should be** 나 **as it might be** 는 **as it is** 에서 조동사 **should** 나 **might** 의 의미를 추가한 표현들이라고 생각하면 된다.

☞ instrument 수단, 방편, 도구, 매개(자) / massive 대량의, 육중한, 부피가 큰 / add to ~에 더하다, 추가하다, 보태다 / ferocity 사나움, 잔인성, 광포한 행동, 만행 / totality 완전함(한 상태), 전체성, 전체, 총계 / warfare 전투(행위), 교전(상태), 전쟁(war) / ever-present 항상 존재하는, 그침이 없는 / preoccupation 선입관, 편견, 몰두, 전심, 열중, 우선해야 할 일 / alleviate 경감하다, 완화하다, 누그러뜨리다, (고통 따위를) 덜다, 편안하게 하다 / exploitation 사리를 위한 이용, 불법이용, 착취 / be brought into harmony with ~와 조화를 이루다 / over-riding 최우선의, 가장 중요한, 압도적인, 지배적인 / eliminate 제거하다, 배제하다, 몰아내다, 무시하다 / resort to ~에 의지, 의뢰, 수단, 방책 / expert 숙달된, 노련한, 교묘한 / ravage 파괴, 황폐. 파괴의 맹위

patronage 보호, 후원, 생색내기 / be based on ~의 기초(근거)를 형성하다, ~에 근거하다 / in large measure 상당히, 꽤 많이, 크게 / share with ~와 함께 나누다, 공동 부담하다 / result from ~의 결과로서 일어나다, ~에서 생기다, 유래하다 / quest for ~의 탐색, 탐구, 추구 / free of ~ (부담, 제약 따위)가 없는, 면제된, 안전한 / exercise (힘, 특권 따위)를 발휘하다, 휘두르다, 수행하다 / corruption 부패, 타락 / compelling 강제적인, 위압적인, 마음을 끄는 / sustain ~을 유지하다, ~을 격려하다, 지지하다 / inspirit ~을 고무하다,

격려하다, ~에 영감을 주다 / **incentive** 자극, 유인, 동기 / **as long as** ~하는 한(에서는), ~하는 동안은 / **in itself** 그 자체로, 본래는, 본질적으로 / **at once ~ and** ~하기도 하고 ~하기도 한

딱딱한 문체라 힘들 줄 알았더니!

전쟁과 최근의 대량 테러의 새로운 도구들이, 전쟁의 만행과 완전함을 더해감에 따라서, 굶주림과 가난과 착취를 완화하면서, 자신의 운명을 개선하는데 항상 전념하는 인간의 모습은, 국가와 국가 사이에 조직화된 폭력에의 의존을 제한하며 주로 제거하려는 지배적인 인간의 욕구와 조화를 이루어야 한다는 것이 우리 시대의 특수한 상처 자국이며 문제라는 것을 우리는 이해한다. 경찰력에 의해 인간 정신이 더욱 노련하게 파괴되는 것은, 자연 자체 작용에 의해 파괴된 자취보다 더 끔찍하지는 않더라도 더 사악한데, 그것은 결코 사용되지 않을 경우에만 좋은 또 다른 그런 힘이다.

사회가 과학을 후원하는 것은 지식이 주는 강화된 힘에 크게 근거를 두고 있다는 것을 우리는 적절하고 정당하다고 생각한다. 만일 우리가 그렇게 해서 주어지고 그렇게 해서 얻어진 힘이 슬기롭고 인간애로 사용되기를 갈망한다면, 그것은 거의 모든 사람들과 공유하는 갈망이다. 그러나 인간의 세계관을 변화시킨 심원한 새로운 지식 – 그리고 차츰 도를 더해서 더욱 더 깊이 변화시킬 것이 틀림없는 이 심원한 새로운 지식 가운데서, 실용적 목적을 추구한 결과로 얻어진 것이나 지식이 주는 힘을 발휘하는데 대한 관심에서 얻어진 것이 얼마나 적은가를 우리는 또한 알고 있는 것이다. 우리들 대부분에게는, 부패가 가장 많이 없었던 대부분의 이런 순간들에서 우리를 격려하고 우리에게 영감을 주고 우리를 이끌어온 것은 자연계의 아름다움이었으며 그리고 그 질서의 이상하고도 마음을 끄는 조화였다. 그것도 또한 당연한 일이다. 그리고 만일 사회가 그 후원을 마련하고 행사하는 형태가 이런 동기들을 강하고 안전한 상태로 내버려둔다면, 새로운 지식은 인간들이 있는 한 결코 멈추지 않을 것이다.

우리는 우리의 일이 당연히 도구와 목적 둘 다라는 것을 알고 있다. 위대한 발견은 아름다운 것이다. 그리고 우리의 신념, 즉 우리의 구속력 있고 조용한 신념은 지식 그 자체가 선하고 선하다는 것이다. 그것은 또한 하나의 도구다. 그것은 우리의 후계자들을 위한 도구다. 그들은 그것을 어딘가 다른 곳에 그리고 더 깊이 탐구하는데 사용할 것이다. 그것은 기술을 위한 도구이며, 실용 예술, 그리고 인간의 일에 대한 도구다. 그래서 그것은 과학자로서 우리와 함께 있고, 그래서 그것은 인간으로서 우리와 함께 있다. 우리는 도구와 종말이기도 하고, 발견자와 교사이기도 하며, 배우와 관찰자들이기도 하다. 우리는, 다른 사람들이 이해하기를 바라는 것처럼, 이 점에 과학의 의미에서의 지식, 즉 발견하는 것이 우리의 목적인 전문화된 일반적 지식과 인간의 공동체 사이에 조화가 있다는 것을 이해한다. 우리는 모든 사람들과 마찬가지로, 인간의 삶과 세계의 굉장한 끝없는 어둠에 약간의 빛을 가져다주는 사람들 중 하나이다.

「what it is ~」 애매할 때가 있거든! 19

구어체에서 자주 쓰이는 표현으로 It is what it is. 가 있는데, 이는 보통 "사는 게 그렇지 뭐, 뭐 어쩌겠어, 어쩔 수 없지 이게 현실인데" 등의 뜻으로 글자 그대로는 "아무 것도 바뀔 수 없다"에서 "어쩔 수 없다(직접전달 의미), 받아 들여라(암묵적 전달 의미)"로 쓰이는 표현이다. 그래서 It is what it is. Accept it and move on. 하면 "바뀔 수 없고, 어쩔 수 없으니 받아들이고 나아가라."는 의미가 된다. 또 I really don't like my daughter's boyfriend, but it is what it is. 는 "내 딸 남자친구가 정말 마음에 안 들어, 하지만 뭐 어쩌겠어."가 된다. 물론 it이 가리키는 내용이 무엇이냐에 따라 문맥이 달라지겠지만 독해에서 "what it is" 가 사용되는 유형의 구문을 마주칠 때, 해석이 명료하게 잡히지 않을 때가 있다.

사실 it 의 경우, have what it takes(어떤 목적 달성에 필요한 재능, 재질, 돈을 지니고 있다)처럼 관용적인 표현, 또는 비인칭으로서의 여러 표현은 제쳐두고라도 앞이나 뒤에 나온 말을 대신할 경우에도 매우 애매할 경우가 많다. what 은 관계대명사로 be 동사의 보어로 써서 "바로 그 사람(그것)"의 뜻을 갖는다는 것은 잘 알고 있지만 구문에 따라 적절히 해석해주는 요령이 필요하다. 사실 「what + 주어 + be」 는 주어의 본연의 모습이나 상태를 나타낸다. 그래서 I am not what I was.(나는 옛날의 내가 아니다) Diligence has made him what he is.(근면 덕분에 오늘날의 그가 있다) 등은 우리에게 익숙하다.

아래 예문의 첫 단락에서는 10개의 it 이 쓰이고 있는데 과연 그것이 대신하는 것이나 의미하는 것은 무엇일까? After all, any given moment of reality is what it is in the sense that it cannot be anything other than what it is. 에서 what it is는 어떻게 해석하는 것이 적절할까? it's the only way it can be (the best it can be — perfect)에서 it can be 는 어떻게 해석할 것이며 ( )안의 문장은 무슨 의미일까?

* beyond improvement	* by definition	* after all
* in the sense that	* as such	* strive to
* over time	* wear down	* be rooted in
* be intended to	* other than	* imbue ~ upon
* not to mention	* let alone	

Here's a curious paradox. If perfection is a state beyond improvement, then isn't every moment, by definition, perfect? After all, any given "now", any given moment of reality is what it is in the sense that it cannot be anything other than what it is. Take this moment, right now: this moment is already here, and, as such, as theoretically imperfect as it may be, it is — at present — beyond any improvement. While you could take the lessons of this moment and try to make the next moment better, this very moment is beyond improvement. It is too late to add anything to this moment to make it better. And if this moment, this slice of reality, is beyond improvement, then it's the only way it can be (the best it can be – perfect).

Perfection suggests a state of flawlessness, without any defects. To be perfect implies a condition whereby your action or performance attains a level of excellence that cannot be exceeded. Seeking perfection at a particular task might be achievable, and certainly a student can strive to attain a perfect grade or you can try to accomplish a perfect execution of something. You certainly hope your surgeon does a perfect job on your operation.

Yet, the goal of being perfect in life is altogether a different story. A machine or electronic device may operate perfectly — at least for a while. Yet, over time it will begin to wear down and require repair. The very notion of perfection is rooted in the paradigm of Newton's mechanistic universe. Humans, however, were never intended to be perfect. That's part of the definition of being human. Consider the expression, "I'm just human."

In truth, the notions of perfect or imperfect are simply constructs of mind and have no actual basis other than thought has created them. The notion of perfection has existed since ancient Greece, but in its more modern incarnation, it is a construct of Newton's machine. It has no place, however, in a participatory worldview. We internalize this model of perfection and imbue upon it some intrinsic truth, and then may spend our lives wastefully pursuing that "truth."

Ironically, if someone ever could achieve this implausible state of perfection, it's likely that very few people would tolerate him or her. For the perfect individual would be a constant reminder to all others of their own shortcomings. Not to mention that they probably wouldn't be much fun to be with. Who would really tolerate, let alone enjoy, being with someone who was inhumanely perfect?

어휘는 쉽지만 그래도 분석은 필수 코스지!

여기에 호기심을 끄는 역설이 있다 완벽이 상태라면 개선을 할 수 없는
Here's a curious paradox. If perfection is a state beyond improvement,
A V S (C) (S) (V) (C) (M)

그러면 않은가 모든 순간은 정의상 완벽하지 어쨌든 어떤 주어진 지금
then isn't every moment, by definition, perfect? After all, any given "now",
(M) V S M C M S

어떤 주어진 순간도 현실의 그것 그대로의 것이다 의미에서 그게 없다는
any given moment of reality is what it is in the sense that it cannot
S M V (R) (S) (V) (M) (C) (S) (V)

될 수 어떤 것도 외에는 현재의 그것 예로 들어보자 이 순간 바로 지금을 이
be anything other than what it is. Take this moment, right now: this
(C) (C) (R) (S) (V) V O O

순간은 이미 여기 있고 그 자체로 이론상으로는 불완전할지라도 그것이
moment is already here, and, as such, as theoretically imperfect as it
S V M M M (C) (C) (S)

그것은 현재 어떤 개선도 할 수 없다 만 여러분이
may be, it is — at present — beyond any improvement. While you could
(V) S V M C (C) (S)

얻고 교훈들을 이 순간의 노력할 수는 있겠지 다음 순간을
take the lessons of this moment and try to make the next moment
(V) (O) (V) (O)

더 낫게 하려 바로 이 순간은 할 수 없다 개선을 때는 너무 늦었다 보태기엔
better, this very moment is beyond improvement. It is too late to add
S V C S V C

어떤 것을 이 순간에 그것을 더 낫게 만들기 위해 만일 이 순간이 이 조각이
anything to this moment to make it better. And if this moment, this slice
M M M (C) (S)

현실의 할 수 없다면 개선을 그러면 그게 유일한 방식이다 그게 될 수 있는
of reality, is beyond improvement, then it's the only way it can be (the
(S) (V) (C) M S V C (S) (V)

최선 그게 될 수 있는 완벽하다
best it can be – perfect).
C (S) (V) C

완전함은 암시한다 상태를 완벽한 없이 어떤 결함도
Perfection suggests a state of flawlessness, without any defects. To
S V O M

완벽하다는 것은 의미한다 상태를 그것에 의해 네 행동이나 실행이
be perfect implies a condition whereby your action or performance
S V O (R) (S)

달성하는 수준을 우수성의 수 없는 초과될 추구하는 건
attains a level of excellence that cannot be exceeded. Seeking
(V) (O) (R) (V)

완벽을 특수한 일에서 성취할 수 있을지 모르며 확실히
perfection at a particular task might be achievable, and certainly
S V C M

학생이 노력할 수 있거나 얻으려 완전한 성적을 너는 노력할 수 있다
a student can strive to attain a perfect grade or you can try to
S V O S V

성취하려고 완벽한 달성을 무언가의 너는 확실히 바란다 네
accomplish a perfect execution of something. You certainly hope your
O S M V

외과의사가 완벽한 일을 하길 네 수술에서
surgeon does a perfect job on your operation.
(S) (V) (O) (M)

그러나 목표는 완전하다는 인생에서 전혀 다른 이야기다
Yet, the goal of being perfect in life is altogether a different story.
(C) S M V M C

기계 또는 전자 장치는 작동할 수 있다 완벽하게 적어도
A machine or electronic device may operate perfectly – at least for
S V M M

한 동안 그러나 따라 시간 경과에 시작하여 마모되기 필요할 거다 수리를
a while. Yet, over time it will begin to wear down and require repair.
C M S V O V O

바로 그 개념은 완벽이란 뿌리를 두고 있다 패러다임에 뉴턴의
The very notion of perfection is rooted in the paradigm of Newton's
S V M

기계론적인 우주의 인간들은 그러나 결코 의도되지 않았다
mechanistic universe. Humans, however, were never intended to be
S C M V

완벽하도록 그게 일부이다 정의의 인간이라는 생각해봐라
perfect. That's part of the definition of being human. Consider the
C S V C M V

표현을 난 단지 인간일 뿐이다
expression, "I'm just human."
O S V M C

사실 관념은 완벽하거나 불완전한 단순히 구조물일 뿐이고
In truth, the notions of perfect or imperfect are simply constructs of
M S V M C

마음의 갖지 못한다 실질적 근거를 이외에는 생각이 창조한 것 그들을
mind and have no actual basis other than thought has created them.
V O (C) (S) (V) (O)

개념은 완벽의 존재해 왔다 고대 그리스 이래로 허나 그것의
The notion of perfection has existed since ancient Greece, but in its
S V M

보다 현대적인 체현에서는 그건 구조물이다 뉴턴의 기계의 그건
more modern incarnation, it is a construct of Newton's machine. It has
M S V C S V

자리를 갖지 못한다 그러나 참여적 세계관에서는 우린 내재화하여 이
no place, however, in a participatory worldview. We internalize this
O M M S V

모델을 완벽의 주입하고 그것에 내재된 진리를 그리고 나서
model of perfection and imbue upon it some intrinsic truth, and then
O V M O M

보낼 수도 있다 우리 삶을 낭비적으로 추구하면서 그 진리를
may spend our lives wastefully pursuing that "truth."
V O M M

얄궂게도 만약 누군가가 성취할 수 있다면 이 믿기 힘든 상태를
Ironically, if someone ever could achieve this implausible state of
M (C) (S) (M) (V) (O)

완벽의 것 같다 극소수의 사람들이 용인할 그나 그녀를
perfection, it's likely that very few people would tolerate him or her.
S V C (C) (S) (V) (O)

왜냐면 완벽한 개인은 것이기 끊임없는 생각나게 하는 사람일 모든 타인에게
For the perfect individual would be a constant reminder to all others of
C M V C M

그들 자신의 단점을 말할 것도 없다 것은 그들이 아마도 않을 거란
their own shortcomings. Not to mention that they probably wouldn't be
M M (C) (S) (M) (V)

별로 즐겁지 같이 있으면 누가 정말 참아낼까 즐기는 건 고사하고 있는 걸
much fun to be with. Who would really tolerate, let alone enjoy, being
(C) (M) S M V P

함께 사람과 비인간적으로 완벽한
with someone who was inhumanely perfect?
O (R) (V) (M) (C)

그래, 역시 해설을 보니 이해가 되는군!

any given "now", any given moment of reality is what it is in the sense that it cannot be anything other than what it is에서 **it**은 **now**를 가리키므로 **what it is**는 "바로 현재 지금의 모습(상태)"을 말한다. **it cannot be ~**의 **it**도 마찬가지다. **take this moment**에서 **take**는 "(문제, 사태를) 거론하다, 다루다, 고려하다, 예로 들다"의 뜻이다. **in the sense that ~**에서 **that**은 동격을 나타내는 접속사이다. **as such**는 **this moment is already here**를 받는다. **as theoretically imperfect as it may be**는 양보절로, 「**as** + 형용사, 부사 + **as** + 주어 + 동사」는 「**though(although) + S + V** + 형용사, 부사 」와 같다. 따라서 **although it may be theoretically imperfect**의 뜻이다. 그러니까 **as ~ as it may be** 나 **as it may be** 나 같다고 보면 된다. 물론 전자의 경우, 뒤의 **as** 가 접속사(**though**)의 역할을 한다. 즉, **Woman as she was, she was brave.**(여자이지만 그녀는 용감했다.)는 **As woman as she was, she was brave.** 와 같은 표현으로, **woman** 은 주절의 주어와 동격적 서술어이다. **As incredible as it may be, such things will exist in the near future.**(믿을 수 없겠지만, 그러한 것들은 가까운 미래에 존재할 것이다.) **As long as the adoption process may be, as hard as it may be, as intrusive as it may be, don't give up and quit.** (입양 절차가 오래 걸리고, 힘들며, 방해가 될 수 있지만, 포기하지 말고 그만두지 마세요.) 그러므로 **As strange as it may seem = In spite of how strange it may seem. Strange as it may seem = Strange though it may seem = Though it may seem strange.** 의 관계가 된다.

it's the only way it can be (the best it can be – perfect)에서 **it**은 **this moment**를 받고 **be**는 존재하다는 뜻이므로, **this moment is the only way this moment can be(the best this moment can be – perfect)**가 된다. 즉 이 순간은 그것이 존재할 수 있는 유일한 방식이며 그것이 존재할 수 있는 최선의 상태, 즉 완벽한 상태라는 의미가 된다. 그러니까 어떤 순간이든 순식간에 지나가버리므로 개선할 기회조차 없고 완벽함이 개선을 할 수 없는 상태라면 결국 어느 순간이든 완벽하다는 역설이다.

not to mention 은 **not to speak of, to say nothing of, needless to say** 와 같이 "~은 말할 필요조차도 없이"의 뜻으로 단독으로도 쓰이고, 뒤에 명사, 형용사, **that** 절도 온다.

He is rich and not to mention, he is handsome too.(그가 잘생긴 건 말할 것도 없고 부자야.) **He is the smartest person I know, not to mention handsome.**(그는 내가 아는 사람 중에 가장 똑똑해, 잘생긴 건 말할 것도 없고.) **who would really tolerate, let alone enjoy, being with someone ~** 에서 **being** 이하는 **to tolerate** 의 목적어이고 **enjoy** 의 목적어다. **let alone** 은 뒤에 명사, 동사, 전치사구, 형용사 등이 온다. **I wouldn't speak to him, let alone trust him or lend him money. There is no place for good manners, let alone for gratitude.**(좋은 예절이 자리할 곳이 없다. 감사의 정은 더욱 기대하기 어렵고.) **My husband never told me I looked pretty, let alone beautiful. Come out on the bottom, let alone trying for the top.**(일등은 고사하고 꼴찌나 면해라.)

☞ **paradox** 역설, 패러독스(틀린 것 같으면서도 옳은 이론) / **beyond improvement** 개선(량)할 수 없는 / **by definition** 정의상, 자명한 일로서 / **after all** 결국 / **in the sense that** ~라는 점(의미)에서 = **in that** / **as such** 그 자체로, 그것만으로, 그것 나름으로, 그러한 것으로서, 그와 같은 자격(입장)으로 / **whereby** (그것에 의해) ~하는 = **by which** / **flawlessness** 완벽(전)함, 흠 없음 / **defect** 결점, 결함, 단점, 약점, 흠 / **execution** 실행, 실시, 수행, 달성 / **surgeon** 외과 의사

operation 수술 / **strive to** ~하려고 애쓰다, ~을 얻으려고 노력하다 / **over time** 시간이 시날수록 (흘러갈수록) / **wear down** 닳아 없어지게 하다, 마멸시키다, 오래 써서 낡게 하다, (일 따위가) 피로를 느끼게 하다, 기진맥진하게 하다 / **electronic device** 전자 장치(설비) / **be rooted in** ~에 원인이 있다, ~에 뿌리박고 있다 / **paradigm** 보기, 범례, 모범, 패러다임(특정 영역, 시대의 지배적인 과학적 대상 파악 방법) / **mechanistic** 기계학적인, 기계 작용의, 기계론적인 / **be intended to** ~하고자 하다, ~를 목적으로 하다, ~하도록 의도되다

notion 관념, 개념, 생각, 의견, 의향 / **construct** 구조물, 건조물, 구성 (개념) / **other than** ~와는 다른 방법으로, 달리, ~외에는, 밖에는 / **incarnation** 화신, 권화, 구체화, 체현 / **participatory** 참여의, 참가의 / **worldview** 세계관 / **internalize** 내화(내면화, 주관화)하다, (특히 다른 집단의 가치관, 사상 따위를) 받아들여 자기의 것으로 하다 / **imbue upon** ~에게 감염(감화)시키다, 불어넣다, 스며들게 하다 / **intrinsic** (가치, 성질 따위가) 본질적인, 본래 갖추어진, 고유의(**inherent**) / **implausible** 받아들이기(믿기) 어려운, 정말 같지 않은 / **shortcoming** 결점, 단점, 모자라는 점, 결핍, 부족 / **not to mention** = **without mentioning** ~은 말할 것도 없고, ~은 물론 / **let alone** ~은 말할 것도 없고, ~은 고사하고

표현하기가 애매했는데 해석을 보니 이해가 가네!

여기에 호기심을 끄는 역설이 있다. 만일 완벽이 개선을 할 수 없는 상태라면, 그러면 정의상 모든 순간이 완벽하지 않은가? 어쨌든 그 어떤 주어진 "지금"도, 그 어떤 주어진 현실의 순간도, 그것이 본연의 그것 그대로의 상태 외에는 그 어떤 것도 될 수 없다는 의미에서 본연의 그것 그대로의 상태이다. 이 순간, 지금 당장을 예로 들어 보자. 이 순간은 이미 여기에 있고, 그것 나름으로, 그것이 이론상으로 불완전하다 할지라도, 그것은 현재

그 어떤 개선도 할 수 없다. 여러분이 이 순간의 교훈들을 얻고 다음 순간을 더 낫게 만들려고 노력할 수는 있겠지만, 바로 이 순간은 개선을 할 수 없다. 이 순간을 더 좋게 만들기 위해 그것에다 어떤 것이라도 보태기에는 너무 늦었다. 그리고 만약 이 순간이, 이 현실의 한 조각이, 개선을 할 수 없다면, 그러면 그것은 그것이 될 수 있는 유일한 방식이다(그것이 될 수 있는 최선의 상태 즉 완벽한 것이다).

완전함은 어떤 결함이 없이 완벽한 상태를 암시한다. 완벽하다는 것은 그것에 의해 여러분의 행동이나 실행이 초과될 수 없는 수준의 우수성을 달성하는 상태를 의미한다. 특정 과제에서 완벽함을 추구하는 것은 이룰 수 있으며, 학생이 완벽한 성적을 얻기 위해 노력하거나 무언가의 완벽한 성취를 수행하려고 노력할 수 있다. 여러분은 확실히 여러분의 외과의사가 여러분의 수술에서 완벽한 일을 하기를 바란다.

그러나 인생에서 완전하다는 것의 목표는 전혀 다른 이야기이다. 기계나 전자 장치는 적어도 한동안은 완벽하게 작동할 수 있을 것이다. 그러나 시간이 지남에 따라 그것은 마모되기 시작하여 수리를 필요로 할 거다. 완벽이라는 바로 그 개념은 뉴턴의 기계론적인 우주의 패러다임에 뿌리를 두고 있다. 하지만, 인간들은 결코 완전하도록 의도된 것이 아니었다. 그것이 인간이라는 정의의 일부이다. "나는 단지 인간일 뿐이다"라는 표현을 고려하라.

사실, 완벽하거나 불완전한 관념은 단순히 마음의 구성물일 뿐이고, 사고가 그것들을 창조했다는 것 외에는 실질적인 근거가 없다. 완벽이라는 개념은 고대 그리스 때부터 존재해 왔지만, 그 보다 현대적인 체현에서는 뉴턴의 기계의 구성물이다. 그러나 참여적 세계관에서는 설 자리가 없다. 우리는 이 완벽의 모델을 내재화하여 그것에 내재된 진리를 주입하고, 그리고 나서 그 "진리"를 추구하면서 우리의 삶을 낭비할 수도 있다.

얄궂게도, 만약 누군가가 이 믿기 힘든 완벽함의 상태를 달성할 수 있다면, 극소수의 사람들만이 그 남자나 여자를 용인할 것이다. 왜냐하면 완벽한 개인은 다른 모든 사람들에게 그들 자신의 단점을 끊임없이 상기시켜 줄 것이기 때문이다. 그들이 함께 있으면 아마도 별로 즐겁지 않을 거라는 것은 말할 것도 없다. 비인간적으로 완벽한 사람과 함께 있는 것을 즐기는 것은 고사하고 정말로 참아낼 사람이 누가 있겠는가?

20 접속사「like」가 비문법적이라고?

like 는 동사와 전치사로 쓰이는 동시에 형용사, 접속사, 명사, 감탄사, 부사 등 여러 품사로 쓰이기 때문에 그 역할이 다양하고 복잡해서 혼동을 일으키기 쉬운 어휘 중 하나이다. 그러다 보니 전통적인 문법체계를 벗어나는 것처럼 보이는 경우가 있다. 부사로서 Like enough he'll come with us.(아마 그는 우리와 함께 갈 것이다.) He seemed so friendly like.(그는 무척이나 다정해 보였다.)처럼 쓰이기도 하고, 오늘날 특히 잘 쓰이는 표현으로, 아무런 뜻을 갖지 않으면서 어조사(filler)로 쓰여, My friend was like, completely ready to like kick me out of the car if I didn't stop using the word 'like'.(내가 'like'라는 말을 계속 써서 친구가 나를 차 밖으로 던져버리기 직전이었다.) 같은 표현을 만들기도 한다. 또한 접속사로서 I just told her to study and that's all, then she's like "I'm already studying harder than you!" (난 그녀에게 그냥 공부하라고만 했어 그게 다야, 그랬더니 그녀가 "이미 너보다 더 열심히 공부하고 있거든" 이러더라.) 처럼 쓰이기도 하고, 감탄사로 쓰여 Like, I wanna be an actor. I've already signed up for a class.(음 글쎄, 나 사실 배우가 되고 싶어. 수업에 이미 등록한 상태야.) 등 이외에도 많은 관용구들을 포함하여 매우 다양한 사례들이 있다.

유사(similarity)의 접속사는 as 와 like 를 말하는데 like 는 전치사에서 유래한 표현으로「look like + 절」과 같이 원래 like 가 쓰이던 그 자리에서 그대로 접속사로 쓰이는 경우가 많다. He looks like he knows something.(그는 뭔가 알고 있는 것처럼 보인다.) 따라서 접속사로서의 like 는 전통적으로 비문법적이라고 정의를 내리는 경우가 많은데 사실은 중세의 셰익스피어로부터 처칠, 오바마 등 많은 유명 인사들도 즐겨 썼던 표현이며, 오늘날에도 영문에 자주 등장한다. 우리말에서도 그런 것처럼 일반 대중이 널리 사용하면 표준어가 되듯이 접속사 like 도 이제는 표준어로 보고 학습을 해야만 할 것이다. 앞에서도 접속사의 예를 들었지만, Just like bamboo is hollow inside, people were told to keep an open mind.(대나무가 속이 텅 빈 것처럼 사람들은 열린 마음을 유지하라고 들었다.) It makes me feel like I'm rich with the swimming pool and three garages.(수영장이랑 차고 세 개가 있어서, 내가 부자가 된 것처럼 느껴져.) Like I said, I appreciate your help.(이미 말한 것처럼, 도와줘서 감사해요.) He was like, "No way am I going to do that."(그는 "그런 일은 절대 안 하겠다"는 듯이 말했다.) 등에서처럼 like 가 접속사로 쓰이는 구문이 다양하다. 아래 예문의 It's like fame defines you to a certain degree 도 그 중의 하나임을 쉽게 알 수 있을 것이다.

* of what use	* to speak of	* together with
* be known of	* point out	* the infamous
* over time	* result in	* go through
* be associated with	* puff up	* shrink down

And I do not Want fame. Of what use is it? The film star is probably the famous kind of person now living; and the film star — like a royal personage — has no private life to speak of. There is no privacy for the famous. Every action of theirs is seen and judged; together with some actions which have been only rumoured, invented by some gossip as a topic of useless conversation. As one famous man once said to me, "Much worse than the worst is known of me." The benefits to be derived from being unknown are incalculable. Only the very young believe that it is pleasant to be stared at. I do not think any distress can exceed that of being pointed out in the street or in a restaurant or theatre. The famous person shares such distinction with the infamous.

Fame is a dangerous drug. As was evidenced in the recent death of 48-year-old Whitney Houston, fame and celebrity can closely mirror substance abuse symptomology — and over time, result in actual substance abuse, isolation, mistrust, dysfunctional adaptation to fame, and then, too often, untimely death.

Developmentally, the celebrity often goes through a process of: first loving, then hating fame; addiction; acceptance; and then adaptation (both positive and negative) to the fame experience. Becoming a celebrity alters the person's being-in-the-world. Once fame hits, with its growing sense of isolation, mistrust, and lack of personal privacy, the person develops a kind of character-splitting between the "celebrity self" and the "authentic self," as a survival technique in the hyperkinetic and heady atmosphere associated with celebrity life.

Some descriptions of fame include feeling like: "an animal in a cage; a toy in a shop window; a Barbie doll; a public façade; a clay figure; or, that guy on TV."

Famous people describe a new relationship with the "space" around them, as a component of learning how to live in a celebrity world. "It's like fame defines you to a certain degree: it puffs you up, or it shrinks you down," one celebrity said.

Yet, while the celebrity experiences many negative side effects of fame, the allure of wealth, access, preferential treatment, public adoration, and as one celebrity put it, "membership in an exclusive club," keeps the famous person stuck in the perpetual need to keep their fame machine churning.

분석을 하면 구문의 실체가 보이지.

난 원하지 않는다 명성을 무슨 쓸모가 있냐? 그게 영화 배우는 아마도
And I do not Want fame. Of what use is it? The film star is probably
S V O C V S S V M

유명한 종류의 사람일거다 살아 있는 영화 배우는 왕실의
the famous kind of person now living; and the film star— like a royal
C M S M

명사처럼 없다 사생활이 이렇다 할 없다 사생활이 유명인들에게는
personage — has no private life to speak of. There is no privacy for the
V O M A V S

모든 행동들이 그들의 보여지고 판단된다 함께 일부
famous. Every action of theirs is seen and judged; together with some
M S V M

행동과 단지 뜬소문에 불과한 만들어진 어떤 수다쟁이에 의해
actions which have been only rumoured, invented by some gossip as a
(R) (M) (V) (V) (M)

화제로 쓸데없는 대화의 한 유명한 사람이 한때 말한 것처럼 내게
topic of useless conversation. As one famous man once said to me, "Much
(M) (M) (C) (S) (M) (V) (M)

더 나쁜 건 최악보다 거다 알려지는 나에 관해 혜택들은 생기는
worse than the worst is known of me." The benefits to be derived from
S V M S M

알려지지 않는데서 헤아릴 수 없다 단지 아주 젊은 이들만 믿는다
being unknown are incalculable. Only the very young believe that it is
V C M S V (C) (S) (V)

즐겁다고 남에게 보여지는게 생각하지 않는다 어떤 곤경도 초과할 수 있다
pleasant to be stared at. I do not think any distress can exceed that
(C) (S) S V (S) (V) (O)

지적을 받거나 거리에서 식당에서 극장에서
of being pointed out in the street or in a restaurant or theatre. The
(M) (M)

유명인은 공유한다 그런 특성을 평판 나쁜 사람들과
famous person shares such distinction with the infamous.
S V O M

명성은 위험한 약이다 입증된 바와 같이 최근의 사망에서
Fame is a dangerous drug. As was evidenced in the recent death of
S V C (R) (V) (M)

48세의 휘트니 휴스턴의 명예와 명성은 밀접하게 반영할 수 있다
48-year-old Whitney Houston, fame and celebrity can closely mirror
(M) S M V

물질 남용 증상을 시간이 지남에 따라 초래하며 실제
substance abuse symptomology — and over time, result in actual
O M V

물질 남용 격리 불신 역기능적 적응 명성에 대한
substance abuse, isolation, mistrust, dysfunctional adaptation to fame,
M M

그리곤 너무 자주 불시의 죽음을
and then, too often, untimely death.
M M

발전적으로 연예인은 종종 거친다 과정을 먼저
Developmentally, the celebrity often goes through a process of: first
M S M V M

애정 깊은 그리곤 증오한다 명성 중독 수용 그런 다음 적응
loving, then hating fame; addiction; acceptance; and then adaptation
M

둘 다 긍정적이고 부정적 명성의 경험에 대한 되는 것은
(both positive and negative) to the fame experience. Becoming a
S

연예인이 바꾼다 그 사람의 존재를 세상에서의 일단 명성이 닥치면
celebrity alters the person's being-in-the-world. Once fame hits,
V O (C) (S) (V)

증가하는 고립감 불신감 부족으로 사생활의
with its growing sense of isolation, mistrust, and lack of personal
M

그 사람은 발달시킨다 일종의 성격 분열을 사이에
privacy, the person develops a kind of character-splitting between the
S V O

연예인 자아와 진정한 자아 하나의 생존 기법으로
"celebrity self" and the "authentic self," as a survival technique in the
M M

과장되고 성급한 분위기에서 관련된 유명인 삶과
hyperkinetic and heady atmosphere associated with celebrity life.
M M

몇몇 묘사는 명성에 대한 포함한다 느낌을 다음과 같은 동물 우리 안의
Some descriptions of fame include feeling like: "an animal in a cage;
S V O

장난감 상점 창문의 바비 인형 공공의 외관 점토 상
a toy in a shop window; a Barbie doll; a public façade; a clay figure;
M

혹은 저 남자 티비에 나오는
or, that guy on TV."

유명인들은 묘사한다 새로운 관계를 공간과의 주위의
Famous people describe a new relationship with the "space" around
S V O M

그들 구성 요소로서 학습하는 방법을 생활 연예인 세계에서 그건
them, as a component of learning how to live in a celebrity world. "It's
M S V

같다 명성이 규정하는 것 너를 어느 정도 그건 부풀어오르게 하거나 또는 위축시킨다
like fame defines you to a certain degree: it puffs you up, or it shrinks
(C) (S) (V) (O) (M) S V O S V

너를 한 연예인이 말했다
you down," one celebrity said.
O S V

허나 반면 유명인이 경험하는 많은 부정적인 부작용을
Yet, while the celebrity experiences many negative side effects
C (C) (S) (V) (O)

명성의 매력은 부 출입 우선적인 대우 대중의
of fame, the allure of wealth, access, preferential treatment, public
S

숭배 한 유명인이 말한대로 회원 자격은 상류층 클럽에서
adoration, and as one celebrity put it, "membership in an exclusive club,"
(C) (S) (V) (O) S

한다 그 유명인이 갇히게 영원한 욕구에 하는 그들의
keeps the famous person stuck in the perpetual need to keep their
V O OC

명성기계를 계속 세차게 돌아가게
fame machine churning.
M

설명을 잘 익히면 많은 도움이 될 거야!

of what use is it? 는 수사의문문으로 **It is of no use. It is useless.** 의 뜻이다. 「**of** + 추상명사 = 형용사」의 예이다. **much worse than the worst** 는 **is known** 의 주어다. **worse** 는 "더욱 나쁨", **worst** 는 "가장 나쁜 일(것), 최악(의 사태)" 란 뜻의 명사다. 원형인 **bad, ill** 이 명사형이 있으므로 비교급과 최상급인 **worse, worst** 도 명사형이 있음은 당연하다. 형용사나 부사가 아닐지라도 비교급, 최상급에서 명사형도 유래한 것이다. **as was evidenced in the recent death ~** 에서 **as** 는 관계대명사로 뒤에 나오는 내용이 그 선행사이다. **through a process of: first loving, then hating fame; addiction; acceptance; and then adaptation** 에서 **of** 는 뒤 전부에 걸린다.

some descriptions of fame include feeling like: "an animal in a cage; ~ or, that guy on TV" 에서 **like** 는 뒤의 인용구문을 받는 전치사이다. 물론 **seem like ~, look like ~, feel like ~, act like ~** 등의 뒤에 절이 오는 경우 **like** 는 접속사이다. 의미상 **as if, as though** 와 같지만 가정법 시제는 취하지 않는다. **It's like fame defines you to a certain degree.** 에서 **like** 역시 접속사로 뒤에 **fame defines you to a certain degree** 즉 절이 왔다. 부정으로 **it's not like ~** 도 잘 쓰인다. **It's not like he would come over here that much once I was gone.**(내가 일단 떠나면 그는 여기 그리 많이 오지 않을 거다.) 물론 **It's like carrying fire in one hand and water in the other.**(마치 병 주고 약 주는 것 같네.)처럼 절이 오지 않으면 전치사가 된다.

☞ personage 명사, 저명인사, 유명인 / to speak of 이렇다 할 / the famous = famous people / rumour (보통 수동형으로) ~을 소문내다, 풍문을 퍼뜨리다 / together with ~

와 함께, ~ 와 더불어, 또 ~ 와 / **the young = young people** / **be derived from** ~에서 나오다, ~에서 일어나다 / **gossip** 남의 말을 퍼뜨리고 다니는 사람, 남 말하기 좋아하는 사람, 뜬소문, 뒷공론 / **incalculable** 무수한, 헤아릴 수 없는, 막대한 / **distress** 고통, 고민(거리), 고난 / **drug** 마취약, 마약 / **celebrity** 유명인, 명사, 연예인 / **mirror** 비추다, 반사하다, 반영시키다, 대표하다 / **substance** 물질, 재산, 자산, 실체 / **abuse** (권력, 지위, 특권 등의) 악용, 남용, 오용, (약, 마약 등의) 난용 / **symptomology = symptomatology** (환자 또는 병의) 종합적 증상, 증후학 / **over time** 오랜 시간에 걸쳐, 시간이 지나면서, 시간이 흐르는 동안 / **result in** ~로 귀착하다, 끝나다 / **dysfunctional** 제대로 기능을 하지 않는, 고장난, 역기능적인 / **untimely** 때가(철이) 아닌(서리 따위), 불시의, 시기상조의 / **developmentally** 발전적으로, 발생적으로, 개(계)발적으로

go through ~을 지나다, 빠져나가다, 통과하다, (고난)을 경험하다, ~을 견디어내다 / **addiction** 열중, 탐닉, (~의) 중독 / **adaptation** 적응, 적합, 순응 / **being-in-the-world** 세계 내 존재 / **character-splitting** 성격 분열 / **authentic** 믿을 만한, 확실한, 근거가 있는, 진정한, 진짜의 / **hyperkinetic** 운동 과잉의, 역동적이고 흥분시키는 / **heady** 완고한, 무모한, 분별없는, 성급한 / **be associated with** ~와 관련되다, ~이 연상되다 / **Barbie doll** 바비 인형(금발, 푸른 눈의 플라스틱 인형), 상표명 / **façade = facade** (건물의) 정면(front), (사물의) 겉, 외관, 앞면, 허울 / **clay** 점토, 찰흙 / **component** 성분, 구성 요소 / **puff up** ~을 부풀리다, (아무를) 우쭐대게 하다, 잘난 척하게 하다, 자만심을 일으키다, (경매에서 바람잡이를 써서) ~ 값을 올려 부르다 / **shrink down** ~를 오그라뜨리다, 수축시키다, 축소시키다, 줄어들게 하다 / **allure** 매력, 애교, 성적 매력 / **preferential** 선취의, 우선(권)의, 선택적(차별적)인. **preferential treatment** 우대 / **exclusive** 회원(고객)을 엄선하는, 상류층용의, 고급의, 일류의, 멋있는 / **churn** 거세게 돌다, 거품지며 물가에 부딪치다

내용이 알만하니까 어려운 것 같지 않은 걸.

나는 명예를 바라지 않는다. 그것이 무슨 소용이 있냐? 그 영화배우는 아마도 지금 살아있는 가장 유명한 부류의 사람일 것이다. 그런데도 그 영화배우는 – 왕실의 명사처럼 – 이렇다 할 사생활이 없다. 유명한 사람에게는 사생활이라는 것이 없다. 그들의 일거일동은 모두 사람들 눈에 보여지고 비판이 되는 것이다. 뿐만 아니라 쓸데없는 이야깃거리로서 남의 일을 즐겨 퍼뜨리고 다니는 수다쟁이에 의하여 조작되었고, 뜬소문에 불과했던 그런 행동까지 사람 눈에 띄고 비판되는 것이다. 어떤 유명한 사람이 한때 "가장 나쁜 것보다 더욱 나쁜 것은 나에 대해서 알려지는 것이다."라고 나에게 말한 것처럼 말이다. 사람들한테 알려지지 않는 것에서 나오는 이익들은 헤아릴 수 없이 많다. 남들의 주목거리가 되는 것을 즐겁다고 생각하는 것은 오로지 젊은 사람들뿐이다. 어떤 고통도 길거리나 식당, 또는 극장에서 남들의 지목을 받는 고통을 능가할 수는 없다고 나는 생각한다. 유명인은 그런 구별되는 특성을 평판이 나쁜 사람들과 공유한다.

명성은 위험한 마약이다. 최근 48세의 휘트니 휴스턴의 사망에서 입증된 바와 같이, 명성과 유명세는 물질 남용 증상을 면밀하게 반영할 수 있으며, 시간이 지남에 따라 실제 물질 남용, 격리, 불신, 명성에 대한 역기능

적 적응을 초래할 수 있으며, 그리고는 너무 자주 불시의 죽음을 초래할 수 있다.

발전적으로 유명인은 종종 다음과 같은 과정을 거치게 된다. 즉 처음에는 명성을 사랑하고 다음에는 명성을 증오한다. 중독; 수용; 그런 다음 명성의 경험에 대한 적응(긍정적 및 부정적 둘 다). 유명인사가 되는 것은 그 사람의 세상에서의 존재에 변화를 준다. 일단 명성이 닥치면, 증가하는 고립감, 불신감, 사생활의 결여로 인해 그 사람은 유명인 생활과 관련된 과장되고 분별없는 분위기에서 하나의 생존기법으로서 "유명인 자아"와 "진정한 자아" 사이에서 일종의 성격 분열을 발달시킨다.

명성에 대한 일부 묘사에는 다음과 같은 느낌이 포함된다: 즉 "우리 안의 동물, 가게 창문의 장난감, 바비 인형, 공공의 외관, 점토 상, 또는 TV에 나오는 그 남자."

유명한 사람들은 그들 주위의 "공간"과의 새로운 관계를, 유명인의 세계에서 살아가는 방법을 학습하는 하나의 구성 요소로서 묘사한다. "그것은 마치 명성이 어느 정도 당신을 규정하는 것 같다: 즉 당신의 자만심을 부풀어 오르게 하거나, 그렇지 않으면 위축시킨다"라고 한 유명인이 말했다.

하지만, 유명인사가 명성의 부정적인 부작용을 많이 경험하는 반면, 부, 접근, 우선적인 대우, 대중의 숭배, 그리고 한 유명인사의 표현대로, "회원을 엄선하는 상류층 클럽에서의 회원 자격"의 매력은 유명인사가 그들의 명성기계를 계속해서 세차게 돌아가도록 하는 영원한 욕구에 갇히게 한다.

Chapter 02

구문의 함정

01 뭐, 현수분사구문이라고? 이런!

저자의 영문독해 시리즈 권3 『영문독해테크닉 105』에서 자세히 설명한 바 있는 현수구문은 실제 독해에서 존재 자체를 느끼지 못하고 넘어가는 경우가 많다. 현수분사구문, 현수부정사구문, 현수동명사구문 등의 3가지로 쓰이는 현수구문은 이런 준동사가 이끄는 구문의 의미상 주어가 현수막처럼 공중에 붕 떠 있다고 해서 Dangling(Hanging) Participle Construction 이라고 하는가 하면, 의미상 주어가 헛갈린다고 해서 Confused Participle Construction 이라고도 하며, 주절의 주어와 관련이 없다고 해서 Misrelated(Unattached) Participle Construction 이라고도 한다. 즉, 동명사, 분사, 부정사 등 준동사의 의미상 주어와 주절의 주어가 일치하지 않는데도 그것을 표기하지 않고 생략하여 비문법적으로 표현되는 구문이다. 물론 현수분사구문은 소위 독립분사구문과는 다르다. 문장의 흐름상 의미상 주어의 의미를 알 수 있는 경우, 누가 보아도 그 주어를 이해할 수 있는 경우에 굳이 그것을 쓸 필요를 느끼지 못하는 것으로, 통상 비문법적 표현으로 취급되지만, 의미상 혼동이 생기지 않을 경우에 사용되므로 어떤 의미에서는 기존 문법을 무시하는 게 아니라 오히려 보완을 해주는 셈이 된다. 다시 말해서 현수구문이 비문법적이기는 하지만, 오히려 문장에 생동감을 주고 언어의 경제성에도 이바지하기 때문에 현대영어에서 쓰이고 있는 것이다.

물론 대문호인 셰익스피어까지도 『햄릿』에서 "Sleeping in mine orchard, a serpent stung me."(내 과수원에서 잠자고 있는 동안, 한 마리의 뱀이 나를 물었다.)라고 표현할 정도로 자주 접할 수 있는 구문이란 것을 알아야 할 것이다. 이것도 현수분사구문으로 "Sleeping in mine orchard, I was stung by the serpent." 라고 해야 문법적일 것이다. 그렇지만 영문을 읽을 때에는 크게 신경을 쓰지 않아도 의미 파악에 어려움이 없어 그냥 지나칠 때도 있다. 하지만 현수구문의 존재를 분명히 인지하고 있어야 문의 파악에 도움이 될 수 있는 경우도 많다. 대체로 주절의 주어가 가주어 it 이나 일종의 가주어 기능을 하는 there 인 경우에는 자연스럽게 사용된다. Being French, it's surprising that she's such a terrible cook.(그녀가 프랑스인인데도 그토록 요리 솜씨가 형편없다는 것이 놀랍다) Having so little time, there was not much that I could do.(시간이 너무 없어서 내가 할 수 있는 일이 많지 않다.) 그렇다면 아래 예문의 a simpleway of looking ~, liking what you see ~ 에서 liking 이하가 현수분사구문이라는 것을 알고 그 주어를 제대로 찾아보면서 해석을 했을까?

* refer to	* have to do with	* in other words
* more or less	* take care of	* regard ~ as
* in terms of	* what it would be like to	* not necessarily
* the more ~ the more	* easier said than done	* make one's choice
* as opposed to	* from low to high	

Self-esteem refers to a person's beliefs about their own worth and value. It also has to do with the feelings people experience that follow from their sense of worthiness or unworthiness. Self-esteem is important because it heavily influences people's choices and decisions. In other words, self-esteem serves a motivational function by making it more or less likely that people will take care of themselves and explore their full potential. People with high self-esteem are also people who are motivated to take care of themselves and to persistently strive towards the fulfillment of personal goals and aspirations. People with lower self-esteem don't tend to regard themselves as worthy of happy outcomes or capable of achieving them and so tend to let important things slide and to be less persistent and resilient in terms of overcoming adversity. They may have the same kinds of goals as people with higher self-esteem, but they are generally less motivated to pursue them to their conclusion.

Self-esteem is a somewhat abstract concept; it's hard for someone who doesn't already have it to know what it would be like to have it. One way for people who have lower self-esteem to begin to appreciate what it would be like to have higher self-esteem is to consider how they may feel about things in their lives that they value.

Self-esteem is the appreciation of one's worth and importance in society. Oftentimes having a lot of confidence means a high level of self-esteem, but just because they may be related does not necessarily mean one leads to the other. Just because one has confidence does not guarantee they will feel good about themselves. A simple way of looking at how much you like yourself is standing in front of the mirror, liking what you see, and how you feel about what you see (without distorting your image, both figuratively and literally). The more you like about what you see, the more able and willing you may be to put yourself out there in the public eye. It is easier said than done. The bottom line is establishing a level of self-esteem that allows you to be confident enough to make your own choices as opposed to having them made for you by others.

Self-esteem is thought of as occurring on a continuum, meaning that it is thought to smoothly vary in amount or magnitude from low to high across different individuals. Some people have higher self-esteem, while other people have lower self-esteem. The differences between these people are not obvious, but instead are apparent only through comparison of their thoughts and feelings about their worth.

도해를 보면 분명하게 보일거다!

자존감은 말한다 사람의 신념을 그들 자신의 진가와
Self-esteem refers to a person's beliefs about their own worth and
S V M M

가치에 대한 그건 또한 관련이 있다 감정과 사람들이 경험하는
value. It also has to do with the feelings people experience that
S M V M (S) (V) (R)

오는 자신의 느낌에서 훌륭함이나 무가치의 자존감은
follow from their sense of worthiness or unworthiness. Self-esteem is
(V) (M) S V

중요하다 때문에 그것이 크게 영향을 미치기 사람들의 선택과 결정에
important because it heavily influences people's choices and decisions.
C (C) (S) (M) (V) (O)

다시 말해 자존감은 한다 동기부여 기능을 함으로써
In other words, self-esteem serves a motivational function by making it
M S V C

다소 가능하게 것을 사람들이 돌보고 자신들을 탐구할 수 있는
more or less likely that people will take care of themselves and explore
M (C) (S) (V) (O) (V)

자신의 잠재력을 사람들은 높은 자존감을 가진 또한 사람들이다
their full potential. People with high self-esteem are also people who
(O) S M V M C (R)

동기가 부여된 돌보고 자신을 끈질기게 노력하는
are motivated to take care of themselves and to persistently strive
(V) (M)

향해 성취를 개인의 목표와 열망의 사람들은
towards the fulfillment of personal goals and aspirations. People
(M) S

가진 낮은 자존감을 경향이 없다 생각하는 자신들이 가치가 있다고
with lower self-esteem don't tend to regard themselves as worthy
M V M

행복한 결과를 얻을 능력이 있다고 성취할 그것을 경향이 있다
of happy outcomes or capable of achieving them and so tend to let
M C V

중요한 것을 놓치는 덜 집요하고 탄력적인 면에서
important things slide and to be less persistent and resilient in terms
M

극복하는 역경을 그들은 가질 수 있지만 같은 종류의 목표를
of overcoming adversity. They may have the same kinds of goals as
M S V O (C)

사람들과 높은 자존감을 가진 그들은 일반적으로 동기를 덜 받는디
people with higher self-esteem, but they are generally less motivated
(S) S M V

추구하려는 그들을 그들의 결론으로
to pursue them to their conclusion.
M

자존감은 다소 추상적인 개념이다 어렵다 사람이
Self-esteem is a somewhat abstract concept; it's hard for someone who
S V C S V C M (R)

이미 갖고 있지 않은 그걸 아는 것이 무엇과 같을까를 갖는다는 게 그걸 한 방법은
doesn't already have it to know what it would be like to have it. One way
(M) (V) (O) S (Q) (S) (V) (C) (S) S

사람들이 보다 낮은 자존감을 가진 시작하는 이해하기 무엇과
for people who have lower self-esteem to begin to appreciate what it
M (R) (V) (O) (M) (Q) (S)

같을까를 갖는 게 보다 높은 자존감을 고려하는 것이다 어떻게 그들이 느낄지를
would be like to have higher self-esteem is to consider how they may feel
(V) (C) (S) V C (Q) (S) (V)

대해 사물에 그들 삶에서 그들이 중히 여기는
about things in their lives that they value.
(M) (M) (R) (S) (V)

자존감은 감사이다 자신의 가치와 중요성에 사회에서
Self-esteem is the appreciation of one's worth and importance in society.
S V C M M

때때로 갖는다는 건 많은 자신감을 의미한다 높은 수준의 자존감을
Oftentimes having a lot of confidence means a high level of self-esteem,
M S V O

하지만 때문에 그들이 연관되어 있기 않는다 반드시 의미하지는 하나가
but just because they may be related does not necessarily mean one
(C) (S) (V) M V (S)

이끈다는 다른 걸 단지 때문에 갖고 있기 자신감을 않는다 보장하지
leads to the other. Just because one has confidence does not guarantee
(V) (M) (C) (S) (V) (O) V

그들이 느낄 거라 좋게 대해 자신들에 간단한 방법은 보는 얼마나
they will feel good about themselves. A simple way of looking at how
(S) (V) (C) (M) S M

많이 네가 좋아하는지 자신을 서 있는 거다 앞에 거울 좋아하며 것을 네가
much you like yourself is standing in front of the mirror, liking what you
(M) (S) (V) (O) V C M 현수분사 (R) (S)

보는 어떻게 느끼는지 대해 것에 보는 않고 왜곡하지 네 이미지를
see, and how you feel about what you see (without distorting your image,
(V) (Q) (S) (V) (R) (S) (V) (M)

비유적으로나 있는 그대로나 할수록 네가 좋아 대해 것에 네가 보는
both figuratively and literally). The more you like about what you see, the
(R) (S) (V) (R) (S) (V) M

더 그럴 수도 싶기도 할 것이다 내 놓을 자신을 대중의
more able and willing you may be to put yourself out there in the public
C S V M M

시선에 쉬우나 말하는 건 행하기는 어렵다 결론은 세우는 것이다 수준을
eye. It is easier said than done. The bottom line is establishing a level of
S V C (V) (C) (V) S V C

자존감의 하게 하는 네가 자신있게 충분히 마음에 드는 것을
self-esteem that allows you to be confident enough to make your own
(R) (V) (O) (OC) (M)

택할 만큼 반대로 선택이 되게 하는 것과 널 위해 타인에 의해
choices as opposed to having them made for you by others.
(M) (M)

자부심은 생각된다 일어나는 것으로 연속체에서 의미한다 것을
Self-esteem is thought of as occurring on a continuum, meaning that
S V C M (C)

그것이 생각되는 평탄하게 변하는 양이나 규모에서 낮은데서
it is thought to smoothly vary in amount or magnitude from low to
(S) (V) (C) (M) (M)

높은데까지 따라 서로 다른 개인에 따라 어떤 사람들은 갖고 있고 더 높은 자부심을
high across different individuals. Some people have higher self-esteem,
(M) S V O

반면에 어떤 사람들은 갖는다 더 낮은 자부심을 차이는 사이의
while other people have lower self-esteem. The differences between
(C) (S) (V) (O) S

이 사람들 명백하지 않지만 대신에 분명하다 통해서만
these people are not obvious, but instead are apparent only through
V C M V C

비교를 그들의 생각과 감정을 대한 그들 가치에
comparison of their thoughts and feelings about their worth.
M M M

이런 힌트가 필요 없다면!

it also has to do with the feelings people experience that follow ~ 에서 that 의 선행사는 feelings 이고 people experience 는 삽입절이다. by making it more or less likely that people will take care of ~ 에서 it 은 동명사 making 의 가목적어이고 more or less likely 가 목적격 보어이고 that 이하가 진목적어이다. People with lower self-esteem don't tend to regard themselves ~ of achieving them and so tend to let important things slide and to be less persistent and resilient ~ 에서 and so 다음의 tend to let ~ and to be less ~ 는 앞의 don't 에 이어지지 않고 그대로 tend to ~ 에 연결된다. they may have the same kinds of goals as people with higher self-esteem에서 as 이하는 as people with higher self-esteem have 의 의미이다.

liking what you see 에서 **liking** 의 주어는 주절의 주어인 **a simple way** 가 아니라 **you** 이다. 따라서 소위 현수분사라 할 수 있다. 하지만 해석을 할 때 현수분사라는 것을 인식하지 못한 채 대강의 뜻만 이해하고 지나친 학습자도 있었을 것이다. 이처럼 꼭 현수분사의 주어를 찾아 해석하지 않아도 이해가 되는 구문들이 많다. **it's hard for someone who doesn't already have it to know ~** 에서 **it ~ for ~ to** 구문으로 **it** 은 가주어, **for someone** 이 **to know** 의 진주어이다. **what it would be like to have it** 의 앞의 **it** 은 가주어이고 **to have it** 이 진주어이다. **One way for people who have lower self-esteem to begin to appreciate** 에서 **for people** 이 **to begin to appreciate** 의 의미상 주어이다. 그러니까 **for people** 을 수식하는 **who have lower self-esteem** 이 있어서 뒤에 연속되는 **to begin** 과의 관계가 한눈에 드러나지 않는 것이다.

just because they may be related does not necessarily mean one leads to the other 에서 **because** 는 명사절을 이끄는 접속사로 **mean** 이 동사이다. **Just because one has confidence does not guarantee ~** 역시 명사절이다.(because 가 주어가 되어 명사절을 이끄는 사례는 다음 기회에 설명할 예정이다.) **a simple way of looking ~ is standing ~ , liking what you ~** 에서 **standing** 은 동명사로서 보어역할을 하며 뒤에 위치한 분사인 **liking** 과 구실이 다르다. **the more ~ the more** 에서 앞의 **the** 는 관계부사의 역할을 하고 뒤의 **the** 는 지시부사의 역할을 한다. **the more able and willing you may be to put yourself** 는 **you may be the more able and willing to put yourself** 의 구조이다. **It is easier said than done.** 은 속담 표현으로 **It is easier to be said than to be done.** 의 의미이다. **from low to high** 는 단독으로도 쓰이고 명사를 수식하기도 한다. **A piano has a great range, from low to high notes.**(피아노는 저음부터 고음까지 넓은 음역을 가지고 있다.) 여기에서는 **from low amount or magnitude to high amount or magnitude** 의 뜻이다.

☞ **self-esteem** 자존, 자부(심), 자만(심) / **refer to** ~에 주의를 돌리다, 지시하다, 관계하다, 관련하다, (규칙 따위가) 적용되다, 조회(문의)하다, 참고로 하다, 의지하다 / **worth** (지적, 정신적, 도덕적) 가치, 진가 / **value** 실제적 유용성 · 중요성에서 본 가치 / **have to do with** ~와 관계가 있다, ~을 다루다 / **worthiness** 가치 있음, 훌륭함 / **unworthiness** 가치 없음, 하찮음 / **in other words** 바꾸어 말하면, 즉 / **motivational** 동기를 주는, 동기의 / **more or less** 다소간, 얼마간, 대체로, 대략, 거의 / **fulfillment** 이행, 수행, 완료, 성취, 달성, 실현 / **aspiration** 열망, 포부, 향상심, 큰 뜻, 대망 / **resilient** 되튀는, 탄력 있는, 곧 원기를 회복하는, 쾌활한, 발랄한 / **in terms of** ~의 말로, ~에 특유한 말로, ~에 의하여, ~로 환산하여, ~에 관하여, ~의 점에서(보아)

abstract 추상적인, 관념상의 / **appreciation** 감사, 존중 / **not necessarily** 필히(반드시) ~은 아니다(부분부정 표현) / **distort** (사실을) 곱새기다, 왜곡하다 / **figuratively** 비유적(상징적)으로 / **literally** 글자 뜻 그대로, 축어적으로 / **bottom line** 최종 결과, 결론, 사실의 핵심(점) / **make(take) one's choice** ~의 마음에 드는 것을 택하다 / **as opposed to** ~에 대립하는 것으로(서) / **continuum** (물질, 감각, 사건 따위의) 연속(체) / **magnitude** (길이, 규모, 수량) 크기, 양

아, 이렇게 해석이 되는구나!

자존감은 그들 자신의 진가와 가치에 대한 사람의 신념을 말한다. 그것은 또한 가치 있음이나 가치 없음에 대한 그들의 느낌에서 오는 사람들이 경험하는 감정과 관련이 있다. 자존감은 그것이 사람들의 선택과 결정에 크게 영향을 미치기 때문에 중요하다. 다시 말해, 자존감은 사람들이 자신을 돌보고 그들의 잠재력을 충분히 탐구할 수 있는 가능성을 어느 정도 증가시킴으로써 동기부여 기능을 한다. 자존감이 높은 사람들은 또한 자신을 돌보고, 개인적인 목표와 열망을 성취하기 위해 끈질기게 노력하는 동기가 부여된 사람들이다. 자존감이 낮은 사람들은 자신들이 행복한 결과를 얻을 가치가 있다고 생각하거나 그것들을 성취할 능력이 있다고 생각하지 않는 경향이 있고, 그래서 중요한 것들을 놓치고 역경을 극복하는 면에서 덜 집요하고 덜 탄력적인 경향이 있다. 그들은 자존감이 더 높은 사람들과 같은 종류의 목표를 가질 수도 있지만, 일반적으로 그것들을 결론으로 추구하려는 의욕이 덜하다.

자부심은 다소 추상적인 개념이다. 이미 자부심을 가지고 있지 않은 사람이 그것을 갖는 것이 어떠한 것인지를 아는 것은 어렵다. 보다 낮은 자부심을 가진 사람들이 보다 높은 자부심을 갖는 것이 어떠한 것일지를 이해하기 시작하는 한 가지 방법은 자신들의 삶에서 자신들이 귀중히 여기는 것들에 대해 어떻게 느낄 수 있는지 고려하는 것이다.

자부심은 사회에서의 자신의 가치와 중요성에 감사하는 것이다. 때때로 많은 자신감을 갖는다는 것은 높은 수준의 자부심을 의미하지만, 단지 그것들이 연관되어 있다고 해서 반드시 그 중 하나가 다른 하나의 원인이 되지는 않는다. 단지 우리가 자신감을 갖고 있다고 해서 자부심과 자신감이 스스로에 대해 좋은 감정이 있을 거라고 보장하지 않는다. 네가 자신을 얼마나 좋아하는지를 보는 간단한 방법은, 네가 보는 모습을 마음에 들어 하고, (비유적으로나 있는 그대로나, 너의 이미지를 왜곡하지 않고) 네가 보는 네 모습에 대해 어떻게 느끼는지 그 감정을 좋아하면서 거울 앞에 서 있는 것이다. 네가 보는 네 모습을 좋아하면 할수록, 너는 대중의 시선에 네 자신을 내놓을 수 있을 것이고 또 기꺼이 그럴 마음이 생길 것이다. 말하기는 쉬워도 행하기는 어렵다. 결론은 네 마음에 드는 것이 타인에 의해 선택되는 것이 아니라 자기 마음에 드는 것을 스스로 택할 만큼 충분히 네가 자신 있게 되도록 하는 자부심의 수준을 확립하는 것이다.

자부심은 연속체에서 발생하는 것으로 생각되는데, 이는 서로 다른 개인에 따라 양이나 규모가 낮은 데서 높은 데까지 평탄하게 차이가 있는 것으로 생각되는 것을 의미한다. 어떤 사람들은 자존감이 더 높고 또 다른 사람들은 자존감이 더 낮다. 이 사람들 사이의 차이점은 명백하지 않지만, 그 대신 자신들의 가치에 대한 그들의 생각과 감정의 비교를 통해서만 분명해진다.

「whatever」를 강조할 줄이야! 02

강조구문인 「it ~ that ~」 구문이 일반적으로 주어나 목적어, 부사(구, 절) 등을 강조하는데 사용된다는 것은 다 알고 있는 사실이다. 하지만 아래 예문에서처럼 익숙하지 않은 형식의 주어나 부사(구, 절) 등이 복잡한 구조를 이루어 쓰였을 경우 그것이 강조구문인지를 판단하기도 어렵고 또 어떤 부분을 강조하는지 판별하기도 쉽지 않아서 혼동을 일으킬 수 있다. 따라서 전후 관계를 따져 면밀하게 구문을 분석할 필요가 있다. 물론 that 대신 관계대명사인 who나, whom, which 등도 쓰이므로 더욱 주의해서 살펴봐야 한다. 익숙하지는 않지만 whatever도 대명사이므로 it ~ whatever that ~ 식으로 강조할 수 있는데 그런 문장을 접해보기는 쉽지 않기 때문에 예문을 통해 익혀두는 것이 좋을 것이다.

실제로 whatever는 관계사, 대명사, 부사, 감탄사 등으로 여러 구문에 사용되기도 하고 관용표현도 있어 때로는 해석이 까다로울 수도 있으므로 그 쓰임과 의미를 잘 알아두어야만 한다. 특히 부정문, 의문문에서 명사나 대명사 뒤에 쓰여 "약간의 ~도 (없는), 하등의 ~도"의 뜻과(Is there any chance whatever? 조금이라도 가망이 있나요?) 구어체에서 "그게 뭐든, 아무 것이든(남의 말에 대한 대꾸에서 무슨 일이 있건 상관없음을 또는 그들의 말에 관심 없음을 나타냄)"을 나타내는 표현은 주의할 필요가 있다. 가령, What would like to have for lunch?(점심 뭐 먹을까?)란 질문에 Whatever. 라고 한다면 "아무거나."의 뜻도 되지만 I don't care.(관심 없어)란 뜻이 강하다. 아래 예문의 we seek out whatever it may be that is most unlike what we are used to 에서는 강조를 받고 있는 whatever가 복잡한 구문에 사용되고 있어 자칫 그 뜻을 놓치기 쉬우므로 잘 분석해야만 할 것이다. 물론 여기서는 whatever가 대명사로 쓰인 것이다.

* be taken for granted by	* on the lips of	* above all
* get at	* seek out	* be used to
* bestow ~ upon	* by birth	* above all things
* none in the least	* steep oneself in	* rise to the lips
* do well to	* at most	* by oneself

Excursions into the literature of a foreign country much resemble our travels abroad. Sights that are taken for granted by the inhabitants seem to us astonishing; however well we seemed to know the language at home, it sounds differently on the lips of those who have spoken it from birth; above all, in our desire to get at the heart of the country we seek out whatever it may be that is most unlike what we are used to, and declaring this to be the very essence of the French or American genius proceed to bestow freely upon it a credulous devotion, to build up upon it a structure of theory which may well amuse, annoy, or even momentarily enlighten those who are French or American by birth.

The English tourist in American literature wants above all things something different from what he has at home. For this reason the one American writer whom the English wholeheartedly admire is Walt Whitman. There, you will hear them say, is the real American undisguised. In the whole of English literature there is no figure which resembles his — among all our poetry none in the least comparable to Leaves of Grass. This very unlikeness becomes a merit, and leads us, as we steep ourselves in the refreshing unfamiliarity, to become less and less able to appreciate Emerson, Lowell, Hawthorne, who have had their counterparts among us and drew their culture from our books. The obsession, whether well or ill founded, fair and unfair in its results, persists at the present moment. To dismiss such distinguished names as those of Henry James, Mr. Hergesheimer, and Mrs. Wharton would be impossible; but they are not Americans; they do not give us anything that we have not got already.

Here our bewilderment begins; for the names of so many authors, the titles of so many books rise at once to the lips. They all have done work which, if time allowed, we should do well to examine carefully, and if we must concentrate upon two or three at most, it is because, travellers and tourists as we are, it seems best to sketch a theory of the tendency of American fiction from the inspection of a few important books rather than to examine each writer separately by himself.

도해를 통해 독해술을 배우도록!

유람은 문학으로의 외국 닮았다 우리의
Excursions into the literature of a foreign country much resemble our
S M M V

해외여행과 명소들은 당연하게 여겨지는 그 나라 주민들에 의해
travels abroad. Sights that are taken for granted by the inhabitants
O M S (R) (V) (C) (M)

보인다 우리에게 놀라운 것처럼 아무리 잘 보여도 것처럼 알고 있는
seem to us astonishing; however well we seemed to know the
V M C (C) (M) (S) (V) (C)

그 나라 말을 고국에선 들린다 다르게 입에 오르면 사람의
language at home, it sounds differently on the lips of those who have
(M) S V M M (R) (V)

말해온 그걸 태어날 때부터 특히 욕망에서 도달하려는 핵심에 그
spoken it from birth; above all, in our desire to get at the heart of the
(O) (M) M M M

나라의 우린 찾는다 무엇이든 그걸 것이 가장 다른 것과 우리가
country we seek out whatever it may be that is most unlike what we
S V (Q) (S) (V) (C) (V) (C) (R) (S)

익숙한 단언하고 이게 바로 본질이라고 프랑스나
are used to, and declaring this to be the very essence of the French
(V) PC

미국의 정신 계속해서 주고 아낌없이 그것에 쉽사리 믿는
or American genius proceed to bestow freely upon it a credulous
V M

전념을 세운다 그 위에 체계를 이론의 당연히
devotion, to build up upon it a structure of theory which may well
M (R)

즐겁게 하고 난처하게 하고 일시적으로 개발시켜 준다 자들을 프랑스나
amuse, annoy, or even momentarily enlighten those who are French or
(V) (M) (V) (O) (R) (V) (C)

미국인인 태생이
American by birth.
(M)

엉국인 여행자는 미국 문학의 원한다 무엇보다도
The English tourist in American literature wants above all things
S V M

어떤 것을 다른 것과 그가 가진 고국에서 이런 이유로
something different from what he has at home. For this reason the
O M (R) (S) (V) (M) M

한 미국 작가는 영국인이 진심으로 존경하는
one American writer whom the English wholeheartedly admire is
S (R) (S) (M) (V) V

월트 휘트먼이다 거기에 너는 들을거다 그들이 말하는 걸 있다 진정한 미국인
Walt Whitman. There, you will hear them say, is the real American
C M P V S

있는 그대로의 전체에서 영국 문학 풍모는 없다
undisguised. In the whole of English literature there is no figure which
M M A V S (R)

닮은 그의 풍모를 즉 우리의 모든 시 중에서 아무것도 필적할만한 것이 없다
resembles his — among all our poetry none in the least comparable
(V) (O) M S M

풀잎에 바로 이 다름이 된다 장점이 이끈다
to Leaves of Grass. This very unlikeness becomes a merit, and leads
M S V C V

우릴 때문에 열중하기 참신한 익숙지 않음에 되도록
us, as we steep ourselves in the refreshing unfamiliarity, to become
O (C) (S) (V) (M)

차츰 적게 감상할 수 있게 에머슨 로웰 호손을 그들은
less and less able to appreciate Emerson, Lowell, Hawthorne, who
OC (R)

가져왔다 그들의 대응자를 가운데 우리 이끌어냈다 그들 문화를 우리
have had their counterparts among us and drew their culture from our
(V) (O) (M) (V) (O)

책에서 그 강박관념은 정당한 근거가 있든 없든 공평하고 불공평하며 그
books. The obsession, whether well or ill founded, fair and unfair in its
(M) S M

결과에 지속된다 현 시점에서 무시하는 것은 그런 고귀한
results, persists at the present moment. To dismiss such distinguished
V M S

이름들을 이름과 같은 헨리제임스 하거스하이머 씨 워튼 여사의
names as those of Henry James, Mr. Hergesheimer, and Mrs. Wharton
M

불가능할 것이다 허나 그들은 미국인이 아니다 그들은 주지 않는다 우리에게
would be impossible; but they are not Americans; they do not give us
V C S V M C S V IO

어떤 것도 갖지 못한 아직
anything that we have not got already.
DO (R) (S) (V) (M)

여기서 우리의 당황이 시작된다 때문이다 이름들이 그렇게 많은 작가들의
Here our bewilderment begins; for the names of so many authors,
M S V C S

제목들이 그렇게 많은 책의 나오기 즉시 입 밖으로 그들 모두는 해왔다
the titles of so many books rise at once to the lips. They all have done
V M M S V

일을 시간이 허락한다면 하는 편이 좋은 조사하는 주의 깊게
work which, if time allowed, we should do well to examine carefully,
O (R) (C) (S) (V) (S) (V) (M)

우리가 집중해야만 한다면 두세 명에 많아야 그것은 때문이다
and if we must concentrate upon two or three at most, it is because,
(C) (S) (V) (M) (M) S V (C)

여행자 및 관광객이지만 우리가 최선인 것 같기 개략하는 것이 이론을
travellers and tourists as we are, it seems best to sketch a theory
(M) (S) (V) (C) S

경향의 미국 소설의 점검으로부터 몇 몇
of the tendency of American fiction from the inspection of a few
(M) (M)

중요한 책들의 보다는 조사하는 것 각 작가를 분리해서
important books rather than to examine each writer separately by
(M) (M) (M)

단독으로
himself.

이렇게 풀어주는 해설을 무시하면 되겠어?

seek out whatever it may be that is most unlike what we are used to ~ 는 매우 복잡한 구문으로 그 핵심은 **it (may) be ~ that ~** 강조구문이며 여기서 **it**은 물론 **that** 이하를 받고 있으며 **whatever**를 강조하고 있다. 다만 **whatever**가 **seek out**의 목적어로 쓰였기에 **seek out whatever it may be that ~** 로 어순이 쓰였다. 구체적으로 분석을 해 보면, **it may be whatever that is most unlike what we are used to ~** 가 되어, "우리가 익숙한 것과 매우 다르다는 것은 무엇이든지 그것을"의 뜻이 된다. 이는 **whatever** 가 선행사를 포함하는 관계대명사의 역할을 하기 때문에 가능한 구문인 것이다. 뒤에 이어지는 **that is most unlike what we are used to**에서 **what we are used to**는 형용사인 **unlike**의 목적어이며 이처럼 **like**나 **unlike**는 형용사이지만 전치사처럼 쓰여 목적어를 취할 수 있다. 그러니까 본래는 **seek out whatever is most unlike what we are used** 인데 **whatever**를 강조하다보니 복잡한 구문이 되었다. 뒤에 나오는 **proceed to**는 동사로 앞의 **seek out**에 이어지며 뒤에 나오는 **to bestow, to build ~**는 **proceed** 에 계속된다.

There, you will hear them say, is the real American undisguised.에서 **there** 는 존재를 나타내는「**there is**」구문을 이끄는 유도부사가 아니라 단순히 "그곳에, 거기에"의 뜻을 갖는 단순 부사이다. **there**를 강조하기 위해 문두에 썼으므로 뒤에는 주부인 **the real American undisguised** 와 술부인 **is**가 도치되어 있다. **you will hear them say** 는 삽입절이다.

it is because, travellers and tourists as we are, it seems best to sketch a theory of ~에서 **because** 절은 보어절로서 명사절인 셈이다. **travellers and tourists as we are** 는 **though we are travellers and tourists** 의 뜻이며, **it seems best to sketch ~** 에서는 **to sketch** 이하가 진주어다.

☞ **excursion** 소풍, 유람, 수학여행 / **be taken for granted by** ~에 의해 당연한 일로 여겨지다 / **inhabitant** 주민, 거주자 / **on the lips of** ~의 입에 오르면, ~가 말하면 / **above all** = **above all things** / **get at** ~에 이르다, ~을 찾아 내다, (의미, 진리 등을) 파악하다, 확인하다 / **seek out** ~을 탐구하다, 찾다, 모색하다 / **be used to** ~에 익숙해져 있다 / **the genius** (시대, 사회, 국민 등의) 특질, 정신, 경향, 풍조 / **bestow ~ upon** ~에 ~을 주다, 부여하다 / **credulous** (남을) 쉽사리 믿는, 경솔하게 믿어버리는, 속아 넘어가기 쉬운 / **devotion** 헌신, 전심, 전념, 강한 애착, 헌신적인 애정 / **momentarily** 일시적으로 / **enlighten** 계몽하다, 계발(교화)하다, ~에게 가르치다 / **by birth** 태생은, 타고난 / **above all things** 특히, 그 중에서도, 무엇보다도 / **wholeheartedly** 진심으로, 마음으로부터 열중하여, 진지하게 / **undisguised** 공공연한, 숨김없는, 있는 그대로의

figure 풍채, 자태, 외관, 눈에 띄는(두드러진) 모습 / **none in the least** = **no one in the least. not in the least** 조금도 ~ 않다, 전혀 ~ 아니다 / **steep ourselves in** ~ 에 빠지다, 열중하다 / **refreshing** 상쾌한, 참신한, 새롭고 재미있는 / **counterpart** 상대물(인), 대응물(자), 동자격자, 닮은 물건(사람) / **obsession** 붙어서 떨어지지 않는 관념, 강박관념, 망상 / **dismiss**

(생각 따위를) 염두에서 사라지게 하다, 깨끗이 잊어버리다, 멀리하다 / **bewilderment** 당황, 어리둥절함 / **rise to the lips** 입 밖에 나오다, (특별한 노력 없이 저절로 어떤 말이) 입 밖으로 나오다 / **do well to do** ~하는 것(편)이 좋다(현명하다) / **at (the) most = at the very most** 많아도(야), 기껏해야 / **by oneself** 자기 혼자서, 단독으로, 독력으로

아, 이런 뜻인 걸 잘못 이해했었네!

외국 문학으로 탐구 여행을 하는 것은 해외로 여행하는 것과 비슷한 점이 많다. 그 나라에 살고 있는 주민들의 눈에는 당연하게 보이는 명승지도 우리 눈에는 놀라운 것으로 보인다. 자기 나라에서는 자기 나라 말을 아무리 잘 알고 있는 것처럼 보여도 태어날 때부터 그것을 말해 온 사람들의 입에서 그 말이 나오게 되면 다른 것처럼 들린다. 특히 그 나라의 핵심에 도달하고 싶은 욕망에서, 우리는 그것이 무엇이건 우리가 평소에 익숙한 것과 가장 취향이 다른 것처럼 보이는 것은 무엇이나 찾는다. 그리고 이것이 바로 프랑스 또는 미국 정신의 본질이라 단언하고, 나아가서는 그것을 쉽사리 믿어서 전념하게 되며, 그 위에 이론의 체계를 세우는데 이 이론 체계야말로 프랑스 또는 미국 출생의 사람들을 즐겁게도 해주고, 난처하게도 해 주며, 또는 일시적으로 계발도 시켜준다.

미국 문학에서의 영국 여행자는 무엇보다도 자신이 영국에서 가진 것과는 다른 것을 원한다. 이런 이유로 영국인이 진심으로 존경하는 한 사람의 미국 작가는 월트 휘트먼이다. 우리는 거기에 진정한 미국인이 있는 그대로 존재한다고 영국인들이 말하는 것을 들을 것이다. 영국 문학 전체에서 그의 풍모를 닮은 그런 두드러진 인물은 없다. 즉 우리의 모든 시 중에서 "풀잎"에 필적할만한 것이 없다. 바로 이 다름이 장점이 되며, 우리들은 참신하게 익숙하지 않은 것에 열중하기 때문에, 에머슨이나 로웰, 호손을 차츰 감상을 적게 할 수 있게 되는데, 이 시인들은 우리들 가운데 그들과 동등한 자격자를 가져왔고 우리들 책으로부터 그들의 문화를 이끌어낸 자들이다. 그 강박관념은, 정당한 근거가 있건 없건, 그 결과에서 공평하고 불공평하며 현시점에서 지속되고 있다. 헨리 제임스, 허거스하이머 및 와튼 여사의 이름과 같은 저명한 이름들을 무시하는 것은 불가능할 것이다. 그러나 그들은 미국인이 아니다. 그들은 우리가 아직 갖지 못한 것을 우리에게 주지는 않는다.

여기서 우리의 당황스러움이 시작된다. 왜냐하면 그렇게 많은 작가들의 이름과 그렇게 많은 책들의 제목이 즉시 입 밖으로 나오기 때문이다. 그들 모두는, 만일 시간이 허락한다면, 우리가 주의 깊게 검토하는 편이 좋을 일을 해왔다. 만일 우리가 많아야 두세 명의 작가에 집중해야 한다면, 그것은 비록 우리들이 여행자들이고 관광객들이지만, 각 작가를 분리해서 단독으로 검토하는 것보다는 몇몇 중요한 책들을 점검하는 것으로부터 미국 소설 경향의 이론을 개략하는 것이 최선인 것 같아 보이기 때문이다.

03 관계사 뒤의 도치구문이라니, 생소한데!

저자의 책 『영문독해 테크닉 114』의 첫 장에서도 관계대명사 바로 뒤에 도치구문이 이어진 구문을 소개한 바 있다. 오래 전 이야기이지만 당시에 학습자들로부터 그 표현에 대해 많은 문의가 왔던 것으로 기억한다. 그것은 ~ provide the grounds upon which are based the different social roles the sexes are expected to play(남녀가 할 것으로 기대되는 서로 상이한 사회적 역할의 근거를 마련해 준다) 란 문장이었는데 도해에서 분명히 which 다음에 주부와 술부 등 도치된 구조를 밝혔는데도 문장이 낯설어서인지 의외로 이해가 되지 않는다는 질문이 많았었다. 즉 이 문장은 관계대명사 which 바로 다음에 따르는 주어부분이 길어서 주부와 술부가 도치된 구문으로, the grounds upon which the different social roles the sexes are expected to play are based 가 정치구문인 것이다. are based 가 수동형이고 뒤에 명사구가 왔으며, 또 are 가 복수인데 뒤에 the different social roles 가 온 것만 봐도 도치가 되었다는 힌트를 얻을 수 있을 것이다. 아마도 관계대명사 바로 뒤에 이런 도치구문이 쓰이기도 한다는 것을 이해하지 못했기 때문에 생긴 현상이라고 생각된다.

흔히 볼 수 있는 관계대명사 뒤의 도치에는 다음과 같은 구문이 있다. Placing honey on slips of paper of different shades, he found that the insects which visited them seemed to have a marked preference for blue, after which came white, yellow, red, green and orange.(그가 다른 색조의 종이 조각에 꿀을 놓고 보니까, 그것들을 찾아온 곤충들이 파란색을 현저하게 선호하는 것 같았으며, 그 다음에는 흰색, 노란색, 빨간색, 녹색, 그리고 주황색을 선호한다는 것을 알았다.) 여기서 after which 다음에 도치가 이루어져 있는데, 「전치사 + 관계대명사」 구문에서 선행사가 장소를 나타내어 결과적으로 그것이 장소의 부사구가 되는 경우, 또는 관계부사 where 가 쓰인 경우 뒤에 주어와 자동사가 쓰인다면 이는 장소 부사구 도치 구문과 같은 조건이 되기 때문에 도치가 가능한 것이다.

아래 예문에 나온 it is, moreover, not difficult to understand whence comes this special status accorded to science 도 위의 예와 마찬가지로 whence 이하가 도치가 된 구문이다. 문제는 whence 라는 어휘는 문어체로 익숙하지 않은 어휘이기 때문에 더 혼란을 초래할 수도 있을 것이다. 물론 이것은 ~ from which (or from where) this special status accorded to science comes 가 정치구문이라 할 수 있다. 이처럼 도치구문은 어떤 문장 구조 속에서도 발

생할 수가 있으므로 다소 생소한 구문을 접할 경우에는 전후 관계를 보아 도치된 구문인지 살펴 볼 필요가 있을 것이다.

* on the other hand	* at the same time	* properly speaking
* in itself	* point of view	* under conditions
* that is	* look upon ~ as	* at present
* be forced to	* inject oneself into	* nothing else than
* be accorded to	* as well as	* the more, the more
* take part in	* in advance	

The case is even stronger with art, which is absolutely refractory to all that resembles an obligation, for it is the domain of liberty. It is a luxury and an acquirement which it is perhaps lovely to possess, but which is not obligatory; what is superfluous does not impose itself. On the other hand, morality is the least indispensable, the strictly necessary, the daily bread without which societies cannot exists. Art responds to our need of pursuing an activity without end, for the pleasure of the pursuit, whereas morality compels us to follow a determinate path to a definite end. Whatever is obligatory is at the same time constraining. Thus, although art may be animated by moral ideas or find itself involved in the evolution of phenomena which, properly speaking, are moral, it is not in itself moral. It might even be contended that in the case of individuals, as in societies, an intemperant development of the aesthetic faculties is a serious sign from a moral point of view.

Of all the elements of civilization, science is the only one which, under certain conditions, presents a moral character. That is, societies are tending more and more to look upon it as a duty for the individual to develop his intelligence by learning the scientific truths which have been established. At present, there are a certain number of propositions which we must all understand. We are not forced to inject ourselves into the industrial melee; We do not have to be artists, but every one is now forced not to be ignorant. This obligation is, indeed, so strongly intrenched that, in certain societies, it is sanctioned not only by public opinion, but also by law. It is, moreover, not difficult to understand whence comes this special status accorded to science.

Science is nothing else than conscience carried to its highest point of clarity. Thus, in order for societies to live under existing conditions, the fields of conscience, individual as well as social, must be extended and clarified. That is, as the environments in which they exist become more and more complex, and, consequently, more and more changeable, to endure, they must change often. On the other hand, the more obscure conscience is, the more refractory to change it is, because it does not perceive quickly enough the necessity for changing nor in what sense it must change. On the contrary, an enlightened conscience prepares itself in advance for adaptation. That is why intelligence guided by science must take a larger part in the course of collective life.

도해를 대충 훑어보는 습관은 버려야지!

사례는 / 더욱 강력하다 / 예술과 / 그건 / 절대적으로 / 내성이 있는
The case is even stronger with art, which is absolutely refractory to
S / V / C / M / (R) / (V) / (M) / (C)

모든 것에 / 유사한 / 의무와 / 때문에 그게 / 영역이기 / 자유의 / 그건
all that resembles an obligation, for it is the domain of liberty. It is a
(M) / (R) / (V) / (O) / C / S / V / C / S / V

사치이고 / 획득이다 / 아마도 / 사랑스럽지만 / 소유하는 게
luxury and an acquirement which it is perhaps lovely to possess, but
C / (R) / (S) / (V) / (M) / (C) / (M)

의무적이지 않는 / 것은 / 과잉인 / 강요하지 않는다 / 스스로
which is not obligatory; what is superfluous does not impose itself.
(R) / (V) / (C) / (R) / (V) / (C) / V / O

반면에 / 도덕은 / 최소한 / 필수불가결한 / 엄격하게
On the other hand, morality is the least indispensable, the strictly
M / S / V / C

필요한 / 일상의 / 빵이다 / 그것 없이는 / 사회가 / 존재할 수 없는
necessary, the daily bread without which societies cannot exists.
(R) / (S) / (V)

예술은 / 반응한다 / 우리의 필요에 / 추구하는 / 활동 / 끝이 없는 / 즉
Art responds to our need of pursuing an activity without end, for
S / V / M / M

즐거움에 대한 / 추구의 / 반면에 / 도덕은 / 강요한다 / 우리가 / 따르도록
the pleasure of the pursuit, whereas morality compels us to follow
M / (C) / (S) / (V) / (O)

결정적인 길을 / 확실한 목적을 향해 / 무엇이든 / 의무적인
a determinate path to a definite end. Whatever is obligatory is at
(OC) / (M) / (S) / (V) / (C) / V

동시에 강제적이다 따라서 비록 예술이 활기를 띠거나
the same time constraining. Thus, although art may be animated by
M C M (C) (S) (V)

도덕적 관념에 의해 발견할지라도 그것이 관여하는 것을 진화에 현상의
moral ideas or find itself involved in the evolution of phenomena
(M) (V) (O) (OC)

적절하게 말하면 도덕적인 그건 그 자체로 도덕적이 아니다 수 있다
which, properly speaking, are moral, it is not in itself moral. It might
(R) (M) (V) (C) S V M C S

주장될 경우에서 개인의 사회에서처럼
even be contended that in the case of individuals, as in societies, an
M V (C) (M)

무절제한 발전은 미적 능력의 심각한 신호라고
intemperant development of the aesthetic faculties is a serious sign
(S) (V) (C)

도덕적 관념에서 볼 때
from a moral point of view.
(M)

모든 요소들 중에서 문명의 과학은 유일한 요소이다
Of all the elements of civilization, science is the only one which,
M S V C (R)

특정 조건하에서 나타내는 도덕적 성격을 즉 사회는
under certain conditions, presents a moral character. That is, societies
(M) (V) (O) P S

경향이 있다 더욱 더 여기는 그걸 의무로 개인이
are tending more and more to look upon it as a duty for the individual
V M M M M

발전시킬 자기 지능을 배움으로써 과학적 진리들을
to develop his intelligence by learning the scientific truths which
M M (R)

지금까지 확립되어온 오늘날 있다 몇 가지
have been established. At present, there are a certain number of
(V) M A V S

명제들이 우리 모두가 이해해야 하는 강요받는 것은 아니다 뛰어들도록
propositions which we must all understand. We are not forced to inject
(R) (S) (V) S V

스스로 산업의 대혼잡 속으로 우린 예술가가 될 필요도 없다 허나
ourselves into the industrial melee; We do not have to be artists, but
C S V C

모두는 강요받는다 안 된다고 무지해선 이 의무는 실로
every one is now forced not to be ignorant. This obligation is, indeed,
S V C S M

아주 강력하게 자리잡고 있어 어떤 사회에서는 그것이 제재받는다
so strongly intrenched that, in certain societies, it is sanctioned not
M V (C) (M) (S) (V)

여론에 의해서뿐만 아니라 법에 의해서도 더군다나 어렵지 않다
only by public opinion, but also by law. It is, moreover, not difficult to
(M) (M) S V M C

이해하는 것이 어디에서 오든지 이 특별한 지위가 주어진 과학에
understand whence comes this special status accorded to science.
S (R) (V) (S) (M)

과학은 아무것도 아니다 이외에 의식 이르는 가장 높은
Science is nothing else than conscience carried to its highest
S V C M M

지점에 명확함의 따라서 위해서는 사회가 생존하기 주어진
point of clarity. Thus, in order for societies to live under existing
M M

조건하에 분야는 의식의 개인적 물론 사회는
conditions, the fields of conscience, individual as well as social, must
S M

확장되고 명확해져야 한다 즉 따라서 환경들이 그들이
be extended and clarified. That is, as the environments in which they
V P (C) (S) (R) (S)

존재하는 더욱 더 복잡해지며 결과적으로 더욱 더
exist become more and more complex, and, consequently, more and
(V) (V) (C) (M)

가변적이 됨에 견디기 위해 그들은 바뀌어야 한다 자주 반면에
more changeable, to endure, they must change often. On the other
(C) (M) S V M M

애매모호하면 할수록 의식이 더욱 다루기 힘들다 그걸 바꾸는 게
hand, the more obscure conscience is, the more refractory to change
(C) (S) (V) C S

때문에 그게 파악하지 못하기 빨리 충분히 필요성을
it is, because it does not perceive quickly enough the necessity for
V (C) (S) (V) (M) (O)

변화에 대한 어떤 의미에서 바뀌어야만 하는지를 도리어
changing nor in what sense it must change. On the contrary, an
(C) (M) (S) (V) M

사리를 잘 아는 양심은 준비가 되어 있다 사전에 적응에 대해 그게
enlightened conscience prepares itself in advance for adaptation. That
S V O M M S

이유다 정보가 인도된 과학에 의해 해야 하는 더 큰 역할을
is why intelligence guided by science must take a larger part in the
V (C) (S) (M) (V) (O)

과정에서 집합적인 삶의
course of collective life.
(M)

역시 자세한 힌트를 보니 이해가 빠르군!

art responds to our need of pursuing an activity without end, for the pleasure of the pursuit ~ 에서 **for the pleasure of the pursuit** 는 **our need for the pleasure ~** 로 연결된다. **to look upon it as a duty for the individual to develop his intelligence** 에서 **it** 은 **look upon** 의 가목적어이며 **as a duty** 는 목적보어, **to develop his intelligence** 가 진목적어이다. **for the individual** 은 **to develop ~** 의 의미상 주어이다. 목적어가 길게 표현되고 있으므로 가목적어 **it** 을 사용해서 구문을 단순화시키고 있다. **this obligation is, indeed, so strongly intrenched that, in certain societies ~** 에서는 **so ~ that** 구문 사이에 동사가 들어가 있을 경우 뒤에서부터 해석해 올라가야 한다. 즉 " ~ 제재를 받고 있을 정도로 실로 강력하게 자리를 잡고 있다"로 해석한다. **whence comes this special status accorded to science** 는 앞에서 설명한바, 도치구문으로, 앞의 **understand** 의 목적절이

다. 현대어에서는 잘 쓰이지 않는 **whence** 는 문어체로 의문부사(어떻게, 어디로부터, 왜), 관계부사(~ 하는, ~ 하는 거기서부터, 그러므로), 의문대명사(어디), 관계대명사(~ 하는 그곳), 명사(출처, 기원, 유래) 등으로 쓰이는 복잡한 어휘다. 대체로 **from which** 나 **from where, from what place**(**source, or cause**) 등으로 보면 된다. 특히 **whence comes it that ~?**(~인 것은 무슨 까닭인가?)로 잘 쓰인다. **Whence comes it that we read all this without the least emotion, where there is so much affectation to move?**(짐짓 꾸밈이 그렇게 많은 곳에서, 우리가 최소한의 감정도 없이 이 모든 걸 읽는다는 것은 무슨 까닭인가?) **They returned whence they had come.**(그들은 갔던 곳에서 돌아왔다.) **We know neither our whence nor our whither.**(우리들은 어디로부터 와서 어디로 가는지를 모른다.) **as the environments** 에서 **as** 가 이끄는 절은 **more changeable** 까지이고, **to endure**는 뒤에 오는 주절에 걸린다. **the more obscure conscience is, the more refractory to change it is** 는 **conscience is the more obscure, to change it is the more refractory** 가 도치된 것으로 「**the** + 비교급, **the** + 비교급」 구문이다.

☞ **refractory** 다루기 어려운, 난치의, 고질의 / **obligatory** 의무로서 해야만 할, 의무적인, 필수의(과목 따위) / **superfluous** 남는, 여분의, 과잉의, 불필요한 / **on the other hand** 또 (다른) 한편으로는, 이와 반대로 / **indispensable** 불가결의, 없어서는 안 될, 절대 필요한, 긴요한 / **determinate** 한정된, 명확한, 일정한, 결정적인, 확고(단호)한, 결연한 / **in itself** 그 자체로, 본래는, 본질적으로(는) / **contend** (강력히) 주장(옹호)하다 / **in the case of** ~의 경우에는, ~에 관하여 말하면 / **intemperant** 절제하지 않는, 과도한, 술에 빠지는 / **aesthetic** 미의, 미술의, 미학의, 심미적인, 심미안이 있는 / **point of view** 관점, 견지, 입장, 견해, 의견

under ~ conditions ~ 상태로는, 상태 하에서는 / **that is = that is to say** 즉, 바꿔 말하면, 적어도 / **look upon ~ as** ~ 를 ~ 로 여기다, 간주하다 / **be forced to** ~하지 않으면 안 되다, (억지로) ~해야만 하다 / **at present** 목하, 현재 / **proposition** 명제, 정리 / **inject oneself into** ~ 에 주입하다, 투입하다 / **melee** 치고받기, 난투, 혼전, 혼잡 / **intrench = entrench** (변경이 어렵도록) 단단히 자리 잡게 하다 / **be accorded to** ~에게 주어지다, 수여되다 / **sanction** 재가(인가)하다, 시인하다, (법률에) 제재 규정을 설정하다 / **accord** 주다, 일치시키다, 조화시키다 / **clarity** (사상, 문체 따위의) 명석, 명료, 명확 / **obscure** (말, 의미 따위가) 분명치 않은, 불명료한, 모호한, 알기 어려운

nothing else than (but) = nothing but (except) ~ 밖에 없는(아닌), 다만 ~ 뿐, ~에 불과한(only) / **as well as** ~ 와 동시에, ~와 마찬가지로, ~ 뿐만 아니라 ~도, ~은 물론 / **the more, the more** ~ 하면 할수록 ~ 더욱 ~ 하다 / **take a part = play a part** 역할을 하다 / **in what sense** 어떤 의미에서, 무슨 뜻으로 / **enlightened** 계발된, 견식 있는, 문명화된, 밝은, 사리를 잘 아는 / **in advance** 미리, 앞당겨, 사전에 / **adaptation** 적응, 순응, 적합

제대로 해석을 해도 이해가 안 된다고?!

의무와 유사한 모든 것에 대해 절대적으로 내성이 있는 예술은 자유의 영역이기 때문에 그 사례는 더욱 강력하다. 그것은 아마도 소유하는 것이 사랑스럽지만 의무적이지는 않은 사치이고 획득이다; 과잉인 것은 스스로 강요하지 않는다. 반면에, 도덕은 그것이 없이는 사회가 존재할 수 없는 최소한 필수불가결하고, 엄격하게 필요한, 일상의 빵이다. 예술은 끝이 없는 활동을 추구하는 우리의 필요성, 즉 추구의 즐거움에 대한 필요성에 반응하는 반면, 도덕은 우리가 확실한 목적을 향해 결정적인 길을 걷도록 강요한다. 의무적인 것은 무엇이든 동시에 강제적이다. 따라서, 비록 예술이 도덕적인 관념에 의해 활기를 띠거나, 적절하게 말하면, 도덕적인 현상의 진화에 관여하는 것을 발견할지라도, 그것은 그 자체로 도덕적인 것은 아니다. 사회에서처럼 개인의 경우, 미적 능력의 무절제한 발전은 도덕적 관점에서 볼 때 심각한 신호라고 주장될 수도 있다.

문명의 모든 요소들 가운데에서 과학은 특정 조건하에서 도덕적 성격을 나타내는 유일한 요소이다. 즉, 사회는 지금까지 확립된 과학적 진리들을 학습함으로써 자신의 지능을 발전시키는 것을 점점 더 개인의 의무로 생각하는 경향이 있다. 오늘날에는 우리 모두가 이해하지 않으면 안 되는 몇 가지의 명제들이 있다. 우리는 모두 산업의 아수라장 같은 전선에 뛰어 들어가도록 강요되는 것은 아니며, 또한 우리 모두가 예술가가 되어야 하는 것도 아니다. 그러나 우리는 모두 지금 무지해서는 안 된다는 강요를 받고 있다. 그와 같은 의무는 어떤 사회에서는 여론에 의해서 뿐만 아니라 법에 의해서도 제재를 받을 정도로 실로 매우 강력하게 자리를 잡고 있다. 더군다나, 과학에 주어진 이 특별한 지위가 어디에 연유하는 것인지를 이해하는 것도 어려운 일이 아니다.

과학은 가장 명확한 지점에 이르는 의식에 불과한 것이다. 따라서, 사회가 주어진 조건하에서 생존하기 위해서는, 사회적 의식뿐 아니라 개인적 의식의 분야도 확대되고 명확해지지 않으면 안 된다. 즉 그것들이 존재하는 환경들이 더욱 더 복잡해지고, 결과적으로 더욱 더 가변적이 됨에 따라서, 견디기 위해 자주 바뀌어야만 한다. 반면에 의식이 더 애매모호하면 할수록, 그것을 바꾸는 것은, 그것이 변화에 대한 필요성을 충분히 빨리 인식하지 못하며 또 어떤 의미에서 그것이 바뀌어야만 하는지를 인식하지 못하기 때문에 더욱 더 다루기 어렵다. 도리어, 사리를 잘 아는 양심은 사전에 적응에 대해 준비를 갖춘다. 그것이 과학에 의해 인도된 정보가 집합적 삶의 과정에서 더 큰 역할을 해야 하는 이유이다.

04 「where we err」가 주어절이라니 좀 어색하군!

관계부사나 의문부사로 쓰이는 why, how, where, when 등이 명사절을 이끌어 주절, 목적절, 보어절, 전치사의 목적절 등으로 쓰이고 있음은 잘 알고 있다. 그런데 where와 when의 경우에는 주절을 이끄는 경우가 다소 낯설어서, 간혹 혼동을 주는 경우가 있다. 예를 들어 보자. Increased governmental alarm about global warming reflects the consensus among scientists that such warming is occurring, though when they can expect major effects is still in doubt.(지구 온난화에 대한 증가된 정부의 경고는, 비록 언제 그들이 중요한 영향을 기대할 수 있는가 하는 것은 여전히 논쟁 중이지만, 그런 온난화가 발생하고 있다는 것에 대해선 과학자들 사이에 의견의 일치를 반영한다)에서 when they can expect ~가 is 이하의 주어이다. 물론 When you will come back doesn't matter.(네가 언제 돌아올지는 중요하지 않다) Where you will stay is important.(네가 어디에서 머물지가 중요하다) Bicycling will lead you to where you are heading.(자전거를 타면 네가 가려는 곳으로 갈 것이다) 등 간단한 문장에서는 쉽게 이해가 갈 것이다. 마지막 예문은 ~ lead you to the place where you are ~이므로 의문부사가 아니라 관계부사이다. 때로는 복합관계부사가 주어나, 전치사의 목적어로 쓰이는 구문들도 자주 볼 수 있다. (Your GPS receiver can tell you your exact location and give you directions to wherever you need to go.)

아래 예문에서는 where we err, however, is in estimating the duration of ~가 나오는데 물론 where we err가 주어이고 is 가 동사 in estimating the duration of ~ 이하가 부사구이다. 그러니까 The good news is, where you end up ten years from now is up to you.(좋은 소식은, 지금으로부터 10년 후에 당신이 결국 있게 될 곳은 당신에게 달려 있다는 것이다.)에서처럼 the place where you end up ~이 되면 where 이하가 형용사절이지만 선행사인 the place가 생략되면 명사절이 되는 것이다. 뒤에 쓰인 dispel them it dose 는 어떤 구조일까?

* hit the nail on the head	* win a lottery	* when it comes to ~ ing
* either one or the other	* in terms of	* to the exclusion of
* break up with	* keep ~ at bay	* turn out to

So, many of our intuitive theories about the impact of events on our emotional lives are mistaken. However, sometimes they are mistaken in a rather special way. We often hit the nail on the head when it comes to predicting the type of impact an event will have on us and the intensity of that impact. For example, we may correctly predict that winning a lottery would thrill us more than locating a long lost sock, or that the loss of a limb would horrify us more than a run in our nylons. Where we err, however, is in estimating the duration of the positive or negative feelings that such events evoke.

Research shows, for example, that the thrill of winning the lottery, and the horror of acquiring a physical handicap, both diminish more quickly than expected. Indeed, after only a few months, people who have experienced either one or the other are barely distinguishable in terms of their overall happiness. In technical jargon our affective forecasts exhibit a durability bias, for both positive and negative events.

Why do we overestimate how long something will make us feel happy or sad? A number of mental mechanisms may be responsible. First, people may misconstrue an upcoming event, seeing it from only one perspective. For example, a person who considers buying a new Ferrari may only think about how awesome it looks, and forget to think about the hassle and expense involved in maintaining it.

Second, people's predictions may undergo motivational distortion. For example, an idler may exaggerate the stress of a prospective job in order to rationalize staying idle. Third, people may focus on a particular event to the exclusion of all others. For example, when people contemplate breaking up with their lover, they may only think of the ensuing heartbreak, rather than of all the joys that will remain in their life.

Mechanism like those previously mentioned can create a durability bias in the forecast of their positive or negative feelings. However, Gilbert and Blumberg sought a mechanism that would create a durability bias specifically in the forecast of negative feelings. These researchers hypothesized that the human mind contains a psychological immune system designed to keep negative feelings at bay, much like the physical immune system is designed to keep dangerous germs at bay. They further hypothesized that the system, like much of our underlying cognitive architecture, operates unconsciously. Having no conscious knowledge of its operation, we do not expect the system to dispel our negative feelings. However, dispel them it does, and our original estimates of the duration of our negative feelings turn out to be pessimistic.

도해로 분석하면 다 나오는 법이지!

그래서 많은 우리의 직관적인 이론들은 영향에 대한 사건들이 우리
So, many of our intuitive theories about the impact of events on our
C S M

정서적 삶에 끼치는 잘못되었다 그러나 때때로 그들은 잘못된다
emotional lives are mistaken. However, sometimes they are mistaken
M V C M S V

꽤 특별한 방식으로 우린 종종 찌른다 정곡을 때
in a rather special way. We often hit the nail on the head when it
M S M V O M (C) (S)

관한 한 예측하는 것에 유형과 영향의 사건이 끼칠 우리에게
comes to predicting the type of impact an event will have on us and
(V) (M) (S) (V) (M)

강도를 그 영향의 예를 들어 우린 정확하게 예측할 수 있다
the intensity of that impact. For example, we may correctly predict that
(M) M S M V (C)

복권에 당첨되는 것이 감격시킬 거라고 우리를 보다 더 찾아내는 것 오래 잃었던 양말을 또는
winning a lottery would thrill us more than locating a long lost sock, or
(S) (V) (O) (C) (S)

잃는 게 손발을 소름끼치게 할 우릴 보다 더 올 하나 우리 나일론 스타킹
that the loss of a limb would horrify us more than a run in our nylons.
(C) (S) (V) (O) (C) (S)

곳은 실수하는 그렇지만 추정하는데에다 있어서이다 지속시간을 긍정적이거나
Where we err, however, is in estimating the duration of the positive or
S M V C M

부정적인 감정의 그런 사건들이 일으키는
negative feelings that such events evoke.
(R) (S) (V)

연구는 보여준다 예를 들어 것을 전율과 복권당첨의
Research shows, for example, that the thrill of winning the lottery,
S V M (C) (S)

공포는 얻는 것의 신체적 장애를 둘 다 감소한다는 더
and the horror of acquiring a physical handicap, both diminish more
(S) (V)

빨리 예상되는 것보다 실로 후엔 단지 몇 개월 사람들은
quickly than expected. Indeed, after only a few months, people who
(M) (C) (V) M M S (R)

경험한 그들 중 어느 하나를 거의 구별할 수 없다
have experienced either one or the other are barely distinguishable
(V) (O) V M C

면에서 그들의 전반적인 행복의 전문 용어로 우리의 감정적
in terms of their overall happiness. In technical jargon our affective
M M S

예상은 나타낸다 영속성의 편견을 둘 다에게 긍정적이며 부정적인 사건
forecasts exhibit a durability bias, for both positive and negative events.
V O M

왜 우린 과대평가하나 얼마나 오래 어떤 것이 우릴 행복하거나
Why do we overestimate how long something will make us feel happy
Q S V (Q) (S) (V) (O) (OC)

슬프게 할 것인가를 많은 정신적 심리과정이 원인일 수 있다 첫째
or sad? A number of mental mechanisms may be responsible. First,
S V C M

사람들은 곡해할 수 있다 다가오는 사건을 보고서 그걸 단지 하나의
people may misconstrue an upcoming event, seeing it from only one
S V O PC

시각에서 예를 들어 사람은 생각하는 살 것을 새 페라리를
perspective. For example, a person who considers buying a new Ferrari
M S (R) (V) (O)

단지 생각할 수 있다 대해 얼마나 멋지게 그게 보일까에 잊을 수 있다 생각하길
may only think about how awesome it looks, and forget to think about
V (Q) (S) (V) V O

귀찮은 문제와 비용에 대해 포함된 유지하는데 그걸
the hassle and expense involved in maintaining it.
M M

둘째 사람들의 예상은 겪을 수 있다 동기적 왜곡을
Second, people's predictions may undergo motivational distortion. For
M S V O

예를 들어 게으름뱅이는 과장할 수 있다 스트레스를 장래의 일의
example, an idler may exaggerate the stress of a prospective job in
M S V O

위해서 합리화하기 빈둥거리는 걸 셋째 사람들은 집중할 수 있다 특별한
order to rationalize staying idle. Third, people may focus on a particular
M M S V M

사건에 제외할 만큼 모든 다른 것을 예를 들어 때 사람들이
event to the exclusion of all others. For example, when people
M M (C) (S)

심사숙고할 헤어질 걸 그들 연인과 그들은 단지 생각할 수 있다
contemplate breaking up with their lover, they may only think of the
(V) (O) S V

잇따르는 비탄을 보다는 오히려 모든 즐거움 남아 있을 그들 삶에
ensuing heartbreak, rather than of all the joys that will remain in their life.
M (C) (M) (R) (V) (M)

구조는 같은 것과 앞서 언급된 일으킬 수 있다 내구성
Mechanism like those previously mentioned can create a durability
S M V O

편견을 예측에 그들의 긍정적 혹은 부정적 감정의 그러나
bias in the forecast of their positive or negative feelings. However,
M C

길버트와 블럼버그는 모색했다 매커니즘을 만들어낼 수 있는
Gilbert and Blumberg sought a mechanism that would create a
S V O (R) (V)

내구성 편향을 특히 예측에서 부정적인 감정의
durability bias specifically in the forecast of negative feelings.
(O) (M) (M)

이 연구자들은 가설을 세웠다 것을 인간의 정신이 포함한다는
These researchers hypothesized that the human mind contains a
S V (C) (S) (V)

심리적 면역 체계를 고안된 부정적인 감정을
psychological immune system designed to keep negative feelings
(O) (M)

억제하기 위해 마치 것처럼 신체 면역 체계가 고안된
at bay, much like the physical immune system is designed to
(C) (S) (V)

위험한 세균을 막아주기 위해 그들은 나아가 가설을 세웠다 것을 그
keep dangerous germs at bay. They further hypothesized that the
(M) S M V (C)

시스템이 많은 부분과 같이 우리의 기본적인 인지구조의 작동한다는
system, like much of our underlying cognitive architecture, operates
(S) (M) V

무의식적으로 없기 때문에 의식적인 지식이 그것의 작동에 대한
unconsciously. Having no conscious knowledge of its operation, we do
M PC S

기대하지 않는다 그 시스템이 우리 부정적인 감정을 떨쳐버릴 거라고 하지만 떨쳐버려
not expect the system to dispel our negative feelings. However, dispel
V O OC C V

그들을 그것은 우리의 원래의 추정치는 지속에 대한 우리의 부정적인
them it does, and our original estimates of the duration of our negative
O S V S M

감정의 결국 된다 비관적이
feelings turn out to be pessimistic.
V C

어려운 부분은 없지만 그래도 도움이 될 걸!

the impact of events on our emotional lives에서 **of events**의 **of**는 주격관계로 **events**는 주어로 해석하며 **impact on ~** 으로 연결된다. 즉 "사건들이 우리의 정서적 삶에 끼치는 영향"의 뜻이다. **hit the nail on the head** 는 이른바「동사 + 목적어 + 전치사 + **the** + 목적어의 일부분」을 나타내는 관용적 표현으로 즉, 직역을 하면 "못의 머리를 치다"이지만, 보통 **hit the nail's head** 로 표현을 하지 않으며, "바로 맞히다, 정곡을 찌르다, 문제의 핵심을 찌르다, 정확히 맞는 말을 하다"는 의미가 된다. 이는 **catch the man by the hand**(그 사람의 손을 잡다), **look him in the face**(그의 눈을 응시하다), **pat her on the back**(그녀의 등을 톡톡 치다) 등의 표현과 유사한 구조라 할 수 있다.

seeing it from only one perspective 는 분사구문으로 **as they see it from only one perspective**의 뜻이다. **contemplate**는 뒤에 동명사를 목적어로 취한다. **when it comes to predicting the type of impact an event will have on us and the intensity of that impact** 에서 **the intensity of that impact**는 **predicting** 의 목적어이다. **will have on us**

의 **on** 은 앞의 **impact** 와 연결된다. **where we err** 는 명사절 주어로 뒤의 **is** 가 동사이다. 여기서 **where** 는 관계부사로 **the place where we err** 에서 선행사가 생략된 구문이다. **seeing it from only one perspective** 는 분사구문으로 **as people see it from only one perspective** 의 뜻이다.

much like the physical immune system is designed to keep dangerous germs at bay 에서 **like** 는 접속사이다. 물론 뒤에 이어지는 **like much of our underlying cognitive architecture** 에서 **like** 는 전치사이다. **keep ~ at bay** 는 "적을 다가오지 못하게 하다"의 뜻으로 **bay** 는 "궁지, (짐승이 사냥개에게) 몰린 상태"의 뜻이다. **dispel them it does** 는 도치구문으로 **it does dispel them** 과 같으며 동사인 **dispel**을 강조하는 표현이다.

☞ **intuitive** 직관적인, 직관적으로 얻은 / **when it comes to ~ ing** ~에 관한 한, ~라면, ~에 대해서(관해서)라면 / **intensity** 강렬, 격렬, 강도, 집중, 열렬 / **lottery** 복권 뽑기, 추첨, 운, 재수. **win a lottery** 복권에 당첨되다 / **limb** (사람, 동물의) 수족, 손발, 사지의 하나, 팔, 다리 / **run** 런(양말의 올이 풀려 생긴 줄) / **nylons** 여자용 나일론 양말 = **nylon stockings** / **err** 잘못(실수)하다, 틀리다, 그르치다, 길을 잘못 들다 / **duration** 지속, 계속, 계속(지속)기간, 존속(기간) / **diminish** (수량, 크기, 정도, 중요성 따위를) 줄이다, 감소시키다, 작게 하다, (신용, 명성 등을) 떨어뜨리게 하다 / **distinguishable** 구별할 수 있는, 분간할 수 있는 / **evoke** (기억, 감정을) 불러일으키다, 환기하다, 일으키다 / **either one or the other** 둘 중 어느 하나(어느 누가) / **in terms of** ~에 의하여, ~으로 환산하여, ~에 관하여, ~의 점에서(보아)

jargon (동업자, 동일 집단 내의) 특수 용어, 변말, 은어 / **affective** 감정[정서]적인 / **durability** 내구성, 영속성, 내구력 / **bias** 선입관, 편견, 심리적 경향 / **misconstrue** 잘못 해석하다, 오해하다, 곡해하다 / **upcoming** 다가오는, 이윽고 나타날 / **perspective** 전망, 시각, 견해 / **Ferrari** 페라리, 이탈리아의 고급 스포츠카 제조 회사 자동차의 총칭 / **hassle** (돈, 시간이 걸리는) 귀찮은 문제, 번잡한 수속 / **undergo** (시련 등을) 경험하다, 겪다, 당하다 / **motivational** 동기적인, 자극적인, (행동의) 동기 부여가 되는 / **distortion** (사실, 뉴스 내용 등의) 왜곡, 곡해, 견강부회 / **idler** 게으름뱅이 / **to the exclusion of** ~을 제외하도록(하고, 할 만큼) / **break up with** ~와 헤어지다, 결별하다 / **ensuing** 다음의, 계속되는, 잇따라 일어나는, 결과로서 계속되는 / **heartbreak** 비통, 비탄, 애끊는 마음

mechanism 기계(장치), 기구, 구조, 구성, 장치, (사고 · 행동 등을 결정하는) 심리 과정 / **hypothesize** 가설을 세우다, 가정하다 / **keep ~ at bay** ~을 접근시키지 않다, 저지(견제)하다 / **Daniel Todd Gilbert** (1957 ~) 미국의 심리학자, 하바드대 교수 겸 작가 / **Baruch Samuel Blumberg**(1925~2011) 미국 생화학자 · 미생물학자 · 유전학자. 1976년 노벨 의학 생리학상 공동 수상 / **cognitive** 인식의, 인식력 있는, (지각, 기억, 판단, 추리 등의) 지적, 정신적 작용의 / **architecture** 건축(술), 건축학, 건축양식 / **dispel** 쫓아버리다, (근심, 의심 등을) 없애다 / **turn out to** 결국 ~ 임이 드러나다, (결과) ~ 이 되다

술술 읽어 내려갈 수 있는 글이었다고?

그러므로, 사건들이 우리의 감정적인 삶에 미치는 영향에 대한 많은 우리의 직관적 이론들은 잘못되었다. 그러나 때때로 그것들은 상당히 특별한 방식으로 잘못되어 있다. 우리들은 어떤 사건이 우리에게 끼칠 영향의 유형과 그 영향의 강도를 예측하는 것에 관한 한 종종 정확히 맞는 말을 한다. 예를 들어 우리는 복권에 당첨되는 것이 오랫동안 잃어버렸던 양말을 찾아내는 것보다 더 우리를 감격스럽게 할 것이라고, 또는 손과 발 중 하나를 잃는 것이 나일론 스타킹의 올이 풀려 생긴 줄보다 우리를 더 소름끼치게 할 것이라고 정확하게 예측할 수도 있다. 그러나 우리가 실수를 범하는 곳은 그러한 사건이 불러일으키는 긍정적인 또는 부정적인 감정의 지속기간을 추단하는데 있어서이다.

예를 들어, 복권에 당첨되는 전율과 신체적 장애를 얻는 것의 공포는, 둘 다 예상하는 것보다 더 빠르게 감소한다는 것을 연구에서 보여 준다. 참으로 단지 두세 달 후에는 그것 둘 가운데 어느 하나를 경험한 사람들은 자신들의 전반적인 행복 면에서 거의 구별을 할 수가 없다. 전문 용어로 우리의 감정적 예상은 긍정적이며 부정적인 사건 둘 다에게 영속성의 편견을 나타낸다.

우리들은 왜 어떤 일이 얼마나 오랫동안 우리들을 행복하거나 슬프게 느끼게 할 것인가를 과대평가하는가? 많은 정신적 심리과정이 원인일 수 있다. 첫째, 사람들은 다가오는 사건을 단지 하나의 시각에서 보기 때문에 그것을 곡해할 수 있다. 예를 들어, 새 페라리를 살 것을 고려하는 사람은 단지 그 차가 얼마나 멋지게 보일까만을 생각하여 그 차를 유지하는데 포함된 귀찮은 문제와 비용에 대해서는 잊어버릴 수 있다.

둘째, 사람들의 예상은 동기적인 왜곡을 겪을 수 있다. 예를 들어, 게으름뱅이는 빈둥거리는 것을 합리화하기 위해 장래 일의 스트레스를 과장할 수 있다. 셋째, 사람들은 다른 모든 사건들을 제외할 만큼 특별한 한 사건에 집중을 할 수 있다. 예들 들어, 사람들이 자신의 연인과 헤어지길 심사숙고할 경우, 그들은 자신들의 삶에 남아 있을 모든 즐거움을 생각하기보다는 오히려 그 결과로서 계속되는 비탄만을 생각할 수 있는 것이다.

앞에서 언급한 것과 같은 메커니즘은 그들의 긍정적이거나 부정적인 감정을 예측하는데 내구성 편향을 일으킬 수 있다. 그러나 길버트와 블럼버그는 특히 부정적인 감정을 예측하는데서 내구성 편향성을 만들어 낼 수 있는 메커니즘을 모색했다. 이 연구자들은 인간의 정신에 부정적인 감정을 억제하기 위해 고안된 심리적 면역체계가 포함되어 있다는 가설을 세웠다. 마치 신체 면역 체계가 위험한 세균을 막아주기 위해 고안된 것처럼 말이다. 그들은 우리의 기본적인 인지 구조의 많은 부분과 마찬가지로 시스템이 무의식적으로 작동한다는 가설을 세웠다. 그 작동에 대한 의식적인 지식이 없기 때문에, 우리는 그 시스템이 우리의 부정적인 감정을 떨쳐버릴 것이라고 기대하지 않는다. 하지만, 그것은 그들을 떨쳐버려, 우리의 부정적인 감정의 지속에 대한 우리의 원래 추정치는 비관적인 것으로 판명된다.

동사가 붙어있으니 어쩌라는 거야?

05

같은 내용의 글인데도 쉽게 풀어가는 문장이 있고 어렵게 전개되는 글이 있다. 내용뿐만 아니라 구문도 마찬가지여서 학습자가 큰 어려움 없이 읽어내려 갈 수 있도록 문법에 맞게 표현이 되는 경우도 있지만, 글쓴이의 의도에 따라 일반 독자가 읽기에는 복잡하게 보이는 형태로 표현될 때가 있다. 학습자의 입장에서 보면 무슨 말을 하는지, 즉 글의 내용 파악이 우선이라기보다는 글의 구조가 어떻게 이루어졌는지, 즉 문법적으로 어떻게 구성되어 있는지를 먼저 파악해야만 하는 글들이 있는 것이다. 따라서 어휘의 뜻을 바탕으로 문법적인 분석을 병행하면서 글쓴이가 말하고자하는 의미를 정확하게 파악해야 할 것이다. 그 과정에서 전체의 의미가 대충 파악이 되면 거기에 맞추어 해석이 매끄럽지 않은 부분은 의역을 해야 할 때도 있을 것이며, 수동형은 능동형으로 바꾸어 보든가, 대명사들이 가리키는 것을 구체적으로 해석해 보기도 하고, 관용표현이 난해할 때에는 전후 맥락에서 대강 그 의미를 파악해야 할 것이다.

아래 예문의 what sort of persons compose the bulk of those who have bought, I will not venture to say read, it 에서처럼 동사가 두 개 붙어 있으면 문장을 분석하는 힘이 더욱 필요할 것이다. 우선 두 동사는 서로 관계가 없는 것으로 보고 뒤에 있는 동사가 어디에 속해 있는지를 살펴야 할 것이다. 물론 say read 다음에 콤마가 있고 it 이 쓰인 점도 고려해야만 할 것이다. 이처럼 동사가 연속적으로 붙어서 사용되는 문장들을 가끔 볼 수 있는데, help 같은 동사 뒤에 to 없이 동사원형이 오는 등의 일반적인 경우가 아니라면(She asked him to help paint the house. 그녀는 그에게 집의 페인트칠을 도와줄 것을 요청했다.) 전후관계를 살펴 특히 뒤의 동사가 어디에 연결되는지를 파악해야만 한다. 아래 예문은 공리주의를 주장한 영국의 철학자 · 정치가 · 사상가인 John Stuart Mill 이 그의 자서전에서 역시 철학자인 William Whewell과의 이른바 과학 지식 논쟁에서 그를 비판하면서 쓴 글이다. 내용과 구성에서 이해하기가 쉽지 않은 글이다.

* mark one's appearance	* as well as	* defend ~ against
* derive from	* in the course of	* lead to
* could just as well	* not only ~ but	* be addicted to
* come to	* bring ~ into notice	* and that
* in conjunction with	* above all	* make an impression on

During the re-writing of the Logic, Dr. Whewell's *Philosophy of the Inductive Sciences* made its appearance; a circumstance fortunate for me, as it gave me what I greatly desired, a full treatment of the subject by an antagonist, and enabled me to present my ideas with greater clearness and emphasis as well as fuller and more varied development, in defending them against definite objections, or confronting them distinctly with an opposite theory. The controversies with Dr. Whewell, as well as much matter derived from Comte, were first introduced into the book in the course of the re-writing.

At the end of that year, the book being ready for the press, I offered it to Murray, who kept it until too late for publication that season, and then refused it, for reasons which could just as well have been given at first. But I have had no cause to regret a rejection which led to my offering it to Mr Parker, by whom it was published in the spring of 1843. My original expectations of success were extremely limited. Dr. Whewell's writings had begun to excite an interest in the other part of my subject, the theory of Induction. A treatise, however, on a matter so abstract, could not be expected to be popular; it could only be a book for students, and students on such subjects were not only (at least in England) few, but addicted chiefly to the opposite school of metaphysics, the ontological and "innate principles" school. I therefore did not expect that the book would have many readers, or approvers; and I looked for little practical effect from it, save that of keeping the tradition unbroken of what I thought a better philosophy.

What hopes I had of exciting any immediate attention, were mainly grounded on the polemical propensities of Dr. Whewell; who, I thought, from observation of his conduct in other cases, would probably do something to bring the book into notice, by replying, and that promptly, to the attack on his opinions. He did reply but not till 1850, just in time for me to answer him in the third edition. How the book came to have, for the work of this kind, so much success, and what sort of persons compose the bulk of those who have bought, I will not venture to say read, it, I have never thoroughly understood.

But taken in conjunction with the many proofs which have since been given of a revival of speculation, speculation too of a free kind, in many quarters, and above all (where at one time I should have least expected it) in the Universities, the fact becomes partially intelligible. I have never indulged the illusion that the book had made any considerable impression on philosophical opinion.

도해를 봐도 이런 문체는 헷갈릴 수 있다고!

동안 다시 쓰는 논리학을 휴얼 박사의 철학이
During the re-writing of the Logic, Dr. Whewell's *Philosophy of the*
M S

귀납적 과학의 드러냈다 그 모습을 상황이었다 운좋은
***Inductive Sciences* made its appearance; a circumstance fortunate**
V O C M

내게는 주었으므로 내게 것을 내가 몹시 원하는 완전히 다루었고
for me, as it gave me what I greatly desired, a full treatment of the
(C) (S) (V) (IO) (R) (S) (M) (V) C

주제의 적대자에 의해 했고 내가 제시하게 내 아이디어를
subject by an antagonist, and enabled me to present my ideas with
M V O OC

더 명확함과 강조로 물론 더 풍부하고 더 다양한
greater clearness and emphasis as well as fuller and more varied
M M

발전은 방어하는데 그들을 명확한 객관성으로부터 또는
development, in defending them against definite objections, or
M M

맞서거나 그들과 명료하게 반대 이론으로 논쟁들은
confronting them distinctly with an opposite theory. The controversies
M M

휴얼 박사와의 물론 많은 제재는 파생된 콩트에서
with Dr. Whewell, as well as much matter derived from Comte, were
S M

처음 소개되었다 그 책에 과정에서 다시 쓰는
first introduced into the book in the course of the re-writing.
M V M M

말에 그해 그 책은 준비가 되어서 출판할 난 제안했다
At the end of that year, the book being ready for the press, I offered
M PC S V

그걸 머레이에게 그는 보관했다가 때까지 너무 늦을 출판하기에 그 시즌에
it to Murray, who kept it until too late for publication that season, and
O M (R) (V) (O) (M) (M)

그리곤 거절했다 그것을 이유로 괜찮을 뻔한 주어졌다면
then refused it, for reasons which could just as well have been given
C V O M (R) (M) (V)

처음에 나는 이유가 없었다 후회할 거절을 이끈 나의
at first. But I have had no cause to regret a rejection which led to my
(M) S V O M (R) (V)

제안을 그걸 파커씨에게 그에 의해 출판되었다 봄에
offering it to Mr Parker, by whom it was published in the spring of
(M) (R) (S) (V) (M)

1843년 내 원래 기대는 성공의 지극히 제한적이었다
1843. My original expectations of success were extremely limited. Dr.
S M V

휴얼 박사의 저작은 시작했었다 유발하기 흥미를 다른 부분인
Whewell's writings had begun to excite an interest in the other part of
S V O M

나의 주제의 유도 이론에서 논문은 그러나 문제에 대한
my subject, the theory of Induction. A treatise, however, on a matter
A S C M

매우 추상적인 기대될 수 없었다 대중적으로 그건 있었다 단지 될 수 있는
so abstract, could not be expected to be popular; it could only be a
M V C S M V

책이 학생들을 위한 학생들은 그런 과목을 공부한 거의 없었을 뿐
book for students, and students on such subjects were not only (at
C S M V M

적어도 영국에서는 아니라 빠져있었다 주로 반대 학파에
least in England) few, but addicted chiefly to the opposite school of
M C V M

형이상학 즉 존재론적이고 본유적인 원리 학파에 나는 그래서
metaphysics, the ontological and "innate principles" school. I therefore
M A S M

기대하지 않았다 것을 그 책이 가질 거라고 많은 독자들을 혹은 찬성자들을
did not expect that the book would have many readers, or approvers;
V (C) (S) (V) (O)

찾지 못했고 거의 실질적인 효과를 그것에서 제외하곤 것을 하는
and I looked for little practical effect from it, save that of keeping the
S V M M (M)

전통을 깨뜨리지 않도록 것의 내가 생각한 더 나은 철학으로
tradition unbroken of what I thought a better philosophy.
(R) (S) (V) (C)

모든 희망은 가진 일으키는데 즉각적인 관심을 주로
What hopes I had of exciting any immediate attention, were mainly
S (S) (V) (M) M

근거를 두었다 논쟁적인 성향에 휴얼 박사의 그는 생각건대
grounded on the polemical propensities of Dr Whewell; who, I thought,
V M M (R) P

결과에서 관찰한 그의 행동을 다른 경우에서 할 거라고 필시
from observation of his conduct in other cases, would probably do
(M) (M) (M) (V)

무엇인가 수 있는 그 책을 주목받게 할 응수함으로써 그것도 즉각적으로
something to bring the book into notice, by replying, and that promptly,
(O) (M) (M) (C) (M)

공격에 그의 의견에 대한 그는 대답했다 1850년에서야 딱 맞춰서 시간에
to the attack on his opinions. He did reply but not till 1850, just in time
(M) S V M M

내가 대답한 그에게 제 3판에서 어떻게 그 책이 되었는지 갖게
for me to answer him in the third edition. How the book came to have,
M M (Q) (S) (V)

저작물로 이런 종류의 그런 대성공을 어떤 종류의 사람들이
for the work of this kind, so much success, and what sort of persons
(M) (O) (S)

구성하는지 대부분을 사람들의 산 나는 않겠지만 감히 말하진
compose the bulk of those who have bought, I will not venture to say
(V) (O) (R) (V) S V O

읽으라고 그걸 결코 철저하게 알 수 없었다
read, it, I have never thoroughly understood.
(V) (O) S M V

허나 해석되어 관련하여 많은 증거들과 그 이래로
But taken in conjunction with the many proofs which have since been
M (R) (M) (V)

주어져온 부활에 공론의 공론 또한 자유로운 종류의
given of a revival of speculation, speculation too of a free kind, in
M A M

여러 지역에서 무엇보다도 곳 한 때는 내가 가장 않았었을
many quarters, and above all (where at one time I should have least
M M (R) (M) (S) (M)

기대하지 대학에서 그 사실은 있게 된다 부분적으로 이해할 수
expected it) in the Universities, the fact becomes partially intelligible.
(V) (O) M S V M C

충족시켜본 적이 없다 환상을 그 책이 주었다는
I have never indulged the illusion that the book had made any
S M V O (C) (S) (V)

상당한 감명을 주었다는 철학적 견해에 대해
considerable impression on philosophical opinion.
(O) (M)

표현이 색다르니 힌트를 봐야겠지!

a circumstance fortunate for me, as it gave me what I greatly desired, a full treatment of the subject by an antagonist, and enabled me to present my ideas with greater clearness and emphasis as well as fuller and more varied development, in defending them against definite objections, or confronting them distinctly with an opposite theory 는 완전한 문장이 아니다. 즉 앞의 문장을 부연 설명하는 내용으로 분석을 하자면 **which(it) was a circumstance fortunate ~, which(it) was a full treatment ~, and which(it) enabled me to present ~, in defending them ~ or in confronting them ~** 으로 볼 수 있다. **with clearness and emphasis** 등은 **clearly, emphatically** 즉 부사구로 풀어서 해석하는 것이 좋다.

the book being ready for the press 는 분사구문으로 **as the book was ready for the press** 의 뜻이다. **for reasons which could just as well have been given at first** 에서 **could just as well have been given** 은 가정법 과거완료형으로 **could just as well** 은 "~하는 것도 괜찮을 뻔했다, ~하는 편이 나았을 거다"의 뜻이다. **just as well** 은 관용구로 "~하는 편(것)이 나은(좋은), ~해도 좋은"의 뜻이다. 물론 **students ~ were not only (at**

least in England) few, but were addicted chiefly to the opposite school 구조는 쉽게 파악될 것이다. **save that of keeping the tradition unbroken of what I thought a better philosophy** 에서 **save** 는 전치사로 "~을 제외하고, ~ 이외에, ~은 별도로 치고"의 뜻이다. 여기서 **unbroken of what** 는 연결된 것이 아니고 **of what** 은 **the tradition** 에 걸리고, **unbroken** 은 **keeping the tradition unbroken** 에 연결되어 목적보어 역할을 한다. 즉, "전통을 깨뜨리지 않도록 유지하는 것"이 된다. 또 관계대명사 **what** 은 **I thought what a better philosophy** 로 **what** 은 목적어이고, **a better philosophy** 는 목적보어의 구조이다. **What hopes I had ~** 에서 **what** 은 관계형용사로 "내가 가진 희망은 모두, 내가 가진 어떠한 희망도"의 뜻이다.

How the book came to have, for the work of this kind, so much success, and what sort of persons compose the bulk of those who have bought, I will not venture to say read, it, I have never thoroughly understood. 는 다소 복잡하게 표현이 되고 있는데 이 문장을 콤마를 다 없애고 바꿔 써보면, **I have never thoroughly understood how the book on the work of this kind came to have so much success and what sort of persons compose the bulk of those who have bought the book, I will not venture to say they read it.** 이 된다. 이 문장은 하나의 문장으로, 전체의 주어와 동사는 **I have understood** 이고 그것의 목적절이 **how ~ success** 와 **what ~ it** 두 개 쓰이고 있다. **I will not venture to say** 는 삽입절이고 뒤에 홀로 쓰인 **it** 은 **bought** 와 **read** 의 공통 목적어이다. 그러니까 **how the book came to have so much success** 와 **what sort of persons compose the bulk of those who have bought it, (have) read it** 의 구조가 된다. 이 사이에 삽입절인 **I will not venture to say** 가 끼어든 것이다. 따라서 **say** 와 **read** 는 전혀 관계가 없는 동사인데 함께 쓰인 것이다. 형태상으로는 이해가 안 되는 표현이기에 혼동을 일으킬 수 있는 구문인 셈이다.

☞ **inductive** 귀납적인 / **make one's appearance** 출현하다 / **as well as** ~은 물론, 뿐만 아니라 / **defend ~ against** ~으로부터 ~ 막다, 지키다, 방어(방위)하다 / **antagonist** 적수, 적대자, 경쟁자 / **derive from** ~에서 끌어내다, (종종 수동태 형태로) ~에서 ~의 기원을(유래를) 찾다, ~에서 파생하다, ~에서 시작하다 / **in the course of** ~의 경과 중에, ~동안에 / **Comte = Auguste Comte**(1798 ~1857) 콩트: 프랑스의 철학자 · 사회학자

lead to ~로 이끌다, ~의 원인이 되다, 결국 ~이 되다 / **Dr Whewell = William Whewell** (1794~1866) 영국의 학자로, 프랜시스 베이컨의 귀납법을 발전시켰으며, 과학철학 · 과학사 · 윤리학 · 광물학 · 지리학 · 신학 · 건축 · 천문학 등에 방대한 기여를 하였다. / **induction**(논리) 귀납(법) / **treatise** (학술) 논문, 보고서 / **abstract** 추상적인, 관념상의, 이론상의 / **be addicted to** ~에 빠져 있다, ~에 탐닉(몰두)하다, ~에 중독되다 / **school** 파, 학파, 유파 / **metaphysics** 형이상학, 순정(순수) 철학 / **ontological** 존재론(상)의, 존재론적인 / **innate** 본유적인 / **approver** 승인(찬성)자, 시인자 / **polemical** 논쟁의, 논쟁을 좋아하는 / **propensity** 성향, 기호, 경향

bring ~ into notice 눈에 띄게 하다, 주목을 받게 하다, 주의를 환기시키다 / **and that** (앞 문장 전체를 받아) 게다가, 그것도 / **above all** 특히, 무엇보다도, 그 중에서도 / **in conjunction**

with ~와 함께, ~와 협력하여, ~에 관련하여 / **not till** ~에야 비로소 ~하다 / **come to** ~ 하게 되다 / **work** 작품, 저작물 / **compose** ~을 구성하다 / **(the) bulk** 대부분, 태반 **= greater part** / **thoroughly** 완전히, 철두철미하게 / **venture to** ~ 감히 ~ 하다 **= dare to ~, go so far as to ~** / **just in time for** ~에 딱 때를 맞춰서 / **speculation** 사색, 추측, 공리, 공론 / **intelligible** 이해할 수 있는, 알기 쉬운, 명료한, 지성에 의해 알 수 있는 / **indulge** 만족시키다, 충족시키다 / **make an impression on** ~에 인상(감명)을 주다.

해석을 보니 이제 이해가 가는가?

논리학을 다시 쓰는 동안, 휴얼 박사의 '귀납적 과학 철학'이 그 모습을 드러냈다; 내가 매우 원하는 것을 내게 주었기 때문에, 그것은 나에게는 다행스러운 상황이었는데, 적대자에 의해 그 주제를 완전히 다루었으며, 내 아이디어를 더 풍부하고 다양한 발전은 물론이고 더 명확하고 강조해서 제시할 수 있게 했으며, 명확한 객관성으로부터 그것들을 방어하거나 또는 반대 이론으로 명료하게 그들과 맞서면서 더 풍부하고 더 다양한 발전으로 제시하게 해주었다. 콩트에서 파생된 많은 제재뿐만 아니라 휴얼 박사와의 논쟁들은 다시 쓰는 과정에서 이 책에 처음 소개되었다.

그 해 말에, 그 책을 출판할 준비가 되어 있어서 나는 머레이에게 그것을 제안했다. 하지만 머레이는 그 시즌에 출판하기에는 너무 늦을 때까지 그것을 보관해 두었다가는 처음에 말을 했더라면 더 좋았었을 그런 이유를 대면서 그것을 거절했다. 그러나 나는 그것을 결국 파커씨에게 제안하게끔 만든 거절을 후회할 이유가 없었다. 왜냐하면 그것은 그에 의해 1843년 봄에 출판되었기 때문이다. 성공에 대한 원래의 내 기대는 지극히 제한적이었다. 휴얼 박사의 저작물은 내 주제의 다른 부분인 유도 이론에서 흥미를 유발하기 시작했었다. 그렇지만 그렇게 추상적인 문제에 관한 논문은 일반인들에게 평판이 좋을 수가 없었다. 그것은 단지 학생들을 위한 책이 될 수 있었으며, 그러한 주제를 공부한 학생들은 (적어도 영국에서는) 거의 없었지만 그들은 주로 형이상학의 반대 학파, 즉 존재론적이고 "본유의 원리" 학파에 몰두해 있었다. 그러므로 나는 그 책이 많은 독자들이나 찬성자들을 가질 것이라고 기대하지 않았다. 더 나은 철학이라고 내가 생각한 것의 전통을 깨뜨리지 않도록 하는 것을 제외하고는, 나는 그것으로부터 실질적인 효과를 거의 찾지 못했다.

어떤 즉각적인 주의를 환기하는데 대해 내가 가진 모든 희망은 주로 휴얼 박사의 논쟁적 성향에 근거를 두었다. 나는 다른 사례에서 그의 행동을 관찰한 결과로 미루어, 그가 자신의 견해에 대한 공격에 응답함으로써, 그것도 즉각적으로 응답함으로써, 그 책을 주목 받게 할 수 있는 무엇인가를 필시 할 것이라고 생각했기 때문이었다. 그는 응답을 했지만 1850년에서야 비로소 했는데 책 제3판에서 내가 그에게 대답한 시간에 딱 맞춘 시점이었다. 나는 이런 종류의 연구에 대한 책이 어떻게 그토록 대성공을 거두게 되었는지 그리고 그 책을 읽었다고는 감히 말하지 않겠지만, 그 책을 산 대부분의 사람들이 어떤 종류의 사람들로 구성되어 있는지를 나는 아무리 생각해도 잘 알 수가 없었다.

그러나 그 이래로 여러 지역에서 공론의 부활, 그리고 무엇보다도(한때는 내가 가장 그것을 기대하지 않았었던 곳인) 여러 대학에서 또한 자유로운 종류의 공론의 부활에 제시된 많은 증거들과 관련하여 해석되어, 그 사실은 부분적으로 이해할 수 있게 된다. 나는 그 책이 철학적 견해에 대해 상당한 감명을 주었었다는 환상을 결코 충족시켜본 적이 없다.

06 명사와 전치사가 이렇게 떨어져 있으니 참!

전치사는 말 그대로 명사나 대명사 앞에 놓여 그 기능과 의미가 단순하게 파악될 때가 많지만 때로는 앞에 나온 명사의 뒤에 쓰여 그 명사와 밀접하게 연결되어 있기 때문에 기능과 뜻을 판단하기 어려울 때가 있다. 보통 명사에 관계되는 전치사는 그 명사가 동사로 쓰일 때의 구문에서 연결되어 사용된 전치사가 그대로 쓰이므로 동사의 구문을 알아두면 편리하다. 가령 동사인 force 는 뒤에 on(upon)이 쓰여 "(~을) ~에게 (억지로) 떠맡기다, 강요하다"의 뜻이 되는데 force 가 명사로 쓰이더라도 on(upon)이 쓰인다.(The people in charge always force the least pleasant jobs on us. 책임자들은 우리들에게 항상 즐겁지 않은 일을 강요한다. He urged restraint on the security forces. 그는 치안부대에게 자제할 것을 요구했다.) 특히 주부에 쓰인 명사와 술부에 쓰인 전치사의 관계를 잘 파악할 필요가 있다.(I worry about the effect that violent movies may have on children. 나는 폭력영화들이 아동들에게 끼칠 수도 있는 영향에 대해 걱정한다.)

예를 더 들자면, have a concern in(~에 이해관계가 있다), have no concern in(~ 에 아무 관심도 없다) 같은 구문에서 명사인 concern 과 전치사 in 이 주부와 술부에 나뉘어 쓰일 경우가 많은데, our only concern was in wondering how we could get enough money to allow us to choose from among the quantity and variety of goods offered to us.(우리의 유일한 관심사는, 우리에게 제공되는 상품들의 양과 다양성에서 우리가 마음대로 선택하게 하는 충분한 돈을 어떻게 벌 수 있는가 하는 걱정이었다.) 같은 구문에서 전치사 in 의 쓰임은 쉽게 이해되지 않을 수도 있다.

아래 예문에서 the urge to be someplace else was on me 는 주부에 명사(urge)가 오고 술부에 전치사(on)가 오는 구문인데, 저자의 영문 독해 테크닉시리즈 책에서도 자주 다룬 형식으로 그 표현들을 잘 익혀두도록 한다. 이런 구문과 관련된 전치사를 묻는 문제가 출제될 경우를 대비해야 할 것이다. 대체로 on, upon, over 등의 전치사가 잘 쓰이는데, 「명사 + 전치사 + 사람」의 형식으로 사람에게 감정적 · 정신적 영향을 끼침을 나타내며 물론 on 이하는 영향을 나타내는 대상을 가리킨다. effect, influence, urge, force, power, control, advantage, triumph, rule, win 부류의 어휘들이 잘 쓰인다. You are encouraged to recognize the qualitative advantage this has given you over competitors and the additional cost this has meant to us.(품질향상으로 귀사가 다른 경쟁사에 비해 우위에 있다는 것과 그것이 당사에는 비용 상승을 의미한다는 것을 유념해 주십시오.)

* now that	* raise the hair on one's neck	
* warm up	* bring on	* take possession of
* take over	* go along	* fall away

When I was very young and the urge to be someplace else was on me, I was assured by mature people that maturity would cure this itch. When years described me as mature, the remedy prescribed was middle age. In middle age I was assured that greater age would calm my fever and now that I am fifty-eight perhaps senility will do the job. Nothing has worked. Four hoarse blasts of a ship's whistle still raise the hair on my neck and set my feet to tapping. The sound of a jet, an engine warming up, even the clopping of shod hooves on pavement brings on the ancient shudder, the dry mouth and vacant eye, the hot palms and the churn of stomach high up under the rib cage. In other words, I don't improve; in further words, once a bum always a bum. I fear the disease is incurable.

When the virus of restlessness begins to take possession of a wayward man, and the road away from Here seems broad and straight and sweet, the victim must first find in himself a good and sufficient reason for going. This to the practical bum is not difficult. He has a built-in garden of reasons to chose from. Next he must plan his trip in time and space, choose a direction and a destination. And last he must implement the journey. How to go, what to take, how long to stay. This part of the process is invariable and immortal.

Once a journey is designed, equipped, and put in process, a new factor enters and takes over. A trip, a safari, an exploration, is an entity, different from all other journeys. It has personality, temperament, individuality, uniqueness. A journey is a person in itself; no two are alike. And all plans, safeguards, policing, and coercion are fruitless. We find after years of struggle that we do not take a trip; a trip takes us. Tour masters, schedules, reservations, brass-bound and inevitable, dash themselves to wreckage on the personality of the trip. Only when this is recognized can the blown-in-the-glass bum relax and go along with it. Only then do the frustrations fall away. In this a journey is like marriage. The certain way to be wrong is to think you control it. I feel better now, having said this, although only those who have experienced it will understand it.

역시 도해를 보면 감이 잡히겠지!

때 내가 아주 젊었을 충동이 어딘가 딴 데로 가려는 사로잡을
When I was very young and the urge to be someplace else was on
(C) (S) (V) (C) (S) (V)

나를 납득했다 성숙한 사람에 의해 것을 성숙이 치료할 이 들뜬
me, I was assured by mature people that maturity would cure this
(M) S V M (C) (S) (V)

기분을 때 나이가 설명할 나를 성인이라 치료는 처방된
itch. When years described me as mature, the remedy prescribed was
(O) (C) (S) (V) (O) (OC) S M V

중년이었다 중년에 난 확신했다 더 많은 나이는 진정시킬 거라고
middle age. In middle age I was assured that greater age would calm
C M S V (C) (S) (V)

내 열병을 니까 58세가 되었으 아마도 고령이 할 거다 그 일을
my fever and now that I am fifty-eight perhaps senility will do the job.
(O) (C) (S) (V) (C) M S V O

아무것도 효과가 없다 4번의 요란스런 소리가 기선의 경적의 여전히 한다
Nothing has worked. Four hoarse blasts of a ship's whistle still raise
S V S M M V

몸이 근질근질하게 한다 내 발을 두드리게 소리 제트기의
the hair on my neck and set my feet to tapping. The sound of a jet, an
O M V O M S

엔진 부릉부릉하는 까지도 소리 편자 박힌 발굽 보도 위의
engine warming up, even the clopping of shod hooves on pavement
M S M M

초래한다 예전의 떨림 마른 입 멍청한 눈 뜨거운
brings on the ancient shudder, the dry mouth and vacant eye, the hot
V O O

손바닥과 경련을 위의 위쪽 아래 흉곽 환언하면
palms and the churn of stomach high up under the rib cage. In other
M M M

조금도 개선되지 않는다 더 쉽게 말하면 한번 부랑자는 언제나 부랑자다
words, I don't improve; in further words, once a bum always a bum. I
S V M (C) (S) M C S

걱정이다 이 병이 불치일까봐
fear the disease is incurable.
V (S) (V) (C)

때 바이러스가 들뜸의 시작할 점유하기
When the virus of restlessness begins to take possession of a
(O) (S) (V) (O)

흔들리는 사람을 길이 멀어지는 바로 여기에서 것처럼 보일 넓고 곧으며
wayward man, and the road away from Here seems broad and straight
(M) (S) (M) (V) (C)

달콤한 그 희생자는 먼저 찾아야 한다 자신에게서 상당하고 충분한
and sweet, the victim must first find in himself a good and sufficient
S M V M O

이유를 가는데 대한 이는 실제적인 부랑자에게는 어렵지 않다 그는 갖는다
reason for going. This to the practical bum is not difficult. He has a
M S M V M C S V

붙박이 정원을 이유의 선택해야 하는 다음 계획해야 한다 그의 여행을
built-in garden of reasons to chose from. Next he must plan his trip in
O M M M S V O

시간과 공간에서 선택해야 한다 방향과 목적지를 끝으로 그는
time and space, choose a direction and a destination. And last he must
M V O M S

이행해야 한다 여행을 어떻게 가나 무엇을 가져 가나 얼마나 오래 머물까
implement the journey. How to go, what to take, how long to stay. This
V O O

이 부분은 그 과정의 불변이고 불멸이다
part of the process is invariable and immortal.
S V C

일단 여정이 설계되고 장비를 갖추고 진행되면 새
Once a journey is designed, equipped, and put in process, a new
(C) (S) (V) M

요인이 들어와 인수를 한다 여행 사파리 탐험은 한
factor enters and takes over. A trip, a safari, an exploration, is an
S V S V

실체다 다른 모든 다른 여행과는 그건 지닌다 성격 기질
entity, different from all other journeys. It has personality, temperament,
C M S V O

개성 독특함을 여행은 사람이다 그 자체로 어떤 둘도
individuality, uniqueness. A journey is a person in itself; no two are
S V C M S V

같지 않다 모든 계획 안전장치 치안유지 강요는 효과가 없다
alike. And all plans, safeguards, policing, and coercion are fruitless.
C S V C

우린 안다 후에 수년간의 고투 걸 우리가 여행하지 않는다는 여행이 데려간다
We find after years of struggle that we do not take a trip; a trip takes
S V M (C) (S) (V) (O) S V

우릴 여행 마스터 스케줄 예약 융통성 없고 피할 수 없는
us. Tour masters, schedules, reservations, brass-bound and inevitable,
O S M

돌진한다 파편으로 성격에 대한 여행의 때에만
dash themselves to wreckage on the personality of the trip. Only when
V O M M (C)

이것이 인식될 진정한 여행광은 긴장 풀고 함께 갈 수 있다
this is recognized can the blown-in-the-glass bum relax and go along
(S) (V) S V

여행과 그래야만 좌절감이 사라진다 이 점에서 여행은 같다
with it. Only then do the frustrations fall away. In this a journey is like
M M S V M S V

결혼과 확실한 방법은 잘못되는 생각하는 거다 네가 통제한다고 그걸 기분이
marriage. The certain way to be wrong is to think you control it. I feel
C S V C (S) (V) (O) S V

좋아진다 / 말해서 / 이걸 / 비록 / 사람들만이 / 경험한

better now, having said this, although only those who have experienced

C / M / PC / (C) / (S) / (R) / (V)

그걸 / 이해할 것이지만 / 그것을

it will understand it.

(O) / (V) / (O)

아는 길도 물어서 간다고 했지!

앞에서 설명한 대로 **the urge to be someplace else was on me**에서 명사인 **urge** 는 주부에, **on** 은 술부에 속해 있다. **An urge to visit Europe was on me**(유럽을 여행하고 싶은 충동이 나를 사로잡았다. 나는 유럽을 여행하고 싶은 충동을 느꼈다), **Once a bum, always a bum.**(한번 부랑자가 되면 영원히 부랑자가 된다)은 영국 속담인 **Once a beggar always a beggar.** 를 본 딴 표현으로 이와 유사한 표현들이 잘 쓰인다. **Once a marine always a marine.**(한 번 해병은 영원한 해병이다) **Once a thief always a thief. Once a loser always a loser. Once a liar, always a liar.** 굳이 풀어보자면 **Once a man is a bum, he is always a bum.** 이 될 것이다.

전반적으로 직역을 해서는 쉽게 이해가 가지 않는 글이다. 예를 들어, **I was assured by mature people that maturity would cure this itch.** 는 "나는 성숙함이 이 욕망을 치유할 것이라고 성숙한 사람들에 의해 납득했다." 보다는 "어른들은 내가 어른이 되면 이런 들뜬 기분은 반드시 낫는다고 분명히 말했다."가 좋을 것이다. **When years described me as mature, the remedy prescribed was middle age.** 를 직역하면 "나이가 나를 성숙하다고 묘사할 때, 처방된 치료는 중년이었다."가 되지만, 이를 "세월이 흘러 내가 성인이라는 나이가 되니까, 중년이 되면 치료할 수 있다고 처방을 내렸다."라고 한다면 어떤가? 어휘도 마찬가지다. 대표적으로 **built-in garden** 은 "붙박이 정원"의 뜻이지만 "마음 속에 새겨진 정원"이라는 표현이 어울린다.

☞ **maturity** 성숙, 숙성, 완전한 발달(발육) / **itch** 가려움, 참을 수 없는 욕망, 갈망 / **years** 나이, 연령 / **now that** ~ 이니(까), ~ 인(한) 이상은 / **remedy prescribed = remedy which was prescribed** 처방된 치료법 / **will do the job = will calm my fever** / **senility** 고령, 노쇠 / **hoarse** 목쉰, 쉰 목소리의, 귀에 거슬리는 / **blast** 한바탕의 바람, 분사한 공기(증기 등), (나팔, 피리의) 한번 부는 소리, 취주 / **raise the hair on one's neck** 소름끼치게 하다, 몸이 근질근질해 오다, 좀이 쑤셔서 가만히 있지를 못하다 / **warm up** ~을 데우다 / **clop** (말발굽의) 타가닥타가닥 소리를 내다, (내며 움직이다) / **shod shoe** 의 과거, 과거분사: **shoe** 말에 편자를 박다, 쇠 굴레를 씌우다 / **hoof** 발굽 / **bring on** ~을 가져오다, (논쟁, 전쟁을) 일으키다, (병이) 나게 하다, (재앙을) 초래하다 / **shudder** (공포, 추위 따위로) 떨다, 전율하다, 오싹하다, 몸서리(진저리)치다 / **in itself** 그 자체로, 본래는, 본질적으로(는) / **churn** 격렬한 움직임, 격동, 울렁거림 / **rib cage** 흉곽 / **bum** 부랑자, 룸펜, 게으름뱅이

incurable 낫지 않는, 불치의, 교정할(고칠) 수 없는 / **take possession of** ~을 입수하다, ~

을 점유하다 / **wayward** 변덕스러운, 흔들리는, 일정치 않은(방침, 방향 따위) / **built-in** 박아 넣은, 붙박이로 맞추어 넣은, (편견 따위가) 뿌리 깊은, 마음속에 새겨진 / **implement** ~에게 필요한 권한을 주다, (약속 따위를) 이행(실행)하다, (조건 등을) 충족하다, 채우다 / **invariable** 변화하지 않는, 불변의 / **immortal** 영구히 계속되는, 부단의, 불변의 / **take over** 이어(인계)받다, 양도받다, 접수하다, 점거하다 / **wreckage** 잔해, 파편, 파멸, 난파선 / **blown-in-the-glass** 진정한, 진짜의 / **go along with** ~와 동행하다, (물건이) ~에 부수하다, ~에 찬성(동조)하다, (결정 등에) 따르다 / **fall away** (장소를) 떠나다, (부분이 본체에서) 떨어져 나가다, 배반하다, (지지자 등이) ~을 저버리다

의역을 하니 이해가 빠르지?

내가 아주 젊었을 때 어딘가 다른 곳에 가고 싶다는 충동이 나를 사로잡을 때면, 어른들은 내가 어른이 되면 이런 들뜬 기분은 반드시 낫는다고 분명히 말했다. 세월이 흘러 내가 성인이라는 나이가 되니까, 중년이 되면 치료할 수 있다고 처방을 내렸다. 중년이 되니까 좀 더 나이를 먹으면 내 열병도 반드시 진정될 거라는 말을 들었다. 그런데 이제 내 나이 58세가 되었으니까 아마도 다 늙은 고령의 노인이 되면 그 병을 고치게 될 것이다. 그런데 나이가 얼마든 지금까지 그 어떤 것도 효과가 없다. 기선의 경적 소리가 네 번 요란스럽게 울리면 지금도 여전히 몸이 근질근질하여 가만히 있지 못하고 탭댄스를 추듯 발이 떨리기 시작한다. 제트기의 요란한 소리, 엔진이 부릉부릉하는 소리뿐만 아니라, 보도 위를 걸어가는 말굽 소리조차도, 이것을 들으면 예전에 그랬던 것처럼 몸이 떨리고, 입이 마르며, 눈이 멍청해지며, 손에 땀이 나고 명치 언저리의 위가 경련을 일으킨다. 바꿔서 말하자면, 내 여행 병은 조금도 개선되지 않는다. 좀 더 알기 쉽게 말한다면, 일단 방랑의 벽이 붙으면 영원히 낫지 않는다. 어쩌면 나의 이 병은 불치의 병이 아닐까 걱정이 된다.

침착하지 못하고 들떠 있는 상태의 바이러스가 흔들리는 사람을 점유하기 시작하고 내가 있는 바로 여기로부터 멀어지는 길이 드넓고 쭉 뻗어 있으며 달콤한 것처럼 보일 때, 그 상태의 피해자는 먼저 자신 내에서 여행을 가는데 대한 유용하고도 충분한 이유를 찾아야 한다. 실제적인 방랑자에게 이것은 어렵지 않은 일이다. 그는 선택할 이유가 있는 마음속에 새겨진 정원을 갖고 있는 것이다. 다음으로 그는 시간과 공간에서 여행을 계획하고 가야 할 방향과 목적지를 선택해야 한다. 마지막으로 그는 여행에 필요한 조건들을 충족시켜야 한다. 어떻게 가야 하는지, 무엇을 가져갈지, 얼마나 오래 있어야 하는지. 그런 과정에서의 이 부분은 변화하지 않으며 영구히 계속되는 것이다.

일단 여정이 설계되고, 장비를 갖추고, 진행되면, 새로운 요인이 들어와서 인계를 받는다. 여행, 사파리, 탐험은 다른 모든 여행과는 다른 실재물이다. 그것은 성격, 기질, 개성, 독특함을 가지고 있다. 여행은 그 자체로 사람이다. 어떤 둘도 같지 않다. 모든 계획, 안전장치, 치안유지, 그리고 강요는 효과가 없다. 우리는 수년간의 노력을 한 끝에 여행을 하지 않는다는 것을 알게 된다. 여행이 우리를 데려가는 것이다. 융통성 없고 불가피한 투어 마스터, 스케줄, 예약은 여행의 성격에 대한 파편으로 돌진한다. 이것이 인식될 때에만 진정한 여행광은 긴장을 풀고 여행과 동행할 수 있다. 그래야만 좌절감이 사라진다. 이 점에서 여행은 결혼과 같다. 잘못 되는 확실한 방법은 당신이 그것을 통제한다고 생각하는 것이다. 비록 그것을 경험한 사람들만이 그것을 이해할 것이지만, 이 말을 하고 나니 나는 지금 기분이 한결 좋아진다.

07 「could of + pp」 이거 뭐지?

영문을 읽다보면 가끔 전통적인 문법으로는 설명이 안 되는 표현이나 구문들을 접할 때가 있다. 그렇다고 그런 것들을 비문법적이라고 무시할 수도 없는 경우가 생긴다. 그 중의 하나가 조동사인 would, should, could, will, might 다음에 of 를 쓴 문장으로, 그 뒤에 과거분사가 쓰여 문법적으로 맞지 않는 표현이 된다. 가령, I should have gone to the baseball game last night, and could have, if Billy had done his job.(나는 어제 밤 야구 경기에 갔어야만 했다. 빌리가 자기 일을 다 했다면 갈 수도 있었을 것이다.)을 I should of gone to the baseball game last night, and I could of, if Billy would of done his job.이라고 표현하는 것이다. 물론 이런 표현의 유래는 chould've, should've, would've, might've 등에서 've 의 발음이 of 와 유사한 데서 유래한 것이지만, 오늘날 different from 에서 파생된 different than 을 반드시 비문법적이라고 할 수 없는 것과 같은 현상이다. *Merriam-Webster Dictionary* 등 사전에서도 바람직한 표현은 아니지만, of 를 조동사로 보아 have 를 대신해서 "I could of written it correct, but wanted to see what you'd say if I didn't."(I could have written it correct, but wanted to see what you'd say if I didn't.)처럼 쓰이고 있다고 소개한다. 실제로 이런 표현은 몇 세기 전부터 오늘날까지 유명인들에 의해 쓰여 오고 있다.

몇 가지 예를 들어본다면, 미국의 소설가 · 시인인 랭스턴 휴즈(Langston Hughes)의 *Soul Gone Home* 에서는 "Sure, I could of let you die, but I didn't." 라고 말하고 있는가 하면, 풀리처상에 빛나는 미국 극작가 베스 헨리(Beth Henley)의 *The Debutante Ball* 에서는 "A lot of people cry. They could of heard it anywhere." 라고 표현하고 있다. 역시 미국 소설가인 제임스 볼드윈(James Baldwin)의 *The Amen Corner* 에서는 "I don't know how you could of thought that when everybody knew she's been married." 란 구절이 있고, 미국 영화감독 · 시나리오 작가인 데이비드 마멧(David Mamet)의 *A Scene-Australia* 에서는 "I could of ended marrying the boy, and moving, and being killed, I think, as a punishment." 라고 하는 등 여러 사례들을 찾아볼 수 있다.

우리말에서도 일반 대중이 흔히 쓰게 되면 표준어가 됨을 참작한다면 이런 표현들을 비문법적이라 생각하기에 앞서 영문에서 나타나는 현상이라 받아들이고 알아 두는 것이 더 현명할 것이다. 아래 예문에서, Hollywood movie gone wrong 역시 자동사인 go 가 마치 수동형처럼 쓰여 앞 명사를 후치수식하고 있는데 이것 역시 문법적으로는 맞지 않지만 자주 쓰이는 구문이다. better yet 의 경우에도 흔히 볼 수 있는 표현으로 문법적인 기능을 따지기에 앞서 그 의미와 표현을 익혀두는 것이 상책일 것이다. 아래 예문은 미국 작가이면서 기고가인 Tim Denningm 의 *A Letter to Humanity* 의 일부로, nobody could of predicted that the world would go from normal to crazy ~ 역시 위와 같은 표현임을 알 수 있을 것이다.

* go wrong	* in the matter of	* insist on
* better yet	* be capable of	* bring out
* give up	* live through	* make a choice
* rise up		

Life right now is like a Hollywood movie gone wrong. Nobody could of predicted that the world would go from normal to crazy in the matter of a few months. Streets are empty. Workplaces have become morbid to the few who insist on attending. The financial system that is built on a house of burning poker cards all with the joker face on them is burning at the same rate as the number of humans who are infected by this mysterious virus.

We are testing humanity right now. Will we call this situation "someone else's problem" until it becomes all of our problem or will we do the hardest thing imaginable and be responsible? The responsible thing to do right now is to be responsible. Do what you can to make the problem better not worse.

You can watch the news and simultaneously increase your levels of fear or you can practice higher love. Higher love is going one level up again. Instead of pushing over the elderly lady in the supermarket to get your toilet rolls, sacrifice your opportunity to help her. Reserve her a box of toilet rolls. Show her kindness. Use your youth to help the vulnerable.

Better yet, pay for a stranger's groceries. Go to the supermarket and use it as a demonstration of what each of us is capable of. Show us the best in humanity not the worst. Survival brings out the worst in humans and loves shows us the best. What side are you going to show?

This is not a time to give up hope. This virus has shown us just how powerful hope can be. Hope is seeing the world return to normal like it did after two World Wars and The Great Depression. Hope is showing those who haven't lived through a crisis like this before, stories of humans winning and overcoming adversity.

Each of us are global citizens. This virus means we are no longer divided up by borders and places of birth. Whether you are in China, Australia, America or Italy, you will feel the effects of this pandemic.

This virus is a way to unite humanity. Maybe having us work together to solve this issue is the exact perfect storm we needed to end racism, promote love, and bring us together. Every one of us is making a choice right now: Will we rise up?

쉬워 보여도 분석을 해 보는 것이 상책!

삶은 바로 지금 같다 할리우드 영화 잘못된 아무도
Life right now is like a Hollywood movie gone wrong. Nobody could
S M V C M S

예측할 수 없었을 거다 것을 세상이 정상에서 미치게 될
of predicted that the world would go from normal to crazy in the
V (C) (S) (V) (M)

몇 달 만에 거리는 비어 있다 일터들은 되었다
matter of a few months. Streets are empty. Workplaces have become
(M) S V C S V

병적이 소수에게 주장하는 출근을 금융 시스템은
morbid to the few who insist on attending. The financial system that is
C M (R) (V) (M) S (R)

세워진 포커룸 위에 버닝 포커 카드 게임의 조커 얼굴이 있는 그 위에
built on a house of burning poker cards all with the joker face on them
(V) (M) (M)

타고 있다 같은 속도로 수와 인간의 감염된
is burning at the same rate as the number of humans who are infected
V M M (R) (V)

의해 이 원인 불명의 바이러스에
by this mysterious virus.
(M)

우리는 시험하고 있다 인류를 지금 우리는 부를 것인가 이 상황을
We are testing humanity right now. Will we call this situation "someone
S V O M S V O

다른 사람의 문제라고 때까지 그것이 될 전부가 우리 문제의 아니면 우리는 하고
else's problem" until it becomes all of our problem or will we do the
OC (C) (S) (V) (C) S V

가장 어려운 일을 상상할 수 있는 책임을 질 것인가 책임져야 할 일은
hardest thing imaginable and be responsible? The responsible thing
O M V C S

해야 할 지금 책임을 지는 것이다 하라 것을 할 수 있는 만들기 위해
to do right now is to be responsible. Do what you can to make the
M V C V (R) (S) (V)

문제를 더 낫게 아니라 악화가
problem better not worse.
(M) (M)

너는 보고 뉴스를 동시에 높이거나 수준을
You can watch the news and simultaneously increase your levels of
S V O M V O

공포의 실천할 수 있다 더 높은 사랑을 더 높은 사랑은 한 단계 위로 올라간다
fear or you can practice higher love. Higher love is going one level
S V O S V M

다시 말고 밀지 나이든 여자를 슈퍼 마켓에서
up again. Instead of pushing over the elderly lady in the supermarket
M M

사기 위해 화장지를 희생하라 기회를 돕기 위해 그녀를 남겨두라
to get your toilet rolls, sacrifice your opportunity to help her. Reserve
M V O M V

그녀에게 한 상자의 화장지를 보여라 그녀에게 친절을 써라 젊음을 돕는데
her a box of toilet rolls. Show her kindness. Use your youth to help the
IO DO V IO DO V O M

취약계층을
vulnerable.

더 좋은 건 지불하라 낯선 이의 식료품 값을 가서 슈퍼마켓에
Better yet, pay for a stranger's groceries. Go to the supermarket
M V M V M

써라 그것을 증명하는데 것을 각자가 우리 할 수 있는 보여주라
and use it as a demonstration of what each of us is capable of. Show
V O M (R) (S) (V) (C) V

최선을 인간애에 아니라 최악이 생존은 나타낸다 최악을
us the best in humanity not the worst. Survival brings out the worst
IO DO M M DO S V O

인간에게 사랑은 보여준다 최선을 어떤 면을 너는 보여줄 거냐
in humans and loves shows us the best. What side are you going to
M S V IO DO O S V

show?

지금은 아니다 때가 포기할 희망을 이 바이러스는 보여주었다 얼마나
This is not a time to give up hope. This virus has shown us just how
S V M C M S V IO

강력할 수 있는지 희망이 희망은 보고 있다 세계가 돌아오는 걸 정상으로 처럼 그것이
powerful hope can be. Hope is seeing the world return to normal like it
(C) (S) (V) S V O OC (C) (S)

그랬던 것 이후에 두 세계대전과 대공황 희망은 보여준다
did after two World Wars and The Great Depression. Hope is showing
(V) (M) S V

사람들에게 살아본 적이 없는 통해서 위기를 같은 이와 전에 이야기를
those who haven't lived through a crisis like this before, stories of
IO (R) (V) (M) (M) (M) DO

인간의 이기고 극복하는 역경을
humans winning and overcoming adversity.
M

각자는 우리들 세계의 시민이다 이 바이러스는 의미한다 우리가 더 이상
Each of us are global citizens. This virus means we are no longer
S V C S V (S) (M)

나뉘지 않는다는 걸 국경과 장소에 의해 출생 있든 당신이 중국
divided up by borders and places of birth. Whether you are in China,
(V) (M) (C) (S) (V)

호주 미국 이탈리아에 느낄 것이다 영향을 이 세계적 유행병의
Australia, America or Italy, you will feel the effects of this pandemic.
(M) S V O

이 바이러스는 길이다 통합하는 인류를 아마도 하는 건 우리가 함께 일하게
This virus is a way to unite humanity. Maybe having us work together
S V C M M S

해결하도록 이 문제를 정확한 완전한 폭풍이다 필요했던 끝내고 인종차별을
to solve this issue is the exact perfect storm we needed to end racism,
M V C (S) (V)

증진시키며 사랑을 우릴 하나로 모으는데 우리들 모두는 하고 있다
promote love, and bring us together. Every one of us is making a
(M) S V

선택을 지금 우리는 일어날 것인가
choice right now: Will we rise up?
O M S V

해설이 도움이 될 줄은 알았지만...

~ is like a Hollywood movie gone wrong 에서 **gone wrong** 은 앞의 **Hollywood movie** 를 수식한다. **go** 는 자동사이기 때문에 수동형이 없지만 명사 뒤에서 수동의 의미를 지닌 과거분사로 사용된다. 예를 들면 **the experiment gone bad**(잘못된 실험), **good girl gone wrong**(타락한 착한 여자) 등으로 쓰인다. **Nobody could of predicted that the world would go ~** 의 **of** 가 **have** 대신 쓰이게 된 이유는 단축형으로 쓰일 경우 **could've, should've, would've** 등이 강세가 없이 발음될 때, **'ve** 가 **of** 처럼 들리는 데서 유래했다. 물론 구어체에서 시작된 것이 문어체에까지 확대된 것이다. **a house of burning poker cards** 는 소위 카지노 용어로 **house** 는 포커를 플레이 할 수 있는 장소를 일컫는 말로, 대부분 포커룸 또는 카지노를 의미한다. **burning card** 란 실제 카지노에서 포커 게임을 하다 보면 커뮤니티 카드를 오픈할 때, 항상 한 장을 버리고 다음 카드를 오픈한다. 이때 버리는 카드를 버닝 카드라고 한다. 직역을 하면 카드를 태운다라는 의미인데, 이것은 카드를 버리는 것을 의미한다. 이것은 다음에 놓일 카드를 엿보거나 알아보는 것을 방지하기 위해서 행해진다. 따라서 **the financial system that is built on a house of burning poker cards ~** 는 카지노에서 포커 게임을 하는 포커룸을 기초로 세워진 금융 체계가 코로나 바이러스에 의해 무너지는 것을 비유적으로 말하고 있다. 물론 우리에게는 생소한 표현이지만 원어민의 글에서는 흔한 표현이다. **with the joker face on them** 도 카드 위에 그려진 **joker** 의 얼굴을 말하고 있는데 이는 코로나로 인한 현 인간 상황을 비꼬는 의미가 담겨 있는 듯 하다.

will we do the hardest thing imaginable and be responsible? 에서 **imaginable** 은 강조하기 위해 최상급형용사 또는 **all, every, no** 등에 덧붙여 사용한다. **the vulnerable** 은 **vulner-**

able people 의 뜻이다. **better yet** 은 관용적인 표현으로 **better still, even better, it is better that ~, better idea, here is a better idea** 등의 의미로 "차라리, 하지만 더 나은 것은, 더 좋은 건 ~이다, 더 좋은 방법은 ~ 이다" 등으로 해석된다. **worse yet, worse still** 도 자주 쓰인다. **Better yet, just watch it online on their website!**(더 좋은 방법은 웹사이트에 들어가서 동영상으로 보는 거야.)

this virus has shown us just how powerful hope can be ~ 에서 **how powerful hope can be** 는 **has shown** 의 직접목적어이다. **~ like it did after two World Wars and The Great Depression** 에서 **like** 는 물론 접속사이다. **Hope is showing those who haven't lived through a crisis like this before, stories of humans winning and overcoming adversity.**에서 **those** 는 **show** 의 간접목적어이고 **stories of humans winning ~** 이하가 직접목적어이다. **who haven't lived through ~ before** 관계대명사절이 **those** 를 수식하고 있어 간접목적어, 직접목적어를 찾아내기가 쉽지 않다. **perfect storm** 은 "완전한 폭풍"이란 뜻인데, 미국의 경제학자인 누리엘 루비니(Nouriel Roubini) 교수가 2008년 미국 발 금융위기를 예견하면서 한 말이다. 복수의 크고 작은 악재들이 동시다발적으로 일어남으로써 직면하게 되는 절체절명의 초대형 경제위기를 가리킨다. 원래는 위력이 세지 않은 태풍이 다른 자연현상을 만나 엄청난 파괴력을 가진 태풍으로 변하는 현상을 말한다. 따라서 "(한꺼번에 여러 가지 안 좋은 일이 겹쳐) 더할 수 없이 나쁜 상황, 설상가상, 엎친 데 겹친 격"으로 해석이 된다. 1991년 미국 동부 해안을 강타한 태풍에 휘말린 '안드레아 게일 호'의 실화를 바탕으로 한 영화 〈퍼펙트 스톰〉에 의해 더 잘 알려진 용어이다.

☞ **go wrong** 길을 잘못 들다, 정도를 벗어나다, (일이) 잘 안 되다, 고장 나다, (계획 등이) 실패하다, 타락하다 / **in matters of = in the matter of** ~에 관해서는. ~ 만에 / **workplace** 일터, 작업장 / **morbid** 병적인, 불건전한, 음침한, 병에 기인한, 섬뜩한, 소름끼치는 / **insist on** ~을 (끝까지) 주장하다, 고집하다, 단언하다, 역설(강조)하다 / **joker** (카드놀이에서) 조커, 어리석은 짓을 하는 사람, 농담하는(익살떠는) 사람, 익살꾼, 멍청한 사람 / **toilet roll** 두루마리 화장지 / **reserve** (미래 혹은 어떤 목적을 위하여) 떼어두다, 비축하다 / **vulnerable** 상처를 입기 쉬운, 비난(공격)받기 쉬운, 약점이 있는, (유혹, 설득 따위에) 약한 / **better yet** 더 좋은 것은 / **demonstration** 증명, 논증, 증거, 시범, 실연, (감정의) 표현, 데모, 시위운동

be capable of ~할 능력이 있다, ~할 수 있다 / **bring out** (색, 성질 등을) 나타내다, (뜻을) 분명히 하다, (빛깔, 성질을) 드러나게 하다, 발표하다, (능력 따위를) 발휘하다, 세상에 내놓다 / **give up** ~을 그만두다, 포기하다, 단념하다 / **Great Depression** 세계 대공황(1929년 미국에서 시작된) / **live through** ~을 헤쳐 나가다, 버티어 내다 / **pandemic** 전국적(대륙적, 세계적)으로 유행하는 병 / **perfect storm** (한꺼번에 여러 가지 안 좋은 일이 겹쳐) 더할 수 없이 나쁜 상황, 설상가상, 엎친 데 겹친 격 / **racism** 민족(인종) 차별주의(정책), 인종 차별, 인종적 편견 / **rise up** 떨쳐나서다, 위로 오르다, 봉기하다

겪은 내용이라 어렵지는 않을 걸.

바로 지금 삶은 할리우드 영화처럼 길을 잘못 든 것 같다. 아무도 몇 달 만에 세상이 정상적인 상태에서 미친 상태로 될 것이라고 예측할 수 없었다. 거리가 텅 비어 있다. 출근을 주장하는 소수의 사람들에게 일터들은 섬뜩하게 되었다. 그 위에 조커의 얼굴이 있는 버닝 포커카드게임의 카지노를 바탕으로 세워진 금융시스템은 이 원인 불명의 바이러스에 의해 감염된 인간의 숫자와 같은 속도로 타오르고 있다.

우리는 지금 인류를 시험하고 있다. 우리는 이 상황을 그것이 우리들 문제의 전부가 될 때까지 "다른 사람의 문제"라고 부를 것인가 아니면 상상할 수 있는 가장 어려운 일을 하고 책임을 질 것인가? 지금 당장 해야 할 책임은 책임을 지는 것이다. 문제를 더 악화시키는 것이 아니라 더 개선시키기 위해 당신이 할 수 있는 일을 해라.

뉴스를 보고 동시에 두려움의 수준을 높일 수도 있고 혹은 더 높은 사랑을 실천할 수 있다. 더 높은 사랑은 다시 한 단계 위로 올라간다. 슈퍼마켓에서 화장실용 두루마리 휴지를 사기 위해 나이든 여성을 밀치지 말고 그녀를 돕기 위해 너의 기회를 희생하라. 그녀에게 한 상자의 화장실용 두루마리 휴지를 남겨 두라. 그녀에게 친절을 보여줘라. 취약계층을 돕는 데 젊음을 사용하라.

더 좋은 방법은, 낯선 사람의 식료품 값을 지불하는 것이다. 슈퍼마켓에 가서 우리 각자가 할 수 있는 것을 보여주는 증거로 그것을 사용하라. 가장 나쁜 것이 아니라 인간성의 최고의 모습을 보여주라. 생존은 인간에게 최악의 결과를 나타내고 사랑은 우리에게 최고의 것을 보여준다. 당신은 어떤 면을 보여줄 것인가?

지금은 희망을 포기할 때가 아니다. 이 바이러스는 우리에게 희망이 얼마나 강력할 수 있는지를 보여주었다. 희망은 두 번의 세계 대전과 대공황 이후에 그랬던 것처럼 세계가 정상으로 돌아오는 것을 보고 있다. 희망은 전에 이와 같은 위기를 겪지 않은 사람들에게, 역경을 이기고 극복하는 인간의 이야기를 보여주고 있다.

우리들 각자는 세계의 시민이다. 이 바이러스는 우리가 더 이상 국경과 출생지에 의해 나뉘지 않고 있음을 의미한다. 중국에 있든, 호주나 미국 또는 이탈리아에 있든 당신은 이 세계적인 유행병의 영향을 느낄 것이다.

이 바이러스는 인류를 하나로 묶는 하나의 방법이다. 어쩌면 이 문제를 해결하기 위해 우리를 함께 일하게 하는 것은 인종 차별을 종식시키고, 사랑을 증진시키며, 우리를 하나로 모으는 데 필요한 정확한 퍼펙트 스톰이다. 우리 모두는 지금 선택하고 있다. 우리는 떨치고 일어날 것인가?

여기 「where」의 선행사는 대체 뭐야? 08

대체로 관계대명사는 그 선행사를 잘 찾아 해석하지만 관계부사인 where, when의 비제한적 용법의 구문에서는 선행사를 대충 넘기는 경우가 있다. 물론 why와 how는 비제한적 용법이 없다. 대부분의 문장에서는 where 의 경우 간단히 장소와 관련된 선행사(in the place at which)를 찾을 수 있지만 때로는 과연 이게 where로 받을 수 있는 선행사인가 의심되는 게 있을 정도로 은근히 그 사용 폭이 넓다. 예를 들면 atmosphere(분위기)나 circumstance(상황), point, situation, example, version, hobby, case, occasion 등과 같은 추상명사도 다 where가 받을 수 있다. 몇 가지 사례를 들어 본다. This does not include the case where the battery is removed.(이것은 배터리가 제거된 경우는 포함하지 않는다.) There's a tradition where people bow to their ancestors.(사람들이 자기들 조상에게 절을 하는 전통이 있다.) He recently agreed a deal where his brother would take 10 percent.(그는 최근 자기 동생이 10 퍼센트를 가져가는 거래에 동의했다.) It is a style of fighting where people use only their bodies to defend and attack.(그것은 사람들이 몸만 이용해 방어하고 공격하는 싸움의 한 스타일이다.)

제한적 용법일 경우에는 the place in which와 같아서, He lives within five miles of where he was born.로 쓰이기도 하고 in which 와 같아서, Show me an example where increasing supply has actually increased demand.(공급은 늘리면서 실제로 수요가 증가한 예를 보여줘라.)와 같이 쓰이기도 한다. 물론 where 는 선행사를 포함한 관계부사로도 쓰이며(The park is near where I work. 그 공원은 내가 일하는 곳에서 가깝다.) 명사절과 부사절을 이끈다.

비제한적 용법에서는 보통 in or at which place, there의 뜻으로 They came to the town, where they lodged for the night. 에서처럼 쓰인다. 또한 possible, necessary와 같은 형용사와 결합하여 사용되기도 한다. Help must be given where necessary.(필요한 곳에 도움을 주어야 한다.) Where possible, friends will be put in the same class.(가능하다면 친구들은 같은 반에 들어갈 것이다.) 이 경우에는 where의 뜻이 when 이나 whenever 의 뜻과 유사하다. 그렇다면 아래 예문의 where we can forget about them에서 where 의 선행사는 무엇일까? 선행사를 생략하는 경우에는 마치 관계대명사 what 처럼 선행사를 포함한 관계부사 where 가 된다. I have seen many times in the past where this track changes.(나는 과거

에 이 자극이 바뀌는 것을 여러 번 보았다.) 물론 선행사와 함께 쓰인 전치사, 즉 in the situation, in case, in the circumstance 등도 같이 생략을 해서 완전히 부사절화하는 경우도 있으므로 전후 문맥을 통해 그 실체를 파악해야만 한다.

* compare ~ to	* have it	* nor is it to say that
* an array of	* distinguishable from	* so that
* describe ~ as	* be compelled to	

To compare life to a movie is not to say, as the cliche has it, that life imitates art, though surely there is truth to that, nor is it to say that life has devised its own artistic methods and thus reversed the process — art imitates life — though that also is true, as one can see from the number of novels, movies, and television programs that have been inspired by real-life events. Rather it is to say that after decades of public-relations contrivances and media hype, and after decades more of steady pounding by an array of social forces that have alerted each of us personally to the power of performance, life has become art, so that the two are now distinguishable from each other.

What traditional entertainment always promised was to transport us from our daily problems, to enable us to escape from the travails of life. Analyzing the mechanism through which this was achieved, literary scholar Michael Wood in his book *America in the Movies* described our films as a "rearrangement of our problems into shapes which tame them, which disperse them to the margins of our attention," where we can forget about them. This is what we really mean when we call entertainment "escapist": We escape from life by escaping into the neat narrative formulas in which most entertainments are packaged. Still, with movies there was always the assumption that the escape was temporary. At the end of the film one had to leave the theater and reenter the maelstrom of real life.

While there are certainly those who will disapprove, one is almost compelled to admit that turning life into escapist entertainment is a perversely ingenious adaptation to the turbulence and tumult of modern existence. Why worry about the seemingly intractable problems of society when you can simply declare "It's morning in America," as President Reagan did in his 1984 reelection campaign? Why fret over the lack of national purpose during the doldrums of the post-Cold War era when you can convert a shooting war into a real-life war movie that reaffirms your destiny? Movies have always been a form of wish fulfillment. Why not life?

우선 분석을 통해 글의 흐름을 살펴보자고!

비유하는 것은 삶을 영화에 말하는 게 아니다 상투적 문구의 말대로 것을 삶이
To compare life to a movie is not to say, as the cliche has it, that life
S V C (P) (C) (S)

모방한다는 예술을 분명히 있지만 진실은 거기에 또한 말하는 것도 아니다 삶이
imitates art, though surely there is truth to that, nor is it to say that life
(V) (O) (C) (M) (A) (V) (S) (M) (C) (V) (C) (C) (S)

고안했다는 자신의 예술적 방법을 그래서 뒤집었다고 그 과정을 즉
has devised its own artistic methods and thus reversed the process —
(V) (O) (M) (V) (O)

예술이 모방한다 삶을 하지만 그것 또한 맞기는 처럼 우리가 볼 수 있는 것 수로부터
art imitates life — though that also is true, as one can see from the
S V O (C) (S) (M) (V) (C) (C) (S) (V)

소설 영화 텔레비전 프로그램의 받아온
number of novels, movies, and television programs that have been
(M) (M) (R) (V)

영감을 의해 실제의 사건에 오히려 말하는 것이다 것을 후에 수십년의
inspired by real-life events. Rather it is to say that after decades of
(M) M S V C (C)

홍보 계획과 매체 과대광고 후에 수십년의 더
public-relations contrivances and media hype, and after decades more
(M) (M)

한결같은 공략을 한 의해 쭉 줄지은 사회 세력에 경계시켜온
of steady pounding by an array of social forces that have alerted each
(M) (R) (V)

우리 각자를 개인적으로 힘에 대해서 상연의 삶은 되어왔다 예술이
of us personally to the power of performance, life has become art, so
(O) (M) (M) S V C

그 결과 둘은 오늘날 구별할 수 있다 서로
that the two are now distinguishable from each other.
(C) (S) (V) (M) (C) (M)

것은 전통적인 연예가 항상 약속했던 이었다 옮겨놓는 것 우리를
What traditional entertainment always promised was to transport us
(R) (S) (M) (V) V C

일상의 문제들로부터 즉 우리가 도피할 수 있게 하는 것 고통에서 삶의
from our daily problems, to enable us to escape from the travails of life.
M C M

분석하며 구조를 (그것을 통해) 이것이 달성되는 문학자인
Analyzing the mechanism through which this was achieved, literary
M (R) (S) (V)

마이클 우드는 자신의 책 미국 영화 속의 묘사했다 우리
scholar Michael Wood in his book *America in the Movies* described our
S M V

영화를 재배열로서 우리 문제들의 형태로 억눌러
films as a "rearrangement of our problems into shapes which tame
O OC (R) (V)

그들을 흩어지게 하는 그것들을 가장자리로 우리 주의력의 거기서
them, which disperse them to the margins of our attention," where
(O) (R) (V) (O) (M) (R)

잊을 수 있다 대해 그들에 이는 것이다 우리가 정말 의미하는 때 부를
we can forget about them. This is what we really mean when we call
(S) (V) (M) S V (R) (S) (M) (V) (C) (S) (V)

연예를 현실도피적이라 즉 우리는 도피한다 삶에서 도피함으로써
entertainment "escapist": We escape from life by escaping into the
(O) (OC) S V M

깔끔한 서술체의 형식으로 (그것에서) 대부분의 연예가 꾸려지는
neat narrative formulas in which most entertainments are packaged.
M (R) (S) (V)

그러나 영화의 경우에 있었다 항상 추정이 그 도피가
Still, with movies there was always the assumption that the escape
M M A V M S (C) (S)

일시적이라는 끝나면 영화가 우리는 떠나야만 했다 극장을
was temporary. At the end of the film one had to leave the theater and
(V) (C) M S V O

다시 들어서야 했다 대혼란으로 실생활의
reenter the maelstrom of real life.
V O

만 있지 분명히 사람들이 반대할 우리는 거의
While there are certainly those who will disapprove, one is almost
(C) (A) (V) (M) (S) (R) (V) S M

하지 않을 수 없다 인정 바꾸는 건 삶을 현실 도피의 연예로
compelled to admit that turning life into escapist entertainment
V (C) (S)

비뚤어지게 독창적인 적응이란 것을 소란과 소동에
is a perversely ingenious adaptation to the turbulence and tumult
(V) (C) (M)

현대 존재의 왜 걱정하는가 겉보기에 다루기 어려운
of modern existence. Why worry about the seemingly intractable
Q V M

문제들에 대해 사회의 데 단순히 선언할 수 있는 아침이다 다시
problems of society when you can simply declare "It's morning again
(C) (S) (M) (V) (O)

미국엔 처럼 레이건 대통령이 했던 그의 1984년 재선 선거운동에서
in America," as President Reagan did in his 1984 reelection campaign?
(C) (S) (V) (M)

왜 조바심 내나 대해 결여에 국가의 목적의 동안 침체기
Why fret over the lack of national purpose during the doldrums of the
Q V M M

냉전 이후의 시기의 때에 바꿀 수 있을 무력전쟁을 실생활의
post-Cold War era when you can convert a shooting war into a real-life
M (C) (S) (V) (O) (M)

전쟁영화로 재확인하는 운명을 영화는 늘 한
war movie that reaffirms your destiny? Movies have always been a
(R) (V) (O) S M V

형태였다 소원 성취의 왜 그렇지 않은가 삶은
form of wish fulfillment. Why not life?
C Q M S

해설을 보면 다 알 것 같은데...

as the cliche has it 에서 **have it** 은 관용적 표현으로 여러 가지 뜻으로 쓰인다. 여기서는 "~라고 표현하다, 주장하다, 확언하다, 말하다"의 뜻으로 **as Socrates has it**(소크라테스가 말한 바와 같이)처럼 자주 쓰인다. 다만 이 뜻으로는 진행형을 쓸 수 없다. **nor is it to say that ~** 은 앞의 부정문 **to compare life to a movie is not to say that ~** 을 받아서 **and also it is not to say that ~** 의 뜻이 된다. **nor**가 있어 도치된 구문이다. 물론 **it** 은 **to compare life to a movie** 를 받는다. **analyzing the mechanism ~** 은 분사구문이며, 이것의 주어는 **literary scholar Michael Wood** 이다. **rearrangement of our problems into shapes which tame them, which disperse them to the margins of our attention**에서 연속되는 두 개의 **which** 의 선행사는 **shapes** 이며 뒤에 나오는 **where** 의 선행사는 **rearrangement of our problems into shapes which ~ of our attention**, 즉 **as** 이하 전체이다.

with movies there was always the assumption that the escape was temporary에서 **that** 은 접속사로 **assumption**과 동격을 나타낸다. 여기서 **with**는 관계나 입장을 나타내어 "~에 관해서(대해서), ~의 경우에는, ~ 에 있어서는"의 뜻이다. **why worry about the seemingly ~**, **why fret over the lack ~** 는 **why do you worry ~, why do you fret over ~** 로 **why** 다음에는 주어를 생략하고 쓰인다. **Why not life?** 는 **why can't life be a form of wish fulfillment?** 의 의미이다.

☞ compare ~ to ~를 ~에 비유하다 / cliche 진부한 표현(사상, 행동), 상투적인 문구 / decades of 수십 년의 / public-relations 홍보(공보)(활동), 섭외, 피아르(보통 단수 취급) / contrivance 고안, 발명, 고안품, 계획, 계략 / hype 과대광고(선전), 과장해서 팔아넘김 / pounding (사람이나 물체가) 세게 침(두드림 등), 연타, 난타 / an array of 죽 늘어선 / distinguishable from ~과 구별할 수 있는, 분간할 수 있는 / travail 산고, 진통, 고생, 노고 / mechanism 기계(장치), 기구, 구조, 장치 / so that 그래서, 그러므로(결과의 부사절을 이끎) / describe ~ as ~를 ~로 묘사하다, 기술하다, (말로) 설명하다

rearrangement 재배열, 재정리 / tame 길들이다, 복종시키다, 따르게 하다, 무기력하게 하다, ~의 용기를 꺾다, 약하게 하다/ disperse 흩뜨리다, 흩어지게 하다, 해산시키다, 분산시키다, (적 따위를) 쫓아 버리다, (병, 지식 등을) 퍼뜨리다 / formula 방식, 상투적인 문구, 습관적 방식 / assumption 가정, 억측, 가설 / maelstrom 대혼란, 큰 동요 / be compelled to ~하지

않을 수 없다, 할 수 없이 ~하다 / **escapist** 현실 도피주의의 (사람) / **perverse** 외고집의, 심술궂은, 성미가 비꼬인, 빙퉁그러진 / **ingenious** 교묘한, 독창적인, 정교한 / **turbulence** (바람, 물결 등의) 거칠게 몰아침, (사회, 정치적인) 소란, 동란 / **tumult** 법석, 소동, 떠들썩함, 소음, 폭동 / **intractable** 말을 듣지 않는, 고집 센, 제어할 수 없는, 처리하기 어려운 / **campaign** 선거 운동, 유세 / **fret** 초조하다, 안달이 나다, 괴로워하다, 슬퍼하다 / **doldrums** 우울, 의기소침, 침체, 정체 상태 / **shooting war** 무력 전쟁 / **reaffirm** 재차 단언하다, 다시 긍정(시인)하다, 재확인하다 / **wish fulfillment** (꿈, 환각 따위에서의) 소원 성취, 소원 실현

영화에 관한 글인데도 그다지 재미가 없네!

삶을 영화에 비유하는 것은 상투적인 문구가 말하는 것처럼, 비록 그 말에 확실히 진실은 있지만, 삶이 예술을 모방한다는 것을 말하는 것이 아니며, 또한 삶이 그 자신의 예술적 방법들을 고안해 왔기에 그 과정 즉 예술이 삶을 모방한다는 것을 뒤집었다고 말하는 것도 아니다. 비록 우리가 실재 사건들에 의해 영감을 받아온 수많은 소설, 영화 그리고 텔레비전 프로그램으로부터 볼 수 있는 것처럼, 그것 또한 진실이기는 하지만 말이다. 오히려 그것은 수십 년간의 홍보 계획과 매체의 과대광고 이후에, 그리고 공연의 힘에 대해 개인적으로 우리 각자를 경계시켜온 죽 늘어선 사회세력에 의해 수십 년 이상 한결같은 공략을 한 이후에, 삶은 예술이 되어 왔으며 그 결과 그 둘은 오늘날 서로 구별할 수 있다.

전통적인 연예가 항상 약속했던 것은 우리의 일상적인 문제들로부터 우리를 떼어 놓는 것, 즉 우리를 삶의 고통으로부터 벗어날 수 있게 해 주는 것이었다. 그것을 통해 이것이 달성되는 그 구조를 분석하면서, 문학자인 마이클 우드는 자신의 책 '영화 속의 미국'에서 영화를 "우리의 문제들을 길들여서, 그것들을 우리 주의력의 가장자리로 흩어지게 하는 형태로 그것들을 재배열하는 것"이라고 묘사했는데, 거기서 우리는 그 문제들에 대하여 잊어버릴 수 있다. 이것이 우리가 연예를 "현실 도피적"이라고 부를 때 우리가 정말로 의미하는 것이다: 우리는 대부분의 연예들이 꾸려지는 깔끔한 이야기체의 판에 박힌 형식으로 도피함으로써 삶에서 벗어난다. 하지만, 영화들의 경우에는 그 도피가 일시적이라는 추정이 늘 존재했다. 영화가 끝나면 우리는 극장을 떠나서 실생활의 대혼란으로 다시 들어서야 했던 것이다.

물론 분명히 반대할 사람들이 있지만, 삶을 현실 도피적인 연예로 바꾸는 것은 현대적 존재의 소란과 소동에 비뚤어지게 독창적으로 적응을 하는 것이라는 것을 거의 인정하지 않을 수 없다. 1984년 재선 운동에서 레이건 대통령이 했던 것처럼, 단순히 "미국엔 다시 아침입니다."라고 선언할 수 있는데, 왜 겉보기에는 다루기 어려운 사회 문제에 대해 걱정하는가? 무력전쟁을 운명을 재확인하는 실생활 전쟁 영화로 바꿀 수 있는데, 냉전 이후의 침체기에 국가적 목적이 없다는 것에 대해 왜 조바심을 내는가? 영화는 지금까지 항상 소원 성취의 한 형태였다. 왜 삶은 그렇지 않은가?

동격절이라고? 왜 꼬이나 했더니만!

09

우리말로 된 문장도 그 내용이 난해한 경우에는 무슨 뜻인지 잘 파악되지 않을 때가 많다. 하물며 외국어인 영어 문장을 읽으면서 그 의미를 완전하게 이해하는 것이 그렇게 쉽겠는가? 문법적 · 어법적 실력을 상당히 갖추고 있다하더라도 글 속에 나타난 힌트를 면밀히 관찰하여 그 구성과 의미를 알아내는 분석력이 없으면 의미 파악에 어려움을 겪을 수도 있다. 물론 효율적인 독해를 하기 위해서는 내용어들 만큼이나 기능어들의 역할에 주의를 기울여야 한다. 하나의 기능어를 잘못 이해하면 글 내용이 엉뚱한 방향으로 흘러가기 때문이다.

아래 제시된 예문에서는 다소 파악하기 어려운 구문들이 눈에 띄는데 큰 어려움 없이 바로 해석이 가능하다면 그 학습자는 상급의 영어실력자라 할 수 있다. 특히 동격의 that 절이 그 앞에 나와 있는 동격어와 떨어져 있는 경우에는 파악이 힘들다. 아울러 that 가 이끄는 동격절은 앞의 명사와 동격을 이루기도 하지만 그 명사가 동사로 쓰였다고 가정을 할 경우 그 타동사의 목적어 역할을 한다는 점도 유의해야 할 것이다. 또한 이 구문에서 that 이 생략되는 경우가 있다는 점도 유의해야만 한다. 보통은 생략될 수 없다고 생각하지만 절의 특성이 계속적이 아니라 한정적(제한적)일 경우 생략이 가능하며 그 예도 많다. The fact it was illegal didn't seem to worry him.(그것이 불법이라는 사실이 그를 걱정하게 하는 것 같지 않았다.) Cheney rejected the claim the Bush administration is to blame for the faltering economy. (체니 부통령은 경제가 흔들리는 것에 대해 부시 행정부가 책임이라는 주장을 거부했다.)

아래 예문에서 ~ the most explicit admission a democratic society has so far consented to make that some of its citizens are superior ~ 는 매우 난해한 구조로 이루어진 문장이다. 혹시 so 와 뒤의 that 을 연관시켜 생각하진 않았는가? to make 와 뒤 that 절의 연결이 이상하다고 생각하진 않았는가? that 절의 성격을 파악하려고 시도는 해 보았는가? 만일 전반적인 문장 구조와 동격절의 형태를 이해하고 해석했다면 아주 훌륭하다. 문장 구조가 결코 간단하지 않기 때문에 이런 유형 사례들을 기억해 두어야 할 것이다.

* what it would be like to	* be superior to	* in so far as
* in effect	* what is more	* over and above
* in the eyes of	* not ~ so much as	* derive from
* on the part of	* such as	* in this regard
* due to	* end up	

The award of a university degree is the most explicit admission a democratic society has so far consented to make that some of its citizens are superior to their fellows. The nature of this superiority, in so far as it is one, deserves a closer analysis than it usually receives. It is significant, for example, that in most English universities the degree is still always a B. A., whatever the course of studies the particular undergraduate may have pursued. Symbolically, in effect, the universities are claiming that the superiority their degree confers is something over and above a technical or professional qualification. And what is more, extra-university opinion has been willing hitherto to accept the universities' claim.

In the eyes of the external world a graduate does not leave the university today a historian, a theologian, a classicist, or a chemist; he is just one more 'educated person'. The degree is taken to be a qualified authority's guarantee, not of a functional aptitude, but of a general mental or spiritual superiority in its recipient. Although a trained intelligence has obvious practical uses in the modern world, the graduate's superiority does not derive from this so much as from a recognition on the part of the uneducated of something approaching a difference of kind, something ultimate and absolute, which separates them from the educated.

Although getting a University degree has its benefits, it does not provide certain soft skills, such as leadership, teamwork and conflict management, which are essential qualities for the workplace. In this regard, various organisations have highlighted these deficiencies. In certain parts of the globe, due to the lack of opportunities, many would still end up in low paying jobs and never practice their skills due to limited job openings. With that said, The world, however, is known to have many visionaries and leaders who never gained a university degree. Take Steve Jobs, Bill Gates and Mark Zuckerberg as examples. Although the importance and contribution of a university degree should not be understated, there are other key qualities which are necessary for success, such as willingness to learn and motivation.

하나하나 뜯어보면 풀리겠지!

상은 대학 학위의 가장 명백한 승인서다
The award of a university degree is the most explicit admission a
S V C

민주 사회가 지금까지 동의한 인정하는 어떤 자가
democratic society has so far consented to make that some of its
(S) (M) (V) (M) (C) (S)

그 시민 중의 뛰어나다는 동료보다 본질은 우월성의
citizens are superior to their fellows. The nature of this superiority, in
(V) (C) (M) S

한에 있어서 그게 하나인 받을만하다 더 세밀한 분석을 보다 보통 받는 것
so far as it is one, deserves a closer analysis than it usually receives.
(C) (S) (C) V O (C) (S) (M) (V)

중요하다 예를 들자면 대부분의 영국 대학에서
It is significant, for example, that in most English universities the
S C M (C) (M)

학위는 여전히 늘 학사 학위다 무엇이든 과정이 연구의
degree is still always a B. A., whatever the course of studies the
(S) (V) (M) (C) (R) (S)

특수한 학부생이 추구했을지 모르는 상징적으로 사실상
particular undergraduate may have pursued. Symbolically, in effect,
(S) (V) (M) M

대학들은 주장하고 있다 우월성은 그들의 학위가 주는
the universities are claiming that the superiority their degree confers
S V (C) (S) (S) (V)

어떤 것이다 이상의 기술적이나 직업적인 자격
is something over and above a technical or professional qualification.
(C) (M)

더군다나 대학 외의 의견은 기꺼이 오고 있다 지금까지
And what is more, extra-university opinion has been willing hitherto to
P S V M

수용해 대학들의 주장을
accept the universities' claim.
M

눈에는 외부 세계의 대학졸업자는 졸업하는 것이 아니다
In the eyes of the external world a graduate does not leave the
M S V

대학을 오늘날 역사가 신학자 고전학자 혹은 화학자로
university today a historian, a theologian, a classicist, or a chemist;
O M C

그는 단지 하나 더 교육받은 사람이다 학위는 받아들여진다
he is just one more 'educated person'. The degree is taken to be a
S V M C S V

자격 있는 대학 당국의 보장으로 아니라 기능적인 자질의
qualified authority's guarantee, not of a functional aptitude, but of
C M

일반적인 지적이거나 정신적 우월에 대한 그 수령인에게 비록
a general mental or spiritual superiority in its recipient. Although a
M M (C)

교육 받은 지성이 갖지만 명백한 실제적 이용을 현대 세계에서
trained intelligence has obvious practical uses in the modern world,
(S) V (O) (M)

대학졸업자의 우월성은 나오는 게 아니다 이것에서 만큼 에서
the graduate's superiority does not derive from this so much as from a
S V M (C)

인정 쪽에서는 교육받지 못한 자들 어떤 것의 접근하는
recognition on the part of the uneducated of something approaching a
(M) (M) (M)

차이에 본질의 즉 어떤 것의 궁극적이고 절대적인 그것은 분리시킨다
difference of kind, something ultimate and absolute, which separates
(M) (M) (M) (R) (V)

그들을 교육받은 자들과
them from the educated.
(O) (M)

비록 취득하는 것이 대학 학위를 장점은 있지만 그건 않는다
Although getting a University degree has its benefits, it does not
(C) (S) (V) (O) S V

제공하지 특정 소프트 스킬을 그런 리더십 팀워크 갈등
provide certain soft skills, such as leadership, teamwork and conflict
O M

관리 같은 그건 필수적인 자질인데 직장에서 이런
management, which are essential qualities for the workplace. In this
(R) (V) (C) (M)

점에서 다양한 조직들은 강조해왔다 이런 결함을
regard, various organisations have highlighted these deficiencies.
M S V O

어떤 지역에서는 세계의 때문에 부족 기회의 많은 자는
In certain parts of the globe, due to the lack of opportunities, many
M M S

여전히 머무르고 낮은 급여의 일자리에 결코 실행하지 못한다 기술을 인해
would still end up in low paying jobs and never practice their skills due
M V M M V O

제한된 일자리로 말이 나온 김에 세계는 그러나 알려져 있다
to limited job openings. With that said, The world, however, is known
M M S M V

가진 것으로 많은 공상가들과 지도자들을 결코 취득한 적 없는 대학
to have many visionaries and leaders who never gained a university
M (R) (M) (V)

학위를 들어보자 스티브 잡스 빌 게이츠 마크 저커버그를 예로
degree. Take Steve Jobs, Bill Gates and Mark Zuckerberg as examples.
(O) V O M

비록 중요성과 기여도는 대학 학위의
Although the importance and contribution of a university degree
(C) (S) (M)

과소평가 되어선 안 되지만 / 있다 / 다른 / 중요한 특성이

should not be understated, there are other key qualities which are

(V) A V S (R) (V)

필요한 / 성공에 / 같은 것 / 의지와 / 배우려는 / 동기부여와

necessary for success, such as willingness to learn and motivation.

(C) (M) (M)

아, 그렇게 연결되고 그런 뜻이 되는구나!

The award of a university degree is the most explicit admission a democratic society has so far consented to make that some of its citizens are superior to their fellows. 의 구조는 매우 복잡해서 첫눈에 파악하기가 쉽지 않다. 물론 **the most explicit admission** 다음에는 관계대명사 **that**이 생략되어 있다. **that some of its citizens ~** 는 앞의 **admission** 과 동격절이다. 그러니까 **a democratic society ~ to make** 를 ( )로 묶어 놓고 보면 된다. 동격절은 뒤에 완전한 문장이 오는 것이 특징이며 **with the knowledge that everything would run smoothly in one's absence**(자신의 부재중에 만사가 순조롭게 돌아갈 것이라고 알고 있기 때문에), 또는 **I was happy in the knowledge that it was not my mother.**(= **I was happy to know that it was not my mother.**) 등을 참고하면서 **I felt he would see my giving up now as an admission that I was wrong.** 같은 구문을 익혀두도록 한다. 여기서 **to make** 는 생략된 관계대명사 **that** 을 목적어로 한다. **so far**(지금까지) 의 **so** 는 뒤의 **that** 와 관계가 없다.

leave the university today a historian, a theologian, a classicist, or a chemist ~ 에서 **a historian, a theologian, a classicist, or a chemist** 는 주격보어다. **He died millionaire.** 와 같은 구문이다. **a recognition on the part of the uneducated of something approaching a difference of kind** 에서 **of something approaching a difference of kind** 는 **on the part of the uneducated** 를 건너 뛰어 **recognition** 에 걸린다. **does not derive from this so much as from a recognition** 에서 **not ~ so much A as B**는 **not so much A as B** 형식으로도 쓰이는데 **not A, but rather than B** 또는 **more B than A**로 "A 라기보다는 오히려 B 이다"의 뜻이다. 반면에 **not(without) so much as**는 **not even** 즉 "~ 까지도 않다"의 뜻이다. **with that said** 는 **with that being said, that being said, having said that** 등과 같이 표현되기도 하는 일종의 분사구문으로 문장에 따라 "그 말이 나와서 하는 말이지만, 같은 맥락에서, 말이 나온 김에, 그런 의미에서, 같은 맥락에서, 그런 까닭에, 그래서 결과적으로"의 뜻을 갖는다. 여기서 **that** 은 물론 앞에 나온 것을 가리킨다.

☞ **award** 상, 상금, 심사, 판정 / **explicit** (진술 따위가) 뚜렷한, 분명한, 애매한 점이 없는 / **admission** 용인, 승인 / **be superior to** ~보다 우월(우수)하다, 뛰어나다 / **in so far as (that)** ~하는 한에 있어서는 = **insofar ~ as (that)** / **undergraduate** 대학 학부 재학생, 대학생 / **in effect** 실제에 있어서는, 사실상, 요컨대 / **confer** (학위 등을) 수여하다, (선물, 영예 등을) 증여하다, (은혜 등을) 베풀다 / **what is more** 그 위에 또, 더군다나, 게다가 또 /

over and above ~위에, ~이상으로, ~에 더하여 / **extra-university** 대학 밖의, 대학 이외의 **in the eyes of** ~이 본 바로는 / **theologian** 신학자 / **classicist** 고전학자, 고전 문학자, 고전주의자 / **chemist** 화학자 / **aptitude** 버릇, 기질, 소질, 재능 / **recipient** 수납자, 수령인, 수용자, 수상자 / **derive from** ~에서 끌어내다, 손에 넣다, ~ 에서 시작하다, 파생하다 / **on the part of** ~의 쪽에서, ~의 편에서 / **soft skill** 소프트 스킬: 대인관계와 관련된 스킬로서 소통, 팀웍, 문제해결 등과 같은 비전문적이고 특정 직업에 근거하지 않으며 개인의 일반적 기질과 개성에 더 관련되어 있음 cf. **hard skill**(필기, 계산, 소프트웨어 프로그램 사용 능력과 같이 정의되고 측정할 수 있는 구체적인 능력) / **such as** ~와 같은, 예컨대, 이를테면 / **in this regard** 이 점에 있어서는 / **due to** ~때문에, ~로 인하여 / **end up in** 마침내는 ~ 으로 되다, 끝나다 / **visionary** 공상(몽상)가, 환상을 좇는 사람 / **understate** 삼가서 말하다, (수 따위를) 적게 말하다, 줄잡아 말하다 / **motivation** (행동의) 동기 부여, 하고 싶은 기분, 열의, 욕구

이제 속 시원하게 뜻이 풀리네!

대학교의 학위가 주는 상은 시민들 중 어떤 사람이 그들의 동료들보다 더 뛰어나다는 것을, 민주주의 사회가 지금까지 동의한 것 중에서 가장 명백하게 동의한다는 것을 인정하는 것이다. 이런 우월성의 본질은 그것이 한 사람인 한에 있어서는 그것이 보통 받는 것보다 더 세밀한 분석을 받을 가치가 있다. 예를 들어, 대부분의 영국의 대학에서의 학위는, 특정한 대학 학부생이 추구했을지 모르는 연구 대상의 학부 과정이 무엇이든, 아직도 항상 학사학위라는 것이 중요하다. 상징적으로, 사실상, 대학들은 자신들의 학위가 수여하는 그 우월성은 기술적이거나 직업적인 자격 이상의 어떤 것이라고 주장하고 있다. 더군다나, 대학 바깥의 의견은 지금까지 대학들의 주장을 기꺼이 받아들여 왔다.

대학 밖의 외부 세계의 사람들이 보는 바에는 오늘날의 대학 졸업자는 역사가, 신학자, 고전학자 혹은 화학자가 되어 대학을 졸업하는 것이 아니다. 그는 단지 하나의 더 교육을 받은 사람일 뿐이다. 학위는 그것을 받는 사람에게 있어 기능적인 자질이 아니라, 일반적인 지적 혹은 영적 우월성에 대해 자격 있는 대학 당국이 보장한 것으로 받아 들여진다. 비록 교육을 받은 지성인은 현대 세계에서 명백하게 실제적인 유용성을 지닌다 해도, 대학 졸업자의 우월성은 이것에서 나오는 것이라기보다는 교육을 받지 못한 사람들 편에서는 본질의 차이에 접근하는 어떤 것, 즉 궁극적이고 절대적인 어떤 것을 인정하는 것에서 나오는 것인데, 그것은 그들을 교육받은 사람들과 분리시키는 것이다.

비록 대학 학위를 취득하는 것이 장점이 있지만, 직장에서 필수적인 자질인 리더십, 팀워크, 갈등 관리 등과 같은 그런 특정 소프트 스킬을 제공하지 않는다. 이러한 점에서, 다양한 조직들은 이러한 결함을 강조해왔다. 세계의 어떤 지역에서는, 기회가 부족하기 때문에, 많은 사람들은 여전히 낮은 급여의 일자리에 머무르고 제한된 일자리로 인해 결코 그들의 기술을 실행하지 못할 것이다. 그 말이 나왔으니 말인데, 세상은 그렇지만, 세계에는 대학 학위를 취득한 적이 없는 많은 비전을 지닌 사람들과 지도자들이 있는 것으로 알려져 있다. 예를 들자면, 스티브 잡스, 빌 게이츠 및 마크 저커버그가 그들일 것이다. 비록 대학 학위의 중요성과 기여도를 과소평가해서는 안 되지만, 배우려는 의지와 동기 부여와 같은 성공에 필요한 다른 핵심적인 특성이 있는 것이다.

10 선행사와 목적어가 이렇게 얽히다니, 원!

선행사라고는 전혀 생각되지 않는 어휘가 선행사가 되어 그것을 수식하는 관계대명사절과 함께 쓰이는 구문을 마주치거나, 언뜻 관계대명사가 쓰일 것이라고는 생각되지 않은 구문인데 (유사)관계대명사가 사용되어 구문파악에 어려움을 겪은 경우가 있었는가? 이때 어느 경우든 대충 뜻이 연결되는 것 같아서 그냥 넘어가는 버릇은 없애야 한다. 보통 어휘가 어렵지 않으면 대체로 쉽게 문의 파악이 이루어질 것이라고 생각하고 좀 더 세밀하게 문법적인 구조를 파헤치지 않는데 그래 가지고는 정확한 의미를 파악하기 힘들다.

실제로 독해에서 선행사의 형식은 아래 예문에서처럼 매우 다양하다. 명사나 대명사 이외에도, 앞 문장 전체(He is cute in the movie, which I think you'll prefer.)나 to 부정사(He wants to go to the moon, which is impossible.), 동명사(She enjoys playing computer games, which I avoid.), 형용사(이 부분은 별개의 항목으로 취급함) 등이 쓰이기도 하며, 또 수량을 표현하는 대명사와 결합해서 사용되는 관계대명사도 있다.(All this was done under the gaze of incredibly able economists only a few of whom actually realized what was going on. 이 모든 것은 그들 중 몇 사람만이 실제로 무슨 일이 일어나고 있는지 깨닫고 있는 믿을 수 없을 정도로 유능한 경제학자들의 시선의 영향을 받아 이루어졌다.) There, she did a series of minor roles in mostly horror movies, none of which were enough to make her famous.(그곳에서, 그녀는 대다수가 공포영화인 영화들 속에서 연속적으로 조연을 맡았다. 그런데 그 영화들 중 어떤 것도 그녀를 유명하게 만들기에는 충분치 못했다.)

그렇다면 아래 예문에 나오는 I cannot but notice how much that vitally affected me has been due to circumstances that it is hard not to regard as pure chance. 에서는 관계대명사와 선행사의 관계가 어떻게 얽혀 있을까?

* walk in the steps of
* present oneself
* trifle with
* now that
* look back upon
* much as S + V
* point out
* look back on
* take ~ for granted
* due to
* so far as ~ can
* in character
* cannot but
* make a pretension

It may seem arrogant that I should not have been content to walk in the steps of men much wiser than myself. But much as we resemble one another we are none of us exactly alike (our finger-prints are there to show it), and I have seen no reason why I should not, so far as I could, choose my own course. I have sought to make a pattern of my life. This, I suppose, might be described as self-realization tempered by a lively sense of irony.

But a question presents itself which I shirked when, at the beginning of my book, I dealt with the subject; and now that I can avoid it no longer I cannot but draw back. I am conscious that here and there I have taken free-will for granted; I have spoken as though I had power to mould my intentions and direct my actions as the whim took me. In other places I have spoken as though I accepted determinism. Such shilly-shallying would have been deplorable had I been writing a philosophical work. I make no such pretension. But how can I, an amateur, be expected to settle a question which the philosophers have not yet ceased to argue?

It might seem only sensible to leave the matter alone, but it happens to be one in which the writer of fiction is peculiarly concerned. For as a writer he finds himself compelled by his readers to rigid determination. I pointed out earlier in these pages how unwilling an audience is to accept impulse on the stage. Now an impulse is merely an urge to action of whose motive the agent is not conscious; it is analogous to an intuition, which is a judgement you make without being aware of its grounds. But though an impulse has its motive, an audience, because it is not obvious, will not accept it. The spectators of a play and the readers of a book insist on knowing the reasons of action and they will not admit its probability unless the reasons are cogent. Each person must behave in character; that means that he must do what from their knowledge of him they expect him to do. Cunning must be exercised in order to persuade them to accept the coincidences and accidents which in real life they swallow without a second thought. They are determinists to a man and the writer who trifles with their obstinate prejudice is lost.

And yet at the same time when I look back upon my own life I cannot but notice how much that vitally affected me has been due to circumstances that it is hard not to regard as pure chance. Determinism tells us that choice follows the line of least resistance or the strongest motive. I am not conscious that I have always followed the line of least resistance, and if I have followed the strongest motive that motive has been an idea of myself that I have gradually evolved.

도해에서 안 풀리면 힌트가 있잖아!

보일지도 모른다 거만하게 내가 않았다는 것은 만족하지 걸어가는데
It may seem arrogant that I should not have been content to walk in
S V C (C) (S) (V) (C)

뒤를 따라 사람들의 훨씬 현명한 나 자신보다 그러나 많이 닮아있지만
the steps of men much wiser than myself. But much as we resemble
(M) (M) (M) (C) (S) (V)

서로 우리는 우리들 중 누구도 정확히 똑같지 않다 우리의 지문은 있다
one another we are none of us exactly alike (our finger-prints are there
(O) S V A M C S V M

증명하기 위해 그것을 나는 이유를 알지 못한다 내가 안되는 한 할 수 있는
to show it), and I have seen no reason why I should not, so far as I
M S V O (R) (S) (P)

선택해서 나 자신의 행로를 노력했다 만들려고 형태를 내
could, choose my own course. I have sought to make a pattern of my
V O S V O

인생의 이는 생각건대 설명될 수도 있을 거다 자기실현으로 유연해진
life. This, I suppose, might be described as self-realization tempered by
S P V C

활기찬 풍자감각에 의해
a lively sense of irony.
M

그러나 질문이 생긴다 내가 회피한 때 첫 부분에서
But a question presents itself which I shirked when, at the beginning
S V O (R) (S) (V) (C) (M)

내 책의 다루었을 그 주제를 니까 피할 수 없으 그걸
of my book, I dealt with the subject; and now that I can avoid it no
(S) (V) (M) (C) (S) (V) (O)

더 이상 않을 수 없다 되돌리지 의식한다 것을 여기저기에서 내가
longer I cannot but draw back. I am conscious that here and there I
(M) S V S V C (C) (M) (S)

받아들였다는 자유의지를 당연하게 말을 했다 처럼 힘이 있는 것
have taken free-will for granted; I have spoken as though I had power
(V) (O) (OC) S V (C) (S) (V) (O)

형상 짓고 내 의도를 지시할 수 있는 행동을 때 변덕이 잡았을 나를
to mould my intentions and direct my actions as the whim took me.
(M) (C) (S) (V) (O)

다른 곳에서는 말을 했다 처럼 내가 수용한 것 결정론을
In other places I have spoken as though I accepted determinism.
M S V (C) (S) (V) (O)

그런 시간 낭비는 통탄스러운 일이었을 것이다 만일 내가 쓰고 있었다면
Such shilly-shallying would have been deplorable had I been writing
S V C (S) (V)

철학적인 저작물을 하지 않는다 그런 허식을 허나 어찌 내가
a philosophical work. I make no such pretension. But how can I, an
(O) S V O Q S

아마추어인 기대할 수 있을까 문제를 해결하기를 철학자들이
amateur, be expected to settle a question which the philosophers have
V C (R) (S)

지금까지 그치지 않은 논쟁하길
not yet ceased to argue?
(M) (V) (O)

보일 수도 있지만 현명해 내버려 두는 게 문제를 홀로 우연히
It might seem only sensible to leave the matter alone, but it happens
S V C S S V

것이다 작가가 소설의 특별히 관심을 갖는
to be one in which the writer of fiction is peculiarly concerned.
C (R) (S) (M) (V)

왜냐면 작가로서 발견하기 자신이 내몰리고 있는 걸 독자로부터 엄격한
For as a writer he finds himself compelled by his readers to rigid
C M S V O OC M

결단에 난 지적했다 앞에서 이 페이지들 얼마나 꺼리는지
determination. I pointed out earlier in these pages how unwilling an
M S V M (C)

관객이 받아들이기를 충동을 무대에서 이제 충격은 단지
audience is to accept impulse on the stage. Now an impulse is merely
(S) (V) (M) (M) M S V M

충동이다 행동에 대한 그 동기의 에이전트가 의식하지 못하는 그건
an urge to action of whose motive the agent is not conscious; it is
C (M) (S) (V) (C) S V

유사하다 직관과 그것은 판단이다 네가 내리는
analogous to an intuition, which is a judgement you make without
C M (R) (V) (C) (S) (V)

알지 못한 채 그 근거를 하지만 비록 충동은 갖지만 그 동기를
being aware of its grounds. But though an impulse has its motive, an
(M) (C) (S) (V) (O)

청중은 때문에 그것이 분명하지 않기 받아들이지 않을 것이다 관객들과
audience, because it is not obvious, will not accept it. The spectators
S (C) (S) (V) (C) V O

연극의 독자들은 책의 고집하며 알기를 이유를
of a play and the readers of a book insist on knowing the reasons
S V M

행동의 그들은 않을 거다 인정하지 그 가능성을 없는 한 그 이유들이
of action and they will not admit its probability unless the reasons
S V O (C) (S)

설득력이 각 사람은 행동해야 한다 격에 맞게 그건 의미한다 것을
are cogent. Each person must behave in character; that means that
(V) (C) S V M S V (C)

행해야 한다는 것을 그들의 지식으로부터 그에 대한 그들이 기대하는 그가 하길
he must do what from their knowledge of him they expect him to do.
(S) (V) (R) (M) (S) (V) (O) (OC)

교활함은 발휘되어야 한다 위해서 설득하기 그들이 받아들이도록
Cunning must be exercised in order to persuade them to accept the
S V M

우연의 일치와 사고를 실제 삶에서 그들이 삼키는
coincidences and accidents which in real life they swallow without a
(R) (M) (S) (V)

다시 생각하지 않고 그들은 결정론자들이고 인간에게 작가는
second thought. They are determinists to a man and the writer who
(M) S V C M S (R)

소홀히 다루는 완고한 편견을 길을 잃는다
trifles with their obstinate prejudice is lost.
(V) (M) V

허나 동시에 때 돌이켜 볼 내 자신의 인생을
And yet at the same time when I look back upon my own life
C M (C) (S) (V) (O)

주목하지 않을 수 없다 얼마나 많은 것이 중대하게 영향을 준 나에게 기인해 왔다는
I cannot but notice how much that vitally affected me has been
S V (O) (R) (M) (V) (O) (V)

주위 사정에 어려운 않는 것이 여기지 단순한 우연이라
due to circumstances that it is hard not to regard as pure chance.
C M (R) (S) (V) (C) (S) (OC)

결정론은 말해준다 우리에게 선택은 따른다는 걸 선을 최소한의 저항이나
Determinism tells us that choice follows the line of least resistance or
S V IO (C) (S) (V) (O)

가장 강한 동기의 못한다 의식하지 내가 늘 따라왔다는 것을
the strongest motive. I am not conscious that I have always followed
S V C (C) (S) (V)

선을 최소의 저항의 만일 따라왔다면 가장 강한 동기를
the line of least resistance, and if I have followed the strongest motive
(O) (C) (S) (V) (O)

그 동기는 였다 생각이 나 자신이 내가 점차적으로 개발해온
that motive has been an idea of myself that I have gradually evolved.
S V C (R) (S) (M) (V)

속 시원하게 알려면 역시 힌트를 봐야겠지!

It may seem arrogant that … should ~는 가주어, 진주어 구문으로 should는 이성적 판단을 나타낸다. much as we resemble ~은 양보의 부사절로 though we resemble ~ 과 같다. we are none of us 의 none of us는 주어 we 의 부정적 표현이다. a question presents itself which I shirked when ~ 에서 which 의 선행사는 a question 이다. now that I can avoid it no longer I cannot but draw back 에서 now that 은 접속사로 "~이니(까), ~인(한) 이상은 = since"의 뜻으로 now 혼자 쓰일 때도 있다. Now you mention it, I do remember.(네가 그렇게 말하니까 과연 생각이 나는군.) 「cannot but + 동사원형」은 「cannot help + ing」와 같다. had I been writing a philosophical work 과 가정법 과거완료구문으로 if I had been writing a philosophical work과 같다. how unwilling an audience is to accept impulse ~ 는 an audience is unwilling to accept impulse 에서

how unwilling 이 문장 앞으로 나간 것이다.

I cannot but notice how much that vitally affected me has been due to circumstances that it is hard not to regard as pure chance.에서 **how much** 이하는 물론 **notice**의 목적어인 명사절인데, **how much**가 관계대명사 **that**의 선행사로 쓰이고 있으며 뒤에 오는 **has been**의 주어다. 그리고 뒷부분의 **that it is hard not to regard as pure chance**에서는 **that**가 **circumstances**를 선행사로 갖는 관계대명사의 목적격으로서 **regard**의 목적어가 된다. 즉 **it is hard not to regard that(=circumstances) as pure chance**의 구조가 되는 셈이다. 즉 "주위의 사정을 단순한 우연이라고 보지 않는 것이 어렵다"의 뜻이다.

☞ **arrogant** 거드럭거리는, 거만(오만)한, 건방진 / **walk in the steps of** ~의 뒤를 따라 가다. **in the steps of** ~의 보조에 맞추어 / **self-realization** 자기실현(완성) / **temper** 부드럽게 하다, 진정시키다, 누르다, 경감하다 / **so far as ~ can** ~가 할 수 있는 한 / **present oneself** (모습을) 나타내다, 드러내다, 보여주다 / **shirk** (책임 등을) 회피하다, 기피하다 / **deal with** ~를 다루다, 처리하다, 관계하다 / **draw back** 되돌리다, 물러서다, 열어젖히다 / **now that** (이제) ~이니까, ~인 이상 / **take ~ for granted** ~를 당연하게 여기다, 의심할 여지가 없다고 생각하다 / **mould** 형상 짓다, 틀에 넣어 만들다, 주조하다 / **whim** 잘 변하는 마음, 일시적인 생각, 변덕 / **determinism** 결정론(인간의 행위를 포함하여 이 세상에서 일어나는 모든 일은 우연이나 선택의 자유에 의하여 일어나는 것이 아니라, 일정한 인과 관계의 법칙에 따라 결정된다는 이론) / **deplorable** 통탄할, 비참한, 애처로운 / **shilly-shally** 주저하다, 망설이다, 시간을 낭비하다 / **make a pretense** 체하다, 가식을 부리다 / **point out** 나타내다, 지적하다 / **analogous to** ~ 와 유사한, 비슷한, 닮은 / **intuition** 직관(력), 직감, 직관적 통찰, 직관적 지식 / **spectator** 구경꾼, 관객, 관찰자, 목격자, 방관자 / **insist on** ~을 우기다, (끝까지) 주장하다, 고집하다, 단언하다 / **cogent** 적절한, 설득력 있는, 강제력 있는 / **in character** 격에 맞게, 걸맞게, 어울리게 / **cunning** (솜씨의) 교묘함, 교활, 잔꾀

coincidence (우연의) 일치, 부합, 동시 발생, 동시에 일어난 사건 / **swallow** 그대로 받아들이다, 쉽사리 곧이 듣다, 경솔히 믿다, 참다, 받아들이다, (노여움 따위를) 억누르다 / **a second thought** 재고 / **determinist** 결정론자 / **trifle with** ~을 가벼이 다루다, 소홀히 다루다, 우습게 보다, (손에) ~을 가지고 놀다, 만지작거리다 / **obstinate** 완고한, 억지 센, 끈질긴, 완강한, 고치기 힘든 / **look back on** ~을 뒤돌아(돌아다) 보다, 회고하다 / **cannot but** + 동사원형 ~하지 않고는 못 배기다, ~하지 않을 수 없다 / **vitally** 치명적으로, 극히 중대하게, 긴요하게, 진실로 / **due to** ~에 기인하는, ~의 탓으로 돌려야 할 / **evolve** (이론, 의견, 계획 따위를) 서서히 발전(전개)시키다, 안출(개발)하다, (결론, 법칙 따위를) 도출하다

해석을 보면 별로 어려운 것 같지 않겠지!

내가 나 자신보다 훨씬 더 현명한 사람들이 걸어간 뒤를 따라 길을 걸어가는데 만족하지 않았다는 것은 거만하다고 생각될는지도 모른다. 그러나 사람들이 서로 많이 닮았다 해도 우리들 중 어느 누구도 타인과 똑같은 사람은 없으며 (우리의 지문은 그것을 보여주기 위해 존재한다), 따라서 내가 할 수 있는 한, 내가 내 스스로의 인생행로를 택해서는 안 된다는 이유를 지금까지 나는 아직 깨닫지 못하고 있다. 나는 내 삶의 한 패턴을 만들기 위해 노력해왔다. 이것은 활기에 넘친 풍자 감각에 의해 유연해진 자기실현이라고 설명될 수도 있을 거라고 나는 생각한다.

그러나 내 책의 시작 부분에서 이 주제를 다루었을 때 내가 회피한 질문이 나온다. 이제는 더 이상 그것을 피할 수는 없으므로 나는 되돌리지 않을 수 없다. 나는 여기저기에 내가 자유 의지를 당연한 것으로 받아들였음을 의식하고 있다. 변덕스러울 때 나는 내 의도를 형성하고 행동을 지시할 수 있는 힘을 가지고 있는 것처럼 말했다. 다른 곳에서 나는 마치 결정론을 받아들인 것처럼 말했다. 만일 내가 철학적인 책을 쓰고 있었다면 그런 시간 낭비는 통탄스러웠을 것이다. 나는 그런 가식을 부리지 않는다. 하지만 아마추어인 내가 어떻게 철학자들이 아직도 논쟁하기를 그치지 않는 문제를 해결하길 기대할 수 있겠는가?

이 문제를 그냥 내버려 두는 것이 단지 현명해 보일 수도 있지만, 그것은 우연히 소설의 작가가 특별히 관심을 갖는 것이다. 작가로서 그는 자신의 독자들로부터 그 자신이 엄격한 결단에 내몰리고 있는 것을 발견하기 때문이다. 나는 이 페이지들 앞에서 관객들이 무대에서의 충동을 받아들이기를 얼마나 꺼리는지 지적했다. 이제 충동은 단지 그 에이전트가 의식하지 못하는 그 동기의 행동에 대한 충동에 지나지 않는다. 그것은 직관과 유사하며, 그것은 당신이 그 근거를 알지 못한 채 내리는 판단이다. 그러나 충동에는 동기가 있지만, 청중들은 그것이 분명하지 않기 때문에 그것을 받아들이지 않을 것이다. 연극의 관객들과 책의 독자들은 행동의 이유를 알기를 고집하며, 이유들이 설득력이 없는 한 그 가능성을 인정하지 않을 것이다. 각 사람은 격에 맞게 행동해야 한다. 그것은 그가 자신에 대한 지식을 바탕으로 그들이 그가 하기를 기대하는 바를 행해야 한다는 것을 의미한다. 교활함은 그들이 현실에서 재고하지 않고 그대로 받아들이는 우연의 일치와 사고를 받아들이도록 설득하기 위해 발휘되어야 한다. 그들은 인간에게 결정론자들이며 그들의 완고한 편견을 소홀히 다루는 작가는 길을 잃는다.

그렇지만 이와 동시에, 내가 내 자신의 인생을 돌이켜 볼 때, 나에게 중대하게 영향을 미친 얼마나 많은 것이 단순한 우연이라고 보지 않을 수 없는 주위 사정에 기인해 왔는가 하는 사실을 주목하지 않을 수 없다. 결정론에 따르면, 선택은 최소한의 저항이나 가장 강력한 동기의 선을 따른다는 것이다. 나는 지금까지 내가 항상 저항이 최소인 선을 따라왔다고 의식하지는 않고 있다. 그리고 내가 만일 지금까지 가장 강력한 동기를 따라왔다면 그 동기는 내가 점차적으로 개발해온 나 자신의 생각이었다.

11 문형이 가끔 변덕을 부리는 거 몰라?

보통 우리가 알고 있는 문법적 규칙들은 대부분의 문장에서 공식대로 적용되어 나타난다. 하지만 변형도 상당하기 때문에 여러 사례들을 학습할 필요가 있다. 물론 굳이 문법적인 구조를 따지지 않더라도 해석이 무리 없이 흘러가는 경우가 있다. 예를 들어, I will teach you to steal my jewels.(내 보석을 훔치면 널 혼내 주겠다)에서 teach는 "깨닫게 하다, 혼내 주다"의 뜻이어서 "네게 내 보석 훔치는 걸 가르쳐 주겠다"의 의미가 아닌 것이 거의 분명하다. 물론 I will teach you to ~ 는 "~하면 혼내 줄 테다"의 뜻이기 때문이다. 여기서 you 와 to steal ~ 의 관계를 따질 필요는 없을 것이다. She will make you a good wife.는 "그녀는 너를 훌륭한 아내로 만들어 줄 거다"와 "그녀는 너에게 좋은 아내가 될 것이다"의 두 가지 의미가 있으므로 상황에 맞게 해석을 하면 된다.

사실 목적보어를 취하는 동사도 따로 정해져 있고 또 목적보어의 형태도 정해진 것이 보통이다. 하지만 때에 따라서는 익숙하지 않은 형태가 사용되어 소위 5형식의 형태를 취할 경우도 있으므로 평소에 그런 구문들을 익혀두는 것이 좋을 것이다.

아래 예문에서는 ~ even defined genius to be only common sense ~, ~ president of a college spoke of it as the power ~, ~ held it to be the power of lighting ~ 등「동사 + 목적어+ 목적보어」구문이 쓰였는데 동사와 목적보어의 형태가 다르다. 목적보어를 취하는 동사에는 동사구(look upon, think of, refer to, speak of, give up 등)도 쓰이고, 목적보어에도 구(The illness kept her in hospital. 그 병 때문에 그녀는 계속해서 병원에 있었다. I regard every assignment as a challenge. 나는 어떤 임무도 모두 도전이라고 생각한다.)가 쓰일 때가 많다. 물론 목적보어로 전치사구가 쓰이는 경우(Soldiers take it for granted that they should obey orders. 군인들은 명령 복종을 당연한 것으로 생각한다.)도 있다. 이처럼 목적보어에는 부사구처럼 보이는 표현들이 자주 쓰이므로 잘 익혀둘 필요가 있다.

* provide ~ with
* in the pursuit of
* think unto
* consist in
* do a person a service
* be blamed for
* speak of
* open into
* lay down
* due to
* on the side of
* work out
* by little and little
* take up
* nothing but

The greatest results in life are usually attained by simple means, and the exercise of ordinary qualities. The common life of every day, with its cares, necessities, and duties, affords ample opportunity for acquiring experience of the best kind; and its most beaten paths provide the true worker with abundant scope for effort and room for self-improvement. The road of human welfare lies along the old highway of steadfast well-doing; and they who are the most persistent, and work in the truest spirit, will usually be the most successful.

Fortune has often been blamed for her blindness; but fortune is not so blind as men are. Those who look into practical life will find that fortune is usually on the side of the industrious and perseverant as the winds and waves are on the side of the best navigators. In the pursuit of even the highest branches of human inquiry, the commoner qualities are found the most useful - such as common sense, attention, application, and perseverance.

Genius may not be necessary, though even genius of the highest sort does not disdain the use of these ordinary qualities. The very greatest men have been among the least believers in the power of genius, and as worldly wise and persevering as successful men of the commoner sort. Some have even defined genius to be only common sense intensified. A distinguished teacher and president of a college spoke of it as the power of making efforts. John Foster held it to be the power of lighting one's own fire. Buffon said of genius, "it is patience".

Newton was unquestionably a mind of the very highest order, and yet, when asked by what means he had worked out his extraordinary discoveries, he modestly answered, "By always thinking unto them." At another time he thus expressed his method of study: "I keep the subject continually before me, and wait till the first dawnings open slowly by little and little into a full and clear light." It was in Newton's case, as in every other, only by diligent application and perseverance that his great reputation was achieved. Even his recreation consisted in change of study, laying down one subject to take up another. To Dr. Bentley he said: "If I have done the public any service, it is due to nothing but industry and patient thought."

별 문제될 건 없지만 그래도 짚고 넘어가자고!

가장 큰 결과는 인생에서 보통 달성된다 단순한 수단과
The greatest results in life are usually attained by simple means,
S M V

발휘에 의해 평범한 특성의 일상생활은 매일의
and the exercise of ordinary qualities. The common life of every day,
M S

함께 돌봄과 필수품 의무와 제공한다 충분한 기회를 위한
with its cares, necessities, and duties, affords ample opportunity for
M V O

얻기 경험을 최고 종류의 가장 밟아 다져진 길은
acquiring experience of the best kind; and its most beaten paths
M S

제공한다 진정한 작업자에게 풍부한 범위를 노력과 여지가
provide the true worker with abundant scope for effort and room
V O M

자기 개선의 길은 인간 복지의 놓여있다 따라 오래된
for self-improvement. The road of human welfare lies along the old
M S V M

큰 길을 확고부동한 성공의 그리고 사람들은 가장 끈기있고
highway of steadfast well-doing; and they who are the most persistent,
M S (R) (V) (C)

일하는 가장 진실한 정신으로 곧잘 대개 가장 성공한다
and work in the truest spirit, will usually be the most successful.
(V) (M) M V C

행운의 여신은 종종 비난받아 왔다 그의 무분별 때문에 허나 행운은 아니다
Fortune has often been blamed for her blindness; but fortune is not
S M V M S V

맹목적이 인간만큼 사람들은 조사하는 실제 생활을 알게 된다 걸
so blind as men are. Those who look into practical life will find that
C (C) (S) (V) S (R) (V) (M) V (C)

행운은 있다는 대개 편에 근면한 사람들 인내심 강한 자들 듯이
fortune is usually on the side of the industrious and perseverant as
(S) (V) (M) (M) (C)

바람과 파도가 있 편에 최고의 항해자들 있어
the winds and waves are on the side of the best navigators. In the
(S) (V) (M)

추구하는데 심지어 최고의 분야의 인간의 탐구의 더 평범한
pursuit of even the highest branches of human inquiry, the commoner
M M S

자질이 발견된다 가장 유용하다고 즉 것들 상식 주의력
qualities are found the most useful – such as common sense, attention,
V C M

근면 그리고 인내력 같은
application, and perseverance.

천재는 아닐 수도 있다 필수적이 하긴 천재라도 최고 수준의
Genius may not be necessary, though even genius of the highest sort
S V C (C) (S)

멸시하지 않지만 효용을 이들 평범한 자질들의 가장 위대한
does not disdain the use of these ordinary qualities. The very greatest
(V) (O) S

사람들은 가운데서 나왔다 가장 믿지 않는 사람들 힘을 천재의
men have been among the least believers in the power of genius, and
V M M

세상일에 현명하고 인내력 있는 처럼 성공한 사람들 가장 평범한
as worldly wise and persevering as successful men of the commoner
C M M

부류의 일부는 정의하기까지 했다 천재를 않는다고 상식에 지나지
sort. Some have even defined genius to be only common sense
S V O OC

강화된 저명한 선생이며 총장이 대학의 말했다
intensified. A distinguished teacher and president of a college spoke
M S M V

그것을 힘이라고 노력을 하는 것의 존 포스터는 주장했다 그것을 힘이라고
of it as the power of making efforts. John Foster held it to be the
O OC S V O OC

점화하는 자신의 불을 부폰은 말했다 천재에 대해 그건 인내심이다
power of lighting one's own fire. Buffon said of genius, "it is patience."
M S V M S V C

뉴턴은 의심할 여지없이 인물이었다 최고로 높은 지위의 하지만
Newton was unquestionably a mind of the very highest order, and
S V C

질문을 받았을 때 어떤 수단으로 수행했는지를 그의 비범한
yet, when asked by what means he had worked out his extraordinary
M S V O

발견들을 그는 겸손하게 대답했다 항상 생각함으로써 그것들을
discoveries, he modestly answered, "By always thinking unto them."
S M V M

다른 때에 그는 이렇게 표현했다 그의 연구 방법을 두고
At another time he thus expressed his method of study: "I keep the
M S M V O S V

주제를 계속 내 앞에 기다린다 때까지 첫 새벽이 열릴
subject continually before me, and wait till the first dawnings open
O M M V (C) (S) (V)

서서히 점차로 찬란하고 밝게 빛나며 뉴턴의 경우에
slowly by little and little into a full and clear light." It was in Newton's
(M) (M) S V M

다른 모든 경우처럼 근면한 응용과 인내에 의해서였다
case, as in every other, only by diligent application and perseverance
M M

그의 위대한 명성이 성취된 것은 그의 레크레이션조차도 있었다
that his great reputation was achieved. Even his recreation consisted
(C) (S) (V) S V

변화에 연구의 그만두는 하나의 과목을 다른 과목을 시작하려고
in change of study, laying down one subject to take up another. To
M PC M

벤틀리 박사에게 말했다 만일 내가 했다면 대중에게 어떤 서비스를 그건 때문이다
Dr. Bentley he said: "If I have done the public any service, it is due to
M S V (C) (S) (V) (IO) (DO) S V M

단지 근면과 인내의 사고
nothing but industry and patient thought."
M

한번쯤 확인하고 넘어가는 것도 좋겠지!

~ defined genius to be only common sense ~, ~ spoke of it as the power ~, ~ held it to be the power ~ 에서 **genius, it** 은 목적어이고, **to be only common sense, as the power, to be the power** 는 목적보어다. 목적보어에는 명사(구), 형용사(구), (to) 부정사, 현재분사, 과거분사뿐만 아니라, 전치사구, 부사 등이 쓰이기도 한다. 동사의 경우에도, **think of, speak of, give up, look at** 등 동사구 형태가 될 수도 있다. 다음 기회에 익숙하지 않은 목적보어 구문들을 소개하겠지만 몇 가지 예를 들어본다. **He took my remark as an insult.**(그는 내 말을 모욕으로 받아들였다) **I take this to be ironical.** (나는 이것을 아이러니컬하다고 생각한다) **I would like you to go there.**(나는 네가 거기 가기를 바란다) **To hear him talk, one could take him for a mad man.**(그가 말하는 것을 들으면 그를 미친 사람으로 여길 것이다) **Never let it be said that I arrive empty-handed!**(내가 빈손으로 왔다고 말하지 마세요) **I thought of it as impossible.**(나는 그것이 불가능하다고 생각했다.) **He drinks the coffee cold.**(그는 커피를 차게 해서 마신다.) **I would call what is happening there a war.**(나는 그곳에서 벌어지고 있는 일을 전쟁이라고 부른다) **We tend to take a lot of things for granted.**(우리는 많은 것을 당연한 것으로 생각하는 경향이 있다.) **They gave him up for lost.**(그들은 그를 이미 죽은 것으로 단념했다.) **The weather kept me indoors.**(날씨가 나를 실내에 있게 했다.) **She will soon find herself in regret.**(그녀는 곧 자신이 후회할 거라는 것을 알게 될 거다.) **As soon as he got into the room, he had his hat off.**(방에 들어오자, 그는 모자를 벗었다.)

when asked by what means he had worked out ~ 는 분사구문인데 뜻을 분명히 하기 위해 접속사 **when** 을 표기한 구문으로, **when he was asked by what means he had worked out ~** 과 같다. **It was in Newton's case ~ that his great reputation ~** 는 **it ~ that** 강조구문으로 **only by diligent application and perseverance** 을 강조하고 있다. **if I have done the public any service** 에서 **do a person a service** 는 "누구의 시중을 들다, 누구에게 봉사를 하다"의 뜻으로 **do** 동사가 간접목적어와 직접목적어를 취하는 구문이다.

☞ **attain** (목적, 소원을) 달성(성취)하다, ~에 달하다, (명성, 부귀 따위를) 획득하다, 손에 넣다 / **beaten** 밟아 다져진 / **abundant** 풍부한, 많은 / **provide ~ with** ~에게 (필요품을) 주다, 공급(지급)하다, 마련해 주다 / **steadfast** 고정된, 확고부동한, (신념 등) 불변의, 부동의 / **well-doing** 선행, 행복, 성공, 번영 / **persistent** 완고한, 끈덕진, 버티는, 영속하는, 끊임없는 / **be blamed for** ~관련해서 비난받다, ~의 탓이 되다 / **perseverant** 견인불발의, 불요불굴의, 인내심이 강한 / **look into** ~을 들여다보다, ~을 조사[연구]하다 / **on the side of** ~을 편들어 / **navigator** 항해자, 항행자 / **in the pursuit of** ~을 찾아서(추구하여), ~의 수행 중 / **application** 열심, 근면

perseverance 인내(력), 참을성, 버팀 / **genius** 천재(적인 사람), 귀재 / **disdain** 경멸하다,

멸시하다 / **intensify** 격렬(강렬)하게 하다, ~의 도를 더하다, 증강(증배)하다 / **distinguished** 눈에 띄는, 현저한, 출중한, 유명한 / **speak of** ~에 관하여 이야기를(평을) 하다 / **fire** 정열, 발랄한 상상력, 시적 영감, 활기 / **work out** (문제를) 풀다, 잘 해결하다, 애써서 성취하다, 만들어내다 / **think unto** ~을 생각하다 / **dawning** 새벽녘, 동틀 녘 / **open into** (다른 방, 장소, 지역으로) 통하다, 이어지다, ~로 전개되다 / **by little and little = little by little** 조금씩, 점차로, 서서히(**gradually**) / **consist in** ~에 존재하다, ~에 있다 / **lay down** 버리다, 그만두다, (규정, 원칙 등을) 규정하다, 정하다, 주장하다 / **take up** (일, 연구 등을) 시작하다, 과제로 삼다, (화제, 주제 따위로) 채택하다, (마음, 주의 등을) 끌다 / **do service** 봉사를 하다, 이바지하다, 공로를 세우다 / **due to** ~ 때문에, ~로 인하여(전치사구임) / **nothing but** ~ 밖에 없는(아닌), 다만 ~뿐, ~에 불과한

영어 실력 배양에도 해당되는 내용이네!

인생에서 가장 큰 결과는 일반적으로 단순한 수단과 평범한 특성을 발휘함으로써 달성된다. 매일의 일상생활은 돌봄과 필수품, 의무와 함께 최고 종류의 경험을 얻을 수 있는 충분한 기회를 제공한다. 그리고 가장 잘 다져진 길은 진정한 작업자에게 노력과 자기 개선의 여지가 풍부한 범위를 제공한다. 인간 복지의 길은 확고부동한 성공의 오래된 큰 길을 따라 놓여 있다. 그리고 가장 끈기 있고 가장 진실한 정신으로 일하는 사람들은 대개 가장 성공하게 마련이다.

행운의 여신은 눈이 멀었다고 종종 비난을 받아 왔다. 그러나 행운은 인간만큼 그렇게 눈이 멀어 있지는 않다. 실제 생활을 조사해 보는 사람들은, 바람과 파도가 최고의 항해자들 편에 서 있듯이, 행운은 항상 근면하고 인내심 강한 사람들 편이라는 것을 알 것이다. 인간이 행하는 탐구의 최고의 분야에 있어서도 그것을 추구해 가는 데는 상식, 주의력, 근면, 그리고 인내력과 같은 그런 더 평범한 자질이 가장 유용하다는 것을 알게 된다.

천재는 필수적이 아닐 수도 있다. 하긴 최고 수준의 천재라도 그런 평범한 자질의 효용을 멸시하지 않지만. 실로 가장 위대한 사람들은, 바로 천재의 힘을 가장 믿지 않고, 평범한 부류의 성공한 사람들처럼 세상일에 현명하고 인내력이 있는 사람들 가운데서 나왔다. 천재를 강화된 상식에 불과하다고 정의한 사람들도 있다. 한 대학의 저명한 선생이자 총장은 천재를 노력을 하는 힘이라고 말했다. 존 포스터는 그것이 자기 자신의 정열을 점화하는 힘이라고 주장했다. 부폰은 천재에 대해 "그것은 인내심"이라고 말했다.

뉴턴은 의심할 여지없이 매우 높은 지위의 인물이었지만, 그가 자신의 비범한 발견들을 어떤 수단으로 성취했는지 질문을 받았을 때, 그는 "항상 그것들을 생각함으로써"라고 겸손하게 대답했다. 그는 또 다른 때에는 자신의 연구 방법을 다음과 같이 표현했다. "그 주제를 계속해서 내 앞에 두고는, 첫 새벽이 서서히 조금씩 찬란하고 밝게 빛날 때까지 기다립니다."라고. 뉴턴의 경우에도 다른 모든 사람들과 마찬가지로 단지 부지런한 응용과 인내로 위대한 명성을 얻었다. 그의 레크레이션조차도 또 하나의 과목을 과제로 삼기 위해 한 과목을 그만두는 연구의 변화에 있었다. 그는 벤틀리 박사에게 다음과 같이 말했다. "만일 내가 대중에게 어떤 서비스를 했다면, 그것은 단지 근면과 인내의 사고 때문이다."

12 「Enclosed please find the ~」라니 좀 어색한데?

각종 시험문제에 자주 출제가 되는 특수 구문 중에서 가장 일반적인 것이 도치 구문일 것이다. 그 구문 중에 attached, included, enclosed 등이 포함된 표현들이 있다. 예를 들어, Enclosed please find an invoice and the relevant reorder documents.(송장과 관련 재주문서를 동봉하니 찾아보십시오.) Attached please find instructions detailing the route you will need to take to reach the Bamford area.(뱀포드 지역에 도착하기 위해 필요한 경로에 대한 상세한 안내를 첨부된 것에서 찾으십시오.) 등이 그것들인데 사실 이 관용적 표현은 법조계나 격식 있는 이메일 등에서 자주 볼 수 있는 구문들이다. 물론 이 표현들은 Enclosed you will find ~ Please find attached ~ 등으로 사용되기도 한다. 다소 구식 표현이지만 Please find enclosed herewith a copy of Notice of 23rd Annual General Meeting of the company. 또는 Enclosed herewith please find a copy of Notice of 23rd Annual General Meeting of the company.(동봉된 회사 23차 연례 총회의 통지서 사본을 찾으십시오.)에서처럼 enclosed herewith 를 사용하는 것도 있다. 실제로는 이런 딱딱한 표현 대신 Attached is ~, Enclosed are ~, Here is ~, We have enclosed ~, I have attached ~, The attached proposal includes ~, The enclosed document shows ~, Please review the attached diagram ~, The attached spreadsheet covers ~, Please use the enclosed file to ~ 등으로도 쓸 수 있는 구문들이다.

아래 예문의 Enclosed please find the notices of the annual general meetings ~ 는 Please find enclosed the notices of the annual general meetings ~ 와 같은 표현으로 이를 분석해 보면 Please find the notices of the annual general meetings ~ enclosed, 즉 enclosed 가 find 의 목적보어로 「동사 + 목적보어 + 목적어」의 어순이 된 것인데 이 목적보어가 문장 앞에 쓰인 것이다. 그러니까 같은 표현인 Enclosed you will find the notices of the annual general meetings ~ 에서도 enclosed 가 문두에 쓰였으므로 혼동을 줄 수 있는 구문이 된다. 예를 들어, We call dangerous those whose minds are constituted differently from ours, and immoral those who do not accept our own morality.(우리는 마음이 우리와 다르게 구성되어 있는 사람들을 위험하다고 부르고, 우리 자신의 도덕을 받아들이지 않는 사람들을 부도덕하다고 부른다.)에서처럼 목적어가 길 경우, 또는 다른 수식절이 삽입되는 경우, 「동사 + 목적어 + 목적보어」의 어순에서 마지막에 위치하는 목적보어를 파악하기가 어려울 수 있으므로,

「동사 + 목적보어 + 목적어」의 어순으로 표현하는 것이다. 따라서 목적보어인 dangerous, immoral 이 those 를 수식하는 관계대명사절이 길게 이어지므로 목적어 앞에 도치되는 특수 구문이라 할 수 있다.

* in accordance with	* in parallel	* vote on
* put ~ to a vote	* in summary	* as follows
* be ahead of	* with the support of	

Dear shareholder

Enclosed please find the notices of the annual general meetings of Investec plc and Investec Limited (together Investec group) to be held on Thursday, 8 August 2019 at 11:00 (UK time) and 12:00 (South African time) respectively (the annual general meetings). In accordance with Investec's dual listed companies' (DLC) structure, the annual general meetings will be held in parallel, and the shareholders of both companies will have the opportunity to vote on each of the resolutions, with the votes aggregated to determine the result.

All resolutions at the annual general meetings will be put to a vote on a poll, with each shareholder having one vote per ordinary share held, in order to provide an accurate reflection of the views of shareholders.

The notices of the annual general meetings are set out on pages 4 to 21 of this document and detail the resolutions that will be put to a shareholder vote at the annual general meetings.

In summary, the order of business will be as follows:

* Common business of Investec plc and Investec Limited
• Ordinary and special business of Investec Limited
• Ordinary and special business of Investec plc.

The operating environment remained challenging over the period. Against this backdrop, the Investec group's adjusted operating profit is ahead of the prior year. The combined Bank and Wealth business and the Asset Management business have reported results ahead of the prior year.

The Investec group has built a diversified portfolio of businesses over many years creating a solid platform, and is well positioned in its core markets. During the current year the Investec group has seen a smooth transition in management succession from a founder led business to the next generation of leadership.

As part of management succession, the boards of Investec plc and Investec Limited, with the support of the executive team, conducted a comprehensive strategic review of the Investec group to ensure that it remains well positioned to serve the long-term interests of all stakeholders. Through the strategic review, the board concluded that while there are compelling current and potential linkages between the Banking business and the Wealth business, which operate in common geographic and client segments, there are limited synergies between the Asset Management business and the rest of the Investec group.

실용문이라도 분석을 해보자고!

주주 여러분
Dear shareholder

동봉된 찾아주세요 공지를 연례 총회의
Enclosed please find the notices of the annual general meetings
OC M V O

인베스텍 주식회사 인베스텍 유한회사 함께 인베스텍 기업그룹
of Investec plc and Investec Limited (together Investec group) to be
M M

개최되는 목요일 8일 8월 2019년 11시 영국시간 12시
held on Thursday, 8 August 2019 at 11:00 (UK time) and 12:00 (South
M

남아프리카 시간 각각 연차 총회 따라
African time) respectively (the annual general meetings). In accordance
M

인베스텍 이중 상장 회사 구조에
with Investec's dual listed companies' (DLC) structure, the annual
M

연례 총회는 개최된다 병행하여 주주들은 두
general meetings will be held in parallel, and the shareholders of both
S V M S

회사의 갖게 된다 기회를 투표할 각각에 결의안의
companies will have the opportunity to vote on each of the resolutions,
V O M

투표수는 집계된다 결정하기 위해 그 결과를
with the votes aggregated to determine the result.
M

모든 결의안은 연례 총회에서의 부쳐질 거다 표결에
All resolutions at the annual general meetings will be put to a vote on
S M V M

투표에서 함께 각 주주와 행사해 한 표를 보통 주 1 주당
a poll, with each shareholder having one vote per ordinary share held,
M

위해 마련하기 정확한 반영을 의견의 주주들의
in order to provide an accurate reflection of the views of shareholders.
M M

공지 사항은 연례 총회의 잘 설명되어 있다 4페이지에서
The notices of the annual general meetings are set out on pages 4
S M V M

21페이지에 본 문서의 명시한다 결의안을 부쳐질
to 21 of this document and detail the resolutions that will be put to a
M V O (R) (V)

주주의 표결에 연례 총회에서
shareholder vote at the annual general meetings.
(M) (M)

요약하면 순서는 의사일정의 다음과 같다
In summary, the order of business will be as follows:
M S V C

공동 사업 인베스텍 주식회사와 인베스텍 유한회사의
* Common business of Investec plc and Investec Limited

일반 및 특별 사업 인베스텍 유한회사의
• Ordinary and special business of Investec Limited

일반 및 특별 사업 인베스텍 주식회사의
• Ordinary and special business of Investec plc.

운영 환경은 여전히 도전적이었다 그 기간 동안
The operating environment remained challenging over the period.
S V C M

반해 이런 배경에 인베스텍 그룹의 조정된 영업 이익은
Against this backdrop, the Investec group's adjusted operating profit is
M S V

앞서 있다 전년보다 합친 은행과 자원사업
ahead of the prior year. The combined Bank and Wealth business and
C

자산 관리 사업은 보고했다 실적을 앞지르는
the Asset Management business have reported results ahead of the
S V O M

전년을
prior year.

인베스텍 그룹은 구축해왔다 다양한 포트폴리오를 사업
The Investec group has built a diversified portfolio of businesses
S V O

다년간에 걸쳐 만들며 견고한 플랫폼을 입지를 다지고 있다
over many years creating a solid platform, and is well positioned in
M M V C

핵심 시장에서 올해에 인베스텍 그룹은 보아왔다
its core markets. During the current year the Investec group has seen
M M S V

순조로운 전이를 경영진 승계에서 창업자가 주도하는
a smooth transition in management succession from a founder led
O M M

사업에서 다음 세대로 리더십의
business to the next generation of leadership.
M

일환으로서 경영 승계의 이사회는 인베스텍 주식회사와
As part of management succession, the boards of Investec plc and
M S

인베스텍 유한회사의 지원을 받아 경영진의 실시했다
Investec Limited, with the support of the executive team, conducted
M V

포괄적인 전략적 검토를 인베스텍 그룹의 확보하기 위해
a comprehensive strategic review of the Investec group to ensure
O M M

것을 유지하는 좋은 위치를 도움이 되도록 장기적 이익에 모든
that it remains well positioned to serve the long-term interests of all
(C) (S) (V) (C) (M)

이해관계자들의 통해 전략적 검토를 이사회는 결론지었다
stakeholders. Through the strategic review, the board concluded that
(M) M S V (C)

반면에 있는 주목하지 않을 수 없는 추세와 잠재적인 연관성이 사이에
while there are compelling current and potential linkages between the
(C) (A) (V) (S)

은행업과 자원 사업 운영되는 공통의
Banking business and the Wealth business, which operate in common
(M) (R) (V)

지리적 부문과 고객 부문에서 있다고 제한적인 시너지가 사이에
geographic and client segments, there are limited synergies between
(M) A V S

자산 관리 사업과 나머지 인베스텍 그룹의
the Asset Management business and the rest of the Investec group.
M

생소한 내용이어서 해설이 도움이 될 걸!

with the votes aggregated to determine the result 와 with each shareholder having one vote per ordinary share held 등은 with 가 이끄는 부대상황 분사구문의 일종으로 전자는 the votes 가 주어이고 (being) aggregated 가 술부이며, 후자는 each shareholders have one vote ~ held 의 구조로 each shareholder 가 주어이고 having 이하가 술부이다. 여기서 held 는 목적보어로「have + 목적어 + 목적보어(held)」의 형식이다. with 가 이끄는 이런 구문은 일종의 독립분사구문의 일종으로, 의미상의 주어 앞에 with 를 사용하여 "~한채(로), ~하며, ~된채(로)" 등으로 해석된다. 물론 현재분사나 과거분사 대신 부사(구)나 형용사가 쓰이는 경우도 있다. The people are walking with their heads downward.(머리를 숙인 채 사람들이 걸어가고 있다.) She leaned on the door with one elbow against the door.(그녀는 한쪽 팔꿈치를 문에 대고 몸을 문에 기댔다.) Alice

looked at him with her eyes full of tears.(앨리스는 눈에 눈물이 가득한 채로 그를 바라보았다.) 어느 경우에나 **being** 이 생략되어 있는 표현이며 전치사인 **with** 는 생략할 수도 있는데 그럴 경우 보통은 앞에 콤마를 사용한다. **He was reading a book, his wife knitting beside him. = He was reading a book with his wife knitting beside him. = He was reading a book, and his wife was knitting beside him. detail the resolutions that will ~** 는 앞의 **The notices of the annual general meetings** 에 연결된다. **as follows** 에서 **follows** 는 비인칭동사이며, 언제나 **s** 가 붙는다. 뒤에는 대개 콜론이 나오고 그 뒤에 예시되는 말이 나온다. 그냥 관용표현으로 알아두는 것이 좋다. **the board concluded that ~** 에서 **that** 이하의 주부, 술부는 **there are limited synergies between ~** 이하이다.

☞ shareholder 주주, (미 stockholder) / enclose (편지 따위에) 동봉하다, 봉해 넣다 / notice 공고, 게시, 벽보, 통지 / general meeting 총회 / plc or PLC Public Limited Company. (영) 주식회사 / Limited (영) 유한 회사(의) / respectively 각각, 각기, 따로따로 / in accordance with ~에 따라, ~대로, ~와 일치하여 / listed company 상장 회사 / in parallel 병행하여, 동시에 / vote on ~에 투표하다 / aggregate (~을) 모으다, 집합시키다 / put ~ to a vote ~을 표결에 붙이다, ~의 찬부를 묻다 / poll 투표, 득표집계, 투표결과, 투표수, 선거인 명부 (등록자) / set out (생각, 사실, 이유 따위를) 순서 있게(정연하게) 설명하다, 말하다, ~을 공표(발표)하다 / detail 상술하다, 열거하다 / in summary 요컨대, 결국, 요약하면 / as follows 다음과 같이, 아래와 같다 / challenging 도전적인, 도발적인, 매력적인, 의욕을 돋우는, 해(맞붙어)볼만한 /backdrop 배경막, (일반적) 배경 / be ahead of ~보다 앞에 서 있다, ~보다 앞서 있다(빼어나다, 뛰어나다) / diversify 다양화하다, 다채롭게 하다, (투자대상을) 분산시키다, (사업을) 다각화하다

portfolio 특정 개인 또는 투자 기관 소유의 각종 유가 증권 명세표, 이들 금융 자산의 총체 / position 적당한 장소에 두다(놓다), (상품을) 특정 구매자를 노리고 시장에 내다, (부대를) 배치하다, ~의 위치를 정하다 / transition 변이, 전이, 변천, 추이 / management succession 경영(진) 계승 / board 평의원(회), 중역(회), 위원(회) / with the support of ~의 지지를 받아, ~의 원조(변호)로, ~의 옹호를 받아 / comprehensive 포괄적인, 포용력이 큰, 범위가 넓은 / long-term 장기의 / compelling ~하지 않을 수 없는, 강제적인, 강력한, 감탄하지 않을 수 없는, 주목(칭찬, 존경)하지 않을 수 없는 / current (여론, 사상 따위의) 경향, 추세, 풍조, 사조, 기류 / linkage 연합, 결합, 연관, 결합(방식) / segment 단편, 조각, 부분, 구획 / synergy (효과, 작용, 기능 등의) 협력 작용, (둘 이상의 근육, 신경 등의) 공력 작용, (둘 이상의 자극물, 약품 등의) 상승 작용

격식을 찾는 글이지만 어려움은 없었을 테지!

주주 여러분

2019년 8월 8일 목요일, 11시 (영국 시간) 및 12시 (남아프리카 시간)에 따로따로 (연례총회) 개최되는 인베스텍 주식회사와 인베스텍 유한회사(합쳐 인베스텍 그룹)의 동봉된 연례 총회 공지를 찾아주세요. 인베스텍의 이중 상장 회사(DLC) 구조에 따라 연례 총회는 병행하여 개최되며, 두 회사의 주주들은, 각 결의안에 대해 투표할 수 있는 기회를 갖게 되며, 투표수는 그 결과를 결정하기 위해 집계가 됩니다.

매년 열리는 총회에서 모든 결의안은 투표에 부쳐질 것이며, 주주들 의견의 정확한 반영을 마련하기 위해 각 주주는 보통주 1주당 1표를 행사하게 됩니다.

연례 총회의 공지 사항은 본 문서의 4페이지에서 21페이지까지에 정연하게 설명되어 있으며 연례 총회에서 주주의 표결에 부쳐질 결의안을 상세히 기술하고 있습니다.

요약하면, 의사일정의 순서는 다음과 같습니다.

* 인베스텍 주식회사와 인베스텍 유한회사의 공동 사업

- 인베스텍 유한회사의 일반 및 특별 사업
- 인베스텍 주식회사의 일반 및 특별 사업

그 기간에 걸쳐 운영 환경은 여전히 도전적이었습니다. 이러한 배경에 반해 인베스텍 그룹의 조정된 영업이익은 전년도보다 앞서 있습니다. 은행과 자원의 합병 사업과 자산 운용 사업은 전년도를 앞지르는 실적을 보고했습니다.

인베스텍 그룹은 다년간에 걸쳐 다양한 사업 포트폴리오를 구축하여 견고한 플랫폼을 만들어 왔으며, 핵심 시장에서 입지를 다지고 있습니다. 올해 인베스텍 그룹은 창업자가 주도하는 사업으로부터 차세대 리더로의 경영 승계 작업이 순조롭게 진행되고 있음을 보아왔습니다.

경영 승계의 일환으로, 경영진의 지원을 받아, 인베스텍 주식회사와 인베스텍 유한회사의 이사회는 인베스텍 그룹이 모든 이해관계자의 장기적 이익에 도움이 될 수 있는 좋은 위치를 유지하도록 하기 위해 포괄적인 전략적 검토를 수행했습니다. 전략적 검토를 통해, 이사회는 지리적 부문과 고객 부문에서 공동으로 운영되는 은행업과 자원 사업 사이에 강한 흥미를 돋우는 추세와 잠재적 연관성이 있기는 하지만, 자산 관리 사업과 나머지 인베스텍 그룹 간의 시너지 효과는 제한적이라고 결론지었습니다.

13 형식을 따르자니 내용이 맞지 않고!

글을 읽을 때는 단순히 문법사항에 맞추어 그냥 씌어 있는 영문을 기계적으로 읽어간다는 생각을 버리고, 글쓴이의 생각과 감정 등과 교감하면서 읽는 것이 좋다. 문법에 맞게는 해석했는데 글쓴이의 의도와 달라지는 수도 있기 때문에, 글쓴이의 입장에서 하나의 어휘나 어구, 삽입어구까지도 제대로 음미해야만 하는 것이다. 글쓴이가 의도하는 것을 제대로 파악하기 위해서는 쉬운 구문이라도 해석이 매끄럽지 않다면 그냥 무시하고 넘어갈 것이 아니라 전후의 맥락을 잘 살펴 문법적인 토대 위에서 구조나 의미의 연결을 정확하게 살펴 글쓴이가 전달하려는 의도를 이해해야 한다. 글에 표시된 것은 모두 의미상뿐만 아니라 기능상으로도 힌트가 되고 문맥을 판단하는데 중요한 단서가 될 수 있다.

아래 예문에서 they may be what is called "ordinary people", who are creative in their private lives, bring up their children decently, for instance, or help their neighbours 란 문장이 나오는데, for instance 는 어디까지 연관되며, 또 or help ~ 의 or 는 어떻게 해석해야 하며, or help their neighbors 는 어디에 걸리는 말일까? 형태상으로 볼 때, who are creative ~, bring up their children ~, or help their neighbors 로 연결된 것이 맞는데 그럴 경우 의미가 잘 전달되지 않는다고 생각한 학습자도 있을 것이며, 중간에 삽입구로 들어간 for instance 나 or 의 역할이나 의미를 고민하는 학습자도 있을 것이다. 또 so not see life in terms of power 란 문장이 나오는데 이것은 어느 말에 연결되는 것일까?

* to that extent	* in terms of	* what is called
* bring up	* be bound to	* put right
* make oneself a nuisance	* lose one's head	* believe in
* in the cause of	* mind one's step	

Democracy is not a Beloved Republic really, and never will be. But it is less hateful than other contemporary forms of government, and to that extent deserves our support. It does start from the assumption that the individual is important, and that all types are needed to make a civilisation. It does not divide its citizens into the bossers and the bossed — as an efficiency-regime tends to do.

The people I admire most are those who are sensitive and want to create something or discover something, and so not see life in terms of power, and such people get more of a chance under a democracy than elsewhere. They found religions, great or small, or they produce literature and art, or they do disinterested scientific research, or they may be what is called "ordinary people", who are creative in their private lives, bring up their children decently, for instance, or help their neighbours. All these people need to express themselves; they cannot do so unless society allows them liberty to do so, and the society which allows them most liberty is a democracy.

Democracy has another merit. It allows criticism, and if there is not public criticism there are bound to be hushed-up scandals. That is why I believe in the press, despite all its lies and vulgarity, and why I believe in Parliament. Parliament is often sneered at because it is a Talking Shop. I believe in it because it is a talking shop. I believe in the Private Member who makes himself a nuisance. He gets snubbed and is told that he is cranky or ill-informed, but he does expose abuses which would otherwise never have been mentioned, and very often an abuse gets put right just by being mentioned.

Occasionally, too, a well-meaning public official starts losing his head in the cause of efficiency, and thinks himself God Almighty. Such officials are particularly frequent in the Home Office. Well, there will be questions about them in Parliament sooner or later, and then they will have to mind their steps. Whether Parliament is either a representative body or an efficient one is questionable, but I value it because it criticizes and talks, and because its chatter gets widely reported. So two cheers for Democracy: one because it admits variety and two because it permits criticism. Two cheers are quite enough: there is no occasion to give three.

그래, 애매하니 분석부터 해 보자고!

민주국가는 아니며 사랑받는 공화국이 절대 아닐 것이다 허나
Democracy is not a Beloved Republic really, and never will be. But
S V C M M V

그것은 덜 혐오스럽고 다른 현대의 형태보다 정부
it is less hateful than other contemporary forms of government, and
S V C (C) (S)

그 정도까지 받을 만하다 우리 지지를 그건 시작된다 가정에서
to that extent deserves our support. It does start from the assumption
M V O S V M

개인이 중요하고 모든 유형이 필요하다는 만드는데
that the individual is important, and that all types are needed to make
(C) (S) (V) (C) (C) (S) (V)

문명을 그건 나누지 않는다 시민을 두목들과
a civilisation. It does not divide its citizens into the bossers and the
(M) S V O M

부하들로 것처럼 효율적 제도가 경향이 있는 하는
bossed — as an efficiency-regime tends to do.
(C) (S) (V) (M)

사람들은 내가 찬양하는 가장 사람들이다 민감하며 원하고
The people I admire most are those who are sensitive and want to
S (S) (V) (M) V C (R) (V) (C) (V)

창조하거나 무엇인가 발견하기를 무언가를 그래서 보지 않는 인생을 권력에 관련시켜
create something or discover something, and so not see life in terms
(O) (V) (O)

그런 자들은 더 기회가 많다 하에서 민주국가
of power, and such people get more of a chance under a democracy
(M) S V O M

보다 어딘가 다른 곳 그들은 창조하고 종교를 크든 작든 그들은 창작하고
than elsewhere. They found religions, great or small, or they produce
(C) (M) S V O M S V

문학과 예술을 그들은 하고 사심 없는 과학적 연구를 그들이
literature and art, or they do disinterested scientific research, or they
O S V O S

수도 있는데 소위 보통사람들일 (그들은) 창조적이다 그들의
may be what is called "ordinary people", who are creative in their
V (R) (V) (C) (R) (V) (C)

사적 생활에서 키우고 그들 애들을 훌륭하게 예를 들어 돕는 그들의
private lives, bring up their children decently, for instance, or help their
(M) (V) (O) (M) (V)

이웃을 이 모든 사람들은 필요로 한다 표현하는 것을 자신을 그들은 할 수 없다
neighbours. All these people need to express themselves; they cannot
(O) S V O S V

그렇게 안하면 사회가 허락 그들에게 자유를 그렇게 할 사회는
do so unless society allows them liberty to do so, and the society
M (C) (S) (V) (IO) (DO) (M) S

허용하는 그들에게 가장 많은 자유를 민주국가다
which allows them most liberty is a democracy.
(R) (V) (IO) (DO) V C

민주국가는 또 다른 장점을 갖는다 허가한다 비평을 만일 없다면
Democracy has another merit. It allows criticism, and if there is not
S V O S V O (C) (A) (V)

공적 비평이 있게 마련이다 은폐된 추문들이 그게
public criticism there are bound to be hushed-up scandals. That is
(S) A V S S V

이유다 믿는 언론가치를 불구하고 모든 거짓말과 비속성에도 이유다
why I believe in the press, despite all its lies and vulgarity, and why I
(R) (S) (V) (M) (M) (R) (S)

믿는 의회의 존재를 의회는 종종 조롱당한다 때문에 그것이
believe in Parliament. Parliament is often sneered at because it is a
(V) (M) S M V (C) (S) (V)

잡담장소이기 난 가치를 믿는다 그것의 때문에 그것이 잡담장소이기 믿는다
Talking Shop. I believe in it because it is a talking shop. I believe in
(C) S V M (C) (S) (V) (C) S V

평의원가치를
남에게 눈총을 맞는 그는 무시당하고
the Private Member who makes himself a nuisance. He gets snubbed
M (R) (V) (O) (OC) S V

듣는다 변덕스럽거나 잘 알지 못한다고 그는 폭로한다 악폐를
and is told that he is cranky or ill-informed, but he does expose abuses
V (C) (S) (V) (C) S V O

그렇지 않았다면 결코 언급되지 않았었을 매우 자주
which would otherwise never have been mentioned, and very often an
(R) (M) (M) (V) (M)

폐해는 고쳐진다 단지 언급됨으로써
abuse gets put right just by being mentioned.
S V C M

이따금 또한 선의의 공무원이 시작한다 자제력을 잃기
Occasionally, too, a well-meaning public official starts losing his
M M S V O

위하여 능률을 생각한다 자신을 전능하신 하느님이라 그런
head in the cause of efficiency, and thinks himself God Almighty. Such
M V O OC

관리들은 특히 빈번하다 내무부에 이제 있을 거다
officials are particularly frequent in the Home Office. Well, there will be
S V M C M M A V

문제들이 그들에 대해 의회에서 조만간 그리고는 그들은
questions about them in Parliament sooner or later, and then they will
S M M M M S

발밑을 조심해야 할 것이다 는 의회가 대표 단체든가
have to mind their steps. Whether Parliament is either a representative
V O (C) (S) (V) (M) (C)

아니면 능률적인 단체인지 의심스럽지만 존중한다 그것을 때문에 그것이
body or an efficient one is questionable, but I value it because it
(C) V C S V O (C) (S)

비평하고 대화하기 때문에 그것의 지껄임이 널리 보도되기
criticizes and talks, and because its chatter gets widely reported. So
(V) (C) (S) (M) (V)

두 갈채를 보낸다 민주국가에 하나는 때문이다 용인하기 다양성을 둘은
two cheers for Democracy: one because it admits variety and two
S M S (C) (S) (V) (O) S

because it permits criticism. Two cheers are quite enough: there is no occasion to give three.

해설을 보고나서야 그 차이를 알았으니 참!

from the assumption that the individual ~ 에서 **that** 은 동격의 접속사로, **and that all types ~** 와도 연결된다. **and so not see life ~** 는 **and so do not want to see life ~** 가 생략된 것이다. 분명히 앞에 **do** 가 나와 있지 않지만 글의 흐름상 연결고리를 찾아내야만 하는 것이다, **they may be what is called "ordinary people"** 에서는 **what is called**(소위, 이른바)를 따로 묶어서 해석하면 복잡하지 않다, "그들은 소위 보통사람들일 수도 있을 것이다"로 **they may be ordinary people** 로 연결시키면 된다. **who are creative in their private lives, bring up their children decently, for instance, or help their neighbours** 에서는 문법상으로는 **bring up, help** 가 앞의 동사인 **are** 와 동격이지만, 뒤에 **for instance** 가 있으므로 **are creative** 를 설명하는 말이라는 것을 파악해야만 한다. **for instance** 가(콤마 뒤에서 환언, 설명, 정정, 보완)(종종 ~ **rather**) "즉, 바꿔 말하면"의 뜻이므로 "제각기의 사생활에서 창조적인 사람들, 아이들을 훌륭하게 키우거나, 예를 들어, 이웃을 도와주는 사람들"의 뜻이 아니라 "예를 들자면, 자신들의 아이들을 훌륭하게 키우기도 하고, 이웃을 도와주기도 하는 사람들, 즉 그들의 사적인 생활에 있어 창조적인 일을 하는 사람들이다"의 의미가 된다.

which would otherwise never have been mentioned 에서 **otherwise** 는 부사이지만 접속사적으로 쓰여 조건절을 대신한다. **would have been mentioned** 로 보아 가정법과거완료구문이므로 **if he had not exposed abuses** 의 뜻이 된다. **whether Parliament is either a representative body or an efficient one is questionable** 에서 **whether** 는 명사절을 이끄는 접속사이며 동사인 **is** 의 주어절을 이끌고 있다.

☞ **beloved** 사랑하는, 귀여운, 가장 사랑하는, 애용하는, 소중한, 인기 있는 / **to that extent** 그 정도(한도)까지, 그만큼 / **bosser** 상사, 두목, 우두머리, 주인 / **the bossed** 부하들, 피지배자들, 아랫사람들 / **regime** 정권, 정부, 사회 조직, 제도, 통치(관리) 양식, 정체, 통치(지배) 기간 / **decently** 훌륭하게, 의젓하게 / **in terms of** ~ 에 의하여, ~ 으로 환산하여, ~ 와 관련시켜 / **found** (단체, 회사 따위를) 설립하다, 창시하다, (학파, 학설을) 세우다 / **disinterested** 사욕이 없는, 청렴(공평)한 / **bring up** 키우다, 양육하다 / **be bound to** 꼭 ~ 하게 되어 있다 / **hushed-up** 은폐된, 쉬쉬해 버린, 은밀하게 처리된 / **talking shop** (경멸) 잡담장소, 의회 특히 하원, 영향력을 갖지 못한 단체(실제로 교섭이나 거래할 힘이 없고 이야기 모임 정도로밖에 참가할 수 없는 약소 조직) / **Private Member** (영국 하원의) 비각료 의원, 평의원 / **make oneself a nuisance = make a nuisance of oneself** 남에게 폐를 끼치다, 방해자가 되다, (남에게) 눈총을 맞다. **nuisance** 폐, 성가심, 불쾌한(성가신, 귀찮은)

사람(존재, 물건) / **snub** 타박하다, 윽박지르다, 냉대하다, 무시하다

cranky 성미가 까다로운, 짓궂은, 변덕스러운 / **ill-informed** 지식이 불충분한, 정보에 어두운, 인식 부족의 / **abuse** (권력 · 지위 · 특권 등의) 악용, 남용, 악폐 / **put(set, get) right** 정정하다, 바로잡다, 정돈하다, 고치다 / **public official** 공무원, 관리 / **lose one's head** 허둥대다, 자제력을 잃다, 몹시 흥분하다 / **believe in** ~ 의 존재(가치)를 믿다, ~을 좋다고 생각하다 / **in the cause of** ~ 를 위해서 / **God Almighty** 전능하신 하느님 / **Home Office** (영) 내무부 / **mind one's step** 발밑을 조심하다 / **occasion** (직접적인) 이유, 근거, 유인

그러고 보니 해석이 달라졌네!

민주국가는 정말로 사랑받는 공화국이 아니며, 앞으로도 그렇지 않을 것이다. 그러나 그것은 다른 현대 형태의 정부보다는 덜 혐오스럽고, 그 정도까지는 우리의 지지를 받을 만하다. 그것은 개인이 중요하다는 가정, 그리고 문명을 만들기 위해서는 모든 유형이 필요하다는 가정에서부터 시작된다. 그것은 효율적 사회 조직이 그러는 것처럼 시민을 상사와 부하들로 나누지 않는다.

내가 가장 감탄하는 사람들은 감수성이 강하고 무엇인가를 창조하거나 무엇인가를 발견하기를 원하며, 그래서 인생을 권력과 관련시켜 생각하기를 원하지 않는 사람들인데, 그런 사람들은 민주국가 하에 있는 편이 그 밖의 어떤 정체의 국가에서보다도 성공할 가능성이 더 많다. 그들은, 크거나 작거나 간에, 종교를 창시하기도 하고, 문학이나 예술을 창작하기도 하며, 사심이 없는 과학 연구를 하기도 하고 혹은 그들이 소위 "보통사람들"일 수도 있는데 그럴 경우에는, 예를 들어, 자신들의 아이들을 훌륭하게 키우기도 하고, 이웃을 도와주기도 하는 등, 그들의 사적인 생활에 있어 창조적인 일을 하는 사람들이다. 이런 사람들 모두는 자신을 표현할 필요가 있다. 그들은 만일 사회가 그들에게 그렇게 할 자유를 허락하지 않는다면 그렇게 할 수 없다. 그리고 그들에게 가장 많은 자유를 허락하는 사회는 민주국가이다.

민주국가는 또 다른 장점을 갖고 있다. 그것은 비평을 허용한다. 만일 공적인 비평이 없다면 은폐된 추문들이 있게 마련이다. 그래서 나는 그것의 모든 거짓말과 비속성에도 불구하고 언론의 가치를 믿으며, 그런 이유로 나는 의회의 존재를 믿는다. 의회는 잡담장소이기 때문에 종종 자주 조롱을 당한다. 나는 의회가 잡담장소이기 때문에 그것의 가치를 믿는다. 남에게 눈총을 맞는 평의원의 존재를 믿는다. 그는 무시를 당하며 까다롭거나 지식이 불충분하다는 말을 듣지만, 그렇지 않았더라면 결코 언급되지 않았었을 악폐를 폭로한다. 그리고 매우 자주 폐해는 단지 언급됨으로써 고쳐진다.

이따금, 또한, 한 선의의 관리가 능률을 위해 자제력을 잃기 시작하여, 자신을 전능하신 하느님이라고 생각한다. 그런 관리들은 내무부에 특히 빈번하다. 이제, 조만간 의회에서 그들에 대한 문제들이 있게 될 것이며, 그러면 그들은 매우 조심해야 할 것이다. 의회가 하나의 대표적 단체인지 아니면 능률적인 단체인지는 의심스럽지만, 나는 의회가 비평을 하고 대화를 하기 때문에, 그리고 의회의 지껄임이 널리 보도되기 때문에 의회를 존중한다. 그러므로 민주국가에게 두 가지의 갈채를 보낸다. 즉 하나는 그것이 다양성을 용인하기 때문이고 또 하나는 그것이 비평을 용인하기 때문이다. 세번째의 갈채를 줄 이유는 없다.

반복 목적어 알지? 14

언어는 화자나 필자의 생각을 표현하는 것이므로 글을 읽을 때에는 독자의 입장이 아니라 글쓴이의 입장에 서서 읽어야 한다. 때에 따라 어떤 부분을 강조한다든지, 반복을 하면서 문장의 주요소가 생략되는 경우도 있을 것이고, 또 말하고자 하는 핵심 요소를 다른 말로 다시 표현할 수도 있어서 그 의미에 혼동을 일으킬 수도 있다. 글도 말과 마찬가지로 자신의 의사를 표현하는 것이므로 반드시 문법적 규칙이나 순서대로만 표현되는 것만은 아니다. 따라서 말을 할 때 감정의 흐름 같은 다양한 상황에 따라 여러 형태의 변형된 비문법적 표현들이 쓰이는 것처럼, 글을 쓰는 사람도 경우에 따라 정상적인 문법적 테두리를 벗어나는 표현들을 사용할 때가 있는 것이다. 즉 문법보다는 어법이 우선시되는 사례들이 많다. 그 중의 하나로 문장 성분 중에 어떤 부분을 강조하기 위해서 반복해서 표현할 때가 있는데, 보통 절이나 구로 표현된 내용을 대명사로 받아 다시 표현하므로 전후관계를 잘 살펴보면 그 의미나 역할, 즉 연결고리를 판단할 수 있다. 항상 글쓴이의 입장에서 말하고자 하는 내용을 중심으로 흐름을 잘 따라가다 보면 큰 어려움 없이 궁금증이 풀릴 것이다.

아래 예문의 That everyone shall exert himself in that state of life in which he is placed, to practice true humanity toward his fellow men, on that depends the future of mankind. 에서는 접속사 that 이 이끄는 명사절이 길게 표현되어 있는데, 뒤에 다시 그 절을 반복하는 것을 피해서 이를 간략하게 대명사 that 으로 받아 그 구조와 의미를 명료하게 처리한 것이다. 이처럼 앞의 어구나 절을 뒤에 다시 사용하는 경우에 그것을 대명사로 간단하게 처리하는 것을 반복 목적어라고 한다. 물론 여기서 반복 목적어란 흔히 거론되는 준동사의 경우, 즉 Farmers plow soil to improve it for crops.(농부들은 농작물을 위해 토양을 개량하려고 쟁기질을 한다.)에서 soil 과 it 의 사례처럼 목적어가 반복되는 구문과는 구별된다. 그 뒤에 나오는 To unbind what is bound, to bring that underground waters to the surface: mankind is waiting and longing for such as can do that.에서는 to unbind ~ 와 to bring that ~ 이 주부이고 술부가 표시되어 있지 않다. 물론 콜론(:)을 사용하고 있으므로 글의 흐름으로 보아 어떤 구조와 의미를 갖는지를 파악할 수 있을 것이다. 전체적으로 쉬운 내용 같지만 잘 풀어서 해석하지 않으면 의미 파악이 어려운 글이므로 우선 글쓴이가 전달하고자 하는 핵심을 파악한 후 그 의도를 쉽게 풀어서 접근해야 할 것이다.

* be destined to	* carry on	* claim on
* a thousandfold and more	* more or less	* give out
* little or nothing of	* little better than	* by means of
* for the good of	* prevent ~ from	* side by side with
* exert oneself	* depend on	* come to nothing
* by no means		

Of all the will for the ideal which exists in mankind only a small part can be manifested in action. All the rest is destined to realize itself in unseen effects, which represent, however, a value exceeding a thousandfold and more that of the activity which attracts the notice of the world. Its relation to the latter is like that of the deep sea to the waves which stir its surface.

The hidden forces of goodness are embodied in those persons who carry on as a secondary pursuit the immediate personal service which they cannot make their lifework. The lot of the many is to have as a profession, for the earning of their living and the satisfaction of society's claim on them, a more or less soulless labor in which they can give out little or nothing of their human qualities, because in that labor they have to be little better than human machines.

Yet no one finds himself in the position of having no possible opportunity of giving himself to others as a human being, of being a man by means of personal action, however unpretending, for the good of fellow men who need the help of a fellow man. Such a man enlists in the service of the spiritual and good. No fate can prevent a man from giving to others direct human service side by side with his lifework. If so much of such service remains unrealized, it is because the opportunities are missed.

That everyone shall exert himself in that state of life in which he is placed, to practice true humanity toward his fellow men, on that depends the future of mankind. Enormous values come to nothing every moment through the missing of opportunities, but the values which do get turned into will and deed mean wealth which must not be undervalued. Our humanity is by no means so materialistic as foolish talk is continually asserting it to be. Judging by what I have learned about men and women,

I am convinced that there is far more in them of idealist will power than ever comes to the surface of the world. Just as the water of the streams we see is small in amount compared to that which flows underground, so the idealism which becomes visible is small in amount compared with what men and women bear locked in their hearts, unreleased or scarcely released. To unbind what is bound, to bring that underground waters to the surface: mankind is waiting and longing for such as can do that.

자, 하나하나 따져볼까?

모든 의욕 중에 / 이상에 대한 / 존재하는 / 인간에게 / 단지 적은 부분만
Of all the will for the ideal which exists in mankind only a small part
M / M / (R) / (V) / (M) / S

나타내진다 / 행동에 / 나머지 모두는 / 운명을 지닌다 / 나타나는
can be manifested in action. All the rest is destined to realize itself
V / M / S / V / C

안 보이는 결과로 / 그것은 / 상징한다 / 그렇지만 / 가치를 / 넘는
in unseen effects, which represent, however, a value exceeding a
M / (R) / (V) / (M) / (O)

천배 이상 / 가치를 / 행동의 / 끄는 / 주목을
thousandfold and more that of the activity which attracts the notice of
(M) / (R) / (V) / (O)

세상의 / 그 관계는 / 후자와의 / 같다 / 관계 / 깊은 바다와
the world. Its relation to the latter is like that of the deep sea to the
S / V / C

파도와의 / 휘젓는 / 표면을
waves which stir its surface. ㅈㅈ
M / (R) / (V) / (O)

숨겨진 / 힘은 / 선행의 / 구현된다 / 그런 사람들에
The hidden forces of goodness are embodied in those persons
S / V / M

수행하는 / 부차적인 / 직업으로 / 직접적인 / 개인의 / 봉사를
who carry on as a secondary pursuit the immediate personal service
(R) / (V) / (M) / (O)

그들이 / 할 수 없는 / 그들의 일생사업 / 운명은 / 다수의 / 갖는 것이다
which they cannot make their lifework. The lot of the many is to have
(R) / (S) / (V) / (OC) / S / V / C

직업으로 / 유지하기 위해 / 생계를 / 만족시키기 위해
as a profession, for the earning of their living and the satisfaction of
M / M

사회의 요구를 / 그들에게 / 다소 / 영혼이 없는 노동 / 그들이
society's claim on them, a more or less soulless labor in which they
M / O / (R) / (S)

나타낼 수 없는 거의 그들의 인간성을 때문이다 할 때
can give out little or nothing of their human qualities, because in that
(V) (O) (C) (M)

그 일을 그들은 다를 것이 없어야 하기 인간 기계나
labor they have to be little better than human machines.
(S) (V) (C)

그러나 아무도 찾지 못한다 처지에 놓인 없을 것 같은 가능한
Yet no one finds himself in the position of having no possible
M S V O M M

기회가 자신을 바치고 타인을 위해 인간으로서 되는
opportunity of giving himself to others as a human being, of being
M M M

인간이 의해서 개인의 행동에 아무리 겸손해도 위해서
a man by means of personal action, however unpretending, for the
M M

동료들을 필요로 하는 도움을 한 동료의 그런 인간은
good of fellow men who need the help of a fellow man. Such a man
M (R) (V) (O) S

참가한다 봉사에 영적이고 선한 일의 어떤 운명도 막을 수 없다
enlists in the service of the spiritual and good. No fate can prevent a
V M S V

사람이 주는 걸 타인에게 직접적인 인간적인 봉사를 병행하여 그의
man from giving to others direct human service side by side with his
O M M

생계와 만일 얼마간의 그런 봉사가 실현되지 않고 있다면 그것은 때문이다
lifework. If so much of such service remains unrealized, it is because
(C) (S) (V) (C) S V (C)

그 기회들이 놓쳐지기
the opportunities are missed.
(S) (V)

것은 모두가 노력하는 그 상태에서 삶의 그가
That everyone shall exert himself in that state of life in which he
(C) (S) (V) (M) (R) (S)

놓여있는 베풀기 위해 참다운 인간애를 향해 그의 동료들을 그것에
is placed, to practice true humanity toward his fellow men, on that
(V) (M) (M) M

달려있다 미래가 인류의 엄청난 가치들은 물거품이 된다
depends the future of mankind. Enormous values come to nothing
V S S V M

매 순간 통해서 놓침을 기회의 그러나 그 가치들은
every moment through the missing of opportunities, but the values
M M S

바뀌는 의지와 행동으로 의미한다 부를 되어서는 안 되는
which do get turned into will and deed mean wealth which must not be
(R) (V) (M) V O (R) (V)

과소평가 우리의 인간애는 결코 않다 그렇게 물질적이지 어리석은
undervalued. Our humanity is by no means so materialistic as foolish
S V M C (C) (S)

담화가 계속 주장하는 것처럼 그것이 그렇다고 판단하면 것으로 내가 배워온
talk is continually asserting it to be. Judging by what I have learned
(M) (V) (O) (OC) PC (R) (S) (V)

남성과 여성에 대해 나는 확신한다 있다 훨씬 더 많이 그들에게
about men and women, I am convinced that there is far more in them
(M) S V (C) (A) (V) (S) (M)

이상가의 의지력이 보다 오는 것보다 표면에 세계의 똑같이
of idealist will power than ever comes to the surface of the world. Just
(M) (R) (V) (M) (C)

물이 시내의 우리가 보는 적은 양에서 비교하여
as the water of the streams we see is small in amount compared to
(S) (S) (V) (V) (C) (M) (M)

물에 흐르는 지하에 이상주의는 눈에 보이는
that which flows underground, so the idealism which becomes visible
(R) (V) (M) M S (R) (V) (C)

적다 양에서 비교하여 것과 남자와 여자들이 지닌 간직되어
is small in amount compared with what men and women bear locked
V C M M (R) (S) (V)

그들의 마음에 공개되지 않거나 거의 공개되지 않은 채 풀어내고 있는 것을
in their hearts, unreleased or scarcely released. To unbind what is
(C) M S (R)

묶여 가져오는 것 그 지하수를 표면으로 즉 인류는
bound, to bring that underground waters to the surface: mankind is
(V) S M S

기다리고 있고 갈망하고 있다 그런 사람을 할 수 있는 그걸
waiting and longing for such as can do that.
V M (R) (V) (O)

힌트를 보면 후련하겠지!

all the rest 는 **all the rest of will** 을 말하고 **that of the activity** 의 **that** 은 **value** 를 말한다. **hidden forces of goodness** 는 "바로 선행을 하는 사람들의 숨겨진 큰 힘"을 의미한다. **exceeding a thousandfold and more that of the activity** 의 구조는 **exceed** 가 준동사이고 **that of the activity** 가 목적어이며 배수를 나타내는 **a thousandfold and more**(천배 이상)는 부사구로 **exceed** 를 수식한다. **its relation to the latter** 는 "그것과 후자와의 관계"로 직역되지만, 풀어서 생각해 보면 **its** 는 눈에 보이지 않는 결과로 나타나는 행동을 말하고, **the latter** 즉 후자는 표면적으로 나타나는 행동을 가리킨다. 따라서 "숨은 행동 즉 사람들이 베푸는 눈에 띄지 않는 선행과, 표면적인 행동 즉 세상의 이목을 끄는 자선사업과의 관계"를 나타낸다. 물론 **that of the deep sea** 의 **that** 은 **relation** 을 말한다. **the lot of the many is to have as a profession ~ little better than human machines** 에서 **to have** 의 목적어는 **a more or less soulless labor** 이다. 여기서 **is to have** 는 **be to** 구문으로 운명을 나타낸다.

carry on as a secondary pursuit the immediate personal service which they cannot make their lifework 에서 **carry on** 의 목적어는 **the immediate personal service** 이고 **as a secondary pursuit** 는 삽입구이다. **make their lifework** 에서 **their lifework** 은 **make** 의 목적보어이고 목적어는 **which** 의 선행사인 **personal service** 이다. 즉 **make the immediate personal service their lifework** 이 된다. 관계대명사가 삽입된 이런 구문에서 목적어와 목적보어를 찾기는 쉽지 않으므로 주의한다. **the spiritual and good** 에서 **spiritual, good** 은 대체로 형용사형으로 「**the** + 형용사 = 복수명사, 추상명사」

로 볼 수 있지만 각각 "정신적인 일", "좋은 일"이란 뜻의 명사형도 있다. **that everyone shall exert himself in ~, on that depends the future of mankind.** 에서는 앞의 접속사 **that** 이 이끄는 절은 분명히 명사절이고 주어로 해석해야 하는데 술부가 없어 보인다. 즉 그 부분을 강조하는 표현으로 뒤에 다시 반복되는 **on that** 이 강조되어 문두에 쓰인 내용을 받고 있는 것이다. 결국 **the future of mankind depends on that ~** 의 구조이고 이 **that** 이 앞의 **that** 절인 것이다. 물론 **on that depends the future of mankind** 는 도치구문으로 **on that** 이 강조되어 문두에 쓰이고 있다. 이런 반복 목적어의 사용이 자주 나타나므로 해석 시에 주의할 필요가 있다. **Our humanity is by no means so materialistic as foolish talk is continually asserting it to be.** 에서는 **so ~ as** 구문이 사용되고 있는데 앞에 **by no means** 가 있어 내용이 부정이므로 뒤에서부터 번역해 올라가야만 한다. **to be** 다음에는 **materialistic** 이 생략되어 있고 **it** 은 **our humanity** 를 가리킨다. **there is far more in them of idealist will power than ever comes to the surface ~** 에서 주어는 **more** 이다. 물론 **than** 은 관계대명사이다. 따라서 **there is far more of idealist will power** 의 구문에서 뜻을 찾아야 한다.

To unbind what is bound, to bring that underground waters to the surface: mankind is waiting and longing for such as can do that. 에서도 주어인 **to unbind** 와 **to bring** 이 이끄는 부분을 강조하기 위해 앞에서 말하고 뒤에 콜론을 사용하여 그 부분을 설명하면서 대명사 **that** 로 그 내용을 받고 있다. 따라서 **to unbind ~** 와 **to bring ~** 은 사실상 **do** 의 목적어인 셈이다.

☞ **manifest** 명백히 하다, 명시하다, 증명하다, (감정을) 나타내다 / **be destined to** ~할 운명으로 정해지다, ~될 몸이다(운명이다) / **a thousandfold and more** 천 배 이상 / **stir** 휘젓다, 젓다, 움직이다 / **embody** 구현하다, 실현하다, 구체화하다 / **carry on** (~을) 계속해 나가다, 진행시키다, (일, 대화 따위를) 행하다, (어려움, 장애를 무릅쓰고) 꾸준히 해나가다 / **pursuit** (계속하는) 일, 직업, 취미, 연구, 오락 / **lifework** 일생(필생)의 사업(직업). **make one's lifework** ~ 을 필생의 일로 삼다 / **lot** 운, 운명 / **earn one's living** 생계비를 벌다, 밥벌이를 하다 / **claim** (권리로서의) 요구, 청구, 주장 / **more or less** 다소(간), 얼마간 / **soulless** 정신이 들어 있지 않은, 영혼이 없는, 생기가 없는 / **give out** 내다, 나타내다, 나누다

little or nothing (비록 있다고 해도) 거의 없는 / **human qualities** 인간의 특질 / **little better than** ~와 거의 같은 정도로 나쁜(못한), ~이나 다름없는 / **find oneself** (알고 보니, 어떤 상태에) 있음을 깨닫다, 알아차리다, (어떤 장소에) 있다, (자기의) 천성(적성)을 알다 / **by means of** ~에 의하여, ~으로, ~을 써서 / **unpretending** 허세부리지 않는, 젠체하지 않는, 겸손한, 삼가는 / **for the good of** ~을 위하여, ~의 이익을 위하여 / **enlist** (징병에) 응하다, 적극적으로 협력(참가)하다 / **side by side with** ~와 병행하여 / **exert oneself** 노력(진력)하다 / **depend on** ~에 의지하다, 의존하다, ~에 달려 있다 / **come to nothing** (노력, 계획이) 아무것도 안 되다, 수포로 돌아가다, 물거품이 되다 / **by no means** 결코 ~ 하지 않다(~ 이 아니다) / **compared to** ~ 와 비유하여 / **compared with** ~와 비교하여 / **unreleased** 공개되지 않은, 발표되지 않은 / **released** 공개된, 발표된 / **unbind** 풀다, 끄르다, 석방하다

그래, 바로 그런 뜻이야!

인간에게 존재하는 이상에 대한 모든 의욕 중에서 단지 극히 적은 부분만이 행동으로 나타날 수 있다. 나머지 의욕 모두는 사람들의 눈에 보이지 않는 결과로 나타나는 운명을 지닌다. 그렇지만 그것은 세상 사람들의 주목을 끄는 행동의 가치를 천 배 이상 능가하는 가치를 상징한다. 그것, 즉 눈에 보이지 않는 결과로 나타나는 행동과 후자, 즉 표면적으로 나타나는 행동과의 관계는 깊은 바다와 그 표면을 휘젓는 파도와의 관계와 비슷하다.

숨겨져 있는 선행의 힘은 자신들의 필생의 사업으로 할 수 없는 직접적인 개인적 봉사를 부차적인 직업으로서 수행하는 그런 사람들에게서 구체적으로 나타난다. 많은 사람들의 운명은 자신들의 생계를 유지하기 위해서, 그리고 그들에게 가해지는 사회적 요구를 만족시키기 위해서 자신들의 인간적 특성을 거의 발산할 수 없는 다소 정신이 들어 있지 않은 힘든 일을 직업으로 갖는 것이다. 왜냐하면 그런 힘든 일을 할 때 그들은 인간 기계와 거의 다를 것이 없어야 하기 때문이다.

그러나 하나의 인간으로서 자신을 타인들에게 바치고, 한 동료의 도움을 필요로 하는 여러 동료들을 위해서, 아무리 겸손하다 해도, 개인의 행동에 의해서 하나의 인간다운 인간이 되는 기회가 아마 없을 것 같아 보이는 그런 처지에 있음을 깨닫는 사람은 아무도 없다. 그런 인간은 영적이고 선한 일의 봉사에 적극적으로 참가한다. 어떤 운명도 한 인간이 자기 필생의 직업과 병행하여 직접적이고 인간적인 봉사를 타인에게 제공할 수 없도록 막을 수는 없다. 만일 얼마간의 그런 봉사가 실현되지 않고 있다면, 그것은 그 기회들을 놓쳐버리기 때문이다.

모든 사람이 각기 자신이 놓여 있는 삶의 상태에서 동료들을 향해 참다운 인간애를 베풀기 위해 노력하는 것, 바로 이것에 인류의 미래가 달려 있는 것이다. 엄청난 가치들은 기회를 놓쳐버리기 때문에 매 순간 물거품이 되지만, 의지와 행위로 바뀌는 그 가치들은 과소평가되어서는 안 되는 부를 의미한다. 우리의 인간성은 결코 어리석은 담화가 그것이 그렇다고 계속해서 주장하는 것처럼 물질적이지 않다. 내가 남성과 여성에 관해 지금까지 배운 것으로 미루어 보면, 나는 이상가의 의지력이 세계의 표면보다 훨씬 더 많이 있다는 것을 확신한다. 우리가 볼 수 있는 시내의 물의 양이 지하로 흐르는 물의 양과 비교하여 적은 것과 똑같이 눈에 보이게 되는 이상주의의 양도 남자들과 여자들이 자신들의 마음속에 간직되어, 공개되지 않거나 거의 공개되지 않은 채 지니고 있는 것과 비교할 때 미량이다. 묶여있는 것을 풀어내고, 그 지하수를 표면으로 가져 오는 것, 즉 인류는 그것을 할 수 있는 그런 사람을 기다리고 있으며 갈망하고 있는 것이다.

15 명사들이 이렇게 붙어 있을 리는 없겠지?!

영문을 읽을 때 눈을 따라가면서 머리 속에서는 문법 지식과 어휘력이 총동원되어 의미 파악에 몰두하게 된다. 어휘나 구문이 복잡하지 않은 글에서는 읽어 내려가면서 동시에 글의 의미가 파악되어 큰 문제가 없다. 하지만 때에 따라서는 구문이나 어휘가 이상하게 풀리지 않게 되는 경우를 종종 경험하게 된다. 그럴 경우에는 긴장하게 되고 다시 읽으면서 전후 관계를 살펴 그 의미를 찾는 것이 일반적이다. 대체로 한 문단 중에서 한두 개 정도의 문장에서 이런 경험을 하게 되며 그것을 해결하는 능력을 기르기 위해 영문독해 연습을 하는 것이다. 거의 예외 없이 각종 시험에서도 출제자들은 수험자들이 이런 부분들을 이해하고 있는지를 테스트하려 시도하기 때문이다.

아래 예문에서도 구문 지식과 어휘력을 함께 동원해야만 제대로 해석이 가능한 부분들이 몇 군데 나온다. 우선 to help Zoho customers worldwide weather this global crisis 에서는 언뜻 Zoho 부터 시작해서 crisis 까지 7개의 (대)명사로 이어진 것처럼 보이는데 일반적으로는 있을 수 없는 구문이다. 또 to please apply for this Small Business Emergency Subscription Assistance Program 에서는 to please apply for ~ 가 낯익지 않을 것이다. to 부정사에 please 가 끼어들어 동사가 두 개 연속되어 쓰이는 것은 흔한 표현이 아니기 때문이다. 다음에 나오는 we will prioritize those who are most in need and hope that others who are adapting to market conditions will help us ~ 의 경우 전후 관계를 살펴 hope 의 연결고리를 제대로 찾아야 전체 맥락에서의 의미를 파악할 수가 있을 것이다. 즉 we will ~ 에 걸리는지 those who ~ 에 걸리는지를 파악해야만 하는데 hope 뒤에 that others who are ~ 로 구문이 이어지므로 혼동을 줄 수 있는 표현인 것이다. 물론 별문제 없이 해석하리라고 짐작은 하지만 어떤 영문이든, 다소라도 해석이 풀리지 않을 경우에는 반복해서 읽으면서 문법과 어법의 잣대로 정확한 분석을 통해 의미를 풀어가는 테크닉을 습득해야만 할 것이다. 문장구조를 제대로 분석하는 과정은 글쓴이의 마음속에 있는 설계도를 정확히 파악하는 지름길이기 때문이다.

* commit oneself	* up to	* keep ~ afloat
* go a long way	* not just ~ but ~ as well	* get through
* apply for	* as many ~ as possible	* on the leading edge of
* one by one	* lay off	* take measures
* be on the chopping block		* reach out
* put off	* when it comes to	

Zoho Corporation, a global company that offers the most comprehensive suite of business software applications in the industry, is launching its Small Business Emergency Subscription Assistance Program (ESAP) to help Zoho customers worldwide weather this global crisis. ESAP is one way Zoho is committing itself to helping its small business customers. For up to 20,000 qualified paying customers with 25 employees or less, Zoho is waiving the cost of every single application they currently use, for up to 3 months.

"Businesses are hurting. They already face tremendous pressure on revenue and cash flows. Not knowing when things will get back to normal is even worse," said Sridhar Vembu, Zoho co-founder and CEO. "Every bit of help we, and other companies, can offer to keep these small businesses afloat will go a long way, not just financially but emotionally as well. We are in this together, and contributions from every business help our community get through this pandemic."

"Certain industries have been disproportionately impacted by the pandemic, and we strongly encourage our customers in these industries to please apply for this Small Business Emergency Subscription Assistance Program," continued Vembu. "While we want to provide relief for as many small business customers as possible, we will prioritize those who are most in need and hope that others who are adapting to market conditions will help us by allowing program availability to those struggling to stay afloat."

"Our business has been extremely affected by the COVID-19 outbreak. We were on the leading edge of the impact," said Anders Boulanger, Founder and CEO of The Infotainers, a Canada-based event entertainment company. "We work delivering custom presentations in our clients' trade show booths, and one by one trade shows have been canceled leaving us with little to no income for the next 4 months or more. Last week, we were forced to lay off one of our employees. At the moment, we are taking extreme cost-cutting measures and many of our month-to-month subscriptions are on the chopping block. We would definitely consider our business a 'Zoho Shop'. We will touch at least 2 or 3 Zoho applications on any single work day, so they are mission critical to our business' long-term success. It means a lot to us that Zoho is reaching out and supporting their loyal customers. Having 3 months of complimentary services means that we can survive that much longer and we can put off laying off another employee. Every little bit helps when it comes to finding savings and this gesture goes a long way!"

그래서 도해가 필요한 거 아닐까?!

조호 주식회사는 글로벌 기업인 제공하는 가장
Zoho Corporation, a global company that offers the most
S (R) (V)

포괄적인 제품군을 사업 소프트웨어 응용프로그램의 업계에서
comprehensive suite of business software applications in the industry,
(O) (M) (M)

출시한다 중소 기업 긴급 가입 지원
is launching its Small Business Emergency Subscription Assistance
V O

프로그램을 돕기 위해 조호 고객들이 전 세계 극복하는 걸 이 글로벌
Program (ESAP) to help Zoho customers worldwide weather this global
M

위기를 ESAP는 한 방법이다 조호가 다짐하는 돕겠다고 중소
crisis. ESAP is one way Zoho is committing itself to helping its small
S V C (S) (V) (O) (M)

기업 고객들을 최대 2만 명의 유자격 유료 고객들에 대해
business customers. For up to 20,000 qualified paying customers
M

25인 직원이나 그 이하를 가진 면제하고 있다 비용을 애플리케이션마다
with 25 employees or less, Zoho is waiving the cost of every single
M S V O

그들이 현재 사용하는 동안 최대 3개월
application they currently use, for up to 3 months.
(S) (M) (V) (M)

기업들은 타격을 받고 있다 그들은 이미 직면한다 상당한 압박에
"Businesses are hurting. They already face tremendous pressure
S V S M V O

수익과 현금흐름에서 것이 모른다는 언제 상황이 정상으로
on revenue and cash flows. Not knowing when things will get back
M S (Q) (S) (V)

돌아갈지 더 심각하다 말했다 스리다 벰부 조호 공동 창립자 겸
to normal is even worse," said Sridhar Vembu, Zoho co-founder and
(M) V C V S

최고경영자 모든 도움은 우리와 다른 기업들이 제공할 수 있는
CEO. "Every bit of help we, and other companies, can offer to keep
S (S) (V)

이 소기업들이 생존하도록 될 거다 큰 도움이 재정적으로뿐만 아니라
these small businesses afloat will go a long way, not just financially
(O) V M

심리적으로 또한 우리는 이 일에 함께 한다 기여는
but emotionally as well. We are in this together, and contributions from
M S V M S

모든 기업의 돕는다 우리 공동체가 극복하도록 이 유행병을
every business help our community get through this pandemic."
V O OC

특정 산업은 불균형적으로 영향을 받아왔다
"Certain industries have been disproportionately impacted by
S M V

대 유행병에 의해 우린 강력히 촉구한다 우리 고객들이
the pandemic, and we strongly encourage our customers in
M S M V O

이 산업에 종사하는 지원해 줄 것을 이 중소 기업 긴급
these industries to please apply for this Small Business Emergency
M OC

구독 지원 프로그램에 계속했다 벰부는 만 우리가 원하지
Subscription Assistance Program," continued Vembu. "While we want
V S (C) (S) (V)

주고 안도감을 많은 중소 기업 고객들에게 최대한 우린
to provide relief for as many small business customers as possible, we
(O) (M) S

우선시하고 사람을 가장 도움이 필요한 바란다 다른 자들이
will prioritize those who are most in need and hope that others who
V O (R) (V) (C) (V) (C) (S) (R)

있는 적응하고 시장 상황에 도움이 되길 우리에게 허용함으로써 프로그램
are adapting to market conditions will help us by allowing program
(V) (M) V O M

가용성을 사람에게 고군분투하는 위해 살아남기
availability to those struggling to stay afloat."
M M

우리 사업은 받아왔다 대단히 영향을 코로나
"Our business has been extremely affected by the COVID-19
S M V M

발병으로 우리는 선두에 서 있었다 충격의 말했다 앤더스
outbreak. We were on the leading edge of the impact," said Anders
S V M V

불랑거는 설립자 겸 최고경영자 이포테이너스의 캐나다에 본사를 둔 이벤트
Boulanger, Founder and CEO of The Infotainers, a Canada-based event
S A

엔터테인먼트 회사인 우린 진행하고 있으며 맞춤형 프레젠테이션을
entertainment company. "We work delivering custom presentations in
S V O

우리 고객의 무역 박람회 부스에서 하나씩 무역 박람회가
our clients' trade show booths, and one by one trade shows have been
M M S

취소되어 남기면서 우리를 수입이 거의 없게 앞으로 4개월
canceled leaving us with little to no income for the next 4 months or
V C M

이상 지난 주 우린 해고해야만 했다 한 명을 우리 직원 중
more. Last week, we were forced to lay off one of our employees. At
M S V C

현재 우린 취하고 있으며 극도의 비용 절감 조치를 상당수는
the moment, we are taking extreme cost-cutting measures and many
M S V O

월별 회원제 구독의 중대한 위험에 처해 있다 우린
of our month-to-month subscriptions are on the chopping block. We
S V M S

분명히 생각할 것이다 우리 사업을 조호 상점이라 우린 이용할 거다
would definitely consider our business a 'Zoho Shop'. We will touch
M V O OC S V

적어도 두세 개의 조호 애플리케이션을 근무일 중에 매일 그래서 그들은
at least 2 or 3 Zoho applications on any single work day, so they are
O M C S V

미션이다 중요한 우리 사업의 장기적 성공에 그건 의미가 있다 큰
mission critical to our business' long-term success. It means a lot to us
C M S V O M

것은 조호가 손을 내밀어 지원하고 있다는 그들의 충실한 고객을 한다는 것은
that Zoho is reaching out and supporting their loyal customers. Having
(C) (S) (V) (O)

3개월의 무료 서비스를 의미한다 것을 우리가 살아남을 수 있고 그만큼
3 months of complimentary services means that we can survive that
S V (C) (S) (V)

더 오래 연기할 수 있다는 해고를 또 다른 직원의
much longer and we can put off laying off another employee. Every
M S V O

동전 한 닢도 도움이 된다 문제라면 비용절감을 찾는 이런 태도는
little bit helps when it comes to finding savings and this gesture goes
S V (C) (S) (V) (M) S V

큰 도움이 된다
a long way!"
M

아직도 애매하다면 해설이 도움이 되겠지!

to help Zoho customers worldwide weather this global crisis 를 보면 언뜻 **help** 만 동사인 것처럼 보인다. 그렇다면 뒤에 명사 7개가 연속적으로 이어진다는 것인데 그런 구문은 없다. 따라서 **help** 를 힌트로 그것에 연결되는 구문을 찾아야 하는데 **weather** 밖에 동사로 쓰일 수 있는 단어가 없다. 즉 「**help** + 목적어(**Zoho customers worldwide**) + 목적보어(**weather this global crisis**)」 구문이 된다. 물론 **help** 는 **to** 없는 부정사를 취할 수가 있다. 그러니까 동사로서 **weather** 의 뜻을 정확하게 알아야 의미가 풀릴 것이다. **weather**

는 동사와 형용사로도 쓰이며, 타동사로서도 여러 의미가 있는데, 여기에서는 "(재난, 역경 따위를) 뚫고 나아가다, (곤란 등을) 견디어 내다"의 뜻이다. 이 외에도 "비바람을 맞게 하다, 널어서 말리다, ~의 바람을 거슬러 나아가다, ~을 경사지게 하다(물이 잘 흘러내리게)" 등의 의미가 있다. **not knowing when things will get back to normal is even worse** 에서 **not knowing** 은 동명사구문으로 **is even worse** 의 주어다.

to please apply for this Small Business Emergency Subscription Assistance Program 에서 **to apply for ~** 로 시작되는 부정사 구문에서는 **please** 가 동사가 아니라 감탄사적으로 쓰여 정중한 요구나 간청을 나타내는 표현에 쓰이고 있다. 주로 정부에서 사용하는 공식 문장에서 이런 표현들을 발견할 수 있다. 물론 **I want you to thoroughly read the article.**(나는 당신이 그 논문을 철저히 읽었으면 한다.) **A man busts his hump to not get fired.**(남자는 해고당하지 않기 위해 맹렬히 일한다.) 등에서처럼 「**to** + 동사원형」 사이에 부사가 끼어드는 소위 분리부정사도 있다. **we will prioritize those who are most in need and hope that others who are adapting to market conditions will help us ~** 에서는 전후의 내용으로 보아서 뒤에 나오는 **hope** 는 **we will hope ~** 에 연결되는 것으로 본다. **leaving us with little to no income ~** 에서 **with little to no income** 은 "수입이 적거나 아주 없는 (상태로)"의 뜻으로 **with little or no ~, with little to no ~** 등으로 잘 쓰인다. **Every little bit helps** 는 속담 표현으로 "아무리 하찮은 것이라도 다 쓸모가 있다. 동전 한 닢도 도움이 된다."의 뜻이다. **I am happy that every little bit helps him.**(동전 한 닢도 그에게 도움이 된다는 것이 나는 기쁘다.)

☞ **comprehensive** 포괄적인, 포용력이 큰, 범위가 넓은 / **suite** (가구 따위의) 한 조, 한 벌, 한 줄 / **launch** (세상에) 내보내다, 진출시키다, (상품 따위를) 시장에 내다, 착수하다 / **weather** (재난, 역경 따위를) 뚫고 나아가다 / **commit oneself** (문제, 질문에 대해) 입장을(태도를) 분명히 하다, (의향, 감정 등을) 언명하다 / **waive** (권리, 요구 따위를) 포기하다, 철회하다, 우선 보류하다, 미루어 놓다, 연기하다, (규칙 등을) 적용하지 않다 / **up to** (시간, 공간적으로) (최고) ~까지, ~에 이르기까지 / **revenue** 소득, 수익, 고정 수입, 수입, 세입 / **keep ~ afloat** 가라앉지 않도록 하다, 빚을 지지 않(게 하)다 / **go a long (good, great) way** 멀리까지 가다, (물건, 돈 따위가) 오래 가다, 쓸모가 있다, (사람, 회사 따위가) 출세하다, 성공하다, 도움이 되다, 효과가 있다 / **not just ~but ~ as well = not only ~ but also** / **get through** ~을 빠져나가다, (~을 지나 목적지에) 이르다, (의안이 의회를) 통과하다, (시험에) 합격하다, 일을 마치다, ~을 종료하다, 완수하다

disproportionately 불균형적으로, 어울리지 않게 / **apply for** ~에 신청하다, 지원하다, 출원하다, 문의하다, 조회하다, 의뢰하다 / **as many ~ as possible** 가능한 한 많은 / **prioritize** (계획, 목표)에 우선순위를 매기다, 우선시키다 / **availability** 이용도, 유효성, (후보자의) 당선 가능성 / **leading edge** 첫 시작, (기술, 문화 등 어떤 분야의 진보에서) 최첨단, 지도적인 위치 / **one by one** 하나(한 사람)씩 (차례로) / **lay off** (종업원을) 일시 해고하다, 귀휴시키다, (조업을) 일시 정지하다 / **take measures** 조치(방책)을 취하다 / **be on the chopping block** 중대한 위기에 처하다, 도마 위에 오르다 / **reach out** (대중 등과) 연락을

취하려(접촉하려) 하다, (손 등을) 뻗다 / **complimentary** 무료의, 우대의 / **put off** (~까지) 연기하다, 늦추다, (~하는 것을) 연기하다, 미루다 / **when it comes to** ~의 문제라면 / **gesture** 동작, 제스처, 몸짓, 태도, 거동, (형식적인) 의사 표시, 선전 (행위)

시사적인 이야기라 크게 어렵진 않은 걸!

업계에서 가장 포괄적인 비즈니스 소프트웨어 응용프로그램의 제품군을 제공하는 글로벌 기업 조호가 전 세계 조호 고객들에게 이러한 글로벌 위기를 극복할 수 있도록 돕기 위해 중소기업 긴급 가입 지원 프로그램을 출시한다. 이 프로그램은 조호가 중소기업 고객을 돕겠다고 다짐하는 한 방법이다. 25인 또는 그 이하 직원을 둔 유자격 유료 고객 2만 명에 대해 조호는 현재 사용하는 애플리케이션마다 최대 3개월 동안 비용을 면제하고 있다.

조호 공동 설립자 겸 최고경영자인 스리다 벰부는 "기업들은 큰 타격을 입고 있으며 이미 수익과 현금 흐름에서 상당한 압박을 받고 있다. 언제 상황이 정상을 되찾을지 모른다는 것이 더 심각한 문제"라고 지적했다. 그는 "이들 소기업의 생존을 돕기 위해 조호와 다른 기업이 제공할 수 있는 모든 지원은 재정적으로는 물론 심리적으로도 큰 도움이 될 것이다. 우리는 같은 배를 타고 있으며 기업으로부터의 모든 기여는 우리의 공동체가 감염병의 세계적 대유행을 극복하는 데 도움이 될 것"이라고 말했다.

"특정 산업은 대유행으로 인해 불균형적으로 영향을 받아왔으며, 우리는 이러한 산업에 종사하는 우리 고객들에게 이번 중소기업 긴급구독지원 프로그램에 지원해 줄 것을 강력히 촉구한다."라고 벰부가 계속해서 말했다. 그는 "우리는 최대한 많은 중소기업 고객들에게 안도감을 주고 싶지만, 가장 도움이 필요한 사람들을 우선시할 것이며 시장 상황에 적응하고 있는 다른 사람들이 살아남기 위해 고군분투하는 사람들에게 프로그램 가용성을 허용함으로써 우리에게 도움이 되기를 바랄 것이다"라고 말했다.

캐나다에 본사를 둔 이벤트 엔터테인먼트 회사인 인포타이너스의 설립자 겸 최고경영자인 앤더스 볼랑거는 "신종 코로나바이러스 감염증 발생으로 인해 우리의 사업은 심각한 타격을 입었다. 우리는 그 충격의 선두에 있었다."고 말했다. "우리는 고객의 무역 박람회 부스에서 맞춤형 프리젠테이션을 진행하고 있는데, 무역 박람회가 하나둘 취소되어 앞으로 4개월 이상 수입이 거의 없다시피 하다. 지난 주에 우리는 직원 한 명을 해고해야 했다. 현재 우리는 극도의 비용 절감 조치를 취하고 있으며, 월별 회원제 구독의 상당수는 중대한 위험에 처해 있다. 우리는 분명히 우리의 사업을 '조호상점'이라 생각할만할 것이다. 우리는 근무일 중 적어도 두세 개의 조호 애플리케이션을 이용할 것이기 때문에 조호 애플리케이션은 우리 비즈니스의 장기적인 성공에 중요한 전도 사업이다. 조호가 충성도 높은 고객에게 먼저 손을 뻗어 그들을 지원하고 있다는 것은 우리에게 큰 의미가 있다. 3개월의 무료 서비스를 제공한다는 것은 그만큼 더 오래 살아남을 수 있고 또 다른 직원을 해고하는 것을 미룰 수 있다는 것을 의미한다. 비용 절감을 찾는 문제라면 동전 한 닢도 도움이 되며 이런 태도는 크게 도움이 되는 것이다!"

16 시도 때도 없이 끼어들면 어쩌라구!

지금까지 구문 성분 파악의 예를 다양하게 학습한 바 있지만, 그것들의 종류가 매우 다양하기 때문에 아무리 주의해도 지나치지 않다. 익숙해 있는 형태 그대로 표현되어 간단하게 구문 파악을 할 수 있으면 좋겠지만 글쓴이의 글투에 따라, 또는 글의 내용에 따라 구문의 형식에 혼란을 겪을 수 있다. 그 가운데 여러 형태의 삽입어구가 문의 기본 요소에 끼어들어 구문 파악에 어려움을 주는 표현들이 주를 이룬다. 이 중 하나로 관용구 사이에 긴 어구가 끼어들어 관용적인 표현에 혼동을 주는 경우가 있다. 간단한 예를 들어, make much of는 "~을 중요시(존중)하다, 소중히 하다, ~을 크게 이용하다"는 관용표현인데, 다른 어구가 들어가 make as much as possible of 처럼 되면 혼동되는 경우와 같다.

관용구가 아니더라도 문의 주요소들의 순서를 방해하면서 끼어드는 사례가 많은데 이럴 경우에도 의미 파악이나 구문파악에 어려움을 겪게 된다. 물론 삽입구문이라는 것을 알려주는 콤마나 대쉬가 있는 경우도 있지만 그렇지 않을 때에는 당황스러울 수밖에 없다. 예를 들어, There are few if any errors in your report.(너의 보고서에는 오류가 있다고 해도 거의 없다.) The food is for the purpose of health good but expensive.(그 음식은 건강을 위해서 좋지만 비싸다.) One of my friends who I thought was honest cheated me.(정직하다고 생각한 내 친구 중 하나가 나를 속였다.) 같은 문장을 보자. 실제로 There are few, if any, errors in your report. The food is, for the purpose of health, good but expensive. 로 콤마를 사용하여 삽입어구를 구분한 경우에는 구문 파악이 쉽다. 한편 The stereotype of the absent-minded professor underscores a difference many people believe exists between remembering and thinking.(얼빠진 교수에 대한 고정관념은 많은 사람들이 기억하는 것과 생각하는 것 사이에 존재한다고 믿는 차이를 강조한다.) 같은 문장은 콤마를 사용하지 않으므로 삽입어구나 삽입절을 파악하기가 어렵다.

아래 예문에서 as far as their distribution in the city and their size and significance relative to other functions are concerned가 나오는데 이는 「as far as + 주어 + is concerned」 구문에 주어가 길게 표현되어 언뜻 그 구문이 낯설어 보인다. 또 the new urban areas and suburbs have hardly caught up in their numbers of houses of worship with the older central parts 에서는 catch up with란 관용구가 사용되고 있는데 그 사이에 삽입어구인 in their numbers of houses of worship이 끼어들어 그 관용구 파악에 혼동을 줄 수가 있는 것이다. 이런 예가 아주 많으므로 영문을 읽을 때는 글의 성분을 넓게 보아 그것들의 연결 관계를 파악할 필요가 있다.

* as far as ~ be concerned	* relative to	* catch up with
* account for	* take ~ into account	* according to
* provide ~ for	* one, the other	

Even in societies that consider religion a pivotal part of their life, temples, churches and mosques seem to have lost their old position in the life of the city, at least as far as their distribution in the city and their size and significance relative to other functions are concerned. As urban populations have grown, and movements and functions in cities have become ever more complex and diversified, new modes of working and living have emerged. While religious beliefs and practices may rule social norms and public conduct, they do not determine the built form or the spatial structure of the city. As cities have grown, the new urban areas and suburbs have hardly caught up in their numbers of houses of worship with the older central parts. The phenomenal growth of urban areas in the twentieth century has primarily been a secular one.

This shows a profound change in the way knowledge is generated, and action is accounted for. The foundations and the public infrastructures that shaped social norms and physical environments have been substantially transformed, once by the rise of scientific reason, followed by challenges to broaden it further by taking nature and society into account. Yet during most of human history, cities were built for gods, and were structured according to an order that revolved around supernatural beings. Building the city involved some reasoning, which was often based on supernatural foundations. Temples provided the underlying institutions for belief and action; they were fonts of all knowledge, repositories of political power, and mediators of social cohesion.

There are two types of supernatural foundations; one that somehow integrates the natural and the supernatural, giving predominance to the latter over the former, but nevertheless seeing both as parts of the universe. The other is placing such a great distance between the natural and the supernatural that nothing of this world can reach or represent the other-worldly nature of the supernatural. The implications of these two different approaches are different for cities. One approach builds cities in which places for the divinity are integrated into the urban fabric. The examples of the ancestral temples that are part of the traditional Chinese house, and the temples of gods around the Roman city, both show a close integration of this and other worlds.

도해를 해보면 관용구 파악이 쉽지!

사회에서조차 생각하는 종교를 중추의 부분으로 그들 삶의
Even in societies that consider religion a pivotal part of their life,
M (R) (V) (O) (OC)

사찰 교회 회교사원은 같다 잃어버린 것 그들의 옛 지위를
temples, churches and mosques seem to have lost their old position
S V C

생활에서 도시의 적어도 한 그들의 분포와 도시에서의
in the life of the city, at least as far as their distribution in the city and
M M (C) (S)

그들 규모와 중요성에 비례하는 다른 기능들에 관한
their size and significance relative to other functions are concerned.
(M) (M) (V)

면서 도시 인구가 증가하고 이동과 기능이
As urban populations have grown, and movements and functions in
(C) (S) (V) (S)

도시에서의 훨씬 더 복잡해졌고 다양해지 새로운 방식이
cities have become ever more complex and diversified, new modes of
(M) (V) (C) S

노동과 생활의 나타났다 있지만 종교적 신념과 관례는
working and living have emerged. While religious beliefs and practices
V (C) (S)

지배할 수도 사회적 규범과 공적인 행위를 그들은 결정짓지 않는다
may rule social norms and public conduct, they do not determine the
(V) (O) S V

조립된 형태나 공간적인 구조를 도시의 따라 도시들이 커짐에
built form or the spatial structure of the city. As cities have grown, the
O (C) (S) (V)

새로운 도시 지역과 그 주변 지역은 거의 따라잡지 못했다 그들 수에 있어
new urban areas and suburbs have hardly caught up in their numbers
S M V

예배당의 옛 중심지역들을 경이적인
of houses of worship with the older central parts. The phenomenal
M M

성장은 도시 지역의 20세기에 이었다 근본적으로는
growth of urban areas in the twentieth century has primarily been a
S M M V

비종교적인 것
secular one.
C

이것은 보여준다 심오한 변화를 방법에서 지식이 생겨난
This shows a profound change in the way knowledge is generated,
S V O M (S) (V)

행위가 설명이 되는 기초와 공적
and action is accounted for. The foundations and the public
(S) (V) S

기반 시설들은 만드는 사회 규범과 물질적 환경을
infrastructures that shaped social norms and physical environments
(R) (V) (O)

실체적으로 변형되어 왔는데 한때 증가에 의해 과학적
have been substantially transformed, once by the rise of scientific
M V M M

이유의 뒤따랐다 도전에 의해 확장하는 그걸 더 자연과
reason, followed by challenges to broaden it further by taking nature
M

사회를 고려해 봄으로써 그러나 대부분 동안 인간의 역사의 도시들은
and society into account. Yet during most of human history, cities were
M C M S

건설되었다 신들을 위해 구축되었다 따라서 순서에 도는
built for gods, and were structured according to an order that revolved
V M V M (R) (V)

주의를 초자연적인 존재자들 건설은 도시 수반했다 어떤 논거를
around supernatural beings. Building the city involved some reasoning,
(M) S V O

그것은 종종 기반을 두었다 초자연적인 토대에 사원들은 마련했다
which was often based on supernatural foundations. Temples provided
(R) (M) (V) (M) S V

근원적인 관례를 대한 신앙과 행위에 그들은 성수반이었다 모든
the underlying institutions for belief and action; they were fonts of all
O M S V C

지식의 저장소 정치권력의 조정자 사회적
knowledge, repositories of political power, and mediators of social
M

유대의
cohesion.

있다 두 형태가 초자연적인 재단들의 하나는 어쨌든
There are two types of supernatural foundations; one that somehow
A V S S (R) (M)

통합하는 자연적인 것과 초자연적인 것을 준다 지배를
integrates the natural and the supernatural, giving predominance to
(V) (O) PC

후자에게 전자에 대한 허나 그럼에도 본다 둘 다를 부분으로
the latter over the former, but nevertheless seeing both as parts of
M PC

우주의 또 하나는 두기 대단한 거리를 사이에
the universe. The other is placing such a great distance between
S V O

자연적인 것과 초자연적인 것 때문에 아무것도 이 세계의
the natural and the supernatural that nothing of this world can
M (C) (S)

도달하거나 상징할 수 없다 초세속적인 본질을 초자연적 작용의
reach or represent the other-worldly nature of the supernatural.
(V) (O) (M)

의미는 이 두 가지 다른 접근 방식의 다르다
The implications of these two different approaches are different for
S M V C

도시에 따라 한 접근 방식은 세운다 도시를 장소들이 신성을 위한
cities. One approach builds cities in which places for the divinity are
M S V O (R) (S) (M)

통합되는 도시의 구조에 예들과 조상 신전의
integrated into the urban fabric. The examples of the ancestral temples
(V) (M) S

일부인 전통적 중국 가옥의 신전들은
that are part of the traditional Chinese house, and the temples of gods
(R) (V) (C) S

로마 시 주변의 둘 다 보여준다 긴밀한 통합을 이것과 다른
around the Roman city, both show a close integration of this and other
M S V O M

세계의
worlds.

해설까지 볼 필요가 없겠지만 그래도!

as far as their distribution in the city and their size and significance relative to other functions are concerned는 구 접속사인 **as far as** 뒤에 주어가 길게 연결되어 **are concerned**의 존재가 혼동을 줄 수도 있다. **the new urban areas and suburbs have hardly caught up in their numbers of houses of worship with the older central parts**도 동사구인 **catch up with**에서 **catch up**과 **with** 사이에 삽입구가 들어가 있어 역시 동사구의 연결에서 착오를 일으킬 수도 있다. 이는 **by taking nature and society into account**에서도 적용되는데 즉 관용표현인 **take ~ into account**에서 목적어가 길어질 수도 있음을 알아야만 할 것이다.

one that somehow integrates ~는 **one (type of them) is the foundation that somehow integrates ~**의 뜻이므로, **that**는 관계대명사라 할 수 있다. 만일 **that**을 접속사로 본다면 **that**이 **integrate**의 주어가 되므로, 즉 격을 갖게 되므로 성립될 수 없다. 뒤의 **the other is ~**를 참조할 수 있을 것이다. **the natural and the supernatural**에서 **supernatural**은 **the**와 같이 쓰여 "초자연적 작용 · 현상, 불가사의, 신의 조화, 신통력" 등의 명사형으로 쓰이고 **natural**에도 명사형이 있지만 여기서는 「**the** + 형용사 = 추상명사 또는 복수 보통명사」 구문으로 "자연과 초자연"(**nature and supernature**), 혹은 "자연적인 것과 초자연적인 것"으로 해석된다. 물론 뒤에 나오는 **one, the other**는 "(둘 중에서) 하나

는(한쪽은) ~, 또 하나는(한쪽은) ~"의 뜻이다. **giving predominance to the latter over the former, but nevertheless seeing both as parts of the universe** 는 동시상황을 나타내는 두 개의 분사구문이다. **give predominance to the latter over the former** 에서 **predominance** 는 **over** 와 연결되고, **the latter** 는 **the supernatural, the former** 는 **the natural** 을 가리킨다. **such a great distance between the natural and supernatural ~** 의 **such** 는 **that nothing of ~** 의 **that** 과 연결되어 **such ~ that** 구문이 된다. 여기서도 **such ~ that** 사이에 긴 어구가 들어가 있어 **such ~ that** 구문을 놓칠 수가 있다.

☞ **pivotal** 추축의, 중추의, 중요한 / **mosque** 이슬람교 성원, 회교 사원 / **as(so) far as ~ be concerned** ~에 관한 한 / **distribution** 분포, 분포 구역, 분배 / **relative to** ~에 비례하는, 호응하여, ~에 관련되어 있는 / **diversified** 변화 많은, 다양한, 다채로운, 다각적인 / **norm** 기준, 규범, 모범, 일반 표준, 수준 / **built** 튼튼한 구조의, 조립된 / **spatial** 공간의, 공간적인, 장소의 / **a house(place) of worship** 예배소, 예배당, 교회 / **account for** ~을 설명하다, ~의 이유를 밝히다, (사실이) ~의 설명(원인)이 되다, (행위, 의무 따위에) 책임을 지다, 떠맡다 / **foundation** 재단, 협회, 사회사업단 / **infrastructure** (수도, 전기, 학교, 에너지 공급, 폐기물 처리 등 사회의) 기간 시설, 산업 기반, 사회적 생산 기반 / **substantially** 실체상, 본질상, 대체로, 사실상

take ~ into account ~을 고려해 보다, 참작하다 / **catch up with** (먼저 간 사람을) 따라잡다(따라가다), ~을 좇아가다 / **phenomenal** 현상의(적인), 현상에 관한, 인지(지각)할 수 있는, 외관상의 / **primarily** 첫째로, 최초로, 처음에는, 원래, 주로, 근본적으로(는), 본래는 / **secular** 현세의, 세속의, 비종교적인 / **according to** ~에 따라서, ~에 응해서(일치하여) / **provide ~ for** ~에게 ~을 주다, 공급(지급)하다 / **supernatural** 초자연의, 불가사의한, 신의 조화의 / **reasoning** 추론, 추리, 논의 / **underlying** 밑에 있는, 기초가 되는, 근원적인 / **institution** (확립된) 제도, 관례, 관습, 법 / **font** 세례반, 성수반, 원천, 본원 / **repository** 용기, 저장소, 창고, (지식 등의) 보고 / **mediator** 조정자, 매개자, 중재인 / **cohesion** 점착, 결합, 단결, 유대 / **integrate** (각 부분을 전체에) 통합하다, 흡수하다, 완성하다 / **predominance** 우월, 우위, 탁월, 우세, 지배 / **other-worldly** 저승의, 내세의(적인), 공상적인, 초세속적인 / **implication** (뜻의) 내포, 함축, 암시, 연루, 관계, 관련 / **divinity** 신성, 신, 신격 / **integrate** (각 부분을 전체에) 통합하다, 흡수하다, 결합시키다, 융합(조화)시키다 / **integration** (부분, 요소의) 통합, 집성, 완성, 융합

그래도 어휘 때문에 쉽지는 않았다고!

종교를 삶의 중추적인 일부로 생각하는 사회에서조차도, 사찰들, 교회들 및 회교 사원들은 도시의 생활에서 자신들의 예전 지위를 잃어버린 것 같은데, 적어도 도시 안에서의 그들의 분포와, 다른 기능들과 비례하는 그들 크기와 중요성에 관한 한 그렇다. 도시의 인구가 증가하고, 도시 안에서의 이동과 기능이 훨씬 더 복잡해지고 다양해지면서, 새로운 노동과 생활 방식이 생겨났다. 종교적 신념과 관례는 사회적 규범과 공적인 행위를

지배할 수도 있지만, 그것들은 도시의 구조적 형태나 공간적인 구조를 결정짓지는 못한다. 도시들이 성장함에 따라서, 새로운 도시 지역과 그 주변 교외 지역들은 예배당의 숫자 면에서 옛 중심지역들을 따라잡지 못했다. 20세기 도시 지역의 경이적인 성장은 근본적으로 비종교적인 것이었다.

이것은 지식이 생겨나고 행위가 설명되는 방법에서 심오한 변화를 보여준다. 사회적 규범과 물질적인 환경을 구체화한 재단들과 공적 기반 시설들은 실체적으로 변형되어 왔는데, 한때는 과학적 이유의 증가에 의해서이고, 뒤를 이어 자연과 사회를 고려함으로써 그것을 더 확장하려는 도전에 의해서였다. 그러나 대부분의 인간 역사 동안, 도시들은 신들을 위해 건설되었으며 초자연적인 존재자들 주위를 도는 순서에 따라서 구축되었다. 도시를 건설하는 것은 어떤 논거를 수반했는데, 그것들은 종종 초자연적인 토대들에 기반을 두었다. 사원들은 신앙과 행위에 대한 근원적인 관례를 마련했다. 그것들은 모든 지식, 정치권력의 저장소, 그리고 사회적 유대의 중재자들의 성수반이었다.

두 가지 형태의 초자연적인 재단들이 있다; 그 하나는 어떻게든지 하여 자연적인 것들과 초자연적인 것들을 통합하는 것인데, 이것은 전자 즉 자연적인 것에 대한 지배를 후자 즉 초자연적인 것에 주지만, 그럼에도 불구하고 그 둘 다를 우주의 한 부분으로 본다. 다른 하나는 자연적인 것과 초자연적인 것 사이에 대단히 큰 거리를 두기 때문에 이 세상의 어떤 것도 초자연적 작용의 내세적인 본질에 도달하거나 그것을 상징할 수 없다. 이 두 가지 다른 접근법의 함축적 의미는 도시에 따라 다르다. 한 가지 접근법은 신성을 위한 장소가 도시 구조에 통합되는 도시를 건설한다. 중국 전통 가옥의 일부인 조상 사원의 예와 로마 도시 주변의 신들의 신전의 예는 둘 다 이것과 다른 세계의 긴밀한 통합을 보여준다.

17 동명사의 주어가 간단하지 않은 걸!

독해에서 동사원형에 -ing 가 붙어 나타나는 준동사를 마주치면 그것이 동명사인지 분사인지를 먼저 파악해야 한다. 분사라면 단순히 수식어인지 분사구문을 이끌고 있는지를 파악하고 그에 따른 접속사나 주어를 찾아야 하며, 동명사라면 문장 내에서 어떤 역할을 하는지, 특히 주어가 무엇인지를 찾아내야 한다. 아울러 그것이 동명사인지 동작 명사인지도 구별해야 한다. 즉 I was told that my sorrow would get better with the passing of the years.(내 슬픔은 세월이 지나면 좋아질 것이라는 말을 들었다)에서 동작명사인 passing 은 주어가 뒤에 위치해 있는 것이다.

저자의 영문독해 테크닉 시리즈 책에서 사례들을 많이 학습한 바 있지만, 아래 예문에서 다시 몇 가지 사례를 점검한다. in case of there being not train(기차가 없는 경우에)에서는 유도부사인 there ~가 동명사 being ~의 의미상 주어가 되고 있다. despite there not being any more rain in that area(그 지역에 더 이상 비가 내리지 않았지만)에서는 despite가 전치사이고 being이 동명사인 것이다. 또 My fear of my children not having enough opportunities has made us start homeschooling.(내 자식들이 충분한 기회를 갖지 못할까 하는 두려움으로 우리는 자택 학습을 시작하게 되었다)에서는 of의 목적어인 동명사 having의 의미상 주어가 my children이다. 물론 homeschooling 은 명사이다. 간단한 문장에서는 동명사의 주어를 쉽게 찾을 수 있지만 좀 복잡하고 난해한 영문에서는 그 의미를 찾기가 쉽지 않으므로 주의해야만 할 것이다. 아래 예문에서는 여러 형태의 동명사 구문이 등장한다. my reason for believing that ~, every sign of continuing to be, for investors gauging the impact ~ 등의 간단한 구문에서부터, there is little or no likelihood of there being any repetition of these inflationary influences being tremendously reinforced 처럼 복잡한 구문도 있다. 물론 finding, timing, living 같이 단순 명사형도 있다. 따라서 전후관계를 살펴 「동사원형 + -ing」형의 성격을 파악하여 해석에 반영해야 할 것이다.

* with rare exceptions	* take place	* not entirely
* it is that	* there is little or no likelihood of	
* on a basis	* contribute to	* stem from
* be correlated with	* sift through	* make a decision

My reason for believing that with rare exceptions stocks in these groups will not prove outstanding equity investments is not because the very large increases that took place in the value of many of these shares in the immediate post-war years was not entirely justified. It is that the two sets of circumstances which together produced this great rise will not again occur. One of them, inflation, will probably continue to make itself felt, as it has in the recent past. But with these industries generally prosperous and giving every sign of continuing to be, there is little or no likelihood of there being any repetition of these inflationary influences being tremendously reinforced by an emergence from a state of selling on a "bare bones" basis to these shares being priced at a normal, healthy level which contributed so much to the rise of most of these securities.

Unexpected inflation shows more conclusive findings, most notably being a strong positive correlation to stock returns during economic contractions, demonstrating that the timing of the economic cycle is particularly important for investors gauging the impact on stock returns. This correlation is also thought to stem from the fact that unexpected inflation contains new information about future prices. Similarly, greater volatility of stock movements is correlated with higher inflation rates.

High inflation can be good, as it can stimulate some job growth. But high inflation can also impact corporate profits through higher input costs. This causes corporations to worry about the future and stop hiring, reducing the standard of living of individuals, especially those on fixed incomes.

For investors, all this can be confusing, since inflation appears to impact the economy and stock prices, but not at the same rate. Because there is no one good answer, individual investors must sift through the confusion to make wise decisions on how to invest in periods of inflation. Different groups of stocks seem to perform better during periods of high inflation.

분석해보니 수수께끼가 풀리는 것 같군!

내 이유는 믿는 것을 드문 예외는 있지만 주식은 이 기업
My reason for believing that with rare exceptions stocks in these
S M (C) (M) (S)

그룹의 입증하지 못할 것이라는 눈에 띄는 주식 투자 대상임을 때문은 아니다
groups will not prove outstanding equity investments is not because
(M) (V) (O) V (C)

매우 큰 증가가 일어난 가치에서 많은 이들
the very large increases that took place in the value of many of these
(S) (R) (V) (M)

배당몫의 전후 직후의 몇 년 동안에 완전히 타당하지는 않았기 그건
shares in the immediate post-war years was not entirely justified. It is
(M) (M) (V) S V

것이기 때문이다 두 조의 상황들이 함께 일으킨 이 큰
that the two sets of circumstances which together produced this great
(C) (S) (R) (M) (V) (O)

상승을 다시는 일어나지 않을 그 중 하나인 인플레이션은 아마도 계속할 것이다
rise will not again occur. One of them, inflation, will probably continue
(M) (V) S M V

자체가 느껴지도록 그것이 최근의 과거에 그런 것처럼 있음에도 이들 산업들이
to make itself felt, as it has in the recent past. But with these industries
O (C) (S) (V) (M) M

일반적으로 번창하고 모든 징조를 보여 주고 계속 번창할 거라는
generally prosperous and giving every sign of continuing to be, there is
M M A V

거의 없거나 전혀 없다 가능성이 있을 어떤 반복이 이들 인플레이션
little or no likelihood of there being any repetition of these inflationary
S M

유발의 영향이 엄청나게 강화되는 출현함으로써
influences being tremendously reinforced by an emergence from a
M M

상태로부터 팔리는 헐값 수준에 이런 주식들이 값이 책정되는 대로
state of selling on a "bare bones" basis to these shares being priced at
M M M

정상적이고 건전한 수준에서 기여했던 크게 상승에 대부분의
a normal, healthy level which contributed so much to the rise of most
M (R) (V) (M) (M)

이런 증권의
of these securities.

예상치 못한 인플레이션은 보여주며 더 결정적인 연구결과를 매우 현저하게
Unexpected inflation shows more conclusive findings, most notably
S V O M

강한 긍정적인 상관관계이며 주식 수익률과 동안 경제
being a strong positive correlation to stock returns during economic
M M M

축소 보여준다 것을 타이밍은 경제 주기의
contractions, demonstrating that the timing of the economic cycle is
PC (C) (S) (V)

particularly important for investors gauging the impact on stock returns. This correlation is also thought to stem from the fact that unexpected inflation contains new information about future prices. Similarly, greater volatility of stock movements is correlated with higher inflation rates.

High inflation can be good, as it can stimulate some job growth. But high inflation can also impact corporate profits through higher input costs. This causes corporations to worry about the future and stop hiring, reducing the standard of living of individuals, especially those on fixed incomes.

For investors, all this can be confusing, since inflation appears to impact the economy and stock prices, but not at the same rate. Because there is no one good answer, individual investors must sift through the confusion to make wise decisions on how to invest in periods of inflation. Different groups of stocks seem to perform better during periods of high inflation.

동명사의 의미상 주어 구문이 은근히 까다롭네!

my reason for believing that ~ 에서 **believing** 은 동명사로서 **that** 이하의 목적절을 취하고 있다. **it is that the two sets ~** 에서 **it is that ~** 은 **it is because** 의 뜻이다. 접속사

that이 원인이나 이유를 나타내어 "~이므로, ~때문에"의 뜻으로 쓰인다. **I'm glad that you should like it.**(네가 마음에 든다니 나는 기쁘다.) **If I complain it is that I want to get justice.**(내가 불평하는 것은 정당하게 대우받기를 원하기 때문이다.) **Not that I object.**(그렇다고 해서 내가 반대하는 것은 아니다.) 또한 **not that ~, but that ~** 의 형태로 쓰여 **not because ~, but because ~** 의 뜻을 갖기도 한다. **Not that I dislike the task, but that I am unequal to it.**(내가 그 일을 싫어하기 때문이 아니라, 그 임무를 감당할 수 없기 때문이다.) **with these industries generally prosperous and giving every sign of continuing to be ~** 에서 **with**는 양보를 나타내어 "~에도 불구하고, ~이 있으면서도"의 뜻이다. 여기서 **giving** 은 분사이고 **continuing** 은 동명사이며 **to be** 다음에는 **prosperous**가 생략되어 있다. 그러니까 **with these industries giving every sign of continuing to be prosperous** 의 구성이 된다.

there is little or no likelihood of there being any repetition of these inflationary influences being tremendously reinforced에서 **of there being any repetition ~**은 **that there is any repetition ~**으로 **being** 은 **of**의 목적어로 동명사이고 **there**가 형식상 동명사의 주어역할을 한다. 뒤에 연결되는 **of these inflationary influences being tremendously reinforced** 에서도 **being**은 동명사이고 **these inflationary influence**가 의미상 주어이다. **these shares being priced at a normal, healthy level ~** 에서도 **these shares** 가 동명사 **being priced** 의 주어가 되고 있다. **for investors gauging the impact on stock returns** 에서도 **gauging**은 **for**의 목적어로 동명사이며 그것의 의미상 주어는 **investors**이다. 이처럼 동명사의 의미상 주어로는 소유격만 쓰이는 것이 아니라 목적격도 사용된다는 점을 인식하여 구문파악과 해석에 이용해야 한다. **I don't like you (or your) talking unkindly about my poor friend.**(난 네가 내 불쌍한 친구에 대해 불친절하게 말하는 걸 좋아하지 않는다.) **She doesn't like the idea of people seeing her.**(그녀는 사람들이 자신을 본다는 생각을 좋아하지 않는다.) **how to invest in periods of inflation**은 **how they should invest in periods of inflation**의 뜻이다. **especially those on fixed incomes** 에서 전치사 **on** 의 뜻은 "~을 먹고, ~에 의해서"이다. 따라서 **especially those who live on fixed incomes** 의 뜻이며, **those** 는 **individuals** 를 받는다. **but not at the same time** 은 **does not appear to impact the economy and stock prices at the same time** 의 의미이다.

☞ **with rare exceptions** 드물게 예외는 있으나 / **stock** 주식, 증권, 주 / **equity investment** 주식투자. 주식 또는 주식형 펀드에 대한 직접투자를 지칭함 / **equity** (주식회사의) 지분, 주주 소유권, 보통주 / **take place** (사건이) 일어나다, 생기다, 개최되다 / **share** 몫, 배당 몫, 일부분, 주, 주식, 증권 / **not entirely** 전적으로(완전히) ~은 아니다(부분부정) / **it is that = it is because. that**에 원인이나 이유를 나타내어 "~이므로, ~때문에" 란 의미가 있다 / **there is little or no likelihood of** ~할 가능성은 거의 없거나 전혀 없다 / **on a basis** 근거하여, 기초로, 입장에서 / **contribute to** ~에 기여(공헌)하다, ~에 도움이 되다, ~에 기부를 하다, 기고하다 / **bare bones** (더 줄일 수 없는) 최소, 가장 기본적인 요소, 골자, 빈약한, 지독히 여윈 / **findings** 조사(연구) 결과, 소견 / **correlation** 상호 관계, 상관 / **contraction** (자금,

통화 따위의) 제한, 회수, 축소, 불황 / **stem from** ~에서 유래하다, 생기다, 일어나다

be correlated with ~와 상관하다, 관련하다 / **returns** (종종 복수형) 수입, 수익(률), 보수, 이득 / **demonstrate** 증명하다, 논증하다, (사물이) ~의 증거가 되다, (모형, 실험에 의해) 설명하다 / **timing** 타이밍(경기, 극 등에서 가장 좋은 순간을 포착하기, 또는 속도를 조절하기) / **gauge** 재다, 측정하다, 평가(판단)하다, 표준 치수에 맞추다 / **volatility** 변덕, 휘발성, 휘발도, 경박함 / **input** (자본의) 투입(량) / **sift through** 꼼꼼하게 살펴 추려내다, 꼼꼼히 살피다, 엄밀히 조사하다 / **make(take) a decision** 결정하다, 결단하다

해석은 했는데도 경제문제라 쉽지만은 않군!

드문 예외들은 있지만, 이런 기업 그룹들의 주식이 눈에 띄는 주식투자의 대상임을 입증하지 못할 것이라고 내가 생각하는 이유는 전후 직후 몇 년 동안에 이들 중 많은 주식의 상당한 가치증가가 전적으로 타당하지는 않았기 때문만은 아니다. 이런 큰 주가 상승을 함께 초래한 두 세트의 상황이 다시 일어나지는 않을 것이기 때문이다. 그 중 하나인 인플레이션은 아마도 최근의 과거에 그랬던 것처럼 계속해서 그 자체가 느껴지도록 만들 것이다. 하지만 이들 산업들이 일반적으로 경기가 좋고 또 계속해서 그렇게 될 모든 징조를 주고 있음에도 불구하고, 이들 인플레이션을 유발하는 영향들은 "헐값 수준"에 팔리는 상태로부터 대부분의 이런 유가증권의 상승에 크게 기여했던 정상적이고 건전한 수준에서 가격이 책정되는 이런 주식들까지 출현함으로써 엄청나게 강화되는 어떤 반복이 있을 가능성은 거의 없거나 전혀 없다.

예상치 못한 인플레이션은 보다 결정적인 연구 결과를 보여 주며, 매우 현저하게 경제가 축소되는 동안에 주식 수익률과 강한 긍정적인 상관관계를 이루며, 경제 주기의 타이밍은 투자자들이 주식 수익률에 미치는 영향을 측정하는데 특히 중요하다는 것을 보여준다. 이 상관관계는 또한 예상치 못한 인플레이션이 미래 가격에 대한 새로운 정보를 포함한다는 사실에서 비롯된 것으로 생각된다. 마찬가지로, 주식 변동의 큰 변덕은 더 높은 인플레이션 비율과 관련이 있다.

높은 인플레이션은 일자리 증가를 자극할 수 있기 때문에, 좋을 수 있다. 그러나 높은 인플레이션은 또한 높은 자본 투입 비용을 통해 기업의 이익에 영향을 줄 수도 있다. 이로 인해 기업은 미래에 대해 걱정하고 고용을 중단하여, 개인들, 특히 고정 수입으로 사는 사람들의 생활수준을 낮추게 된다.

투자자들에게 있어서, 인플레이션이 경제와 주가에 영향을 미치는 것처럼 보이지만, 같은 비율로 영향을 미치지는 않기 때문에, 이 모든 것이 혼란스러울 수 있다. 좋은 답변이 하나도 없기 때문에 개인투자자들은 인플레이션 시기에 어떻게 투자할지 현명한 결정을 내리기 위해 혼란을 꼼꼼하게 살펴야 한다. 인플레이션이 높은 시기에는 다른 그룹의 주식들이 더 잘 팔리는 것 같다.

18 이런 구문을 만나면 당혹스러울 수밖에!

이른바 특수구문에 속하는 도치, 강조, 생략, 공통관계, 삽입, 동격 중에서도 도치구문은 때로 파악하기 어려운 경우가 많다. 대체로 도치구문에는 구문 상으로 굳어진 도치, 목적어의 도치, 보어의 도치, 부사(구)의 도치 등 그 형식이 정해져 있는 것이 보통이다. 하지만 보통의 어순 배열을 벗어나 여러가지 이유로 어휘들이나 어구들이 도치가 되는 경우가 있는데 이는 파악하기가 쉽지 않다. 예를 들면, 지금까지 여러 번 다룬 적이 있듯이 목적어를 수식하는 말이 길 때에는 편의상 목적어 앞에 목적격 보어를 도치시키는 경우가 있는데 실제로는 알아보기가 쉽지 않다. 이처럼 문장의 구성상 어순이 보통의 문법적인 규칙대로 위치하는 것이 아니라 변칙적으로 도치되는 경우가 있음을 늘 염두에 두고 영문을 읽어야 할 것이다.

낯익지 않은 예를 몇 가지 들어 본다. Things we see like that on Mars.(우리는 화성에서 그와 같은 것들을 본다. - 목적어 도치) They will find fruitful the serial seminars held by mother company.(그들은 모회사가 여는 연쇄 세미나가 보람이 있다는 것을 알게 될 것이다. - 목적보어 도치) She worked on; if she could not move, she could at least write; and write she did until her mind left.(그녀는 계속 작업을 했다. 그녀가 움직일 수 없다 해도, 최소한 쓸 수는 있었다. 그녀는 미칠 지경이 될 때까지 정말로 글을 썼다. - 동사 도치) Most helpful to the calm and peaceful atmosphere that the two year-old child needs but cannot produce for himself is the presence of comforting music, in almost any form.(거의 어떤 형태로든, 위안이 되는 음악이 있다는 것이 그 두 살짜리 아이가 필요하지만 스스로는 만들 수 없는 고요하고 평온한 분위기에 가장 도움이 되는 것이다. - 보어 도치) 마지막 예문은 2006학년도 수능 36번 문제에 나온 것이다. 이처럼 문장이 길고 내용이 쉽지 않을 경우에는 그 속에 사용된 각종 도치구문을 혼동해 의미파악에 어려움을 겪을 수가 있다.

아래 예문에서 it is only natural, in a time when you have active and strong the spirit that makes for good, that you have co-existent with it the spirit that makes for evil no less active and strong이란 표현이 나오는데 여기서 active and strong, co-existent with it, 등의 위치를 보고 그 의미와 기능을 이해하겠는가? 물론 no less active and strong의 경우는, 여러 형용사들이 겹칠 때 A student smart but unmotivated doesn't study hard.(똑똑하지만 동기부여가 안 된 학생은 열심히 공부하지 않는다)에서처럼 명사 뒤에서 후치수식을 하는 경우이다.

* make for	* co-existent with	* on the cusp of
* the richer, the poorer	* gnaw at	* take down
* get rid of	* take an interest in	* pass away
* correlate ~ to	* hope for	* have much to do with

People often say that this is a materialistic age. There is much truth in that, but I do feel, too, that there has never been an age in which there are more people struggling, some with more success and some with less, to live to the highest ideals that are in them, and doing something to help to better the moral and the physical conditions of the people among whom they live. And it is only natural, in a time when you have active and strong the spirit that makes for good, that you have co-existent with it the spirit that makes for evil no less active and strong.

The world is now on the cusp of really glorious progress in almost every field. Despite several tragedies, the world's poorest and most desperate inhabitants are enjoying far more improved well-being. However, we need to pause and reflect whether this external progress is accompanied by corresponding internal progress. The hard truism is that material progress has produced moral and spiritual ennui, or a form of moral and spiritual "lag".

This is a very serious predicament, a vexing and haunting problem gnawing at modern man. The richer we have become materially, the poorer we have become morally and spiritually. We have learned to fly the air like birds and swim the sea like fish, but we have not learned the simple art of living on earth as fellow beings. There is always that nervous twinge of waiting to see precisely which dark force will take us down.

Spiritual enlightenment and the pursuit of truth are two cardinal values that can provide man eternal freedom and peace. However, the majority of mankind is not yet intellectually prepared, nor is it sufficiently evolved spiritually, to recognize and acknowledge this fact. Arnold Toynbee vehemently advocated the need to restore the spiritual axis of our life to enable us to get rid of social afflictions.

All faiths and philosophies take a natural interest in the question of time. It is perhaps the experience of passing time that gives consciousness about our first questions on life. There is life, there is time and then, life passes away. The question of time shapes an awareness of death, which is reflected in the essence of existence. The three basic philosophical questions formulated by the German philosopher Immanuel Kant correlate the awareness of time to this existential quest: What can I know? What should I do? What may I hope for? The very last question embodies the others and has much to do with our time.

일단 도해를 보면 문제를 알겠지!

사람들은 종종 말한다 지금은 물질주의 시대라고 있다 많은 진실이
People often say that this is a materialistic age. There is much truth
S M V (C) (S) (V) (C) A V S

거기에는 허나 느낀다 역시 것을 지금까지 없었다는 시대가
in that, but I do feel, too, that there has never been an age in which
M S V M (C) (A) (M) (V) (S) (R)

있는 더 많은 사람들이 고군분투하는 일부는 더 성공하고 일부는
there are more people struggling, some with more success and some
(A) (V) (S) (M) (S) (M) (S)

덜 성공하고 살려고 최고의 이상에 따라 있는 그들 속에 하는
with less, to live to the highest ideals that are in them, and doing
(M) (M) (R) (V) (M)

무언가를 돕는 개선하려고 도덕적 물질적 상태를
something to help to better the moral and the physical conditions of
(M) (M)

사람들의 가운데 그들이 사는 당연할 따름이다 시대에
the people among whom they live. And it is only natural, in a time
(M) (R) (S) (V) S V C M

네가 적극적이고 강한 정신을 선에 이바지하는 것은
when you have active and strong the spirit that makes for good, that
(R) (S) (V) (M) (O) (R) (V) (M) (S)

네가 갖는다는 그것과 공존하는 정신을 도움이 되는 악에 못지않게 적극적이고
you have co-existent with it the spirit that makes for evil no less active
(S) (V) (M) (O) (R) (V) (M) (M)

강한
and strong.

세계는 이제 시작에 있다 정말 영광스런 발전의 거의
The world is now on the cusp of really glorious progress in almost
S V M M M

모든 분야에서 여러가지 비극에도 불구하고 세계의 가장 빈자와 가장
every field. Despite several tragedies, the world's poorest and most
M M S

절망적인 주민들은 즐기고 있다 훨씬 더 향상된 복지를
desperate inhabitants are enjoying far more improved well-being.
V O

그러나 우린 필요가 있다 멈추고 숙고할 여부를 이 외적 진행이
However, we need to pause and reflect whether this external progress
C S V O (C) (S)

수반되는지 해당 내부 진행에 의해 엄연한 진실은
is accompanied by corresponding internal progress. The hard truism
(V) (M) S

것이다 물질적 진보가 일으켰다는 도덕적 영적 권태 혹은
is that material progress has produced moral and spiritual ennui, or a
V (C) (S) (V) (O)

일종의 도덕적 영적 지연을
form of moral and spiritual "lag".
(O)

이것은 매우 심각한 곤경이며 짜증나게 하고 잊혀지지 않는 문제다
This is a very serious predicament, a vexing and haunting problem
S V C C

좀먹는 현대인을 부유해질수록 우리가 물질적으로
gnawing at modern man. The richer we have become materially, the
M (C) (S) (V) (M)

더 가난하게 되었다 도덕적으로 영적으로 우린 배웠다 나는 걸
poorer we have become morally and spiritually. We have learned to fly
C S V M S V

하늘을 새처럼 헤엄치는 걸 바다를 물고기처럼 우린 배우지 못했다
the air like birds and swim the sea like fish, but we have not learned
O M O M S V

단순한 기술을 사는 지구에서 동료로서 있다 항상 그
the simple art of living on earth as fellow beings. There is always that
O M M A V M

불안한 고통이 관망하려는 정확히 어떤 암흑 세력이 무너뜨리게
nervous twinge of waiting to see precisely which dark force will take
S M (Q) (S) (V)

우릴 할지를
us down.
(O)

영적 깨달음 추구는 진리의 두 주요 가치이다
Spiritual enlightenment and the pursuit of truth are two cardinal
S V C

제공할 수 있는 인간에게 영원한 자유와 평화를 하지만
values that can provide man eternal freedom and peace. However,
(R) (V) (IO) (DO) M

대다수는 인류의 아직 지적으로 준비되어 있지 않으며 또한
the majority of mankind is not yet intellectually prepared, nor is it
S M V (C) (S)

충분히 진화 안했다 영적으로 인식하고 인정할 정도로 이 사실을
sufficiently evolved spiritually, to recognize and acknowledge this fact.
(M) (V) (M) M

아놀드 토인비는 강력하게 옹호했다 필요성을 회복할 영적
Arnold Toynbee vehemently advocated the need to restore the spiritual
S M V O M

축을 우리 삶의 수 있게 우리가 제거할 사회적 고통을
axis of our life to enable us to get rid of social afflictions.
M

모든 믿음과 철학은 자연스러운 관심을 갖는다 문제에
All faiths and philosophies take a natural interest in the question
S V O M

시간의 아마도 경험일 것이다 시간을 보내는 것은 주는
of time. It is perhaps the experience of passing time that gives
S V M C (C) (V)

의식을 우리의 첫째 질문에 대해 인생에 대한 삶이 있고
consciousness about our first questions on life. There is life, there
(O) (M) (M) A V S A

시간이 있으며 그리곤 생명은 지나간다 문제는 시간의 형성하는데
is time and then, life passes away. The question of time shapes an
V S C S V S V

인식을 죽음의 이것은 반영된다 본질에 존재의
awareness of death, which is reflected in the essence of existence.
O (R) (V) (M)

세 가지 기본적인 철학적 질문은 공식화된 의해서 독일
The three basic philosophical questions formulated by the German
S M

철학자 임마누엘 칸트에 연관시킨다 인식을 시간의 이
philosopher Immanuel Kant correlate the awareness of time to this
V O

실존적 탐구와 무엇을 알 수 있나 무엇을 하나 내가 해야 무엇을 내가
existential quest: What can I know? What should I do? What may I
M O S V O S V O S

바라겠나 바로 마지막 질문은 구체화하고 다른 질문들을 많은 관련이 있다
hope for? The very last question embodies the others and has much to
V S V O V O

우리의 시간과
do with our time.
M

아, 이렇게 도치되는 경우도 있구나!

it is only natural, in a time when you have active and strong the spirit that makes for good, that you have co-existent with it the spirit that makes for evil no less active and strong에서 **it** 은 가주어이고 **that you ~** 이하가 진주어다. 문제는 **active and strong the spirit that makes for good** 과 **you have co-existent with it the spirit** 에서는 **active and strong** 과 **co-existent with it** 은 각각 뒤에 있는 **spirit** 을 수식하는 말인데 도치가 되어 있다고 볼 수 있다. 물론 두 개의 **spirit** 은 **have** 의 목적어이다. 따라서 앞의 것은 **you have the sprit active and strong that makes for good** 이고 뒤의 것은 **you have the spirit co-existent with it that makes for evil** 인데 뒤에 관계대명사절이 붙어 있으므로 도치가 된 것으로 보아야 할 것이다. 대체로 앞에 있는 명사를 수식하는 절이 뒤에 올 경우 그 관계를 분명히 하기 위해서 그 명사를 수식하는 부분을 도치시킬 때가 있다. 특히 앞의 **active and strong** 다음에 **the**가 있는 것, 또 **have** 다음에 형용사가 온 것으로 미루어 구문을 짐작할 수 있겠지만 파악하기 쉬운 구문이 결코 아니다.

there are more people struggling, some with more success and some with less, to live to the highest ideals that are in them, and doing something ~ 에서 **struggling** 과 **doing**은 **more people**에 걸리는 것이고 **struggling** 은 뒤에 **to live to ~**로 연결된다. **some with more success and some with less**는 삽입구이며 **some people are with more success and some people are with less success**의 의미이다. **that can provide man eternal freedom and peace** 에서 **man** 은 **provide** 의 간접목적어이고 **eternal freedom and peace** 는 직접목적어다. 사전을 보면 **provide** 는 3형식 동사로 목적어 다음에 전치사 **with, for, to** 등을 쓰도록 되어 있는데 이처럼 간접목적어와 직접목적어를 써서 4형식의 문장을 이끌기도 한다. **This lecture of yours could provide them with a wide range of information and a clear picture of the actual place of their field in real world.**(당신의 이 강의는 그들에게 광범위한 정보와 실제 세계에서의 그들 분야의 위치에 대한 명확한 그림을 제공할 수 있다.) 원래 **provide** 의 용법은 **provide a person with something = provide something for a person** 으로 되어 있지만 특히 미국 영어에서는 **with** 나 **for** 를 생략하고 표현할 때가 있다. 또한 전치사 **for** 대신 **to** 를 사용할 때도 있다. **Nature provides a constant source of pleasure to those who can appreciate it.**(자연은 그것을 감상할 수 있는 사람들에게 끊임없는 기쁨의 원천을 제공한다.) **provide** 는 간접목적어와 직접목적어를 취하기도 한다. **nor is it sufficiently evolved spiritually, to recognize ~** 도 물론 도치구문이다. **sufficiently to**는 **enough to** 의 의미로 **sufficiently to recognize and acknowledge this fact** 로 연결된다. **it is perhaps the experience of passing time that gives consciousness ~** 에서 **it** 은 가주어이고 **that** 이하가 진주어이다.

☞ **materialistic** 유물론의, 유물주의적인, 물질주의(자)의 / **better** ~을 개선(개량)하다, ~을 능가하다 / **make for** ~에 이바지하다, 도움이 되다 / **co-existent with** ~와 공존하는 / **cusp** 변화의 발단, 개시점, (두 곡선의) 꼭지점, 뾰족한 끝. **on the cusp of** ~의 시작점에 있는, 막 ~ 하려는 시점에 / **desperate** 필사적인, 혈안이 된, 열중한, ~하고 싶어 못 견디는 / **inhabitant** 주민, 거주자 / **corresponding** 대응하는, 상응하는, 유사한, 부합하는 / **truism** 자명한 이치, 뻔(명명백백)한 일, 판에 박힌(진부한) 문구 / **ennui** 권태, 지루함 / **lag** 지연, (흐름, 운동 등의) 지체(량)

predicament 곤경, 궁지 / **vexing** 짜증나게 구는, 애태우는, 부아가 나는, 성가신 / **haunting** 자주 마음속에 떠오르는, 뇌리를 떠나지 않는 / **gnaw at** ~을 물다, ~을 쏠다, ~을 좀먹다 / **twinge** 쑤시는 듯한 아픔, 동통, 격통, (양심의) 가책, 회한 / **take down** 콧대를 꺾어 주다, 교만기를 꺾다, 비난(욕)하다, 낮추다 / **enlightenment** 계발, 계몽, 교화, 문명, 개화 / **cardinal** 주요한(main), 기본적인 / **vehemently** 격렬하게, 맹렬하게, 힘껏, 열렬히 / **axis** 굴대, 축, 축선 / **get rid of** ~을 제거하다, ~을 면하다(벗어나다) / **affliction** 고뇌, 재해, 역경, 불행의 원인 / **take an interest in** ~에 흥미를(관심을) 갖다 / **pass away** 때가 지나다, 경과하다, 가다, 가 버리다, 끝나다, 소멸하다, 죽다, (때를) 보내다, 낭비하다 / **formulate** 형식(공식)으로 나타내다, 공식화하다, 명확하게(계통을 세워) 말하다 / **correlate ~ to** ~를 ~와 서로 관련시키다 / **hope for** ~의 희망을 갖다, ~을 기대하다 / **embody** (사상, 감정 따위를)

구체화하다, 유형화하다, (작품, 언어 따위로 사상을) 구체적으로 표현하다 / **have much to do with** ~ 와 많이(크게) 관계가 있다

글쎄, 해석은 그럴 듯하게 되는 것 같은데!

지금은 물질주의 시대라고 사람들이 흔히 말한다. 그 말에는 진실이 많지만, 그러나 나는 다음과 같이도 통절히 느낀다. 즉, 자신들 속에 존재하는 최고의 이상에 따라 살려고 고군분투하는 사람들, 그들 중 일부는 더 성공하기도 하고 일부는 성공하지 못하기도 하는 사람들이 있는데, 그들이 더불어 사는 사람들의 정신적이고 물질적인 상태를 개선하기 위해 무엇인가 도울 수 있는 일을 하는 사람들이 지금보다 더 많이 있었던 시대는 한 번도 없었다고. 선에 이바지 하는 정신이 적극적이고 강력한 시대에, 이에 못지않게 적극적이고 강력한 악에 도움이 되는 정신이 이것(선에 이바지하는 정신)과 공존한다는 것은 당연할 따름이다.

세계는 이제 거의 모든 분야에서 정말 영광스러운 발전의 시작에 있다. 여러 가지의 비극에도 불구하고, 세계에서 가장 가난하고 절망적인 주민들은 훨씬 더 향상된 복지를 즐기고 있다. 그러나 우리는 이런 외적인 발전이 이에 상응하는 내적인 발전에 의해 수반되고 있는지 여부를 일시 멈춰 서서 숙고할 필요가 있다. 엄연한 진실은 물질적 진보가 도덕적이거나 영적인 권태, 또는 일종의 도덕적 및 영적 "지연"을 일으켰다는 것이다.

이것은 매우 심각한 곤경이며, 현대인을 좀먹는 짜증나게 하고 뇌리를 떠나지 않는 문제이다. 우리가 물질적으로 부유해질수록, 도덕적으로나 영적으로 더 가난한 사람이 되었다. 우리는 새처럼 하늘을 날고 물고기처럼 바다를 헤엄치는 법을 배웠지만, 지구상에서 동료로서 사는 단순한 기술은 배우지 못했다. 어떤 암흑 세력이 우리를 무너뜨리게 될지를 정확히 관망하려는 신경 과민한 쑤시는 듯한 고통이 항상 있는 것이다.

영적인 깨달음과 진리의 추구는 인간에게 영원한 자유와 평화를 제공할 수 있는 두 가지 주요 가치다. 그러나 인류의 대다수는 아직 이 사실을 인식하고 인정할 정도로 지적으로 준비되어 있지 않으며 영적으로도 충분히 진화하지도 않았다. 아놀드 토인비는 우리가 사회적 고통을 제거할 수 있도록 우리 삶의 영적 축을 회복할 필요성을 강력히 옹호했다.

모든 믿음과 철학은 시간의 문제에 자연스러운 관심을 가진다. 인생에 관한 우리의 첫 번째 질문들에 대한 의식을 주는 것은 아마도 시간을 보내는 경험일 것이다. 삶이 있고, 시간이 있으며, 그 다음 생명은 지나간다. 시간의 문제는 죽음에 대한 인식을 형성하는데, 이것은 존재의 본질에 반영된다. 독일 철학자 임마누엘 칸트가 공식화한 세 가지 기본적인 철학적 질문은 이 실존적 탐구와 시간의 인식을 연관시킨다. 내가 뭘 알 수가 있나? 내가 무엇을 해야 하나? 내가 무엇을 바라겠나? 마지막 질문은 나머지 다른 질문들을 구체화하고 우리의 시간과 많은 관련이 있다.

「it」이 이런 구문을 이끌 줄이야! 19

짧은 어휘 중의 하나인 대명사 it 은 아마도 영문 독해 시에 그 뜻이나 역할을 찾는데 혼동을 주는 어휘 중의 하나일 것이다. 실제로 이미 말한 사물이나 내용을 가리키는 기본적인 용법만으로도 그 실체를 알아내기가 쉽지 않으며, 단순히 "그것"이라고 번역해서는 의미 파악이 안 될 때가 많다. 물론 it 은 강조구문(it ~ that ~, it ~ which· who·whom 등)을 포함하여 뒤의 주어를 받는 형식주어(부정사구, 동명사구, that, whether 등을 대표함)로서, 상황 · 사정 · 거리 · 시간 · 명암 · 날씨 등을 가리키는 비인칭 주어로서, 또 형식목적어(사실상의 목적어인 부정사구, 동명사구, that 등을 대표함)로서 사용되는 경우가 일반적이다. 하지만 이외에도 쓰임이 매우 다양하고 복잡해서 특별히 주의하지 않으면 그 실체를 파악하느라 애를 먹을 경우가 있다.

익숙한 예를 몇 가지 들어보자. 우선 it 이 앞에 나온 내용을 가리키는 것이 아니라 후속 어구를 가리킬 때가 있는데 문장이 복잡할 경우 찾기가 쉽지 않다. It is a nuisance, this delay. (골치군, 이렇게 늦다니)에서 it 은 this delay 를 가리킨다. 막연한 상황을 나타내는 경우가 많은데, 이는 일반적으로 관용표현이라 할 수 있다. Which sectors does he say have most problems when it comes to keeping the complaining customer satisfied?(어떤 분야가 불평하는 고객을 만족스럽게 유지시켜야 하는 상황이 되는 대부분의 문제들을 갖고 있다고 그가 말하는가?) How's it going with you?(요새 어떻게 지내?) 또 동사의 무의미한 목적어일 경우도 있고(South Korea's dream was to make it to the second round. 한국의 꿈은 2회전에 진출하는 것이었다. I take it that she has declined the invitation. 나는 그녀가 그 초대를 거절한 것을 이해한다.), 전치사의 무의미한 형식상의 목적어일 경우도 있으며(He had a hard time of it in the army. 그는 군대에서 힘든 시간을 보냈다. As soon as I saw his angry face, I knew I was in for it. 그의 화난 얼굴을 보자, 야단 맞겠구나 하고 생각했다. I'll see to it that everything is in order. 모든 것이 제대로 되어 있는지 살펴보겠다.), 심지어는 명사를 임시 동사로 하고 그 뒤에 무의미한 형식적인 목적어로 쓰일 때도 있다(We footed it back to home. 우리는 집까지 걸어서 돌아왔다.). 구어체를 포함해서 이런 특수한 it 의 쓰임은 너무도 많다. It happened I met him on the street.(나는 우연히 거리에서 그를 만났다.)에서처럼 it seems that ~, it appear that ~, it happens that ~ 구문에서는 표면상 it 이 가리키는 형식상의 접속사

that 이 생략되는 구문을 이끌기도 한다. It doesn't seem of much use going on.(계속하는 건 쓸모가 없는 것같다.) 같은 구문도 있다.

아래 예문에서는 it 이 뒤에 언급되는 명사를 대신해서 사용된 구문이 나오는데 평소에 이런 쓰임을 익혀두는 것이 좋다. It is wonderful the way a little town keeps track of itself and of all its units. 에서 it 은 과연 무엇을 가리키며, 어떤 기능을 할까? it is wonderful 까지는 간단한 것 같은데 바로 뒤에 the way 가 나와 있지 않은가? 다시 설명을 할 기회가 있겠지만 Mother is the guide to her son's future facial expression, and it's sad if she isn't a good one.(어머니는 그녀 아들의 미래 얼굴 표정에 대한 지표인 것이다. 따라서 만일 어머니가 좋은 어머니가 아니면 애석하다.)에서는 it 이 무엇을 나타낼까?

* keep track of	* conduct oneself	* in no way
* let ~ and	* creep in	* bid against
* bring in	* break down	* as far down as possible
* to the best of one's ability	* do one's best	

It is wonderful the way a little town keeps track of itself and of all its units. If every single man and woman, child and baby, acts and conducts itself in a known pattern and breaks no walls and differs with no one and experiments in no way and is not sick and does not endanger the ease and peace of mind or steady unbroken flow of the town, then that unit can disappear and never be heard of. But let one man step out of the regular thought or the known and trusted pattern, and the nerves of the townspeople ring with nervousness and communication travels over the nerve lines of the town. Then every unit communicates to the whole.

Thus, in La Paz, it was known in the early morning through the whole town that Kino was going to sell his pearl that day. It was known among the neighbors in the brush huts, among the pearl fishermen; it was known among the Chinese grocery-store owners; it was known in the church, for the altar boys whispered about it. Word of it crept in among the nuns; the beggars in front of the church spoke of it, for they would be there to take the tithe of the first fruits of the luck. The little boys knew about it with excitement, but most of all the pearl buyers knew about it, and when the day had come, in the offices of the pearl buyers, each man sat alone with his little black velvet tray, and each man rolled the pearls about with his fingertips and considered his part in the picture.

It was supposed that the pearl buyers were individuals acting alone, bidding against one another for the pearls the fishermen brought in. And once it had been so. But this was a wasteful method, for often, in the excitement of bidding for a fine pearl, too great a price had been paid to the fishermen. This was extravagant and not to be countenanced. Now there was only one pearl buyer with many hands, and the men who sat in their offices and waited for Kino knew what price they would offer, how high they would bid, and what method each one would use. And although these men would not profit beyond their salaries, there was excitement among the pearl buyers, for there was excitement in the hunt, and if it be a man's function to break down a price, then he must take joy and satisfaction in breaking it as far down as possible. For every man in the world functions to the best of his ability, and no one does less than his best, no matter what he may think about it.

산문이라 다소 생소하겠지만 그래도...

놀랍다 방법은 한 작은 마을이 정보를 얻어내는 그 마을과
It is wonderful the way a little town keeps track of itself and of all
S V C S (S) (V) (O) (M)

전 주민의 만일 모든 개개의 남자와 여자 애와 갓난애가 행하고
its units. If every single man and woman, child and baby, acts and
(C) (S)

처신하고 알려진 방식에 따라 깨뜨리지 않고 장벽을 다르지 않고
conducts itself in a known pattern and breaks no walls and differs
(V) (M) (V) (O) (V)

누구와도 실험도 절대 안 하고 아프지 않고 하지 않으면
with no one and experiments in no way and is not sick and does not
(M) (V) (M) (V) (C)

위태롭게 평안과 평화를 마음의 한결같이 계속되는 흐름을
endanger the ease and peace of mind or steady unbroken flow of
(V) (O) (O)

마을의 그러면 그 주민은 사라져서 소문도 없어질 수 있다 허나
the town, then that unit can disappear and never be heard of. But let
S V V V

어떤 사람이 벗어나게 되면 통례의 사고나 알려지고 안심스런
one man step out of the regular thought or the known and trusted
O OC M

방식에서 신경은 마을사람들의 웅성대고 신경과민으로
pattern, and the nerves of the townspeople ring with nervousness and
S V M

정보가 전해진다 신경계통을 통해 마을의 그러면 모든
communication travels over the nerve lines of the town. Then every
S V M S

주민이 전달한다 전체에게
unit communicates to the whole.
V M

그래서 라파즈에서는 알려졌다 이른 아침에 마을 전체에 걸쳐
Thus, in La Paz, it was known in the early morning through the whole
M S V M M

것이 키노가 팔려고 했다는 자기 진주를 그날 그건 알려졌다
town that Kino was going to sell his pearl that day. It was known
(S) (S) (V) (O) (M) S V

이웃들 사이에 잡목림 오두막집 진주 어부들 사이에 그건
among the neighbors in the brush huts, among the pearl fishermen; it
M M M S

알려졌다 중국 식품점 소유자들 사이에 그건 알려졌다
was known among the Chinese grocery-store owners; it was known in
V M S V

교회에 왜냐면 복사들이 속삭였기 때문이다 그것에 대해 그 소식은
the church, for the altar boys whispered about it. Word of it crept in
M C S V M S V

사이에 수녀들 거지들은 앞의 교회 그것을 말했다 왜냐면 그들은
among the nuns; the beggars in front of the church spoke of it, for they
M S M V M C S

거기 있곤 했기에 받기 위해 십일조를 첫 열매의 행운의 어린
would be there to take the tithe of the first fruits of the luck. The little
V M M M S

소년들은 그것에 대해 알았다 흥분으로 하지만 대부분의 모두는 진주 구매자들은
boys knew about it with excitement, but most of all the pearl buyers
V M M S

그것에 대해 알았다 때 그 날이 왔을 사무실에서 진주
knew about it. and when the day had come, in the offices of the pearl
V M (C) (S) (V) (M)

구매자들의 각 사람은 앉았다 혼자 조그마한 검정 벨벳 쟁반을 갖고 각자는
buyers, each man sat alone with his little black velvet tray, and each
S V M

굴렸다 진주들을 이리 저리 손가락으로 생각했다 자기 역할을
man rolled the pearls about with his fingertips and considered his part
S V O M V O

그 상황에서
in the picture.
M

추정되었다 진주 구매자들은 개인이라고 혼자 행동하는
It was supposed that the pearl buyers were individuals acting alone,
S V (C) (S) (V) (C) (M)

입찰하면서 서로에 맞서 대해 진주에 어부들이 가져온
bidding against one another for the pearls the fishermen brought
(M) (M) (S) (V)

한 때는 그것이 그랬었다 허나 이는 낭비적인 방법이었다 때문에
in. And once it had been so. But this was a wasteful method, for
M S V C S V C C

종종 흥분속에서 입찰하는 좋은 진주에 대해 너무 큰 가격이
often, in the excitement of bidding for a fine pearl, too great a price
M M M S

지불되었기 어부들에게 이것은 터무니 없었고 안 되었다
had been paid to the fishermen. This was extravagant and not to be
V M S V C

묵인되어선 이제는 단지 한 진주 구매자가 있었다 많은 고용인을 가진
countenanced. Now there was only one pearl buyer with many hands,
V A V S M

그들은 앉았다 그들 사무실에 기다린 키노를 알았다 어떤
and the men who sat in their offices and waited for Kino knew what
S (R) (V) (M) (V) (M) V

값을 그들이 제안할지 얼마나 높게 그들이 입찰할 것인가 어떤 방법을
price they would offer, how high they would bid, and what method
(O) (S) (V) (M) (S) (V) (O)

각자가 사용할지 비록 이 사람들이 이익을 얻지 못할 테지만
each one would use. And although these men would not profit beyond
(S) (V) (C) (S) (V)

그들의 봉급 이상으로 흥분이 있었다 진주 구매자들 사이에는 왜냐면
their salaries, there was excitement among the pearl buyers, for there
(M) A V S M C A

흥분이 있었기 때문에 그 추적에 만일 사람의 기능이라면 낮추는 것이
was excitement in the hunt, and if it be a man's function to break down
V S M (C) (S) (V) (C) (S)

가격을 그는 얻을 것이다 기쁨과 만족을 그걸 낮추는데 아래로
a price, then he must take joy and satisfaction in breaking it as far
M S V O M

가능한한 왜냐면 모든 사람은 세상의 기능을 하기 때문이다 최대로
down as possible. For every man in the world functions to the best of
M C S V M

자기 능력의 아무도 없다 최선을 다하지 않는 사람은 간에 그가 그것에
his ability, and no one does less than his best, no matter what he may
S V O M (S)

어떻게 생각하든
think about it.
(V) (M)

해설을 봐도 이해가 잘 안 될지 몰라

it is wonderful the way a little town keeps track of itself 에서 **it** 은 뒤에 나오는 **the way** 를 받는 가주어다. 원래대로 풀어본다면 **the way that a little town keeps track of itself is wonderful** 이 된다. **it is wonderful** 다음에 진주어인 **to** 부정사나 동명사, 또는 접속사인 **that, whether,** 관계대명사 등 판에 박힌 구문이 오는 것이 아니라 단순히 명사가 와서 **it** 을 대신할 수도 있다는 것을 기억할 필요가 있다. **let one man ~ and the nerves ~** 는「명령문 + **and**」구문이므로 조건 명령문에 맞게 번역해야만 한다. **in the picture**에서 **the picture** 는 "상황, 사태, 정세"의 뜻이다. **and not to be countenanced** 는 **this was not to be countenanced** 로 연결되므로 **be to** 구문이 된다. **beyond their salaries** 에서

beyond 는 "~보다 이상으로, ~에 넘치는"의 뜻이다. **if it be a man's function to break down a price** 는 가정법 현재구문으로, **it** 은 **to break down** 을 받는다.

☞ **keep track of** ~ 의 진로를 쫓다, ~ 을 놓치지 않고 따라가다, ~ 에 대해 끊임없이 정보를 얻어내다 ~ 의(와의) 소식(접촉)을 끊어지지 않도록 하다 / **unit** 한 사람, 일단, 구성원 / **conduct oneself = behave** 행동하다, 거동하다, 처신하다 / **in no way** 결코(조금도) ~ 않다 / **endanger** 위태롭게 하다, 위험에 빠뜨리다 / **brush** 잡목림, 덤불, 미개척지 / **creep in** 슬며시 기어들다 / **altar boy = acolyte** (가톨릭) 시종직, 시종품, 보미사, 복사, 조수 / **tithe** 십일조, 10분의 1 교구세, 작은 부분, 조금 / **first fruits** 성경에 나오는 말로 "내가 네게 준 땅에 들어가서 추수할 때, 너는 추수의 첫 열매를 제사장에게 가져와야 한다"에서 유래한 말로 즉 하나님이 자신의 백성들을 불러 첫 수확물—첫 열매—을 추수할 때부터 헌물로서 그에게 가져 오라고 하였다.

bid against ~에 맞서서 입찰하다 / **bring in** 가지고 들어오다, 들여오다, (원조자를) 끌어들이다 / **extravagant** 돈을 함부로 쓰는, 낭비벽이 있는, 사치한, 터무니없는, 지나친 / **countenance** ~에게 호의를 보이다, (은근히) 장려(지지)하다, 묵인하다 / **hands** 일손, 고용인, 직공, 승무원 / **hunt** 추적, 수색, 탐색 / **break down** 기를 꺾다, 압도하다, 무찌르다, 약화시키다 / **as far down as possible** 가능한 한 아래로 / **to the best of one's ability** ~ 힘이 미치는(닿는) 한, 힘껏, 최선을 다해 / **do one's best** 최선을 다하다

이 정도의 글은 쉬울 것 같지만 그래도...

한 작은 마을이 그 마을과 주민 전체에 대한 정보를 끊임없이 얻어내는 방법은 놀랍다. 만일 개개의 남녀 모두, 애들과 갓난애가, 알려진 방식에 따라 행동하고 처신하며 사회적 정신적 장벽을 깨뜨린다든가 하는 일을 하지 않고 누구와도 의견이 다르지 않으며 결코 어떤 새로운 실험도 하지 않고 병을 앓지도 않으며 그리고 마음의 평안과 평화나 혹은 마을의 한결같이 계속되는 흐름을 위태롭게 하지 않는다면, 그 주민은 사라져 없어지고 그에 대한 소문도 들리지 않을 것이다. 하지만 어떤 사람이 통례의 사고방식이나 이미 알려져 있고 신뢰를 받은 방식에서 벗어나게 되면, 마을 사람들의 신경은 신경과민으로 웅성대고 정보는 마을의 신경계통을 통해서 널리 퍼진다. 그러면 주민 모두는 마을 전체에 정보를 전달하게 된다.

따라서 라파즈에서는 키노가 그날 자신의 진주를 팔려고 했다는 것이 이른 아침에 마을 전체에 걸쳐 알려졌다. 그것은 진주 어부들 사이에, 잡목림 오두막집에 사는 이웃들 사이에 알려졌다. 그것은 중국 식료품 점 소유자들 사이에 알려졌다. 그것은 교회에도 알려졌는데, 왜냐하면 복사들이 그것에 대해 속삭였기 때문이었다. 그 소식이 수녀들 사이에 슬며시 퍼졌다. 교회 앞의 거지들도 그것에 대해 말을 했다. 왜냐하면 거지들은 행운의 첫 열매의 십일조를 받기 위해 거기에 있었기 때문이다. 어린 소년들은 흥분으로 그것에 대해 알았지만, 무엇보다도 모든 진주 구매자들 대부분이 그것에 대해 알고 있었던 것이다. 그 날이 왔을 때, 진주 구매자들의 사무실에서는, 각 사람이 자그마한 진주 벨벳 쟁반을 들고 혼자 앉아있었다. 그리고 각자는 자신의 손가락으로 진주들을 이리저리 굴리면서 그 상황에서 자신의 역할을 생각했다.

진주 구매자들은 어부들이 가져온 진주에 대해 서로에 맞서 입찰을 하면서 혼자서 행동하는 개인들이라고 추정되었다. 그리고 한 때엔 그랬었다. 하지만 이것은 낭비적인 방법이었다. 왜냐하면 종종 좋은 진주에 대해

입찰을 하는 흥분 속에서, 너무나 큰 값이 어부들에게 지불되었기 때문이었다. 이것은 낭비가 심한 일이었고 묵인되어서는 안 되었다. 이제는 고용인이 많은 진주 구매자가 한 명뿐이었다. 그들 사무실에 앉아서 키노를 기다리는 그 사람들은 그들이 어떤 값을 제안할 것이며, 얼마나 높게 입찰할 것인지, 그리고 각자가 어떤 방법을 사용할 것인지를 알고 있었다. 비록 이 사람들은 자기 봉급 이상의 이익을 얻지 못할 테지만 진주 구매자들 사이에는 흥분이 있었는데, 그 이유는 그 추적에 흥분이 있기 때문이었다. 그리고 만일 가격을 낮추는 것이 사람의 역할이라면 그는 가능한 한 값을 낮추는 데에서 기쁨과 만족을 얻을 것임에 틀림없다. 왜냐하면 세상의 모든 사람은 자기 능력을 최대로 발휘하면서 직분을 다하기 때문이다. 자신이 그것에 대해서 어떻게 생각하든, 아무도 자기 최선을 다하지 않는 사람이 없는 것이다.

20 「make possible」이 하나의 동사잖아!

우리말에도 대중이 많이 사용하는 어휘들을 표준어로 정하는 사례가 종종 있다. 다방면에서 급속도로 발전하는 현대의 문명 하에서 언어도 그 영향을 받지 않을 수 없기 때문일 것이다. 영어에서도 마찬가지로 그런 현상들이 발생한다. 그 중 하나가 바로 make possible 이다. 보통 이것은 make 가 타동사이므로 목적어가 나온 후 목적보어로 possible 을 사용하는 구문으로 익숙하다. 즉 목적어가 길 경우 목적보어인 possible 이 도치가 되어 「make possible + 목적어」의 어순으로 쓰일 때가 많았으며 그럴 때마다 도치구문으로 설명을 해왔다. 가령, It is the lack of gravity on the moon that makes possible leaps of 30 feet or more.(달에서 30 피트 혹은 그 이상 도약할 수 있게 하는 것은 중력의 부족이다.) He has the ability to make possible what's impossible.(그는 불가능한 것을 가능하게 하는 능력이 있다.) His uncle doesn't think Kramer would appreciate the career he helped make possible.(그의 삼촌은 크라머가 가능케 도와준 경력을 고마워하지 않을 거라고 생각한다.) 등과 같은 문장을 들 수 있다. 그런데 이렇게 make possible 을 붙여 쓰는데 익숙하다보니 도치구문이 아니라 make possible 이 마치 한 단어의 동사처럼 쓰이는 구문이 생긴 것이다. 물론 이런 구문이 흔하지는 않지만 아래 예문에서처럼 마치 하나의 동사처럼 사용되는 예를 볼 수 있는 것이다. 그 뜻은 문장에 따라 enable, permit, allow, let, facilitate, carry out, bring about, clear the way for, authorize, make accessible 등이 된다.

예를 들면, Some changes in the voting system will make possible for the spectators to take part in the choice of the winner.(투표 제도의 일부 변화는 관중들이 우승자의 선택에 참여할 수 있게 할 것이다.) Companies need to have and can help make possible: a healthy and educated workforce.(회사들은 건강하고 교육받은 노동력을 가질 필요가 있고 또 가능하게 하는 것을 도울 수 있다.) It's difficult to see make possible in a sentence.(하나의 문장에서 실현 가능한 것을 보는 것은 어렵다.) Small help from many persons make possible to extend our activity.(많은 사람들의 작은 도움이 우리의 활동을 확장하는 것을 가능하게 한다.) The given complex of equipment shall make possible for each purchaser get quality product for plants directly from the producer.(주어진 장비 복합체는 각 구매자가 생산자로부터 직접 발전소의 품질 좋은 제품을 얻을 수 있도록 해야 한다.) 등을 들 수

있다. 아래 예문에서 Their political process made possible the ascendancy to the highest office in the land a national disgrace ~ 란 문장을 보고 이런 구문이나 표현을 이해할 수 있겠는가?

* not to mention	* do one a favor	* make possible
* as ~ as ~ can be	* what ~ become of	* when it comes to
* not just ~ but	* as if	

Trump's performance and America's crisis deflected attention from China's own mishandling of the initial outbreak in Wuhan, not to mention its move to crush democracy in Hong Kong. When an American official raised the issue of human rights on Twitter, China's Foreign Ministry spokesperson, invoking the killing of George Floyd, responded with one short phrase, "I can't breathe."

These politically motivated remarks may be easy to dismiss. But Americans have not done themselves any favors. Their political process made possible the ascendancy to the highest office in the land a national disgrace, a demagogue as morally and ethically compromised as a person can be. As a British writer quipped, "there have always been stupid people in the world, and plenty of nasty people too. But rarely has stupidity been so nasty, or nastiness so stupid".

Odious as he may be, Trump is less the cause of America's decline than a product of its descent. As they stare into the mirror and perceive only the myth of their exceptionalism, Americans remain almost bizarrely incapable of seeing what has actually become of their country. The republic that defined the free flow of information as the life blood of democracy, today ranks 45th among nations when it comes to press freedom. In a land that once welcomed the huddled masses of the world, more people today favor building a wall along the southern border than supporting health care and protection for the undocumented mothers and children arriving in desperation at its doors. In a complete abandonment of the collective good, U.S. laws define freedom as an individual's inalienable right to own a personal arsenal of weaponry, a natural entitlement that trumps even the safety of children; in the past decade alone 346 American students and teachers have been shot on school grounds.

The American cult of the individual denies not just community but the very idea of society. No one owes anything to anyone. All must be prepared to fight for everything: education, shelter, food, medical care. What every prosperous and successful democracy deems to be fundamental rights — universal health care, equal access to quality public education, a social safety net for the weak, elderly, and infirm — America dismisses as socialist indulgences, as if so many signs of weakness.

도해를 잘 보면 몇 가지 중요한 구문을 볼 수 있을 거야!

트럼프의 행위와 미국의 위기는 분산시켰다 관심을
Trump's performance and America's crisis deflected attention
S V O

중국 자신의 잘못처리로부터 처음 창궐의 우한에서
from China's own mishandling of the initial outbreak in Wuhan, not
M M

말할 것도 없고 움직임은 짓누르려는 민주주의를 홍콩에서 때 한
to mention its move to crush democracy in Hong Kong. When an
M M M (C)

미국관리가 제기했을 문제를 인권의 트위터에서 중국의
American official raised the issue of human rights on Twitter, China's
(S) (V) (O) (M)

외교부 대변인은 자극하며 피살을 조지 플로이드의
Foreign Ministry spokesperson, invoking the killing of George Floyd,
S PC

화답했다 하나의 짧은 문구로 난 숨을 쉴 수 없다는
responded with one short phrase, "I can't breathe."
V M S V

이런 정치적으로 의도가 담긴 발언은 쉬울 것이다 일축하기가 그러나
These politically motivated remarks may be easy to dismiss. But
S V C M

미국인들은 베풀지 않았다 스스로에게 어떤 호의도 그들의 정치적 과정은
Americans have not done themselves any favors. Their political process
S V IO DO S

가능하게 만들었다 오르는 것을 가장 높은 직위에 이 땅에서
made possible the ascendancy to the highest office in the land a
V O M

국가적 수치 선동가로 도덕적으로 윤리적으로 더럽혀질 수 있는
national disgrace, a demagogue as morally and ethically compromised
OC A M

사람이 될 수 있는 대로 영국 작가가 빈정거리듯이 있어 왔다 항상
as a person can be. As a British writer quipped, "there have always
(C) (S) (V) (C) (S) (V) A M

어리석은 사람들이 세상에는 많은 역겨운 사람들 또한 그러나
been stupid people in the world, and plenty of nasty people too. But
V C M S M

거의 없었다 우둔이 그렇게 역겹거나 역겨움이 그렇게 우둔한 적은
rarely has stupidity been so nasty, or nastiness so stupid".
M S V C S C

혐오스럽지만 그가 트럼프는 원인이 아니라 미국 쇠퇴의
Odious as he may be, Trump is less the cause of America's decline
(C) (C) (S) (V) S V C

산물이다 그 후손의 동안 그들이 응시하고 거울을
than a product of its descent. As they stare into the mirror and
(C) (C) (C) (S) (V) (M)

인지하는 단지 신화만을 그들 예외주의의 미국인들은 남아 있다
perceive only the myth of their exceptionalism, Americans remain
(V) (O) S V

거의 기괴하게 볼 수 없는 정도로 어떻게 실제로 되었는지
almost bizarrely incapable of seeing what has actually become of
M C M (Q) (M) (V)

그들 나라가 공화국은 정의한 자유로운 흐름을 정보의
their country. The republic that defined the free flow of information as
(M) S (R) (V) (O)

운동력으로 민주주의의 오늘날 차지한다 45위를 국가들 중 문제라면
the life blood of democracy, today ranks 45th among nations when it
(OC) M V C M (C) (S)

언론 자유의 땅에서 한때 환영했던 옹기종기 모인
comes to press freedom. In a land that once welcomed the huddled
(V) (M) M (R) (M) (V)

대중을 세계의 더 많은 사람들이 오늘날 지지한다 세우는 걸 벽을
masses of the world, more people today favor building a wall along
(O) S M V O

남쪽 국경을 따라 보다 지지하는 것 건강 관리와 보호를
the southern border than supporting health care and protection for
M (C) (O)

밀입국자 어머니들과 아이들을 위한 도착하는 필사적으로 그
the undocumented mothers and children arriving in desperation at its
(M) (M)

문에 완전한 포기에서 집단적 선의 미국법은
doors. In a complete abandonment of the collective good, U.S. laws
M S

정의한다 자유를 개인의 양도할 수 없는 권리로 소유하는 개인의
define freedom as an individual's inalienable right to own a personal
V O OC M

창고를 무기류의 자연적 특권인 능가하는 안전조차
arsenal of weaponry, a natural entitlement that trumps even the safety
A (R) (V) (O)

어린이들의 지난 10년 동안에만 346명의 미국 학생들과
of children; in the past decade alone 346 American students and
M S

교사들이 총격을 당했다 학교 운동장에서
teachers have been shot on school grounds.
V M

미국인의 숭배는 개인에 대한 부정한다 공동체뿐 아니라
The American cult of the individual denies not just community but
S V M O

바로 생각을 사회에 대한 아무도 빚진 것이 없다 누구에게도 모두는
the very idea of society. No one owes anything to anyone. All must
O S V O M S

준비가 되어야 한다 싸울 모든 것 즉 교육 집 음식 의료
be prepared to fight for everything: education, shelter, food, medical
V M A

것 모든 번영하고 성공한 민주주의가 여기는
care. What every prosperous and successful democracy deems to be
(R) (S) (V)

기본권이라고 즉 보편적 의료 동등한 접근 양질의
fundamental rights — universal health care, equal access to quality
(C)

공교육에의 사회 안전망 약자 노인 노쇠자
public education, a social safety net for the weak, elderly, and infirm
A

미국은 멀리한다 사회주의자의 면죄부로 마치 징후가 많은 것처럼
— America dismisses as socialist indulgences, as if so many signs of
S V M (M)

약하다는
weakness.

해설을 보니 궁금증이 풀리는군!

their political process made possible the ascendancy to the highest office ~, a demagogue as morally and ethically compromised as a person can be 에서 **made possible** 은 하나의 동사로 **the ascendancy to the highest office ~** 가 목적어이고 **a national disgrace, a demagogue ~** 가 목적보어이다. 그러니까 우리가 흔히 알고 있듯이 **possible** 이 **made**의 목적보어로 도치가 된 구문이 아니다. **rarely has stupidity been so nasty, or nastiness so stupid** 는 도치구문인데 풀어주면 **stupidity has rarely been so nasty, or nastiness has rarely been so stupid** 의 구조이다. **odious as he may be** 는 **though he may be odious** 의 뜻으로 양보절이다.

what has actually become of their country 는 관용적인 표현으로 의문사 **what** 또는 **whatever** 를 주어로 하여서 **become of** 가 쓰이면 "~이 (어떻게) 되다, ~이 어찌 되는가"의 뜻이 된다. **What has become of him?** 은 **What has happened to him?** 과 같이 "그는 어찌 되었을까? 무슨 일이 그에게 일어났을까? (구어) 어디 갔을까?"란 의미이다. **I'm not sure what will become of him.**(그는 어떻게 될는지 모르겠다.) **What every prosperous and successful democracy deems to be fundamental rights — universal health care, equal access to quality public education, a social safety net for the weak, elderly, and infirm — America dismisses as socialist indulgences ~** 에서

what every prosperous ~ and infirm 까지는 **dismiss** 의 목적절로서 강조되어 문장 앞에 도치된 구문으로, 파악하기가 쉽지 않다. 즉「**dismiss** + 목적어(**what** 절) + 목적보어(**as socialist ~** 이하)」 형식이다. **fundamental rights** 과 **universal health care ~ infirm** 까지는 동격이다. **as if so many signs of weakness** 에서처럼 접속사 **as if** 다음에는 주어와 동사가 생략되기도 하며, **to** 부정사가 쓰이기도 한다. 간단히 **as if** 대신 **like** 를 써서 표현하기도 한다. **Sometimes he would clutch at my hand as we parted as if about to confide something.**(가끔 우리가 무언가를 털어놓으려는 듯 헤어질 때 그는 내 손을 꽉 잡곤 했다.) **Let's get real. No vaccine will work as if by magic, returning us to normal.**(현실을 직시하자. 어떤 백신도 마법처럼 작용하지 않을 것이며, 우리를 정상으로 되돌려 주지 않을 것이다.)

☞ **deflect** (원 진로에서) 비끼게 하다, (비평, 공격 등을) 피하다, (행동의 추구를) 멈추게 하다, (광선 등을) 굴절시키다 / **mishandling** 취급 부주의, 미숙한 조작, 잘못된 관리 / **outbreak** (소동, 전쟁, 유행병 따위의) 발발, 돌발, 창궐, (화산 따위의) 갑작스러운 분출 / **not to mention** ~은 말할 것도 없고, ~은 물론 / **crush** 진압하다, 격파하다, (희망 따위를) 꺾다 / **dismiss** (생각 따위를) 염두에서 사라지게 하다, 깨끗이 잊어버리다, 멀리하다 / **do a person a favor =do a favor for a person** 아무에게 은혜를 베풀다, 힘(애)쓰다, 아무의 부탁을 들어주다 / **ascendancy** 우월, 우세, 주도(지배)권 / **demagogue** (민중) 선동자, 선동 정치가, (옛날의) 민중의 지도자 / **compromise** (명예, 평판, 신용 따위를) 더럽히다, 손상하다, 위태롭게 하다, 떨어뜨리다 / **quip** (~에게) 빈정거리다, 비꼬다, 놀리다, 둔사를 쓰다 / **odious** 싫은, (얄)미운, 밉살스러운, 가증한, 불쾌한 / **descent** 가계, 혈통, 출신, 세습, 상속, 유전, 전락, 몰락, 하락 / **exceptionalism** 예외적 상황, (국가, 지역 등에 관해서의) 예외론 / **bizarrely** 기괴하게, 좀 별나게, 별스럽게, (색, 스타일 등이) 색다르게

life blood 삶에 필요한 피, 활력(생기)의 근원, 원동력 / **when it comes to** ~에 관한 한, ~라면, ~에 대해서(관해서)라면 / **huddle** 붐비다, 왁시글거리다, (떼지어) 몰리다, 뒤죽박죽 주워 모으다(쌓아 올리다), 되는 대로 쑤셔 넣다 / **undocumented** 문서로 증명되지 않은, 증거 자료가 없는, 정식 서류가 없는, 사증을 갖고 있지 않은 / **abandonment** 포기, 유기, 자포자기, 방종 / **inalienable** (권리 등이) 양도할(넘겨 줄) 수 없는, (아무에게서) 빼앗을 수 없는 / **arsenal** 병기고, 조병창, 병기(군수) 공장, 군수품의 비축 / **weaponry** (집합적) 무기류, 무기 제조, 군비 개발 / **entitlement** (공식적인) 자격(권리), 가질(받을) 자격(권리)가 있는 것, (특정 집단을 위한 정부의) 재정 지원 혜택 / **trump** ~를 뛰어넘다, 초월하다, ~를 이기다 / **cult** (사람, 물건, 사상 따위에 대한) 숭배, 예찬, 유행, 숭배의 대상 / **not just ~ but = not only ~ but** / **deem** (~으로) 생각하다, ~로 간주하다(보다) / **quality** 질 좋은, 상류 사회의 / **infirm** (신체적으로) 약한, 허약한, 쇠약한, (성격, 의지가) 우유부단한, 마음이 약한, 결단력이 없는 / **indulgence** 멋대로 함, ~에 빠짐, 탐닉, 방자, 방종, 도락, 즐거움

읽어가다가 막히는 데는 없었는지?

트럼프의 행위와 미국의 위기는 홍콩의 민주주의를 짓누르려는 중국의 움직임은 말할 것도 없고, 우한에서 처음 전염병이 창궐한 사태를 중국이 잘못 처리한 것으로부터 관심을 빗나가게 했다. 한 미국 관리가 트위터에서 인권 문제를 제기하자 중국 외교부 대변인이 조지 플로이드 피살 사건을 자극하며 "나는 숨을 쉴 수가 없다"라는 짤막한 문구로 화답했다.

이런 정치적 의도가 담긴 발언은 쉽게 잊어버릴 수 있을 것이다. 그러나 미국인들은 지금까지 그들 자신들에게 어떠한 호의도 베풀지 않았다. 그들의 정치적 과정은 이 땅에서 가장 높은 직위에 오르는 것을 국가적 수치, 즉 한 사람이 가능한 한 도덕적으로나 윤리적으로나 더렵혀질 수 있는 민중 선동가로 만들었다. 영국의 한 작가는 "세상에는 항상 멍청한 사람들이 있었고, 또한 역겨운 사람들도 많이 있었다. 그러나 어리석음이 그렇게 역겹거나, 역겨움이 그렇게 어리석었던 적은 거의 없었다."라고 빈정거렸다.

그가 혐오스럽기는 하지만, 트럼프는 미국의 쇠퇴의 원인이 아니라 그 후손의 산물이다. 미국인들이 거울을 응시하고 그들의 예외주의의 신화만을 인지하는 동안, 그들은 자신의 나라가 실제로 어떻게 되었는지 거의 기이하게도 볼 수 없는 상태가 되어 있다. 정보의 자유로운 흐름을 민주주의의 생명줄로 정의한 공화국은 오늘날 언론자유를 기준으로 볼 때 국가 중 45위를 차지하고 있다. 한때 용기종기 모여 있던 세계의 대중을 환영했던 이 땅에서 오늘날 더 많은 사람들이 국경의 문 앞에 필사적으로 도착하는 밀입국 엄마들과 아이들을 위한 건강관리와 보호를 지원하는 것보다 남쪽 국경을 따라 벽을 세우는 것을 지지한다. 집단적 선을 완전히 포기하면서, 미국 법은 자유를 어린이들의 안전마저 능가하는 자연적 특권인 무기고를 소유할 수 있는 개인의 양도할 수 없는 권리로 정의하고 있다; 지난 10년 동안에만 346명의 미국 학생들과 선생님들이 학교 운동장에서 총격을 당했다.

개인에 대한 미국인들의 숭배는 공동체뿐만 아니라 사회에 대한 생각 자체를 부정한다. 아무도 누구에게도 빚진 것이 없다. 모든 사람들은 교육, 집, 음식, 의료 등 모든 것을 위해 싸울 준비가 되어 있어야 한다. 번영하고 성공한 모든 민주주의가 기본권이라고 여기는 것, 즉 보편적 의료, 양질의 공교육에 대한 동등한 접근, 약자, 노인, 그리고 노약자들을 위한 사회 안전망 등을 미국은 마치 약함의 징후가 많은 것처럼 사회주의자의 면죄부로 치부하고 멀리한다.

Chapter

03

보편적 딜레마 (syntax)

01 은유를 모르면 뜻이 풀리겠어?

은유(metaphor) 표현은 연상이나 대조, 유사 등을 통해서 효력을 발생시키는 언어의 수사적 비유법으로 고급 영어를 익히는데 필수적인 요소다. 한마디로 말한다면 은근한 비유라고 할 수 있으며, 하나의 사물을 다른 말로 이해하는 개념이라고 할 수 있다. 이것은 간결하고 암시적이기 때문에 그 관계나 의미를 파악하기에 까다로운 경우가 많아서 글을 이해하는 데에 어려운 요소 가운데 하나가 된다. 반면에 기교적인 긴축미와 참신성, 그리고 생동감을 불어넣어 주는 구실을 해 그만큼 글에서 풍부한 뜻과 묘미를 발휘하기도 하므로 그 의미를 파악하게 되면 글의 힘을 얻게 된다. 특히 고급 영어로 갈수록 다양한 은유 수법이 사용되기 때문에 원관념과 보조관념을 잘 분석하여 글쓴이가 말하려고 하는 점을 분명히 할 필요가 있다. 은유표현은 문학뿐만 아니라 광고, 각종 기사, 연설 등 모든 분야에서 광범위하게 사용되는 표현이다.

은유는 보통 직유(simile) 표현 같이 like(~처럼)와 같은 전치사를 사용하지 않지만 a deluge of tears(홍수 같은 눈물), a thunder of applause(천둥 같은 박수)에서처럼 "~처럼"이라고 해석할 수도 있다. His speech was greater with a storm of applause.(그의 연설에 우뢰와 같은 박수가 터졌다.) The captain glared with the eyes of ice.(선장은 얼음장 같은 눈으로 노려보았다.) 등은 익숙한 은유로 의미파악에 어려움이 없을 것이지만, Better to wear out than to rust out.(녹스는 것보다 닳는 게 낫다. 즉 게으름 피우기보다는 부지런한 게 낫다.) When the going gets tough, the tough get going.(상황이 어려울 때 강인한 사람은 행동한다.) An idle brain is the devil's workshop.(게으른 두뇌는 악마의 작업실이다. 즉 할 일이 없으면 잡생각이 떠오른다.) 등의 속담은 물론 Hope is like the sun, which, as we journey toward it, casts the shadow of our burden behind us.(희망은 태양과 같은 것이다. 희망은 우리가 그것을 향해 여행할 때 우리 등뒤에 우리 짐을 그림자처럼 지게 한다.) 같은 표현은 다소 음미할 필요가 있을 것이다.

유사한 예를 들자면, 케네디 대통령이 America has tossed its cap over the wall of space!(미국은 우주벽에 모자를 던졌다)라고 연설한 적이 있는데 이는 우주개발 경쟁이 시작되었을 때 미국이 그 경쟁의 최전선에 서게 될 것이라고 선언한 것이다. 달로의 첫 성공적인 우주여행에서 "모자를 던진다"는 것은 독점을 선언하는 것에 비유될 수 있다. 캡을 던지는 미국은 그 운동을 떠맡을 것이라고 선언하는 비유이다. 이 연설을 통해 그는 우주 프로그램에 세금을 지출하는 것에 대한 지원을 얻을 수 있었다고 한다.

그렇다면 아래 예문에 나오는 the curtain of cloud that hides the scenes ~ another step of the moving staircase of time 은 어떤 의미로 한 말일까?

* in one's turn	* in part	* make sense of
* in between	* be open to	* in particular
* be aware of	* be made of	* over time
* keep in mind	* come close to ~ing	* go beyond
* put into words		

History is read by different people for various reasons: it has many uses and values. To me, its chief but not its only value is poetic. Its poetic value depends on its being a true record of actual happenings in the past. For the mystery of time past continually enthralled me. Here, long before us, dwelt folk as real as we are today, now utterly vanished, as we in our turn shall vanish. History can miraculously restore them to our vision and understanding, can tell us a little of what were their hopes and fears, their words and works. The curtain of cloud that hides the scenes of the past is broken here and there, and we have magic glimpses into that lost world, which is as actual as our own, though placed on another step of the moving staircase of time. Forward we cannot see at all, backward we can see fitfully and in part. In that strange relation of past and present, poetry is always inherent, even in the most prosaic details, in Greek potsherds and Roman stones, in Manor rolls and Parliamentary reports, all hallowed in our imagination by the mere passage of the years.

Some people say that a poem is always an independent work of art and that readers can make full sense of it without having to use any source outside the poem itself. Others say that no text exists in a vacuum. However, the truth lies somewhere in between. Most poems are open to interpretation without the aid of historical context or knowledge about the author's life. Some poems, however, overtly political poems in particular, will benefit from some knowledge of the poet's life and times. The amount of information needed to clearly understand depends on you and your encounter with the poem. It's possible, of course, even for someone with a deep background in poetry to be unaware of certain associations or implications in a poem. This is because poems are made of words that accumulate new meanings over time.

Poems speak to us in many ways. Though their forms may not always be direct or narrative, keep in mind that a real person formed the moment of the poem, and it's wise to seek an understanding of that moment. Sometimes the job of the poem is to come closer to saying what cannot be said in other forms of writing, to suggest an experience, idea, or feeling that you can know but not entirely express in any direct or literal way. The techniques of word and line arrangement, sound and rhythm, add to — and in some cases, multiply — the meaning of words to go beyond the literal, giving you an impression of an idea or feeling, an experience that you can't quite put into words but that you know is real.

구문 분석부터 해야 궁금증이 풀리겠지!

역사는 읽혀진다 다른 사람들에 의해 다양한 이유로 갖는다 많은
History is read by different people for various reasons: it has many
S V M M S V

용도와 가치를 나에게 주된 가치는 허나 아닌 유일한 가치는 시적이다
uses and values. To me, its chief but not its only value is poetic. Its
O M S V C

시적 가치는 달려있다 그것이 진실한 기록이란 것에 실질적인 사건들의
poetic value depends on its being a true record of actual happenings
S V M M

과거에 때문이다 신비가 지난 시간의 계속 사로잡았기 나를
in the past. For the mystery of time past continually enthralled me.
M C S M V O

여기 오래 전에 우리 살았다 인간이 현실적인 만큼 우리 오늘 지금 완전히
Here, long before us, dwelt folk as real as we are today, now utterly
M M V S M (C) (S) (V) (M) (M)

사라져버린 처럼 이번에는 사라질 것 역사는 기적적으로
vanished, as we in our turn shall vanish. History can miraculously
(C) (S) (M) (V) S M

되살리며 그들을 우리 통찰력과 이해력에 말해 줄 수 있다 약간을
restore them to our vision and understanding, can tell us a little of
V O M V IO DO

무엇이었는지 희망과 공포 그들의 말과 행위가 장막은
what were their hopes and fears, their words and works. The curtain
(Q) (V) (S) S

구름의 가리는 장면들을 과거의 깨지고 여기 저기
of cloud that hides the scenes of the past is broken here and there,
(R) (V) (O) V M

갖는다 마법의 일별을 그 상실된 세계를 그건 현실적이다
and we have magic glimpses into that lost world, which is as actual
S V O M (R) (V) (C)

우리 세계만큼 비록 놓여 있지만 또 하나의 층계에 움직이는 계단의
as our own, though placed on another step of the moving staircase of
(C) (S) PC

시간의 앞은 우리는 전혀 볼 수 없다 뒤쪽은 우리는 볼 수 있다 단속적으로
time. Forward we cannot see at all, backward we can see fitfully and
M S V M M S V M

부분적으로 그 기묘한 관계에서 과거와 현재의 시는 항상
in part. In that strange relation of past and present, poetry is always
M M S V M

고유하다 가장 사소한 세목들 속에도 그리스 질그릇 파편과
inherent, even in the most prosaic details, in Greek potsherds and
C M

로마인 돌 장원의 기록부와 의회의 보고서 모두 신성화되어
Roman stones, in Manor rolls and Parliamentary reports, all hallowed
M M S V

우리 상상속에서 단순한 경과에 의해 세월의
in our imagination by the mere passage of the years.
M M M

어떤 사람들은 말한다 시는 항상 독립적인 작품이라고
Some people say that a poem is always an independent work of
S V (C) (S) (V) (M) (C)

예술 독자들은 있다고 충분히 이해할 수 그걸 사용하지 않고서도
art and that readers can make full sense of it without having to use
(C) (S) (V) (O) (M)

어떤 소스도 그 시 자체 이외에 다른 사람들은 말한다 어떤 텍스트도 존재하지 않는다고
any source outside the poem itself. Others say that no text exists
(M) S V (C) (S) (V)

진공에 그러나 진실은 있다 어딘가에 그 사이에 대부분의
in a vacuum. However, the truth lies somewhere in between. Most
(M) C S V M M

시는 개방된다 해석에 도움 없이 역사적 맥락이나
poems are open to interpretation without the aid of historical context
S V C M M M

지식의 대한 저자의 삶에 다른 시들은 그러나 공공연하게
or knowledge about the author's life. Some poems, however, overtly
M S C M

정치적 시는 특히 이익을 얻을 것이다 어떤 지식에서
political poems in particular, will benefit from some knowledge of the
S M V M

시인의 삶과 시대에 대한 양은 정보의 필요되는 명확하게
poet's life and times. The amount of information needed to clearly
M S M

이해하는데 달려있다 너와 너의 만남에 그 시와의
understand depends on you and your encounter with the poem. It's
V M M S V

가능하다 물론 사람 조차도 깊은 배경지식을 가진
possible, of course, even for someone with a deep background in
C P M M

시에 알지 못하는 것이 특정한 연관성이나 시사점을
poetry to be unaware of certain associations or implications in a
M S

시에서의 이는 때문이다 시들이 구성되어 있기 단어로 축적하는 새로운
poem. This is because poems are made of words that accumulate new
S V (C) (S) (V) (M) (R) (V)

의미를 시간이 경과하면서
meanings over time.
(O) (M)

시는 말한다 우리에게 많은 방법으로 비록 그들의 형식이
Poems speak to us in many ways. Though their forms may not
S V M M (C) (S)

항상 직접적이거나 서술적이지는 않지만 명심하고 실제 사람이 형성했음을
always be direct or narrative, keep in mind that a real person formed
(M) (V) (C) V M (C) (S) (V)

순간을 시의 현명하다 구하는 게 이해를
the moment of the poem, and it's wise to seek an understanding
(O) S V C S

그 순간의 때로 역할은 시의 거의
of that moment. Sometimes the job of the poem is to come closer
M S V C

말하게 되며 것을 말해질 수 없는 다른 형태에서 글의 제안하는 것이다
to saying what cannot be said in other forms of writing, to suggest
(R) (V) (M)

경험 생각 느낌을 네가 알 수 있지만 완전히는 표현할 수 없는
an experience, idea, or feeling that you can know but not entirely
C (R) (S) (V) (M)

직접적이거나 문자적 방법으로 기술은 단어와
express in any direct or literal way. The techniques of word and
(V) (M)

행 배열 소리와 리듬의 더하고 어떤 경우에는
line arrangement, sound and rhythm, add to — and in some cases,
S V M

곱하여 의미를 어휘들의 넘어서는 문자 그대로를 주고
multiply — the meaning of words to go beyond the literal, giving you
V O M

인상을 생각이나 느낌의 경험 완전히 담을 수는 없지만
an impression of an idea or feeling, an experience that you can't quite
PC (R) (S) (M)

단어에 네가 알고 있는 실재한다고
put into words but that you know is real.
(V) (M) (R) (S) (V) (V) (C)

아직도 모르겠다면 설명을 들어봐야지!

the curtain of cloud(구름의 장막)은 과거의 특유했던 애매모호한 역사의 성질을 표현한 은유이고, **another step of the moving staircase of time**(시간이라고 하는 움직이는 층계

의 또 하나의 층계) 역시 **history**를 나타내는 은유 표현이다. **its chief but not its only value is poetic**은 **its chief value but not its only value is not poetic**이 줄어든 표현이며 **the poetic value history has is the chief value though it is not only value**의 뜻이다. **its being a true record ~**에서 **being**은 동명사이며 **its**가 그것의 주어이다. **the fact it is a true record ~**로 보면 된다. **dwelt folk ~**는 **folk dwelt ~**가 도치된 구문으로 앞에 부사인 **here**가 있어서 **Here dwelt folk ~**의 어순이 되었다. **folk**는 복수로 받기 때문에 **restore them ~**으로 쓰인 것이다. **now utterly vanished = though folk are now utterly vanished**. 단락 끝 부분의 **potsherds, stones, rolls, reports**가 **details**의 구체적인 예로 열거되고 있다. **It's possible, of course, even for someone with a deep background in poetry to be unaware of certain associations ~**는 **it ~ for ~ to** 구문으로 **even for someone ~**이 **to be aware of ~**의 의미상 주어이고 **it**은 가주어이다.

keep in mind that a real person ~ 에서 **that** 이하가 **keep** 의 목적절이다. **keep in mind**는 동사와 부사구가 어울려 마치 하나의 타동사처럼 기능을 한다. **add to — and in some cases, multiply — the meaning of words to go ~** 에서 **the meaning** 은 **add to** 와 **multiply** 의 목적어이다. **~ an experience that you can't quite put into words but that you know is real** 에서는 **not ~ but** 구문으로 두 개의 **that** 절이 **~ experience** 에 걸리며 **you know** 는 삽입절로 보면 된다. **giving you an impression of an idea or feeling, an experience** 는 분사구문으로 **giving** 의 직접목적어는 **an impression of an idea or feeling** 과 **an experience** 두 개다. 물론 **not always, not entirely, not quite** 들은 부분 부정 표현이다.

☞ time past = past time. in time past 과거에는 / enthrall (마음)을 사로잡다, ~을 매혹하다 / here = in time past / in one's turn ~의 차례가 되어, 이번에는, 교대로 / miraculously 기적적으로 / restore ~을 복구하다, 복원하다, 회복하다, 되돌리다 / glimpse 힐끗 보기, 일별, 일견 / staircase 계단, 사다리의 발판 / fitfully 단속적으로, 변덕스럽게 / inherent 고유의, 타고난, 선천적인, 본래부터 갖추고 있는 / prosaic 평범한, 지루한, 산문적인, 재미없는 / potsherd (특히 고고학적인 가치를 가진) 질(오지) 그릇의 파편 / manor (봉건시대의) 장원 / roll 기록부, 명부, 목록 / hallow ~을 신성하게 하다, 신성한 것으로 숭상하다, 하나님께 바치다 / make sense of ~의 뜻을 이해하다

in between (~의) 사이에, (~에) 에워싸여, 짬짬이, 틈틈이 / interpretation 해석, 설명 / context (글의) 전후 관계, 문맥, (사건 등에 대한) 경위, 배경, 상황 / overtly 명백하게, 공공연하게 / be open to (영향, 공격 따위에) 노출되어 있다, ~을 받아들이다, (유혹 등을) 받기 쉽다, 좌우되기 쉽다, (비난 등을) 면할 수 없다, (의심 따위의) 여지가 있다 / in particular 특히, 각별히 / association 연상, 관련, 결합 / implication 내포, 함축, 연루, 관련 / be aware of ~을 알다, 깨닫다, 의식하다 / be made of ~로 만들어지다 / accumulate (조금씩) 모으다, (재산 따위를) 축적하다, (악의 따위를) 부풀리다 / over time 시간이 가면서, 시간이 지남에 따라, 점차적으로 / keep in mind ~을 유의하다, ~를 기억해 두다 / come close to ~ ing 거의 ~ 하게 되다, 하마터면 ~ 할 뻔하다 / go beyond ~을 넘어서 나아가다, ~을 넘다, ~보다 낫다, ~

을 능가하다 / **literal** 글자 그대로의, 어구에 충실한, 상상력(융통성)이 없는, 멋없는, (문자, 말 그대로) 사실에 충실한, 과장(꾸밈)이 없는, 정확한 / **put into words** 말로 나타내다(표현하다)

그래, 그러고 보니까 뜻이 통하는구먼!

역사는 다양한 이유로 여러 다른 사람들에 의해서 읽혀진다. 역사는 많은 용도와 가치를 갖기 때문이다. 나에게는, 역사가 갖는 유일한 가치는 아니지만 그 주된 가치는 시적인 것이다. 역사의 시적인 가치는 역사가 과거에 실제적으로 일어났던 일들을 진실하게 기록한 것이라는 점에 달려있다. 지나간 시대의 신비가 내 마음을 사로잡기 때문이다. 지나간 시대에, 우리 시대보다 훨씬 앞선 옛날에, 오늘날 우리들과 같은 현실적인 인간이 거주하고 있었던 것이다. 그들은 이제 완전히 사라지고 없지만, 이번에는 우리들도 언젠가 마찬가지로 사라져 없어지게 될 것이다. 역사는 그들을 우리들의 통찰력과 이해력에게로 기적적으로 되살려주며, 그들의 희망과 공포, 그들의 말과 행동이 어떤 것이었나를 다소라도 우리들에게 말해줄 수 있는 것이다. 과거의 장면들을 가리고 있는 구름의 장막은 여기 저기 찢어져 있어서 우리들은 그 놓쳐버린 세계를 마법 같이 힐끗 들여다보는 것이다. 이 놓쳐버린 세계는 시간이라는 움직이는 계단의 또 하나의 다른 층계 위에 놓여 있기는 하지만, 우리들 자신의 세계와 똑같이 현실성을 띠고 있는 것이다. 우리들은 앞쪽은 전혀 볼 수 없지만 뒤쪽은 단속적으로 그리고 부분적으로 볼 수 있는 것이다. 이와 같은 과거와 현재의 기묘한 관계에서, 시는 가장 평범한 세목들에게도 항상 그 속에 존재하는 것이다. 즉 그리스의 질그릇 조각이나 로마시대의 돌, 장원의 기록부나 의회의 보고서 같은 평범한 세목들도 단순한 세월의 경과라고 하는 것만으로 우리들의 상상 속에 빠짐없이 신성화되어 그 속에 시가 존재하고 있는 것이다.

어떤 사람들은 시는 항상 독립적인 예술 작품이며 독자들은 그 시 자체의 외부의 어떤 소스도 사용하지 않고도 그것을 이해할 수 있다고 말한다. 다른 사람들은 어떤 텍스트도 진공 상태에 존재하지 않는다고 말한다. 그러나 진실은 그 사이의 어딘가에 있다. 대부분의 시는 역사적 맥락이나 저자의 삶에 대한 지식의 도움 없이 해석할 수 있도록 개방되어 있다. 그러나 어떤 시들은, 특히 공공연하게 정치적인 시들은, 그 시인의 삶과 시대에 대한 어떤 지식으로부터 도움을 얻게 될 것이다. 명확하게 이해하는데 필요한 정보의 양은 여러분과 그리고 여러분의 시와 만나는데 달려 있다. 물론 시에 깊은 배경 지식을 가진 사람도 어떤 시의 어떤 일정한 연관성 또는 시사점을 알지 못할 수 있다. 이것은 시들이 시간이 지남에 따라 새로운 의미를 축적하는 단어들로 구성되어 있기 때문이다.

시는 여러 가지 방법으로 우리에게 말한다. 비록 그것들의 형식이 항상 직접적이거나 서술적이지는 않을지라도 실제 사람이 시의 순간을 형성했다는 것을 명심하고, 그 순간에 대한 이해를 구하는 것이 현명하다. 때때로 시의 역할은 다른 형태의 글에서는 말할 수 없는 것을 거의 말하게 되며, 여러분이 알 수 있지만 어떤 직접적이거나 문자적 방식으로 완전히 표현하지는 못하는 경험이나 생각이나 느낌을 제안하는 것이다. 단어와 행의 배열, 소리와 리듬의 기술은, 문자 그대로를 능가하는 단어의 의미를 더하고, 어떤 경우에는 단어의 의미를 배가하며, 어떤 생각이나 느낌에 대한 인상을 주기도 하고, 말로는 완전히 표현할 수는 없지만 실재한다는 것을 여러분이 알고 있는 경험을 준다.

의식의 묘출 표현을 지나치면 헷갈려! 02

저자의 영문독해 테크닉 시리즈 책에서 여러 번 다룬 바와 같이 묘출화법(represented speech)은 말 그대로 의식을 묘출하는 묘사체 화법으로, 문학작품에서 작중인물의 말이나 생각, 감정, 즉 내적 심리 상태를 묘사하여 독자에게 생생하게 설명할 때 주로 사용한다. 혼합화법과 달리 독립된 문장이기 때문에 어순은 직접화법처럼 쓰이나 인칭, 시제, 지시대명사, 장소의 부사(구) 등은 간접화법의 규칙을 따른다. 따라서 해석할 때 시제나 인칭 등 변화된 문장 요소들을 직접화법의 의미로 파악하지 않을 경우 혼동이 올 수 있다. 전달동사가 있는 경우(think, ask, wonder, tell oneself, meditate, understand 등)에는 파악하기가 용이하지만 없는 구문도 많으니 주의를 요한다. 자연히 혼자 말처럼 독백하는 투로 쓰이기 때문에 전달동사가 없는 경우가 많다.

예를 들어 And so I figured out, what could I do — what could I do to get them the knowledge and information?(그래서 나는 궁리를 했다. 내가 무엇을 할 수 있을까? 내가 그들에게 지식과 정보를 주기 위해 무엇을 할 수 있을까?)은 전달동사가 있는 경우이고, His nervousness about this disclosure irritated him profoundly; she had no business to make him feel like that — a wife an a husband being one person.(이런 폭로로 그는 불안해졌고 마음 속 깊은 곳에서 짜증이 우러났다. 아내와 남편은 한 몸인데 그녀가 그에게 그런 기분을 느끼게 할 이유가 없다)은 전달동사가 없는 경우로 she had ~ one person 은 he의 생각을 표현한 것이다. But then they are fighting between themselves about, should we be communists because China has just gone communist.(그런데 그들은 중국이 공산화된 지 얼마 안 됐기 때문에 우리가 공산주의자가 되어야 하는지에 대해 서로 싸우고 있다.) 같은 문장에서는 묘출화법 표현을 구별하기 어렵다. 아래 예문에서는 의식이 묘출되는 문장들이 많이 나오는데 주의 깊게 그 관계를 파악해서 의미를 알아내야 할 것이다.

* at any rate	* two lots	* be due to
* stake on	* turn up	* in any case
* as far as ~ could	* go wrong	* skip out
* stake on	* take a revenge	* count on
* for the moment	* break into	* be good at
* favor ~ with	* let in	

Dixon ran into the street, He felt as if he'd been hurrying all his life. Why wasn't Christine getting some other train than the one-fifty? There was an excellent one to London at three twenty, he knew. What was her news? At any rate, he had some for her, two lots, in fact. Did her unexpected departure mean that she and Bertrand had had another row? A bus was due to turn up at College Road between one-ten and one-fifteen. It was that now. The next was at one thirty-five or so.

Hopeless. He ran faster. No, she wouldn't have left just because of a row. He'd stake anything on her not being the type to take a revenge of that sort for a thing of that sort. Oh, hell, her news was probably just that 'Uncle Julius' was going to offer him a job. She wouldn't have counted on his having heard so quickly. Would she have asked him to come all this way just to tell him that? Or was it all just an excuse for seeing him again? But why should she want to do that?

A couple of hundred yards away a bus was coming slowly up the hill from the city. It was too far off for him to be able to read its destination screen, and in any case his exertions had misted his glasses over. But it must be the one and he must get it. He sensed, as far as he could sense anything at the moment, that something would go badly wrong if he failed to turn up at the station, that something he wanted would be withdrawn. He began running even faster, so that people began to skip out of his way and look at him with wondering resentment.

The bus, unable for the moment to begin its turn into College Road, was halted in mid-traffic and was, he could now see, his bus. He ran steadily towards the corner of College Road, but the bus began moving again and reached it before him. When he next saw the bus, it was halted about fifty yards away up College Road, and someone had just got on.

Dixon broke into a frenzied, lung-igniting sprint, while the conductor watched him immobile from the platform. When he was half-way to the bus, this official rang the bell, the driver let in the clutch, and the wheels began to turn. Dixon found he was even better at running than he'd thought, but when the gap between man and bus had narrowed to perhaps five yards, it began to widen rapidly. Dixon stopped running and favoured the conductor, who was still watching unemotionally, with the best-known obscene gesture.

찬찬히 분석해 보면 뜻이 풀리겠지!

딕슨은 거리로 뛰어갔다 느꼈다 마치 뛰어다니고 있는 것처럼 일생동안
Dixon ran into the street, He felt as if he'd been hurrying all his life.
S V M S V (C) (S) (V) (M)

왜 않고 있나 크리스틴은 타지 다른 어떤 기차를 외의 1시 50분 열차 있었다
Why wasn't Christine getting some other train than the one-fifty? There
M S V O (C) (O) A

훌륭한 기차가 런던행 3시 20분에 그는 알고 있었다 무언가
was an excellent one to London at three twenty, he knew. What was
V S M S V C V

그녀의 소식은 어쨌든 그는 갖고 있었다 뭔가 그녀에게 전할 두 가지 실제로 그녀의
her news? At any rate, he had some for her, two lots, in fact. Did her
S M S V O M O M

예기치 않은 출발은 의미하는가 그녀와 버트랜드가 했었다는 걸 또 하나의
unexpected departure mean that she and Bertrand had had another
S V (C) (S) (V) (O)

말다툼을 버스가 서기로 되어 있다 대학가에 사이에 1시 10분과
row? A bus was due to turn up at College Road between one-ten and
S V C M M M

1시 15분 바로 그 차다 이번 게 다음 차는 1시 35분 경이다
one-fifteen. It was that now. The next was at one thirty-five or so.
S V C M S V M

가망이 없다 더 빨리 뛰었다 아니야 떠났을 리가 없을 거다 그저 때문에
Hopeless. He ran faster. No, she wouldn't have left just because of a
C S V M S V M

말다툼 그는 어떤 것도 걸겠다 그녀가 타입이 아니라는데 복수할
row. He'd stake anything on her not being the type to take a revenge
S V O M M

그런 종류의 일에 그런 종류의 아 이런 그녀의 소식은 일거다 아마도
of that sort for a thing of that sort. Oh, hell, her news was probably
M E S M

단지 것 쥴리어스 아저씨가 제공할 거라는 그에게 일자리를 그녀는 않았을 거다
just that 'Uncle Julius' was going to offer him a job. She wouldn't have
(C) (S) (V) IO DO S V

기대하지 그가 들었다는 걸 그렇게 빨리 그녀가 요청했을까 그에게
counted on his having heard so quickly. Would she have asked him to
M S V IO

오라고 이렇게 멀리까지 단지 말하려 그에게 그걸 아니면 그건 그저 구실일까
come all this way just to tell him that? Or was it all just an excuse for
DO M M V S C

그를 다시 보려는 허나 왜 그녀가 그런 일을 하고자 할까
seeing him again? But why should she want to do that?
M Q S V O

2, 3백 야드 떨어진 곳에 버스가 올라오고 있다 천천히 언덕을
A couple of hundred yards away a bus was coming slowly up the hill
M S V M

시내로부터 거리가 너무 멀어서 그가 없었다 읽을 수 그 목적지 표지
from the city. It was too far off for him to be able to read its destination
M S V M M M

스크린을 여하튼 그의 노력이 흐리게 했다 안경을 허나
screen, and in any case his exertions had misted his glasses over. But
M S V O M

그건 바로 그 버스이며 타야만 한다 그는 느꼈다 한 느낄 수 있는
it must be the one and he must get it. He sensed, as far as he could
S V C S V O S V (C) (S)

어떤 것이든 그 순간 어떤 일이 아주 잘못될 것이며 만일
sense anything at the moment, that something would go badly wrong if
(V) (O) (M) (C) (S) (V) (M) (C) (C)

도착하지 못한다면 정거장에 어떤 일이 그가 원하는 거라고
he failed to turn up at the station, that something he wanted would be
(S) (V) (M) (M) (C) (S) (S) (V)

철회될 그는 뛰기 시작했다 더 빨리 그래서 사람들은 시작했다 비켜서기
withdrawn. He began running even faster, so that people began to skip
(V) S V O M (C) (S) (V)

그의 길에서 보기 그를 미심쩍어하는 분개로
out of his way and look at him with wondering resentment.
(O) (O) (M)

버스는 할 수 없어 그 때 방향을 전환할 대학로로
The bus, unable for the moment to begin its turn into College Road,
S M

멈춰 섰다 교통 중간에 였다 그는 있었다 이제 알 수 자기 버스라고
was halted in mid-traffic and was, he could now see, his bus. He
V M V P O S

뛰었다 꾸준히 모퉁이를 향해 대학로의 허나 그 버스는 시작했다
ran steadily towards the corner of College Road, but the bus began
V M M S V

가기 다시 도착했다 거기에 그 앞에 때 그가 다음에 보았을 버스를 그건
moving again and reached it before him. When he next saw the bus, it
O V O M (C) (S) (M) (V) (O) S

섰다 약 50 야드 멀리 대학로에서 누군가가
was halted about fifty yards away up College Road, and someone had
V M M S

막 승차 했었다
just got on.
V

딕슨은 돌입했다 미친 듯한 폐를 찌르는 단거리 경주 한편 차장은
Dixon broke into a frenzied, lung-igniting sprint, while the conductor
S V M (C) (S)

지켜보았다 그를 꼼짝 않고 플랫폼에서 때 그가 반쯤 갔을
watched him immobile from the platform. When he was half-way to
(V) (O) (M) (C) (S) (V) (M)

버스 쪽으로 이 직원은 벨을 울렸고 운전자는 클러치를 넣었고
the bus, this official rang the bell, the driver let in the clutch, and the
S V O S V M

바퀴들이 돌기 시작했다 딕슨은 알았다 그가 훨씬 더 잘한다는 걸 달리기를
wheels began to turn. Dixon found he was even better at running than
S V O S V (S) (V) (C) (M) (C)

생각했던 것보다 때 간격이 사람과 버스의 좁아졌을
he'd thought, but when the gap between man and bus had narrowed
(S) (V) (C) (S) (M) (V)

아마도 5야드까지 그것은 넓어지기 시작했다 빨리 딕슨은 멈췄다 달리기를
to perhaps five yards, it began to widen rapidly. Dixon stopped running
(M) S V O M S V O

보냈다 / 차장에게 / 여전히 / 응시하고 있는 / 냉정하게

and favoured the conductor, who was still watching unemotionally, with

V / O / (R) / (M) / (V) / (M)

가장 잘 알려진 / 외설적인 / 몸짓을

the best-known obscene gesture.

(M)

이건 힌트가 없어도 괜찮을 듯한데!

Why wasn't Christine getting ~ ? 부터 **Hopeless.** 까지와 **At any rate, he had some for her, two lots, in fact. Did her unexpected departure mean that she and Bertrand had had another row?** 또 **No, she wouldn't have left just because of a row. He'd stake anything on her not being the type to take a revenge of that sort for a thing of that sort. Oh, hell, her news was probably just that 'Uncle Julius' was going to offer him a job. She wouldn't have counted on his having heard so quickly. Would she have asked him to come all this way just to tell him that? Or was it all just an excuse for seeing him again? But why should she want to do that?** 그리고 **But it must be the one and he must get it.** 등은 주인공인 **Dixon**의 머리에 떠오른 생각을 묘출한 이른바 묘출화법의 문장들이다.

여기서 동사인 **had, did mean, had had, wouldn't have left, would stake, was, was going to, wouldn't have counted, would have asked, was, should, wasn't**와 뒤에 계속되는 4개의 **was** 는 직접화법에서는 각각 현재와 현재완료 등으로 표현된다는 것을 알고 해석해야 할 것이다. 따라서 **she wouldn't have left ~** 는 **she will not have left ~** 가 되는데 이는 앞에서도 설명한 바, 미래완료구문이지만 현재의 추측을 나타내는 구문이 된다. **was, he could now see, his bus**는 **he could now see that the bus was his bus** 의 뜻이다. **unable for the moment to begin ~**는 분사구문이다. **stake anything on her not being the type to ~** 와 **wouldn't have counted on his having heard ~** 에서 **her** 는 **not being** 의 의미상 주어이고, **his** 는 **having heard** 의 의미상 주어이다. 물론 **being** 과 **having** 은 동명사이다.

☞ **at any rate** 하여튼, 좌우간에, 적어도 / **two lots = two groups, or two sets** 두 가지 / **be due to** ~할 예정이다, ~하게 되어 있다 / **stake on** (생명, 돈 따위를) ~에 걸다 / **row** 말다툼, 싸움, 소동 / **turn up** 나타나다, 출현하다 / **take a revenge** 복수하다(원한을 풀다) / **count on** ~에 의지하다, ~을 기대하다, 믿다 / **destination screen** 행선지를 알려주는 표지판 / **exertion** 노력, 애씀, 힘을 내기 / **mist** ~을 안개로 덮다, 흐릿하게 하다 / **in any case** (사정이) 어떻든 간에, 여하튼 / **as far as** (거리, 정도, 범위가) ~하는 한, ~까지 / **go wrong** (일이) 잘 안 되다, 실패하다, 고장 나다 / **withdraw** 철회하다, 도로 거둬들이다 / **skip out** ~로부터 급히(살짝) 빠져나가다, 도망치다 / **wondering** 이상하게 여기는, 미심쩍어하는 / **resentment** 적의, 분개, 원한 / **for the moment** 우선, 당장은, 마침 지금 / **in mid-traffic = in the middle**

of a traffic / **break into** 갑자기 ~하기 시작하다, ~해대다, ~에 뛰어들다, 침입하다 / **frenzied** 광분한, 광란한 / **lung-igniting sprint** 폐를 자극하는 단거리 경주 / **immobile** 움직일 수 없는, 고정된, 움직이지(변하지) 않는 / **platform** (정거장의) 플랫폼, (버스의) 승강단, 덱크 / **be good at** ~을 잘하다, ~에 유능하다 / **let in** 끼워 넣다, 들이다 / **favour ~ with** ~에게 ~를 보내다(주다), ~에게 베풀다, 허락하다 / **obscene** 외설(음란)한, 추잡한

해석을 보니 별 것도 아닌 걸!

딕슨은 거리로 뛰어갔다. 마치 일생 동안 내내 황급히 행동하고 있는 것 같은 느낌이 들었다. 크리스틴은 왜 한시 오십분 열차 이외의 열차를 타고 있지 않을까? 그가 알기에는 세시 이십분에 아주 훌륭한 런던행 기차가 있었다. 그녀가 가지고 오는 소식은 무엇일까? 어쨌든, 그는 실제로 그녀에게 전할 무언가 두 가지를 가지고 있었다. 그녀의 예기치 않은 출발은 그녀와 버트랜드가 또 하나의 말다툼을 했다는 걸 의미하는가? 버스는 한시 십 분과 한시 십오 분 사이에 대학로에 정차하기로 되어 있다. 이번에 오는 버스가 바로 그거다. 그 다음 버스는 한시 삼십오 분 경에 온다.

그 버스로는 희망이 없다. 그는 더 빨리 뛰었다. 아니, 그녀는 단지 말다툼 때문에 떠나지는 않았을 것이다. 그는 그녀가 그런 종류의 일에 그런 정도의 복수를 하는 유형이 아니라는데 어떤 것이라도 걸겠다. 아, 이런, 그녀의 소식은 '줄리어스 아저씨'가 그에게 일자리를 제공할 것이라는 것일 것이다. 그녀는 그가 그렇게 빨리 들었다고 기대하지는 않았을 것이다. 그녀는 단지 그에게 그것을 말하기 위해서 이렇게 멀리까지 그가 오도록 요청했을까? 아니면 단지 다시 그를 만나기 위한 변명이었나? 그러나 그녀는 그렇게 하기를 원해야 하는 걸까?

이삼백 야드 정도 떨어진 곳에 버스 한 대가 시내 쪽에서 천천히 언덕을 올라오고 있었다. 거리가 아주 멀어서 그가 버스의 목적지를 나타내는 화면은 읽을 수 없었지만 그가 힘을 쏟아 뛰었기 때문에 여하튼 안경은 흐릿해져 있었다. 그러나 그것은 바로 타야 하는 버스임에 틀림없으므로 그는 꼭 그 버스를 타야만 한다. 그 순간 그가 어떤 것이든 생각할 수 있는 것이라고는, 정거장에 제때에 도착하지 못하면 어떤 일이 아주 잘못될 것이며 자신이 원하는 어떤 일이 다시 철회될 것이라는 생각이었다. 그가 더 빨리 달리기 시작했기 때문에 사람들은 그가 가는 길을 급히 비켜주고 무엇 때문에 저렇게 서두르는지 이상하게 여기며 화가 나서 그를 쳐다보기 시작했다.

그 버스는 마침 그때 대학로로 방향을 전환할 수 없어서 차들이 다니는 도로 중간에 멈춰 섰는데 그는 이제 자신이 타야 하는 버스라는 것을 알 수 있었다. 그는 대학로 모퉁이를 향해 꾸준히 달려갔지만 그 버스는 다시 움직이기 시작해서 자기 앞쪽 모퉁이에 도착했다. 그가 그 다음 그 버스를 보았을 때, 그것은 대학로에서 약 50야드 떨어진 곳에 섰으며 누군가가 막 승차를 했었다.

딕슨은 갑자기 광란의 폐를 찌르는 단거리 경주에 돌입했고, 한편 차장은 플랫폼에서 꼼짝도 하지 않고 그를 지켜보았다. 그가 버스 쪽으로 반쯤 갔을 때, 이 직원은 벨을 울렸고, 운전사가 클러치를 넣자 바퀴들이 돌기 시작했다. 딕슨은 자신이 생각했던 것보다 달리기를 훨씬 더 잘한다는 것을 알았지만, 사람과 버스의 간격이 아마도 5야드까지 좁아졌을 때, 그 간격은 빠르게 넓어지기 시작했다. 딕슨은 달리기를 멈추고 여전히 감정이 없이 지켜보고 있는 차장에게 가장 잘 알려진 외설적인 몸짓을 보냈다.

하이픈이 뭐 요술방망이냐? 03

저자의 책 『영문독해테크닉 105』에서 자세히 설명한 바 있는 하이픈(Hyphen: -)의 쓰임은 특히 현대 영어에서 자주 접하게 되는 항목으로, 사전에서는 찾아볼 수 없는 새로운 어휘나 구 또는 문장으로 구성되는 등 그 쓰임이 매우 다양하기 때문에 의미 파악에 애를 먹을 때가 있다. 즉 하이픈을 연결함으로써 신조어처럼 만들어 사용하기 때문에 독해 시에 그런 어휘들을 접하면 전후관계와 각 어휘의 의미를 따져 적절하게 그 뜻을 풀어내야만 한다. 일반적으로 관용적인 표현들, 즉 editor-in-chief, great-grandmother, sister-in-law, self-confident 등 이외에도 하이픈으로 구성된 복합어는 명사(a stick-in-the mud 시대에 뒤진 사람, break-in 침입, air-in-take 공기 흡입구), 형용사(an up-to-date ideas 현대적인 생각, a water-resistant watch 방수시계. sugar-free, bad-tempered, computer-aided), 동사(ice-skate 스케이트를 타다, cold-shoulder 냉대하다) 등의 역할을 하며, 그 구성은 매우 다양하다. 아울러 100-year-old trees는 "100년 된 나무들"의 뜻이고, 100 year old trees 는 "1년 된 100 그루의 나무들"의 뜻으로 하이픈의 존재 여부에 따라 글의 뜻이 달라지는 경우도 있다.

문장의 예를 들어보자. The fail-safe, error-checking computer even did its own trouble-shooting.(고장을 막는 장치를 갖추고 있고, 잘못을 점검하는 그 컴퓨터는 자체의 고장까지도 찾아내어 수리를 지시했다) Customs-cleared exports were up 1.4 percent year-on-year at 9.16 billion dollars in January.(통관 기준으로 수출은 1월 한 달 동안 전년 대비 1.4% 증가한 총 91억 6천만 달러에 달했다)에서처럼 명사나 형용사가 되기도 하고, He gave me a "who-the-hell-are-you" look.(그는 "대체 넌 뭐야"라고 말하는 표정으로 나를 쳐다보았다) Nancy wore her usual don't-worry-everything-will-be-fine look.(낸시는 보통 자기가 짓는 '걱정마라 모든 일이 잘 될 거야' 하는 표정을 띠었다) 등에서는 문장으로 구성된 형용사가 된다.

물론 의미의 모호성을 피하기 위해서 사용하는 경우, 즉 re-creation(재창조)과 recreation(오락) 처럼 전혀 다른 뜻이 되는 사례도 있으므로 하이픈에 더욱 주의할 필요가 있다.

* give rise to	* be unrelated to	* account for
* in the absence of	* be unique to	

Beyond the terminally ill, there are at least three other important rhino horn user groups in Viet Nam. In fact, the most obsessive usage of rhino horn today is completely unrelated to illness at all. Belief in rhino horn's detoxification properties, especially following excessive intake of alcohol, rich food and "the good life", has given rise to an affluent group of habitual users, who routinely mix rhino horn powder with water or alcohol as a general health and hangover-curing tonic. There is a strong, socially-bonding element to such consumption which typically unfolds at group functions, including so-called "rhino wine associations" in which other Asian expatriate business elites participate.

This group of consumers also includes men who have embraced the curious notion that rhino horn functions as a cure for impotence and an enhancement to sexual performance. Use of rhino horn as an aphrodisiac in Asian traditional medicine has long been debunked as a denigrating, unjust characterization of the trade by Western media, but such usage is now, rather incredibly, being documented in Viet Nam as the media myth turns full circle. Collectively, this group personifies the cultural concept of "face consumption", whereby extravagant usage of something rare and expensive becomes a means to flaunt wealth, status and success amongst friends and associates.

These consumers probably account for the greatest volume of rhino horn used in Viet Nam today and procurement usually transpires through informal channels, including internet distributors and social networks, often with links to government officials. Popular websites drive this usage with an endless stream of slick come-on slogans: "to improve concentration and cure hangovers", "rhino horn with wine is the alcoholic drink of millionaires", and rhino horn is "like a luxury car". This group generally uses rhino horn in the absence of a doctor's advice, and secondary industries supply paraphernalia for self-medication, specifically special rhino horn grinding bowls with serrated surfaces that are unique to Viet Nam.

A third consumer group represents a recent trend amongst middle-to-upper-income young mothers who keep rhino horn at hand for home preparation of medicines to treat high fever, especially that which occurs in children. This usage also represents self-medication, but it transpires within the general framework of traditional medicine and may include some degree of consultation with medical practitioners. Social media and chat rooms serve to link these concerned mothers as a group.

전후관계를 잘 살펴서 뜻을 파악할 수밖에!

넘어서 말기의 환자를 있다 적어도 세 가지의 다른 중요한
Beyond the terminally ill, there are at least three other important
M A V M S

코뿔소 뿔 사용자 집단이 베트남에 사실 가장 비정상적일 정도의 이용은
rhino horn user groups in Viet Nam. In fact, the most obsessive usage
M M S

코뿔소 뿔의 오늘날 완전히 관계있는 건 아니다 질병과 전혀 믿음은
of rhino horn today is completely unrelated to illness at all. Belief in
M M V M

코뿔소 뿔의 해독 특성에 특히 따르는 과다한
rhino horn's detoxification properties, especially following excessive
S

섭취 알코올 기름진 음식과 좋은 생활 생기게 했다
intake of alcohol, rich food and "the good life", has given rise to an
PC V

유복한 집단을 상습적 이용자들의 일상적으로 섞는다 코뿔소 뿔 가루를
affluent group of habitual users, who routinely mix rhino horn powder
O (R) (M) (V) (O)

물이나 술로 일반적 건강과 숙취 치료 강장제로
with water or alcohol as a general health and hangover-curing tonic.
(M) (M)

있다 강하고 사회적으로 결속하는 요소가 그런 소비에는
There is a strong, socially-bonding element to such consumption
A V S M

전형적으로 전개되는 집단 기능에 포함해서 소위 코뿔소
which typically unfolds at group functions, including so-called "rhino
(R) (M) (V) (M) (PC)

와인 협회를 다른 아시아의 국외 이주자 사업 엘리트들이
wine associations" in which other Asian expatriate business elites
(R) (S)

참여하는
participate.
(V)

이 집단은 소비자들의 또한 포함한다 사람을 품어온
This group of consumers also includes men who have embraced
S M V O (R) (V)

호기심 있는 생각을 코뿔소 뿔이 기능을 한다 치료제로 발기부전과
the curious notion that rhino horn functions as a cure for impotence
(O) (C) (S) (V) (M)

향상의 성 행위에 대한 사용은 코뿔소 뿔의
and an enhancement to sexual performance. Use of rhino horn as an
(M) S

최음제로 아시아의 전통 의학에서 오랫동안 헐뜯겨 왔다
aphrodisiac in Asian traditional medicine has long been debunked as a
M M M V

모욕하고 부당한 특징 부여로 무역의 서양 언론에 의해 허나
denigrating, unjust characterization of the trade by Western media, but
M M

그런 사용은 지금 다소 믿을 수 없게 보도되고 있다
such usage is now, rather incredibly, being documented in Viet Nam as
S M M V M (C)

미디어 신화가 완전히 일주하면서 총체적으로 이 집단은 구체화한다
the media myth turns full circle. Collectively, this group personifies the
(S) (V) (M) M S V

문화적 개념을 얼굴 소비의 그것에 의해 사치스러운 사용은
cultural concept of "face consumption", whereby extravagant usage
O (R) (S)

어떤 것의 희귀하고 비싼 된다 한 수단이 과시하는 부
of something rare and expensive becomes a means to flaunt wealth,
(M) (V) (C) (M)

신분 성공을 사이에서 친구들과 동료들
status and success amongst friends and associates.
(M)

이 소비자들은 아마도 설명한다 가장 큰 양을 코뿔소
These consumers probably account for the greatest volume of rhino
S M V O

뿔의 사용된 베트남에서 오늘날 조달은 보통 일어난다
horn used in Viet Nam today and procurement usually transpires
M S M V

비공식적인 채널을 통해서 포함해서 인터넷 판매점과 사회적
through informal channels, including internet distributors and social
M PC

네트워크를 종종 연결되어 있는 정부 관리들의 인기있는 웹사이트는
networks, often with links to government officials. Popular websites
M S

촉진한다 이 사용을 끝없는 흐름으로 교활한 유혹의 슬로건의
drive this usage with an endless stream of slick come-on slogans:
V O M M

즉 향상시킨다 집중력을 치료한다 숙취를 코뿔소 뿔 함께
"to improve concentration and cure hangovers", "rhino horn with
A

술과 알코올성분의 드링크다 백만장자의 코뿔소 뿔은 같다
wine is the alcoholic drink of millionaires", and rhino horn is "like a

초호화 차와 이 집단은 일반적으로 사용한다 코뿔소 뿔을 없이
luxury car." This group generally uses rhino horn in the absence of a
S M V O M

의사의 충고 제 2의 산업이 공급한다 여러 장구를
doctor's advice, and secondary industries supply paraphernalia for
S V O

자기 치료를 위한 특히 특수한 코뿔소 뿔 가는 사발 가진
self-medication, specifically special rhino horn grinding bowls with
M M O

톱니모양의 표면을 유일한 베트남에서만
serrated surfaces that are unique to Viet Nam.
M (R) (V) (C) (M)

제3 소비자 그룹은 나타낸다 최근의 경향을
A third consumer group represents a recent trend amongst middle-
S V O

중상위 계층의 젊은 어머니들 사이에서 두는 코뿔소 뿔을 가까이 가정
to-upper-income young mothers who keep rhino horn at hand for home
M (R) (V) (O) (OC)

준비를 위해 약의 치료를 위한 고열을 특히 것을
preparation of medicines to treat high fever, especially that which
(M) (M) (M) (A) (R)

발생하는 어린이들에게 이런 용법도 나타낸다 자기 치료를 허나 그건
occurs in children. This usage also represents self-medication, but it
(V) (M) S M V O S

나타난다 내에서 일반적인 틀 전통적인 의학의
transpires within the general framework of traditional medicine and
V M

포함할 수 있다 어느 정도의 협의를 개업 의사들과의
may include some degree of consultation with medical practitioners.
V O M

소셜 미디어와 채팅 방은 도움이 된다 연결하는데 이런 관계된 어머니들을
Social media and chat rooms serve to link these concerned mothers
S V C

한 그룹으로
as a group.
M

설명을 잘 기억해야 후에 써먹잖아!

예문에서는 하이픈으로 연결된 복합어가 6개 나온다. **hangover-curing, socially-bonding, so-called, come-on, self-medication, middle-to-upper-income** 등인데 사실 **hangover intake, website** 등도 하이픈이 쓰이지 않은 합성어라 할 수 있다. 좀 더 구체적으로 살펴보자. 하이픈으로 만들어지는 어휘들은, 명사를 연결하여 명사로 쓰이는 경우(**worker-owner:** 사원 주주), 동사를 연결하여 명사가 되는 경우(**give-and-take**), 명사, 동사, 명사를 연결하여 형용사로 쓰이는 경우(**boy-meets-girl:** 판에 박은 듯한 로맨스의), 명사를 형용사로 전환하는 경우(**middle-class**), 형용사와 과거분사(**open-minded**), 형용사와 현재분사(**good-looking**), 부사와 현재분사(**hard-driving**), 명사와 과거분사(**money-oriented**), 명사와 현재분사(**mouth-watering**), 명사와 형용사(**tone-deaf**), 형용사와 동사(**sweet-talk**), 기타 동사, 전치사, 명사, 부사, 형용사, 대명사 등 여러 품사가 결합되어 구 또는 문장 형용사가 되는 경우(**what-if, better-to-do, keep-out-of-the-war, hand-to-mouth, forget-me-not, eye-in-the-sky, man-about-town, what's-going-on**) 등 매우 다양하다.

예문에서 동사와 부사가 연결되어 명사가 된 **come-on**(권유, 유혹(물), 유혹하는 듯한 태도(눈), 눈길을 끄는 싸구려 상품)도 그 하나다. 이처럼 동사구가 결합하여 명사구가 만들어지

는 경우도 많다(**stop-off, take-in, give-up**). 물론 명사라도 하이픈이 쓰이면 형용사가 된다(**boy-and-girl:** 소년 소녀의). 하이픈으로 구성된 새로운 어휘들 중 사전에 없는 것들이 많이 있으므로 그 종류와 쓰임에 주의를 기울일 필요가 있다.

beyond the terminally ill 에서 **the ill** 이 「**the** + 형용사 = 복수명사」가 되어 **ill people** 을 의미한다는 것을 알아내기는 쉽지 않다. **is completely unrelated** 는 **is not completely related** 와 같으므로 부분부정으로 해석을 해야만 한다. **the curious notion that rhino horn ~** 에서 **that** 이하는 **notion** 과 동격관계이다.

☞ **terminally** 종말에, 말단에 / **rhino** 코뿔소, 무소 = **rhinoceros** / **obsessive** 붙어 떨어지지 않는(관념 따위), 강박관념의(을 일으키는), 비정상일 정도의 / **be unrelated to** ~와 관계가 없다, ~과 혈연관계가 아니다 / **detoxification** 해독 / **properties** (어떤 물건 고유의) 특성, 특질 / **intake** 끌어들임, 흡입 / **affluent** 풍부한, 유복한 / **give rise to** ~ 을 일으키다, 생기게 하다, ~의 근원이다 / **hangover** 숙취, (약의) 부작용. **hangover-curing tonic = tonic that cures hangover** / **tonic** 강장제 / **socially-bonding element = element that is bonding socially** / **expatriate** 국외로 이주한(추방된) 사람, 국적을 이탈한 사람 / **impotence** 무력, 무기력, 음위, 발기(교미) 불능증 / **enhancement** (가격, 매력, 가치 등의) 상승, 향상, 증대 / **aphrodisiac** 성욕을 촉진하는, 최음의, 최음제 / **debunk** (정체를) 폭로하다, 가면을 벗기다, 헐뜯다

denigrate 더럽히다, 모욕하다, (인격, 명예 등을) 훼손(모독)하다 / **document** (상세히) 보도(기록)하다, (작품을) 사실관계를 상세히 재현하는 수법으로 구성(제작)하다 / **full circle** 완전히 일회전하여, 일주하여 / **personify** 인성을 부여하다, 인격화(의인화)하다, 구체화하다 / **whereby** (그것에 의해) ~하는 **= by which** / **extravagant** 돈을 함부로 쓰는, 낭비벽이 있는, 사치한 / **flaunt** 자랑하다, 과시하다 / **procurement** 조달, 획득, 정부 조달 / **transpire** (일이) 일어나다, 발생하다 / **slick** 반질반질한, 교묘한, 능란한, 교활 / **paraphernalia** 여러 가지 용구, 마약 매매에 필요한 장구, 설비, 장치 / **self-medication** 자기 치료 / **serrate** 톱니 모양의, 톱니가 있는, 가장자리가 깔쭉깔쭉한 / **be unique to** ~에서만 특이하다(독특하다) / **middle-to-upper-income** 중상위 소득 / **at hand** 바로 가까이에, 가까운 장래에, 즉시 쓸 수 있도록(준비하여) / **medical practitioner** 개업 의사, 의사 / **concerned** 관심(흥미)이 있는, 관계가 있는

글에 표시된 요소는 모두 해석을 해야겠네!

말기 환자의 범위를 넘어서, 베트남에는 적어도 세 부류의 다른 중요한 코뿔소 뿔 사용자 집단이 있다. 사실 오늘날 가장 비정상적일 정도로 코뿔소 뿔을 이용하는 것은 전혀 질병과 완전히 관계가 되어 있는 것은 아니다. 코뿔소 뿔의 해독 특성에 대한 믿음은, 특히 과도한 알코올, 기름진 음식 그리고 "좋은 삶"을 따라오는데, 유복한 집단의 상습적 이용자들을 발생하게 했는데 그들은 일반적으로 건강과 숙취 해소 강장제로서 코뿔소 뿔 가루를 물이나 알코올과 일상적으로 혼합한다. 다른 아시아의 외국인 비즈니스 엘리트들이 참여하는 소위

"코뿔소 와인 협회"를 포함해서, 전형적으로 집단 기능에서 나타나는 그런 소비에는 강하고, 사회적으로 결속하는 요소가 있다.

이런 소비자 집단은 또한 코뿔소 뿔이 발기부전과 성 행위를 향상시키는 치료제로 기능을 한다는 호기심 어린 관념을 품어온 사람들을 포함한다. 아시아 전통 의학에서 코뿔소 뿔을 최음제로 사용한 것을 두고 서양 언론들이 모욕적이고 부당한 무역이라고 특징을 부여함으로써 오랫동안 그 정체가 폭로되어 왔지만, 그런 사용은 그 미디어 신화가 완전히 한 바퀴를 돌면서 오늘날 베트남에서 다소 믿을 수 없게 사실관계를 상세히 재현하는 수법으로 보도되고 있다. 총체적으로 이 집단은 "얼굴 소비"의 문화적 개념을 구체화하는데, 그것에 의해 희귀하고 비싼 어떤 물건의 사치스러운 사용은 친구들과 동료들 사이에서 부와 신분, 그리고 성공을 과시하는 하나의 수단이 된다.

이런 소비자들은 아마도 오늘날 베트남에서 사용된 가장 많은 양의 코뿔소 뿔을 설명해 줄 것이다. 그리고 조달은 인터넷 판매와 사회의 네트워크를 포함하여 비공식적인 통로를 통해서 보통 일어나는데, 종종 정부 관리들과 연결되어 있다. 인기 있는 웹 사이트들은 끝없이 흐르는 교활한 유혹의 슬로건들 즉, "집중력 향상 및 숙취 치료", "코뿔소 뿔 와인은 백만장자들의 알코올성분의 음료이다", 그리고 코뿔소 뿔은 "고급 대형 승용차와 같다"등으로 이 사용을 촉진한다. 이 집단은 의사들의 조언이 없이 코뿔소 뿔을 사용하며, 자기 치료를 위한 여러 도구를 공급하는데, 특히 베트남에만 유일한 톱니모양의 표면이 있는 특수한 코뿔소 뿔 가는 사발들이 있다.

제3의 소비자 그룹은 고열, 특히 어린이들에게 발생하는 고열을 치료하기 위해 가정에 약을 준비하느라 코뿔소 뿔을 즉시 쓸 수 있도록 가까이 두고 있는 중상위 계층의 젊은 엄마들 사이에서 최근의 경향을 나타낸다. 이런 사용법 또한 자기 치료를 나타내지만, 전통적인 의학의 일반적인 틀 내에서 나타나며, 개업 의사들과의 어느 정도의 협의가 포함될 수 있다. 소셜 미디어와 채팅방은 이에 관련된 어머니들을 하나의 그룹으로 연결해주는 역할을 한다.

04 「Can't take to the streets?」 이건 또 뭐지?

의문문의 패턴은 여러 가지다. 특히 구어체, 신문기사, 광고문, 연설문 등에서는 주어나 be 동사, 조동사, is(are) there 등을 생략한다든지 평서문의 끝만 올려서 물음표만 붙여 의문문을 만드는 사례들이 많다. 보통 You're serious, now?(진심이야, 지금?) This is just between us, get it?(이건 비밀이야, 알았지?) Excuse me?(뭐라고요?) Why you tell me?(왜 나에게 말하는 건데?) Any vacation spots worth going to?(가볼 만한 휴양지는?) Oh, he went home, already?(오, 그가 벌써 집에 갔어?) 등은 흔한 표현들이다. 문장이 짧거나 단순한 경우, 즉 All your classes were given in English?(너의 모든 수업들은 영어로 구성되어 있었어?) Why move when you can just upgrade for a fraction of the cost?(이사 비용의 일부만 들여 그냥 개선할 수 있는데 왜 이사를 하세요?) Why women can't put on mascara with their mouth closed?(왜 여자들은 입을 다물고 마스카라를 하지 못하는가?) A puppet show with the members of the Happy Dolls Club?(해피돌스클럽 회원들과 함께 하는 인형극?) Buying yet another small red notebook?(작은 붉은 노트북을 또 하나 더 사려는 거야?) Need help with setting up your diet and routine for your goals?(목표를 위해 다이어트와 일과를 설정하는데 도움이 필요하냐?) 등의 경우에는 파악하기가 쉽지만 복잡한 내용이나 구문일 경우 쉽게 파악이 안 될 때도 있다. 영화에서는 guess, think, figure 등으로 시작되는 의문문도 자주 들린다. Think you're ready to show us some stunts?(스턴트를 보여줄 준비가 됐냐?) Figured it would cause less suspicion and make things easier for our "good person" lessons.(의심은 덜 하고 좋은 사람 수업은 쉽게 할 수 있을 거라고 생각한 거야?) Guess you do like working alone?(혼자 일하는 걸 좋아하나 봐?) 물론 do you think(figure, guess) 에서 do you 가 생략된 표현들이다.

아래 예문에서 Notice how governments and the World Health Organization are asking global citizens to stay home to "flatten the curve" and prevent the spread of disease? And how people are taking drastic action to change their everyday habits for the greater good? Can't take to the streets? 세 문장이 나오는데, 첫 문장은 일단 동사가 문두에 쓰여서 명령문으로 생각할 수도 있다. 이런 형식으로 remember 가 잘 쓰인다. Remember back in college, when you thought you were really, really busy, but in reality you somehow had time to take naps?(대학 시절, 네가 정말, 정말 바쁘다고 생각했을 때 기억나? 하지만 실제로는 낮잠을 잘 시간이 있었잖아?) 현재분사나 과거분사가 문두에 쓰이기도 한다. Feeling guilty because long hours at work or school keep you too busy to play with your dog?(직장이나 학교에서 보내는 긴 시간이 당신을 너무 바쁘게 해서 개와 함께 놀 수 없기 때문에 죄책감이 드나요?) Worried that your furry friend is feeling neglected?(당신의 털로 덮인 친구가 방치된다고 느끼고 있을까 봐 걱정되나요?) 또 다른 형식으로는 So I assume the value of your home has gone up?(그래서 내가 네 집값이 올라갔다고 생각한다는 거야?) How come you say as if it were already in the past?(왜 마치 그것이 이미 과거인 것처럼 얘기하는 거야?) Maybe your view of a problem that you think you are solving is not shared by other coworkers?(아마도 여러분이 해결하고 있다고 생각하고 있는 문제에 대한 여러분의 견해가 다른 동료에 의해 공유되지 못하고 있는 것은 아닌가?) Why all the fuss over their introduction?(왜 그들의 소개에 난리가 났을까?) Why nowadays we cannot listen to the fascinating song like this?(이처럼 매혹적인 노래를 요즘 우리는 왜 들을 수 없는 거지?) The author suggests which of the followings about a Bronze Age artifact containing high concentrations of cobalt or zinc?(저자는 고농도 코발트나 아연이 함유된 청동기 시대의 공예품에 대한 다음 중 어느 것을 제안하는가?) I'm supposed to tell him that the world is gonna slap him down every chance it gets?(세상이 기회가 있을 때마다 그를 때려 눕힐 거라고 말해야 해?) 등 매우 다양하다. 뒤에 쓰인 물음표를 힌트로 의문문의 형태임을 알고 해석을 해야 할 것이다.

* along with	* as usual	* grind to a halt
* reflect on	* be applied to	* lie in
* flatten the curve	* take action	* play a key role
* take to the streets	* make a statement	* put a snag in
* when it comes to	* as such	* put aside

Along with carbon emissions and climate impacts, the virus ignores international borders, requiring a global response to stop the spread of the pandemic. As business as usual grinds to a halt to protect society's most vulnerable, we reflect on what can be learned from our response to COVID-19 and share four lessons that can be applied to the fight against climate change.

1. It will take each and every one of us to save the world, and power lies in the hands of local communities. Notice how governments and the World Health Organization are asking global citizens to stay home to "flatten the curve" and prevent the spread of disease? And how people are taking drastic action to change their everyday habits for the greater good? There is immense power in this swift and collective action implemented by individuals. Every person plays a key role in preventing the spread of this disease, and the impact is demonstrative.

2. Can't take to the streets? Get online to make a statement. For over a year, kids and teens all over the world have ditched school and taken to the streets to demand action on climate change. Public health experts' recommendations to cancel all large gatherings may have put a snag in their plans, but it sure didn't stop them. The younger generation has taught us that when the going gets tough, keep going — and find another way to have your voice heard.

3. Global action by individuals is essential when it comes to challenges that cross borders. Like climate change, disease knows no borders. As such, these challenges cannot be conquered by countries in isolation. While each country may be approaching COVID-19 in slightly different ways, it's clear that global action is required to protect the greater good — both by governments as well as individuals. With a similar response to climate change, let's put aside our differences and implement a strategy to save the planet.

4. We must act now to protect the most vulnerable in our society. COVID-19 may be challenging for the young and healthy to conceptualize. And yet we practice extensive social distancing, proper handwashing and sneezing etiquette, and other measures in order to protect those most vulnerable to the disease: the elderly and the immunocompromised. As individuals, let's learn from COVID-19 and change our actions now to protect society's most vulnerable.

우선 도해를 통해 구문 파악을 해보자!

함께 탄소 배출과 기후 영향과 이 바이러스는 무시한다
Along with carbon emissions and climate impacts, the virus ignores
M S V

국제 경제를 요구하면서 세계적인 대응을 막기 위한 확산을
international borders, requiring a global response to stop the spread
O PC

전염병의 동안 사업이 평소 같은 중단되는 보호하기 위해
of the pandemic. As business as usual grinds to a halt to protect
(C) (S) (V) (M)

사회의 가장 취약계층을 우린 반성하고 것을 배울 수 있는 우리의
society's most vulnerable, we reflect on what can be learned from our
(M) S V (R) (V)

대응으로부터 코비드19에 공유한다 네 가지 교훈을 적용될 수 있는
response to COVID-19 and share four lessons that can be applied to
(M) (M) V O (R) (V)

싸움에 기후변화에 대한
the fight against climate change.
(M) (M)

필요할 거다 각각 모두가 우리들 구하려면 세상을 권력은
1. It will take each and every one of us to save the world, and power
S V O S S

놓여 있다 손에 지역 공동체의 주목해 보겠나 어떻게 정부와
lies in the hands of local communities. Notice how governments and
V M V (Q)

세계 보건 기구가 요구하고 있는지 세계 시민들에게 머물며 집에
the World Health Organization are asking global citizens to stay home
(S) (V) (O) (OC)

상승을 줄이기 위해 막도록 확산을 질병의 그리고 어떻게
to "flatten the curve" and prevent the spread of disease? And how
(M) (OC) Q

사람들이 취하는지 과감한 행동을 바꾸기 위해 그들의 일상 습관을
people are taking drastic action to change their everyday habits for
S V O M

더 큰 선을 위해 있다 엄청난 힘이 이 신속하고 집단적인
the greater good? There is immense power in this swift and collective
M A V S M

행동에는 이행되는 개인에 의해 모든 사람은 핵심적 역할을 한다
action implemented by individuals. Every person plays a key role in
M S V O

막는데 확산을 이 질병의 그 영향은 실증적이다
preventing the spread of this disease, and the impact is demonstrative.
M S V C

거리로 나갈 수 없어 온라인에 접속하라 진술하기 위해
2. Can't take to the streets? Get online to make a statement. For
V M V O M

1년 이상 동안 어린이와 10대들은 걸쳐 전 세계에 빼먹고 학교를
over a year, kids and teens all over the world have ditched school and
M S V O

거리로 나왔다 요구하기 위해 조치를 기후변화에 대한 공중 위생
taken to the streets to demand action on climate change. Public health
V M M M

전문가들의 권고는 취소하라는 대규모 집회를 끼웠을지도 모르나
experts' recommendations to cancel all large gatherings may have
S M V

장애물을 그들 계획에 확실히 중단시키지 못했다 그들을 젊은
put a snag in their plans, but it sure didn't stop them. The younger
O M S M V O

세대들은 가르쳤다 우리에게 때 앞으로 나가는 것이 힘들 계속 나아가고
generation has taught us that when the going gets tough, keep going
S V IO (C) (C) (S) (V) (C) (V) (C)

다른 방법을 찾으라고 네 목소리가 들려지도록 하기 위해
— and find another way to have your voice heard.
(V) (O) (M)

세계적 행동이 개인들에 의한 필수적이다 관해서는
3. Global action by individuals is essential when it comes to
S V C (C) (S) (V)

도전에 넘는 국경을 기후 변화처럼 질병은 모른다
challenges that cross borders. Like climate change, disease knows no
(M) (R) (V) (O) M S V

국경을 그 자체로 이런 도전은 정복될 수 없다 나라들에 의해
borders. As such, these challenges cannot be conquered by countries
O M S V M

고립된 반면에 각 나라가 접근하고 있을 수 있는 코로나19에
in isolation. While each country may be approaching COVID-19 in
M (C) (S) (V) (O)

약간 다른 방식으로 분명하다 것은 세계적 행동이 필요된다는 보호하기 위해
slightly different ways, it's clear that global action is required to protect
(M) S V C (C) (S) (V)

더 큰 가치를 정부에 의해서 개인들은 물론
the greater good — both by governments as well as individuals. With a
(M) (M)

유사한 대응으로 기후 변화에 대한 제쳐두고 우리의 차이점을
similar response to climate change, let's put aside our differences and
M M V O OC

실행해 보자 전략을 구하기 위한 지구를
implement a strategy to save the planet.
OC M

우리는 행동해야 한다 지금 보호하기 위해 가장 취약한 사람들을 사회에서
4. We must act now to protect the most vulnerable in our society.
S V M M M

코로나19는 매력적일 수 있다 젊고 건강한 사람들이
COVID-19 may be challenging for the young and healthy to
S V M

개념화하는데 그러나 우린 실천한다 광범위한 사회적 거리두기 적절한
conceptualize. And yet we practice extensive social distancing, proper
M C S V

손 씻기 재채기 예절 다른 조치들을 위하여
handwashing and sneezing etiquette, and other measures in order
O

보호하기 위해 자들을 가장 취약한 질병에 즉 노약자와
to protect those most vulnerable to the disease: the elderly and the
M M

면역자들 / 개인들로서 / 배우자 / 코로나19로부터

immunocompromised. As individuals, let's learn from COVID-19 and

A / M / V O / OC

바꾸자 / 우리 행동을 / 지금 / 보호하기 위해 / 사회의 / 가장 취약자들을

change our actions now to protect society's most vulnerable.

OC / M / M

해설을 보니 궁금증이 풀리는군!

as business as usual grinds to a halt to protect society's most vulnerable 에서는 **as business as usual** 을 **as ~ as** 구문으로 착각할 수 있다. 물론 앞의 **as** 는 접속사이고 **as usual** (여느 때처럼, 평소와 같이)은 관용구이다. **It will take each and every one of us to save the world** 는 「**it takes** + 목 + 목 + **to ~**」 구문으로 "(시간, 노력 등을) 요하다, 걸리다, 필요로 하다"의 뜻이다. **to** 부정사 없이 단순히 **It takes a lot of some doing.**(여간 힘드는 일이 아니다.)처럼 목적어 하나만 사용되기도 한다. **notice how governments ~ and prevent the spread of disease?** 는 물론 의문문으로 **do you notice how ~ ?** 와 같다. **how people are taking drastic action ~ for the greater good?** 역시 의문문인데 앞의 **notice** 의 목적절로 쓰이고 있다.

It sure didn't stop them. 에서 **sure** 는 부사로 **surely, certainly, undoubtedly** 와 같으며 **It sure is.** 처럼 **it** 뒤에 잘 쓰인다. **society's most vulnerable** 과 **the most vulnerable** 은 각각 **society's most vulnerable people, the most vulnerable people** 의 뜻이다. 그 뒤에 나오는 **the young and healthy** 와 **the elderly and the immunocompromised** 역시 「**the** + 형용사(과거분사, 현재분사) = 복수명사」를 나타내는 표현들이다. **Can't take to the streets?** 도 주어가 생략된 의문문이다. 즉 **Can't you take to the street?** 와 같다. **both by governments as well as individuals** 에서 **both** 는 **by governments** 에만 연결되는 것이지 **as well as individuals** 와는 상관이 없다. 즉 **both ~ and** 대신 **both ~ as well as** 가 사용된 구문이 아니다. **immunocompromised** (면역 시스템이 엇나간(약체화한), 면역 무방비(상태)의)는 "면역"이란 뜻의 결합사인 **immuno** 와 "손상된, 위태로워진, 떨어뜨려진" 이란 뜻의 **compromised** 의 합성어다.

☞ **along with** ~와 함께, ~에 따라, ~에 덧붙여 / **as usual** 여느 때처럼, 평소와 같이 / **carbon emissions** 탄소 배기(배기로 인해 생긴 대기 중의 일산화탄소와 이산화탄소) / **pandemic** 전국적(대륙적, 세계적)으로 유행하는 병 / **grind to a halt** (차가) 끼익 소리 내며 서다, (행렬, 활동 등이) 부득이 천천히 멈추다 / **reflect on** ~을 반성하다, 곰곰이 생각하여 보다, 회고하다 / **be applied to** ~에 적용(응용)되다 / **lie in** ~에 있다(**consist in**) / **take action** 조처를 취하다, 착수하다, 작용하기 시작하다 / **drastic** (치료, 변화 따위가) 격렬한, 맹렬한, (수단 따위가) 과감한, 철저한 / **flatten the curve** 전염병의 확산을 완화하기 위한 조치를 하다, 상승 곡선을 평평하게 만들다, 상승을 줄이다 / **implement** (약속 따위를) 이행(실행)하다, (조건 등을) 충족하다, 채우다 / **play a key role in** ~에서 핵심 역할을 하다

demonstrative 명시하는, 설명적인, 증명하는, 논증적인, 확정적인, 시위적인 / **take to the streets** 요구를 내걸고 가두데모에 나서다 / **make a statement** 성명을 발표하다 / **ditch** (일, 책임에서) 꽁무니 빼다, (학교 따위를) 꾀부려 빠지다 / **gathering** 모임, 회합, 집회 / **put a snag in** ~에 장애물을 끼우다. **snag** 뜻하지 않은 장애, 걸림, 난관 / **going** 보행, 여행, 출발, (업무의) 수행, (일, 계획 따위의) 진전, 진행 상태, 진행 속도 / **when it comes to** (~의 이야기, 문제)라 하면, ~에 관해서 말한다면 / **as such** 그 자체로, 그것만으로 / **put aside** ~을 제쳐놓다, 따로 떼어 두다, 그만두다 / **challenging** 힘드는, 능력을 시험하는 것 같은, 도전적인, 의욕(흥미)을 돋우는 / **conceptualize** 개념화하다, 개념적으로 설명하다 / **immunocompromised** 면역 시스템이 엇나간(약체화 한), 면역 무방비(상태)의

어휘가 좀 낯설긴 하지만...

탄소 배출과 기후 영향과 함께, 이 바이러스는 국제간에 정해진 경계를 무시하며, 전염병의 확산을 막기 위한 세계적인 대응을 요구한다. 평소와 같은 사업이 사회의 가장 취약한 계층을 보호하기 위해 부득이 중단되는 가운데, 우리는 코로나19에 대한 우리의 대응으로부터 배울 수 있는 것을 반성하고 기후변화 퇴치에 적용할 수 있는 4가지 교훈을 공유한다.

1. 세상을 구하려면 우리 한 사람 한 사람 모든 사람이 필요할 것이고, 권력은 지역 공동체의 손에 달려 있다. 정부와 세계보건기구가 세계 시민들에게 "전염병의 상승곡선을 줄이기" 위해 집에 머물며 질병의 확산을 막도록 어떻게 요구하고 있는지 주목해 보겠는가? 그리고 사람들이 더 큰 선을 위해 어떻게 그들의 일상 습관을 바꾸려고 과감한 조치를 취하고 있는지 주목해 보겠는가? 개인에 의해 이행되는 이 신속하고 집단적인 행동에는 엄청난 힘이 있다. 모든 사람이 이 질병의 확산을 막는 데 핵심적인 역할을 하며, 그 영향은 실증적이다.

2. 요구를 내걸고 가두데모에 나갈 수 없다고? 온라인에 접속하여 진술하십시오. 1년 이상 동안, 전 세계의 어린이들과 십대들은 기후 변화에 대한 조치를 요구하기 위해 학교를 빠지고 가두데모에 나왔다. 공중 보건 전문가들이 대규모 집회를 모두 취소하라고 권고한 것이 그들의 계획에 장애가 되었을런지도 모르지만, 그들을 중단시키지는 못한 것은 확실했다. 젊은 세대들은 우리에게 앞으로 나아가는 것이 힘들어질 때, 계속 나아가고, 여러분의 목소리를 들을 수 있는 다른 방법을 찾으라고 가르쳤다.

3. 국경을 넘는 도전에 관해서는 개인들에 의한 전 세계적인 행동이 필수적이다. 기후 변화처럼 질병은 국경을 모른다. 그 자체로 이러한 도전들은 고립된 국가들에 의해 정복될 수 없다. 각 국가들이 약간 다른 방식으로 코로나19 문제를 다루고 있을 수 있지만, 개인들은 물론 정부에 의해서도 더 큰 가치를 보호하기 위해 전 세계적인 조치가 필요하다는 것은 분명하다. 기후변화에 대한 비슷한 대응으로, 우리의 차이점을 제쳐두고 지구를 구하기 위한 전략을 실행해 보자.

4. 우리는 우리 사회에서 가장 취약한 사람들을 보호하기 위해 지금 행동해야 한다. 코로나19는 젊고 건강한 사람들이 개념화하기 어려울 수 있다. 그러나 우리는 노약자와 면역자 등 질병에 가장 취약한 사람들을 보호하기 위해서 광범위한 사회적 거리두기, 적절한 손 씻기, 재채기 예절, 그리고 다른 조치들을 실천하고 있다. 개인으로서, 코로나19로부터 배우고, 사회의 가장 취약한 사람들을 보호하기 위해 지금 우리의 행동을 바꾸자.

대체 뭐가 뭘 수식하는 거지? 05

수식하는 어휘나 구, 또는 절이 서로 떨어져 있는 구문에서 어느 것이 어느 것을 수식하는가를 구별하기가 어려울 때가 있다. 마찬가지로 바로 앞뒤에 놓인 어휘라 할지라도 어느 어휘가 어느 어휘를 수식하는지 애매할 경우도 있다. 즉 앞에 위치한 어휘가 뒤에 쓰인 어휘를 수식하는 것인지 뒤에 위치한 어휘가 앞의 어휘를 수식하는 것인지, 아니면 서로 관련이 없는지 판단하기가 쉽지 않은 경우가 생기는 것이다. 문제는 그 수식하는 방법에 따라 의미가 달라진다는 점이다. 따라서 눈에 익숙한 대로 수식의 형태를 이해하려 하지 말고 의미가 풀리지 않을 경우에는 어휘가 어디에 속하고 있는지, 그리고 어휘의 품사 및 기능이 무엇인지를 잘 점검해 볼 필요가 있다.

아래 예문의 ~ the rules of morality publicly upheld in England are the best known in the world 도 그런 구문 중의 하나일 것이다. the best known in the world 는 쉽게 해석할 수 있는 구처럼 보이지만 한 번쯤 그 의미의 변화를 생각해 봐야 할 구문이다. 즉 the best 가 known 을 수식하는 건지 아니면 known in the world 가 best 를 수식하는 구문인지에 따라 의미가 달라진다. 또한 앞에서 명사를 수식할 때와 뒤에서 명사를 수식할 때 그 의미가 달라지는 어휘들도 있다. 예를 들어, worldwide 는 명사 앞에 위치할 경우 "전 세계에 걸친, 세계적인"의 뜻이고, 명사 뒤에 위치할 경우 "전 세계에 있는"의 뜻이다. worldwide inflation(전 세계에 걸친 인플레이션)과 clubs worldwide(전 세계에 있는 클럽들)는 사소한 것 같지만 뜻에 미묘한 차이가 있다. 이 외에도, concerned(걱정하는, 관련된), present(현재의, 출석한), responsible(책임감 있는, 책임이 있는) 등 여러 단어들이 위치에 따라 그 의미가 달라진다.

* in the strict sense	* nothing of the kind	* anything but
* charge ~ with	* throw aside	* at long intervals
* take for granted	* at the expense of	* for one's part
* have noting to do with	* as ~ as ever	* with respect to
* engage in	* most of all	* apply to
* believe in		

Two hundred year ago, when Napoleon called England insultingly "a nation of shop-keepers," we were nothing of the kind. But since his day we have become so, in the strictest sense of the word. Consider the spectacle of a flourishing tradesman, anything but scrupulous in his methods of business, who loses no opportunity of bidding all mankind to regard him as a religious and moral exemplar. This is the actual show of things with us; this is the England seen by our bitterest censors. There is an excuse for those who charge us with "hypocrisy."

Hypocrisy is the contrivance of a false appearance of virtue or goodness, while concealing real character traits or inclinations, especially with respect to religious and moral beliefs; hence, in a general sense, hypocrisy may involve dissimulation, pretense, or a sham. It is the practice of engaging in the same behavior or activity for which one criticizes another. In moral psychology, it is the failure to follow one's own expressed moral rules and principles.

The word hypocrisy is perhaps most of all applied to our behaviour in matters of sexual morality, and here with specially flagrant misuse. Multitudes of Englishmen have thrown aside the national religious dogma, but very few indeed have abandoned the conviction that the rules of morality publicly upheld in England are the best known in the world. Any one interested in doing so can but too easily demonstrate that English social life is no purer than that of most other countries. Scandals of peculiar grossness, at no long intervals, give rich opportunity to the scoffer.

The streets of our great towns nightly present an exhibition, the like of which cannot be seen elsewhere in the world. Despite all this, your average Englishman takes for granted his country's moral superiority, and loses no chance of proclaiming it at the expense of other peoples. To call him hypocrite, is simply not to know the man. He may, for his own part, be gross-minded and lax of life; that has nothing to do with the matter; he believes in virtue. Tell him that English morality is mere lip-service, and he will blaze with as honest anger as man ever felt. He is a monument of self-righteousness, again not personal but national.

우선 도해부터 살펴보자고!

이백년 전에 때 나폴레옹이 불렀을 영국은 모욕적으로
Two hundred year ago, when Napoleon called England insultingly “a
M (C) (S) (V) (O) (M)

국민이라 장사꾼 우린 결코 그렇지 않았다 그러나 이래로 그의
nation of shop-keepers,” we were nothing of the kind. But since his
(OC) S V C M

시대 그렇게 되어 왔다 엄밀한 의미에서 그 말의 생각해보라
day we have become so, in the strictest sense of the word. Consider
S V C M V

광경을 번영하는 상인의 커녕 이외에 빈틈없기는
the spectacle of a flourishing tradesman, anything but scrupulous
O

그의 방법에서 장사 잃지 않는 기회를 명하는 모든
in his methods of business, who loses no opportunity of bidding all
M (R) (V) (O) (M)

인류에게 보라고 그를 종교적이고 도덕적인 본보기로 이것은
mankind to regard him as a religious and moral exemplar. This is the
(M) S V

실제적인 겉모습이다 풍물의 우리의 이게 영국이다 보여진 의해 가장 신랄한
actual show of things with us; this is the England seen by our bitterest
C M S V C M

비평자에 있다 변명은 사람들에게 죄를 지우는 우리에게 위선의
censors. There is an excuse for those who charge us with “hypocrisy.”
A V S M (R) (V) (O) (M)

위선은 책략이다 거짓된 겉모양의 미덕이나
Hypocrisy is the contrivance of a false appearance of virtue or
S V C M

선함의 동안 감추는 진정한 인격적 특성이나 성향을
goodness, while concealing real character traits or inclinations,
(PC)

특히 관한 종교적이고 도덕적 신념에 따라서
especially with respect to religious and moral beliefs; hence, in a
M M

일반적 의미에서 위선은 수반할 수 있다 감정의 위장 가식
general sense, hypocrisy may involve dissimulation, pretense, or a
M S V O

속임수를 위선은 관행이다 참여하는 동일한 행동이나 활동에
sham. It is the practice of engaging in the same behavior or activity
S V C M

우리가 비판하는 타인을 도덕 심리학에서는 그건 않는 거다
for which one criticizes another. In moral psychology, it is the failure to
(R) (S) (V) (O) M S V C

따르지 자신이 표현한 도덕적 규칙과 원칙을
follow one's own expressed moral rules and principles.
M

위선이라는 단어는 아마도 무엇보다도 적용된다 우리의 행동에
The word hypocrisy is perhaps most of all applied to our behaviour
S M M V M

문제에서 성 도덕의 여기에 특별히 악명 높은 오용으로
in matters of sexual morality, and here with specially flagrant misuse.
M M M

다수의 영국인들은 버렸다 국가의 종교적인
Multitudes of Englishmen have thrown aside the national religious
S V M O

교리를 하지만 거의 없다 실제로 포기한 자는 확신을
dogma, but very few indeed have abandoned the conviction that the
S M V O (C)

규칙들이 도덕의 공공연히 지지받는 영국에서 최고란 알려진
rules of morality publicly upheld in England are the best known in the
(S) (M) (M) (V) (C) (M)

세계에 누구든지 관심있는 그렇게 하는데 단지 너무 쉽게 증명할 수 있다
world. Any one interested in doing so can but too easily demonstrate
S M M V

것을 영국의 사회 생활은 더 순수하지 않다는 그것보다 대부분의 타국의
that English social life is no purer than that of most other countries.
(C) (S) (V) (C) (C) (S)

추문들은 특별한 상스러움의 매우 자주 준다 풍부한
Scandals of peculiar grossness, at no long intervals, give rich
S M V

기회를 조롱자에게
opportunity to the scoffer.
O M

거리들은 우리 대도시의 밤마다 열고 있는데 전람회를 같은 것은
The streets of our great towns nightly present an exhibition, the like
S M V O O

그와 볼 수 없다 다른 곳에서 세계에서 불구하고 이 모든 것에도 너의
of which cannot be seen elsewhere in the world. Despite all this, your
(R) (V) (M) M

보통 영국인은 당연히 받아들인다 자기 나라의 도덕적 우월성을
average Englishman takes for granted his country's moral superiority,
S V OC O

기회를 잃지 않는다 공언하는 그걸 희생해서 다른 국민들을
and loses no chance of proclaiming it at the expense of other peoples.
V O M M

부르는 건 그를 위선자라 단지 모르는 것이다 그 사람을 그는 있다 그
To call him hypocrite, is simply not to know the man. He may, for his
S V M C S

자신으로서는 저속하고 삶에 엄격하지 못할 수 그건 아무런 관련이 없다
own part, be gross-minded and lax of life; that has nothing to do with
M V C C S V O M

그 문제와 그는 믿고 있다 미덕을 말해라 영국의 도덕이 단순한
the matter; he believes in virtue. Tell him that English morality is mere
S V M V IO (C) (S) (V)

입에 발린 말이라고 그러면 불 탈 거다 정직한 분노로 사람이 느껴본 적 없는
lip-service, and he will blaze with as honest anger as man ever felt. He
(C) S V M (R) (S) (V) S

기념비다 독선의 다시 말하면 개인적이 아니라 국가적인
is a monument of self-righteousness, again not personal but national.
V C M M M

그래도 애매하면 해설을 봐야겠지!

we have become so의 so는 a nation of shop-keepers를 받는다. anything but scrupulous in his methods ~는 일종의 분사구문으로 tradesman을 수식한다. who is anything but scrupulous in his methods 로 볼 수도 있다. have thrown aside the national ~ dogma는 have thrown the national ~ dogma aside와 같다. the conviction that the rules ~ 에서 that 은 동격을 나타내는 접속사이다.

the best known에서 the best는 known을 수식하는 것인가 아니면 known이 the best를 수식하는 것인가에 따라 의미가 달라진다. 물론 이는 전후 관계의 의미에 따라 결정되는 것이므로 전체의 맥락에서 결정을 해야 한다. 즉 are the best known in the world를 "세계에서 가장 잘 알려져 있다"로 볼 것이냐 아니면 "세계에 알려진 최상의 것이다"로 볼 것이냐의 문제가 된다. 사실 the best가 명사로서 "가장 좋은 것, 최상의 것"의 뜻이 있지만 보통은 good, well의 최상급으로서 the가 붙어있는 것으로 보기가 쉽다. the like of which에서 like는 명사로 보통 the 뒤에 쓰이거나 대명사의 소유격 뒤에 써서 "필적하는 것, 동등한 것"의 뜻이 된다. the like of it 하면 "그 같은 것", the likes of you 하면 "당신 같은 사람"의 의미다. the like는 "마찬가지 일, 동류, 비슷한 사람(것)"의 뜻이며 like는 명사이다. 물론 여기서 which의 선행사는 exhibition이다. takes for granted에서 take의 목적어는 his country's moral superiority이고 for granted가 목적보어이다. tell him ~ and는「명령문 + and ~」구문이다.

☞ a nation of shop-keepers 상인 근성의 국민, 장사꾼 국민(나폴레옹이 전국 대회 연설에서 영국민을 지칭해서 불쾌한 의미로 사용한 말) / nothing of the kind(sort) 결코 그와 같은 것이 아니다, 그런 것과는 전혀 다르다. nothing of 결코 ~ 아닌. of the kind 그와 같은 / in the strict sense 엄밀히 말하여, 엄밀한 뜻으로는 / flourishing 무성한, 번영하는, 융성(성대)한 / tradesman 소매상인, 점원 / anything but 결코 ~ 아니다, ~이기는커녕 / scrupulous 빈틈없는, 면밀한, 꼼꼼한, 양심적인, 견실한 / bid ~에게 명하다, 말하다 / exemplar 모범, 본보기, 전형, 견본, 표본 / censor 비평(비난)자 / charge ~ with ~에게 죄를 씌우다, ~에게 (죄, 과실 등을) 탓으로 돌리다 / hypocrisy 위선, 위선적인 행위 / contrivance 고안, 계획, 계략, 간계, 책략 / inclination 경향, 성향, 성벽 / with respect to ~에 관하여 / dissimulation 시치미 뗌, (감정의) 위장, 위선 / sham 가짜, 속임, 협잡, 위선, 겉만 번주그레한 사람 / engage in ~에 종사하다, 관계하다, (일, 사업)에 착수하다, ~을 시작하다 / apply ~ to ~에 ~(규칙, 이론 따위를)를 적용하다, 응용하다 / sexual morality 성도덕 / most of all 그 중에서도, 유달리 / flagrant 눈꼴사나운, 악명 높은, 언어도단의, 극악한

multitudes of 다수의 / dogma (교회의) 교리, 정설, 독단론 / publicly 공공연히, 대중의 이름으로 / uphold ~을 지지하다, 찬성하다, 장려하다 / the best 최상의 것, 가장 좋은 것 / demonstrate ~을 증명하다, 설명하다 / grossness 난잡, 음탕, 상스러움 / scoffer 조롱하는 사람, 비웃는 사람 / nightly 밤마다, 밤새도록, 밤에 / at intervals 이따금, 때때로, 군데군데에, 여기저기에 / at long(short) intervals 간혹(자주) / proclaim ~을 공언하다, 나타내다,

증명하다 / **throw aside** (쓸데없어서) 버리다, 저버리다 / **for his part** 그로서는 / **gross-minded** 역겨운, 추잡한, 저속한, 심술궂은 / **lax** 엄격하지 못한, 방종한, 느슨한 / **have nothing to do with** ~와는 아무런 관계가 없다, ~와 교제를 하지 않다 / **lip-service** 입에 발린 말, 말뿐인 호의 / **blaze** 불타다, 격분하다 / **monument** 기념비, 유물, 현저한 사례 / **self-righteousness** 독선, 스스로 옳다고 함

그래야 의미가 통하는구먼!

2백 년 전, 나폴레옹이 영국을 모욕적으로 "장사꾼의 나라"라고 불렀을 때, 우리는 결코 그런 말과는 전혀 달랐다. 그러나 그의 시대 이래로 우리는 그 말의 가장 엄밀한 의미에서, 그렇게 되어왔다. 자기 장사 방법에서 결코 양심적이 못되면서, 모든 인류에게 자신을 종교적이고 도덕적인 본보기로 보라고 말하는 기회를 놓치지 않는, 번창하는 상인의 모습을 생각해보라. 이것이 우리가 처한 풍물들의 실제적인 겉모습이다. 이것이 우리들을 가장 신랄하게 비평하는 사람들이 본 바로 영국인 것이다. 우리에게 위선의 죄를 씌우는 사람들에 대한 구실은 있다.

위선은 특히 종교적, 도덕적 신념에 관한 진정한 인격적 특성이나 성향을 감추고 있는 동안 미덕이나 선함의 거짓된 겉모습을 조장하는 책략이다. 따라서 일반적인 의미에서 위선은 감정의 위장, 가식 또는 속임수를 수반할 수도 있다. 그것은 한 사람이 다른 사람을 비판하는 동일한 행동이나 활동에 관여하는 관행이다. 도덕 심리학에서는 자기 자신이 표현한 도덕적 규칙과 원칙을 따르지 않는 것이다.

위선이란 단어는 어쩌면 무엇보다도 성도덕의 문제에서 우리들의 행동에 적용되는데, 여기에서는 특별히 악명 높은 오용으로 적용될 것이다. 대다수의 영국인들은 국가의 종교적 교리를 던져 버렸다. 하지만 영국에서 공공연히 지지를 받는 도덕의 규칙들이 세계에 알려진 가장 최상의 것이라는 확신을 실제로 포기한 사람은 극히 적다. 그렇게 하는데 흥미가 있는 사람은 누구나 영국의 사회생활이 대부분의 다른 나라의 그것보다 더 순수하지 않다는 것을 단지 너무 쉽게 증명할 수 있을 뿐이다. 특유하게 상스러운 것에 대한 추문들은 매우 자주 조롱하는 사람에게 풍부한 기회를 준다.

우리의 대도시들의 거리는 밤마다 전람회를 열고 있는데 그와 같은 것은 세계의 다른 곳에서는 볼 수 없는 것이다. 이런 사실에도 불구하고, 당신네들 보통 영국 사람들은, 당연히 자기나라가 도덕적으로 우월하다고 생각하고 있으며 다른 국민들을 희생시키면서 그것을 공언하는 기회를 잃지 않고 있다. 그를 위선자라고 부르는 것으로는 쉽게 그 사람을 알 수 없다. 영국인은, 자기 자신으로서는, 저속하며 삶에 대해 엄격하지 못할 수도 있을 것이다. 그것은 그 문제와는 아무 관련이 없다. 그는 미덕을 믿고 있는 것이다. 영국인에게 영국의 도덕이란 단지 입에 발린 말이라고 말한다면 영국 사람은 정말로 지금까지 느껴본 적이 없는 정직한 분노로 불 타 오를 것이다. 그는 독선의 기념비다, 다시 말하면 개인적인 독선이 아니라 국가적인 독선인 것이다.

문장부호까지 살펴야 하니! 06

실제로 글의 내용이 어려우면 부분적으로 애매한 문법 사항들의 연결이나 처리도 어려워져서 해석이 헷갈리게 마련이다. 특히 흔하게 쓰이는 문장 부호의 경우, 그냥 대수롭지 않게 넘기는 때가 많은 게 사실이다. 하지만 실제 독해에서는 이런 것들의 의미나 구실을 지나쳐 낭패를 보는 경우가 있으므로 일단 문장 내에 표현된 것은 다 주의해서 살필 필요가 있다. 대체로 전체적인 의미를 대충 이해한 후에 그 맥락에서 애매했던 부분들의 문법적 기능은 물론 콜론, 대쉬, 콤마 등 문장부호까지도 파악해서 해석하는 것이 좋다. 아래 예문은 철학에 관한 글이라 다소 딱딱한 내용으로, 쉬운 내용의 글이라면 쉽게 알 수 있는 구조도 그 문법적 기능을 파악하기 힘들 수 있다.

~ which does not sustain itself in existence, in a life-and-death struggle ~과 ~ the energy of nature and history, the inner structure of all being 에서 콤마는 어떤 기능을 할까? it may be conscious and concerted, such as the struggle of mankind ~는 어떤 구조일까? the subject maintaining itself in being other than itself 는 무슨 역할을 하는 것이며, 그 앞에 콤마는 어떤 기능을 하는 것일까? Each reality, therefore, is a realization — a development of 'subjectivity'. The latter 'comes to itself' in history, where the development has ~ 에서 대쉬는 어떤 역할을 할까? the latter 는 무엇을 받고 있으며 where는 어디에 걸리나? freedom is essentially negative: existence is both alienation and the process ~ 에서 콜론은 어떤 뜻을 가질까? 등 여러 표현들의 의미는 전체적인 맥락을 토대로 그 기능과 뜻을 파악해야 하는 것이 좋은 예들이다. 물론 어휘의 뜻도 글 전체의 내용에 따라 각 어휘들이 갖고 있는 의미 중 어떤 것으로 번역해야 옳은지를 판단해야 할 것이다. existence, subject, reality, identity, ontological 등이 그 예다. 또한 해석을 완료한 후에도 전체의 흐름에 따라 어색하거나 잘못된 어휘나 구문을 알맞게 고쳐야 한다.

* such as	* maintain oneself	* come to oneself
* succumb to	* be tempted to	* scoff at
* be aware of	* that is to say	* correspond to

Nothing is "real" which does not sustain itself in existence, in a life-and-death struggle with the situations and conditions of its existence. The struggle may be blind or even unconscious, as in inorganic matter; it may be conscious and concerted, such as the struggle of mankind with its own conditions and with those of nature. Reality is the constantly renewed result of the process of existence — the process, conscious or unconscious in which 'that which is' becomes 'other than itself'; and identity is only the continuous negation of inadequate existence, the subject maintaining itself in being other than itself. Each reality, therefore, is a realization — a development of 'subjectivity'. The latter 'comes to itself' in history, where the development has a rational content; Hegel defines it as 'progress in the consciousness of freedom'.

But freedom is for Hegel an ontological category: it means being not a mere object. but the subject of one's existence; not succumbing to external conditions, but the transforming factuality into realization. This transformation is, according to Hegel, the energy of nature and history, the inner structure of all being! One may be tempted to scoff at this idea, but one should be aware of its implications.

Dialectical thought starts with the experience that the world is unfree; that is to say, man and nature exist in conditions of alienations, exist as "other than they are." Any mode of thought which excludes this contradiction from its logic is a faulty logic. Thought "corresponds" to reality only as it transforms reality by comprehending its contradictory structure. Here the principle of dialectic drives thought beyond the limits of philosophy. For to comprehend reality means to comprehend what things really are, and this in turn means rejecting their mere factuality. Rejection is the process of thought as well as action. While the scientific method leads from the immediate experience of things to their mathematical-logical structure, philosophical thought leads from the immediate experience of existence to its historical structure: the principle of freedom.

Freedom is the innermost dynamic of existence, and the very process of existence in an unfree world is "the continuous negation of that which threatens to deny freedom." Thus freedom is essentially negative: existence is both alienation and the process by which the subject comes to itself in comprehending and mastering alienation.

일단 도해를 보면 구문이 눈에 들어오는 법!

어떤 것도 진짜가 아니다 지지하지 않는 스스로를 존재에서 즉 생사에
Nothing is “real” which does not sustain itself in existence, in a life-
S V C (R) (V) (O) (M)

관계되는 투쟁에서 상황과 조건과의 그 존재의
and-death struggle with the situations and conditions of its existence.
(M) (M) (M)

투쟁은 맹목적일 수 있고 무의식적일 수도 있다 무기물에서처럼
The struggle may be blind or even unconscious, as in inorganic matter;
S V C M

그건 의식적일 수도 협력한 것일 수도 있다 예컨대 투쟁일 수 있다 인류의
it may be conscious and concerted, such as the struggle of mankind
S V C P

그 자신의 조건과 조건과 자연의 현실은
with its own conditions and with those of nature. Reality is the
M S V

끊임없이 새로워진 결과다 과정의 실존 그 과정은
constantly renewed result of the process of existence — the process,
C M A

의식적이든 무의식적이든 것이 존재하는 되는 다른 것이
conscious or unconscious in which ‘that which is’ becomes ‘other
M (R) (S) (V)

그것 아닌 주체성은 단지 끊임없는 부정 부적합한
than itself’; and identity is only the continuous negation of inadequate
(C) S V C M

실존의 즉 주체가 유지하는 것이다 자신을 되는데서 이외에 다른 것이 그것 각
existence, the subject maintaining itself in being other than itself. Each
M M

현실은 그러므로 실현 즉 발전이다 주체성의
reality, therefore, is a realization — a development of ‘subjectivity’.
S M V C C

후자는 되살아나는 것으로 역사에서 거기서 그 발전과정은 갖는다
The latter ‘comes to itself’ in history, where the development has a
S V M (R) (S) (V)

합리적인 내용을 헤겔은 정의한다 그걸 진보라고 의식에서의
rational content; Hegel defines it as ‘progress in the consciousness of
(O) S V O OC M

자유
freedom’.

허나 자유는 헤겔에게 존재론적 범주이다 즉 그건 의미한다 아니라
But freedom is for Hegel an ontological category: it means being not
S V M C S V

단순한 객체가 주체가 되는 것 자기 존재의 굴복하는게 아니라
a mere object, but the subject of one’s existence, not succumbing to
O O

외적 조건에 변화시키는 걸 사실성을 실현과정으로 이런
external conditions, but the transforming factuality into realization. This
O O

변화는 따르면 헤겔에 에너지요 자연과 역사의
transformation is, according to Hegel, the energy of nature and history,
S V M C

내적 구조다 모든 존재의 우리는 유혹을 받을지 모르나 비웃도록 이
the inner structure of all being! One may be tempted to scoff at this
C S V C

생각을 우리는 인식해야만 한다 그것의 함축성을
idea, but one should be aware of its implications.
S V C M

변증법적 사고는 시작된다 경험에서 세상이 자유롭지 않다는
Dialectical thought starts with the experience that the world is unfree;
S V M (C) (S) (V) (C)

다시 말해서 인간과 자연은 존재하며 조건에서 소외의 존재한다
that is to say, man and nature exist in conditions of alienation, exist
P S V M V

그 자체가 아닌 것으로 모든 사고방식은 제외하는 이
as "other than they are." Any mode of thought which excludes this
M S (R) (V)

모순을 그 논리에서 잘못된 논리이다 사고는 대응한다
contradiction from its logic is a faulty logic. Thought "corresponds" to
(O) (M) V C S V

현실에 때에만 그게 변화시킬 현실을 이해함으로써 그 모순적인
reality only as it transforms reality by comprehending its contradictory
M (C) (S) (V) (O) (M)

구조를 여기서 원리는 변증법의 내몬다 사고를 너머로
structure. Here the principle of dialectic drives thought beyond the
M S V O

한계 철학의 왜냐면 이해한다는 것은 현실을 의미한다 이해하는 걸
limits of philosophy. For to comprehend reality means to comprehend
M C S V O

사물이 정말 무엇인지 이는 이번엔 의미한다 거부하는 걸 그들의 단순한
what things really are, and this in turn means rejecting their mere
(R) (S) (M) (V) S M V O

실체성을 거절은 과정이다 사고의 뿐 아니라 행동 반면
factuality. Rejection is the process of thought as well as action. While
S V C M (C)

과학적 방법은 이끄는 즉각적인 경험에서 사물의
the scientific method leads from the immediate experience of things to
(S) (V) (M)

그들의 수학적 논리 구조로 철학적인 사고는 이끈다
their mathematical-logical structure, philosophical thought leads from
(M) S V

즉각적인 경험에서 존재의 그 역사적 구조 즉
the immediate experience of existence to its historical structure: the
M M A

원리로 자유의
principle of freedom.

자유는 가장 깊숙한 원동력이다 존재의 바로 그
Freedom is the innermost dynamic of existence, and the very
S V C

과정은 존재의 자유롭지 못한 세계에서 지속적인 부정이다
process of existence in an unfree world is "the continuous negation
S M V C

것의 위협하는 부인하겠다고 자유를 그래서 자유는 본질적으로
of that which threatens to deny freedom." Thus freedom is essentially
(R) (V) (O) M S V C

부정적이다 존재는 소외되고 과정이다
negative: existence is both alienation and the process by which the
S V C (R)

주체가 되살아나는 이해하고 숙달하는 과정에서 소외를
subject comes to itself in comprehending and mastering alienation.
(S) (V) (M) (M)

해설을 보고서 본문을 다시 본다면?

~ in existence, in a life-and-death struggle ~ 에서 뒤의 어구는 앞의 **existence**를 다시 설명하는 것으로 본다. 즉 콤마는 동격을 나타내는 것으로 "존재에서, 즉 그 존재의 상황과 조건과의 생사에 관계되는 투쟁에서, 스스로를 지지하지 않는"의 뜻이 된다. **it may be conscious and concerted, such as the struggle of mankind ~** 는 **it may be conscious and concerted, that is, it may be the struggle of mankind ~** 로 본다. **the process, conscious or unconscious in which ~** 에서 **which** 의 선행사는 **the process** 이다. **the subject maintaining itself in being other than itself** 는 앞 내용을 다시 설명하고 있는 일종의 분사구문으로 **and the subject maintains itself in being other than itself** 로 보면 된다. **start with the experience that the world is unfree** 에서 접속사 **that** 이 이끄는 절은 **experience** 와 동격절이며, 이 경우 추상명사인 **experience** 를 동사로 **that** 이하를 목적어로 해석하는 것이 좋다. 즉 "세상이 자유롭지 못하다는 것을 경험함으로써 시작된다"의 뜻이다.

Each reality, therefore, is a realization — a development of 'subjectivity'. The latter 'comes to itself' in history, where the development has ~ the energy of nature and history, the inner structure of all being 에서 역시 **a development of 'subjectivity'** 는 **a realization** 을 다시 설명하는 것이고, **the latter** 는 **a development of 'subjectivity'** 을 가리킨다. **freedom is essentially negative: existence is both alienation and the process by which the subject comes to itself ~** 에서의 콜론은 부연설명을 하는 것으로 앞 문장의 내용에 대한 설명을 하고 있다. 여기서 **both alienation and the process** 는 **both ~ and** 구문이지만 **both alienation** 과 뒤에 **by which** 의 수식을 받는 **the process** 를 분리해서 해석해야만 한다. 즉 "소외와 그리고 ~ 과정 둘 다"의 의미가 된다.

☞ **sustain** 유지하다, 계속하다 / **life-and-death** 생사에 관계되는, 지극히 중요한 / **concerted** 합의한, 협정된, 협력한, 일치된 / **such as** 이를테면, 예컨대 / **maintain oneself** 자활하다 / **subject** 주관, 자아, 실체 / **inorganic** (사회, 정치 따위가) 유기적 조직이(체계가) 없는, 자연스런(본래의) 생장(생성) 과정을 거치지 않은, 인위적인, 무기물의 / **renewed** (새로운 관심, 강도로) 재개된, (관심, 강도가) 새로워진 / **identity** 자기(그것) 자신임, 본인임, 주체성, 독자성, 개성, 본체 / **negation** 부정, 부인, 부정적 진술(판단, 개념), 논박 / **realization** 실현, 현실화, 달성 / **subjectivity** 주관성, 자기 본위, 주관(주의)

come to oneself(one's senses) 되살아나다, 의식을 되찾다, 본심으로 되돌아가다 / **ontological** 존재론(상)의, 존재론적인 / **succumb to** ~에 굴복하다, 압도되다, 굽히다, 지다 / **factuality** 사실성, 실제임, 사실에 입각함 / **be tempted to** ~하고 싶어지다, ~할 기분이 나게 하다 / **scoff at** ~을 비웃다, 조롱하다 / **be aware of** ~을 인식하다, 깨닫다, 알고 있다 / **implication** (뜻의) 내포, 함축(의미), 암시 / **dialectical** (철학) 변증(법)적인, 논증을 잘하는 **= dialectic** / **that is to say** 말하자면, 다시 말하면, 즉 / **alienation** (자기) 소외(감), 소원 / **exclude** 못 들어오게 하다, 배척하다, 제외(배제)하다 / **contradiction** 부인, 부정, 반박, 모순, 당착, 모순 원리 / **correspond to** (구조, 기능, 양 등이) ~와 같다, ~에 상당(해당, 대응)하다, ~에 부합(일치)하다, 조화하다 / **contradictory** 모순된, 양립치 않는, 자가 당착의 / **dialectic** 변증법, (중세의) 논증학, 논리학 / **dynamic** 힘, 원동력, 변천(발달)의 형

철학에 관한 글이라 다소 난해할 수도!

존재 즉 그 존재의 상황과 조건과의 생사에 관계되는 투쟁에서, 스스로를 지지하지 않는 어떤 것도 "진짜"가 아니다. 그 투쟁은 무기물에서와 같이, 맹목적이거나 심지어 무의식적일 수 있다. 그것은 의식적일 수도 있고 협력적일 수도 있는데, 이를테면 인류가 그 자신의 조건과 그리고 자연의 조건과 치르는 투쟁일 수도 있다. 현실이란 실존의 과정에서 끊임없이 새로워진 결과이며, 그 과정은, 의식적이든 무의식적이든 "존재하는 어떤 것"이 "그 자체가 아닌 다른 것"이 되는 과정이다. 그리고 주체성이란 단지 적합하지 않은 실존을 끊임없이 부정하는 것, 즉 주체는 그 자체가 아닌 다른 것이 되는데서 자활을 하는 것이다. 그러므로 각각의 현실은 실현, 즉 주체성의 발전과정이다. 후자는 역사에서 "되살아나는 것"이며, 역사에서는 그 발전과정이 합리적인 내용을 갖는다. 헤겔은 그것을 "자유 의식의 진보"라고 정의한다.

그러나 자유는 헤겔에게 있어서 존재론적 범주이다. 즉 자유는 단순한 객체가 아니라 자기 존재의 주체가 되는 것, 외적 조건에 굴복하는 것이 아니라 실제성을 실현으로 변화시키는 것을 의미한다. 이런 변화는, 헤겔에 의하면, 자연과 역사의 에너지요, 모든 존재의 내적인 구조라는 것이다! 우리는 이런 생각에 코웃음을 치고 싶어질지도 모르나, 그것이 함축하고 있는 의미를 인식해야만 할 것이다.

변증법적 사고는 세상이 자유롭지 않다는 경험에서 시작된다. 다시 말해서, 인간과 자연은 소외의 조건에 존재하며, "그 자체가 아닌 것"으로 존재한다. 이 모순을 그것의 논리에서 배제하는 모든 사고방식은 잘못된 논리이다. 사고는 그 모순적인 구조를 이해함으로써 현실을 변화시킬 때에만 현실에 "대응"한다. 여기서 변증법의 원리는 사고를 철학의 한계 너머로 내몬다. 왜냐하면 현실을 이해한다는 것은 사물들의 실체가 무엇인지 이해하는 것을 의미하며, 이는 단순히 그들의 실제성을 거부하는 것을 의미하기 때문이다. 거절은 행동뿐만 아니라 사고의 과정이다. 과학적 방법은 사물의 즉각적인 경험에서 수학적-논리적 구조로 이끄는 반면, 철학적 사고는 존재의 즉각적인 경험에서 역사적 구조인 자유의 원리로 이어진다.

자유는 존재의 가장 깊숙한 원동력이며, 자유가 없는 세계에서 존재의 바로 그 과정은 "자유를 거부하겠다고 위협하는 것에 대한 지속적인 부정"이다. 따라서 자유는 본질적으로 부정적이다: 존재는 소외이자 또한 주체가 소외를 이해하고 숙달하는 과정에서 주체가 되살아나는 과정이다.

07 문어체가 정장이라면 구어체는 캐주얼이라고!

구어체 영어는 자연스럽게 흐른다. 전달하고자 하는 의미의 핵심 요소만 있는 것이 아니라 멈칫거림(pauses), 어조사(fillers: 즉 추임새 말), 잦은 말바꿈(false starts), 실제 억양과 패턴(natural intonation and patterns) 등 문어체에서는 맛볼 수 없는 특징들이 들어 있다. 따라서 구어체는 문어체와는 문체나 구문, 표현 방식이 다르고 그것이 풍기는 인상도 매우 다르기 때문에 문어체의 잣대를 가지고 이해하기에는 무리가 있다. 예를 들어, English is like, totally fun to learn, you know? 에서 "like", "totally", "you know"를 빼면 요점만 딱 남는 깔끔한 문장, 즉 문어체인 English is fun to learn.이 되는 것이다. 구어체의 보다 구체적인 특징은 후에 대화체에서 다룰 예정이지만, 평상시에 가능한 한 많은 구어체를 접해 보는 것이 상책일 것이다. 구어체를 다루는 각종 시험도 점차 증가하기 때문이다. 구어체 하면 보통 간단하게 대화를 이어가는 것을 연상하는데 때로는 화자가 자신의 의사를 장황하게 늘어놓는 경우도 있다. 책의 구성 상 짧은 말로 이어지는 대화체는 다음 기회로 미루고 아래에서는 한 화자가 말하는 내용을 예로 들었다.

이 예문은, 필자가 번역한 영화 중의 하나로 1998년 아카데미 9개 부문에서 후보에 올라 남우조연상과 두 개의 각본상을 받은 명작 『굿 윌 헌팅』의 한 장면에서 발췌한 것이다. 수학 · 법학 · 역사학 등 모든 분야에 재능이 있는 주인공은 천재적인 두뇌를 가지고 있지만 어린 시절 받은 상처로 인해 세상에 마음을 열지 못하는 불우한 반항아이다. 그의 재능을 알아본 MIT 수학과의 한 저명한 교수가 대학 동기인 심리학 교수 "숀"에게 그를 부탁하게 되며, 마침내 숀은 거칠기만 하던 젊은이에게 다가가기 시작한다.

여기에 나오는 대표적인 구어체로, I don't give a shit about all that. You know what? 같은 표현들이 있지만 전체적으로 문어체와는 다른 느낌의 표현 형식을 이해할 거라고 생각한다. 물론 skinny, sport, cocky, shitless 같은 어휘들도 의미가 다르게 쓰이고 있다. 따라서 도해에서는 문법적 분석이 애매한 경우도 있음을 인지해야만 할 것이다. 짧은 내용을 통해 구어체의 표현이나 특징들을 파악한다는 것은 무리가 있겠으나 다양한 구어체를 접해 볼 기회를 갖는 계기가 되었으면 한다.

* seeing that	* what it's like to	* apply to
* rip apart	* the first thing	* not give a shit

So if I asked you about art you'd probably give me the skinny on every art ever written... Michelangelo? You know a lot about him. Life's work, political aspirations. Him and the Pope, sexual orientation, the whole works, right? I bet you can't tell me what it smells like in the Sistine Chapel. You never actually stood there and looked up at that beautiful ceiling. Seeing that... If I ask you about woman, you'd probably give me a syllabus of your personal favorites. You may have even been laid a few times. But you can't tell me what it feels like to wake up next to a woman and feel truly happy. You're a tough kid. I ask you about war, you'd probably uh... throw Shakespeare at me, right? "Once more into the breach, dear friends." But you've never been near one. You've never held your best friend's head in your lap and watched him gasp his last breath, looking to you for help. And if I asked you about love you'd probably quote me a sonnet. But you've never looked at a woman and been totally vulnerable... Known someone that could level you with her eyes. Feeling like God put an angel on Earth just for you... who could rescue you from the depths of Hell. And you wouldn't know what it's like to be her angel, to have that love for her be there forever. Through anything, through cancer.

And you wouldn't know about sleeping sitting up in a hospital room for two months holding her hand because the doctors could see in your eyes that the terms "visiting hours" don't apply to you. You don't know about real loss, because that only occurs when you love something more than you love yourself. I doubt you've ever dared to love anybody that much. I look at you: I don't see an intelligent, confident man. I see a cocky, scared shitless kid. But you're a genius, Will. No one denies that. No one could possibly understand the depths of you. But you presume to know everything about me because you saw a painting of mine and you ripped my fuckin' life apart. You're an orphan, right?

Do you think I'd know the first thing about how hard your life has been, how you feel, who you are because I read, "Oliver Twist?" Does that encapsulate you? Personally, I don't give a shit about all that, because you know what? I can't learn anything from you I can't read in some fuckin' book. Unless you wanna talk about you, who you are. And I'm fascinated.

I'm in. But you don't wanna do that, do you, sport? You're terrified of what you might say. You move, chief.

완벽한 분석은 다소 힘들지만...

그러니 물으면 네게 미술에 대해 아마도 줄거다 내게 정보를
So if I asked you about art you'd probably give me the skinny on
(C) (S) (V) (O) (M) S M V IO DO

모든 미술에 대한 지금까지 기록된 미켈란젤로를 예로 들어볼까 너는 알거다 많이 그에 대해
every art ever written... Michelangelo? You know a lot about him.
M M P S V O M

걸작품 정치적 야심 그와 교황관계 성적 취향
Life's work, political aspirations. Him and the Pope, sexual orientation,
O O

전체적 일들 그렇지 틀림없이 말할 수 없을 거다 나에게 어떤 냄새가 나는지
the whole works, right? I bet you can't tell me what it smells like in
C S V (S) (V) (IO) (Q) (S) (V) (C)

시스틴 성당에서 넌 결코 실제로 거기 서서 올려다 본 적 없다
the Sistine Chapel. You never actually stood there and looked up at
(M) S M V M V

그 아름다운 천정을 감안하면 내가 네게 대해 물으면 여자에
that beautiful ceiling. Seeing that... If I ask you about woman, you'd
M PC (C)(S) (V) (IO) (M) S

아마 내게 한 요목을 네 개인적 선호여자들의 넌
probably give me a syllabus of your personal favorites. You may have
M V IO DO S

여자들과 잠자리를 했을 수도 있고 여러 번 허나 말할 수 없다 어떤 느낌인지
even been laid a few times. But you can't tell me what it feels like to
V M S V O (Q) (S) (V) (C)

눈뜨며 여인 옆에서 진정한 행복을 느끼는게 넌 강한 아이다
wake up next to a woman and feel truly happy. You're a tough kid.
(S) S V C

네게 전쟁에 대해 물으면 넌 아마 들이댈거야 셰익스피어를 내게
I ask you about war, you'd probably uh... throw Shakespeare at me,
S V O M S M V O M

그렇지 한 번 더 돌진하세 친구들이여 허나 너는 결코
right? "Once more into the breach, dear friends." But you've never
C M M E S M

거기 근처에도 못 가봤지 넌 없다 잡고서 가장 친한 친구의 머리를 네 무릎에서
been near one. You've never held your best friend's head in your lap
V M S M V O M

지켜본 적 그가 마지막 숨을 거두는 걸 네게 도움의 눈길을 보내며
and watched him gasp his last breath, looking to you for help. And if
V O OC M (C)

묻는다면 네게 사랑에 대한 넌 아마도 인용할 거다 시 한 편을 허나 넌
I asked you about love you'd probably quote me a sonnet. But you've
(S) (V) (O) M S M V IO DO S

없었을 거다 한 여자를 보고서 완전히 상처를 입은 적 만나서 누군가를
never looked at a woman and been totally vulnerable...Known someone
M V M V M C V O

사로잡을 수 있는 너를 눈빛으로 같이 느끼지 신이 천사를 보냈다고
that could level you with her eyes. Feeling like God put an angel on
(R) (V) (O) (M) V C (S) (V) (O)

지상에 너만을 위해 구할 수 있는 널 늪에서 지옥의
Earth just for you...who could rescue you from the depths of Hell. And
(M) (M) (R) (V) (O) (M)

넌 모를 거다 어떤 건지 그녀의 천사가 되어 그 사랑을 지키는 게
you wouldn't know what it's like to be her angel, to have that love for
S V (Q) (S) (V) (C) (S) (S)

영원히 존재하게 이겨낸다 어떤 것도 이겨내고 암도
her be there forever. Through anything, through cancer.
M M

넌 모를 거다 잠자는 것에 대해 앉아서 병실에
And you wouldn't know about sleeping sitting up in a hospital room
S V M M

두 달 동안 그녀 손을 잡고 때문에 의사들이 볼 수 있기
for two months holding her hand because the doctors could see
M M (C) (S) (V)

네 눈에서 걸 용어가 면회시간이라는 네게 적용되지 않는다는 넌
in your eyes that the terms "visiting hours" don't apply to you. You
(M) (C) (S) (V) (M) S

모른다 진정한 상실감에 대해 때문에 그건 일어나기 때 네가 사랑할
don't know about real loss, because that only occurs when you love
V M (C) (S) (M) (V) (C) (S) (V)

어떤 걸 이상으로 네가 너 자신을 사랑하는 것 의심한다 네가 감히
something more than you love yourself. I doubt you've ever dared
(O) (M) (C) (S) (V) (O) S V (S) (V)

사랑했는지 누굴 그렇게 많이 난 널 본다 보지 못한다 지적이고
to love anybody that much. I look at you: I don't see an intelligent,
(O) (M) S V M S V

자신감 있는 남자를 난 본다 우쭐한 겁쟁이 어린애를 허나 넌 천재다
confident man. I see a cocky, scared shitless kid. But you're a genius,
O S V O S V C

윌 아무도 부인 못한다 그걸 아무도 아마 이해할 수 없을 거야 깊이를
Will. No one denies that. No one could possibly understand the depths
S V O S M V O

너의 허나 넌 추정한다 안다고 모든 걸 나에 대해 때문에 네가
of you. But you presume to know everything about me because you
S V O M (C) (S)

봤기 내 그림 한 장을 넌 찢었다 내 아픈 삶을 넌
saw a painting of mine and you ripped my fuckin' life apart. You're an
(V) (O) S V O M S V

고아야 그렇지
orphan, right?
C C

생각하냐 내가 알 거라 우선적으로 대해 얼마나 힘들었는지 네 삶이
Do you think I'd know the first thing about how hard your life has
S V (S) (V) (M) (C) (S)

지금까지 어찌 느끼고 네가 누구이며 읽었다고 해서 올리버 트위스트를
been, how you feel, who you are because I read, "Oliver Twist?" Does
(V) (Q) (S) (V) (Q) (S) (V) (C) (S) (V) (O)

그게 요약할 수 있냐 널 개인적으로 난 신경 안 써 그런 일엔
that encapsulate you? Personally, I don't give a shit about all that,
S V O M S V O M

왜냐면 있잖아 난 알 수 없어 어떤 것도 너로부터 내가 읽을 수 없는
because you know what? I can't learn anything from you I can't read
(C) (S) (V) (O) S V O M (S) (V)

책 따위에서 만일 네가 말하고 싶지 않다면 너에 대해 네가 누군지
in some fuckin' book. Unless you wanna talk about you, who you are.
(M) (C) (S) (V) (O) (Q) (S) (V)

그러면 관심을 갖지 준비가 돼있어 허나 넌 그렇게 하고 싶지 않지 이봐
And I'm fascinated. I'm in. But you don't wanna do that, do you, sport?
S V S V M S V O S V

넌 겁내고 있어 어떤 말을 할지 네가 선택해 보스
You're terrified of what you might say. You move, chief.
S V (Q) (S) (V) S V

기회가 있을 때마다 구어체를 익혀두는 수밖에!

Life's work, political aspirations. Him and the Pope, sexual orientation, the whole works 는 **know** 의 목적어인 셈이다. **seeing that ...**은 **considering** 의 뜻이지만 흐름상, "난 봤어" 정도의 뜻이다. **be laid** 는 속어 표현으로 "동침하다"의 뜻이다. **what it feels like to wake up next to a woman and feel truly happy** 에서 **to wake up** 과 **feel ~** 이 진주어이고 **it** 은 가주어이다. **um, uh, well, like** 같은 것들이 이른바 구어체의 군더더기 표현들이다. **known someone that could level you with her eyes, feeling like God put an angel on Earth ~** 등은 **you've never known someone ~ you've never felt like ~** 의 의미이다. **God put an angel ~** 은 **like** 의 목적어이다. **what it's like to be her angel, to have that love for her ~** 에서도 **it** 은 가주어, **to be her angel** 과 **to have that love ~** 가 진주어이다. **through anything, through cancer** 는 **that love is through anything, through cancer** 의 의미이다. 여기서 **through** 는 "(과정, 경험, 종료 따위) ~을 끝마쳐, ~을 벗어나(넘기어, 헤어나), ~을 겪어(치러)"의 뜻이다.

because the doctors could see ~ don't apply to you 란 말의 의미는 면회시간 따위는 아무런 의미가 없다는, 즉 죽음에 임박했다는 말이다. **I don't give a shit about all that** 은 속어 표현으로 **I don't care about all that** 의 뜻으로 **shit** 대신 **damn, hoot, fuck** 등을 쓰기도 한다. **You know what?** 은 "알지, 있잖아, 말이야" 등의 뜻으로 역시 군더더기 표현이다. **I'm in.**은 원래 **Count me in.**(나도 끼워 줘.)과 같은 표현으로, **include me**의 의미이다. 여기에서는 "난 모든 준비를 갖추고 있으니 나도 끼워 줘"의 뜻이다. **You move, chief.** 는 말하자면 체스 게임에서 "네가 둘 차례야"란 의미로 "이젠 네가 선택해"란 의미이다. **chief** 는 **Will** 을 추켜세우는 말이다.

☞ **skinny** (내부의 또는 확실한) 정보, 사실 / **aspiration** 열망, 포부, 향상심, 큰 뜻, 대망 / **orientation** (외교 등의) 방침(태도)(의 결정), 적응 / **seeing that ~** ~인 것으로 보아, ~을 고려하건대, 감안하면 / **syllabus** (강의의) 요강, 요목, 대요, 개략 / **breach** 파괴, (성

벽 따위의) 터진 곳, (약속, 법률, 도덕 등을) 어김, 위반 / **sonnet** 14행시, 소네트, 단시 / **vulnerable** 상처를 입기 쉬운, 비난(공격)받기 쉬운, 약점이 있는, (유혹, 설득 따위에) 약한 / **level with** ~로 (지면에) 쓰러뜨리다, 때려눕히다 / **apply to** ~에 꼭 들어맞다, 적합하다, 적용되다 / **cocky** 건방진, 자만심이 센 / **shitless** 몹시 겁을 먹고 있는, 대변도 나오지 않을 정도로 / **presume** 추정하다, 상상하다, ~인가 하고 생각하다 / **rip apart** ~을 찢어 발기다, 갈가리 흩뜨리다, (슬픔이나 고통)으로 괴롭히다 / **the first thing** 우선 첫째로, 맨 먼저 / **encapsulate** (사실, 정보 따위를) 간약하다, 요약하다 / **sport** 멋진 남자

상황을 잘 모르고는 해석도 까다롭다고!

그러니까 만일 내가 미술에 대해 네게 물어본다면 아마도 너는 지금까지 기록된 모든 미술 정보를 내게 줄 거다. 미켈란젤로를 예로 들어볼까? 넌 그에 대해 많이 알고 있어. 필생의 작품이나 정치적 야심. 그와 교황과의 관계, 성적인 취향까지 전부 다, 그렇지? 하지만 장담하는데 시스틴 성당 내부에서 어떤 냄새가 나는지는 내게 말해줄 수 없을 거야. 너는 실제로 거기 서서 그 아름다운 천정을 올려다 본 적이 없으니까. 난 봤거든. 내가 여자에 대해 네게 묻는다면 아마도 네가 개인적으로 좋아하는 타입의 여자들을 장황하게 늘어놓을 거야. 벌써 여자들과 여러 번 잠자리를 같이 했을 수도 있을 테고. 하지만 여자 옆에서 눈을 뜨며 느끼는 진정한 행복이 뭔지를 내게 말해 줄 수는 없을 걸. 너는 강인한 애야. 전쟁에 대해 묻는다면, 넌 나한테 셰익스피어의 명언을 퍼붓겠지? "한 번 더 돌진하세, 친구들이여."라고. 하지만 넌 그 근처에도 가본 적이 없어. 네 전우가 도움의 눈빛으로 널 바라보며, 네 무릎에 누워 마지막 숨을 거두는 걸 지켜본 적이 없을 테니까. 만일 내가 사랑에 대해 물어본다면 너는 아마도 한 편의 시를 읊겠지만 한 여인을 보고 완전히 포로가 되어본 적은 없을 거야. 누군가의 눈빛에 완전히 매료되어 신께서 너만을 위해 지상에 보내주신 천사로 착각하게 되지. 지옥의 늪에서 너를 구할 수 있는 천사! 또한 한 여인의 천사가 되어 그녀를 위한 사랑을 영원히 지키는 것이 어떤 건지 너는 모를 거야. 그건 어떤 역경도 이겨내고, 암도 이겨내지.

"환자 면회시간"이란 말은 너에게 적용되지 않는다는 것을 의사들이 네 눈에서 알아볼 수 있는데 두 달 동안이나 아내의 손을 꼭 잡고 병상에 앉아 자면서 지키는 것에 대해 넌 모를 거야. 진정한 상실감이 어떤 건지 넌 몰라. 그건 단지 네가 네 자신을 사랑하는 것 이상으로 타인을 사랑할 때 일어나는 거니까. 넌 누군가를 그렇게 많이 사랑한 적이 없을 거야. 내가 널 볼 때, 지적이고 자신감 있는 사람이라기보다 오만에 가득 찬 겁쟁이 어린애로 보여. 그러나 넌 천재야, 윌. 누구도 그걸 부인하지 못해. 그 누구도 네 지적 능력의 깊이를 이해할 수 없을 거야. 하지만 넌 내가 가진 그림 한 장을 보고는 마치 내 인생을 다 안다는 듯 내 아픈 삶을 난도질했다고. 넌 고아지?

네가 얼마나 힘든 삶을 살았고 네가 뭘 느끼고 있는지, 네가 누구인지, 내가 '올리버 트위스트'만 읽어보면 다 알 거라고 생각해? 그게 널 다 설명할 수 있어? 개인적으론 난 그 따윈 다 알 바 없어. 어차피 너한테 들은 게 없으니까. 책 따위에 뭐라고 적혀 있든 필요 없다고. 네가 네 스스로에 대해 말하고 싶지 않다면, 네가 누군지 말야. 그러면 나도 관심을 갖지. 난 준비가 되어 있어. 하지만 자네, 그렇게 하고 싶지 않지? 넌 지금 어떤 말을 할까 겁내고 있는 거야, 네가 선택해, 윌.

주어가 뭔지 찾아는 봤는지? 08

해석을 하다보면 때로는 특별히 주어를 찾지 않고 그대로 해석해 내려가는 경우가 있다. 굳이 찾지 않더라도 의미에 큰 지장이 없기 때문이다. 하지만 해석을 할 때 적당하게 넘어가는 것은 좋은 습관이 아니다. 특히 준동사인 분사, 동명사, 부정사가 이끄는 구문에서 그것들의 알맞은 주어를 찾는 일은 중요하다. 보통은 그것들의 주어가 주절의 주어와 일치한다고 알고 있지만 그렇지 않을 때도 있기 때문이다. 또한 준동사의 주어가 무엇인지 애매할 때도 있다. 주어에 따라서 해석이 달라지기 때문에 전후 문맥을 따져 올바르게 찾아내야 한다.

지금까지 현수분사구문을 포함해서 각종 분사, 동명사, 부정사와 그것들의 의미상 주어와의 관계는 상세하게 다루어 왔다. 하지만 주어를 명확하게 표시하지 않아 그 실체가 애매하거나 또 굳이 주어를 찾지 않고도 뜻을 이해하는데 어려움이 없는 문장들을 만날 때가 있다. 특히 구어체에서는 생각나는 대로 말을 하기 때문에 이런 현상이 흔히 나타난다. 예를 들어 보자. when creating noun phrases, it may be necessary to nominalize adjectives, verbs or adverbs.(명사구를 만들 때, 형용사, 동사 또는 부사를 명사화하는 것이 필요할 수도 있을 것이다)에서 creating 의 주어는 무엇일까? 주절의 주어가 to nominalize ~ 라고 해서 과연 create 의 주어로 볼 수 있을까? 아니면 to nominalize 의 의미상 주어인 일반 주어, 즉 for us, for me 등으로 보는 것이 좋을까? 또 Tom was waving to Ann, running along the platform. 에서 running 의 주어는 Tom 과 Ann 중 어떤 것일까? 주어에 따라 의미가 달라짐은 물론이다.

아래 예문에서 referred to as a quorum 은 수동형 분사구문으로 being referred to as a quorum에서 being 이 생략된 것이다. 그렇다면 이 분사구문의 주어는 무엇일까? 다음의 문장을 보자. Without trees, the soil is washed away by storms, making it much easier for floods to occur. 여기서 making it much easier ~ 은 which makes it much easier ~ 가 분사구문으로 바뀐 것인데 분사의 주어는 앞 문장 전체이므로 연속적인 이해에 무리가 없다. 이처럼 앞 문장 전체를 선행사로 갖는 관계사절이 분사구문으로 변화하는 경우가 있다. 종속절이 분사구문으로 변화하는 것과 마찬가지로 관계대명사절 또한 분사구문으로 대체될 때에는 주격으로 쓰인 관계대명사를 생략한다. 관계사 특성상 and 절의 분사구문으로도 볼 수 있으므로, and makes it much easier ~ 와 같은 의미가 될 것이다. 이와 같이 앞 문장 전체를 주어로 갖는 분사구문의 경우에는 주어를 찾는 일에 소홀히 하기 쉽다.

what chemical stimuli are being detected by bacteria to make them engage ~ 와 what genes on a bacteria are being activated that cause them to behave ~ 에서 to make ~ 는 무엇을 수식하며, 또 that 의 선행사는 무엇일까?

* hear about	* refer to as	* sufficiently to
* make efforts	* engage in	* so to speak
* do harm	* be associated with	* come about
* be at risk	* bring about	* have an effect
* fight off		

We keep hearing about bacteria mutating to evade destruction by antibiotics. Obviously, they're not smart in the traditional way we think of smart. But this doesn't mean that they're not wily and resourceful. It seems that bacteria can actually communicate with one another, and can even do so with other bacterial species. Bacteria can sense the presence of other bacteria, and even whether their number is sufficiently great, referred to as a quorum, to produce the malign effects that they are so skilled in eliciting. Small numbers of bacteria don't produce much harm, but when a quorum is reached, the large number of bacteria will coordinate the release of chemicals that make us ill. There are efforts being made to determine what chemical stimuli are being detected by bacteria to make them engage in a coordinated release of their chemicals, as well as what genes on a bacteria are being activated that cause them to behave as they do. Once this is determined, it may be possible to develop antidotes, so to speak, to prevent or reverse the effects of bacterial infection.

Bacteria can vary in the harm they can do, and have been associated with some common illnesses, as well as some that are fairly uncommon. A given illness could come about through different types of bacterial infections. For instance, bacterial meningitis could be related to infection by streptococcus pneumonia, or several other bacteria, and this is also the case for pneumonia, skin infections, urinary tract infections, food poisoning and gastritis, upper respiratory tract infections, sinusitis, and eye infections. All of us are at risk of bacterial infection, but individuals whose defensive systems are compromised (as in the case of those with AIDS) are at still greater risk for opportunistic pathogens to have their effects. As compromised immunity can be brought about by traumatic events or chronic stressors, these events might also increase the probability of illness occurring. Chronic, variable, intermittent stressors may inhibit immune ability, possibly by increasing cortisol levels, and could disrupt an organism's ability to fight off an ongoing infection. In animals, stressors can diminish NK cell activity and promote lymphocyte loss, thereby aggravating the effects of an influenza virus.

그럼, 일단 도해부터 보는 것이 도움이 되지!

우리는 계속 듣는다 대해 박테리아에 돌연변이하는 피하기 위해 파괴를
We keep hearing about bacteria mutating to evade destruction by
S V C M

항생물질에 의해 분명히 그들은 않다 영리하지 전통적인 방법으로 생각하는
antibiotics. Obviously, they're not smart in the traditional way we think
M S V C M (S) (V)

영리하다고 이는 의미하지 않는다 것을 그들이 교활하지 않으며 기략이 풍부하지 않다는
of smart. But this doesn't mean that they're not wily and resourceful.
(M) S V (C) (S) (V) (C)

것 같다 박테리아는 실제로 의사소통을 할 수 있는 서로 서로
It seems that bacteria can actually communicate with one another,
S V (C) (S) (M) (V) (M)

그렇게 할 수 있는 다른 박테리아 종과도 박테리아는 감지할 수 있으며
and can even do so with other bacterial species. Bacteria can sense
(M) (V) (O) (M) S V

존재를 다른 박테리아의 심지어 인지를 그들의 수가
the presence of other bacteria, and even whether their number is
O M (C) (S) (V)

충분히 많은지 불리는 정족수라 일으킬 정도로 해로운
sufficiently great, referred to as a quorum, to produce the malign
(M) (C) (M) (M)

영향을 그들이 매우 능숙한 유발하는데 적은 수의 박테리아는
effects that they are so skilled in eliciting. Small numbers of bacteria
(R) (S) (V) (C) (M) S

끼치지 않는다 많은 해를 그러나 때 정족수가 도달될 많은
don't produce much harm, but when a quorum is reached, the large
V O (C) (S) (V)

수의 박테리아가 조정할 것이다 배출을 화학물질의 하는
number of bacteria will coordinate the release of chemicals that make
S V O (R) (V)

우리를 아프게 있다 노력들이 만들어지고 있는 결정하려고 어떤 화학적 자극이
us ill. There are efforts being made to determine what chemical stimuli
(O) (OC) A V S M (Q) (S)

감지되고 있는지를 박테리아에 의해 그들이 종사하도록 하는 조정된
are being detected by bacteria to make them engage in a coordinated
(V) (M) (M)

배출에 그들 화학물질의 는 물론 어떤 유전자가 박테리아에
release of their chemicals, as well as what genes on a bacteria are
(M) (C) (Q) (S)

활성화되고 있는지 하는 그들이 행동하게 하는 것처럼 일단 이것이
being activated that cause them to behave as they do. Once this is
(V) (R) (V) (O) (OC) (C) (S) (V) (C) (S)

결정되면 가능할 수도 있다 개발하는 것이 해독제를 말하자면
determined, it may be possible to develop antidotes, so to speak, to
(V) S V C S P

예방하거나 막는 영향을 박테리아 감염의
prevent or reverse the effects of bacterial infection.
S

박테리아는 다양할 수 있다 해에서 그들이 입히는 연관되어 왔다
Bacteria can vary in the harm they can do, and have been
S V M (S) (V)

약간의 흔히 있는 질병들과 뿐 아니라 약간의 질병
associated with some common illnesses, as well as some that are
V M (C) (M) (R) (V)

상당히 보기 드문 소정의 병은 생길 수도 있다 통해서 다른
fairly uncommon. A given illness could come about through different
(M) (C) S V M

형태를 박테리아의 전염병의 예를 들자면 박테리아 뇌막염은
types of bacterial infections. For instance, bacterial meningitis could
M S

연관될 수도 있다 전염병에 연쇄상 구균 폐렴에 의해 혹은 몇 개의 다른
be related to infection by streptococcus pneumonia, or several other
V M M

박테리아 이는 또한 사례이다 폐렴 피부 감염병
bacteria, and this is also the case for pneumonia, skin infections,
S V M C

요로 감염증 식중독 위염 상부 기도
urinary tract infections, food poisoning and gastritis, upper respiratory
M

감염증 정맥두염 눈 감염증 우리 모두는 위험에 처해있다
tract infections, sinusitis, and eye infections. All of us are at risk
S V C

박테리아 감염병의 그러나 개인들은 그들의 방어 체계가
of bacterial infection, but individuals whose defensive systems are
M S (R) (S)

손상되는 사례에 있어서처럼 사람들의 에이즈와 처해진다 더욱 더 큰
compromised (as in the case of those with AIDS) are at still greater
(V) (M) V C

위험에 약해진 면역체계의 병원균이 그 영향을 미칠 처럼 손상된
risk for opportunistic pathogens to have their effects. As compromised
M M (C) (S)

면역질은 초래될 수 있는 것 의해 외상의 결과나 만성의
immunity can be brought about by traumatic events or chronic
(V) (M)

스트레스 요인에 이런 영향들은 또한 증가시킬 수도 있다 가망성을 질병
stressors, these events might also increase the probability of illness
S M V O

발생의 만성적이고 가변적이며 간헐적인 스트레스요인은 억제할 수 있고 면역
occurring. Chronic, variable, intermittent stressors may inhibit immune
S V O

능력을 아마도 증가시킴으로써 코티솔 수치를 방해할 수 있다
ability, possibly by increasing cortisol levels, and could disrupt an
M M V

유기체의 능력을 싸우는 진행 중인 감염과 동물에서 스트레스요인은
organism's ability to fight off an ongoing infection. In animals, stressors
O M M S

감소시키고 NK 세포활동을 촉진시켜 림프구 손실을 그것에 의해
can diminish NK cell activity and promote lymphocyte loss, thereby
V O V O M

악화시킬 수 있다 영향을 인플루엔자 바이러스의
aggravating the effects of an influenza virus.
PC

아, 그렇구나! 역시 해설을 보니 이해가 되네!!

even whether their number is sufficiently great, referred to as a quorum, to produce the malign effects that they are so skilled in eliciting 에서 **whether** 이하는 앞의 **can sense** 에 연결되는 명사절이다. 그리고 분사구문인 **referred to as a quorum** 의 의미상 주어는 글의 내용으로 볼 때 **whether** 절의 내용이다. 즉, **which is referred to as a quorum** 으로 보면 된다. 대부분 주어를 찾아보지 않고 무심코 지나치기 쉬운 구문의 일종일 것이다. **sufficiently great** 는 뒤에 **to produce ~** 와 연결되어 **sufficiently(enough) ~ to** 구문을 이룬다. 물론 **elicit** 의 목적어는 **malign effects** 로 **that** 은 관계대명사가 된다. 언뜻 보면 관계대명사가 아니라 접속사처럼 보이지만 이와같이 문장의 주요소가 아닌 부사구(**in eliciting**)에 쓰인 동명사 **eliciting** 의 목적어로 쓰이는 구문들도 흔하게 나타나므로 주의하도록 한다. 물론 **to** 부정사의 목적어로도 잘 쓰인다. **I usually go to the library to kill time, than which nothing is harder to kill.**(나는 시간을 보내기 위해서 대개는 도서관에 간다. 시간을 보내는 것보다 더 어려운 일은 없다.)

what chemical stimuli are being detected by bacteria to make them engage ~ 에서 **to make them engage ~** 는 주어인 **what chemical stimuli** 를 수식하고, **what genes on a bacteria are being activated that cause them to behave as they do** 에서 **that cause them to behave as they do** 는 역시 주어인 **what genes on a bacteria** 가 선행사인데 중간에 수식어구가 삽입되어 혼동을 준다. 2개의 **what** 의문사절은 앞의 **to determine** 의 목적절이다. 본문 끝 부분에 예로 든 병 이름들은 몰라도 글의 이해에 상관이 없으므로 그대로 넘어가도 무난할 것이다.

☞ **hear about** ~에 관해 자세히 듣다, ~에 관한 비판(꾸지람, 칭찬)을 듣다 / **mutate** 돌연변이를 하다, 변화하다 / **wily** 계략을 쓰는, 잔꾀를 부리는, 꾀바른, 교활한 / **resource-**

ful 꾀바른, 기략이 풍부한, 책략이 있는 / refer to ~ as ~을 ~의 이름으로 부르다(칭하다) / quorum (의결에 필요한) 정족수 / malign 유해한, 악성의 / elicit (진리, 사실 따위를 논리적으로) 이끌어 내다, (대답, 웃음 따위를) 유도해 내다, 유발하다 / coordinate 통합(종합)하다, 조정하다, 조화시키다 / release 해방, 석방, 면제 / chemical 화학제품(약품) / stimuli stimulus 의 복수. 자극, 격려, 고무, 자극물 / make efforts 노력하다 / gene 유전자, 유전 인자 / antidote 해독제 / reverse 거꾸로 하다, 반대로 하다, 뒤집다, 번복하다 / infection 전염(병), 감염(병) / engage in ~에 종사하다, 관계하다 / so to speak 말하자면 / do harm 해를 입히다, 해가 되다

be associated with ~와 관련되다, 연관되다 / meningitis 수막염, 뇌막염 / be related to ~와 연관(관련)되다 / streptococcus 연쇄상구균 / pneumonia 폐렴 / urinary tract 요로 / food poisoning 식중독 / gastritis 위염 / respiratory tract 기도 / sinusitis 정맥두염, 부비강염 / come about (일이) 일어나다, 생기다 / at risk 위험한 상태로 / opportunistic (병원체, 질병이) 면역 체계가 약해졌을 때만 발생하는 / pathogen 병원균, 병원체 / have an effect 영향을 미치다, 효과를 나타내다 / compromise 타협(절충)하여 처리하다, 화해하다 / immunity 면역(성), 면역 / bring about 초래하다, 야기하다 / traumatic 외상의, 외상 치료(용)의, 정신적 쇼크의 / chronic 만성의, 고질의 / stressor 스트레스 요인(스트레스를 일으키는 자극) / probability 있음직함, 사실 같음, 가망, 개연성 / intermittent 때때로 중단되는, 간헐적인 / inhibit 방해(방지)하다, (충동, 욕망 등을) 억제하다 / cortisol 코르티솔(부신피질에서 생성되는 스테로이드 호르몬) / disrupt 찢어 발기다, 깨다, 부수다, (국가, 제도, 동맹 따위를) 붕괴(분열)시키다, 분쇄하다 / fight off ~을 격퇴하다, ~을 퇴치하다, ~을 피하려고 노력하다, ~에서 손을 떼려고 애쓰다 / ongoing 전진하는, 진행하는 / diminish (수량, 크기, 정도, 중요성 따위를) 줄이다, 감소시키다, 작게 하다 / NK cell natural killer cell 의 약자. 혈액 내 백혈구의 일종으로 우리말로는 '자연살해세포'로 부른다. 주로 골수에서 만들어져 암세포를 직접 파괴하는 역할을 하는 면역 세포이자 인체가 원래 갖고 있는 세포이다. 체내에는 총 약 1억 개의 NK 세포가 있으며, T 세포와 달리 간이나 골수에서 성숙하는 차이점이 있다 / lymphocyte 림프구 / thereby 그것에 의해서, 그것으로 / aggravate 악화시키다, 심하게 하다, 성나게 하다, 괴롭히다

어휘들도 쉽지 않아서 힘들었는데 이제 뜻이 통하는군!

우리는 박테리아가 항생물질에 의해 파괴되는 것을 피하기 위해 돌연변이를 일으킨다는 것에 대해 계속 듣고 있다. 분명히 그것들은 우리가 영리하다는 것에 대해 생각하는 그런 전통적인 방법으로는 영리하지 않다. 하지만 이것은 박테리아가 교활하지 못하고 기략이 풍부하지 않다는 것을 의미하지 않는다. 박테리아는 실제로 서로서로 의사소통을 할 수 있고, 심지어는 다른 박테리아 종과도 그렇게 할 수 있는 것 같아 보인다. 박테리아는 다른 박테리아의 존재를 감지할 수 있으며, 심지어는 그들의 수가 매우 능숙하게 유발할 수 있는 해로운 영향을 일으킬 정도로 충분히 많은 수, 정족수라고 불리는 그 수에 이르렀는지 어떤지까지도 감지할 수 있

다. 적은 수의 박테리아는 그다지 해를 끼치지 않지만, 정족수에 도달하게 되면, 그 많은 수의 박테리아는 우리를 아프게 하는 화학물질의 배출을 조정할 것이다. 박테리아가 자신들이 하는 것처럼 행동하게 만드는 어떤 유전자가 활성화되고 있는지 뿐만 아니라, 박테리아로 하여금 화학물질의 조정된 방출을 하는데 종사하도록 하는 어떤 화학적 자극이 박테리아에 의해 감지되고 있는지를 결정하기 위하여 여러 노력이 이루어지고 있다. 일단 이것이 결정되면, 박테리아 감염의 영향을 예방하거나 전환하기 위한 소위 해독제를 개발하는 것이 가능할지도 모른다.

박테리아는 그들이 입히는 해에 있어서 다양할 수 있으며, 상당히 보기 드문 약간의 질병뿐만 아니라 흔히 있는 질병들 몇 가지와도 연관되어 왔다. 일정한 질병은 여러 다른 형태의 박테리아의 전염병을 통해서 생길 수도 있었을 것이다. 예를 들자면, 박테리아 뇌막염은 연쇄상 구균 폐렴이나 몇 가지 다른 박테리아에 의한 감염병과 연관될 수도 있을 것이다. 그리고 이것은 또한 폐렴, 피부 감염증, 요로 감염증, 식중독과 위염, 상부 기도 감염증, 정맥두염, 그리고 눈 감염병에 대한 사례이다. 우리 모두는 박테리아 감염병의 위험에 처해 있지만, 그들의 방어체계가 손상되는 개인들은 (에이즈를 앓고 있는 사람들의 사례에서와 같이) 그들의 면역체계가 약해졌을 때만 발생하는 병원균이 영향을 미치는 더욱 더 큰 위험에 처해진다. 손상된 면역질이 외상의 영향이나 만성적인 스트레스 요인에 의해 초래될 수 있는 것처럼 이런 영향들은 또한 질병 발생의 가망성을 증가시킬 수도 있을 것이다. 만성적이고 가변적이며 간헐적인 스트레스 요인은 아마도 코티솔 수치를 증가시킴으로써 면역능력을 억제할 수 있으며, 진행 중인 감염과 싸우는 유기체의 능력을 방해할 수 있다. 동물에서 스트레스 요인은 NK 세포 활동을 감소시키고 림프구 손실을 촉진시켜 인플루엔자 바이러스의 영향을 악화시킬 수 있다.

09 사전에도 없으니 어쩌지?

독해 중에 생소하거나 전혀 모르는 어휘나 표현이 나오는 경우 우선 사전에 의지할 수밖에 없다. 하지만 사전에서 찾아볼 수 없는 어휘나 표현들이 있다. 특히 현대 영어에 가까울수록 신조어가 많이 등장하고 시대에 따른 표현도 달라지기 때문에 그런 것들을 신속히 활자화해서 모두 사전에 싣기는 어렵다. 물론 인터넷에서 검색해 궁금증을 다소 풀 수도 있지만, 점차 세분화되고 다양해지는 현대 사회의 구조상 각 방면에서 생겨나는 어휘나 표현들을 다 알기는 불가능할 것이다. 그렇다면 수시로 쏟아져 나오는 엄청난 뉴스와 정보들을 대하면서 생소하거나 전혀 이해가 안 되는 어구나 표현을 만나는 일이 허다할 것인데 이럴 경우 어쩌면 좋을까? 물론 당황하지 말고 전후 관계를 잘 살펴서 그 의미를 유추할 수밖에 없을 것이지만, 접두어나 접미어, 또는 합성어나 복합어 등의 요소를 분석해서 대략적인 의미를 알아내는 것도 한 방법일 것이다. 다행히 각종 시험 문제에서는 특수하고 전문적인 어휘나 신조어들은 그 의미를 알려주는 경우가 많다. 어쨌든 어휘 문제는 뛰어난 문법지식이 있다고 해서 해결될 문제가 아니므로, 평소에 여러 방면의 다양한 영문을 접하면서 상식을 넓히는 동시에 어휘 실력도 배양하는 것이 좋을 것이다.

몇 가지 예를 들어보자. freegan(명사)은 free(자유)와 vegan(채식주의)의 합성어로 일명 "프리건족"이라 불리는 특정 사상을 가진 사람들을 일컫는데, 각각의 어휘에서 힌트를 얻을 수 있다면 의미를 추측할 수 있는 단어다. 프리건들은 낭비와 쓰레기를 초래하는 소비주의와 물질주의를 반대하며, 주로 버려지는 음식과 물건들을 재활용하여 의식주를 해결하는 사람들이다. I met a group of freegans, and I was blown away when they showed me how much food is wasted every day.(나는 일단의 프리건족을 만났는데 그들이 내게 우리가 얼마나 많은 양의 음식을 매일 낭비하고 있는지 보여줬는데 진짜 충격적이었어.) hot mess(명사)는 각각의 단어의 의미를 가지고 짐작해서 "큰 가마에 끓인 뜨거운 음식" 이란 의미를 추측할 수도 있지만 "멋있지만 우스꽝스러운 행동을 하거나 실수를 남발하는 등의 행동을 하는 사람"을 표현하는 단어로도 쓰인다. She is completely out of control and a hot mess.(그녀는 너무 구제불능에 말썽쟁이야.) 요즘 흔히 사용되는 말로 upvote, downvote 가 있는데, 보통 페이스북 같은 데서 "동의, 좋아요" 또는 "비공감, 싫어요"를 나타낼 때 쓰는 단어이다. 또 be(live, fall) neck deep in reality, too busy bringing food on the table 같은 어구는 "현실에 급급하다"는 의미로, 직역을 해서는 의미가 잘 통하지 않는 표현이다.

아래 예문의 come out the other end 는 생소한 표현 중의 하나다. come out 과 the other end 가 합쳐진 것이지만 각각의 뜻을 가지고 붙여서 해석해도 뜻이 명확하지 않다. 내용을 보면 미국경제가 "다른 쪽 끝으로 나오다"는 뜻이므로 "어려움을 이겨내다, 끝내서 이기다, 호전되다" 등의 뜻으로 보아야 할 것이다. peer around the corner 도 마찬가지다. "모퉁이 주변을 살피다"의 뜻이지만 글의 내용상 "외진 곳을 자세히 살피다" 즉 다른 사람들이 관심을 보이지 않는 곳을 살핀다는 의미로 보는 것이 좋다. 물론 cyberterrorism, Macrowikinomics 등은 일종의 합성어로 각각 cyber 와, terrorism, macro, wiki, economics 가 합쳐진 어휘이므로 대강의 의미를 미루어 짐작할 수밖에 없을 것이다. dead-wrong 은 dead tired, dead drunk, dead easy 등과 같은 구조이므로 쉽게 의미를 알 수 있다.

* dance around	* be littered with	* nothing more than
* be condemned to	* peer around	* on the strength of
* come out the other end	* adjust to	* a handful of
* figure out	* stuck in	* head out

Steve Jobs once said that the best way to predict the future is to invent it. That's a clever way of dancing around the dangers inherent in the business of long-term forecasting. History is littered with the detritus of crystal-ball watchers. There are the dead-wrong predictions — usually underestimating technology. The 1899 U.S. patent chief declares that anything that can be invented has been; 20th-century prognosticators follow with confident claims that the automobile is nothing more than a novelty, TV won't last, and space travel is a wild-eyed dream. Then there are the predictions that should have been made — but weren't: the Arab Spring, the Euro crisis, 9/11.

A small handful of business leaders like Jobs may indeed be able to invent the future. Most executives (and journalists) are condemned to react to it. Of course that doesn't mean companies, universities, and other institutions shouldn't strive to figure out where the world is heading in 10, 20, or even 50 years — so that they can deftly deploy resources and develop products and services that anticipate change.

To produce Fortune's guide to the future, we talked to dozens of researchers, forecasters, security experts, and analysts whose jobs are to peer around corners, and we asked them to paint a picture of the world 10 years out. The portrait sometimes turned dark: cyberterrorism, resource shortages, and political instability around the world are all inevitable. But the experts offered a mostly optimistic view of the future, based on the mind-boggling scientific and technological advancements that will improve the way we learn, work, and play. Even the U.S. economy, which seems stuck in the doldrums, should come back strong in the second half of the coming decade — partly on the strength of some of the innovations highlighted in this report. "I'm optimistic that the U.S. will come out the other end in a position of strength," says Peter Nolan, managing director in FTI Consulting's global risk and investigations practice.

The coming changes will be uncomfortable for some. Bosses will need to adjust to a democratization of the workplace. Hierarchies may disappear; some teams may function without leaders. The best ideas may come from the most junior person in the company — or from outside the organization altogether. "It used to be that your most important asset headed out the elevator every night," says Don Tapscott, co-author of Macrowikinomics. "Now your most important asset may never go up the elevator at all."

구문이 쉽진 않으니 잘 보도록!

스티브 잡스는 / 한때 / 말했다 / 최선의 방법은 / 예측하는 / 미래를

Steve Jobs once said that the best way to predict the future is to

S / M / V / (C) / (S) / (M) / (V)

발명하는 거라고 / 그건 / 영리한 / 방법이다 / 피하는 / 위험을 / 내재된

invent it. That's a clever way of dancing around the dangers inherent

(C) / S / V / C / M

일에 / 장기 예측의 / 역사는 / 어질러져 있다

in the business of long-term forecasting. History is littered with the

M / M / S / V

파편더미로 / 수정구슬 / 관찰자들의 / 있다 / 완전히 틀린 / 예측들이

detritus of crystal-ball watchers. There are the dead-wrong predictions

M / A / V / S

보통 / 과소평가하는 / 기술을 / 1899년 미국의 특허청장은

— usually underestimating technology. The 1899 U.S. patent chief

M / S

선언한다 어떤 것이든 발명될 수 있는 발명되었다고 20세기의
declares that anything that can be invented has been; 20th-century
V (C) (S) (R) (V) (V)

예언자들은 따른다 자신있는 주장으로 자동차는
prognosticators follow with confident claims that the automobile is
S V M (C) (S) (V)

신고안품에 지나지 않으며 TV는 지속되지 못할 거고 우주여행은
nothing more than a novelty, TV won't last, and space travel is a wild-
(C) (M) S V S V

몽상적인 꿈이라는 있지만 예측들이 그래야만 했었던
eyed dream. Then there are the predictions that should have been
C M A V S (R) (V)

없었다 즉 아랍의 봄 유로 부채 위기 9·11 테러
made — but weren't: the Arab Spring, the Euro crisis, 9/11.
(V) S

일부 비즈니스 리더들은 잡스와 같은 실제로
A small handful of business leaders like Jobs may indeed be able
S M M

미래를 발명할 수 있다 대부분의 임원들 및 언론인들은 운명지워진다
to invent the future. Most executives (and journalists) are condemned
V O S V

그에 대응하도록 물론 그건 의미하지 않는다 기업 대학
to react to it. Of course that doesn't mean companies, universities,
M M S V

및 기타 기관들이 노력해서는 안 된다는 것을 파악하려고 어디로
and other institutions shouldn't strive to figure out where the world is
(S) (V) (O) (C) (S)

향하고 있는지 10년 20년 심지어 50년간 따라서 그들은 솜씨좋게 배치하고
heading in 10, 20, or even 50 years — so that they can deftly deploy
(V) (M) (C) (S) (M) (V)

자원을 개발할 수 있다 제품과 서비스를 예상하는 변화를
resources and develop products and services that anticipate change.
(O) (V) (O) (R) (V) (O)

만들기 위해 포춘의 가이드를 미래에 대한 우린 말했다 수십명의
To produce Fortune's guide to the future, we talked to dozens of
M M S V

연구원 예측가 보안 전문가 및 분석가들과 그들 일이
researchers, forecasters, security experts, and analysts whose jobs
M (R) (S)

살피는 것인 모퉁이 주변을 요청했다 그들에게 그려달라 그림을
are to peer around corners, and we asked them to paint a picture
(V) (C) S V IO DO

세계의 10년 후 그 초상화는 때로 어둡게 변했다
of the world 10 years out. The portrait sometimes turned dark:
M S M V C

사이버테러 자원 부족 정치적 불안정이 전 세계적으로
cyberterrorism, resource shortages, and political instability around the
S M

불가피하다 허나 전문가들은 제시했다 대부분 낙관적인 견해를
world are all inevitable. But the experts offered a mostly optimistic view
V C S V O

미래에 대한 기반으로 상상을 초월한 과학적 기술적
of the future, based on the mind-boggling scientific and technological
M

발전을 향상시킬 방법을 배우고 일하고 노는
advancements that will improve the way we learn, work, and play.
(R) (V) (O) (S) (V)

조차 미국 경제 빠져있는 것같은 경기침체에
Even the U.S. economy, which seems stuck in the doldrums, should
S (R) (V) (C) (M)

강세를 보일 것이다 후반에 향후 10년 부분적으로
come back strong in the second half of the coming decade — partly
V C M M

의지한 것이다 일부 혁신에 강조된 이 보고서에서
on the strength of some of the innovations highlighted in this report.
M M

낙관한다 것을 미국이 어려움을 이겨낼 것이라는 위치에서
"I'm optimistic that the U.S. will come out the other end in a position
S V C (C) (S) (V) (M) M

힘의 말한다 피터 놀란이 전무 이사인 FTI 컨설팅의
of strength," says Peter Nolan, managing director in FTI Consulting's
V S A

전세계 위험 및 조사 관행
global risk and investigations practice.
M

다가오는 변화는 불편할 것이다 일부에게 보스들은
The coming changes will be uncomfortable for some. Bosses will
S V C M S

필요가 있다 적응할 민주화에 작업장의 계층구조가
need to adjust to a democratization of the workplace. Hierarchies
V O S

사라질 수 있다 일부 팀은 가능할 수도 있다 지도자 없이 가장 좋은
may disappear; some teams may function without leaders. The best
V S V M

아이디어는 올 수 있다 가장 후배에게서 회사의 또는
ideas may come from the most junior person in the company — or
S V M M

조직 밖에서 완전히 있곤했다 것이 당신의
from outside the organization altogether. "It used to be that your
M M S V (C)

가장 중요한 자산이 향하는 엘리베이터로 매일 밤 말한다 돈
most important asset headed out the elevator every night," says Don
(S) (V) (M) (M) V

탐스콧은 공동저자인 매크로위키노믹스의 이제 당신의 가장 중요한
Tapscott, co-author of Macrowikinomics. "Now your most important
S M S

자산은 결코 올라갈 수 없다 엘리베이터로 전혀
asset may never go up the elevator at all."
M V M M

몰랐던 부분이 있었을 거야, 잘 보도록!

anything that can be invented has been, the predictions that should have been made — but weren't 등에서처럼 앞에 나온 내용이 생략되는 경우, 문장 성분을 잘 살펴

생략된 내용을 찾아야 한다. 전자의 경우 **been** 으로 끝났으므로 앞의 **be** 동사를 찾아 **has been invented,** 즉 **invented** 가 생략되었음을 알 수 있고, 후자의 경우 역시 **weren't** 이므로 앞의 **be** 동사를 찾아 **weren't made** 즉 **made** 가 생략되었음을 알 수 있다. **it used to be that ~** (~하(이)곤 했다)은 물론 **it ~ that** 가주어 진주어 구문으로, 내용면에서는 조동사가 강조되는 느낌의 구문이다. **it used to be that ~, it may be that ~** 등이 이에 속한다. 물론 이의 변형으로 **it used to be believed that ~ , it used to be said that ~ , it may be said that ~ , it may be safely assumed that ~** 등 여러 가지 구문들을 볼 수 있다.

몇 가지 예를 들어본다. **It used to be that I always looked forward to something.**(나는 언제나 뭔가를 학수고대하곤 했었다.) **It used to be said that he would succeed.**(그가 성공할 것이라고들 했었다.) **it may be that ~** (~ 일지도 모른다) 도 잘 쓰인다. **It may be that he has known the truth since that time.**(그는 그때 이후 진상을 알고 있었는지도 모른다.) **It may safely be said that life science heralds a new revolution in the new century.**(생명과학이 새 천년에 새로운 혁명을 예고할 것이라고 말해도 무방하다.)

cyberterrorism 은 컴퓨터 통신망상에 구축된 가상공간인 사이버 공간을 이용한 폭력 행위를 가리키는 용어로, 컴퓨터 통신망을 이용하여 정부 기관이나 민간 기관의 정보 시스템에 침입, 중대한 장애를 일으키거나 파괴하는 등의 범죄 행위를 말한다. **Fortune** 은 미국의 세계적인 경제잡지이다. **macrowikinomics** 는 **macro**(거시(의), 대형), **wiki**(위키피디아에서 따온 말), **nomics**(경제학에서 따온 말)의 합성어로 즉 위키피디아가 많은 개인들의 정보 공유와 협동에 의해 만들어지는 것처럼 거시경제가 이런 네트워크를 통한 정보 공유와 협동에 의해 다른 모습으로 변화한다는 의미이다. **Don Tapscott** 은 '패러다임시프트(Paradigm Shift)', '위키노믹스(Wikinomics)', '매크로위키노믹스(MacroWikinomics)'의 저자이자 세계적인 경영전략가로, 2011년 '세계에서 가장 영향력 있는 경영 사상가 50인'으로 선정된 바 있다. "한강의 기적의 원인은 산업화 시대에 맞는 새로운 패러다임을 받아들였기 때문이지만 이제 새로운 패러다임을 받아들여야 할 때"라며 "초연결된 스마트 네트워킹 사회에서 인간 커뮤니티의 연결도 강화될 것"이라고 말한 바 있다. **FTI Consulting, Inc.** 는 워싱턴 D.C.에 본사를 둔 세계적인 경영 자문 회사로, 기업 금융 및 구조 조정, 경제 컨설팅, 법의학 및 소송 컨설팅, 전략적 커뮤니케이션 및 기술 분야를 전문으로 한다.

☞ **inherent** 고유의, 본래부터 타고난, 내재해 있는 / **dance around** ~을 피하다 / **dead wrong** 완전히 틀린 / **litter** (방 안 등을) 어질러 놓다, (물건을) 흩뜨리다. **be littered with** ~로 어질러지다, 어수선하게 되다 / **detritus** 파편(더미), 배설물, 폐기물, 쓰레기 / **crystal-ball** (점치는) 수정 구슬, 점치는 방법. **crystal-ball watcher** 장래를 점치는 사람 / **dead-wrong** 완전히 틀린 / **prognosticator** 예언자, 점쟁이 / **nothing more than** ~에 불과한, ~에 지나지 않는 / **wild-eyed** (생각, 사람 등이) 몽상적인, 극단적인, 무모한 / **be condemned to** ~의 선고를 받다, ~ 하도록 운명 지워지다

deftly 솜씨 좋게, 교묘히 / **deploy** (전략적으로) 배치하다, 전개하다 / **instability** 불안정(성), (마음의) 불안정, 우유부단. **political instability** 정정 불안정, 정치 불안 / **mind-boggling** 경탄스러운, 상상을 초월한 / **on the strength of** ~을 의지하여, ~의 원조를 받

아 / **peer** 자세히 들여다 보다, 주의해서 보다 / **novelty** 신상품, 신고안품, 새로운 물건 / **a handful of** 소수의 / **figure out** 이해하다, (문제를) 풀다, 해결하다 / **corner** 비밀장소, 외딴 곳, 변두리 / **doldrums** 정체 상태(기간) / **hierarchy** 계층제, 계급제 / **stuck in(out of)** 곤경에 빠져(을 벗어나) / **head out** 출발하다, ~로 향하다

이제 이런 내용의 글을 이해하니 대단해!

스티브 잡스는 한때 미래를 예언하는 가장 좋은 방법은 그것을 발명하는 것이라고 말했다. 이 방법은 미래를 장기 예측하는 일에 내재된 위험을 피하는 영리한 방법이다. 역사는 장래를 점치는 사람들의 폐기물들로 어질러져 있다. 완전히 틀린 예측들이 있는데 그것들은 대개 기술 개발을 과소평가한 것들이다. 1899년 미국 특허 청장은 발명될 수 있는 것은 무엇이든지 발명되었다고 단언한다. 20세기의 많은 예언자들은 자동차가 단지 신고안품에 지나지 않으며, TV는 오래 지속되지 못할 것이고, 우주여행은 몽상적인 꿈이라고 자신 있게 주장한다. 그렇다면 아랍의 봄, 유럽의 부채 위기, 9 · 11 테러 공격 등과 사건들에 대한 예언을 했어야만 했는데 그런 것들은 없었다.

잡스와 같은 아주 소수의 일부 비즈니스 리더들은 실제로 미래를 발명할 수 있는 능력을 가지고 있다. 대부분의 기업 임원들(그리고 언론인들)은 미래에 대응하도록 운명지워진다. 물론 이것은 회사, 대학 및 기타 기관들이 10년, 20년 또는 심지어 50년 후에 세상이 어디로 향하고 있는지 알아내려고 노력해서는 안 된다는 것을 의미하지 않는다. 그래서 그들은 자원을 솜씨 좋게 배치하고 변화를 예상하는 제품들과 서비스를 개발할 수 있다.

미국의 경제잡지인 Fortune의 미래에 대한 향후 가이드를 작성하기 위해 우리는 외진 곳을 자세히 살피는 직업을 가진 수십 명의 연구원, 예측가, 보안 전문가 및 분석가들과 의견을 교환하고 그들에게 10년 후의 세계에 대한 그림을 그리도록 요청했다. 그 초상화는 때때로 어둡게 변했다. 즉 전 세계적으로 사이버 테러, 자원 부족 및 정치적 혼란이 여전히 불가피한 것처럼 보이기 때문이다. 그러나 우리가 배우고 일하고 즐기는 방식을 향상시킬 경탄스러운 과학적 기술적 발전을 기반으로, 전문가들은 미래에 대한 대체로 낙관적인 견해를 제시했다. 경기 침체에 빠져 있는 것처럼 보이는 미국 경제조차도 향후 10년 후반부에 강세를 보일 것이다. 이는 부분적으로 이 보고서에서 강조된 일부 기술 혁신에 의지한 것이다. FTI 컨설팅의 전 세계 위험 및 조사 관행 전무이사인 피터 놀란은 "나는 미국이 경제적으로 유리한 위치로 돌아올 것이라고 낙관한다."라고 말하고 있다.

다가오는 변화로 인해 일부 사람들은 불편함을 느낄 수도 있을 것이다. 회사의 상사들은 작업장의 민주화에 적응해야 할 것이다. 계층 구조는 사라질 수 있을 것이다. 일부 팀들은 지도자 없이도 운영할 수 있을 것이다. 가장 훌륭한 아이디어는 회사의 가장 후배 직원에게서 나올 수도 있고, 심지어 전적으로 회사 외부에서 올 수도 있을 것이다. 매크로위키노믹스의 공동저자인 돈 탑스콧은 "과거에는 회사의 가장 중요한 자산인 직원들이 매일 늦게 사무실을 떠나곤 했는데, 현재는 그 직원들이 사무실을 전혀 사용하지 않을 수 있다."라고 말하고 있다.

이런 도치구문도 있다니까! 10

특수 구문 중에서는 아마도 도치구문이 가장 흔하고 또 복잡할 것이다. 일반적으로는 어떤 어휘나 구를 강조하는 경우와, 글의 흐름을 원활하게 하기 위해서 도치하는 경우가 있다. 전자의 경우로는, 가장 흔한 구문으로 부사(부정부사 포함)나 부사어구(부정 부사어구 포함), 목적어(구나 절 포함), 보어(구 포함) 등을 강조할 때이며, 후자의 경우로는, 앞의 구문 파트에서 다룬 것처럼 문장 중간, 즉 관계대명사 뒤에서까지도 도치가 발생하는 구문이 있다. 이 외에도 목적어가 길어서 목적보어가 목적어 앞으로 도치된다든지, 수식어가 길어서 그 뒤에 오는 어휘나 어구 등의 기능에 혼란을 피하기 위해 도치시키는데, 이런 사례들은 이미 알고 있을 것이다.

하지만 생소한 도치구문도 종종 눈에 띈다. 즉 보어가 도치된 구문인데 동사가 생략되어 혼동을 준다. 예를 들어, Heavy is the burden of responsibility which has rain upon me without a break for years.(오랫동안 끊임없이 나에게 지워진 책임이라는 짐은 정말 무겁다.)처럼 도치가 이루어지는데, 이 문장에서 동사인 is 가 생략되고 Heavy the burden of responsibility which has rain upon me without a break for years. 로 표현되기도 한다. 따라서 이런 문장이 도치구문이라는 것을 알지 못하면 당황할 수밖에 없다. 이 경우 heavy 를 강조하기 위해서 도치를 시킨 것인지, 아니면 주어인 the burden of responsibility 를 수식하는 관계대명사절이 길게 붙어 있어서 (원래 문장이 The burden of responsibility which has rain upon me without a break for years is heavy. 가 되므로) 도치가 된 것인지는 글쓴이만이 알 것이다. 알다시피 영어에서는 문장의 주요소를 분명히 표현하는 경향이 있기 때문에 이런 도치구문이 형성되는 것이다. 아래 예문에 나온 Fortunate the man who, at the right moment, meets the right friend; fortunate also the man who at the right moment meets the right enemy. 역시 같은 종류의 도치구문이다.

* the more the better	* so that	* depend upon
* due to	* in the course of	* as much ~ as
* as well ~ as	* as is said	* from the point of view
* to itself	* think of ~ as	

I now suggest that both class and region, by dividing the inhabitants of a country into two different kinds of groups, lead to a conflict favourable to creativeness and progress. And these are only two of an indefinite number of conflicts and jealousies which should be profitable to society. Indeed, the more the better: so that everyone should be an ally of everyone else in some respects, and an opponent in several others, and no one conflict, envy or fear will dominate.

As individuals, we find that our development depends upon the people whom we meet in the course of our lives. These people include the authors whose book we read, and characters in works of fiction and history. The benefit of these meetings is due as much to the differences as to the resemblances; to the conflict, as well as the sympathy, between persons.

Fortunate the man who, at the right moment, meets the right friend; fortunate also the man who at the right moment meets the right enemy. I do not approve the extermination of the enemy; the policy of extermination or, as is barbarously said, liquidating enemies, is one of the most alarming developments of modern war and peace, from the point of view of those who desire the survival of culture. One needs the enemy. So, within limits, the friction, not only between individuals but between groups, seems to me quite necessary for civilization.

The universality of irritation is the best assurance of peace. A country within which the divisions have gone too far is a danger to itself: a country which is too well united — whether by nature or by device, by honest purpose or by fraud and oppression — is a menace to others. In Italy and in Germany, we have seen that a unity with politico-economic aims, imposed violently and too rapidly, had unfortunate consequences upon both nations.

Their cultures had developed in the course of a history of extreme, and extremely sub-divided regionalism: the attempt to teach Germans to think of themselves as Germans first, and the attempt to teach Italians to think of themselves as Italians first, rather than as natives of a particular small principality or city, was to disturb the traditional culture from which alone any future culture could grow.

당연히 분석이 먼저지!

난 이제 제안한다 것을 둘 다 계급과 지역 나눔으로써 주민들을
I now suggest that both class and region, by dividing the inhabitants
S M V (C) (S) (M)

한 나라의 두 다른 종류의 집단으로 이끌 것을 갈등으로
of a country into two different kinds of groups, lead to a conflict
(M) (V) (M)

유리한 창조성과 진보에 이들은 단지 두 가지다
favourable to creativeness and progress. And these are only two of an
(M) S V

무한정 많은 갈등과 질투의 되어야 하는 이익에
indefinite number of conflicts and jealousies which should be profitable
C (R) (V) (C)

사회에 사실 많을수록 더 좋다 그래서 모든 자는 동맹이 되어야 하고
to society. Indeed, the more the better: so that everyone should be an
(M) M (M) C (C) (S) (V)

다른 모든 이의 어떤 면에서는 상대가 여러
ally of everyone else in some respects, and an opponent in several
(C) (M) (C) (M)

다른 면에서는 어떤 하나의 갈등 시기 공포도 지배하지 않을 거다
others, and no one conflict, envy or fear will dominate.
S V

개인들로서는 우리는 안다 것을 우리 발전은 달려있다고
As individuals, we find that our development depends upon the
M S V (C) (S) (V) (M)

사람들에게 우리가 만나는 동안에 우리 일생 이 사람들은 포함한다
people whom we meet in the course of our lives. These people include
(R) (S) (V) (M) S V

저자들을 그들의 책을 우리가 읽는 인물들을 작품의 소설이나
the authors whose book we read, and characters in works of fiction
O (R) (O) (S) (V) (O) (M)

역사의 이익은 이런 만남의 기인한다 마찬가지로
and history. The benefit of these meetings is due as much to the
S V C M

상이점에 유사점에 기인하는 것과 즉 충돌에 기인한다 물론
differences as to the resemblances; to the conflict, as well as the
M (C) (M) M M

공감은 두 사람 사이에
sympathy, between persons.
M

운이 좋다 사람은 적절한 순간에 만나는 올바른 친구를
Fortunate the man who, at the right moment, meets the right friend;
C S (R) (M) (V) (O)

운 좋다 또한 사람은 적절한 시기에 만나는 올바른
fortunate also the man who at the right moment meets the right
C M S (R) (M) (V) (O)

적을 나는 찬성하지 않는다 전멸을 적의 정책은
enemy. I do not approve the extermination of the enemy; the policy of
S V O S

전멸 즉 야만스럽게 표현하면 적을 없애는 것은 하나다
extermination or, as is barbarously said, liquidating enemies, is one of
(R) (M) (V) S V

가장 불안스러운 발전 중의 현대 전쟁과 평화의
the most alarming developments of modern war and peace, from the
C M

입장에서 보면 사람들의 바라는 문화의 존속을 우리는 필요로 한다
point of view of those who desire the survival of culture. One needs
M (R) (V) (O) S V

적을 그래서 한도내에서 마찰은 뿐만 아니라 사이 개인들
the enemy. So, within limits, the friction, not only between individuals
O M S M

집단들 사이에도 보인다 내게는 아주 필요해 문명에
but between groups, seems to me quite necessary for civilization.
M V M C M

보편성은 자극의 가장 좋은 보증이다 평화의
The universality of irritation is the best assurance of peace. A
S V C

나라는 그 안에서 여러 부서들이 떨어진 너무 멀리 위험이다
country within which the divisions have gone too far is a danger to
S (R) (S) (V) (M) V C

그 자체로 나라는 너무 잘 연합된 자연에 의해 또는
itself: a country which is too well united — whether by nature or
M S (R) (M) (V) (P)

장치에 의해 정직한 의도나 사기와 억압에 의해서든
by device, by honest purpose or by fraud and oppression — is a
(M) V

위협이다 다른 나라에 이태리에서와 독일에서 우린 보았다 통합이
menace to others. In Italy and in Germany, we have seen that a unity
C M M S V (C) (S)

정치 경제적인 목표와의 부과된 폭력적이고 너무 빠르게 가져왔음을
with politico-economic aims, imposed violently and too rapidly, had
(M) (M) V

불행한 결과를 두 나라에
unfortunate consequences upon both nations.
O M

그들의 문화는 발전했었다 과정에서 역사의 극단의
Their cultures had developed in the course of a history of extreme,
S V M M

지극히 세분화된 지역주의의 시도는 가르치려는 독일인에게
and extremely sub-divided regionalism: the attempt to teach Germans
M S

자신을 생각하도록 독일인으로 먼저 시도는 가르치려는
to think of themselves as Germans first, and the attempt to teach
M S

이태리인에게 생각하도록 자신들을 이태리인으로 먼저 보다는 토착민으로서
Italians to think of themselves as Italians first, rather than as natives
M (C)

특정한 작은 공국이나 도시의 방해하는 것이었다 전통적
of a particular small principality or city, was to disturb the traditional
(M) V C

문화를 그것에서 홀로 미래의 어떤 문화가 성장할 수 있는
culture from which alone any future culture could grow.
(R) (M) (S) (V)

도움을 받을 수 있을 때 받는 것이 상책!

the more the better 는 문장 성분을 구별하기가 애매한 표현이다. 왜냐하면 앞의 **the** 는 관계부사(**to what extent**)이며 뒤의 **the** 는 지시부사(**to that extent**)의 역할을 하는데 구문 내용에 따라 **more, better** 가 형용사나 부사로 쓰일 수가 있기 때문이다. 여기서는 **The more it is, the better it will be. The more they are, the better it will be.** 로 보면 될 것이다. **so that** 는 결과를 나타내어 "그러므로, 그래서, ~해서"의 뜻으로, **so** 로도 표현된다. **in several others** 는 **in several other respects** 의 뜻이다. **is due as much to the differences as to the resemblances: to the conflict, as well as the sympathy** 에서 **due** 에 **to the differences, to the resemblances, to the conflict, (as well as) to the sympathy** 가 연결된다. 그 사이에 **as much ~ as** 와 **as well as** 가 상관접속사로서 연결을 해주고 있다. 「**be due to** + 명사」는 "~의 탓이다, ~ 덕택이다, ~에 기인하다"의 뜻이다.

fortunate the man who ~ meets the right friend; fortunate also the man who ~ meets the right enemy 는 도치구문으로 **the man who ~ meets the right friend is fortunate; the man who ~ meets the right enemy is also fortunate** 에서 보어가 도치된 것으로, 물론 동사인 **is** 가 생략되어 있는 구문으로 보어도치의 변형인 셈이다. **as is barbarously said** 는 삽입절로 **as** 는 관계대명사로 앞 또는 뒤에 있는 주절 전체를 선행사로 하여 비제한적으로 쓰인다. 보통은 "그것은 ~이지만"의 뜻이다. 여기에서 **as** 가 지칭하는 말은 **liquidating enemies** 라 할 수 있다. **the attempt to teach Germans ~, and the attempt to teach Italians ~, rather than as natives ~ city** 까지가 주어이고, **was** 가 동사이다. **think of A as B** 는 "**A** 를 **B** 로 생각하다"의 뜻이며, **rather than** 다음에는 **to teach Germans and Italians to think of themselves** (**as natives of a particular small principality or city**)가 생략된 것으로 본다.

☞ **depend on** ~에 달려 있다, 좌우되다, ~에 의존하다 / **in the course of** ~의 경과 중에, ~동안에(**during**) / **as much ~ as** ~정도(만큼), ~만큼의 / **resemblance** 유사(성), 닮음, 유사점 / **conflict** (무력에 의한 비교적 장기간의) 싸움, 다툼, 투쟁, 전투 / **extermination** 근절, 박멸, 몰살 / **barbarously** 야만스럽게, 미개하게, 잔인하게 / **liquidate** 죽이다, (사람을) 없애다 / **point of view** 관점, 견지, 입장, 견해 / **friction** (두 물체의) 마찰, 알력, 불화 / **universality** 보편(타당)성, 일반성, 보급, 유포

irritation 속 타게[성나게] 함, 안달, 홍분 / **assurance** 보증, 보장, 확신 / **division** (관청의) ~국, ~과, (선거구로서의) 주(자치 도시)의 일부 / **to itself** ~ 그 자체에게(의 것으로서) / **fraud** 사기, 협잡, 사기 행위, 부정 수단 / **oppression** 압박, 억압, 압제, 탄압 / **menace** 협박, 위협, 공갈 / **politico-economic** 정치 경제적인 / **impose** (의무, 세금, 벌 따위를) 지우다, 부과하다, 강요(강제)하다 / **sub-divided** 세분된, 구획된 / **regionalism** 지방(분권)주의, 지방적 특색, 지방색 / **think of ~ as** ~를 ~로 생각하다, 여기다 / **principality** 공국(**prince**가 통치하는)

허허, 이런 뜻인 줄도 모르고!

이제 나는 한 나라의 주민을 두 종류의 다른 집단으로 나누어, 계급과 지역 모두 창조성과 진보에 유리한 갈등으로 이끌 것을 제안한다. 그리고 이것들은 사회에 이익이 되어야 할 무한정 많은 갈등과 질투의 두 가지에 불과하다. 사실, 더 많을수록 더 좋다. 그래서 모든 사람은 어떤 면에서는 다른 모든 사람의 동맹이 되어야 하고, 또 다른 여러 면에서는 상대여야 하며, 그 어떤 갈등이나 질투 또는 공포도 지배하지 않을 것이다.

개인들로서 우리의 발전은 우리들이 살아가는 과정에서 만나는 사람들에 좌우된다는 것을 깨닫게 된다. 이런 사람들 중에는 우리들이 읽는 책의 저자들과 소설 작품이나 역사 책 속에 나오는 인물들이 포함된다. 이런 만남으로 인해 얻게 되는 이익은 유사점에 기인하는 것과 마찬가지로 상이점에도 기인한다. 즉, 두 사람 사이의 공감에 기인할 뿐만 아니라 의견이나 사상, 이해관계의 충돌에도 기인하는 것이다.

적절한 시기에 올바른 친구를 만나는 사람은 운이 좋다. 적절한 시기에 올바른 적수를 만나는 사람 또한 운이 좋다. 나는 적을 소멸시키는 것에 찬성하지 않는다. 소멸정책 즉 이것은 야만스럽게 표현되는 것이지만, 적을 죽여 없애버리는 것은 문화의 존속을 원하는 사람의 입장에서 보면 현대의 전쟁과 평화가 가져온 가장 불안스러운 사태 진전 중의 하나이다. 사람은 적수를 필요로 한다. 그러므로 적당한 범위 안에서, 개인과 개인 사이뿐만 아니라, 집단과 집단 사이에서도 알력이 있는 것은 문명을 위해 매우 필요한 것처럼 나에게는 보인다. 흥분한 상태가 널리 유포되어 있는 것은 최선의 평화 보장책인 것이다. 따라서 한계 내에서 개인 사이뿐만 아니라 집단 사이의 마찰은 문명에 매우 필요한 것으로 보인다.

자극의 보편성은 평화의 가장 확실한 보증이다. 한 나라 안에서 여러 부서들이 너무 멀리 떨어진 나라는 그 자체에게 위협이 된다. 자연에 의해서든 장치에 의해서든, 정직한 의도에 의해서든 사기와 억압에 의해서든, 너무 잘 통합된 나라는 다른 나라들에게 위협이 된다. 이탈리아와 독일에서, 우리는 폭력적이고 너무 빠르게 부과된 정치 경제적 목표와의 통합이 양국에 불행한 결과를 가져 왔음을 보았다.

그들의 문화는 극단의 역사 과정에서, 그리고 극도로 세분화된 지역주의의 역사 과정에서 발전했었다. 특정한 작은 공국이나 도시의 토착민으로서라기보다는 독일인들에게 자신들을 먼저 독일인으로서 생각하도록 가르치려는 시도와, 이탈리아인에게 자신들을 먼저 이탈리아인으로 생각하도록 가르치려는 시도는, 미래의 어떤 문화가 단독으로 성장할 수 있는 전통 문화를 방해하는 것이었다.

이건 어떻게 구성된 문장인고? 11

크게 어려움이 없어 보이는 문장인데도 혼동을 야기하는 경우들이 있다. 대체로 문장 내에서의 어휘나 구, 대명사, 전치사, 접속사 등 문장의 요소들이 어떻게 연결되는지, 또는 어디서 어디까지가 하나로 이루어진 의미나 구문 단위인지를 알아내는 것이 우선 풀어야 할 과제이다. 때로는 하나의 문장이 장황하게 표현되어 구문 파악이 어려울 때도 많다. 어휘가 어렵거나 쉬움에 상관없이 비교적 간략한 문장들은 왠지 쉬워 보이고 긴 문장이 나오면 어려워 보이는 것이 일반적이다. 하나의 문장이 길게 표현되는 경우에는 콤마나 콜론, 세미콜론, 대쉬 등 문장 부호의 쓰임이나, 접속사나 관계사 등의 연결 고리가 복잡해 보이며, 삽입어구나 각종 수식어구의 처리가 간단하지 않아 문장 구조 파악이 쉽지 않을 때가 많다. 물론 아무리 긴 문장이라도 문법적 지식을 토대로 구조적인 문제를 풀 수는 있지만 전후 관계를 통한 글의 흐름이나 내용 또한 무시할 수 없는 요소가 된다. 결국 두 가지 사항을 결합하여 내용에 알맞도록 문장 구조를 파악해야만 할 것이다.

아래 예문에는 it was almost like a drug, hanging out on the street after school, shopping and dressing sharply, sexual conquests, party drugs, hip-hop music and culture, the fact that almost all the superstar athletes and a great many of the nation's best entertainers were black. 이란 비교적 긴 문장이 나와 있다. 알고 보면 평이한 구조이지만 문장이 길면 복잡해 보이고 난해해 보인다. 우선 it 은 어떤 기능을 하며 무슨 뜻일까? 그리고 the fact that ~ 은 어떻게 처리해야 할 것인가? like 의 목적어는 어디에서 끝나는 것일까? this also explains the otherwise puzzling findings ~ that young black men and women tend ~ and that their self-image is independent ~ 에서도 두 개의 that 동격절의 처리와 전체 문장의 의미를 우리말로 적절히 표현하는 기술이 필요하다.

* flunk out	* cool-pose culture	* give up
* hang out	* to the contrary	* as American as cherry pie
* Fifty Cent	* turn off	* that is all there is
* nearly as much as	* get ~ straight	

So why were they flunking out? Their candid answer was that what sociologists call the "cool-pose culture" of young black men was simply too gratifying to give up. For these young men, it was almost like a drug, hanging out on the street after school, shopping and dressing sharply, sexual conquests, party drugs, hip-hop music and culture, the fact that almost all the superstar athletes and a great many of the nation's best entertainers were black.

Not only was living this subculture immensely fulfilling, the boys said, it also brought them a great deal of respect from white youths. This also explains the otherwise puzzling finding by social psychologists that young black men and women tend to have the highest levels of self-esteem of all ethnic groups, and that their self-image is independent of how badly they were doing in school.

I call this the Dionysian trap for young black men. The important thing to note about the subculture that ensnares them is that it is not disconnected from the mainstream culture. To the contrary, it has powerful support from some of America's largest corporations. Hip-hop, professional basketball and homeboy fashions are as American as cherry pie. Young white Americans are very much into these things, but selectively; they know when it is time to turn off Fifty Cent and get out the SAT prep book.

For young black men, however, that culture is all there is — or so they think. Sadly, their complete engagement in this part of the American cultural mainstream, which they created and which feeds their pride and self-respect, is a major factor in their disconnection from the socioeconomic mainstream.

Of course, such attitudes explain only a part of the problem. In academia, we need a new, multidisciplinary approach toward understanding what makes young black men behave so self-destructively. Collecting transcripts of their views and rationalizations is a useful first step, but won't help nearly as much as the recent rash of scholars with tape-recorders seem to think. Getting the facts straight is important, but for decades we have been overwhelmed with statistics on black youths, and running more statistical regressions is beginning to approach the point of diminishing returns to knowledge.

일단 도해를 보면 큰 문제는 없을 거야!

그런데 왜 그들은 퇴학을 하고 있었나 그들의 솔직한 대답은 것이었다 것이
So why were they flunking out? Their candid answer was that what
C Q S V S V (C) (R)

사회학자들이 부르는 차가운 포즈 문화 젊은 흑인들의
sociologists call the "cool-pose culture" of young black men was
(S) (V) (C) (M) (V)

단지 너무 만족스러워 포기할 수 없다 이 젊은이들에게 그것은 거의
simply too gratifying to give up. For these young men, it was almost
(M) (C) (M) M S V

같았다 마약 서성거림 거리를 방과 후에 쇼핑
like a drug, hanging out on the street after school, shopping and
C

옷 차림 격렬하게 성적 이성의 획득 파티 마약 힙합 음악과
dressing sharply, sexual conquests, party drugs, hip-hop music and

문화 사실 거의 모든 슈퍼스타 선수들과 대단히
culture, the fact that almost all the superstar athletes and a great
(C) (S)

많은 전국 최고의 연예인들이 흑인이라는
many of the nation's best entertainers were black.
(V) (C)

살고 있을 뿐 아니라 이 하위문화가 엄청나게 충족시키며 소년들은 말했다
Not only was living this subculture immensely fulfilling, the boys said,
(M) (V) (S) (M) (C) S V

또한 가져왔다 그들에게 많은 존경심을 백인 청소년들로부터 이는
it also brought them a great deal of respect from white youths. This
S M V IO DO M S

또한 설명한다 다른점에서 놀라운 발견을 사회 심리학자들에 의한
also explains the otherwise puzzling finding by social psychologists
M V O M

젊은 흑인 남자와 여자들은 갖는 경향이 있다 최고 수준의
that young black men and women tend to have the highest levels
(C) (S) (V) (M)

자부심을 모든 소수민족 집단 중 그들의 자상이
of self-esteem of all ethnic groups, and that their self-image is
(M) (C) (S) (V)

자유로운지 얼마나 나쁘게 그들이 학교에서 행하고 있는지에서
independent of how badly they were doing in school.
(C) (Q) (M) (S) (V) (M)

부른다 이를 디오니소스적 함정이라 젊은 흑인들에게 중요한 것은
I call this the Dionysian trap for young black men. The important
S V O OC M S

주목할 하위문화에 대해 함정에 빠뜨리는 것이다 그것이
thing to note about the subculture that ensnares them is that it is
M (R) (V) (O) V (C) (S)

분리되지 않는다는 주류 문화로부터 그와 반대로 그것은
not disconnected from the mainstream culture. To the contrary, it
(V) (M) M S

받는다 강력한 지지를 일부로부터 미국의 가장 큰 기업들
has powerful support from some of America's largest corporations.
V O M

힙합 프로 농구 불량배 패션들은
Hip-hop, professional basketball and homeboy fashions are as
S V

미국적이다 체리 파이만큼 젊은 백인 미국인들은 매우 대단하다
American as cherry pie. Young white Americans are very much into
C (C) (S) S V C

이 일들에 하지만 선택적이다 그들은 안다 언제가 때인지 끌
these things, but selectively; they know when it is time to turn off Fifty
M M S V (C) (S) (V) (C)

50센트 노래를 꺼낼 대학진학 준비 책을
Cent and get out the SAT prep book.
(M)

젊은 흑인 남성에게 하지만 그 문화는 존재하는 전부다 또는
For young black men, however, that culture is all there is — or
M M S V C (A) (V)

그렇게 생각한다 슬프게도 그들의 완전한 참여는 이 부분에
so they think. Sadly, their complete engagement in this part of the
M S V M S

미국의 문화적 주류의 그들이 만들었고 주는
American cultural mainstream, which they created and which feeds
M (S) (V) (R) (V)

그들의 자부심과 자존심을 주요 요인이다 그들의 분리에서
their pride and self-respect, is a major factor in their disconnection
(O) V C M

사회 경제적 주류와의
from the socioeconomic mainstream.
M

물론 그런 태도는 설명한다 단지 일부만을 문제의
Of course, such attitudes explain only a part of the problem.
M S V O

학계에서는 우린 필요하다 새로운 다학제적인 접근을
In academia, we need a new, multidisciplinary approach toward
M S V O

이해하기 위한 무엇이 만드는지 흑인 청년들이 행동하게
understanding what makes young black men behave
M (Q) (V) (O) (OC)

그렇게 자기 파괴적으로 수집하는 것이 사본을 그들의 견해와
so self-destructively. Collecting transcripts of their views and
(M) S M

합리화의 유용한 첫 단계이지만 안될 거다 도움 거의 만큼
rationalizations is a useful first step, but won't help nearly as much
V C V O

최근의 빈발이 학자들의 테잎 레코더를 가진 생각하는 것
as the recent rash of scholars with tape-recorders seem to think.
(C) (S) (M) (V) (C)

사실을 잡는 게 바로 중요하지만 수십 년 동안 우리는
Getting the facts straight is important, but for decades we have
S V C M S

압도당해왔다 / 통계에 / 흑인 청년에 대한 / 실행하는 것이 / 더
been overwhelmed with statistics on black youths, and running more
V / M / M

통계적인 / 역행분석을 / 시작하고 있다 / 접근하기 / 시점에 / 감소하는
statistical regressions is beginning to approach the point of diminishing
S / V / O

수익의 / 지식에 대한
returns to knowledge.
M

해설을 보기 전에 다 알 수 있다면!

it was almost like a drug, hanging out on the street after school, shopping and dressing sharply, sexual conquests, party drugs, hip-hop music and culture, the fact that almost all the superstar athletes and a great many of the nation's best entertainers were black 에서 **it** 은 앞의 **cool-pose culture** 를 가리키는 대명사이고 **almost like** 의 목적어는 **a drug** 부터 **were black** 까지 전부가 된다. **not only was living this subculture immensely fulfilling** 은 도치구문으로 **this subculture was not only living immensely fulfilling** 이 정치구문이다. **as American as cherry pie** 는 **as American as apple pie** 와 같은 표현으로 미국적인 상황을 묘사하는데 잘 쓰이는 표현이다. 체리는 미국이나 캐나다 등 북미 지역에서 여름 즉, 미국의 독립기념일(7월 4일)이나 캐나다 데이(7월 1일) 경에 수확되는 대표적인 과일로 이날 체리 파이를 만들어 먹는 데서 나온 표현이다.

cool-pose culture(차가운 포즈 문화)란 흑인 문화를 일컫는 말로, 흑인들이 갖는 차갑고, 불평을 품고 있으며, 또는 갱스터 랩(도시의 범죄단, 폭력, 마약, 여성 비하 등의 가사로 된 랩 음악) 등의 라이프 스타일을 묘사한 것과 관련된 행동들을 지칭하는 말이다. **Fifty Cent** 는 미국의 유명한 레퍼이자 배우인 커티스 제임스 잭슨 3세(Curtis James Jackson III)의 예명이다. **which they created and which feeds their pride ~** 에서 **which** 의 선행사는 앞의 **this part of the American cultural mainstream**이다. **toward understanding what makes young black men behave ~** 에서 **what** 은 의문대명사이다.

☞ **flunk out** 낙제하여 퇴학하다, 성적불량으로 퇴학시키다 / **subculture** 하위문화, (히피 따위의) 신문화, 반문화, 이문화 / **hang out** 서성거리다, ~에 출입하다 / **homeboy** 한 고향 사람, 동향인, 절친한 친구, 불량소년 / **ethnic** 특정(소수) 인종(민족)의, (의상 등이) 민족 고유의, 이국(풍)의 / **ensnare** 올가미에 걸다, 함정에 빠뜨리다, 유혹하다 / **Dionysian** (주신제) 같이 마시고 떠드는, 흥청망청하는, 열광적인, 제멋대로의 / **to the contrary** 그와 반대로, 그와는 달리 / **SAT = Scholastic Aptitude Test** 대학 진학 적성 검사 / **prep** (구) 진학 준비의(**preparatory**)

that is all there is 그게 다다, 그게 전부다 / **engagement** (정치 문제 따위에의) 참가 / **socioeconomic** 사회 경제적인 / **academia** 대학의 (학문적) 분위기(환경), 학계 / **multi-disciplinary** 많은 전문 분야(영역)에 걸친, 수개 전문 분야 집결의 / **transcript** 사본, 등본,

(연설 등의) 필기록, (생활 체험 따위의) 예술적 표현 / **rationalization** 합리화, 이론적 설명, 합리적 사고 / **rash** 발진, 뾰루지, 돌연한 다발, (보통 불쾌한 일의) 빈발 / **get ~ straight** ~을 (똑)바로 하다, 바로잡다 / **overwhelm** 압도하다, 제압하다, 궤멸시키다(**by, with**) / **statistics** 통계(표), [단수취급] 통계학 / **run** (기계, 모터 따위를) 돌리다, 움직이다, (실험 따위를) 하다, 관리하다 / **regression** 퇴보, 역행, 회기 / **return** 수입, 수익, 이익

우리 이야기가 아니니까 좀 낯설긴 하군.

그런데 왜 그들은 퇴학을 하고 있었나? 그들의 솔직한 대답은 사회학자들이 젊은 흑인들의 "차가운 포즈 문화"라고 부르는 것이 단지 너무 만족스러워서 포기할 수 없다는 것이었다. 이들 청년들에게 이것은 마약, 방과 후에 거리를 서성거림, 쇼핑과 격렬한 복장, 성적 이성의 정복, 파티 마약, 힙합 음악과 문화, 거의 모든 슈퍼스타 운동선수들과 전국 최고의 연예인들 대부분이 흑인이라는 사실 등과 거의 같았다.

흑인 소년들은, 이 하위문화가 자신들의 부족분을 엄청나게 채우면서 살고 있을 뿐만 아니라 그것은 또한 백인 청소년들로부터 많은 존경심을 그들에게 안겨주었다고 말했다. 이것은 또한 사회 심리학자들이 다른 점에서 수수께끼 같은 발견을 한 것을 설명하고 있는데, 즉 젊은 흑인 남성과 여성이 모든 소수 민족 집단 중 최고 수준의 자부심을 갖는 경향이 있으며, 자신들에 대한 이미지가 자기들이 학교에서 얼마나 나쁘게 행동하고 있는지로부터 자유롭다는 것이다.

나는 이것을 젊은 흑인들을 빠뜨릴 디오니소스적 함정이라고 부른다. 그들을 함정에 빠뜨리는 하위문화에 대해 주목할 중요한 점은 그것이 주류 문화와 분리되어 있지 않다는 것이다. 그와 반대로, 그것은 미국의 가장 큰 기업의 일부로부터 강력한 지지를 얻고 있다. 힙합, 프로 농구, 불량배 패션들은 체리 파이만큼이나 미국적이다. 젊은 백인 미국인들은 이런 일들에서 매우 대단한 활동을 하지만 선택적으로다. 그들은 언제가 가수인 50센트의 노래를 끄고 대학진학 적성 검사를 준비하는 책을 꺼내야 할 때인지를 알고 있는 것이다.

그러나 젊은 흑인 남성들에게는, 그 문화는 그것이 전부이며, 혹은 그들은 그렇게 생각을 한다. 슬프게도, 그들이 만들어 냈고 그들의 자부심과 자존심을 제공하는 미국의 문화적 주류의 이 부분에 대한 그들의 완전한 참여는, 사회 경제적 주류와 그들을 분리하는데 있어 주요 요인이다.

물론 그러한 태도는 문제의 일부만을 설명한다. 학계에서, 우리는 흑인 청년들이 그렇게 자기 파괴적으로 행동하게 만드는 것이 무엇인지를 이해하는 방향으로 새로운 많은 전문분야에 걸친 접근을 필요로 한다. 그들의 견해와 합리화의 사본을 수집하는 것은 유용한 첫 단계이지만, 테이프 레코더를 가진 학자들의 최근의 불쾌한 일의 빈발이 생각하는 것만큼 거의 도움이 되지는 않을 것이다. 사실을 바로잡는 것이 중요하지만, 수십 년 동안 우리는 흑인 청소년에 대한 통계에 압도당해 왔으며, 더 많은 통계적인 역행 분석을 실행하는 것은 지식에 대한 수익이 감소하는 시점에 접근하기 시작하고 있다.

모든 게 생각대로 표현된다면 좋겠지만... 12

글을 읽으면서 자신이 이미 알고 있는 독해 지식을 통해 큰 어려움 없이 내용을 이해할 수 있다면 얼마나 좋을까? 하지만 많은 글을 대하면 대할수록 자신의 지식 범위를 벗어나는 구문이나 어휘들이 많아지는 것이 영문독해의 속성이다. 하기야 우리말로 된 글들조차도 모두 이해하기는 쉽지 않으니 당연한 것 아니겠는가? 문제는 각종 시험의 출제자들이 대체로 다소 복잡하거나 까다로운 부분을 토대로 수험생들의 영어 실력을 묻는다는 점이다.

가주어 it 을 써서 표현하는 강조 구문은 우리가 익히 알고 있는 익숙한 표현이다. it ~ that ~, it ~ who(which, what) ~ 등은 부담 없이 이해할 수 있는 구문이다. 하지만 이런 구문들도 실제 문장에서는 반드시 공식대로 단순하게 표현되기만 하는 것은 아니다. 소위 문법적인 구성들은 반드시 공식대로 표현되는 것이 아니며, 또 그렇게 표현되더라도 우리가 잘 파악할 수 없는 형태로 표현되는 경우가 많다. 물론 이런 사례들은 다른 구문에서도 자주 나타난다.

아래 예문에서는 it ~ that 강조구문이 다소 상례를 벗어난 형태로 사용되고 있다. It is this knowledge of the Perfect Law working through and above all things; of the Perfect Justice operating in and adjusting all human affairs, that enables the good man to love his enemies, and to rise above all hatred, resentment, and complaining; 가 바로 그 예인데, 즉 it ~ that 사이에 들어간 강조부분이 길게 표현된 것은 물론, 일단 세미콜론(;)으로 끊어 준 다음 다시 강조하는 부분이 나오고 그 다음에 that 이 쓰이고 있어 생소한 느낌이 드는 강조구문이 되고 있다. 또 이미 설명한 바 있지만 이런 강조구문에서 관계대명사, that, which, who 등이 생략될 경우가 있는데 이런 구문은 더욱 파악하기가 어려우므로 주의해야 할 것이다. 즉 What is it makes you complain of the food?(너에게 음식 타박을 하게 하는 것은 무엇이냐?) 같은 간단한 문장은 말할 것도 없고 어휘가 쉽지 않거나 구문이 복잡하고 긴 문장일 경우에는 구문 파악이 더욱 쉽지 않다. 이처럼 영문에 나타나는 각종 형태의 구문들은 반드시 정석대로만 표현되는 것이 아니라 여러 형태의 변형이 있을 수 있다는 점을 참작해야만 할 것이다.

* good or bad	* that is	* pile up
* so to speak	* as such	* in accordance with
* sent forth	* work through	* above all things
* rise above	* pay off	* lay up
* put an end to	* to the end	

It may here be urged that man is not responsible for his deeds, that these are the effects of his character, and that he is not responsible for the character, good or bad, which was given him at his birth. If character was "given him" at birth, this would be true, and there would then be no moral law, and no need for moral teaching; but characters are not given ready made, they are evolved; they are, indeed, effects, the products of the moral law itself, that is — the products of deeds. Character result of an accumulation of deeds which have been piled up, so to speak, by the individual during his life.

Man is the doer of his own deeds; as such he is the maker of his own character; and as the doer of his deeds and the maker of his character, he is the molder and shaper of his destiny. He has the power to modify and alter his deeds, and every time he acts he modifies his character, and with the modification of his character for good or evil, he is predetermining for himself new destinies — destinies disastrous or beneficent in accordance with the nature of his deeds. Character is destiny itself; as a fixed combination of deeds, it bears within itself the results of those deeds. These results lie hidden as moral seeds in the dark recesses of the character, awaiting their season of germination, growth, and fruitage.

Those things which befall a man are the reflections of himself; that destiny which pursued him, which he was powerless to escape by effort, or avert by prayer, was the relentless ghoul of his own wrong deeds demanding and enforcing restitution; those blessings and curses which come to him unbidden are the reverberating echoes of the sounds which he himself sent forth.

It is this knowledge of the Perfect Law working through and above all things; of the Perfect Justice operating in and adjusting all human affairs, that enables the good man to love his enemies, and to rise above all hatred, resentment, and complaining; for he knows that only his own can come to him, and that, though he be surrounded by persecutors, his enemies are but the blind instruments of a faultless retribution; and so he blames them not, but calmly receives his accounts, and patiently pays his moral debts.

But this is not all; he does not merely pay his debts; he takes care not to contract any further debts. He watches himself and makes his deeds faultless. While paying off evil accounts, he is laying up good accounts. By putting an end to his own sin, he is bringing evil and suffering to an end.

도해를 보면 넓게 연결되는 요소들이 드러나겠지!

여기서 촉구될 수 있다 / 인간은 / 책임을 지지 않으며 / 자신의 행위에 대해

It may here be urged that man is not responsible for his deeds, that

S M V (C) (S) (V) (C) (M) (C)

이것들이 / 결과이며 / 자기 / 인격의 / 그가 / 책임을 지지 않으며

these are the effects of his character, and that he is not responsible

(S) (V) (C) (C) (S) (V) (C)

자기 성격에 대해서는 / 좋든 나쁘든 / 그에게 주어진 / 그가 태어날 때

for the character, good or bad, which was given him at his birth. If

(M) (M) (R) (V) (O) (M) (C)

성격이 / 그에게 주어졌다면 / 태어날 때 / 이는 / 사실일 거고

character was "given him" at birth, this would be true, and there would

(S) (O) (M) S V C A

그러면 / 어떤 도덕률도 없을 것이며 / 도덕적 가르침도 필요하지 않을 것이다 / 그러나 / 인물들은

then be no moral law, and no need for moral teaching; but characters

M V S S M S

이미 만들어진 것이 아니라 / 그들은 / 진화된다 / 그들은 / 실제로 / 결과다

are not given ready made, they are evolved; they are, indeed, effects,

V C S V S V M C A

산물 / 도덕률 / 그 자체의 / 즉 / 산물이다 / 행동의

the products of the moral law itself, that is — the products of deeds.

C P C

인격 결과다 / 축적된 / 행위의 / 축적된

Character result of an accumulation of deeds which have been piled

C M (R) (V)

말하자면 / 개인에 의해 / 그의 일생동안

up, so to speak, by the individual during his life.

(P) (M) (M)

사람은 / 실행자다 / 그 자신의 행위의 / 그 자체로 / 그는 / 제작자다

Man is the doer of his own deeds; as such he is the maker of his

S V C M M S V C

실행자로서 그의 행위의 제작자로서
own character; and as the doer of his deeds and the maker of his
M M

그의 성품의 그는 틀과 형태를 만드는 자다 자기 운명의 그는
character, he is the molder and shaper of his destiny. He has the
S V C M S V

힘을 갖고 있다 수정하고 변경할 자기 행위를 때마다 그가 행동할 그는
power to modify and alter his deeds, and every time he acts he
O M (C) (S) (V) S

수정한다 자기 성품을 수정으로 자기 성품의
modifies his character, and with the modification of his character
V O M

선이나 악을 위해 그는 미리 결정하고 있다 스스로 새 운명을 즉
for good or evil, he is predetermining for himself new destinies —
M S V M O A

운명 비참하거나 우호적인 따라서 성질에 그의
destinies disastrous or beneficent in accordance with the nature of his
O M M

행위의 성품은 운명 그 자체다 고정된 결합으로 행위의 그것은
deeds. Character is destiny itself; as a fixed combination of deeds, it
S V C M S

담고 있다 그 안에 결과를 그 행위들의 이 결과들은 숨겨져 있다
bears within itself the results of those deeds. These results lie hidden
V M O S V C

도덕적 씨앗으로 어두운 구석에 성품의 기다린다 그들의
as moral seeds in the dark recesses of the character, awaiting their
M M

계절을 발아 성장 결실의
season of germination, growth, and fruitage.
PC

그 일들은 일어나는 사람에게 반영이다 그 자신의 그
Those things which befall a man are the reflections of himself; that
S (R) (V) (O) V C

운명은 뒤쫓았던 자신을 그가 무력했던 도피하는데
destiny which pursued him, which he was powerless to escape by
S (R) (V) (O) (R) (S) (V) (C) (M)

노력으로 피하는데 기도로 가차 없는 도굴꾼이었다 그 자신의 그릇된
effort, or avert by prayer, was the relentless ghoul of his own wrong
(M) V C M

행위의 요구하고 또한 강요하는 회복을 그 축복과
deeds demanding and enforcing restitution; those blessings and
M S

저주는 오는 그에게 초청받지 않고 반향적인 메아리이다
curses which come to him unbidden are the reverberating echoes of
(R) (V) (M) (C) V C

소리의 그 자신이 보낸
the sounds which he himself sent forth.
(R) (S) (V)

바로 이 지식이다 완전 법칙의 작동하는
It is this knowledge of the Perfect Law working through and above
S V C M M

무엇보다 완전 정의의 에서 작용하고 조정하는 모든 인간
all things; of the Perfect Justice operating in and adjusting all human
M M

문제들을 것은 수 있게 하고 선인이 사랑할 그의 적을 초월할
affairs, that enables the good man to love his enemies, and to rise
(C) (V) (O) (OC)

모든 증오 원한 그리고 불평을 왜냐면 알고 있기
above all hatred, resentment, and complaining; for he knows that
(OC) C S V (C)

단지 그 자신만이 올 수 있으며 자신에게 것을 비록 그가 둘러싸여 있다해도
only his own can come to him, and that, though he be surrounded by
(S) (V) (M) (C) (C) (S) (V)

박해자에 의해 그의 적들은 단지 맹목적인 도구라는 흠없는
persecutors, his enemies are but the blind instruments of a faultless
(M) (S) (V) (M) (C)

보복의 그래서 그는 비난하지 않고 그들을 침착하게 받아들이고 그의
retribution; and so he blames them not, but calmly receives his
M S V O M V

계정을 참을성 있게 지불한다 도덕적 부채를
accounts, and patiently pays his moral debts.
O M V O

허나 이게 전부는 아니다 그는 단지 갚는 게 아니다 자기 부채를 그는 주의한다
But this is not all; he does not merely pay his debts; he takes care
S V C S M V O S V

지지 않도록 더 이상 부채를 그는 자신을 보고 만든다 자기
not to contract any further debts. He watches himself and makes his
M S V O V

행위를 흠 없게 동안 지불하는 나쁜 계정을 그는 마련한다 좋은
deeds faultless. While paying off evil accounts, he is laying up good
O OC PC S V

계정을 끝냄으로써 자기 자신의 죄를 가져오고 불행을
accounts. By putting an end to his own sin, he is bringing evil and
O M S V O

고통을 겪는다 끝까지
suffering to an end.
V M

별로 혼동을 주는 구문은 아니지만 그래도!

it may here be urged that man is ~ 에서 **it** 은 가주어이고 **that** 이하가 진주어인데, 뒤에 **that these are ~, and that he is ~** 도 같은 구문으로 **A, B, and C** 의 구조이다. **good or bad** 는 **whether it be good or bad, be it good or bad** 즉 "좋든 나쁘든"의 뜻이다. **they are, indeed, effects, the products of the moral law itself, that is — the products of deeds** 에서 **effects, the products of the moral law ~, the products of deeds** 는 동격으로 보어이다. **character result of an accumulation ~ during his life** 는 다시 한 번 앞의 내용을 추가로 설명하고 있다. 이처럼 주부만 있고 술부는 없는 표현들이 있는데 보통은 부연설명을 하는 경우가 많으므로 앞 문장에서 그 답을 찾아야 한다.

that destiny which pursued him, which he was powerless ~ by prayer, was the relentless ghoul 에서 물론 주어는 **that destiny** 이고 **was** 이하가 술부이다. 주어와 동사

사이에 두 개의 관계대명사절이 삽입되어 있다. **it is this knowledge of the Perfect Law ~ ; of the Perfect Justice ~ , that enables the good man to love his enemies, and to rise above all hatred ~** 는 설명한 대로 **it ~ that** 강조구문이다. 그런데 **it ~ that** 사이의 형태가 길고 또 중간에 세미콜론으로 구분되어 있어 자칫 혼동을 줄 수 있다. 항상 구문을 크고 넓게 생각하는 여유를 가져야 할 것이다. **Perfect Law working through and above all things** 에서는 **above all things** 가 익숙한 관용구이긴 하지만 거기에 현혹되지 말고 **working through all things and working above all things** 로 보아야 한다. **through** 의 목적어가 무엇인지를 살펴야 하기 때문이다. 따라서 직역을 하면 "만사를 통해 작동하고 만사에 앞서 작동하는 완전 법칙"이 된다. **work through** 는 "(단계적으로 많은 어려운 부분을 가진 문제를) 처리하다. (문제, 감정적인 문제를 반복적으로 생각하고, 따라서 통찰력을 얻어 그 강도를 줄임으로써) 해결한다"의 뜻이 있으므로 적절히 의역을 한다.

☞ **evolve** (이론, 의견, 계획 따위를) 서서히 발전(전개)시키다, 안출(개발)하다, 진전시키다 / **moral law** 도덕법(칙), 도덕률 / **that is = that is to say** 즉, 바꿔 말하면, 적어도 / **accumulation** 집적, 축적, 누적, 축적(퇴적)물 / **pile up** ~을 쌓아올리다, (물건, 돈 따위를) 축적하다, 모으다 / **so to speak** 말하자면, 이를테면 / **molder** 형(틀, 거푸집)을 만드는 사람(것) / **shaper** 모양을(형태를) 만드는 사람(것) / **as such** 그 자체로, 그것만으로 / **predetermine** 미리 결정하다, 예정하다 / **in accordance with** ~에 따라, ~대로, ~와 일치하여 / **beneficent** 자선심이 많은, 기특한, 인정 많은, 유익한 / **germination** 성장 시작, (종자 따위의) 발아 / **fruitage** 결실, 열매 맺기, 성과, 소산 / **befall** (~의 신상에) 일어나다, 생기다, 닥치다, (~ 할) 운명이 되다 / **reflection** 반영, 영상, (물에 비친) 그림자, 반사 / **avert** (타격, 위험을) 피하다, 막다, (눈, 얼굴 따위를) 돌리다 / **relentless** 가차없는, 잔인한, 혹독한 / **ghoul** 송장 먹는 귀신(무덤을 파헤쳐 시체를 먹는다고 함), 무덤을 파헤치는 사람, 도굴꾼, 잔인한 사람

restitution (정당한 소유자에의) 반환, 되돌림, 상환, 배상, 회복, 복권 / **unbidden** 명령(지시)받지 않은, 자발적인, 초대받지 않은(손님 따위) / **reverberate** 반향하다, 울려 퍼지다, (열, 빛이) 반사하다 / **send forth** 방출하다, 발송하다 / **work through** ~을 감당하다, 처리하다, 해결하다 / **above all things** 다른 무엇보다도 특히, 우선 첫째로 **= above all** / **rise above** ~을 초월하다, 아무렇지도 않게 여기다, ~의 위에 솟아 있다 / **resentment** 노함, 분개, 원한, 적의 / **persecutor** 박해자, 학대자 / **retribution** (나쁜 행동에 대한) 보복, 응보, 앙갚음, 징벌, 천벌 / **account** 계정, 예금 계좌, 신용 거래 / **pay off** (빚을) 전부 갚다 / **lay up** 저축(저장)하다, 쓰지 않고 두다 / **put an end to** ~를 끝내다, ~에 종지부를 찍다(**stop**) / **to the end** 끝까지, 영구히

해석은 해도 의미 파악이 쉽지는 않군!

여기서 인간은 자신의 행위에 대해 책임을 지지 않으며, 이런 행위들은 자기 인격의 결과이며, 태어날 때 좋든 나쁘든 그에게 주어진 성격에 대해서는 책임을 지지 말 것을 촉구할 수 있을 것이다. 만약 태어날 때 성격이 "그에게 주어졌다"고 한다면, 이것은 사실일 것이고, 그러면 어떤 도덕률도 없을 것이며, 도덕적 가르침도 필요하지 않을 것이다. 그러나 인물들은 이미 만들어진 것이 아니라, 서서히 진화된다. 실제로, 그들은 도덕법 그 자체의 결과이며 산물, 즉 행동의 산물이다. 말하자면 일생 동안 개인에 의해 쌓여져온 행위들의 축적된 인격 결과인 셈이다.

사람은 자기 자신의 행위를 하는 실행자다. 그 자체로 그는 자신의 성품을 만드는 사람이다. 그리고 자기의 행위의 실행자로서 자기 성품의 제작자로서, 그는 자기의 운명의 틀과 형태를 만드는 사람이다. 그는 자신의 행동을 수정하고 변경할 힘을 갖고 있으며, 행동할 때마다 자신의 성품을 수정하고, 선이나 악을 위해 자신의 성품을 수정함으로써 새로운 운명, 즉 자기 행위의 성격에 따라서 비참하거나 우호적인 운명을 스스로 미리 결정하고 있다. 성품은 운명 그 자체이다. 행위의 고정된 결합으로서, 그것은 그 행위들의 결과를 그 자체의 내면에 담고 있다. 이 결과들은 성품의 어두운 구석에 도덕적 씨앗으로 숨겨져서 그들이 발아하고, 성장하며 결실을 할 계절을 기다린다.

한 사람에게 일어난 일들은 그 자신을 반영한다. 자신을 뒤쫓는 그 운명, 무력해서 노력으로 도망치지 못하거나 기도로 피할 수 없는 그 운명은 회복을 요구하고 또 강요하는 자신의 그릇된 행위에 대한 가차 없는 도굴꾼이었다. 초청받지 않은 채 그에게 오는 그 축복과 저주는 그 자신이 내보낸 소리의 반향적인 메아리이다.

선한 사람이 자기의 원수를 사랑하고 모든 증오와 원한과 불평을 초월할 수 있게 하는 것은, 바로 무엇보다 만사에 완벽하게 작동하는 완전 법칙에 대한 지식, 모든 인간 문제에서 작용하고 또한 조정하는 완전 정의를 아는 이 지식인 것이다. 왜냐하면 그는 자기 자신 것만이 자신에게 올 수 있다는 것과, 비록 그가 박해자들에게 둘러싸여 있지만 그의 적들은 흠 잡을 데 없는 보복의 맹목적인 도구일 뿐이라는 것을 알고 있기 때문이다. 그래서 그는 그들을 비난하지 않고, 침착하게 그의 계정을 받아들이고, 자신의 도덕적인 부채를 참을성 있게 지불하는 것이다.

그러나 이것이 전부는 아니다. 그는 단지 자신의 부채를 갚는 것이 아니다. 그는 더 이상 부채를 지지 않도록 주의한다. 그는 자기 자신을 살펴보고 자신의 행위를 흠잡을 데 없이 만든다. 그는 나쁜 계정을 전부 갚는 한편, 좋은 계정을 저축한다. 자기 자신의 죄에 종지부를 찍음으로써, 그는 악을 초래하고 끝까지 고통을 겪는다.

13 구문이 이상하지? 그냥 그렇게 쓴다고!

문법적으로는 이해가 안 되는데 어법상으로는 용인되는 사례가 많다. 즉 문법적으로 분석을 해보면 합리적으로 맞지 않는데 일반 대중은 일상생활에서 그런 표현을 즐겨 사용하는 경우들이 있는 것이다. 실제로 문법적인 규칙을 벗어나더라도 대중이 즐겨 사용한다면 그것이 표준어가 되는 경우들이 있는 것이다. 우리나라의 표준어도 일정한 기간을 두고 새로운 어휘나 표현들을 추가하는 경우가 있는데 영어도 마찬가지다. 그런 예가 수없이 많겠지만 아래 예문의 경우와 유사한 예를 들어보자. I have absolutely no idea what you're talking about. 의 경우 I don't absolutely know what you're talking about. 와 같은 의미의 표현이다. 하지만 문법상으로는 의문사절인 what you're talking about 가 have no idea 의 목적절이 되는데 형식상 idea 는 명사인 것이다. 원래 이 문장은 I have absolutely no idea of what you're talking about. 인데 of 를 생략하고 쓰는 것이다. 즉 문법적으로는 전치사가 필요하지만 전치사를 생략하고 사용되는 것이 일반적이다. 그래서 I've no idea of what word to use. I've no idea about what word to use. 는 물론 I've no idea what word to use. 도 맞는 표현인 것이다. 물론 구어체에서는 후자가 대세이다. 유사한 표현으로는 I have no doubt that it's going to rain today.(오늘 비가 올 것이라는 걸 믿어 의심치 않는다.) There is no doubt that someone took my wallet.(누가 내 지갑을 들고 간 게 분명하다.) 등이 있으며 원래는 no doubt of that ~ 에서 of 가 생략된 표현이다. 이를 줄여서 No doubt he is cheating on you.(그는 바람을 피우는 게 분명해.)로 사용되기도 하며, 때에 따라서는 접속사 that 가 생략되어 I had no doubt he would succeed. 로 쓰이기도 한다. 이런 형식은 I have no concerns that ~ , I have no regrets that ~ , I have no fears that ~ 등에서도 나타난다.

아래 예문에서 by the sound whether it is cracked or not ~ so men are proved by their speeches whether they are wise or foolish 란 문장이 나오는데 여기서 whether it is cracked or not 과 whether they are wise or foolish 의 문법적 기능을 볼 때 whether 앞에 무엇이 생략되어 있다고 생각하지 않는가? 아울러, is it not worth while to study an art ~ ? 란 문장에서 it 은 무엇을 말하며, worth 와 while 의 관계는 문법적으로 어떻게 설명이 될까?

* not necessarily	* start off	* warm up
* be due to	* without (a) doubt	* interfere with
* be ready for	* deliver a speech	* be confident of
* be lacking in	* have confidence in	* exert influence on
* and so forth	* make use of	

Public speaking is a process, an act and an art of making a speech before an audience. Absolutely everyone from the age of 10 to 90 has found themselves in situations where they have had to speak publically. However, telling an anecdote at a corporate party, introducing yourslef in class or delivering a paper at a conference does not necessarily make you a public speaker.

Effective speakers must go through a similar process to prepare their minds for the tasks before them. For the best results; they must also "get into character." Have you heard a speaker who seemed to start off rather badly and then, after he had spoken for two or three minutes, seemed to "warm up" to his subject? Probably you have. The late "warming-up" was due to his failure to "get into character" before he began. Without doubt, late "warming-up" very often seriously interferes with success.

You must be fully prepared and self-confident. Probably the most important single characteristic of a mind that is ready for the task of delivery is complete self-confidence. Speeches delivered by persons who show their manner of speaking that they are confident of the result are listened to with far greater respect than speeches delivered by persons who show that they are lacking in confidence in themselves. Lack of self-confidence is a serious bar to success; speakers who are not sure of their ideas do not inspire others to have confidence in them.

Without a doubt, those who can discharge their duties as speakers in a manner to influence their audiences as they intend are the people, usually, who become recognizes leaders, whether those who can't speak effectively like it or not, they are the ones who exert the most influence on policies, selection of executives, and so forth.

Speech is an agency for both personal advancement and social control.

Everyone who can talk is required to make some use of speech in communication with people, and whenever anyone talks, he is being judged by his listeners on what he says and how he says it. "As a vessel is known by the sound whether it is cracked or not" said a Greek philosopher, "so men are proved by their speeches whether they are wise or foolish." Is it not worth while to study an art which is so vital and so important?

도해를 봐도 이해가 안 된다면...

대중 연설은 / 과정이고 / 행위이며 / 예술이다 / 연설하는
Public speaking is a process, an act and an art of making a speech
S V C

청중 앞에서 / 확실히 / 모든 이는 / 10세에서 90세 까지의
before an audience. Absolutely everyone from the age of 10 to 90 has
M S

알고 있다 / 스스로가 / 상황에 있는 걸 / 그들이 / 말해야 하는 / 공개적으로
found themselves in situations where they have had to speak publically.
V O OC (R) (S) (V) (M)

그러나 / 일화를 말하거나 / 회사의 파티에서 / 자신을 소개하거나
However, telling an anecdote at a corporate party, introducing yourself
C S

학급에서 / 말하는 것이 / 논문을 / 학회에서 / 반드시 아니다
in class or delivering a paper at a conference does not necessarily
M

만드는 것은 / 당신을 / 대중 연설자로
make you a public speaker.
V O OC

인상적인 연사들은 / 통과해야 한다 / 유사한 과정을 / 준비하는
Effective speakers must go through a similar process to prepare
S V M M

그들 정신을 / 일에 대해 / 그들 앞에 / 최고의 결과를 위해서 / 그들은
their minds for the tasks before them. For the best results; they must
M M M S

또한 / 인물을 표현해야만 한다 / 들어본 적 있냐 / 연사를 / 것 같은
also "get into character." Have you heard a speaker who seemed to
V M S V O (R) (V)

시작한 / 꽤 서투르게 / 그리곤 / 후에 그가 / 말한 / 2, 3분 동안
start off rather badly and then, after he had spoken for two or three
(C) (M) C (C) (S) (V) (M)

것 같은 / 열중하는 / 그의 주제에 / 아마도 / 그랬을 거다
minutes, seemed to "warm up" to his subject? Probably you have.
(V) (C) (M) M S V

더딘 / 준비운동은 / 때문이었다 / 그의 실패 / 인물에 익숙해지는
The late "warming-up" was due to his failure to "get into character"
S V C M M

전에 시작하기 틀림없이 늦은 열중은 매우 자주 심각하게
before he began. Without doubt, late "warming-up" very often seriously
(C) (S) (V) M S M

해를 끼친다 성공에
interferes with success.
V M

너는 충분히 준비해야 하며 자신있어야 한다 아마도 가장
You must be fully prepared and self-confident. Probably the most
S V M C C M

중요한 유일한 특성은 마음의 마음의 준비를 갖춘 일에
important single characteristic of a mind that is ready for the task
S M (R) (V) (C) (M)

전달의 완전한 자신감이다 연설은 하여지는
of delivery is complete self-confidence. Speeches delivered by
V C S M

사람에 의해 보여주는 그들의 방식을 말하는 그들이 자신을 하는
persons who show their manner of speaking that they are confident
(R) (V) (O) (C) (S) (V) (C)

그 결과에 경청된다 훨씬 더 관심을 갖고 연설보다
of the result are listened to with far greater respect than speeches
(M) V M

하여지는 사람에 의해 보여주는 것을 그들이 결여되어 있다는 신뢰가
delivered by persons who show that they are lacking in confidence
M (R) (V) (C) (S) (V) (M)

그들 자신에 결여는 자신감의 심각한 장애다 성공에
in themselves. Lack of self-confidence is a serious bar to success;
S V C M

연사는 확신하지 못하는 그들의 생각을 고취시키지 못한다 타인들이
speakers who are not sure of their ideas do not inspire others to have
S (R) (V) (O) V O

확신을 갖도록 그들에게
confidence in them.
OC

의심할 것 없이 자들은 수행할 수 있는 그들 임무를 화자로서
Without a doubt, those who can discharge their duties as speakers in
M S (R) (V) (O) (M)

방식으로 영향을 주는 그들 청중에게 대로 그들이 의도하는 사람들이다
a manner to influence their audiences as they intend are the people,
(M) (M) (C) (S) (V) V C

보통 되는 인정받는 지도자가 자들의 말할 수
usually, who become recognized leaders, whether those who can't
M (R) (V) (C) (C) (S) (R)

없는 효과적으로 좋아하든 안 하든 그들은 사람들이다 미치는 가장 큰
speak effectively like it or not, they are the ones who exert the most
(V) (M) (V) (O) (M) S V C (R) (V)

영향력을 정책에 간부의 선발 등등에
influence on policies, selection of executives, and so forth.
(O) (M) (M)

연설은 수단이다 위한 개인의 진보와 사회적
Speech is an agency for both personal advancement and social
S V C M

통제를 누구나 다 말할 수 있는 요구된다
control. Everyone who can talk is required to make some use of
S (R) (V) V C

말을 의사소통을 함에서 사람들과 때마다 누구든 말할 그는
speech in communication with people, and whenever anyone talks, he
M (C) (S) (V) S

판단을 받는다 청자들에 의해 관해 것에 그가 말한 방법 말하는
is being judged by his listeners on what he says and how he says it.
V M M

처럼 접시가 알려지는 것 소리로 그게 깨졌는지 안 깨졌는지 말했다
"As a vessel is known by the sound whether it is cracked or not" said
(C) (S) (V) (M) (C) (S) (V) V

그리스 철학자가 사람도 입증된다 그들의 연설에 의해
a Greek philosopher, "so men are proved by their speeches whether
S C S V M (C)

그들이 현명한지 어리석은지 가치가 없는 것일까 연구할 기술을
they are wise or foolish." Is it not worth while to study an art which is
(S) (V) (C) V S C O (R) (V)

매우 필요하고 중요한
so vital and so important?
(C)

해설을 잘 봐야겠지.

get into character 는 "캐릭터에 익숙해지다, 캐릭터를 표현하다, 캐릭터에 빠지다(젖어들다)"의 뜻이다. **~ their manner of speaking that they are confident of the result ~** 에서 **that** 은 접속사로 목적절이다. **~ are the people** 는 물론 도치구문이다. **whether it is cracked or not** 과 **whether they are wise or foolish** 두 개의 절 앞에는 **as to** 가 생략되어 있다고 봐야 한다. 즉 **as to whether ~** 로 봐야 하는데 그렇지 않으면 **whether** 가 이끄는 명사절의 문법적 기능이 모호해진다. 이처럼 명사절이 전치사(구)의 목적어 역할을 할 때에는 종종 전치사(구)가 생략되기도 하므로 익혀 두어야만 한다. **as ~ so** 는 상관적으로 써서 "~와 같이, ~와 마찬가지로"의 뜻이다. **As rust eats into iron, so care eats into the heart.**(녹이 쇠를 갉아먹듯이 근심은 마음을 갉아먹는다.)

without a doubt, those who can discharge ~ as they intend are the people, usuall, who become ~, whether those who can't speak effectively like it or not, they are the ones who exert the most influence ~ 에서는 주절이 **and** 없이 연결되어 있어서 혼동을 준다. 게다가 접속사와 관계대명사들이 여러 개 사용되어 구문 파악이 복잡하다. 전체적으로 **those are the people** 과 **they are the ones** 두 개의 뼈대 문장이 **and** 없이 연결되어 여러 수식절의 수식을 받고 있다. **worth (one's) while to ~ (or ~ ing)** 은 "~ 할 가치가 있는"의 뜻을 가진 관용구인데 여기서 **while** 은 명사로 "동안, 시간, 잠깐 동안, 일정 기간"의 뜻이다. 문법적으로는 **while** 이 형용사인 **worth** 의 목적어가 되는 셈이다. 때로는 **it is worth your while to learn them all.** 식으로 표현하기도 한다. **Is it not worth while to study ~ so important?** 는 반어적 표현, 즉 수사의문문의 형태로 "연구하는 것은 가치가 없는 것인가?"이지만 물론 "연구할 가치가 있다"라는 의미의 표현이다. 이 구문에서 **it** 은 가주어이고 **to study** 가 진주어가 된다.

☞ **publically** 공개적으로, 대중적으로 / **not necessarily** 반드시 ~은 아니다 / **start off** 출발하다, 일을 착수하게 하다 / **warm up** 흥분시키다, 열중하게 하(되)다, 흥이 나게 하(되)다, 준비 운동을 하다. **warm up to** ~에 열중하다, ~을 좋아하게 되다. **warming-up** 준비 운동 / **be due to** ~에 기인하다, 때문이다 / **without (a) doubt** 의심할 바 없이, 물론, 틀림없이 / **discharge** (자기의 책임, 약속 따위를) 이행(실행)하다 / **interfere with** ~에 훼방을 놓다, 방해하다, 저촉하다, (남의 물건에) 손대다, 해를 끼치다 / **deliver a speech** 연설을 하다 / **be confident of** ~을 확신하다 / **be lacking in** ~이 모자라다, 결여되어 있다 / **have confidence in** ~을 확신하다, 신뢰하다 / **exert influence on** ~에 영향을 미치다(가하다) / **and so forth** ~ 등등, ~ 운운 = **and so on** / **make use of** ~을 이용(사용)하다 / **vessel** 용기, 그릇(컵, 사발, 항아리, 병, 냄비 따위) / **crack** (유리 따위에) 금이 가게 하다, 갈라지게 하다, ~을 깨다 / **vital** 없어서는 안 될, 긴요한, 생명 유지에 필요한

막히는 데 없이 해석할 수 있었겠지?

대중 연설은 청중 앞에서 연설하는 과정이고, 행위이며, 그리고 예술이다. 확실히 10세에서 90세 사이의 모든 사람들은 공개적으로 말해야 하는 상황에 처해 있다. 그러나 회사의 파티에서 일화를 들려주거나 수업시간에 자기소개를 하거나 학회에서 논문을 발표하는 것이 반드시 당신을 대중 연설자로 만드는 것은 아니다.

효과적인 연설자들은 그 자신들 앞에 놓인 고된 작업에 대해서 그들의 마음을 준비하는 유사한 과정을 통과해야만 한다. 최선의 결과를 위해서인 것이다. 그들은 또한 "캐릭터에 빠져들어야" 한다. 여러분은 꽤나 서투르게 시작한 것 같은 연사가 2, 3분 동안 말을 한 후에 자신의 주제에 "열중하는 것"처럼 보이는 사람에 대해 들어본 적이 있는가? 아마도 들어봤을 것이다. "더딘 열중"은 그가 시작하기 전에 캐릭터에 빠져드는 데 실패했기 때문이었다. 틀림없이 "더딘 열중"은 매우 자주 심각하게 성공에 해를 끼친다.

여러분은 충분히 준비해야만 하며 자신감이 있어야 한다. 아마도 연설을 하는 일에 대해 준비를 하는 마음의 가장 중요한 유일한 특성은 완전한 자신감이다. 결과에 대해 자신감을 갖는 연설의 방식을 보여주는 사람에 의해 행해지는 연설은 자신에 대한 신뢰가 결여되어 있다는 것을 보여주는 사람에 의해 행해지는 연설보다는 더 큰 관심을 갖고서 경청된다. 자신감의 결여는 성공에 심각한 장애다. 자신의 생각을 확신하지 못하는 연사는 타인들을 고무시켜 자신들에게 확신을 갖도록 할 수가 없다.

의심할 여지없이, 그 방식에서 자신들이 의도하는 대로 청중들에게 영향을 주는 연설자로서 자기들의 임무를 수행할 수 있는 사람들은 보통, 효과적으로 말을 할 수 없는 사람들이 좋아하든 안 하든, 인정을 받는 지도자들이 되는 사람들이며, 그들은 정책, 간부의 선발 등등에 가장 큰 영향력을 행사하는 사람들이다.

연설은 개인의 진보와 사회적 통제를 위한 수단이다. 이야기를 할 수 있는 사람이라면 누구나 타인과 의사소통을 할 때 말을 다소라도 쓰지 않을 수 없으며, 누구든지 이야기를 할 때에는 언제나 그가 말하는 내용과 방법에 의해서 듣는 사람들로부터 판단을 받고 있는 것이다. "접시가 깨졌는지 안 깨졌는지는 소리를 들으면 알 수 있듯이, 사람도 현명한지 어리석은지는 그의 말을 들으면 알 수 있다"고 그리스의 한 철학자는 말했다. 이렇게 절대 필요하고 중요한 기술을 연구할 만한 가치가 없는 것일까?

14 수사의문문은 파악이 우선이겠지!

글의 해석에 연연하다보면 수사의문문의 의미를 놓칠 때가 있다. 알다시피 수사의문문은 문장의 형식 중 하나로 형식은 의문문이지만 굳이 대답을 요구하는 것은 아니면서 강한 서술이나 명령, 권유 등의 효과를 나타내는 문장을 말한다. 긍정의 내용을 부정으로, 부정의 내용을 긍정으로 표현하기 때문에 반어법의 일종이라 할 수도 있다. 그래서 이런 표현 뒤에는 설명문이나 명령문을 추가하는 경우가 많다. 수사적 질문은 종종 이미 제기된 질문에 대한 은유로 사용된다. 상황에 따라 수사적 질문은 물음표, 마침표, 또는 느낌표로 표시될 수 있다. 이것은 고의적인 목적을 위해 화자가 채택한 상당히 의식적인 기술이며, 종종 대화, 연설 또는 대화의 길이에 비례하여 사용된다.

수사의문문은 의문사로 시작하는 경우도 있고, 일반 의문문 형태로 표현될 때도 있다. Who knows?(Nobody knows.) Who doesn't know that? Can anyone doubt that spring is finally on its way?(어느 누가 봄이 마침내 오고 있다는 것을 의심할 수 있을까? = No one can doubt that spring is finally on its way.) 일종의 강조용법이므로 전체 문맥을 보고 보통의문문으로 해석을 해야 하는지 반어적인 표현인지를 구별해서 해석에 반영해야 할 것이다.

독해 중에 다음과 같은 문장을 만났다고 가정해보자. Who could go into a big factory without reflecting how much human intelligence is embodied both in its machines and its organization? Who can go down to a shipyard when a liner is ready for launching and see the men in the yard busy with the final preparations, looking like ants beside this vast creation towering above on its slips, without admiration for the pygmy humans that yet are able to build and control something so enormous and complicated?(얼마나 많은 인간의 지능이 기계와 기구 속에 구현되어 있는지 숙고하지 않고서 누가 큰 공장에 들어갈 수 있을까? 여객선이 진수할 준비를 갖추고 진수대 위로 우뚝 솟아 있는 이 거대한 창조물 옆에서 개미처럼 보이는 작업장의 사람들이 최종 준비로 바쁜 것을 볼 때 그렇게 거대하고 복잡한 것을 건조하고 통제할 수 있는 난쟁이 인간들에 대해 찬사의 마음이 없이 누가 조선소에 내려갈 수 있나?) 물론 전후 문맥에 따라 일반적인 의문문인지 아니면 반어적 표현인 수사의문문인지를 선택해야 하겠지만, 해석에 매달리다 보면 자칫 수사의문문이라는 것을 파악하지 못하고 그냥 지나칠 수도 있는 것이다.

* stick it to	* get right with	* make amend
* rib ~ from	* keep together	* only to
* compete against	* what it is all about	* when it comes to
* focus on	* come to	* at risk of
* any moment	* come out	* make a difference

Most Americans support the types of reforms I've talked about tonight. But I understand the disagreements held by many of you at home. Millions of us, myself included, go back generations in this country, with ancestors who put in the painstaking work to become citizens. So we don't like the notion that anyone might get a free pass to American citizenship.

I know some worry immigration will change the very fabric of who we are, or take our jobs, or stick it to middle-class families at a time when they already feel like they've gotten the raw deal for over a decade. I hear these concerns. But that's not what these steps would do. Our history and the facts show that immigrants are a net plus for our economy and our society. And I believe it's important that all of us have this debate without impugning each other's character.

Are we a nation that tolerates the hypocrisy of a system where workers who pick our fruit and make our beds never have a chance to get right with the law? Or are we a nation that gives them a chance to make amends, take responsibility, and give their kids a better future? Are we a nation that accepts the cruelty of ripping children from their parents' arms? Or are we a nation that values families, and works together to keep them together? Are we a nation that educates the world's best and brightest in our universities, only to send them home to create businesses in countries that compete against us? Or are we a nation that encourages them to stay and create jobs here, create businesses here, create industries right here in America?

That's what this debate is all about. We need more than politics as usual when it comes to immigration. We need reasoned, thoughtful, compassionate debate that focuses on our hopes, not our fears. I know the politics of this issue are tough. But let me tell you why I have come to feel so strongly about it.

Over the past few years, I have seen the determination of immigrant fathers who worked two or three jobs without taking a dime from the government, and at risk any moment of losing it all, just to build a better life for their kids. I've seen the heartbreak and anxiety of children whose mothers might be taken away from them just because they didn't have the right papers. I've seen the courage of students who, except for the circumstances of their birth, are as American as Malia or Sasha; students who bravely come out as undocumented in hopes they could make a difference in the country they love.

분석할 정도로 어렵진 않지만 그래도...

대부분 미국인들은 지지한다 유형을 개혁의 내가 말한
Most Americans support the types of reforms I've talked about
S V O (S) (V)

오늘 밤 허나 이해한다 의견 불일치를 갖고 있는 많은 여러분이
tonight. But I understand the disagreements held by many of you
(M) S V O M

가정에서 수백만 우리들이 나를 포함하여 되돌아 본다 여러 세대를 이
at home. Millions of us, myself included, go back generations in this
M S M V O

나라에 선조들과 함께 기울인 힘든 노력을 되기 위해
country, with ancestors who put in the painstaking work to become
M M (R) (V) (M) (M)

시민이 따라서 좋아하지 않는다 개념을 누구나 무료로 이용할 수 있는
citizens. So we don't like the notion that anyone might get a free pass
C S V O (C) (S) (V) (O)

미국 시민권을
to American citizenship.
(M)

난 안다 다소의 우려를 이민이 바꾸거나 바로 구조를
I know some worry immigration will change the very fabric of who
S V O (S) (V) (O)

우리 존재의 우리 직업을 빼앗거나 불만 토로하는 중산층 가정에 때에
we are, or take our jobs, or stick it to middle-class families at a time
(M) (V) (O) (V) (O) (M) (M)

그들이 이미 느낄 처럼 그들이 받은 것 부당한 취급을 넘게
when they already feel like they've gotten the raw deal for over a
(R) (S) (M) (V) (C) (S) (V) (O) (M)

10년 난 듣는다 이런 우려를 허나 그건 아니다 것이 이 단계들이 끼치게
decade. I hear these concerns. But that's not what these steps would
S V O S V (R) (S) (V)

우리 역사와 사실들은 보여준다 걸 이민자들이 순 이익이라는
do. Our history and the facts show that immigrants are a net plus for
S V (C) (S) (V) (C)

우리의 경제와 우리의 사회에 난 믿는다 중요하다고 것이 모두가 우리
our economy and our society. And I believe it's important that all of us
(M) S V (S)(V) (C) (C) (S)

이 토론을 하는 배격하지 않으면서 서로의 특성을
have this debate without impugning each other's character.
(V) (O) (M)

우린 나라이냐 용인하는 위선을 구조의
Are we a nation that tolerates the hypocrisy of a system where
V S C (R) (V) (O) (R)

근로자들이 따고 과일을 만드는 우리 침대를 기회를 갖지 못하는
workers who pick our fruit and make our beds never have a chance to
(S) (R) (V) (O) (V) (O) (M) (V) (O)

잘 지낼 법과 아니면 우린 국가냐 주는 그들에게 기회를
get right with the law? Or are we a nation that gives them a chance to
(M) V S C (R) (V) (IO) (DO)

보상을 하고 책임을 지며 주는 그들 자녀에게 더 나은 미래를
make amends, take responsibility, and give their kids a better future?
(M)

우린 나라이냐 받아들이는 잔인함을 떼어내는 아이들을 그들
Are we a nation that accepts the cruelty of ripping children from their
V S C (R) (V) (O) (M)

부모의 팔에서 아니면 우린 나라냐 중히 여기고 가족을 일하는
parents' arms? Or are we a nation that values families, and works
V S C (R) (V) (O) (V)

더불어 그들을 함께 있게 하기 위해 우린 나라냐 교육하는
together to keep them together? Are we a nation that educates the
(M) (M) V S C (R) (V)

세계의 최선이며 최고 영재를 우리 대학에서 단지 그들을 집에 보내
world's best and brightest in our universities, only to send them home
(O) (M) (M)

창출하도록 사업을 나라에서 경쟁하는 우리와 아니면 우린
to create businesses in countries that compete against us? Or are we
(M) (R) (V) (M) V S

나라이냐 장려하는 그들을 머물도록 일자리를 창출하고 여기서
a nation that encourages them to stay and create jobs here, create
C (R) (V) (O) (OC)

사업을 창출하고 여기서 창출하게 산업을 바로 여기 미국에서
businesses here, create industries right here in America?
(M)

그게 것이다 이 논쟁이 관계되는 우린 필요하다 이상의 것을 정치
That's what this debate is all about. We need more than politics as
S V (R) (S) (V) (M) S V O

평소처럼 이민에 관한 한 우린 필요하다 합리적이고 사려 깊고
usual when it comes to immigration. We need reasoned, thoughtful,
M (M) S V

자비로운 토론을 초점을 둔 우리의 희망에 아니다 우리의 공포가 안다
compassionate debate that focuses on our hopes, not our fears. I know
O (R) (V) (M) (M) S V

정치가 이 문제의 어렵다는 걸 허나 알려드리겠다 왜 내가 되었는지
the politics of this issue are tough. But let me tell you why I have
(S) (V) (C) V O OC (Q) (S)

강하게 느끼게 그것에 대해
come to feel so strongly about it.
(V) (M)

지난 몇 년 동안 나는 보아왔다 결의를 이민자
Over the past few years, I have seen the determination of immigrant
M S V O

아버지들의 일한 두세 개 직업을 돈 한 푼도 받지 않고
fathers who worked two or three jobs without taking a dime from
(R) (V) (O) (M)

정부로부터 위험을 무릅쓰고 당장이라도 그것 모두를 잃는 구축하기 위해
the government, and at risk any moment of losing it all, just to build
(M) (M) (M) (M)

더 나은 삶을 그들 아이들을 위해 보아왔다 비탄과 불안을
a better life for their kids. I've seen the heartbreak and anxiety of
(M) S V O

아이들의 그들 엄마가 빼앗겨질지도 모르는 그들에게서 단지 때문에
children whose mothers might be taken away from them just because
(R) (S) (V) (M) (C)

그들이 제대로 된 서류를 갖고 있지 않기 본 적 있다 용기를 학생들의
they didn't have the right papers. I've seen the courage of students who,
(S) (V) (O) S V O (R)

상황을 제외하고 그들이 태어날 때의 미국인인 말리아나
except for the circumstances of their birth, are as American as Malia
(M) (V) (C)

사샤처럼 학생들 용감하게 나오는 서류미비로 희망에
or Sasha; students who bravely come out as undocumented in hopes
(M) A (R) (M) (V) (C) (M)

그들이 변화를 가져올 수 있다는 나라에 그들이 사랑하는
they could make a difference in the country they love.
(S) (V) (O) (M) (S) (V)

그래도 몇 가지는 유익한 게 있겠지!

이 글은 미국의 오바마(Barack Obama) 대통령이 한 연설문으로 비교적 이해하기 쉽다. 중간에 길게 수사의문문이 사용되고 있는데 내용상 반어법인 것을 알 수 있다. 이처럼 쉬운 글에서는 수사의문문을 이해하기가 어렵지 않을 것이다. **we don't like the notion that anyone ~** 에서 **the notion** 과 **that** 은 동격이다. **I know some worry immigration will change the very fabric of who we are, or take our jobs, or stick it to middle-class families ~** 에서 **worry** 와 **immigration** 이하는 동격 관계이다. 동격을 나타내는 접속사 **that** 은 생략할 수 없다고 되어 있지만 실제로는 이처럼 생략이 되기도 한다. 물론 **worry** 는 타동사의 명사로 보고 **that** 절 이하를 **worry** 의 목적어로 해석을 한다. 다만 이 문장에서 **worry** 를 명사로 보지 않고 동사로 볼 경우, **some**(주어)과 **worry**(동사)가 되어 뒤에 접속사 **that** 이 생략된 것으로 볼 수도 있다. 즉, **some worry that immigration will change the very fabric ~** 으로 볼 수도 있다. 의미에 큰 차이는 없으며 화자만이 알 수 있는 구문일 것이다. 문의상으로 **of who we are** 와 **or take our jobs ~** 는 관계가 없고 **or immigra-**

tion will take our jobs, or immigration will stick it to ~ 로 연결된다. 얼핏 **who we are, or take our jobs, or stick it to** 로 보기 쉽다. **That's not what these steps would do.** 는 직역하면 "그것은 이 단계들이 끼치게 될 것이 아니다."의 뜻으로 이 단계들은 손해를 주지 않을 것이라는 의미로 **what** 은 관계대명사이다. 여기서 **do** 는 "~에게 (이익, 손해 등을) 주다, 끼치다, 입히다"의 뜻으로 본다. 보통 **"It's not what + S + v ~"**의 형태로 "~게 아니다, ~는 그렇지 않다"의 의미로 자주 쓰이는 구문이다. **It's not what it looks like.**(그것은 그것이 보여지는 것이 아니다. → 그건 보이는 게 다가 아니다. 그건 오해다.) **only to send them home ~** 에서 **only to** 는 결과를 표시하며 "(결과) 결국 ~ 할 뿐인, ~하는 것과 마찬가지인" 의 뜻이다. **what this debate is all about** 는 직역하면 "이 논쟁에 관한 모든 것" 의 뜻이지만 내용에 맞게 "이 논쟁의 핵심, 이 논쟁이 중요한 것, 이 논쟁이 대체 어찌된 것인지" 등으로 해석한다.

immigrant fathers who worked ~, and at risk any moment of losing it all 은 **immigrant fathers who worked ~, and who worked at risk of losing it all any moment** 의 구문으로 **any moment** 는 삽입구이고 **at risk of losing** 으로 연결되는데 혼동하기 쉽다. **students who bravely come out as undocumented ~** 에서 **students** 는 앞의 **students**를 다시 설명하는 것으로 여기서 **come out** 은 처음으로 미국사회에 발을 내딛는 것을 말한다.

☞ **go back** ~을 되돌아보다, (과거로) 거슬러 올라가다, 회고하다, 되돌아가다 / **painstaking** 수고를 아끼지 않는, 성실한, 힘 드는 / **free pass** 무임 승차(권), 무료 입장권 / **immigration** (입국) 이주, 이민, (집합적) 이민자, (일정 기간 내의) 이민자 수, 입국 / **fabric** 구조, 조직, 구성 / **stick it to** ~을 가혹(부당)하게 다루다, ~에게 까탈을 부리다, 불만을 토로하다, ~에게 문제를 들이대다, ~을 심하게 다루다, ~에 저항을 보이거나 맞서 싸우다 / **raw deal** 부당한 취급, 가혹한 처사 / **net** 순수한, 에누리 없는, 궁극의, 최종적인 / **plus** 이익, 플러스알파 / **impugn** 비난(공격, 논란, 배격, 반박)하다 / **hypocrisy** 위선, 위선(적인) 행동 / **get right with** ~와 잘 지내다, 바로 가다 / **make amends** 보상하다, 배상하다 / **rip ~ from** ~에게서 헤어지게 하다, 떼어내다

keep together 한데 모으다, (집단을) 단결시키다 / **compete against** ~와 겨루다, 경쟁하다, 서로 맞서다 / **when it comes to** ~라면, ~에 대해서(관해서)라면, ~에 관한 한 / **compassionate** 자비로운, 동정심이 있는, 정상을 참작한, 온정적인 / **focus on** ~에 초점을 맞추다, 집중시키다, 모으다 / **come to** 결국 ~이 되다, ~하기에 이르다, ~하게 되다 / **at risk of** ~의 위험에 처한, ~의 위험이 있는. **at the risk of doing** ~을 할 위험을 무릅쓰고 / **any moment** 언제라도, 당장에라도 / **heartbreak** 비통, 비탄, 애끓는 마음 / **take away from** ~에서 가져가다, 빼앗다 / **undocumented** 문서로 증명되지 않은, 증거 자료가 없는, 정식 서류가 없는, 사증을 갖고 있지 않은, 이주 증명서를 가지지 않은 / **come out** (무대, 사교계에) 처음으로 나오다, 나타나다 / **make a difference** 차이를 낳다, 차별을 두다, 효과를 내다, 영향을 미치다, 중요하다

서민적인 오바마의 연설문이라 어렵진 않네!

대부분의 미국인들은 오늘 밤 내가 말한 개혁의 유형을 지지합니다. 그러나 나는 여러분 중 많은 사람들이 가정에서 벌어지고 있는 의견의 불일치를 이해합니다. 나 자신을 포함하여 우리들 수백만 사람들은 시민이 되기 위해 힘든 노력을 기울인 선조들과 더불어 이 나라의 여러 세대를 되돌아봅니다. 따라서 우리는 누구나 미국 시민권을 무임승차 할 수 있다는 개념을 좋아하지 않습니다.

이민자들이 이미 10년이 넘도록 부당한 대우를 받았다고 느끼는 이 시기에 그들이 우리 존재의 바로 그 구조를 바꾸거나, 우리의 일자리를 빼앗거나, 혹은 중산층 가정에 문제를 들이대지 않을까 하는 다소의 우려가 있다는 것을 나는 알고 있습니다. 나는 이 우려들을 듣고 있습니다. 하지만 이 단계들은 그렇지 않을 것입니다. 우리의 역사와 사실들은 이민자들이 우리의 경제와 사회를 위해 순 이익이라는 것을 보여줍니다. 그리고 나는 우리 모두가 서로의 특성을 배격하지 않으면서 이 토론을 하는 것이 중요하다고 생각합니다.

우리는 과일을 따고 침대를 만드는 노동자들이 법에 알맞게 지낼 기회가 전혀 없는 시스템의 위선을 용인하는 나라입니까? 아니면 우리가 그들에게 보상을 하고 책임을 지며 그들의 자녀들에게 더 나은 미래를 줄 수 있는 기회를 주는 나라입니까? 우리는 부모의 팔에서 아이들을 떼어내는 잔인함을 받아들이는 나라입니까? 아니면 우리는 가족을 소중히 여기며 그들을 함께 있도록 하기 위해 더불어 일하는 국가입니까? 우리는 우리 대학에서 세계에서 가장 훌륭하고 가장 똑똑한 영재들을 교육하면서 결국 그들을 고국으로 돌려보내 우리와 경쟁하는 나라에서 사업을 창출하도록 하는 나라입니까? 아니면 우리는 그들이 이곳에 머물며 여기서 일자리를 창출하고, 여기에서 비즈니스를 창출하며, 바로 여기 미국에서 산업을 창출하도록 장려하는 나라입니까?

이것이 이 논쟁의 핵심입니다. 우리는 이민에 관한 한 평소처럼 정치 이상의 것이 필요합니다. 우리는 우리의 두려움이 아니라 우리의 희망에 초점을 둔 합리적이고, 사려 깊으며, 자비로운 토론을 필요로 합니다. 나는 이 이슈의 정치가 어렵다는 것을 알고 있습니다. 그러나 내가 왜 그것에 대해 그렇게 강하게 느끼게 되었는지 말씀드리겠습니다.

지난 몇 년 동안, 나는 정부로부터 한 푼도 받지 않고, 단지 두세 개의 직업을 꾸려 나가며, 자신의 아이들을 위해 더 나은 삶을 구축하기 위해, 당장이라도 그 모든 것을 잃어버릴 위험을 무릅쓰고 일하는 이민자 아버지들의 결의를 보았습니다. 단지 제대로 된 서류가 없다는 이유만으로 엄마를 빼앗길지도 모르는 아이들의 가슴 아픈 마음과 불안감을 본 적이 있습니다. 나는 그들이 태어난 상황을 제외하고는 말리아나 사샤처럼 미국인인 학생들의 용기를 본 적이 있습니다. 그 학생들은 자신들이 사랑하는 나라에 변화를 가져올 수 있다는 희망에 이주 증명서가 없는 상태로 용감하게 나타나는 학생들인 것입니다.

여기 「what」은 어떻게 된 거지? 15

앞에서 다룬 바 있는 not but what 이나 what of it 처럼 what 이 들어간 관용표현은 아주 다양하다. 예를 들어, give a person what for 는 "~을 단단히 혼내주다, 야단치다"의 뜻이다. I'll give her what for if she does that again.(그녀가 다시 그러면 호되게 벌을 줄 것이다.) what's it 또는 what's its name은 "거시기, 그 뭐라던가 하는 것(이름이 생각나지 않는 작은 기구 등을 가리킴)"의 뜻이다. I don't know how to handle the what's it.(이 뭐라던가 하는 것의 사용법을 모르겠다.) have (got) what it takes 는 "(어떤 목적 달성에) 필요한 재능(자질, 돈)을 지니고 있다"의 뜻이다. He's really got what it takes to achieve stardom.(그에게는 정말 스타의 자리에 오를 소질이 있다.) 이 이외에도 what 이 들어간 구어체의 관용적 표현은 물론 문어체의 관용적 표현은 매우 많다.

따라서 독해에서 what 을 접할 경우 우선 문장 내에서 어떤 역할을 하고 있는지 그것을 먼저 파악하여 어떻게 해석을 해야 하는지 그 의미를 정확하게 찾아내야 할 것이다. 특히 아래 예문에서 ~ our own gift for seeing through the facts of everyday life to what to each other of eyes on earth is a unique thing 에서처럼 복잡한 수식어구들이나 삽입어구들과 뒤섞여 있을 때에는 그것의 쓰임을 파악하기가 쉽지 않으므로 전후 관계를 잘 살펴 기능과 의미를 알아내야 할 것이다.

실제로 I remember what you said to me yesterday. 와 I cannot remember what you said to me yesterday. 같은 쉬운 문장에서도 전자가 긍정문이고 후자가 부정문이란 차이밖에 없는데, 전자의 what 은 관계대명사이고 후자의 what 은 의문대명사다. What little blood was still visible now appeared very slightly darker and thicker. 같은 구문에서는 what 이 관계형용사로 쓰이고 있음을 이미 학습한 바 있다. what little은 "적으나마 모든, 약소하지만 모든"의 뜻이다.

* keep ~ from	* keep on	* see to
* see through	* be content with	* worth ~ ing
* worthy of	* comment on	* lead to
* be associated with		

The ordinary novelist, who can never make a perfect thing, can with every novel try again. But if we write a novel to prove something, one novel will settle it, for why prove a thing more than once? And what then is to keep all novels by all right-thinking persons from being pretty much alike? Or exactly alike? There would be little reason for the present writers to keep on, no reason for the new writers to start. There's no way to know, but we might guess that the reason the young write no fiction in some countries is the fact that to be acceptable there, all novels must conform, and so must be alike, hence valueless.

If the personal vision can be made to fit a pattern, then we should lose, writer and reader alike, our own gift for seeing through the facts of everyday life to what to each other of eyes on earth is a unique thing. We'd accept life exactly like everybody else, and so, of course, be content with it. We should not even miss our vanished novelists. And if life ever became not worth writing about, that, I believe, would be the first sign that it wasn't worth living.

Novelists have distinct personalities. They tend to be artistic individuals, which means they're creative, intuitive, sensitive, articulate, and expressive. They are unstructured, original, nonconforming, and innovative. Some of them are also investigative, meaning they're intellectual, introspective, and inquisitive. Novelists explore universal themes through fiction. They situate invented characters and plots in a narrative designed to be both credible and entertaining. Every novel worthy of the name is like another planet, whether large or small, which has its own laws just as it has its own flora and fauna.

Novelists come from a variety of backgrounds and social classes, and frequently this shapes the content of their works. Public reception of a novelist's work, the literary criticism commenting on it, and the novelists' incorporation of their own experiences into works and characters can lead to the author's personal life and identity being associated with a novel's fictional content. For this reason, the environment within which a novelist works and the reception of their novels by both the public and publishers can be influenced by their demographics or identity.

분석을 해봐야 감이 잡히지!

보통 소설가는 결코 만들 수는 없지만 완벽한 작품을 수 있다
The ordinary novelist, who can never make a perfect thing, can with
S (R) (M) (V) (O)

모든 소설로 시도할 다시 허나 만일 쓴다면 소설을 증명하려고 무언가를 한
every novel try again. But if we write a novel to prove something, one
M V M (C) (S) (V) (O) (M)

소설이 해결할 거다 그걸 왜냐면 왜 증명하냐 한 일을 한 번 이상 무엇이
novel will settle it, for why prove a thing more than once? And what
S V O C Q V O M (Q)

그러면 막는 건가 모든 소설을 모든 바르게 생각하는 사람에 의한 되는 걸 아주
then is to keep all novels by all right-thinking persons from being pretty
M V C M M

비슷한 것이 또는 아주 똑같은 것이 되는 걸 거의 없을 거다 이유는 현재의
much alike? Or exactly alike? There would be little reason for present
M A V S

작가가 계속할 이유는 전혀 없을 거다 새 작가들이 시작할 없다
writers to keep on, no reason for the new writers to start. There's no
M M S M M A V

방법은 알 허나 우린 추측할 수 있다 이유는 젊은이들이 안 쓰는
way to know, but we might guess that the reason the young write no
S M S V (C) (S) (S) V

소설을 어떤 나라에서 사실이라고 받아들여지려면 거기서 모든
fiction in some countries is the fact that to be acceptable there, all
(O) (M) (V) (C) (C) (M)

소설이 일치해야 하며 그래서 똑같아야 하며 그러므로 가치없는 것이라는
novels must conform, and so must be alike, hence valueless.
(S) (V) (V) (C) (M) (C)

만일 개인의 통찰력이 만들어질 수 있다면 한 형태에 맞도록 잃을 것이다
If the personal vision can be made to fit a pattern, then we should
(C) (S) (V) (M) M S

작가와 독자 똑같이 우리 자신의 재능을 꿰뚫어 보는 사실을 통해
lose, writer and reader alike, our own gift for seeing through the facts
V S O M

일상생활의 것을 각자에게 눈의 세상의 독특한
of everyday life to what to each other of eyes on earth is a unique
M (R) (M) (M) (V)

것인 우리는 받아들이며 인생을 똑같이 모든 사람과 그래서 물론
thing. We'd accept life exactly like everybody else, and so, of course,
(C) S V O M M

만족할 것이다 그것에 그리워하지도 않을 거다 우리의 사라진 소설가들을
be content with it. We should not even miss our vanished novelists.
V M S M V O

만일 인생이 가치가 없는 것이 된다면 쓸 대해서 그것은 난 믿는다
And if life ever became not worth writing about, that, I believe, would
(C) (S) (V) (C) (O) S P V

첫째 표시가 될 거라고 그게 살 가치가 없는 것이라는
be the first sign that it wasn't worth living.
C (C) (S) (V) (C) (O)

소설가들은 갖고 있다 뚜렷한 개성을 그들은 경향이 있다 예술적인
Novelists have distinct personalities. They tend to be artistic
S V O S V C

개인들인 그것은 의미한다 그들이 창의적이고 직관적이며 민감하고 명료하며
individuals, which means they're creative, intuitive, sensitive, articulate,
(R) (V) (S) (V) (C)

표현력이 있다는 걸 사회적인 체제에 속하지 않고 고유하며 복종하지 않으며
and expressive. They are unstructured, original, nonconforming, and
S V C

혁신적이다 일부는 그들 중 또한 조사적인데 의미한다 그들이
innovative. Some of them are also investigative, meaning they're
S V M C PC (S) (V)

지적이고 내성적이며 호기심이 많다 소설가들은 탐구한다 보편적인
intellectual, introspective, and inquisitive. Novelists explore universal
(C) S V O

주제를 허구를 통해 그들은 배치한다 창안된 인물들과 플롯들을
themes through fiction. They situate invented characters and plots in
M S V O

이야기에다 설계된 신뢰할 수 있고 재미있도록 모든 소설은
a narrative designed to be both credible and entertaining. Every novel
M M S

걸맞는 그 이름에 또 하나의 행성과 같다 크든 작든
worthy of the name is like another planet, whether large or small,
M V C P

왜냐하면 그건 지닌다 그 자체의 법칙을 것과 똑같이 그게 가진 그 자체의 동식물상을
which has its own laws just as it has its own flora and fauna.
(R) (V) (O) (C) (S) (V) (O)

소설가들은 온다 다양한 배경과 사회 계층에서
Novelists come from a variety of backgrounds and social classes,
S V M

빈번히 이는 형성한다 내용을 그들 작품의 공적인 반응
and frequently this shapes the content of their works. Public reception
M S V O

소설가의 작품의 문학 평론 논평하는 그것을 그리고
of a novelist's work, the literary criticism commenting on it, and
S

소설가의 접목 그 자신의 경험을 작품과
the novelists' incorporation of their own experiences into works

등장인물에 초래할 수 있다 작가의 사생활과 정체성을
and characters can lead to the author's personal life and identity
V M

결부시키는 결과를 소설의 허구적 내용과 이런 이유로
being associated with a novel's fictional content. For this reason, the
M M

환경과 소설가가 집필하는 평판은 그들
environment within which a novelist works and the reception of their
S (R) (S) (V) S

소설의 대중과 출판업자에 의한 영향을 받을 수 있다 그들의
novels by both the public and publishers can be influenced by their
M V

인구통계나 정체성에 의해
demographics or identity.
M

이런 구조였구나, 이제야 알 것 같네!

what then is to keep all novels ~ from being pretty much alike? 에서는 **keep ~ from** 으로 연결된다. **gift for seeing through the facts of everyday life to what to each other of eyes on earth is a unique thing** 에서는 자칫 **see through** 를 연결시켜서 "~을 꿰뚫어보다, 간파하다"의 의미로 보기 쉽다. 하지만 **through the facts of everyday life** 는 삽입구이고 **seeing** 은 **to what** 으로 연결된다. 즉 **what** 은 **seeing to** 의 목적어 역할을 한다. 아울러 **to each other of eyes on earth** 역시 삽입구이므로 관계대명사 **what** 이 주어이고 **is** 가 동사이다. 물론 **see to** 는 "~을 이해하다"는 뜻이다. **why prove a thing ~** 는 **why should we prove a thing ~** 의 뜻이다. **exactly alike** 는 **being exactly alike** 이다. **There would be little reason for the present writers to keep on, no reason for the new writers to start.** 에서는 **for the present writers** 와 **for the new writers** 가 **to keep on** 과 **to start** 의 의미상 주어이다. **to keep on** 다음에는 **writing novels** 가 생략된 것이다. **no reason for the new writers to start** 는 **there would be no reason for the new writers** 이다. **the young write no fiction in some countries is the fact that to be acceptable there** 에서 **the fact** 와 **that** 이하는 동격이다. **the reason the young write** 는 **the reason why the young write** 로 본다.

hence valueless 는 **hence they become valueless** 의 뜻이다. 부사인 **hence** 는 이처럼 동사가 생략될 때가 많고 **so that, consequently, therefore** 보다 딱딱한 표현이다. **the fact that ~** 과 **first sign that ~** 의 **that** 은 동격을 나타내는 접속사이다. **which means they're creative~** 에서 **which** 의 선행사는 앞문장 전체이다. **meaning they're intellectual ~** 는 분사구문으로 **and it means that they're intellectual ~** 의 뜻이다. **whether large or small** 은 **whether it is large or small** 과 같다. **which has its own laws just as it has its own flora ~** 에서 **which** 의 선행사는 **novel** 이고 **just as it has ~** 의 **it** 은 **planet** 이다. **for the novel has its own laws just as the planet ~** 의 뜻이 된다. **can lead to the author's personal life and identity being associated with a novel's fictional content** 에서 **the author's personal life and identity** 는 동명사구문인 **being associated with ~** 의 의미상 주어로 **lead to** 에 연결된다.

☞ **keep ~ from** (어떤 일, 행동이) 일어나지 못하게 방해하다, 막다, 억제하다 / **right-thinking** 옳은(진실된) 생각을 가진, 양식이 있는 / **keep on** 계속 ~하다(doing) / **conform** 일치하다, 따르다, 순응하다, 같은 모양(성질)이 되다 / **see through** ~을 꿰뚫어보다(간파하다) / **see to** ~에 주의하다, 이해하다, ~을 준비하다, ~을 조사하다 / **be content with** ~에 만족하다, 불평이 없다 / **worth ~ ing** ~할 만한 가치가 있는 / **intuitive** 직관적인 (능력), 직관적으로 얻은 (지식, 확신), 직관력이 있는 / **articulate** (생각 등이) 명확히 표현된, (논리) 정연한

nonconforming 따르지 않는, 복종하지 않는, 국교를 믿지 않는 / **innovative** 혁신적인 /

investigative 조사의, 취조의, 연구적인, (텔레비전, 라디오의) 부정(불의) 폭로 보도의 / **introspective** 내성적인, 내관적인, 자기 관찰(분석)의 / **worthy of** ~에 어울리는, ~하기에 족한 ~ 할 만한 / **unstructured** (사람이) 사회적 기능 체계에 속하지 않는 / **flora and fauna** (한 지역의) 동식물상. **flora** (한 지방이나 한 시대 특유의) 식물상, 식물(군). **fauna** (일정한 지방 또는 시대의) 동물군(상) / **comment on** ~을 비평(논평)하다, ~에 대해 의견을 말하다 / **incorporation** 혼성, 혼합, 합체, 합동, 합병 / **lead to** ~로 이끌다, ~의 원인이 되다, 결국 ~이 되다 / **be associated with** ~와 관련되다, ~이 연상되다 / **demographics** 실태적인 인구 통계(특히 평균 연령, 수입, 교육 수준 등을 분석한 통계 데이터)

이런 뜻인데 헤매고 있었군!

평범한 소설가는, 결코 완전한 작품을 만들 수는 없지만, 모든 소설로써 다시 시도할 수는 있다. 그러나 만일 우리가 무언가를 증명하기 위해 어떤 소설을 쓴다면, 하나의 소설이면 그것을 해결하게 될 것이다. 왜냐하면 우리들이 어째서 하나의 일을 한 번 이상 증명할 필요가 있는가? 그렇다면 무엇 때문에 올바르게 생각하는 모든 사람들에 의해서 쓰여진 모든 소설들이 아주 비슷한 것, 또는 정확히 똑같은 것이 되지 않는 것일까? 현재의 작가들이 계속 작품을 쓸 이유는 거의 없을 것이며, 새로운 작가들이 그것을 쓰기 시작할 이유도 전혀 없을 것이다. 이것을 알 수 있는 방법은 없지만, 어떤 나라에서 젊은이들이 소설을 쓰지 않는 이유가 자기 나라에서 소설이 받아들여지기 위해서는, 모든 소설들이 같은 모양이나 성질을 지켜야 하고, 그래서 똑같아져야만 하며, 그러므로 그것들이 가치가 없는 것이 된다는 사실 때문이라고 우리는 추측할 수 있을 것이다.

만일 개인의 통찰력이 하나의 형태에 적합하도록 만들어질 수 있다면, 우리들은, 작가와 독자 똑같이, 일상생활의 여러 사실들을 통해서 세상 사람들 각자의 눈에는 독특한 것으로 보이는 것을 이해하는 우리 자신의 재능을 잃어버리게 될 것이다. 우리들은 다른 모든 사람과 아주 똑같이 인생을 받아들일 것이며, 따라서 물론 그것에 만족할 것이다. 우리는 사라진 우리들의 소설가들을 그리워하지도 않을 것이다. 그리고 만일 인생이 그것에 대해 글을 쓸 만한 가치가 없는 것이 된다면, 그것은 인생이 살만한 가치가 없다는 첫 번째 징후일 거라고 나는 믿는다.

소설가는 뚜렷한 개성을 갖고 있다. 그들은 예술적인 개인들이 되는 경향이 있으며, 그것은 그들이 창의적이고, 직관적이며, 민감하고, 명료하고, 표현력이 있다는 것을 의미한다. 그들은 사회적 기능 체제에 속하지 않고, 고유하며, 순응하지 않으며, 혁신적이다. 그들 중 일부는 취조적이기도 한데, 그것은 그들이 지적이고, 내성적이며, 호기심이 많다는 것을 의미한다. 그들은 허구를 통해 보편적인 주제를 탐구한다. 그들은 창안된 인물과 플롯을 신뢰할 수 있고 재미있도록 설계된 이야기에다 배치한다. 그 이름에 걸맞는 모든 소설은, 그것이 크든 작든, 또 하나의 행성과 같은데, 왜냐하면 그 행성이 자신의 동식물상을 가진 것과 똑같이 소설도 그 자체의 법칙을 가지고 있기 때문이다.

소설가들은 다양한 배경과 사회적 계층에서 나오며, 종종 이것은 그들 작품의 내용을 구체화한다. 소설가의 작품에 대한 일반 대중의 평판, 그것에 논평을 하는 문학평론, 그리고 소설가들이 자신의 경험을 작품과 등장인물에 접목하는 것은 작가의 사생활과 정체성을 소설의 허구적 내용과 결부시키는 결과를 초래할 수 있다. 이러한 이유로, 소설가가 집필을 하는 환경 그리고 일반 대중과 출판사 모두에 의한 그들 소설의 평판은 그들의 인구통계나 정체성에 의해 영향을 받을 수 있다.

사소한 부정어를 무시해도 탈이 날걸! 16

영어에서 부정을 나타내는 말은 의외로 복잡하다. 익히 알고 있는 것처럼 완전 부정어 이외에도 준부정어(seldom, rarely, hardly, barely, scarcely)가 엮어내는 각종 부정구문들도 있고(There is scarcely a man but has his weak side. 약점이 없는 사람은 거의 없다.), few, little(less, least) 등이 이루는 각종 표현(Not a few of the members were present. 상당수의 회원이 참석했다. There is not the least danger. 적지 않게 위험하다.)은 물론 wholly, entirely, altogether, completely, always 등이 부정어와 결합되어 표현되는 부분부정구문도 있다. 이 이외에도 부정어와 함께 쓰이는 but(I never pass there but I think of you. 내가 그 곳을 지나갈 때면 늘 네 생각을 한다.)도 있고, 접속사인 lest(Be careful lest you fall from the tree. 나무에서 떨어지지 않도록 조심해라.) 등도 있으며, far from(조금도 ~ 않다, ~이기는 커녕), anything but(결코 ~ 아니다, ~ 이기는커녕), can't ~ too(enough)(아무리 ~해도 지나치지 않다. 아무리 ~해도 부족하다), difficult ~ too, impossible ~ over + 동사 등 매우 다양한 표현들이 있다. He is anything but a scholar.(그는 결코 학자가 아니다.) It is impossible to overpraise him. = We cannot praise him too much.(그를 아무리 칭찬해도 지나치지 않다.) It is difficult to speak in terms of too high praise of the first geographical maps of England.(영국 최초의 지도는 어떤 말로 칭찬을 해도 지나치지 않다.)

이처럼 어휘를 보고 부정표현임을 알 수 있는 구문은 큰 문제가 없을 것이다. 문제는 구문의 흐름에 따라 부정하는 부분이 달라서 내용이 바뀌는 경우도 있다는 점이다. 예를 들어 not always 가 나오면 부분부정인 줄 알지만 문장의 구성이나 내용에 따라 부분부정이 아닐 수도 있다. 즉 not 이 always 와 연결된 것이 아니라 문장 내의 다른 어휘와 연결되어 있을 수도 있는 것이다. 또 뜻하는 의미와는 반대의 의미를 갖는 어구 앞에 써서 표현을 완곡하게 하는 경우도 있다. 아래 예문에서 so far is it from being true that men are naturally equal, that no two people can be ~ 와 he has now not the least inclination for the meeting ~, 그리고 no two people can be half an hour together, but one shall acquire an evident superiority ~ 등의 표현이 나오는데 여기에서 부정을 나타내는 요소들이 무엇이며, 부정어가 어떤 것을 부정하느냐에 따라 의미가 어떻게 달라지는지를 잘 파악해야만 의미전달에 차질이 없을 것이다.

* turn on	* so far is it from being ~ that	* superiority over
* keep ~ from	* lest ~ should	* have the inclination for
* no ~ but	* commensurate with	* prevent ~ from
* had rather ~ than	* according to	* war with
* as for	* extort ~ from	

Simple justice dictates that economic prosperity turn on individual skill, foresight, industry and risk-taking — traits which vary across the broad spectrum of the human species like a bell-shaped curve. As British philosopher Samuel Johnson lectured, "So far is it from being true that men are naturally equal, that no two people can be half an hour together, but one shall acquire an evident superiority over the other. He has now not the least inclination for the meeting: nothing keeps him from flight but a silly fear lest he should be thought unmanly."

John Locke wrote that, "every man has a property in his own person. This nobody has any right to but himself. The labor of his body, and the work of his hands, we may say are properly his." Locke added that men unite in a society "for the mutual preservation of their lives, liberties, and estates, which I call by the general name 'property.'"

Income commensurate with effort and accomplishments is morally just and socially advantageous. Industry, ambition, self-discipline and creativity should be encouraged by market rewards. Sloth, indolence and licentiousness should be discouraged by diminished income. We cannot prevent the sun from shining on the evil and good alike, but we can prevent the injustice of an equal sharing of income despite unequal efforts in the organization of government.

The Brook Farm experiment in Massachusetts discredits the equal income mantra regularly trumpeted today. The utopian community was founded in 1841. Members would work according to their abilities and share equally in the wealth. The experiment died six years later. It warred with human nature and a visceral sense of fairness.

Ralph Waldo Emerson refused several invitations because of his "conviction that the Community is not good for me." He later observed, "The country members naturally were surprised to observe that one man ploughed all day and one looked out of a window all day and both received at night the same wages." Henry David Thoreau disputed the idealism of utopian societies, and noted in his journal: "As for these communities, I think I had rather keep bachelor's hall in hell than go to board in heaven."

Thomas Edison and Bill Gates by their industry, innovations and risk-taking created staggering wealth, income and consumer satisfaction for both themselves and for others. They became mega-wealthy not by extorting money from the unwilling, but by producing something for which consumers would willingly pay — a happy convergence of private greed and public good.

자세히 살펴보지 않으면 놓치기 쉽다고!

단순한 정의는 가리킨다 경제적 번영은 좌우된다 개인의
Simple justice dictates that economic prosperity turn on individual
S V (C) (S) (V)

기술 예지력 근면 모험에 특성은 다양하다
skill, foresight, industry and risk-taking — traits which vary across
(M) A (R) (V)

넓은 스펙트럼에 걸쳐 인류의 종들이 처럼 종 모양의 곡선
the broad spectrum of the human species like a bell-shaped curve.
(M) (M) (M)

것같이 영국 철학자 사무엘 존슨이 강연한 아주 멀어서
As British philosopher Samuel Johnson lectured, "So far is it from
(C) (S) (V) C V S

진실과 인간이 선천적으로 평등하다는 건 어떤 두 사람도
being true that men are naturally equal, that no two people can be
M (C) (S) (V) (M) (C) (C) (S) (V)

30분 동안 함께 있을 수 없다 없이는 하나가 차지하게 됨이 명백한 우위를
half an hour together, but one shall acquire an evident superiority
(M) (M) (S) (V) (O)

다른 쪽에 대해 인간은 이제는 전혀 갖고 있지 않다 성향을 같이 모여 있는 것에
over the other. He has now not the least inclination for the meeting:
(M) S V M O M

아무것도 막지 못한다 그를 도망에서 이외엔 어리석은 두려움 그가 생각되지 않을까하는
nothing keeps him from flight but a silly fear lest he should be thought
S V O M M (C) (S) (V)

비겁하다고
unmanly."
(C)

존 로크는 썼다 모든 인간은 재산을 갖는다 그 자신 속에
John Locke wrote that, "every man has a property in his own person.
S V (C) S V O M

이에 누구도 갖지 못한다 어떤 권리를 자신 이외에 개인의 육체노동과
This nobody has any right to but himself. The labor of his body, and
M S V O M S

작업은 두 손의 우린 말할 수 있다 적절히 그의 것이라 로크는 덧붙였다
the work of his hands, we may say are properly his." Locke added
P V M C S V

인간은 단결한다 사회에서 상호 보존을 위해서 자기 생명과
that men unite in a society "for the mutual preservation of their lives,
(C) (S) (V) (M) (M)

자유 및 재산의 내가 부르는 총체적 이름으로 재산이란
liberties, and estates, which I call by the general name 'property.'"
(M) (R) (S) (V) (M)

소득이 균형잡힌 노력과 성취와 윤리적으로
Income commensurate with effort and accomplishments is morally
S M V M

정당하고 사회적으로 이롭다 근면 야망 자제
just and socially advantageous. Industry, ambition, self-discipline and
C M C S

창의성은 장려되어야 한다 시장의 보상에 의해 나태와 게으름
creativity should be encouraged by market rewards. Sloth, indolence
V M S

음란은 말려져야 한다 감소된 소득으로 우리는
and licentiousness should be discouraged by diminished income. We
V M S

막을 수 없다 해가 빛나는 걸 위에 악인과 선인 똑같이
cannot prevent the sun from shining on the evil and good alike, but
V O M M

막을 수 있다 불공정을 동등한 분배의 소득의 불구하고
we can prevent the injustice of an equal sharing of income despite
S V O M

불평등한 노력에도 내의 조직 정부
unequal efforts in the organization of government.
M M

브룩 농장 실험은 메사추세츠에서의 불신한다 동등한
The Brook Farm experiment in Massachusetts discredits the equal
S M V

수입 진언을 정기적으로 떠벌려지는 오늘날 유토피아 공동체는
income mantra regularly trumpeted today. The utopian community was
O M M S

창설되었다 1841년에 회원들은 일하고 따라서 그들 능력에
founded in 1841. Members would work according to their abilities and
V M S V M

분배받는다 똑같이 부에서 그 실험은 없어졌다 6년 후에 그건
share equally in the wealth. The experiment died six years later. It
V M M S V M S

대립했다 인간 본성과 본능적인 공정성 개념과
warred with human nature and a visceral sense of fairness.
V M

랄프 왈도 에머슨은 거절했다 여러 초대를 때문에 그의
Ralph Waldo Emerson refused several invitations because of his
S V O M

확신 그 커뮤니티가 않다는 좋지 나에게 후에 말했다
“conviction that the Community is not good for me.” He later observed,
(C) (S) (V) (C) (M) S M V

그 마을 회원들은 당연히 놀랐다 보고서 한
“The country members naturally were surprised to observe that one
S M V M (C)

쟁기질하고 온 종일 한 사람은 내다 보았다 창밖을 온 종일 둘 다
man ploughed all day and one looked out of a window all day and both
(S) (V) (M) (S) (V) (M) (M) (S)

받았다는 밤에 같은 임금을 헨리 데이빗 소로는 논박했다
received at night the same wages.” Henry David Thoreau disputed the
(V) (M) (O) S V

이상주의를 유토피아 사회의 언급했다 그의 저널에 이들
idealism of utopian societies, and noted in his journal: “As for these
O V M M

공동체에 대해 말한다면 생각한다 차라리 독신자 집에 사는 게 낫다 지옥의 보다
communities, I think I had rather keep bachelor’s hall in hell than go to
S V (S) (V) (O) (M) (C)

기숙사에 사는 것 천당의
board in heaven.”
(M)

토마스 에디슨과 빌 게이츠는 의해 그들의 근면 혁신
Thomas Edison and Bill Gates by their industry, innovations
S M

위험 감수에 창조했다 경이적인 부 수입 소비자
and risk-taking created staggering wealth, income and consumer
V O

만족을 그들 자신과 타인들에게 그들은 되었다
satisfaction for both themselves and for others. They became
M S V

엄청난 부자가 아니라 갈취함으로써가 돈을 내키지 않는 자로부터
mega-wealthy not by extorting money from the unwilling, but by
C M

생산함으로써 무언가를 소비자들이 기꺼이 지불할 즉
producing something for which consumers would willingly pay — a
M (R) (S) (M) (V)

행복한 집중으로써 사적 탐욕과 공공의 이익의
happy convergence of private greed and public good.
A

역시 힌트는 중요할 수밖에!

traits 는 앞에 나온 **individual skill, foresight, industry and risk-taking** 을 가리킨다. **so far is it from being true that ~ that no two people can ~**은 **it is so far from being true that ~ that** 이 도치된 구문으로 “~ 가 사실에서 너무 멀기 때문에 ~ 이다”의 뜻인데, 앞의 **that** 절은 **it** 의 진주어이고 뒤의 **that** 절이 **so ~ that** 구문의 **that** 절이다. 문제는 그 다음에 오는 **no two people can be half an hour together, but one shall acquire ~** 에서의 **but** 이 종속접속사로서 “~함이 없이는”의 뜻임을 파악해야 한다. **but** 이 부정의 뜻을

가질 때에는 보통 **not so (such) ~ but ~ , not(never) ~ but ~ , cannot ~ but** 등의 형태로 잘 쓰인다. 물론 여기서 **but** 은 문어적인 표현으로 일반적으로는 **but(that)** 대신에 **that ~ not** 을 쓴다. **No man is so old but that he may learn. = No man is too old to learn.**(나이가 너무 많아서 못 배운다는 법은 없다.) **He is not such a fool but he can tell that. = He is not such a fool that he cannot tell that.**(그는 그것을 모를 정도로 바보는 아니다.) **but a silly fear** 의 **but** 은 전치사로 "~을 제외하고, ~ 이외에"의 뜻이다.

have not the least ~ 에서 **not** 에 강세를 둘 경우 **not the least** 는 "적지 않은"의 뜻이고 **least** 에 강세를 둘 때에는 "조금도 ~ 없다"의 뜻이 되어 동사와 연관된다. 말이 아닌 경우 강세로 판단하기 어렵지만 내용에 따라 그 의미를 파악할 필요가 있다. 본문에서는 **not even the least inclination** 의 의미로 동사(**have**)를 부정한다. 하지만 예를 들어 **not the least part of our happiness** 는 "우리들 행복의 적지 않은 부분은"의 뜻이 되어 동사가 아니라 뒤의 **the least** 와 관련된다. **lest he should be thought unmanly** 는 **fear** 와 동격이 되는 명사절로 물론 **lest** 는 접속사이다. **lest ~ should** 는 "~ 하면 안 되니까, ~ 하지 않도록"의 뜻으로는 부사절을 이끌고 **fear, be afraid, danger** 등과 함께 써서는 "~ 하지나 않을까(하고)"의 뜻으로 명사절의 역할을 한다.

This nobody has any right to but himself. 는 **Nobody has any right to this but himself.** 에서 **this** 가 강조된 도치문이다. 따라서 전치사 **to** 의 역할을 알아내는 것이 중요하다. **conviction that the Community is ~** 에서 **that** 은 동격의 접속사이다. **I had rather keep bachelor's hall in hell than go to board in heaven.** 에서 **had rather ~ than** 은 **would rather ~ than** 과 같이 "오히려 ~ 하고 싶다, ~하는 편이 낫다"의 뜻이다.

☞ **turn on** ~에 좌우되다, ~에 달려 있다 / **prosperity** 번영, 번창, 성공 / **foresight** 선견지명, 예지 / **risk-taking** (어떤 일을 성취하는 데 따르는) 위험을 각오함, 위험 감행, 모험. **take a risk**(모험을 하다)에서 온 명사형 / **trait** (성격 따위의) 특성, 특징 / **far from** ~이기는커녕, ~과는 거리가 멀게 / **inclination for** ~을 하고 싶은 마음, ~에 대한 성벽(성향, 경향) / **spectrum** (물리) 스펙트럼, 분광 / **bell-shaped** 종(벨) 모양의 / **superiority over** ~에 대한 우월, 탁월, 교만 / **unmanly** 사내답지 못한, 비겁한, 겁 많은 / **estates** 재산, 토지, 동산 / **property** 재산, 자산, 소유권 / **commensurate with** ~와 균형이 잡힌, 액수(크기, 정도)가 상응하는, 적당한

self-discipline 자기 단련 / **sloth** 나태, 게으름 / **indolence** 나태, 게으름, 빈둥거림 / **licentiousness** 부도덕, 방탕 / **discredit** 믿지 않다, 의심하다, 믿을 수 없는 것으로 치다 / **mantra** (불교, 힌두교) 만투라, 진언, 기도에 외는 주문 / **trumpet** 알리며 돌아다니다, 떠벌리다, 널리 알리다, 과시하다 / **war with** ~와 싸우다, 다투다 / **visceral** 내장의, 마음속에서 느끼는, 본능적인, 노골적인 / **plough** (쟁기, 괭이로) 갈다, ~에 두둑을 만들다, 갈아 일구다, 쟁기로 갈아 젓히다 / **as for** (보통 문장 앞에 써서) ~은 어떠냐 하면, ~로 말한다면, ~에 관해서는(**as to**) / **staggering** 어마어마한, 경이적인, 비틀거리는(게 하는), 혼비백산케 하는 / **mega-wealthy** 엄청나게 부유한. **mega** 큰, 커다란, 최고의 / **extort** (돈 따위를) 억지로 빼앗다, 강탈하다, 강요하다. **extort ~ from** ~에게서 ~를 강탈하다 / **convergence**

(한 점으로의) 집중, 집중성(상태), 집합

해석해보니 역시 노력해야겠다는 생각이 들지?

단순한 정의에 따르면, 경제적 번영은 개인의 기술과 예지력 및 근면과 모험에 좌우된다. 이런 특성은, 광범하게 분포된 인류의 종들에 따라 다양하게 나타나며 종 모양의 곡선을 그린다. 영국의 철학자 새뮤얼 존슨이 강연한 바와 같이 "인간이 평등하게 태어났다는 것은 진실과 아주 거리가 멀기 때문에 두 사람이 30분 동안 함께 지낼 경우 한 사람이 다른 사람에 대한 명백한 우위를 반드시 차지하게 된다. 인간은 같이 모여 있는 것을 좋아하는 어떤 성향도 전혀 갖고 있지 않다. 인간이 비겁하다고 생각되지 않을까하는 어리석은 두려움을 제외하고는 아무것도 그가 도망치는 것을 막지 못한다."

존 로크는 "모든 인간은 자신 속에 재산을 보유한다. 이 재산에 대한 권리는 자신 외에는 어떤 사람도 갖지 못한다. 개인의 육체노동과 두 손의 작업은 개인의 합당한 소유라고 우리는 말할 수 있다"고 썼다. 로크는 다음과 같이 덧붙였다. 인류는 "내가 '재산'이란 총체적 명칭으로 부르는 자기 생명과 자유 및 재산의 상호 보존을 위해서" 사회 속에서 단결한다.

소득이 노력과 성취에 비례하는 것은 윤리적으로 정당하며 사회적으로 이롭다. 근면, 야심, 자제, 창의성은 시장의 보상에 의해 장려되어 마땅하다. 나태와 게으름 그리고 음란은 감소된 소득으로 말려져야 한다. 우리는 태양이 악인과 선인 모두 위에서 빛나는 것을 막을 수 없으나, 정부 조직 내부의 불평등한 노력에도 불구하고 소득이 동등하게 분배되는 불공정을 막을 수는 있다.

매사추세츠의 브룩 농장 실험은, 오늘날 정기적으로 요란하게 터져 나오는 소득 평준화 구호에 신빙성이 없음을 입증한다. 브룩 농장의 이상향 마을은 1841년에 창설되었다. 구성원들은 자기 능력에 따라 일하고 부는 동등하게 분배받기로 되었다. 이 실험은 6년 뒤에 소멸되었다. 그것은 인간의 천성 및 본능적인 공정성의 개념과 어긋났다.

랄프 월도 에머슨은 "그 공동체가 나에게 좋지 않다고 확신했기" 때문에 몇 차례 초청을 거절했다. 그는 나중에 이런 견해를 밝혔다. "그 마을 주민들이 하루 종일 쟁기질을 한 남자와 하루 종일 창 밖만 내다본 남자가 밤에 동일한 임금을 받았다는 사실에 놀란 것은 당연했다." 헨리 데이비드 소로는 여러 가지 유토피아(이상향) 사회의 이상주의에 대해 이의를 제기하고 자신의 일기에 다음과 같이 지적했다. "이런 공동체들에 관해 말하자면 나는 천당의 기숙사에서 사느니보다는 차라리 지옥의 독신자 집에서 사는 편이 낫겠다."

토머스 에디슨과 빌 게이츠는 근면, 혁신, 모험으로 자신과 타인을 위해 엄청난 부와 소득 및 소비자 만족을 이루어냈다. 두 사람은 지불을 꺼리는 사람들로부터 돈을 강탈한 것이 아니라 소비자들이 기꺼이 지불할 무언가를 생산함으로써, 즉 개인의 탐욕과 공익을 행복스럽게 일치시킴으로써 거부가 되었다.

17 형태만 보고 섣불리 판단하다가는!

형태가 같은 어휘들이 많다. 동사원형에 -ing 가 붙은 어휘들 중에도 현재분사가 있고 전치사나 동명사도 있으며, 또 원래 명사도 있다. 따라서 그런 어휘가 어떤 역할을 하는지는 문장 내에서 결정되어야 한다. 가령, saving은 보통 형용사(현재분사)로 생각하지만 이외에도 명사(절약, 저축, 구제, 보류), 접속사(~을 제외하고는, ~외에), 전치사(~에게 경의를 표하면서, ~에게 예의를 갖추자면, ~외에는)로 사용된다. 이밖에도 respecting, regarding, following(~에 이어, ~ 후에) 등 눈에 익은 전치사부터 barring(~이 없으면, ~을 제외하고는), pending(~동안에, ~ 중, ~할 때까지)에 이르기까지 다양하다. 명사형의 예로는 smoking, ticketing(발권), staffing(직원배치/직원총수), seasoning(양념), spending(소비, 지출), speeding(과속), shipping(운송), planning(기획), manufacturing(제조업), loading(적재), funding(자금조달), accounting(회계), financing(재정지원), seating(좌석배정), marketing(마케팅/홍보) merchandising(상품화), processing(처리) 등 무수히 많다.

또 동사에는 상당수가 과거형과 과거분사형이 같다. 예를 들어, lived 는 동사 live 의 과거형도 되고 타동사로서의 과거분사형도 된다. 이 역시 본동사인 과거로 쓰였는지 아니면 과거분사 즉 형용사로 수식을 하고 있는지를 문맥에 따라 결정해야 한다. 더구나 일부 단어는 동사, 명사, 형용사 등이 같은 철자일 수도 있다. 예를 들어, lay 는 동사이면서 lie 의 과거형과 같으며, 형용사(속인의, 전문가가 아닌, 풋내기의)와 명사(노래, 짧은 이야기체의 시, 서정시, 지형, 방침, 대가) 등 4가지로 쓰인다. not always 가 항상 부분부정을 뜻할까? not 이 수식하는 부분에 따라 의미가 달라질 수도 있다.

이런 예들은 무수히 많다. 특별히 주의하지 않고 지나쳤다가는 내용에 문제가 있을 수 있는 것이다. 아래 예문에서 that numerical indefiniteness 에서 that 은 품사가 무엇일까? not content even with this 에서 content 의 뜻과 품사는 무엇일까? for a child learning to count upon its fingers dose in a way ~ 에서 learning 은 어떤 기능을 하고 있으며, for 는 어떤 기능을 할까? learning 은 분사일까, 동명사일까? ~ barbaric peoples are exceptionally skilled in numeration 에서 skilled 는 본동사로 수동형일까 아니면 형용사로 보어일까? 결국 철저한 구문분석을 함으로써 그것들의 쓰임을 파악할 수밖에 없을 것이다.

* so ~ but	* keep pace with	* up to
* at any rate	* be content with	* prove to
* count upon one's fingers	* in a way	* in question
* in like manner	* carry on	* refer to

In our advanced system of numeration, no limit is known either to largeness or smallness. The philosopher cannot conceive the formation of any quantity so large or of any atom so small but the arithmetician can keep pace with him, and can define it in a simple combination of written signs. But as we go downwards in the scale of culture, we find that even where the current language has terms for hundreds and thousands, there is less and less power of forming a distinct notion of large numbers, the reckoner is sooner driven to his fingers and there increases among the most intelligent that numerical indefiniteness that we notice among children — if there were not a thousand people in the street there were certainly a hundred, at any rate there were twenty. Strength in arithmetic does not, it is true, vary regularly with the level of general culture. Some savage or barbaric peoples are exceptionally skilled in numeration. The Tonga Islanders really have native numerals up to 199,000. Not content even with this, the French explorer Labillardiere pressed them farther and obtained numerals up to 1000 billions, but proved on later examination to be partly nonsense-words and partly indelicate expressions, so that the supposed series of high numerals forms at once a little vocabulary of Tongan indecency.

For a child learning to count upon its fingers does in a way reproduce a process of the mental history of the human race. The evidence in question is principally that of language itself, which shows that, among many and distant tribes, men wanting to express 5 in words called it simply by their name for the 'hand' which they held up to denote it, that in like manner they said 'two hands' or 'half a man' to denote 10, that the word 'foot' carried on the reckoning up to 15, and to 20, which they described in words as in gesture by the 'hands and feet' together, or as 'one man,' and that lastly, by various expressions referring directly to the gestures of counting on the fingers and toes, they gave names to these and intermediate numerals. As a definite term is wanted to describe significant numerals of this class, it may be convenient to call them "hand-numerals" or "digit-numerals."

도해를 보면서 구조를 살펴보면 풀릴 거야!

우리의 발달된 체계에서 계산 어떤 한계도 알려지지 않는다 대해
In our advanced system of numeration, no limit is known either to
M M S V

큰 숫자나 작은 숫자에 철학자는 생각할 수 없다 형성을
largeness or smallness. The philosopher cannot conceive the formation
M S V

어떤 양의 아주 크거나 극소량의 아주 작은 수학자가
of any quantity so large or of any atom so small but the arithmetician
O M M (C) (S)

따라갈 수 없을 정도로 그리고 정의할 수 그것을 간단한 결합으로
can keep pace with him, and can define it in a simple combination
(V) (O) (M) (V) (O) M

문자로 된 기호의 허나 따라 낮은 쪽으로 나아감에 문화의 정도가 우리는
of written signs. But as we go downwards in the scale of culture, we
(M) (C) (S) (V) (M) (M) S

알게 된다 곳에서조차 현재의 언어가 가진 용어를 몇 백과
find that even where the current language has terms for hundreds and
V (C) (C) (S) (V) (O) (M)

몇 천에 대한 있다 점점 더 적은 힘이 형성하는 분명한 개념을
thousands, there is less and less power of forming a distinct notion of
A V S M

큰 수에 대한 수를 세는 자는 오히려 내몰린다 그의 손가락에
large numbers, the reckoner is sooner driven to his fingers and there
M S M V M A

증가한다는 걸 가장 지적인 사람 사이에서도 그 숫자의 불명확성이
increases among the most intelligent that numerical indefiniteness that
V M S (C)

주목하는 어린이 사이에 즉 없다 해도 천 명의 사람들이
we notice among children — if there were not a thousand people in the
(S) (V) (M) (C) (A) (V) (S)

거리에 분명히 있었다 백 명이 여하튼 20명은 있었다
street there were certainly a hundred, at any rate there were twenty.
M A V M S M A V S

힘은 산수의 않는다 사실이다 바뀌지 규칙적으로 수준에 따라
Strength in arithmetic does not, it is true, vary regularly with the level
S P V M

일반적인 문화의 일부 야만인이나 미개한 국민은 예외적으로
of general culture. Some savage or barbaric peoples are exceptionally
M S V M

능숙하다 숫자에서 통가왕국 주민들은 실제 갖고 있다 토착 숫자를
skilled in numeration. The Tonga Islanders really have native numerals
C M S M V O

199,000까지 만족하지 않아서 이것에조차 프랑스 탐험가
up to 199,000. Not content even with this, the French explorer
M PC S

라빌라디에르는 강요했다 그들을 더욱 얻었다 숫자를 1000 조까지
Labillardiere pressed them farther and obtained numerals up to 1000
V O M V O M

허나 드러났다 나중 조사에서 부분적으로 무의미한 말로
billions, but proved on later examination to be partly nonsense-words
V M C

부분적으로 상스러운 표현으로 그 결과 가상의 일련의 높은
and partly indelicate expressions, so that the supposed series of high
(C) (S)

숫자는 형성한다 곧 약간의 용어를 통가의 외설의
numerals forms at once a little vocabulary of Tongan indecency.
(V) (M) (O)

아이가 배우는 건 세기를 그 손가락으로 어느 점에서는 재연한다
For a child learning to count upon its fingers does in a way reproduce
M S M M V

과정을 정신사의 인류의 증거는
a process of the mental history of the human race. The evidence
O M S

문제의 주로 것이다 언어 자체의 그건 보여준다 것을
in question is principally that of language itself, which shows that,
V M C (R) (V) (C)

많은 멀리 있는 종족 가운데 인간이 원하는 표현하기를 5를 말로
among many and distant tribes, men wanting to express 5 in words
(M) (S) (M) (M)

불렀다 그걸 단지 그들 이름으로 손에 대한 그들이 위로 올린
called it simply by their name for the 'hand' which they held up to
(V) (O) (M) (M) (R) (S) (V)

표시하기 위해 유사한 방법으로 말했다는 두 손이나 반 사람
denote it, that in like manner they said 'two hands' or 'half a man' to
(M) (C) (M) (S) (V) (O)

표현하려고 10을 것을 발이란 말로 계속해서 수를 셀 수 있다는 15에서
denote 10, that the word 'foot' carried on the reckoning up to 15, and
(M) (C) (S) (V) (M)

20까지 그걸 그들은 설명하는데 말로 몸짓으로 표시할 때처럼 두 손과
to 20, which they described in words as in gesture by the 'hands and
(R) (S) (V) (M) (M) (M)

두 발을 다 써서 또는 한 사람으로 것을 끝으로 여러 표현으로
feet' together, or as 'one man,' and that lastly, by various expressions
(M) (C) (M) (M)

직접 언급하는 제스처에 대해 세는 손가락과 발가락으로
referring directly to the gestures of counting on the fingers and toes,
(M) (M)

그들은 이름을 붙였다 이것들과 중간의 숫자에 때문에 명확한
they gave names to these and intermediate numerals. As a definite
(S) (V) (O) (M) (C) (S)

용어가 필요해지기 묘사하는데 뚜렷한 숫자를 이 부류의 수도 있다
term is wanted to describe significant numerals of this class, it may be
(V) (M) S V

편리할 / 부르는 것이 그들을 / 손 숫자 / 혹은 / 아라비아 숫자라고

convenient to call them "hand-numerals" or "digit-numerals."
(C: convenient / S: to call them "hand-numerals" or "digit-numerals.")

알고 보면 별 것 아닌 것 같아도...

so small but the arithmetician can keep ~ 에서 **so small but** 은 **so small that ~ not** 의 뜻으로 여기서 **but** 은 종속접속사로 보통 부정의 주절 중의 **so** 나 **such** 와 상관적으로 정도를 나타내어 "~ 못할 정도로"로 해석된다. **there increases among the most intelligent that numerical indefiniteness that we notice ~** 에서 **there** 는 유도부사이며 **increases** 가 동사이고 **that numerical indefiniteness** 가 주어이다. 이처럼 「**there** + 일반동사 + 주어」 구문도 잘 쓰이므로 주의해야 한다. **that numerical indefiniteness** 의 **that** 은 지시형용사이며 뒤의 **that** 은 관계대명사이다.

not content even with this 는 분사구문으로 여기서 **content** 는 형용사로 "(~에) 만족하는, 감수하는, (~함에) 불평 없는, 기꺼이 ~하는"의 뜻이다. **for a child learning to count upon its fingers does in a way reproduce a process ~** 에서는 **learning to count upon ~** 이 주어이고 **for a child** 는 **learning** 의 의미상 주어 역할을 한다. 물론 **does** 는 강조의 조동사이다. **which shows** 다음에는 네 개의 **that ~, that ~, that ~, that** 절이 목적절로 길게 연결되어 있는데 각각의 **that** 절 안에 삽입어구나 관계대명사절이 들어가 있어 복잡하게 긴 문장을 구성하고 있다. **~ barbaric peoples are exceptionally skilled ~** 에서 **skilled** 는 형용사로 보어로 쓰였으며 "숙련된, 능숙한"의 뜻이다.

☞ numeration 계수, 계산(법), (수학) 명수법 / formation 형성, 편제, 구성, 구조 / atom 미분자, 티끌, 극소량, 미소량 / keep pace with = hold pace with ~와 보조를 맞추다, ~에 뒤지지 않도록 하다 / go downwards in the scale of culture 문화 정도가 낮은 쪽으로 가다 / reckoner 계산하는 사람, 수를 세는 사람, 청산인 / sooner = rather 오히려 / numerical 수의, 수를 나타내는, 숫자상의, 숫자로 나타낸 / up to (시간 · 공간적으로) (최고) ~까지, ~에 이르기까지 / at any rate 하여튼, 하여간, 적어도 / indefiniteness 불명확성, 무한정, 불확정 / count upon one's fingers 손가락을 꼽아가며 세다

barbaric 미개한, 야만인 같은 / content with ~에 만족하는, 감수하는, ~함에 불평 없는 / prove to ~이 되다, ~을 알게 되다, ~임이 드러나다 / on examination 조사(검사)해 보고, 조사해 보니 / nonsense-words 무의미한 말 / indelicate 상스러운, 버릇없는, 야비한, 외설한 / indecency 예절 없음, 꼴사나움, 외설, 추잡한 행위(말) / in a way 보기에 따라서는, 어느 점에서는, 어느 정도 / principally 주로, 대개 / in question 문제의, 당해의 / hold up 위로 올리다, 지지하다 / in like manner = in like fashion 똑같이 / denote 나타내다, 표시하다, 보이다 / refer to ~를 언급하다, 인용하다, ~에 관계하다 / carry on ~을 계속하다, ~을 계속해 나가다, 진행시키다, 행하다 / digit-numeral 아라비아 숫자, 한 자리 숫자

내용이 쉬우니 이해도 빠르겠지.

우리들의 진보된 계산 체계에서는, 큰 숫자에 대해서나 작은 숫자에 대해서 어떤 한계도 알려져 있지 않다. 수학자가 따라갈 수 없으리만큼, 또한 문자화된 기호들의 간단한 결합으로 그것을 정의할 수 없을 정도로 아주 크거나 아주 작은 어떤 극소량의 형성을 철학자는 생각할 수 없다. 그러나 문화의 정도가 낮은 쪽으로 나아감에 따라, 현재의 언어가 몇 백과 몇 천에 대한 용어들을 갖고 있는 곳에서도, 큰 숫자들의 분명한 개념을 형성하는 힘이 점점 더 적어지고, 수를 세는 사람은 오히려 자기의 손가락에 의존하게 되며, 어린이들 사이에서 보게 되는 그 숫자의 불명확성이 가장 지적인 사람들 사이에서도 증가한다는 것을 우리는 알게 된다. 즉 거리에 천 명의 사람들이 없다 해도 확실히 백 명은 있었고, 여하튼 이십 명은 있었다. 산수의 힘은 일반적인 문화의 수준에 따라 규칙적으로 바뀌지 않는다는 것이 사실이다. 일부 야만인이나 미개한 국민들은 예외적으로 숫자에 능숙하다. 통가 왕국의 섬사람들은 실제로 199,000까지 토착 숫자를 갖고 있다. 프랑스 탐험가인 라빌디에르는 이것에 만족하지 않았기 때문에 그들을 더욱 강요해서는 천조까지의 숫자를 얻었다. 하지만 나중의 조사에서 이것들은 부분적으로 무의미한 말이며 부분적으로는 상스러운 표현으로 드러났다. 그 결과로 가상의 일련의 높은 숫자들은 동시에 약간의 통가의 추잡한 어휘를 이룬다.

어린아이가 손가락을 꼽아가며 수를 세게 되는 것은 어느 점에서는 인류의 정신사의 한 과정을 재연하는 것이다. 문제의 증거는 주로 언어 자체의 그것이며, 그것은 많고 또 멀리 떨어진 종족들 가운데에서 5란 숫자를 말로 표현하고자 하는 사람이 그것을 표시하기 위해 단지 '손'에 대한 그들의 이름으로 그것을 불렀다는 것을 보여주며, 유사한 방법으로 그들이 10을 표현하기 위해 '두 손'이나 '반 사람'이라고 말했으며, '발'이란 말로 15까지, 또 20까지 셀 수 있다는 것을 보여주며, 그런 숫자들을 그들이 몸짓으로 표시하는 것처럼, 말로 표현할 때도 '두 손'과 '두 발'이라든가 '한 사람'으로 표시했으며, 그리고 끝으로 손가락과 발가락으로 수를 세는 몸짓을 직접 언급하는 다양한 표현에 의해, 그들은 이것들과 중간의 숫자에 대해 이름을 붙였다는 것을 보여준다. 이런 부류의 뚜렷한 숫자를 묘사하기 위해 명확한 용어가 필요했기 때문에 그것들을 "손 숫자" 혹은 "아라비아 숫자"라고 부르는 것이 편리할 수도 있을 것이다.

18 세월 따라 어휘 따라!

언어 학습의 최종 승자는 어휘 능력이라 할 수 있는 만큼 영어 정복의 지름길도 결국 어휘력 배양이라 해도 무리는 아닐 것이다. 소위 문법이라든가 구문은 대체로 그 끝이 있지만 어휘는 그 끝이 없기 때문이다. 문법은 시대가 바뀌어도 크게 변하지 않지만 어휘는 계속 생겨나고 또 변화하는 생물과 같다.

영어에서의 단어 실력은 단순하게 단어 그 자체의 의미를 물어보거나 동의어나 유의어, 또는 반의어 등을 통해 개별적인 단어의 뜻을 알고 있느냐의 차원이다. 반면에 어휘력은 독립적인 단어의 의미보다는 문장이나 지문 안에서의 쓰임을 기반으로 그 단어가 어떤 의미로 사용되는가를 정확히 파악하는 힘을 말한다. 다시 말해 단어를 많이 알아도 독해할 때 적절한 의미를 찾아내지 못한다면 어휘력은 낮은 것이다. 단어실력이 낮다면 당연히 어휘력이 높을 가능성이 별로 없다.

인간 삶의 분야는 매우 다양하다. 시간의 흐름 속에서 새로운 분야가 개척되기도 하고 잠시나마 존재했던 분야가 시야에서 사라지기도 한다. 아래 예문에서처럼 인간은 계속 새로운 영역에 도전하면서 놀라운 결과물들을 창조해나간다. 그와 더불어 새로운 어휘들도 생겨나는데, 일부는 그것의 의미가 선명하게 파악되지 않거나 또는 파악이 되었더라도 우리말로 해석하기가 매우 어렵다. 이럴 경우 비록 외래어이지만 통용되거나 발음되는 그대로 해석할 수밖에 없다. 예를 들어 artificial intelligence 즉 AI, digital application, plug into, deep learning, machine learning, algorithm, click, link, black boxes, online service 등은 영어 어휘 그대로 이미 통용되고 있는 것들이어서 굳이 우리말로 번역할 필요가 없을 것이다. 번역을 한다면 오히려 혼동을 줄 수도 있다. 가령 deep learning 이나 algorithm 은 이미 딥 러닝, 알고리즘 등으로 말하지 굳이 우리말로 번역하지 않는다. 따라서 이런 새로운 유형의 어휘들은 그것의 의미나 개념들을 평상시에 충분히 익혀둘 필요가 있을 것이다.

* plug into	* according to	* point to
* hint at	* have an impact on	* take over
* trawl through	* such as	* pull out
* rely on	* make sense of	* go on

Artificial intelligence will soon be like electricity — a resource that almost any digital application or service will be able to "plug into", giving it extra powers. That is according to Andrew Ng, the Stanford University professor who was a pioneer of deep learning, a technique behind today's most advanced image and language recognition systems. The current uses of AI, which include machine learning and predictive algorithms, point to what is to come.

Mr Ng's analogy hints at the factors that will make AI transformative for many businesses over the next 10 years. It will be powerful and adaptable, operating in the background and often unseen. Its effects will be pervasive, heightening the effectiveness of many different applications. It will also mark a generational change in technology — and business — as significant as the move from steam to electric power.

Even small improvements can produce big financial returns. The relevance engines used in many online services, for instance, predict what types of content or advertising users might find most engaging. Increasing the chances of them clicking on a link has a direct impact on revenue. Entirely new AI-powered applications are starting to appear. Some of the biggest advances have come in image recognition systems, which have reached human levels of reliability. That should make it possible to take over tasks such as analysing medical images.

Language has proved more difficult to crack. Many experts in the field believe, however, that recent breakthroughs point to the same kind of advances already made with computer vision, and that machines will soon be able to "understand" language as well as humans. These techniques promise to enhance many jobs and make workers more productive. By using machines that can trawl through and understand much larger bodies of information than humans could ever manage, it should become possible to pull out the most relevant material or present preliminary analyses for workers to take further.

Such AI techniques might also cause more disruptive change to entire industries. Autonomous vehicles, for instance, rely on technologies such as image recognition to make sense of what is going on around them, replicating the capabilities of a human driver. Deep-learning systems, though, are the ultimate black boxes. Even the engineers who are building them cannot tell precisely why they are reaching particular conclusions from the data they are fed. That raises profound questions about how reliable — and fair — the systems' recommendations and predictions will be.

구문이 어렵지 않아서 도해는 의미가 없겠지만.

인공 지능은 곧 전기와 같을 것이다 즉 자원이다
Artificial intelligence will soon be like electricity — a resource that
S M V C C (R)

거의 모든 디지털 응용프로그램이나 서비스가 연결될 수 있고
almost any digital application or service will be able to "plug into",
(S) (V)

공급할 수 추가 전력을 그것은 따르면 앤드류 응에 스탠포드
giving it extra powers. That is according to Andrew Ng, the Stanford
PC S V M

대학 교수인 선구자인 딥 런닝의 기술이다
University professor who was a pioneer of deep learning, a technique
(R) (V) (C) C

배후의 오늘날의 가장 발전된 이미지와 언어 인식
behind today's most advanced image and language recognition
M

시스템의 현재 활용은 AI의 포함하는 머신러닝과
systems. The current uses of AI, which include machine learning and
S (R) (V) (O)

예측 알고리즘을 지적한다 앞으로 다가올 일을
predictive algorithms, point to what is to come.
V (R) (V)

응의 비유는 암시한다 요인들을 AI를 혁신적으로 변화시킬
Mr Ng's analogy hints at the factors that will make AI transformative
S V M (R) (V) (O) (OC)

많은 기업에서 다음 10년 동안 그건 강력하고
for many businesses over the next 10 years. It will be powerful and
(M) (M) S V C

적응력이 뛰어나며 백그라운드에서 작동하며 종종 보이지 않는다 그 효과는
adaptable, operating in the background and often unseen. Its effects
PC S

만연하여 높일 것이다 효과를 많은 다른
will be pervasive, heightening the effectiveness of many different
V C PC

응용 프로그램의 그건 또한 의미할 것이다 세대의 변화를 기술과
applications. It will also mark a generational change in technology
S M V O

사업에서 의미있는 이동만큼 증기에서 전력으로
— and business — as significant as the move from steam to electric
M M

power.

작은 개선조차도 낼 수 있다 큰 재정적 수익을
Even small improvements can produce big financial returns. The
S V O

관련 엔진은 사용되는 많은 온라인 서비스에서 예를 들어 예측한다
relevance engines used in many online services, for instance, predict
S M M V

어떤 유형의 콘텐츠 혹은 광고 사용자들이 생각할지를 가장 매력적이고
what types of content or advertising users might find most engaging.
(S) (V) (C)

증가시키는 것은 기회를 그들이 클릭할 링크에 직접적인 영향을 미친다
Increasing the chances of them clicking on a link has a direct impact
S V O

수익에 완전히 새로운 AI 기반 애플리케이션이 시작하고 있다
on revenue. Entirely new AI-powered applications are starting to
M S V

등장하기 일부는 가장 큰 발전 중의 있다 이미지 인식
appear. Some of the biggest advances have come in image recognition
O S V M

시스템의 도달한 인간의 신뢰성 수준에 그건
systems, which have reached human levels of reliability. That should
(R) (V) (O) S V

가능하게 할 수 있을 것이다 인계받는 걸 작업을 분석과 같은 의료 영상
make it possible to take over tasks such as analysing medical images.
O OC O M

언어는 판명되었다 더 어려운 것으로 분해하기 많은 전문가들은
Language has proved more difficult to crack. Many experts in the
S V C M S

이 분야의 그러나 최근의 획기적 발전이 가리키며 같은
field believe, however, that recent breakthroughs point to the same
V M (C) (S) (V)

종류의 발전을 이미 이루어진 것과 컴퓨터 비전으로
kind of advances already made with computer vision, and that
(M) (M) (C)

기계는 곧 이해할 수 있을 거라고 언어를 뿐만 아니라
machines will soon be able to "understand" language as well as
(S) (M) (V) (O) (M)

인간 이 기술들은 약속한다 향상시키고 많은 일자리를 만들 것을
humans. These techniques promise to enhance many jobs and make
S V O

노동자들은 더 생산적으로 사용함으로써 기계를 샅샅이 뒤지고
workers more productive. By using machines that can trawl through
M (R) (V)

이해할 수 있는 더 큰 정보 집단을 보다 인간이
and understand much larger bodies of information than humans could
(O) (C) (S)

관리할 수 있는 것 되어야 한다 가능하게 끄집어내고 가장 관련성 높은
ever manage, it should become possible to pull out the most relevant
(V) S V C

자료를 제시하는 것이 사전 분석을 노동자들이 얻도록 더 많은 정보를
material or present preliminary analyses for workers to take further.
S M

그런 AI 기술은 또한 일으킬 수 있을 것이다 더 파괴적인 변화를
Such AI techniques might also cause more disruptive change
S M V O

전체 산업에 자율주행 차량은 예를 들어 의존한다
to entire industries. Autonomous vehicles, for instance, rely on
M S M V

기술에 이미지 인식과 같은 이해하는데 것을
technologies such as image recognition to make sense of what is
M M M (R)

주변에서 진행되는 그들 복제한다 기능을 인간 운전자의
going on around them, replicating the capabilities of a human driver.
(V) (M) PC

딥 러닝 시스템은 하지만 최고의 블랙 박스이다
Deep-learning systems, though, are the ultimate black boxes. Even the
S C V C

엔지니어조차 구축하는 그들을 알 수 없다 정확하게 이유를 그들이
engineers who are building them cannot tell precisely why they are
S (R) (V) (O) V M (R) (S)

도달하는 특정한 결론에 데이터로부터 그들이 공급받는 그건 제기한다
reaching particular conclusions from the data they are fed. That raises
(V) (O) (M) (S) (V) S V

심오한 질문을 얼마나 신뢰할 수 있고 공정한가에 대한 시스템의
profound questions about how reliable — and fair — the systems'
O (C)

권장사항과 예측이
recommendations and predictions will be.
(S) (V)

결국 어휘에 대한 해설이겠지?

according to Andrew Ng, ~ 는 삽입절이고 **a technique** 가 **that is** 의 보어이다. **what is to come** 의 **be to** 는 예정을 나타낸다. 셋째 단락의 **increasing the chances of them clicking on a link ~** 에서 **them** 은 뒤의 동명사 **clicking** 의 의미상 주어이다. 넷째 단락의 **believe** 의 목적어는 **that recent breakthroughs ~, that machines will soon be ~** 두 개의 **that** 절이다. **for workers** 는 **to take further** 의 의미상 주어이다.

artificial intelligence = AI 인공지능. 한 마디로 인간의 학습능력과 추론능력, 지각능력, 자연언어의 이해능력 등을 컴퓨터 프로그램으로 실현한 기술을 말한다. 인간의 지능으로 할 수 있는 사고, 학습, 자기 개발 등을 컴퓨터가 할 수 있도록 하는 방법을 연구하는 컴퓨터 공학 및 정보기술의 한 분야로서, 컴퓨터가 인간의 지능적인 행동을 모방할 수 있도록 하는 것을 인공지능이라고 말한다. 가장 광의의 개념인 인공지능은 주변 환경과 상호 작용하면서 새로운 데이터를 습득하고 성능이 개선되는 시스템 전반을 의미한다. 혼자 움직이는 로봇의 두뇌도 인공지능이고, 주인의 취향을 학습해 좋아하는 노래를 선곡해 주는 스피커도 인공지능이며, 사람들의 행동 패턴을 분석해 구매할만한 사람을 골라 광고를 보여주는 것도 인공지능이다. 바둑을 두는 알파고도, 수백만 장의 사진을 본 후 새로운 사진이 고양이인지 강아지인

지 구별해내는 능력을 갖게 된 프로그램도 모두 인공지능이다. 어느 분야의 어떤 기계나 프로그램이라도 데이터를 토대로 스스로 성능을 개선할 능력을 갖춘 시스템은 인공지능이라 할 수 있다.

☞ **digital** 디지털 방식의, 컴퓨터화 된 / **application** 응용(컴퓨터에 의한 실무 처리 등, 또는 그 프로그램) / **plug into (in)** 플러그를 꽂다, 플러그를 꽂아 접속하다(되다), (기구 따위가) ~과 연결되다, 접속하다 / **deep learning**(심화학습) 인공신경망의 한계를 극복하기 위해 제안된 기계학습 방법. 인공지능과 머신 러닝, 딥 러닝의 공통점은 모두 데이터로부터 학습하는 시스템이라는 점이다. 다시 말해 셋 다 새로운 데이터가 주어졌을 때 목적하는 작업의 성능 지표가 향상되는 시스템이라는 뜻이다. 종종 AI와 머신러닝, 딥 러닝을 같은 말처럼 쓰기도 하는데, 머신러닝은 인공지능의 한 부분이며 딥 러닝은 머신러닝의 일부이라서 비슷해 보이기 때문이다. / **machine learning**(기계학습) 많은 데이터를 컴퓨터에 입력하고 비슷한 것끼리 분류하도록 하는 기술이다. 인공지능이 데이터를 공부하는 방식은 다양하다. 머신러닝과 딥 러닝은 AI의 대표적인 학습 방법이다. 머신러닝이 가능한 기계는 복잡한 알고리즘을 이용해서 대량의 데이터를 분석하여 그 안에 숨어 있는 패턴을 찾는다. 찾아낸 패턴을 토대로 전체의 패턴을 예측하는 방식이 머신러닝이다. 딥 러닝은 사물이나 데이터를 군집화하거나 분류하는 데 사용하는 기술이다. 예를 들어 컴퓨터는 사진만으로 개와 고양이를 구분하지 못한다. 하지만 사람은 아주 쉽게 구분할 수 있다. 이를 위해 **Machine Learning**이라는 방법이 고안됐다. 저장된 개 사진과 비슷한 사진이 입력되면, 이를 개 사진이라고 컴퓨터가 분류하도록 한 것이다. 데이터를 어떻게 분류할 것인가를 놓고 이미 많은 기계학습 알고리즘이 등장했는데 그 중 하나가 인공신경망이며, 딥 러닝은 인공신경망의 후예다.

algorithm 주어진 문제를 논리적으로 해결하기 위해 필요한 절차, 방법, 명령어들을 모아놓은 것으로, 넓게는 사람 손으로 해결하는 것, 컴퓨터로 해결하는 것, 수학적인 것, 비수학적인 것을 모두 포함한다. 이 기술은 특정 양을 데이터 해석을 통해 스스로 생성하기 때문에 사람의 능력에 의존하지 않으며 데이터 양을 늘리면 늘릴수록 그 성능을 향상시킬 수 있다. 지금은 화상 인식이나 음성 인식 등에서는 사람의 능력을 능가할 정도가 되었다. 간단하게는 어떤 값을 입력받아 다른 값을 출력하는 계산 절차를 의미하지만, 실제로는 코딩을 하는 프로그램 개발자가 많이 쓰는 표현이며, 실생활에서도 알고리즘은 많이 사용되고 있다.

point to ~을 가리키다, 지시하다, 시사하다 / **analogy** 유추, 비론, 유비, 등비 / **hint at** ~을 암시하다, 넌지시 비추다 / **pervasive** (특히 좋지 않은 것이) 널리 퍼지는, 침투하는, 어디에나 있는 / **heighten** (효과, 속도, 인기 따위를) 더하다, 강화시키다, 증대(증가)시키다 / **return** (종종 pl.) 수입, 수익, 보수, 수익률 / **relevance** (컴퓨터) (사용자가 필요로 하는 자료의) 적합성, 타당성 / **engaging** 마음을 끄는, 매력적인, 애교 있는 / **have an impact on** ~에 영향을 주다 / **revenue** 소득, 수익, 고정 수입, 수입 / **reliability** 확실성, (컴퓨터) 신뢰성, 신뢰도(고장 없이 기능을 수행할 수 있는 능력의 척도) / **take over** 이어(인계)받다, 양도받다, 접수하다, 점거하다 / **such as** ~와 같은 / **crack** 깨뜨리다, 분해하다, 실마리를 열다, (사건을) 해결하다, (암호를) 해독하다, 비밀을 밝히다

breakthrough 돌파구, (과학, 기술 등의) 획기적인 약진(진전, 발견) / **enhance** 향상하

다, (가치, 능력, 매력 따위를) 높이다, 늘리다, (컴퓨터를 써서 사진, 영상의) 질을 높이다 / **trawl through** (정보, 사람 등을) 샅샅이 뒤지다 / **pull out** ~을 빼내다, 뽑아내다, 손을 떼게 하다, 물러서게 하다 / **disruptive** 분열(붕괴)시키는, 파괴적인, 파열(붕괴)로 생긴 / **rely on** ~에 의지하다, 기대하다, 신뢰하다 / **make sense of** ~의 뜻을 이해하다 / **be going on** 일어나고 있다, ~ 계속되고 있다 / **replicate** 복제(복사)하다, (실험을) 반복하다 / **black box** 블랙 박스, 비행 기록 장치, 비밀, 극비 사항, 내용을 전혀 알 수 없는 부분, 속을 알 수 없는 밀폐된 전자 장치

어휘들의 개념만 알면 해석이 쉬울 거야.

인공 지능은 곧 전기와 같을 것이다. 거의 모든 디지털 애플리케이션(응용 프로그램)이나 서비스가 "연결"될 수 있으며, 추가 전력을 공급할 수 있는 자원이다. 딥 러닝의 선구자였던 스탠포드 대학 교수인 앤드류 응에 따르면, 그것은 오늘날의 가장 진보한 이미지 및 언어 인식 시스템의 기반 기술이다. 머신 러닝 및 예측 알고리즘을 포함한 AI의 현재 사용은 앞으로 다가올 일을 지적한다.

응 씨의 비유는 향후 10년 동안 많은 기업에서 AI를 혁신적으로 변화시킬 요인을 시사한다. 그것은 강력하고 적응력이 뛰어나며 백 그라운드에서 작동하며 종종 보이지 않을 것이다. 그 효과는 널리 퍼져서 많은 다른 응용 프로그램의 효과를 높일 것이다. 그것은 또한 증기에서 전력으로의 전환만큼 중요한 기술 및 비즈니스에서의 세대의 변화를 나타낼 것이다.

작은 개선이라도 큰 재정적 수익을 낼 수 있다. 예를 들어, 많은 온라인 서비스에서 사용되는 관련 엔진은 어떤 유형의 콘텐츠나 광고 사용자들이 가장 매력적이라고 생각할지를 예측한다. 그들이 링크를 클릭할 확률을 높이는 것은 수익에 직접적인 영향을 미친다. 완전히 새로운 AI 기반 애플리케이션이 등장하기 시작하고 있다. 가장 큰 발전 중 일부는 인간의 신뢰성 수준에 도달한 이미지 인식 시스템에서 이루어졌다. 그렇게 하면 의료 영상 분석과 같은 작업을 인계받을 수 있을 것이다.

언어는 더 분해하기 어려운 것으로 판명되었다. 그러나 이 분야의 많은 전문가들은 최근의 획기적인 발전이 컴퓨터 비전으로 이미 만들어진 것과 같은 종류의 진보를 가리키고 있으며, 머지않아 기계들이 인간뿐만 아니라 언어까지도 "이해할 수 있을 것"이라고 믿고 있다. 이 기술들은 많은 일자리를 향상시키고 노동자들을 더 생산적으로 만들 것을 약속한다. 인간이 관리할 수 있는 것보다 훨씬 더 큰 정보를 샅샅이 뒤지고 이해할 수 있는 기계를 사용함으로써, 노동자들이 가장 관련성이 높은 자료를 추출하거나 더 많은 정보를 얻을 수 있도록 사전 분석을 제시할 수 있어야 한다.

이러한 AI 기술은 산업 전반에 더 파괴적인 변화를 일으킬 수 있다. 예를 들어, 자율 주행 차량은 주변의 상황을 이해하기 위해 이미지 인식과 같은 기술에 의존하여 인간 운전자의 능력을 복제한다. 그러나 딥 러닝 시스템은 궁극의 블랙박스다. 이를 구축하는 엔지니어조차도 공급된 데이터에서 왜 특정 결론에 도달하고 있는지를 정확하게 알 수 없다. 이로 인해 시스템의 권장 사항과 예측이 얼마나 신뢰할 수 있고 공정할 것인가에 대한 심오한 의문이 제기된다.

19 수동 개념을 제대로 알고는 있는지?

영어의 수동 표현은 우리말과 달라서 낯선 경우들이 있다. 실제로 오늘날 능동태와 수동태의 구분에 맞춘 태라는 개념은 인도유럽어에만 있는 것이다. 일례로 영어와 달리 우리말에서는 자동사에도 피동 표현이 있는 것이다(잘 가지지가 않아, 잘 놀아지지가 않아 등). 영어의 수동 표현은 그 쓰임이 다양하고 복잡해서 우리말로 번역하기가 애매할 때가 있다. 그 중 하나가 「be to be + p.p」 구문이다. 예를 들어, it is to be feared that ~ 란 구문이 잘 쓰이는데 이것은 it is feared that ~ 와 구별된다. 즉 전자는 you should be afraid that ~ 의 의미로 두려워하는 근거가 있다는 말이고, 후자는 사람들이 두려워한다(people are fearful that ~), 즉 두려워한다는 사실만을 말하고 있으므로, 그런 의미들을 놓쳐서는 안 될 것이다. 이 외에도 be to 구문에 수동형이 오는 표현은 다양하다. 가령 On the moon, not a sound is to be heard.(달에서는 어떤 소리도 들을 수 없다.)는 On the moon, we cannot hear a sound. 의 뜻이다.

흔히 보아온 것처럼 능동형을 써서 수동의 의미를 나타내는 구문도 있다. Who is to blame? 은 Who is to be blamed? 가 되어야 맞는 것 같은데 전자로 쓴다. I felt the house shake (or shaking).의 경우에도 집이 스스로 흔드는 것이 아니므로 shaken 이 맞을 것 같지만 집이 흔들릴 때 원인 제공의 주체가 누구인지 확실한 경우가 아니면 이렇게 표현한다. 물론 부정사에만 국한된 것은 아니다. My car needs washing. 의 경우도 논리적으로는 My car needs being washed. 라야 맞겠지만 이것 역시 능동으로 써놓고 수동으로 이해하며 사용하는 예외적 경우이다.

아래 예문에 나오는 Nothing in life is to be feared, it is only to be understood. 에서 is to be feared 와 is to be understood 의 의미도 분명히 알고 해석해야 한다. 적당히 얼버무리고 지나가지 않았다면 다행이다.

* in the long run
* be committed to
* what of
* have impact on
* beyond one's control
* show up
* it is just that
* above all
* speed up
* put ~ to sleep
* take over
* neither ~ nor
* put ~ in motion

For Hellen Keller, "avoiding danger is no safer in the long run than outright exposure. The fearful are caught as often as the bold." Being exposed to fear can motivate you to overcome your fear. Trying to avoid fear is like running away from your shadow. You could avoid everything you want, but your shadow remains with you forever. So, fear is an unwanted guest that always shows up every time it wants. You don't have to worry about the presence of fear but focus more on how you can put it to sleep. Henry Ford says that "one of the greatest discoveries a man makes, one of his great surprises, is to find he can do what he was afraid he couldn't do." You surely can do that thing you are afraid of, only if you are committed to its execution. Always remember that fear is just a state of mind.

The human mind is full of possibilities. It is just that sometimes we try to underestimate our capacity, and then fear takes over from there. You gave fear the strength it is using to torment your life. But now, be ready to take the strength back. Marie Curie says, "Nothing in life is to be feared, it is only to be understood. Now is the time to understand more, so that we may fear less. Life is not easy for any of us. But what of that? We must have perseverance and above all confidence in ourselves. We must believe that we are gifted for something and that this thing must be attained. I was taught that the way of progress was neither swift nor easy." If fear has had any impact on you in the past, it was because you gave it the power to torment you.

Bear Grylls says, "Being brave isn't the absence of fear. Being brave is having that fear but finding a way through it." Look for positive ways you can tackle your fear before it takes over the control of your mind. Don't look at fear with a negative mindset because, at least, it has its use. At the end of fear, you will find the strength to speed up the execution of your goals. "Fear comes from uncertainty. When we are certain, whether of our worth or worthlessness, we are almost impervious to fear." according to William Congreve. Do what is expected to put your dreams in motion and do not worry about other factors beyond your control. A worrying mind is the abode of fear, but only a few people know about this. Why would you be afraid when nothing is wrong with the actions you have put into the execution of your goals? "Action cures fear, inaction creates terror."

분석을 통해 궁금한 부분을 살펴보도록!

헬렌 켈러에겐 / 피하는 건 / 위험을 / 더 안전하지 않다 / 결국
For Hellen Keller, "avoiding danger is no safer in the long run than
M / S / V / C / M

공공연한 노출보다 / 두려워하는 자는 / 잡힌다 / 만큼 자주 / 대담한 자
outright exposure. The fearful are caught as often as the bold." Being
M / S / V / M

드러남은 / 공포에 / 자극할 수 있다 / 네가 / 극복하도록 / 네 공포를 / 노력하는 건
exposed to fear can motivate you to overcome your fear. Trying to
S / V / O / OC

공포를 피하려 / 도망치려는 것과 같다 / 네 그림자로부터 / 피할 수 있을 거다
avoid fear is like running away from your shadow. You could avoid
S / V / C / M / S / V

모든 것을 / 원하는 / 허나 / 네 / 그림자는 / 남는다 / 너와 함께 영원히 / 그러므로
everything you want, but your shadow remains with you forever. So,
O / (S) / (V) / S / V / M / C

공포는 / 쓸모없는 / 손님이다 / 항상 / 나타나는 / 때마다 / 그게 / 원할
fear is an unwanted guest that always shows up every time it wants.
S / V / C / (R) / (M) / (V) / (M) / (S) / (V)

넌 / 걱정할 필요 없지만 / 출현에 대해 / 공포의 / 집중해야 한다 / 더
You don't have to worry about the presence of fear but focus more on
S / V / M / V / M

방법에 / 하는 / 그걸 / 재우도록 / 헨리 포드는 / 말한다 / 하나는 / 가장 위대한
how you can put it to sleep. Henry Ford says that "one of the greatest
(R) / (S) / (V) / (O) / (OC) / S / V / (C) / (S)

발견물 중의 / 인간이 / 한 / 하나는 / 큰 놀라운 일 중의 / 아는 거다 / 자기가 할 수
discoveries a man makes, one of his great surprises, is to find he can
(S) / (V) / (S) / (V) / (C) / (S)

있다는 걸 / 두려워하는 / 할 수 없다고 / 넌 분명히 / 할 수 있다 / 그 일을
do what he was afraid he couldn't do." You surely can do that thing
(V) / (R) / (S) / (V) / (S) / (V) / S / M / V / O

네가 / 두려워하는 / 네가 / 전념하는 경우만 / 그것의 / 실행에 / 항상
you are afraid of, only if you are committed to its execution. Always
(S) / (V) / (C) / (S) / (V) / (M) / M

기억하라 / 걸 / 공포는 / 단지 / 마음의 상태란
remember that fear is just a state of mind.
V / (C) / (S) / (V) / (C)

인간 마음은 / 가득하다 / 가능성으로 / 그건 / 단지 / 것 / 때때로 / 우리는
The human mind is full of possibilities. It is just that sometimes we
S / V / C / M / S / V / (M) / (C) / (M) / (S)

과소평가하려 하며 / 우리 능력을 / 그러면 / 공포가 / 인계받는다 / 거기로부터
try to underestimate our capacity, and then fear takes over from there.
(V) / (O) / (C) / (S) / (V) / (M)

넌 주었다 / 공포에게 / 힘을 / 그것이 / 사용하는 / 괴롭히는데 / 네 삶을 / 허나 / 지금
You gave fear the strength it is using to torment your life. But now, be
S / V / IO / DO / (S) / (V) / (M) / M

준비하라 / 그 힘을 돌려받을 / 마리 퀴리는 / 말한다 / 인생의 어떤 것도
ready to take the strength back. Marie Curie says, "Nothing in life is to
V / M / S / V / S

두려워해선 안 되며 그것도 단지 이해해야만 한다 지금은 때다 이해해야 할
be feared, it is only to be understood. Now is the time to understand
V S V S V C M

더욱 우리가 덜 두려워할 수 있도록 인생은 쉽지 않다 누구에게나 우리 허나
more, so that we may fear less. Life is not easy for any of us. But
(C) (S) (V) (M) S V C M

그래서 어떻다는 건가 인내심을 가져야 한다 특히 확신을
what of that? We must have perseverance and above all confidence in
Q M S V O M O

우리 자신에 대한 우린 믿어야 한다 우리가 유능하다고 어떤 일에
ourselves. We must believe that we are gifted for something and that
M S V (C) (S) (V) (M) (C)

이 일은 성취되어야 한다고 난 배웠다 길은 발전의
this thing must be attained. I was taught that the way of progress was
(S) (V) S V (C) (S) (V)

빠르지도 않고 쉽지도 않다고 만일 공포가 영향을 끼쳤다면 네게 과거에
neither swift nor easy." If fear has had any impact on you in the past,
(C) (C) (S) (V) (O) (M) (M)

그건 때문이었다 네가 주었기 그것에 힘을 괴롭힐 널
it was because you gave it the power to torment you.
S V (C) (S) (V) (IO) (DO) (M)

베어 그릴스는 말한다 용감한 건 없는 게 아니다 공포가 용감하다는 건
Bear Grylls says, "Being brave isn't the absence of fear. Being brave
S V S V C S

그 공포를 갖고 있지만 찾는 거다 길을 뚫고 나갈 그걸 찾아라 단호한
is having that fear but finding a way through it." Look for positive
V O V O M V M

길을 네가 맞싸울 수 있는 네 공포와 전에 그게 떠맡기 통제를
ways you can tackle your fear before it takes over the control of
(S) (V) (O) (C) (S) (V) (M)

네 마음의 보지 마라 공포를 부정적인 사고방식으로 왜냐면
your mind. Don't look at fear with a negative mindset because, at
V M M (C)

적어도 그건 그 용도를 갖기 공포의 끝무렵에는 넌 찾을 거다 힘을
least, it has its use. At the end of fear, you will find the strength to
(M) (S) (V) (O) M S V O

촉진할 실행을 네 목표의 공포는 온다 불확실로부터
speed up the execution of your goals. "Fear comes from uncertainty.
M M S V M

때 우리가 확신할 우리의 가치이든 무가치이든 우린
When we are certain, whether of our worth or worthlessness, we are
(C) (S) (V) (C) (M) S V

거의 둔감해진다 공포에 의하면 윌리엄 콩그리브 하라 것을
almost impervious to fear." according to William Congreve. Do what is
M C M M V (R)

기대되는 네 꿈을 시작하게 하는 걱정하지 마라 대해 다른
expected to put your dreams in motion and do not worry about other
(V) M V M

요인들에 네가 통제할 수 없는 걱정스러운 마음은 거처지만 공포의
factors beyond your control. A worrying mind is the abode of fear, but
M S V C

단지 극소수의 사람만이 안다 이것을 왜 너는 두려워 하나 때에
only a few people know about this. Why would you be afraid when
S V M Q S V (C)

nothing(아무것도, S) is(잘못된 게, V) wrong(없는데, C) with the actions(행동에, M) you(네가, S) have put(투입한, V) into the execution of(실행에, M) your goals? “Action(행동은, S) cures(치료하고, V) fear,(공포를, O) inaction(무행동은, S) creates(만든다, V) terror.”(공포를, O)

그래도 해설은 좀 봐야 할 걸!

the fearful 과 **the bold** 는 「**the** + 형용사 = 복수명사」의 형태로 각각 “두려워하는 사람들”과 “대담한 사람들”의 뜻이다. **you don't have to worry ~ but focus more ~** 에서 **focus more ~** 는 **you have to focus more ~** 로 연결된다. **one of the greatest discoveries ~** 와 **one of his great surprises** 는 동격이다. **it is just that ~** 은 “단지(그냥) ~ 일 뿐이다”의 뜻으로, 물론 여기서 **it** 은 가주어이고 **that** 이하가 진주어다. **Nothing in life is to be feared, it is only to be understood.** 는 유명한 말로 **Nothing in life should be feared, it should be only understood.** 와 같은 표현이다. **so that we may fear less** 에서 **so that ~ may** 는 “~할 수 있도록, ~하기 위해서”의 뜻이다.

But what of that? 은 “그것이 어쨌단 말인가?”의 뜻으로, **But so what? So what? But that doesn't matter. Who cares?** 등과 유사한 관용표현이다. 언급한 특정 사실이 중요하지 않다고 생각하는 경우에 사용된다. **it was because you gave it ~** 에서 **because** 는 명사절을 이끈다. **being brave is having that fear but finding a way ~** 에서 **having, finding** 은 동명사로서 **is** 의 보어이다. **when we are certain, whether of our worth or worthlessness, we are almost impervious ~** 에서 **whether of our worth or worthlessness** 에서 **of** 는 **are certain of** 로 연결되는 것이다.

☞ **in the long run** 긴 안목으로 보면, 결국은(**in the end**) / **outright** 솔직한, 명백한, 공공연한, 무조건의 / **be exposed to** ~에 노출되다 / **unwanted** 볼일이 없는, 한가한, 불필요한, 있으나 마나한 / **show up** 나오다, 나타나다 / **focus on** ~에 집중하다, 초점을 맞추다 / **put ~ to sleep** ~을 잠재우다, 마취시키다, 안락사시키다 / **be committed to** ~에 전념하다, 헌신하다 / **execution** 실행, 실시, 수행, 달성 / **underestimate** 싸게 어림하다, 실제보다 낮게 어림하다, 과소평가(판단)하다, 얕보다 / **take over** 이어(인계)받다, 양도받다, 접수하다, 점거하다 / **torment** 괴롭히다, 고문하다 / **perseverance** 인내(력), 참을성, 버팀 / **above all** 특히 / **gifted** 타고난(천부의), 재능이 있는(**talented**), 유능한

neither ~ nor ~도 ~도 아니다(않다) / **have an impact on** ~에 영향을 주다 / **Bear Grylls** 영국의 예비역 육군 하사 출신의 작가, 모험가, 직업 탐험가, 텔레비전 진행자 / **tackle** 달려들다, (~와) 맞붙다, 붙잡다, 태클하다 / **mindset** 심적 경향, 사고(해석) 방식, 부동의 정신 상태 / **speed up** (자동차 등이) 속도를 늘리다, 스피드를 내다 / **uncertainty** 반신반의, 불확정, 불확실 / **worthlessness** 가치 없음, 하잘 것 없음, 쓸모없음, 시시함 / **impervious** 손상되지 않는, 상하지 않는, 무감각한, 둔감한 / **William Congreve** 영국의 극

작가. 풍속희극의 대표자. 데뷔작 『늙은 독신자』로 호평을 받았고 이후 『거짓말쟁이』, 『세상만사』 등의 작품을 내놓았다 / **put ~ in motion** 움직이다, 운전시키다, (일을) 시작하다 / **beyond one's control** ~가 억제하기 힘든, 힘에 겨운, 통제를 벗어난 / **abode** 거주, 주소, 주거, 거처 / **inaction** 활동(활발)하지 않음, 무위, 게으름

단숨에 읽어 내려갈 정도로 쉬웠겠지?

헬렌 켈러에게는, "위험을 피하는 것은 결국에는 공공연한 노출보다 더 안전하지 않다. 두려워하는 사람들은 대담한 자들만큼 자주 붙잡힌다." 두려움에 노출되는 것은 당신이 두려움을 극복하도록 자극할 수 있다. 두려움을 피하려고 하는 것은 당신의 그림자로부터 도망가려고 하는 것과 같다. 당신은 당신이 원하는 모든 것을 피할 수는 있겠지만, 당신의 그림자는 영원히 당신과 함께 남는다. 그러므로, 두려움은 그것이 원할 때마다 항상 나타나는 불필요한 손님이다. 당신은 두려움의 출현에 대해 걱정할 필요가 없지만, 두려움을 잠재울 수 있는 방법에 더 집중해야만 한다. 헨리 포드는 "인간이 한 가장 위대한 발견물 중의 하나요, 인간의 큰 놀라운 일들 중의 하나는, 자기가 할 수 없을까 두려워했던 일을 자기가 할 수 있다는 것을 아는 것이다."라고 말한다. 당신은 그것의 실행에 전념하는 경우에만, 자신이 두려워하는 그 일을 분명히 할 수 있다. 두려움은 단지 마음의 상태라는 것을 항상 기억하라.

인간의 마음은 가능성으로 가득 차 있다. 단지 때때로 우리들이 우리들의 능력을 과소평가하려고 하며, 그러면 두려움이 거기에서부터 인계를 받는다는 것뿐이다. 당신은 두려움이 당신의 인생을 괴롭히기 위해 사용하고 있는 힘을 두려움에게 주었다. 그러나 지금, 그 힘을 돌려받을 준비를 하라. 마리 퀴리는 말한다. "인생의 어떤 것도 두려워해서는 안 되며, 그것은 단지 이해해야만 한다. 지금은 우리들이 더 적게 두려워할 수 있도록, 더 이해해야 할 때다. 인생은 우리들 누구에게나 쉽지 않다. 하지만 그래서 어떻다는 것인가? 우리는 인내심을 가져야만 하며 특히 우리 자신에 대한 확신을 지녀야만 한다. 우리는 어떤 일에 천부의 재능이 있으며, 이 일은 성취되어야 한다는 것을 믿어야만 한다. 나는 발전의 길은 빠르지도 않고 쉽지도 않다고 배웠다." 만일 두려움이 과거에 당신에게 영향을 끼쳤다면, 그것은 당신이 두려움에게 당신을 괴롭힐 힘을 주었기 때문이었다.

베어 그릴스는 말한다. "용감하다는 것은 두려움이 없는 것이 아니다. 용감한 것은 그 두려움을 갖고 있으나, 그것을 뚫고 나갈 길을 찾고 있는 것이다." 두려움이 당신 마음의 지배력을 떠맡기 전에 당신의 두려움과 맞서 싸울 수 있는 단호한 길을 찾아라. 두려움은 적어도 그 용도가 있기 때문에, 부정적인 사고방식으로 그것을 바라보지 마라. 두려움이 끝날 무렵에 당신은 당신의 목표의 실행을 촉진할 힘을 찾을 것이다. 윌리엄 콩그리브에 따르면, "두려움은 반신반의로부터 온다. 우리의 가치이든 무가치이든 그것을 확신할 때, 우리는 두려움에 거의 둔감해지는 것이다." 당신의 꿈을 시작하게 하도록 예상되는 것을 하라. 그리고 당신이 통제할 수 없는 다른 요인들에 대해서 걱정하지 마라. 걱정스러운 마음은 공포의 거처지만 이 사실을 아는 사람은 극소수에 불과하다. 당신이 목표 달성에 투입한 행동에 아무 문제가 없는데 왜 두려워하겠는가? "행동하면 공포가 치유되고, 행동이 없으면 공포가 생긴다."

20 어라, 「if」절이 진주어잖아!

it 이 형식주어로 쓰이는 구문은 다양한데, 보통 뒤에 나오는 부정사구, 동명사구, that 절, 의문사절, 관계사절(강조구문) 등을 대신해서 주로 쓰인다. 물론 간접의문문을 이끄는 접속사 whether절을 대신해서도 사용되어, It is not certain whether he will come (or not).(그가 올지 안 올지 확실치 않다), It matters little whether we go or stay.(우리가 갈지 머물지는 그다지 중요하지 않다)와 같이 이미 익숙하다. 하지만 명사절을 이끄는 구문에서 whether 대신 사용되는 접속사 if 의 경우에는 비록 그것이 간접의문문을 이끌고는 있지만 목적절로 사용되며, 주절로는 사용되지 않는 것이 원칙이다. whether 는 주어절, 타동사와 전치사의 목적어절, 동격절, whether to 부정사 형태의 명사구 등으로 모두 쓰이지만, if 는 whether 와 달리 그 쓰임에 제약이 많은 것이다. 즉 whether 는 I honestly do not know whether to laugh or cry.(나는 솔직히 웃어야 할지 울어야 할지 모르겠다.) = I honestly do not know whether I should laugh or cry. The advice of friends must be received with a judicious reserve, whether right or wrong.(친구들의 충고는 옳건 그르건 신중하게 곱씹어 받아들여야 한다.) The point depends on whether he got involved or not.(문제는 그가 관련되었는지 아닌지에 달려 있다.) The question is whether he is guilty.(문제는 그가 죄가 있는가이다.)와 같이 쓰인다. 하지만 요즘의 영문을 읽다보면 whether 대신 if 가 사용되는 구문들을 심심치 않게 만날 수 있다. 가령 He asked me if I would go to the movies or not.에서 whether ~ or not 대신 if ~ or not 이 쓰이고 있다.

아래 글은 마이크로 소프트의 창업자인 빌 게이츠의 "What is the Corona/Covid-19 virus really teaching us?"란 글의 일부로 여기에서는 소위, it ~ if 가주어, 진주어 형식이 사용되고 있는데, 이런 예들이 소위 비문법적이라 생각되지만 실제로 쓰인다는 것을 알아두어야 한다.

* mediate upon	* regardless of	* have an effect on
* put up	* as opposed to	* give value to
* keep ~ in check	* bring ~ to a standstill	* in one's hands
* be meant to	* it's up to	

I'm a strong believer that there is a spiritual purpose behind everything that happens, whether that is what we perceive as being good or being bad. As I meditate upon this, I want to share with you what I feel the Corona/Covid-19 virus is really doing to us. It is reminding us that we are all equal, regardless of our culture, religion, occupation, financial situation or how famous we are. This disease treats us all equally. It is reminding us that we are all connected and something that affects one person has an effect on another. It is reminding us that the false borders that we have put up have little value as this virus does not need a passport. It is reminding us, by oppressing us for a short time, of those in this world whose whole life is spent in oppression.

It is reminding us of the shortness of life and of what is most important for us to do, which is to help each other, especially those who are old or sick. Our purpose is not to buy toilet roll. It is reminding us of how materialistic our society has become and how, when in times of difficulty, we remember that it's the essentials that we need (food, water, medicine) as opposed to the luxuries that we sometimes unnecessarily give value to. It is reminding us to keep our egos in check. It is reminding us that no matter how great we think we are or how great others think we are, a virus can bring our world to a standstill.

It is reminding us that the power of free will is in our hands. We can choose to cooperate and help each other, to share, to give, to help and to support each other or we can choose to be selfish, to hoard, to look after only our self. Indeed, it is difficulties that bring out our true colors. It is reminding us that this can either be an end or a new beginning. This can be a time of reflection and understanding, where we learn from our mistakes, or it can be the start of a cycle which will continue until we finally learn the lesson we are meant to. It is reminding us that after every difficulty, there is always ease. Life is cyclical, and this is just a phase in this great cycle. We do not need to panic; this too shall pass. Whereas many see the Corona/Covid-19 virus as a great disaster, I prefer to see it as a 'great corrector'. It is sent to remind us of the important lessons that we seem to have forgotten and it is up to us if we will learn them or not.

분석하면 궁금증이 잘 풀린다고!

난 강한 신자이다 있다는 영적 목적이 뒤에는
I'm a strong believer that there is a spiritual purpose behind
S V C (C) (A) (V) (S)

모든 일 일어나는 이든 그게 것 우리가 인지하는
everything that happens, whether that is what we perceive as being
(M) R (V) (C) (S) (V) (R) (S) (V)

선한 것으로 악한 것으로 때 내가 명상할 이에 대해 나누고 싶어졌다
good or being bad. As I meditate upon this, I want to share with
(C) (C) (S) (V) (M) S V (O)

여러분과 것을 느끼는 코로나 19바이러스가 정말 하고 있다고 우리에게 그건
you what I feel the Corona/Covid-19 virus is really doing to us. It is
(R) (S) (V) (S) (M) (V) (M) S

상기시킨다 우리에게 우리 모두가 평등하다고 상관없이 우리 문화 종교
reminding us that we are all equal, regardless of our culture, religion,
V IO (C) (S) (V) (C)

직업 재정적 상태 혹은 얼마나 유명한지에 이 질병은
occupation, financial situation or how famous we are. This disease
(M) S

대한다 우리 모두를 동등하게 그건 상기시키고 있다 우리 모두는 연결되어 있고
treats us all equally. It is reminding us that we are all connected
V O M S V IO (C) (S) (V)

것은 영향을 주는 한 사람에게 영향을 준다는 걸 다른 사람에게 그건
and something that affects one person has an effect on another. It
(S) (R) (V) (O) (V) (O) (M) S

상기시키고 있다 그릇된 국경선이 우리가 쳐 놓은 별로
is reminding us that the false borders that we have put up have little
V IO (C) (S) (R) (S) (V) (V)

가치가 없음을 이 바이러스가 여권이 필요 없기에 그건 알게 해주고 있다 우리를
value as this virus does not need a passport. It is reminding us, by
(O) (C) (S) (V) (O) S V IO

억압함으로써 단 기간 자들을 이 세상의 그들의 전 생애가
oppressing us for a short time, of those in this world whose whole life
M M M (R) (S)

보내지는 억압 속에
is spent in oppression.
(V) (M)

그건 가르친다 짧음을 인생의 무엇이 가장
It is reminding us of the shortness of life and of what is most
S V IO M (Q) (V)

중요한지 우리가 해야 할 그건 돕는 거다 서로 특히 자들을
important for us to do, which is to help each other, especially those
C (M) (R) (V) (C) (M) (C)

늙거나 아픈 우리의 목적은 사는 것이 아니다 화장지를 그건 깨닫게 한다
who are old or sick. Our purpose is not to buy toilet roll. It is reminding
(R) (V) (C) S V C S V

얼마나 물질주의적이 우리 사회가 되었으며 어떻게 때
us of how materialistic our society has become and how, when in
IO (C) (S) (V) (Q)

어려운 시기에 있을 우리가 기억하는지 본질적인 것인지 필요한 건
times of difficulty, we remember that it's the essentials that we need
(M) (S) (V) (C) (S)(V) (S) (C) (S) (V)

음식 물 약 반대로 사치품과 우리가 때때로
(food, water, medicine) as opposed to the luxuries that we sometimes
(C) (M) (R) (S) (M)

불필요하게 가치를 부여하는 그건 가르친다 우리에게 우리 자아상을
unnecessarily give value to. It is reminding us to keep our egos in
(M) (V) (O) S V IO DO

점검하라고 그건 깨닫게 한다 걸 얼마나 대단하다고 생각하든 우리가
check. It is reminding us that no matter how great we think we are
S V IO (C) (M)

얼마나 대단하다고 타인이 생각하든 우리가 바이러스는 수 있다는 우리의 세상을
or how great others think we are, a virus can bring our world to a
(S) (V) (O)

멈춰 서게 할
standstill.
(M)

그건 가르치고 있다 힘은 자유의지의 우리 손에 달려 있다고 수 있다
It is reminding us that the power of free will is in our hands. We can
S V IO (C) (S) (V) (M) S

결정할 협력하고 도우며 서로를 나누고 주고 지원하며
choose to cooperate and help each other, to share, to give, to help
V O

지지하길 서로를 우리는 수 있다 이기적이고 사재기하며
and to support each other or we can choose to be selfish, to hoard,
S V O

돌볼 단지 우리 자신만을 사실 난국이다 드러내는 것은 우리의
to look after only our self. Indeed, it is difficulties that bring out our
M S V C (C) (V)

본색을 그건 가르친다 우리에게 이게 될 수 있다고 종말이나 새로운
true colors. It is reminding us that this can either be an end or a new
(O) S V IO (C) (S) (C) (V) (C)

시작이 이건 시간일 수 있다 성찰과 이해의 거기에선
beginning. This can be a time of reflection and understanding, where
S V C (R)

배운다 우리 잘못으로부터 그건 시작일 수 있다 주기의
we learn from our mistakes, or it can be the start of a cycle which
(S) (V) (M) S V C (R)

계속 될 까지 우리가 마침내 배울 때 교훈을 배우도록 되어 있는 그건
will continue until we finally learn the lesson we are meant to. It is
(V) (C) (S) (M) (V) (O) (S) (V) S

가르친다 우리에게 모든 난관이 지난 후 있다고 항상 평온이 있다고 인생은
reminding us that after every difficulty, there is always ease. Life is
V IO (C) (M) (A) (V) (M) (S) S V

순환적이며 이건 단지 한 단계다 이 거대한 주기의 우린 필요없다
cyclical, and this is just a phase in this great cycle. We do not need
C S V C M S V

공포에 빠질 이 또한 지나갈 거다 반면에 다수가 보는 코로나 바이러스를
to panic; this too shall pass. Whereas many see the Corona/Covid-
O S V (C) (S) (V) (O)

큰 재앙으로 난 보고 싶다 그걸 위대한 교정자로
19 virus as a great disaster, I prefer to see it as a 'great corrector'.
(OC) S V O

그건 보내졌고 일깨우기 위해 중요한 교훈을 우리가 것처럼 보이는

It is sent to remind us of the important lessons that we seem to have

S V M (C) (S) (V)

잊고 있는 우리에게 달려 있다 그것들을 배울지 말지는

forgotten and it is up to us if we will learn them or not.

(C) S V C (C) (S) (V) (O) (M)

쉬워도 다시 한 번!

이 글에는 동사 **remind**가 이끄는 3개의 구문이 나온다. 하나는 **it is reminding us that we are all equal ~** 에서처럼 「**remind + IO + DO(that** 절)」이고, 하나는 **it is reminding us of those in this world ~** 에서처럼 「**remind + O + of +** 명사(의문사절 포함)」이고, 또 하나는 **it is reminding us to keep our egos in check** 에서처럼 「**remind + O + to** 부정사」의 형식으로, **remind**는 "~에게 생각나게 하다, ~에게 깨닫게 하다, ~에게 다짐하여 말하다"의 뜻을 갖는다. **which is to help each other ~** 에서 **which**의 선행사는 **what is most important for us to do**의 내용이다. **how, when in times of difficulty, we remember that it's the essentials that we need (food, water, medicine)**에서 **how**는 뒤의 **we remember ~**와 연결되면서 앞의 **remind us of**에 연결된다. **it's the essentials that we need ~**는 **it ~ that** 강조구문이다. 괄호 안의 **food, water, medicine**은 **essentials**를 설명한다.

as opposed to는 "~와는 대조적으로, ~이 아니라"는 뜻의 관용구이며 **as**는 전치사로 뒤에 과거분사가 잘 쓰인다. 즉 **as compared to(with)**는 "~와 비교해서"의 뜻이며 앞에 주어와 **be** 동사가 생략된 구문이다. 실제로 **as discussed, as scheduled, as noted, as indicated, as recommended, as planned** 처럼 "**as + pp**" 구문이 자주 쓰이는데 하나의 관용구로 보는 것이 좋다. 물론 이 구문은 이론의 여지가 있다. **as**를 접속사로 보느냐 관계대명사로 보느냐에 따라 구문이 달라지기 때문이다. 즉 **as shown above**는 **as is shown above, as listed**는 **as is listed**로 볼 수도 있고, **as promised**를 **as it was promised, as discussed**를 **as it was discussed**로 볼 수도 있기 때문이다. 후자의 경우에는 **As (it was) promised, I've enclosed the documents you need. = In the way it was promised, I've enclosed the documents you need. = Like it was promised, I've enclosed the documents you need.**의 뜻이 된다. 하지만 **The government should adopt a policy so that agriculture lands are not converted for industrial use as is done in China.**(정부는 중국처럼 농업용지가 산업용으로 전환되지 않도록 정책을 채택해야 한다)에서는 **as**가 관계대명사가 되는 셈이다. 때로 **as** 다음에 동명사가 오는 구문도 있는데 다음에 설명할 기회가 있을 것이다. **He was fired, because he was perceived as wasting company time.**(그는 회사 시간을 낭비하는 것으로 인식되었기 때문에 해고되었다.)

it is difficulties that bring out our true colors 역시 **it ~ that** 강조구문으로 **difficulties bring out our true colors**의 뜻이다. **it is up to us if we will learn them or not**에

서 **it** 은 가주어이고 **if** 이하가 진주어이다. 보통은 **if** 대신 **whether** 가 쓰인다.

원래 명사절을 이끄는 접속사 **if** 의 경우 전통적 문법에서는 목적어 역할을 하는 것이 일반적이고 주어 역할은 할 수가 없다. 다시 말하면 이 구문에서의 **if** 는 뒤에 **or not** 이 이어질 때(**It's unclear to me whether she likes it or not.** 그녀가 그것을 좋아할지 싫어할지 내게는 불확실하다.), **to** 부정사가 이어질 때(**I can't decide whether to cancel.** 나는 취소해야 할지 말지를 결정할 수 없다.), **A or B** 가 이어질 때(**I don't know whether Tom will stay at home or go abroad.** 나는 톰이 본국에 머물지 해외로 갈지 모른다.), 전치사의 목적어로 쓰일 때(**People were confused about whether he will guilty.** 사람들은 그가 유죄인지 무죄인지 혼란스러웠다.), 주어로 쓰일 때(**Whether we win or lose makes no difference.** 우리가 질 것인지 이길 것인지는 차이가 없다.)에는 사용하지 않는 것이 보통이다. 즉 **whether** 명사절은 주어, 목적어, 보어 모두 가능하지만 **if** 명사절은 동사의 목적어로만 가능한 것이다. 그런데 근래에 와서는 **if** 가 **whether** 대신 사용되는 사례들이 자주 발견되고 있다.

☞ **meditate upon** ~을 곰곰이 생각하다 / **Corona/Covid-19 virus** 세계보건기구(WHO)에서 신종 코로나바이러스의 정식 명칭을 **COVID-19**로 발표했다. **CO**는 코로나, **VI**는 바이러스, **D**는 질환, **19**는 2019년도를 의미하는데, 질병의 이름이 부정확해지거나 낙인이 발생하지 않도록 하기 위해 지리적 위치, 동물, 개인 또는 사람들의 집단을 지정하지 않고 발음의 용이함과 동시에 질병과 관련이 있는 이름을 고려하여 결정한 명칭이라고 한다. 다만 영어식 이름이 길기 때문에 코로나19 라는 한글 표현을 별도로 명명하기로 결정하여 현재는 신종 코로나바이러스에서 코로나19로 명칭하고 있다. / **regardless of** ~을 개의(괘념)치 않고, ~에 관계없이 / **occupation** 직업, 업무, 일 / **have an effect on** ~에 영향을 미치다, 효과를 나타내다 / **put up** (천막 따위를) 치다, (집, 울타리, 비석 따위를) 짓다, 세우다, 건립하다

oppression 압박, 억압, 압제, 탄압 / **toilet roll** 두루마리 화장지 / **as opposed to** ~와는 대조적으로, ~이 아니라 / **give value to** ~에게 값어치의 것을 주다, 가치를 부여하다 / **keep in check** 계속 체크하다, 확인하다 / **bring ~ to a standstill** 멈추게 하다, 막히게 하다. **standstill** 막힘, 멈춤, 정지 / **in one's hands** ~의 생각대로, ~의 수중에, ~에게 맡겨져서(조종되어) / **hoard** 저장하다, 축적하다, ~을 사재기하다 / **bring out** (~에서) 꺼내다, (색, 성질 등을) 나타내다, (뜻을) 분명히 하다 / **cycle** 주기, 순환(기), 한 시대 / **be meant to** (사람, 물건이) 어떤 용무(용도)로 정해지다, ~로 하려고 생각되다 / **cyclical** 주기의, 윤전하는, 순환하는 / **phase** (발달, 변화의) 단계, 국면 / **panic** 당황하다, 허둥대다 / **whereas** ~임에 반하여 / **be up to** ~의 의무(책임)이다, ~가 해야 한다, ~에게 맡겨져(달려) 있다

코로나19가 주는 교훈이라 가슴에 와 닿는군!

나는 세상에 일어나는 모든 일에는 우리가 그것을 선한 것으로 인지하든 악한 것으로 인지하든 어떤 영적인 목적이 있다고 강하게 믿는 사람이다. 나는 코로나19에 대해 명상을 하는 중에 코로나19가 정녕 우리에게 뭔가 하고 있다는 느낌을 여러분과 나누고 싶어졌다. 코로나19는 우리 모두는 문화나 종교, 직업, 재정 상태 혹은 우리가 얼마나 유명한지에 상관없이 평등하다는 점을 상기시키고 있다. 이 질병은 우리 모두를 동등하게 대한다. 코로나19는 우리 모두가 서로 연결되어 있고 누군가에게 영향을 미치는 것은 다른 사람에게도 영향을 끼친다는 것을 가르치고 있다. 이 바이러스는 여권이 필요 없기 때문에 코로나19는 우리가 세워 놓은 의미 없는 국경선이 별 가치가 없음을 일깨워주고 있다. 코로나19는 우리들을 짧은 시간 동안 억압함으로써 온 생애를 억압 속에 살아가는 사람들이 이 세상에 있다는 것을 알게 해준다.

코로나19는 인생이 짧다는 것과 우리가 해야 할 가장 중요한 일이 무엇인지를 가르치고 있다. 그것은 서로 돕는 것이며 특히 노인이나 아픈 사람들을 돕는 것이다. 우리의 목적은 화장지를 구입하는 것이 아니다. 코로나19는 우리 사회가 얼마나 물질 위주로 변했는지 가르치고 있으며, 이런 어려운 시기에는 우리에게 정작 필요한 것은 식료품과 물, 약과 같은 본질적인 것이지 때때로 필요도 없이 가치를 부여하는 사치품들이 아님을 어떻게 기억하는지 깨닫게 한다. 이것은 우리의 자아상을 계속 점검하라고 가르치고 있다. 우리가 스스로를 얼마나 대단하다고 생각하든 다른 사람들이 우리를 얼마나 훌륭하다고 생각하든, 단 하나의 바이러스가 우리가 사는 이 세상을 멈춰 서게 할 수 있다는 걸 가르치고 있다.

코로나19는 자유 의지가 우리 손에 달려있다고 가르치고 있다. 우리는 서로 협력하고 도우며 나누고 주고 지원하고 지지할 수도 있고, 아니면 이기적이고 사재기하며 단지 우리 자신만 돌볼 수도 있다. 사실 사람은 어려움에 처할 때에 그 본색이 드러난다. 코로나19는 이 시간이 종말이 될 수도 있고, 새로운 시작이 될 수도 있다고 가르치고 있다. 이 시간은 성찰과 이해의 시간일 수 있으며 그것을 통하여 우리가 잘못으로부터 배우는 시간이 될 수도 있고, 우리가 배워야 할 교훈을 마침내 배울 때까지 계속되는 주기의 시작이 될 수도 있다. 코로나19는 모든 난관이 지나간 뒤에는 항상 평온이 있다고 가르치고 있다. 인생은 순환적이며 이번 일도 거대한 주기의 한 단계에 지나지 않는다. 우리는 공포에 빠질 일이 아니다. 이것 또한 속히 지나갈 것이다. 많은 사람들이 코로나19 바이러스를 거대한 재앙으로 보지만, 나는 그것을 위대한 교정자로 보고 싶다. 그것은 우리가 잊고 살아온 것처럼 보이는 중요한 교훈들을 일깨워주기 위해 보내진 것이며, 그것들을 배울지 말지는 우리에게 달려 있는 것이다.

| 엮은이 소개 |

이 일 범

국립 강원대학교 영어영문학과 명예교수

주요 저서

- **교과서** : 중학교 · 고등학교 검인정 영어 교과서(두산 동아, 민중서림 외), 대학교 영어 교재 Situational English from Movies(스크린 영어사), Current English(신아사) 외
- **학술번역서** : 소설과 영화의 시점, 할리우드 영화 각본술, 할리우드 스타 인터뷰, 애니메이션의 이론과 실제, 털복숭이 원숭이, 꽃점술, 듣기, 안나크리스티, 위대한 신 브라운, 황제 조운스, 상복이 어울리는 일렉트라, 이상한 막간 희극, 지평선 너머, 누가 버지니아 울프를 두려워 하나?, 동물원 이야기 외
- **영화 번역서** : 악마는 프라다를 입는다, The Reader, 킹스 스피치, 쇼생크 탈출, 흐르는 강물처럼, 제리 맥과이어, 아메리칸 뷰티, 포레스트 검프, 라이언 킹, 프리즌 브레이크(1권, 2권, 3권, 4권), 레인 맨, 뷰티플 마인드, Big Fish, 분노의 역류, 아웃 오브 아프리카, 트루먼 쇼, Aviator, 쥬라기 공원, Monster House, Cars 1, Cars 2, 리틀 미스 선샤인, 부그와 엘리엇, 볼트 외
- **영어 학습서** : 영문독해 테크닉 114, 영문독해 테크닉 103, 영문독해 테크닉 104, 영문독해 테크닉 105, 술술 영어회화, 미국식 정통 영어회화 Life English, EASY TOEIC, NEW ACE TOEFL, 이젠 쉬운 영어로 당당해져라, 외국어 영역 듣기 평가, TOTAL READING(1, 2, 3권), 실용영어, 기본 영문 독해 100, 완성 영문독해 123, 영어검정 1급 문제집, 영어검정 2급 문제집 등 4권 외
- **학술서** : 영상예술의 이해, 문학 풍경, 영화 풍경, 영화 해부 : 그 프롤로그와 에필로그, 세계 걸작 영화 100선 외

영어 장문독해 테크닉 60 값32,000원

2022년 5월 13일 초판인쇄
2022년 5월 17일 초판발행

엮은이 이 일 범
발행인 김 혜 숙
발행처 **새문사**
등록번호 제2018-000259호(1977.9.19)

주소 : 서울시 서초구 강남대로 309, 코리아비지니스센터 1611호
전화 : (02)715－7232 Fax : (02)715－7235
E-mail : hmgbp@hanmail.net
website : www.saemoonbook.com
ISBN : 978-89-7411-544-9 (13740)

* 저자와의 협의에 의해 인지를 생략했습니다.